JN252679

仏教文明の転回と表現

文字・言語・造形と思想

新川登亀男［編］

勉誠出版

長屋王発願の大般若経（和銅経）巻三十奥書部分（滋賀県甲賀市土山町常明寺蔵：写真提供　甲賀市教育委員会）
〈岩本論文および付録一覧表写経編2参照〉

大足北山仏湾第176窟正壁〈肥田論文参照〉

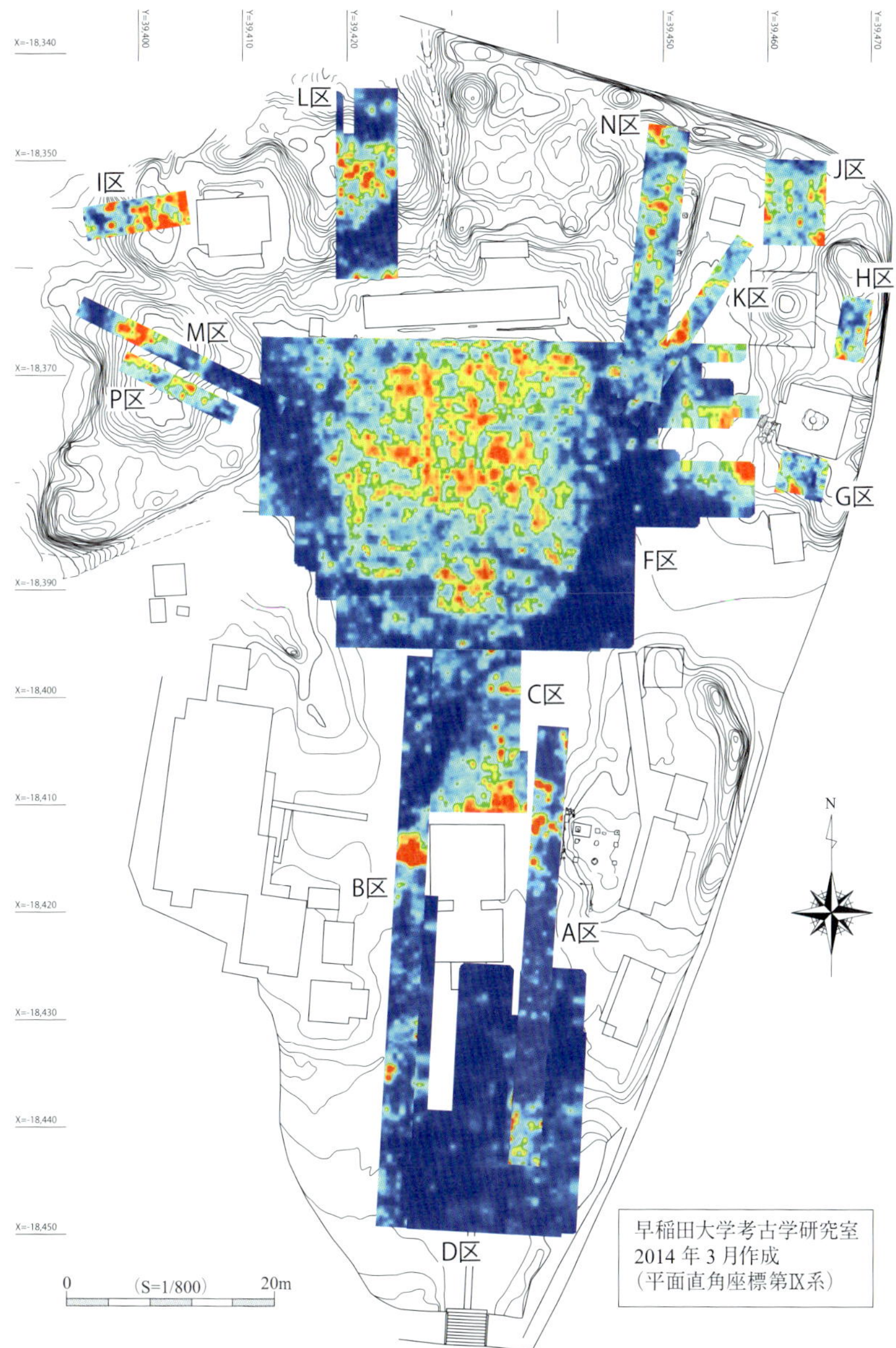

龍角寺レーダー探査成果図〈城倉論文参照〉

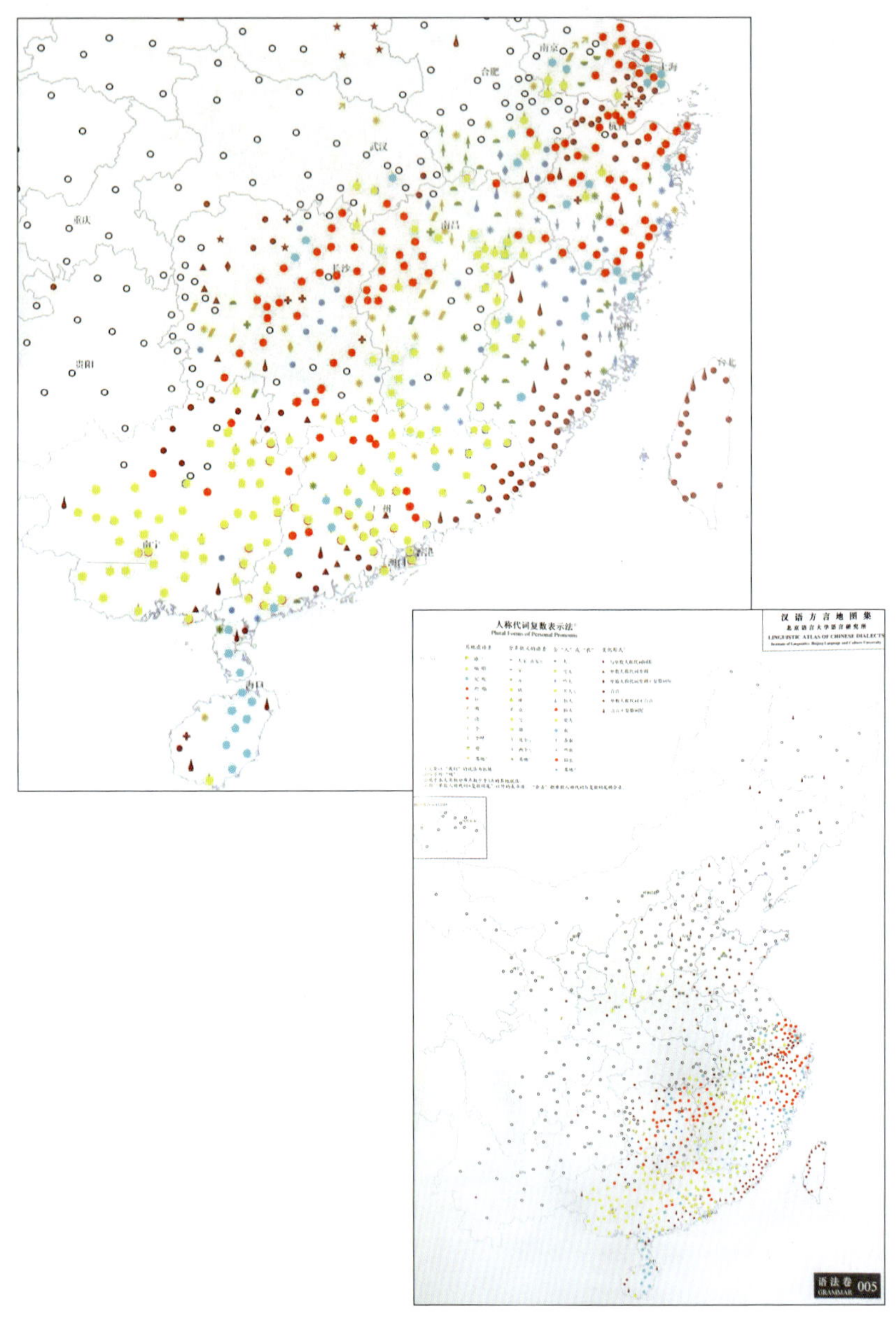

中国語方言人称代名詞複数標識分布総図〈朱論文参照〉
曹志耘主編『漢語方言地図集』(語法巻)(北京:商務印書館、2008年)を元に作成

序言

二十一世紀の現在、世界の随処で、これまで前提とされてきた様々な枠組みや関係性が大きく揺らいでいる。しかし、一方で、ながい歴史の連鎖と重みを想起させずにはいない。このような事態を、一体、どのように理解し、説明し、納得したらよいのであろうか。これは、学術研究が直面する大きな課題でもある。とりわけ、人文学のあり方が問われるであろう。

そのような今、なぜ「仏教」なのか。しかも、なぜ「仏教文明」を問題にするのか。その理由の第一は、現代のグローバリゼーションに匹敵する地球規模の流伝を惹起したのが「仏教」であるということである。とくに、日本列島に直接及んだという意味においては、少なくとも前近代の日本にとって、「漢字」のそれを凌ぐ、唯一のグローバリゼーションとなる。

第二は、したがって、「仏教」の流伝が、私たちに地球規模の視座を授けてくれることへとつながってくる。それは、単に過去がそうであったというのではなく、現代においても、また、いつでも、グローバリゼーションとその諸問題を認識できる可能性が「仏教」の研究には備わっていることを示唆している。

第三は、このような「仏教」のグローバリゼーションには、発祥をめぐる執拗な中心意識に拘束された現在史が存在しない。もちろん、「仏教」はインド亜大陸で生まれたが、皮肉なことに、インドは現在、「仏教」国ではない。逆に、「仏教」はアジア大陸に広く流伝し、今や、欧米にも及んでいる。したがって、いかなる民族も社会も国家も、自らが「仏教」とその研究の基軸たり得ると誇示する資格をもたない。言い換えれば、数多の基軸が存在するのであり、その意味において「仏教」は自由なのである。

第四は、その「仏教」を通して、グローバリゼーションがなぜ起こり、どのように起こるのかを学ぶことができる。そもそも、インドで「仏教」が定着しなかったことは、逆の意味で示唆に富むが、一方では、なぜ広く流伝し得たのか。その要件はひとつではないが、少なくとも、既存の民族社会や国家にはみられない考え方や作法などが、むしろ逆に、多くの民族社会や国家に受け容れられる要因になったのではなかろうか。その意味では、「仏教」は、個の尊重と普遍の論理とのダイナミズムのもとで、非定着性に富み、空間的にも時間的にも流動的であることを恐れない。

第五は、このようなグローバリゼーションは、一方で抵抗や摩擦、そして矛盾を常にともなっている。「仏教」の流伝は、そのことを見事に物語ってくれるであろう。なぜなら、「仏教」に遭遇する人々、社会、国家にとって、それは異文明との出会いとなるからである。そこに激しい緊張関係が生じることになるが、融合への模索と知恵もはたらく。あるいは、自他にわたる文明の転換という事態も起こる。その過程を通じて、同じ「仏教」とは言え、それぞれの差異を生み出し、それぞれの社会編制や国家秩序、あるいは君主権構築の差異をもたらすことになる。しかし、その差異は、相互の断絶や没交渉の極限を回避して、共生の可能性をも秘めていると考えたい。

第六は、「仏教」のグローバリゼーションは、「東伝」「東漸」という用語で言い表わされることが多い。しかし、「仏教」は、むしろ諸方面に拡散し、あるいは逆流し、そして還流すると言ったほうが、より正確であろう。いわゆる流伝なのである。そのなかで、「東伝」「東漸」がひとつの幹線になることは間違いないが、たとえば、中国王朝に流伝した「仏教」は、単線的な「東伝」「東漸」の結果ではなく、加えて、さらに西方へと逆発信されることがある。しかし、だからと言って、中国王朝が「仏教」の中心であることにはならないのである。

第七は、上述したような「仏教」を、所与の仏教史や仏教学のみから理解することには限界がある。もちろん、これまで制度化されてきた方法としての仏教史や仏教学の存在は尊重に値するが、文字・言語の翻訳や書写、造形表現、世俗秩序、宗教の複合化その他の諸要件を含みこむ形で「仏教」は理解されるべきであろう。グローバリゼーションとは、まさに、このような理解の仕方を求めているはずであり、ここに、「仏教」は「仏教文明」として把握される理由がある。

以上のような趣旨を踏まえて刊行されたのが本書である。本書は、姉妹編の『仏教文明と世俗秩序』と同時に刊行されるが、この二分冊は、二〇一一年度（平成二十三）から二〇一四年度（平成二十六）にわたる科学研究費助成事業（科学研究費補助金）基盤研究（A）「文明移動としての『仏教』からみた東アジアの差異と共生の研究」（研究代表者　新川登亀男）（課題番号　23242036）の成果として公刊される。また、この共同研究の研究分担者は、早稲田大学重点領域研究機構の東アジア「仏教」

文明研究所（前所長　大橋一章。現所長　新川登亀男）の研究員からなる。しかし、本書からも明らかなように、さらに多くの研究協力者を得て遂行することができた。

この研究は、三つのプロジェクトからなる。各プロジェクトとその研究分担者を記せば、以下のとおりである。（一）「世間（世俗）秩序との交差」（略称：世間秩序プロジェクト）は、君主権・国家・社会および諸集団にわたる世俗秩序の構築と改編を促す「仏教」の研究。その分担者は、李成市、川尻秋生、そして新川登亀男が加わる（以上、歴史学）。（二）「造形と諸表現」（略称：表現プロジェクト）は、彫刻・絵画・建築、また文字・言語などの諸表現と思考形態に転回を迫る「仏教」の研究。その分担者は、大橋一章（美術史学）・大久保良峻（仏教学）・肥田路美（美術史学）・河野貴美子（和漢比較文学）、城倉正祥（考古学）。（三）「宗教としての複合化」（略称：複合宗教プロジェクト）は、既存の宗教・道徳・習俗・儀礼などとの複合化を推進する「仏教」の研究。その分担者は、工藤元男（歴史学）・高橋龍三郎（考古・人類学）・森由利亜（道教学）、の以上である。

三つのプロジェクトは、そもそも、「仏教文明」の主要な三要件に対応するものと考えている。しかし、この三要件は並列するのではなく、重なり合うものであるから、かの三つのプロジェクトも、そのような仕組みに留意しながら活動をつづけた。その基盤は定例研究会（基本的には年七回）にあり、この研究会は輪番報告と意見交換の貴重な場として機能し続けた。

本書は、上記三つのプロジェクトのうち、とくに（二）「表現プロジェクト」にかかわる成果を収めた。第一部「文字・言語の翻訳と展開」は、仏典を介した「仏教」の多方面への流伝が、各種の諸言語・文字、そして文章に翻訳されることで、どのように実現していくのかを論じ、この翻訳がいかに重要な「文明」課題になるかを提示する。また、ラテン語教典の場合との比較にも及ぶ。そして、漢訳「仏教」理解への再考を促すとともに、今後の研究に委ねられるべき点がいかに多いかを物語ることにもなる。第二部「文字・言語の書写と再生」は、翻訳とは異なり、今度は文字の書写や文章の自覚的な選択を介して「仏教」の再生と変転をみる。これは、写経や典籍引用という形をとるが、翻訳との違いも含めて、見逃せない「文明」課題と言ってよい。

つぎの第三部「教理の解釈と転回」は、仏教学の必要性と可能性をあらためて想起させるとともに、その教学が、現実の歴史社会と呼応しながら大きく転回していく様が描かれる。それは今や、地球規模の流伝となり、そもそも何をもって「仏教」と言うべきなのかという問いに行きつく。この本源的な問いは、「仏教文明」をこれからさらに知るための重要な鍵となろう。第四部「仏教の造形化と浸透」は、仏菩薩等の形象表現、寺院建築の建立、造瓦や造像の技術などを解き明かす。それは、「仏教」の形象化を人々の集団社会やその思考形態と呼応させながら吟味する試みでもある。学術制度的には美術史学や考古学からのアプローチになるが、その既存の制度枠を超えた新発見・知見、そして問題提起が複眼的に示されている。最後の附録「天平改元以前の仏典・仏菩薩等一覧」は、日本列島で確認できる神亀年間（七二四～七二九）までの仏典・仏菩薩等一覧を作成したものである。データとして広く活用されることを望む。

最後に、本書に論稿をお寄せいただき、貴重な教唆をいただいた研究協力者の方々と、この共同研究との結び付きを簡略に紹介しておきたい。第一部の馬場紀寿氏は、インド・東南アジアの歴史社会と「仏教」に関する統一テーマのもとで開催された特別研究集会（早稲田大学　二〇一三年六月二十六日）にて「もう一つの『仏教』文明——上座部文化圏の歴史と特質——」を報告された。吉田豊、朱慶之、ジョン・ホイットマンの各氏は、国際シンポジウム「言語・文字の転回からみた『仏教』流伝」（早稲田大学　二〇一三年十二月二十一日）にて、それぞれ「イラン語圏における仏教受容——ソグド語圏を中心に——」、「インド仏典の翻訳にもとづく中国語の変容——中国語人称代詞の複数標記出現を例として——」、「東北アジア言語の仏典訓読とラテン語教典の読法」を報告された。船山徹氏は、日韓中共同国際シンポジウム「仏教文明の拡大と転回」（早稲田大学　二〇一四年十月二十四・二十五日）にて「十世紀末天息災の訳経初期における仏典漢訳の分業体制」の報告をお寄せいただいた。

第二部の宮﨑健司氏は、国際シンポジウム「『仏教』は、なぜ東漸したのか」（早稲田大学　二〇一二年十二月二十二日）にて「仏教伝来の周辺」を報告された。岩本健寿氏は、附録における長屋王発願経の悉皆調査に協力された。第三部の阿部龍一氏は、既掲の国際シンポジウム「言語・文字の転回からみた『仏教』流伝」にて「なぜ玄奘訳なのか——『般若心経』の東漸をめぐる旧訳と新訳——」を、また、特別講演会（早稲田大学　二〇一一年十月八日）にて「盛唐の仏教肖像画が初期平安朝廷にもたらしたもの——真言五祖像の意匠的特徴と平城太上天皇をめぐって——」を報告された。ポール・グローナー氏は、既掲の国際シンポジウム「『仏教』は、なぜ東漸したのか」にて「仏教の東流、そしてその〝海上竜巻〟〝湧昇〟〝逆流〟について——戒律と受戒を中心に——」を報告された。

第四部の劉永増氏は、ワークショップ（早稲田大学　二〇一一年三月九・一一日）にて「敦煌美術の研究方法」「敦煌美術と日本美術——密教図像研究における相互連携の可能性——」を報告された（東日本大震災のため途中で中止）。于春氏は、ワークショップ（早稲田大学　二〇一二年三月十二・十三日）にて「四川省夾江千仏摩崖造像の位置づけ」を報告された。亀田修一氏は、国際シンポジウム「『仏教』文明の東方移動——その受容と抵抗——」（早稲田大学　二〇一一年十二月九日）にて「考古学からみた仏教の伝来と受容——朝鮮半島から日本列島へ——」を報告された。中島正氏は、シンポジウム「畿内における飛鳥・白鳳寺院とその源流」（早稲田大学　二〇一二年九月二十九日）にて「南山城の古代寺院」を報告された。

本書は、このような背景のもとに上梓された共同研究の成果である。姉妹編の『仏教文明と世俗秩序』とともに、人文学と現在史にいささかなりとも貢献できれば幸いである。いわんや、「仏教文明」を考える方法としての百科全書的な役割が少しでも果たせれば、これに勝る幸せはない。加えて、さらなる教唆を広く得たいと願うものである。

二〇一五年二月

新川登亀男

目次

カラー口絵
序言……新川登亀男 (1)

第一部　文字・言語の翻訳と展開

パーリ仏典圏の形成——スリランカから東南アジアへ……馬場紀寿 3
漢語仏典と中央アジアの諸言語・文字——中世イラン語、特にソグド語仏典の場合……吉田豊 24
仏経漢訳、仏教中国語と中国語の史的変遷、発展……朱慶之（翻訳 馬之濤） 52
仏典漢訳の分業体制——天息災「訳経儀式」の再検討……船山徹 80
ラテン語教典の読法と仏典の訓読……ジョン・ホイットマン 105

第二部　文字・言語の書写と再生

正倉院文書と古写経――隅寺心経の基礎的観察……宮﨑健司 147

古代日本の仏教説話と内典・外典――『日本霊異記』を中心に……河野貴美子 169

長屋王発願経（滋賀県常明寺蔵和銅経）伝来考……岩本健寿 209

第三部　教理の解釈と転回

台密に見る密教の東漸――円仁撰『金剛頂経疏』の教学的特色を中心に……大久保良峻 239

龍女の復権――五障・転女成仏説への批判としての『法華経』龍女譚の再検討……阿部龍一 263

仏教の東流と竜巻・湧き水・逆流――戒律とその伝受……ポール・グローナー（翻訳　大鹿眞央） 309

第四部　仏教の造形化と浸透

敦煌壁画に見る八大菩薩像……劉永増（翻訳　阮麗） 345

弥勒仏像の諸相と「仏教」の流伝――四川地域の造像を例に……肥田路美 379

長安における北周時代の仏教造像——紀年銘像を中心に……于春（翻訳 肥田路美） 407
飛鳥白鳳彫刻と造仏工の系統……大橋一章 434
考古学からみた仏教の多元的伝播……亀田修一 465
南山城の古代寺院……中島正 485
下総龍角寺の測量・GPR（II期一・二次）調査とその意義……城倉正祥 509

付録 天平改元以前の仏典・仏菩薩等一覧

第一 六国史・縁起資財帳・金石文・正倉院文書編…… 555
第二 木簡編…… 584
第三 写経編…… 600
1——全体 600
2——長屋王発願経（和銅経） 606
3——長屋王発願経（神亀経） 642

あとがき……新川登亀男　647
執筆者一覧……651

第一部　文字・言語の翻訳と展開

パーリ仏典圏の形成
――スリランカから東南アジアへ

馬場紀寿

はじめに

「パーリ仏典圏」とは、古代インドの言語のひとつ、パーリ語の仏典を伝承する地域を指し、スリランカと東南アジア大陸部のミャンマー、タイ、ラオス、カンボジアとその周辺（ベトナム、中国雲南省やバングラディッシュの一部）に広まっている。パーリ仏典は、もともとスリランカに拠点を置いた上座部（Theriya）という部派、その中でも大寺（Mahāvihāra）の系統に連なる人々によって伝承されたものであり、その部派名にちなみ、近代になると、この地域の仏教を総称して上座部仏教（Theravāda Buddhism）と呼ぶようになった(1)。

このパーリ仏典圏を漢訳仏典圏(2)やチベット訳仏典圏(3)と比較するなら、後二者と共通の特徴が見えてくる。パーリ仏典圏においては、インド・ヨーロッパ語族のシンハラ語（スリランカ）、シナ・チベット語族のビルマ語

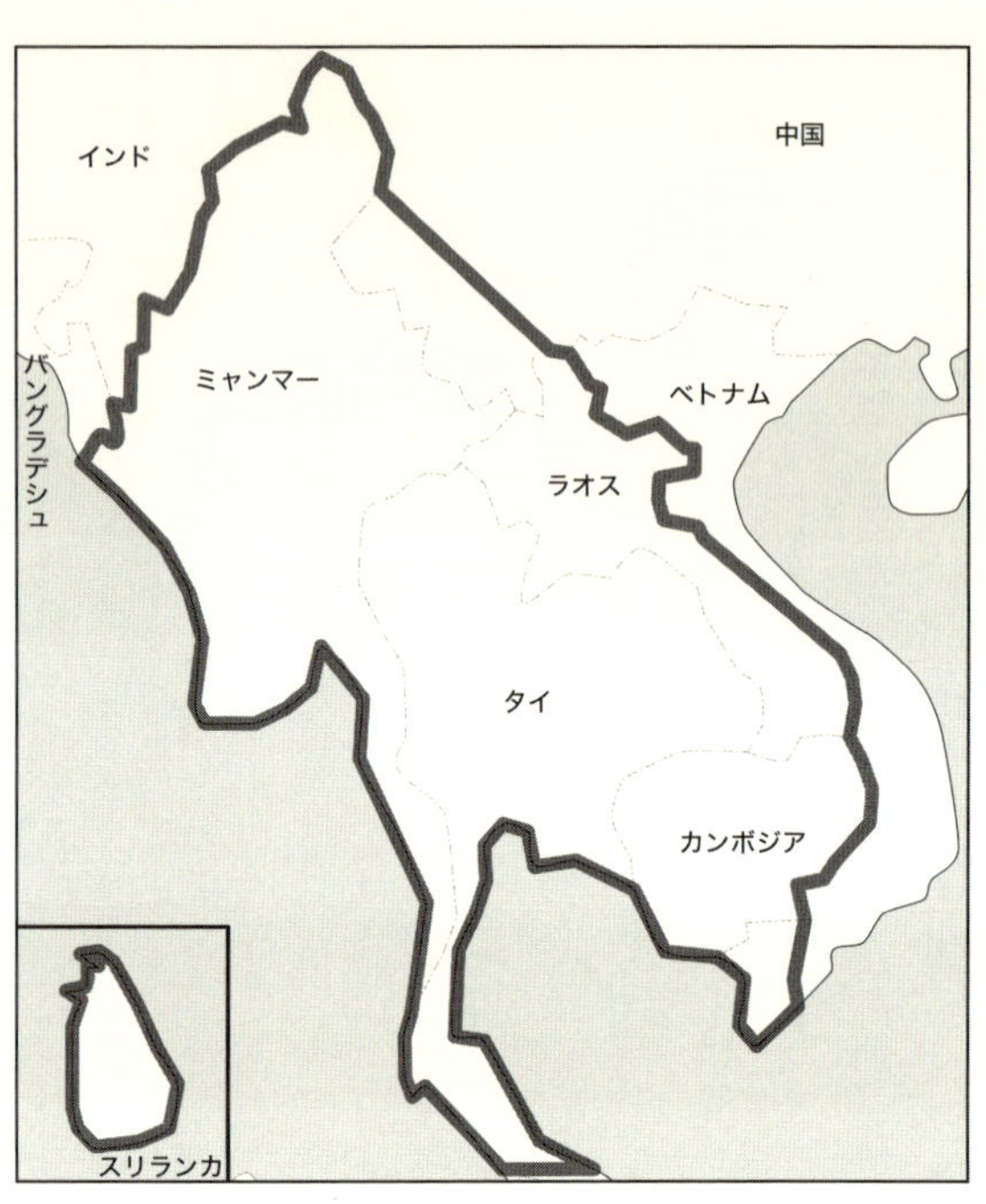

図1　パーリ仏典圏

（ミャンマー）、タイ・カダイ語族のタイ語（タイ）とラオ語（ラオス）、オーストロアジア語族のカンボジア語（カンボジア）など、語族の異なる諸言語が広がっているが、いずれもパーリ語に由来する語彙や概念を大量に含んでいる。これは漢訳仏典圏やチベット訳仏典圏で各地の言語にそれぞれ漢訳仏典やチベット訳仏典の語彙や概念が多量に含まれることとよく共通している。

他方、パーリ仏典圏に固有の特徴も見出される。漢訳仏典圏やチベット訳仏典圏ではいずれもインドの仏典をそれぞれ翻訳したのに対し、パーリ仏典圏ではインドの仏典を原語のままで伝承し続けた。また、漢訳仏典圏とチベット訳仏典圏では、その成立以前に、その規模に匹敵する文化圏が存在していなかったのに対し、パーリ仏典圏は、数世紀にわたるサンスクリット文化の圧倒的影響力が衰退した後で、スリランカと東南アジア大陸部で形成された。こうしたパーリ仏典圏の特徴や成立過程には、パーリ仏典を伝承した上座部大寺派の思想が少なからず関わっている。その点を明らかにするために、本稿では、パーリ語というインド語がなぜどのようにスリランカから東南アジア大陸部へ普及したのかを考察し、パーリ仏典圏

の形成を論じる。(4)

一　サンスクリット・コスモポリス

インドから東南アジアへの最初の仏教伝播は、この地における「サンスクリット・コスモポリス（Sanskrit Cosmopolis）」と呼ばれる国際空間を背景として起こった。(5) 四世紀、北インドにおけるグプタ朝の成立にともない、同朝が公用語としたサンスクリット語が南アジアと東南アジアの両方で普遍語（universal language）となったのである（こうした変化を「サンスクリット化（Sanskritization）」という）。(6) もちろんグプタ朝以前からサンスクリット語はあったが、それはヴェーダという聖典の言語として伝承されていたに過ぎず、サンスクリット語が知識人たちの共通語として本格的に用いられるようになったのは、グプタ朝以降のことである。四世紀以降、南アジアと東南アジアでは、碑文や銘板として今も残る行政文書はサンスクリット語で刻まれようになり、叙事詩やカーヴィアといったサンスクリット文学作品が普及し、サンスクリット経典を伝承する大乗仏教とヒンドゥー教が広がった。この状況は十二世紀まで続いた。

仏教に焦点を絞るなら、紀元前後に編纂され始めた大乗経典はプラークリット（非サンスクリットの俗語）で書かれていたのだが、サンスクリット語に直されるようになり（このような書き換えも「サンスクリット化（Sanskritization）」という）、また、新たにサンスクリット語の大乗経典が作成されるようになった。サンスクリット聖典を伝承する大乗仏教とヒンドゥー教がサンスクリット・コスモポリスの二大宗教となったのである。

今日、大乗仏教がほぼ滅んでしまった東南アジアにおいても、この時期、大乗仏教は繁栄していた。インドネシアのジャワ島のボロブドゥール遺蹟は、八、九世紀に、『金剛頂経』という密教経典に基づいて造られた寺院である。[7] カンボジアのアンコール遺跡群の多くは、九世紀から十五世紀に渡ってクメール朝の下で作られていたヒンドゥー教、あるいは大乗仏教の寺院である。さらに、中世の東南アジアでは観音菩薩像が非常に多かったことが各地の遺蹟から確認されている。[8] 中でも有名なのは、カンボジアのバイヨン寺院である。クメール朝の最盛期を築いた王、ジャヤヴァルマン七世（在位一一八一～一二一八）によって、アンコールトムという古都の中央に建てられたバイヨン寺院には、四面に巨大な観音菩薩の顔が彫られた巨大な塔が数多く整然と並んでいる。

こうした例から明らかなように、サンスクリット語を普遍語とする国際都市、「サンスクリット・コスモポリス」が南アジアと東南アジアに出現した時期に、同地でサンスクリット聖典を伝承する大乗仏教・ヒンドゥー教が広まったのである。

二　上座部大寺派の仏語論

四世紀から十二世紀にかけて南アジア・東南アジアでサンスクリット文化が広がっていたのならば、なぜ現在のスリランカや東南アジア大陸部はサンスクリット語ではなくパーリ語の仏典圏となったのだろうか。各地の政治状況の変化を脇に置いて、この問いに一言で答えるなら、「サンスクリット化」に抵抗するスリランカ仏教の一派による宗教変革がスリランカで起こり、それが東南アジア大陸部に波及したからなのである。本節では、歴史を遡って、スリランカでこの変革が起こった過程を考察しよう。

スリランカには紀元前に仏教がインドからもたらされ、王権の庇護の下、順調に仏教が発展し、大寺

(Mahāvihāra)、無畏山寺（Abhayagirivihāra)、祇多林寺（Jetavanavihāra）といった拠点が形成された。このうち、大寺の成立はこれら三ヶ寺の中でももっとも古く、紀元前三世紀から紀元前二世紀だと想定される。

しかし、現存資料から判断する限り、「上座部」「大寺」という呼称が碑文に現れ、大寺派が自覚的に自らの正統性を主張し始めるのは、三、四世紀頃にまで下る。ちょうどこの時期、大寺派はスリランカと交易関係にあったインド沿岸の諸都市へも伝播しつつあった。四世紀に、大寺の立場に立ってスリランカの歴史を書いた『島史（*Dīpavaṃsa*）』は部派分裂の歴史を詳述し、他派が大なり小なり仏説を損なったのに対し、上座部のみが一連の結集でまとめられた仏説を完全なかたちで伝承したと主張している。(9) おそらく、上座部大寺派は、他部派と接触する中で仏教全体の中での自派の優位性を戦略的に主張し始めたのであろう。(10)

さらに、五世紀前半になると、大寺派は仏語（ブッダの言葉）に関して大寺派独自の主張を展開し始めた。これが五世紀以降の大寺派の方向性を大きく決定することとなる。

第一に、大寺派は第一結集記事に関連して「一切の仏語」の構成と範囲をパーリ語で規定した。(11) 律註・経註・論註という各註釈文献の冒頭に、この「一切の仏語」が詳説され、律蔵（経分別・犍度部・付随）、経蔵（五部）、論蔵（七論）の構成と範囲を明示した定義が掲げられている。その定義は、他部派における三蔵の記述に比べて圧倒的に詳細であり、経蔵の長部・中部・相応部・増支部の構成と経典数が明示され、小部の収録経典の一々が挙げられている。五世紀にパーリ語で作成されたこの「一切の仏語」のリストは五世紀以降も（一貫して、あるいは、断続的に）継承された。その意味で、上座部大寺派は、三蔵を閉じられた仏典集成としたのである。

しかも、註釈文献により、この「一切の仏語」は一連の結集において長老達によってまとめられた仏説であると説明されている。長老（上座）たちによって結集された仏説を継承すると称する上座部大寺派にとって、結集された「一切の仏語」こそ、彼らの正統性を保証するものである。結集された「一切の仏語」が閉じられた必然的結果として、大寺派の三蔵に入っていない大乗経典は仏説としては認められないこととなる。

第二に、上座部大寺派が「マガダ語（Māgadhī）」こそが正しい仏典言語であるというパーリ語原理主義ともいうべき仏語論を展開した点である。大寺ではパーリ語をブッダが活動したマガダ地方の言葉だと見なして、「マガダ語」という呼称で呼んでいた。五世紀に編纂されたパーリ文献、『清浄道論（*Visuddhimagga*）』では、このマガダ語こそが「一切衆生の根本言語」[12]であると見なしている。また、同じく五世紀に成立したと想定されるパーリ文献、『迷妄の除去（*Sammohavinodanī*）』は、この「一切衆生の根本言語」について、要約すると、次のような説明をしている。[13]

人は幼児のときに両親が語りかける言語を身につける。しかし、もし双方の話を聞かなければ、マガダ語を話すであろう。村から離れた大きな森林で生まれ、そこで誰が話しているのも耳にしなければ、その者は、自己の本性によって言葉を起こし、マガダ語だけを話すだろう。人間界のみならず、地獄、畜生、餓鬼、天界においても、マガダ語が本来の言語であった。アンダカ語、タミル語などのマガダ語以外の言語は変化するが、この神聖な言語、聖者の言語といわれるこのマガダ語のみは変化することがない。正等覚者も、三蔵の仏語を伝える場合は、マガダ語だけによって伝える。

上座部大寺派がこのような仏語論を堅持したのは、この派が当時南アジアと東南アジアに展開していた「サンスクリット化」の流れに抵抗していたことを端的に示している。彼らにとって、仏説は一連の結集によってまとめられた三蔵であり、その言語はマガダ語（パーリ語）に他ならない。いわば、サンスクリット語で書かれた仏典は、正しい仏典ではないのである。

「サンスクリット・コスモポリス」の時代になると、仏典がサンスクリット語に書き換えられ、またサンスクリット語の仏典が作成されるようになっていった。西北部インドで最大の勢力を誇っていた説一切有部はサンスクリット語で仏典を伝承し、また、多くの大乗仏典がサンスクリット語で制作された。

スリランカの上座部でも、大寺派外ではサンスクリット大乗経典を受け入れていた。紀元前一世紀、ヴァッタガーマニー・アバヤ王によってアヌラーダプラという都の北部にある山に建立された無畏山寺では、サンスクリット密教経典である『宝篋印経』(14)と『金剛頂経』(15)が用いられていたことが確認されている。七世紀の前半にインド各地を周遊した玄奘によると、スリランカの上座部は二派あって、大寺が大乗を斥けているのに対し、「無畏山寺では大乗と小乗を兼学していた」(16)という。後に大寺や無畏山寺と並び称される祇多林寺もサンスクリット大乗仏典を受容していたことが、この寺院の跡から『二万五千頌般若経』の黄金写本が発見されたことによって確認されている。(17)

スリランカに伝来していたことが確認された経典だけを見ても、『宝積経（迦葉品）』のような初期大乗経典から、『二万五千頌般若経』『三身讃』のような中期大乗仏典、『宝篋印経』『金剛頂経』のような密教経典まで多様な文献が幅広く伝わっている。『大慈恩寺三蔵法師伝』によれば、スリランカには『瑜伽論』を理解する者たちがいたというから、この瑜伽行派の大部の論書も伝わっていた可能性が高い。(18)さらに、中世スリランカの遺跡から観音菩薩像やターラー像などの大乗の尊像が数多く発見されている。つまり、中世スリランカは大乗のさまざまな経典や大部の論書がもたらされており、出家者(19)にも民間にも大乗の信仰は広まっていたのである。

ここで確認しておかなければならないのは、上座部を含む部派と大乗の関係である。もし部派とは小乗であると考えて、部派と大乗を相互排他的な関係に捉えると全く見誤ってしまう。そもそも「部派（Nikāya）」とは、出家者の属する戒の系統を示すある種の集団であって、大乗・小乗とはまったく別のカテゴリーである（誤解を恐れずにあえて喩えるなら、部派が出身大学、大乗は所属学会のようなもので、特定の部派に連なる出家者が大乗を信じることはまったく矛盾しない）。大乗は部派の壁を越えて広がり、南アジアと東南アジアを覆った「サンスクリット化」の波はスリランカの上座部にも及んでいたのである。

こうした「サンスクリット化」に抵抗していたのが上座部大寺派に他ならない。大寺では、仏典をサンスクリットへ書き換えることなく、パーリ語の仏典を堅持して大乗仏典を「非仏語」と見なし、排斥した。つまり、五、六世紀から十二世紀頃までのスリランカでは、無畏山寺や祇多林寺を拠点とする大乗兼学の上座部と大寺を拠点とする反大乗の上座部とが並存・競合していたことになる。こうした状況が一変するのは、十二世紀になってからである。

三　パーリ仏典圏の成立

十二世紀になると、数世紀にわたって続いたサンスクリット・コスモポリスの時代もようやく終焉を迎えつつあった。十一世紀から十二世紀にかけて、現在のアフガニスタンに興ったイスラーム王朝、ガズナ朝やゴール朝がインドへ進出し、十三世紀以降、北インドでイスラーム王権が樹立する大きな契機となった。ガズナ朝やゴール朝ではペルシア語が官僚の公用語であったため、北インドを中心としてペルシア語が次第に知識人の言語の地位を獲得していくこととなる。

サンスクリット・コスモポリスの終焉とともに、インド仏教も急激に衰退の一途を辿った。インド最後の仏教王朝、パーラ朝は十二世紀後半に滅び、かろうじて命脈を保っていたナーランダー、ヴィクラマシーラといった大寺院も十三世紀初頭にはゴール朝の遠征軍によって破壊され、その結果、インド本土における仏教の拠点が失われた。

こうしたインド本土の激変に平行して、スリランカでも大きな政治的変化が起こっていた。十二世紀に在位した王、パラークラマバーフ一世（在位一一五三～一一八六）がスリランカを統一したのである。貯水池を掘り、運河を開くなど、社会基盤を整備し、農耕や交易の発展に尽力したこの王の時代に、中世のスリランカは最盛期を迎える。

十三世紀頃に成立したスリランカの史書、『小史』によれば、パラークラマバーフ一世は、スリランカ統一とともに、仏教僧団をも統一した。それまで並存していた大寺と無畏山寺と祇多林寺という三派を「和合」させたのである。ここで「和合」と呼ばれているその実態は、「大寺派」を中心としてスリランカの仏教僧団を統一したということである。パラークラマバーフ一世はまず大寺を和合させている。大寺で戒を守らない比丘（正式な出家修行者）を還俗させ、あるいは沙弥（比丘の見習い）に格下げした。そして、戒を守っている比丘のみを比丘として認めた。それに対して、「仏説ではない方広蔵（Vetullapitaka）など」[20]を仏説だと主張していた無畏山寺と祇多林寺の場合は、みな戒を守っていなかったという理由で、両寺の比丘全員を還俗させ、あるいは沙弥に格下げしたのである。

「無畏山寺」と「祇多林寺」が伝承していたとされる「方広蔵」とは大乗経典を指すから、大乗排斥派である大寺による仏教僧団の統一によって、大乗経典はこの地で「仏語」として認められなくなった。その結果、大乗仏教はスリランカ史の表舞台から姿を消したのである。[21]これはスリランカの仏教が反大乗の道を自覚的に歩み始めたことを意味している。

以上のスリランカの上座部改革は、スリランカにとどまらず、東南アジア大陸部にも波及していった。モンゴル帝国が大理国（今日の中国の雲南省）を征服し、さらにパガンに侵攻した十三世紀に東南アジアで成立した諸王権は、次々と改革後のスリランカ仏教を導入していったのである。

ミャンマーでは、十一世紀以前[22]にスリランカの上座部が伝わっていたが[23]、サンスクリット仏典を伝える他系統の仏教も伝わっており[24]、決して上座部がこの地の仏教界を独占していたわけではなかった。十三世紀、モンゴル帝国の侵攻を受けて、ビルマ族最初の王朝、パガン朝が急速に衰退すると、モン族の王朝、ペグー朝（ハンサワディ朝）がミャンマー南部で勃興し、海外交易に力を入れて十六世紀まで続いた。ミャンマーの仏教史に決定的な役割を果たしたのは、このペグー朝の王、ダンマゼーディ（在位一四七二〜一四九二）である。

ダンマゼーディ王はスリランカに出家者を派遣して上座部大寺派の戒統で受戒させ、彼らがミャンマーに帰国すると、スリランカの地名にちなんで「カルヤーニー」と名付けた戒壇を設置して、彼らに多くの出家者を受戒させた。[25]その後、このカルヤーニーの戒統によらねば正式の出家とは見なされなくなったため、この国ではすべての出家者がスリランカ、すなわち上座部大寺派の戒統に属することになったのである。

他方、遅くとも十一、二世紀にはインドシナ半島各地に居住していたタイ族は、十三世紀から十四世紀にかけてスコータイ朝、アユタヤ朝、ラーンサーン朝といったタイ系王朝を樹立していった。これらの王朝はみな一様にスリランカの上座部を導入していく。

十三世紀から十五世紀にかけて、タイ族最古の王朝スコータイ朝は、メナム川上流にあるスコータイに都を置き、タイ北部で繁栄した。王国の最盛期を築いたラーマカムヘーン王（在位一二七五頃～一二九九頃）はスリランカからタイ南部に伝来して「ランカー派」と呼ばれる仏教を導入し、歴代の諸王はスリランカの上座部仏教を手厚く保護した。(26)

スコータイ朝に少し遅れて成立し、タイ南部（現在のバンコク近郊）に都を置いたアユタヤ朝は、十四世紀から十八世紀まで続き、スコータイ朝を吸収して拡大した。この王朝では、十五世紀にミャンマーからカルヤーニー戒壇に由来する戒統を招き入れ、十八世紀にはスリランカから長老を招いて、スリランカの上座部大寺派の系統を尊重し続けた。(27) このタイの上座部を直接的または間接的に導入したのが、カンボジアとラオスである。

カンボジアでは、九世紀以降、クメール朝の下、ヒンドゥー教と大乗仏教が繁栄していたが、上座部がそれに取って代わっていった。十三世紀末に上座部大寺派系を指すと思われる仏教がカンボジアで流布していたことを示す中国の記述があること、また十四世紀にはパーリ語の碑文が確認されるという事実から、遅くとも十三世紀末には上座部大寺派系の仏教がもたらされ、国家の宗教としての地位を確立していったと考えられる。(28) カンボジアがアユタヤ朝の圧倒的な影響下に置かれるようになると、ますます上座部がタイから浸透していった。

ラオスでは、十四世紀の中頃にラーンサーン朝が成立し、分裂しつつも十八世紀初頭まで続いた。この王朝でもカンボジアやタイから上座部大寺派の戒統を受けた長老が招かれ、彼らが伝えた仏教が王朝の保護・支援を受けて繁栄した。(29)

このように、十三世紀から十五世紀にかけて、東南アジア大陸部の各王権は、次々とスリランカの上座部を導入していった。スリランカからミャンマーへ伝えられ、そしてミャンマーからタイへ伝えられる一方で、逆に、タイやミャンマーからスリランカへ逆輸入される場合もあって、これらの国々の僧団は緊密な相互交流により発展を続けたことが分かる。(30)十五世紀から十七世紀にわたる大交易時代に東南アジアが活況を呈したこと、(31)その中でも海外交易に熱心だったアユタヤ朝において上座部仏教が他教にも寛容な環境を作ることに貢献していたこと(32)を考えると、上座部大寺派の東南アジア進出が果たした歴史的役割は大きい。

上座部大寺派の系統に連なる出家者達はパーリ仏典を伝承したため、大寺派系統の仏教が広まったスリランカと東南アジア大陸部ではパーリ仏典が唱えられ、書写され、学ばれるようになった。そうした仏典伝承の一連の過程を通して、パーリ語からもたらされた表現や概念が定着し、今日にいたる「パーリ仏典圏」がスリランカと東南アジア大陸部に現出したのである。

四　パーリ仏典圏の近代

ベネディクト・アンダーソンが指摘するように、近代国家は印刷技術を前提として成立した。(33)パーリ仏典圏の各国も、近代化の過程で印刷技術を導入していった。興味深いことに、その最初期の出版事業は、それぞれ自国の文字によるパーリ仏典の出版だったのである。

翻訳仏典を用いる漢訳仏典圏(34)やチベット訳仏典圏(35)では漢字やチベット文字が文字として共有されていたのに対し、パーリ仏典圏で写本に書写される場合は、シンハラ文字、ビルマ文字、タイ文字、タム文字、クメール文字といった各地の文字で書写されていた。いずれもインド系の文字だが、漢訳仏典やチベット訳仏典のように文字が統一されてはおらず、各地でそれぞれ独自の字形を形成した。これは、南アジア・東南アジアにおいて、仏典の継承が口頭伝承を中心としていたからである。仏典は基本的に口頭で唱えられるものであって、文字に書写されたものは二次的な役割しか果たしてはいなかった。

十九世紀後半、ミャンマーの最後の王朝となったコウンバウン朝のミンドン王（在位一八五三〜七八）の命により、首都マンダレーで三蔵全体が石版に刻まれた。一八六〇年に作成を開始し、一八六八年に完成したこの大理石の石版は、七二九枚に及ぶ。続いて、ミンドン王は、一八七一年に第五結集を催した。数々の仏教振興策を打ち出したミンドン王は、三蔵のさまざまな異読を放置するのではなく、三蔵の読みを確定しようとしたのである。[36] これは、それまで口頭伝承と写本に依存してきたパーリ仏典圏の近代化を告げる出来事だったと言ってよい。この後、イギリスの植民地統治下にあったラングーンでは、Hanthawaddy PressやP. G. Mundyne Pitaka Pressといった印刷所からパーリ仏典が出版されていった。[37]

ヨーロッパでは、インド・ヨーロッパ語族の発見後、古代インド語であるパーリ語への関心が徐々に高まって研究が進められ、一八五五年にファウスベール（一八二一〜一九〇八）によって校訂出版された法句経（*Dhammapada*）を嚆矢として、研究者らによってパーリ語をローマ字で表記した学術的価値の高い校訂本が出版され始める。一八八一年には、リス・デーヴィッツ（一八四三〜一九二二）によってパーリ文献協会（Pali Text Society）がロンドンに設立され、イギリスの植民地だったスリランカやビルマで集められたパーリ語写本に基づいて、パーリ文献の校訂本が続々と出版されるようになった。パーリ文献協会設立に続いて、スリランカや東南アジアにおいてもパーリ文献の出版が進められるようになる。

タイでは、チュラーロンコーン王と呼ばれるラーマ五世（在位一八六八〜一九一〇）の即位二十五年を記念して、一八八八年から九三年にパーリ三蔵が出版された。一九一九年から二八年には、ラーマ六世（在位一九一〇〜二五）

の下、主にパーリ註釈文献が出版され、一九二五年から二八年には、ラーマ七世（在位一九二五〜三五）の下、第二版の三蔵が校訂出版されて、第一版では収録されなかった仏典も出版された。これらタイ文字で印刷されたパーリ三蔵とパーリ註釈文献は、タイ王室版（Thai Royal edition）と呼ばれる(38)。

スリランカでは、大菩提協会（Mahā Bodhi Society）を設立し(39)、近代における仏教復興運動の旗手となったアナガーリカ・ダルマパーラ（一八六四〜一九三三）の一族の資金によって、サイモン・ヘワヴィタルネ遺産叢書（Simon Hewavitarne Bequest Series）と呼ばれる、シンハラ文字で印刷されたパーリ註釈文献の出版が一九一七年に開始され、一九五二年に完結した。イギリスのパーリ文献協会が当時パーリ三蔵の出版に集中していた中で、この叢書はそれまであまり顧みられなかった註釈文献を出版した点に大きな特色がある。

第二次大戦後、イギリスの植民地だったビルマとスリランカが独立すると、両国は、仏陀生誕二五〇〇年を記念し、新生国家の威信をかけて浩瀚なパーリ仏典叢書を刊行した。ビルマでは「第六結集」を開催し、一九五四年から五七年にかけて三蔵が出版され、五七年以降は同叢書で註釈文献が出版された。これらビルマ文字で印刷された仏典叢書は、ビルマ第六結集版（Chaṭṭhasaṅgāyana edition）と呼ばれる。また、スリランカでは、一九五七年からシンハラ文字で印刷された三蔵とそのシンハラ語訳を対照させたブッダ・ジャヤンティ版（Buddha Jayanti edition）が出版された。

フランスの植民地だったカンボジアでは、一九二九年からマハーニカーイ派の大管僧長の主導でカンボジア語の対訳を載せたパーリ三蔵の編纂を開始し、独立後の一九六九年に完成した(40)。完成の翌年、一九七〇年には内戦が始まり、カンボジアの仏典の多くが失われるという悲劇に見舞われている。カンボジア同様、フランスの植民地だったラオスでは、独立後、一九七五年にルアンパバーンの寺院で三蔵の刊行を開始したが、奇しくも、同年に革命が起こり、計画は頓挫した。

このように、パーリ仏典圏の近代は、欧米におけるパーリ文献の校訂本出版[41]と平行して、それまで口頭伝承と写本で伝えてきたパーリ仏典を各地の文字で出版する時代だった。その多くは、国家が積極的に支援して、パーリ三蔵やパーリ註釈文献を叢書として大々的に出版したのである。

五　言語名としての「パーリ語」の成立

言語の呼称は、人々がどのようにその言語を捉えているかを端的に表す。パーリ語の場合も、例外ではない。パーリ語の呼称は、パーリ仏典圏の形成に平行して変化していった。本節では、その変遷を大きく三段階に分けて考察する。

諸部派の律典が伝えるところによると、仏陀は「自らの言葉で（sakāya niruttiyā）」教えを伝えるように弟子に述べ、特定の言語で布教することを認めなかった[42]（と少なくとも初期仏教では信じられていた）。そのため、北インド各地の言語で伝承が伝えられ、仏典の編纂・伝承の過程でそれら様々な言語による伝承をまとめるために、仏典の言語を標準化した。今日、我々が「パーリ語」と呼ぶ言語は、こうして生まれた人工的な言語であって、どこか特定の地域の言語ではない[43]。

しかしながら、第二節で述べたように、上座部大寺派はパーリ語を仏陀が活動した「マガダ地方の言語」を意味する「マガダ語」と呼んでいた。そして、この「マガダ語」こそが「一切衆生の根本言語」であり、仏説を伝えるのに最もふさわしい言語だと主張したのである。「マガダ語」という呼称とこのような主張は、遅くとも五世紀に現れた。これが第一段階である。

六世紀から十一世紀の間、「マガダ語」を指す際に、「パーリの言葉（pālibhāsā）」という表現がスリランカの言葉を指す「シーハラ語」や「(ランカー)島の言葉」といった表現との対で使われるようになる。ここでの「パーリ」という語は言語名を意味していたわけではない。本来「パーリ」とは註釈対象としての三蔵の「本文」や「文献」を意味し、この単語が歴史上最初に現れる四、五世紀のパーリ文献では「註釈」との対比で用いられていた用語だから、あくまで「文献の言葉」または「正典の言葉」を意味して用いられていた。

この「文献の言葉」を意味した表現（pālibhāsā）が、十二、三世紀になると固有名詞化し、「マガダ語」の同義語として用いられるようになる。(44) これが言語名としての「パーリ語」の誕生である。その後も依然として「マガダ語」がこの言語の主要な呼称であり続けたが、「マガダ語」と平行して、「パーリ語」とも呼ばれるようになった。これが第二段階である。

言語名としての「パーリ語」が登場した時期は、上座部大寺派がそれまで複数の派に分かれていたスリランカの仏教界を統一した時期とほぼ重なる。スリランカから東南アジア大陸部に仏教（上座部大寺派）が広まり、パーリ仏典圏が成立するにしたがって、仏典の言語を指す名詞として「マガダ語」と「パーリ語」という呼称がこの地域一帯に広まったのである。

十七世紀以降、西欧においてこの言語が紹介され、次第に英語などの欧米語で「パーリ（Pali）」が言語名として定着していき、十九世紀には、日本語でも「パーリ語」という固有名詞が採用された。パーリ仏典圏の外では「パーリ語」という呼称がこの地の仏典言語を指す固有名となったのである。これは第三段階に位置づけられよう。

以上のように、もともと「マガダ語」と呼ばれていた言語が後に「パーリ語」という別名をもつようになり、パーリ仏典圏の外ではこの別名がこの言語の固有名詞となったのである。

おわりに

パーリ仏典圏が他の仏典圏（漢訳仏典圏・チベット訳仏典圏）と性質を異にしている最大の理由の一つは、上座部大寺派に由来する強力な仏語論にある。上座部大寺派の三蔵こそが一連の結集でまとめられた仏語の集成であり、「マガダ語」とは仏陀自身の言語であるというその主張は、四、五世紀にスリランカで確立し、サンスクリット・コスモポリスの衰滅後、十二世紀から十五世紀にかけてスリランカと東南アジア大陸部を覆って、今もパーリ仏典圏に響き渡っている。

注

（1） Theravādaという呼称が近代に生まれた過程は、次の論集により明らかにされている。Peter Skilling, Jason A. Carbine, Claudio Cicuzza, Santi Pakdeekham (ed.), *How Theravāda is Theravāda: Exploring Buddhist Identity*, Chiang Mai: Silkworm Books, 2012.

（2） 「漢訳仏典圏」とは、漢語に訳されたインド仏典を伝承する地域を指し、中国の大半、台湾、ベトナム、朝鮮半島、日本に広まっている。大乗仏教が信奉される。

（3） 「チベット訳仏典圏」とは、チベット語に訳されたインド仏典を伝承する地域を指し、現在の中国のチベット自治区を中心に、青海省、四川省・甘粛省・雲南省の一部、ブータン、モンゴル、ロシアの一部（ブリヤート、トゥヴァ、カルムイク）、インドの北部のラダック地方に広まっている。大乗仏教が信奉され、その中でも密教が最も重視される。

（4）本稿ではパーリ仏典圏の特質と拡大に焦点を当てるため、上座部と大乗の関係やスリランカの大乗についての詳細は別稿に譲る。馬場紀寿「上座部仏教と大乗仏教」（『シリーズ大乗仏教２　大乗仏教の誕生』、春秋社、二〇一一年）、一四〇―一七一頁。

（5）Sheldon Pollock, *The Language of the Gods in the World of Men: Sanskrit, Culture, and Power in Premodern India*, Berkeley, Los Angels, London: University of California Press, 2006.

（6）青山亨「サンスクリット化」（『新アジア仏教史04　スリランカ・東南アジア　静と動の仏教』、佼成出版社、二〇一一年）二六〇―二六四頁。

（7）石井和子「ジャワの王権」（『変わる東南アジア史像』、山川出版社、一九九四年）六九―八九頁。

（8）Nandana Chutiwongs, *The Iconography of Avalokiteśvara in Mainland Southeast Asia*, Leiden: Rijksuniversiteit, 1984.

（9）佐々木閑「部派分派図の表記方法」（『印度学仏教学研究』四七巻一号、一九九八年）一二六―一三四頁（横）参照。

（10）前掲注4馬場論文、一五六―一五七頁。

（11）馬場紀寿『上座部仏教の思想形成――ブッダからブッダゴーサへ』（春秋社、二〇〇八年）二一一―二一九頁。

（12）*māgadhikāya sabbasattānaṃ mūlabhāsāya* (Henry Clarke Warren (ed.), Dharmananda Kosambi (rev.), *Visuddhimagga of Buddhaghosācariya*, Cambridge Mass., Harvard University Press, 1950, p. 373, §25-26).

（13）*Sammohavinodanī*, PTS, pp.387-388.

（14）前掲注4馬場論文、一四七頁。

（15）Rangama Chandawimala, *Buddhist Heterodoxy of Abhayagiri Sect: A Study of the School of Abhayagiri in Ancient Sri Lanka*, Germany: Lambert Academic Publishing, 2013, pp.128-150.

（16）阿跋邪祇釐住部、學兼二乘、弘演三藏（大正五一、九三四上）。

（17）前掲注4馬場論文、一四六頁。

（18）是時聞海中有僧伽羅國（此云執師子也）、有明上座部三藏及解《瑜伽論》者。（大正五〇、二四一上）。

（19）Vincent Tournier "Mahākāśyapa, His Lineage, and the Wish for Buddhahood: Reading Anew the Bodhgayā Inscriptions of

Mahānāman," *Indo-Iranian Journal*, 57, 2014, pp.1-60.

（20） Wilhelm Geiger ed., *Cūlavaṃsa*, Pali Text Society, 1980, Ch.78, v.21.

（21） 大乗経典は仏典としての正統性を失ったが、それをもって大乗に由来する信仰が絶え果てたわけではない。ジョン・ホルトは、大乗の観音菩薩が上座部王朝の守護神として、ヒンドゥー教のヴィシュヌ神が仏教の守護神としてスリランカで崇拝されるようになった経緯を明らかにしている。John Holt, *Buddha in the Crown: Avalokiteśvara in the Buddhist Traditions of Sri Lanka*, New York: Oxford University Press, 1991; *The Buddhist Visnu: Religious Transformation Politics and Culture*, New York: Columbia University Press, 2004.

（22） スリランカの史書、『小史』によれば、十一世紀のスリランカの王、ヴィジャヤバーフ一世（在位一〇五五～一一一〇）が、パガン朝のアノーヤター王（在位一〇四四～一〇七七）に依頼してミャンマーから出家者を招いて戒統を再導入したとあるから（*Cūlavaṃsa* Ch.60, vv.4-8）、十一世紀以前にはミャンマーにスリランカから上座部が伝わっていたと考えられる。

（23） Prapod Assavavirulhakarn, *The Ascendancy of Theravāda Buddhism in Southeast Asia*, Chiang Mai: Silkworm Books, 2010.

（24） Niharranjan Ray, *Sanskrit Buddhism in Burma*, Leiden, 1936, repr., Bangkok: Orchid Press, 2002.

（25） 伊東利勝「エーヤーワディ流域における南伝上座仏教政治体制の確立」（『岩波講座東南アジア史第二巻 東南アジア古代国家の成立と展開』、岩波書店、二〇〇一年）二八七―三一六頁。

（26） 石井米雄『上座部仏教の政治社会学』一〇一―一一九頁。

（27） 森祖道「上座部仏教教団の相互支援と交流」（『新アジア仏教史04　スリランカ・東南アジア　静と動の仏教』佼成出版社、二〇一一年）八四頁。

（28） 奥平龍二「上座仏教国家」（『変わる東南アジア史像』、山川出版社、一九九四）九四―九五頁。

（29） 小林知、吉田香世子、「カンボジアとラオスの仏教」（『新アジア仏教史04　スリランカ・東南アジア　静と動の仏教』佼成出版社、二〇一一年）二九八―九頁。

（30） 前掲注27森論文、六九―一〇五頁。

（31） Anthony Reid, *Southeast Asia in the Age of Commerce 1450-1680*, London: Yale University Press, volume 1, 1988, volume 2, 1993. アンソニー・リード『大航海時代の東南アジア』（平野秀秋・田中優子訳、法政大学出版社）第一巻、一九九七年、第二巻、二〇〇二年。

（32）弘末雅士『東南アジアの港市世界　地域社会の形成と世界秩序』（岩波書店、二〇〇四年）四二―四四頁参照。

（33）ベネディクト・アンダーソンは、近代国家の成立条件が出版を通じて想像される共同体にあることを指摘している。Benedict Anderson, *Imagined Communities: Reflections on the Origin and Spread of Nationalism*, Revised edition, London: Verso, 2006. ベネディクト・アンダーソン、『定本 想像の共同体――ナショナリズムの起源と流行』（白石隆・白石さや訳、書籍工房早山、二〇〇七年）。

（34）東アジアでは十世紀、九七一年（開宝四）に宋の太祖皇帝の発願で勅版大蔵経（年号にちなんで「開宝蔵」とも呼ばれる）が開版された。蜀（四川省）で版木が彫られ、宋の都、開封で印刷されたこの勅版大蔵経に続いて、中国（契丹版、東禅寺版、開元寺版、金版など）のみならず朝鮮（高麗版）や日本（寛永寺版、黄檗版）においても大蔵経が印刷されるようになった。

（35）チベット大蔵経のカンギュル（仏説部）は十五世紀、一四一〇年（永楽八）、明の永楽帝により開版されたのを機とし、テンギュル（論説部）は遅れて十八世紀、一七四二年（雍正二）、清の雍正帝により開版されたのを機として、チベット仏典圏で大蔵経の出版（チョーネ版、ナルタン版、デルゲ版、ラサ版など）が続々と行われた。池田巧、中西純一、山中勝次『活きている文化遺産 デルゲパルカン チベット大蔵経木版印刷所の歴史と現在』（明石書店、二〇〇三年）一六三―一六四頁参照。

（36）原田正美「近現代ビルマ（ミャンマー）における「経典仏教」の変遷」（『〈境域〉の実践宗教』、京都大学出版会、二〇〇九年）四五四―四五七頁参照。

（37）一八七〇年代以降、下ビルマでは印刷が本格化しており、仏教復興に活躍したレーディー長老（一八四六～一九二三）はこの時期にパーリ語等の作品を著している。前掲注36原田論文、四五七―四六五頁、四九七頁参照。

（38）水野弘元『パーリ語文法』（山喜房佛書林、一九五五年）二一二―二一三頁。

（39）大菩提運動の影響により、近代の反カースト運動として、ネパールでも上座部仏教が広まっている。Cf. Sarah LeVine & David N. Gellner, *Rebuilding Buddhism: The Theravada Movement in Twentieth-Century Nepal*, Cambridge: Harvard University Press, 2007.

（40） 前掲注29小林・吉田論文、二八八頁。

（41） 欧米における校訂本の出版がアジアに与えた影響は今後多角的に検討する必要がある。たとえば、ハーヴァード東洋叢書（Harvard Oriental Series）の創設者の一人、ヘンリー・クラーク・ウォレン（Henry Clarke Warren）（一八五四〜九九）が『清浄道論（*Visuddhimagga*）』の編集を完成せずに亡くなった後に、依頼されて完成したのは、スリランカで出家した経験のあるインド人パーリ学者、ダルマーナンダ・コーサンビー（Dharmananda D. Kosambi）（一八七六〜一九四七）である。彼に会ったアンベードカルは、後に仏教へ回心し、インドにおける仏教復興運動を始めることとなる。

（42） John Brough, “Sakāya Niruttiyā”, *The Language of the Earliest Buddhist Tradition*, Göttingen: AAWG, Nr. 117, 1980, pp.35-42.

（43） オスカー・フォン・ヒニューバーは、仏典編纂によって生まれた言語を仏教中期インド語（Buddhist Middle Indic）と呼び、パーリ語をそれから派生した言語と位置づける。Oskar von Hinüber, “The Oldest Literary Language of Buddhism,” *Selected Papers on Pāli Studies*, Oxford: Pali Text Society, 1994, pp.177-194.

（44） Kate Crosby, “The Origin of the Language Name Pāli in Medieval Theravāda Literature”, *Journal of the Center for Buddhist Studies* 2, 2003, pp.70-116.

漢語仏典と中央アジアの諸言語・文字

——中世イラン語、特にソグド語仏典の場合

吉田　豊

はじめに——中央アジアの仏教概観

中央アジアとは、パミール高原の東西にひろがる地域で、現在の中華人民共和国の西北部、特に新疆ウイグル自治区、旧ソ連領の中央アジア諸国（ウズベク、タジク、キルギス）及びアフガニスタンにほぼ対応する。俗にシルクロードと呼ばれている地域である。ここには現在主にチュルク系の言語を話す民族が居住し、パミールをはさんで、東・西トルキスタンとも一般には呼ばれている。その住民の大半はイスラム教を信仰している。

この地域は、十世紀頃を境にチュルク化するとともにイスラム化していくが、それ以前はインド・ヨーロッパ語族に属する言語を話す民族が居住し、仏教が信仰されていた。その時代ここはクシャーン朝（一～三世紀）、エフタル（五～六世紀）、突厥（六～七世紀）、唐（七～八世紀）のような巨大な政治勢力の影響下にあったが、おおむね

独立しており、独自の文化をはぐくむことができた。オアシス文化の時代と呼ぶこともできよう。具体的には、サマルカンドを中心とするソグド、アム川流域のバクトリア、タリーム盆地周辺のオアシス群の三地域である。

この地域に仏教が伝播した契機は、後一〜三世紀にクシャーン朝がインドと中央アジアにまたがる大帝国を樹立したことである。これは仏教が中国に伝播した時代とも一致している。それ故クシャーン朝の領土に入らなかったソグドに仏教は伝わらなかった。仏教が伝播した残りの二つの地域でも、仏教受容には相違がある。バクトリアでは土着のゾロアスター教と仏教は共存していたが、東トルキスタンにあったオアシス国家であるトゥムシュク、コータン、クチャ、焉耆、トルファンでは仏教が伝播すると、仏教以前の文化はほぼ完全に失われた。(1) そしてインドから将来された梵語仏典だけでなく、イラン系のトゥムシュク語やコータン語、別系統の印欧語であるトカラ語（クチャ：トカラ語B、焉耆：トカラ語A）といった土着の言語に翻訳した仏典を使うようになった。(2) その際、梵語仏典に用いられているブラーフミー文字を使って個々の言語を表記している。その一方で、東トルキスタンの仏教が一枚岩であったわけではない。西域南道のコータンでは大乗仏教が信仰されていたが、北道にあったトゥムシュク、クチャ、焉耆では説一切有部の部派仏教が行われていた。資料的な制約から、仏典がバクトリア語に翻訳されたかどうか現在までのところ確認できないが、この言語で書かれた奥書や三帰依文などは見つかっている。(3) ただし使われた文字は仏教導入以前から存在したギリシア文字である。

これに対して、ソグド人は本土で仏教を信仰することはなかったが、シルクロードの交易を独占するようになる過程で、仏教圏である中国や東トルキスタンにディアスポラを形成し、その地で仏教に改宗した。その関係で残された仏典は漢訳仏典からソグド語に重訳されたものが大半である。しかも使われた文字はブラーフミー文字ではなく、ソグド本土で伝統的に使われていたソグド文字である。つまり、ソグド仏教はコロニアルな現象と見なされる。(4)ところで、初期の訳経僧に康僧鎧や康僧会のような、康国すなわちソグド出身の僧侶がいるという事実から、当時ソグドにも仏教が伝播していたように考える向きもある。しかしこれは誤解である。彼らはソグドから仏教圏に移住したソグド人の子孫であって、その土地で改宗したのであった。事実ソグド地方では、ソ連時代以降組織的な発掘が行われているにもかかわらず仏教遺跡は見つかっていない。(5)同様のことは安世高の出身地とされる、安息、すなわちパルティアについても言えるであろう。

六世紀にモンゴル高原で遊牧帝国を樹立したチュルク系の突厥の仏教信仰については、不明な点が多い。(6)しかし同じチュルク系の遊牧民族であるウイグル族は、九世紀にモンゴル高原から中央アジアのオアシス地域に移住し、この地域のチュルク化の契機になった。彼らは十世紀以降、モンゴル高原時代に信仰していたマニ教から仏教に改宗することになった。彼らも漢文仏典やトカラ語から仏典を翻訳しながら、独自の仏教文化を形成していった。そしてモンゴル民族が仏教化するさいに、文字や語彙の面で大きな影響を与えた。

中央アジアの仏教全般について扱うことは、どれほど守備範囲が広い研究者でも一人では対応できないであろう。(7)ましてや、筆者のようにもっぱらソグド語と関連するイラン系の文献言語を研究している研究者の能力を遥かに超える。それ故、本稿では、おもにソグド語仏典に絞ってその文化史的な問題点を論じることにする。

一　漢訳仏典と中央アジアの仏教

日本における、中央アジアの仏教に関する先駆的な研究は羽溪了諦による『西域之仏教』（法林館、一九一四年）である。当時知り得た漢文史料を駆使したこの研究は、現在でもしばしば利用される。ただこの研究は、中央アジア探検によって発見された文物がまだ利用できない時代に発表されている。たとえば、康国の仏教の章ではソグド語仏典が発見されたことに言及するのみであった。ソグド語仏典が本格的に発表されるのは、それ以降のことであった。本書で羽渓は康国すなわちソグドや、大月氏国すなわちバクトリアの仏教を、康姓や支姓の訳経僧の翻訳した仏典によって推測しようとしているが、その試みは正しくない。彼自身も認めているように、康姓の訳経僧がソグド本土から経典をもたらしたという事例はない。ソグド語に翻訳された仏典は漢訳仏典の重訳が大半であるという、その後明らかになる事実を知っていれば、羽渓の康国の仏教に関する記述は全く異なったものになっていたであろう。

これに対して于闐、すなわちコータンの場合はそこ出身の僧侶が漢訳した仏典と、コータンにおける仏教の流行とは密接にリンクしている。例えばコータン出身の提雲般若が漢訳した経として、(8)『法寶義林目録』（一九七八年、二四一頁）は以下の五点を上げている。

（一）大方廣佛華嚴經不思議佛境界分（『大正』no.300）
（二）大方廣佛花嚴經修慈分（『大正』no.306）
（三）佛説大乘造像功德經（『大正』no.694）
（四）諸佛集會陀羅尼經（『大正』no.1346）
（五）智炬陀羅尼經（『大正』no.1397）

このうち（一）、（二）、（三）、（五）の実に四点までが、コータン語版も発見されている。出土するコータン語仏典はかつて存在した全体の極一部に違いないから、この一致は決して偶然ではなく、提雲般若は当時コータンで流行していた仏典を漢訳していたと考えられる。[9] コータンで流通していた仏典が漢訳される事例については、コータンに伝わっていた梵語仏典で、天寶十二年（七五三）頃に安西（クチャ）で漢訳された『金剛壇廣大清浄陀羅尼経』が知られている。これは敦煌写本にだけ残っている仏典で、中原には伝わらなかったが、コータンで伝承されていた梵本が漢訳された具体例として注目される。[10]

そもそもコータン語に仏典が翻訳されることが何時始まったのかは必ずしも明らかではない。近年コータン語仏典を専門に研究しているイタリア人のM. Maggiは、一般に『ザンバスタの書』と呼ばれているコータン語仏典が、もっとも初期の仏典であり、その成立は五世紀であると推定している。[11] この『ザンバスタの書』の二十三章は『佛説大乘造像功徳經』に対応しているが、その冒頭には、仏典をコータン語に翻訳することに関するコータン人の興味深い感想が述べられている。**R. E. Emmerick**の翻訳を参考にして日本語訳してみよう。[12]

仏陀がどのようにして三十三天から降りて来たのかについての話を、すべての衆生のために私はコータン語に翻訳しようと思う。

ウダヤナ王が自分の為に（仏陀の）像を造るように命じ、（その結果）彼にどれほど多くの功徳が生じたかを、あなた方は聞きなさい。

それにしても、（コータン人はその）業（ごう）として、コータン語で語られた法（＝仏陀の教え）を好まない。インド語ではうまく理解できないくせに、コータン語で語られても仏陀の教えのようには思えないのである。中国人たちには仏陀の教えは中国語である。カシミール語（kaspärau）で語られる仏陀の教えはとても好ましく響くが、カシミール人たちはその意味を理解しようとして勉強している。[13]
コータン人たちは、意味が全く分からないものが仏陀の教えだと思っている。意味と一緒にそれを聞くと、
コータン人は全く別のもののように思う。
一般の人ですら意味のない言葉はしゃべらないだろう。だからまさか全知全能の仏陀が無意味な言葉を話す
はずがないのである。
言葉で肝心なものは意味である。意味はそれほど核心的なものであるから、仏陀の教えは意味と一緒に説か
れているときにだけ仏陀の教えだと見なしなさい。
仏陀の教えを意味とともに聞かない人には、良いも悪いも分からないし、自分を善に導いてくれる人がいて
も分からない。尊ぶべき人すら分からない。

J. Nattier, ibid. はこの箇所も参考にしながら、中央アジアの諸言語による梵語仏典の翻訳は、漢語による仏典がその翻訳がモデルであったのではないかとしている。傾聴すべき指摘ではあるが、仏典の漢訳は仏教の導入とほぼ同時の二世紀に始まっているのであるから、仏教導入後数世紀を経てコータン語訳されたのと比較すれば、事態はそれほど単純ではなかったことが知られる。ただコータン人は漢訳仏典からコータン語に翻訳することはなかったが、漢訳された仏典を意識していたことは確実である。[14]

二　中央アジア仏教と国家権力

北伝仏教のなかでも中国およびチベットのような大帝国の場合、仏教は大々的に国家の支援を受け、梵語原典から中国語およびチベット語に翻訳された。そして翻訳された仏典は、大蔵経あるいは一切経として集積され聖典化した。日本や朝鮮では漢訳の大蔵経を国家規模で受容し利用したが、それらの仏典を翻訳して独自の言語による聖典を作ることがなかった。

中央アジアの場合はどうであろうか。東トルキスタンの場合は、小さなオアシス国家が独立していたわけであるが、一様に仏教国で国王は熱心な仏教信者であり、僧侶や寺院は国家的な支援を受けていた。コータン、クチャ、焉耆でも梵語仏典が利用されたが、別に土地の言語に翻訳された仏典があり、それらも聖典として写経の対象になっていた。ウイグルでは十世紀後半から十一世紀にかけて、マニ教から仏教への改宗が始まった。この時期には、可汗を始めとする王家や貴族はどちらの宗教も支援していたようだが、十一世紀からはもっぱら仏教を支援するようになる。ウイグルの場合、当初は漢訳仏典やトカラ語仏典をウイグル語に翻訳していたが、モンゴル時代になると梵語やチベット語仏典も利用された。そしてこれらのウイグル語仏典は聖典化し、写経の対象にもなっていた。千仏洞の造営も含む寺院の建設や教団の維持、仏典の翻訳や写経には莫大な資金が必要であり、それを国家が支援していた。色目人として活躍した元朝時代には、ウイグル語仏典を印刷することもあった。

クシャーン朝の故地であるバクトリアでも仏教信仰は盛んであったようで、テルメズやアジナテペを始めとする仏教遺跡が数多く発見されている。近年ではターラカーン国の王族が仏塔を寄進した際の梵語による奉納銘文が発見された。五世紀の終わりの頃に比定されている。[15] また厳密にはバクトリアに属さないがバクトリア語圏であったバーミヤーンの場合、その王家は熱心な仏教の支援者であったことを玄奘は伝えているし、そこに残された仏教遺跡の規模もそれを証明する。ちなみにバクトリア語圏では仏教と土着のゾロアスター教の信仰が両立していたようで、西暦七四七年八／九月に比定される土地の契約文書には、土地の購入後、購入者が当該の土地をどのように利用しても自由であることを示す文言に、以下のような一節がある。

……（売買契約が成立した後は、買い手である）あなたがたは今日から将来ずっとこの土地を正当に所有し、後にこの土地を売ったり、人にやったり、質に入れたり、……息子の結婚の時の結納に使ったり、娘の持参金にしたり、仏教寺院あるいは神社を作ったり、（ゾロアスター教の教義に従う）死体置き場あるいは（仏教の教義に従う）火葬場にしたり、何でも自分で好きなようにしても良い……[16]

この地域では梵語仏典が聖典として受容されていたことは確実だが、バクトリア語に翻訳された経典があったかどうかは確認できない。しかし、梵語仏典に添えられた奥書や、仏や菩薩に捧げられた帰依文は知られている。[17]バクトリア語仏典が将来発見される可能性はある。[18]

ソグド語仏典の場合

ソグド語圏で見つかる仏教遺跡としては、現在のキルギス共和国内、チュー川流域で見つかる寺院遺跡が知られている。しかし六三〇年にこの地域を通過した玄奘はそれらについて報告していないので、彼の時代には存在していなかったようだ。ここには唐の時代に砕葉鎮が置かれており、これらの仏教遺跡はそこに設置された大雲寺に由来していると考えられる。[19] 従ってソグド固有の仏教の伝統に基づくのではなく、中国仏教の影響のもとにあったと考えられる。これを除けば、ソグド語圏では仏教寺院の遺跡は見つかっていない。

その一方で敦煌とトルファンからは相当数のソグド語仏典が発見されている。上でも述べたように、それらは中国や東トルキスタンに移住したソグド人たちによるものであり、ソグド本土とは無関係である。それでは中国在住のソグド人の仏教信仰はどのようなものであったのだろうか。敦煌出土のソグド語仏典のうち一つの『酒を誡める経』の奥書を見てみよう。D. N. MacKenzie の英訳を参考にした日本語訳を引用する。

> 酩酊を引き起こす飲み物（＝酒）を非難する経　一巻　Sarcmīk の息子である Butiyān 師の作。紙四張。洛陽城で神である天子の開元第十六（七二八）年であった。龍の年、第一番目の月。かくして安姓の優婆塞 Catfārtsrān が Jñānacinta 阿闍利に帰依し心の底からお願いし申し上げたところ、比丘の Jñānacinta は法界のすべての有情を愛する心の故に、インド語からソグドの文に翻訳した。[20]

この奥書から、八世紀の前半、洛陽に安姓のソグド人一般信徒 Catfārtsrān がいたこと、その信者の発願で、ソグド語を解する僧侶（おそらくはソグド人）で阿闍利の称号を持つ高僧 Jñānacinta（ny''ncynt）によってソグド語訳が作成されたこと、この写本を書写したのは、ソグド名を持つソグド人 Sarcmīk の息子の Butiyān 師であったことが分かる。Butiyān という名前は「仏陀の恩恵」を意味する仏教徒の名前である。[21] つまりこの経典は一個人の出資によって翻訳され、書写されたのである。その写本が敦煌で見つかった理由は分からないが、洛陽にいたソグド人と敦煌のソグド人の間に何らかの交流があったことは明らかである。[22] この奥書によれば原典はインド語であったという。内容は飲酒を禁じるもので、明らかに偽経である。MacKenzieが推測するように、原典は漢文仏典であって、この翻訳に権威をもたせるために敢えて原典はインド語であったと言っているのであろう。(23)

この仏典が翻訳された当時、ソグド本土にはソグド人の都市国家が存在したが、その宗教はイラン人の伝統的な宗教であるゾロアスター教の地方的な変種であり、本土のソグド人が中国にいるソグド人たちの仏教信仰を支援したとはとうてい考えられない。(24) 一方で当時中国に在住したソグド人には、商業を生業とし裕福な者がいたことは確かだが、独自の国家やそれに匹敵するような広範囲にわたる共同体を形成していたわけではなかった。従って我々が目にしているソグド語仏典は、国家的な支援を受けずに翻訳され書写されていたことになる。同じように中央アジアの言語に翻訳された仏典とは言え、オアシス国家のサポートを受けたコータン語や、トカラ語、ウイグル語の仏典とは全く異なり、ソグド語仏典は文化史的に見て類例のない特筆すべきものである。

三　ソグド語訳された仏典について(25)

これらの奥書から、仏典の翻訳が、洛陽や長安のような首都だけでなく敦煌でも行われていたことが知られる。またトルファン出土のソグド語仏典には、クチャ語から翻訳したと明言しているものがあるから［cf. Yoshida 2009, p.291］、その翻訳はクチャかこの仏典が出土したトルファンで行われたと考えるのが妥当だろう。

直接の原典が特定できるソグド語仏典はかなりの数になるが、そのすべては漢訳仏典からの重訳である。特に漢文の偽経からの翻訳の場合には、漢文原典からの翻訳であることは証明の必要がない。敦煌出土の仏典に限れば次のような仏典が知られている：『金剛般若経』（『大正』no.235）、『維摩経』（『大正』no.475）、『薬師経』（『大正』no.450)、『観佛三昧海経』(『大正』no.643)、『観世音菩薩秘密蔵如意輪陀羅尼神呪経』(『大正』no.1082)、『善悪因果経』(『大正』no.2881)、『心王経』(『大正』no.2886)、『法王経』(『大正』no.2883)。最後の三つは偽経である。トルファン出土仏典の場合はさらに種類が多い。もちろん、ソグド語仏典の原典のすべてが漢文仏典であったわけではない。上で見たようにクチャ語、すなわちトカラ語から翻訳したという仏典もあるし、アラネミ本生やDaśakarmapathāvadānamālāのように、西域北道で流行していた経典のソグド語訳は漢訳からの翻訳ではあり得ず、トカラ語ないしは梵語からの翻訳に違いない。また敦煌出土の仏典でもPelliot sogdien 7のように、Amoghapāśahṛdaya-sūtraの翻訳であることはわかるが、既存の漢訳のどれにも対応せず、梵語仏典に基づく翻案であったと考えられる経典もある。

ソグド人仏教徒について——僧侶と一般信者

中国におけるソグド人のあり方から考えて、ソグド語仏典の翻訳を依頼したのも実際に翻訳したのも中国在住のソグド人であり、翻訳を行ったのはソグド語を解するソグド人僧侶であったであろう。『酒を誡める経』の場合には、Jñānacintaという法名を持つソグド人の阿闍利が、安姓の優婆塞Catfarātsrānに依頼されて翻訳した。[26] このような中国にいるソグド人仏教僧侶の出自や経歴、出家の経緯については、高僧伝などの漢文の伝記が参考になる。四人の事例を見てみよう。[27]

(一) 康僧会(～二八〇)：祖先は康居出身で、代々インドに住んでいたが父の代に交趾に移りそこで出家し、二四七年に呉の都建業に至った。

（二）釈道仙（隋代）：『続高僧伝』巻二十五に「本康居國人。以遊賈爲業。往來呉蜀。（『大正』vol. 50, p.651a5-6）」とあり、康居出身で出家するまでは交易をおこなっている商人であった。(28)

（三）法蔵（六四三～七一二）：向達（『唐代長安与西域文明』北京 1957, p.16）は『宋高僧伝』他の史料から、彼が康居の人で、祖父の代に中国に移り住んだことをあきらかにしている。

（四）神会（七〇〇～七九四）：『宋高僧伝』巻九に「俗姓石。本西域人也。祖父徙居。因家于岐。遂爲鳳翔人矣。（『大正』vol. 50, p. 764a24-25）」とある。祖父の代に中国に来て定住したことが分かる。

このように交易のために移り住んだ場所で出家し中国に来た事例：（一）、交易のために中国に来てそこで出家した事例：（二）、先祖が中国に来て住み着いてから何代かして出家しているパターンがある：（三）、（四）。僧伝に立伝されている僧侶は当然高僧であったが、中でも法蔵は華厳宗の第三祖として、ソグド系の仏僧のなかでも抜群に有名である。

一方、中国文化圏に定住したソグド人が在家の仏教信者になったのは七世紀になってからであったらしい。ソグド語に翻訳される原典の漢訳の訳者に玄奘や義浄などの七～八世紀の人が含まれることは参考になる。そのことはまた、漢文文献に何伏帝延（*pwty'n「（原義）仏陀の恩恵」）のような仏教信仰を示す人名が現れるのは七世紀後半からであることからも確認できる。(29) たとえば、敦煌の従化郷の七五〇年頃の差科簿にみられる、漢字音写されたソグド語の人名でみてみると、全体で一〇七名分の人名が回収されるが、そこに仏陀を意味する要素を含む人名は、以下にリストする十三名であった。(30)

1. *pwty'n [butiyān]：曹伏帝延（6）、安伏帝延（43）、羅伏帝延（78）、安伏帝延（148）
2. *pwtyprn [butifarn]：康伏帝忿（11）、康伏帝番（54）、康伏吐忿（99）、何伏帝忿（141）、石勃帝忿（150）
3. *pwt'kk [butakk][31]：康伏特（19）、康伏德（52）、康伏德（105）、康伏多（146）

これに対して六二〇年頃のトルファンで書かれたいわゆる称価銭文書で見てみると、全体で四十八名のソグド人が確認されているが[32]、仏陀の要素を含む人名は一例も見つからない。同様に、六三九年の女奴隷の売買契約文書には、売り手、奴隷、証人、書記長と書記の十四名分のソグド人名がみつかるが[33]、ここでもpwtyを要素にした人名は一例も見られない。ちなみにトルファンでは七世紀後半以降になると浮知を要素とする安浮知臺（＝pwtyδ'y）のような名前が現れるようになる[34]。

参考までに敦煌出土の仏典Pelliot sogdien 8の奥書の人名をリストしてみよう[35]。これらは仏教を信仰する康姓（x'n-kwtr'y）の一族の名前であり、彼らがどのような人名を帯びるかは興味深いところである。全体で四十五名のうち、二名がpwtyを含む名を帯びている：pwtyδ'yh, pwty'n。またここに見られる人名で従化郷の差科簿と同じ人名がある場合にはそれを記入しておいた[36]。

寄進者（五名）：cwr'kk；その祖父母：my'c, 'rwtprmδ'yh；その父母：n'pt'yr, pwtyδ'yh

その他の存命の一族（九名）：nwšy'n, βr't'nh（石拂羅壇）, mrkth, krzβy'rt, 'rwtprmc, xwncwyh, šwtt'kk, 'sk'tc（悉迦支）, δ'rpm

物故した一族（三十一名）：βγtw'c, k's, nym'nh, y'n'kk（安也那）, mwš'kk（羅勿沙）, wrδ'n, γwšm'nch, xwtzywrh, δγwtyšyrh, r'm'kkh, šyw'nch, sttcry, γwš'kk, nnyprn（羅寧寧忿）, y'nprn. myδβ'nch, ršťδ'yh, sypwnh, mx'mnh, r'py'n（x2）, t'tc, 'prtmy'n（米拂耽延）, xwtz't, pwty'n（曹、安、安、羅伏帝延）, znpkrz, k'š'k（安迦沙）, ynt'（石延陀）[37], m'xδ'yh（cwr'kk の死んだ妻）, ''t'nh（羅阿鐺）, ryw'xš（参考、羅阿了黒山）

漢文史料について言えば、これらの一般信者の存在は上記のような仏陀名以外にも寄進者として記録が残る場合がある。龍門石窟の銘文には昭武姓の寄進者が見える[38]。敦煌でも、漢文仏典の写経の奥書にソグド人が現れる。S2360に見られる石禄山の例を見てみよう[39]。

七階佛名経一巻
清信弟子石禄山敬寫此経。願所有罪
鄣願皆消滅。合家大小平安。遠行之
子早得見面。

このように、中国にいたソグド人には七世紀から仏教に改宗する者が相当数いた。その中には出家して僧侶になる者もいたが、彼らが横のつながりをもって組織化した全中国に及ぶソグド人仏教徒社会を形成したという証拠は見当たらない。彼らは漢文の仏典を書写するだけでなく、中国語や梵語の仏典の翻訳も行いそれらを写経していたが、国家ないし何らかの組織・共同体の支援を受けていたようにも見えない。現在我々に残されているソグド語仏典を生み出した信者たちの実際については未だに不明な点が多い。今後追求すべき問題であろう。

四　ソグド人仏教徒と漢文仏典——ソグド語訳の性質

中国にいたソグド人の仏教信仰や仏教に関する知識は、主に漢文仏典やそのソグド語訳に依存していた。第一は、漢文仏典そのものを読み学習するパターンがある。上で見た石禄山の写経はそのような例であった。敦煌で出土した漢文仏典の裏にソグド語でタイトルを書いている事例が一例ある。[40] これは、ソグド人がその仏典を利用していた証拠である。またトルファン出土の仏典には漢文の仏典の漢字の発音をソグド文字で表記し、さらにその右横に漢字を添えた仏典の断片が見つかっている。[41]『大乗起信論』からの引用を含む仏典で原典は比定できないが、経典ではなく注釈書の類で、一般信者ではなく僧侶が使っていたのであろう。漢字の発音から八世紀前半のものと分かる。[42] 僧侶が学習用に使っていたものとしては、『金剛般若経』の注釈書のソグド語訳も含めることができよう。また小乗の律の翻訳なども仏僧のためのものであったろう。[43]

ソグド語仏典で首尾が揃っているのは唯一『善悪因果経』だけである。[44] それ以外でも Vessantara Jātaka や Pelliot sogdien 2 などは全体の半分以上が残っている。しかし大半は小さい断片で、本来どのような仏典の一部であったかは推測するより方法がない。トルファン出土のものはこの特徴が顕著である。例えばトルファン出土の So 14850 は巻子本の断片で、四十一行を残している。義浄訳『金光明最勝王経』の翻訳だが、原典は十巻からなる大乗経典で、そのすべてが翻訳されていたのか、抜粋訳だったのかはその限りでは分からない。しかし『大乗涅槃経』のソグド語訳写本のうち、大型の短行貝葉に書写された版では、多くの断片が見つかっているが、全部で四十巻ある原典全体に散らばっており、この経典全体が翻訳されていた事がわかる。[45] 従って、ほかの経典でも経典全体が翻訳されていたと推測するのが妥当である。

その翻訳のありかたにはいくつかのパターンがあるが、現在までに見つかっている資料で判断すれば、おおむね原文を忠実に翻訳しようとしている。ただし原文をどれほど正しく、こなれたソグド語に翻訳できるかは翻訳を担当した僧侶の学識に依存していて、まちまちである。訳場組織のようなものはなかったようなので、定まった方針があったわけではないのであろう。『維摩経』のソグド語訳はこの点で興味深い。まず、この経典のソグド語訳には二つの写本がある。敦煌出土のものは巻子本であるが、トルファン出土のものは長行貝葉本である。翻訳された部分は一部オーバーラップしているので、二つの翻訳を対照してみる事ができるが、一方が他方を書写したようには見えない。つまり両者は独立した翻訳であった。[46] ソグド人仏教徒がこの点で相互に連携していたわけではなかったようである。トルファン出土の写本は断片で翻訳のあり方を詳しく研究することはできないが、敦煌のものは二〇〇行ほどを残しており、かつてF. Wellerが原典と詳しく対照した。[47] Wellerは結論として、ソグド語訳は非常に正確で、ソグド人は仏教用語の対照表のようなものまで作成していたのではないかとした。これに対してD. N. MacKenzieはほぼ正反対の結論を下している。彼によれば、ソグド語訳は原典にある漢字をソグド語に直訳しようとしているが、内容の理解は貧弱でとうてい読むに耐える訳文になっていないとする。一々の漢字を直訳しようとした点で、Wellerのような漢文がよく読める研究者には正確な翻訳に思えたのであろうとも言っている。ソグド語訳を見ればMacKenzieの見解が正しい事がわかる。一例として写本の一二五〜一二八行目を原典と対照してみよう。[48]

原典：世間衆道法　悉於中出家　因以解人惑　而不墮邪見（世間のもろもろの道法、悉く中に於いて出家し、因りて以て人の惑いを解き、邪見に堕せざらしむ。）

pr'w 'PZY prm δ'mh ZK wysp r'δh pδkh
なぜなら　この世で　すべての道・法
rty wysp 'zn'kh myδ'ny kty'k-δ'r'y nz'yt
すべての知恵の中で　在家者として出る
rty cnn cym'yδ'y 'myn mrtxm'k 'xw δβnh wyn'nc'y βwt
このことから人には疑いが見えるようになる
KZNH 'PZY 'wy ''k'βtch wyn'y L' 'npt
それで誤った見解に落ちない

MacKenzieは漢文から翻訳されたソグド語仏典全般について、細部をみれば誤訳はあり、『維摩経』のソグド語訳のような事例もあり、現代の中国学者の水準には到底及ばないものの、全体としてみればほぼ正確に内容を理解しているとしている。筆者も漢文原典と対照しながらソグド語訳の仏典を読んで来ているが、訳者ごとに学識の高さや語学力にばらつきがあることは認められるものの、全体としてはMacKenzieと同じ印象を抱く。梵語の音訳語の場合も同様で、もとの梵語を概ね理解して対応する形式を正しく使っているが、音写漢字を参考にして「勝手に」梵語形を作っている場合もある。(49)

これに対して原文を忠実に翻訳していない場合もある。一つはソグド人が、いくつかの仏典を引用して一種の編集経典を作る場合である。Pelliot sogdien 2はそのような例で、『楞伽阿跋多羅寶經』、『央掘魔羅経』、および偽経の『大方広華厳十悪経』から引用しながら食肉を誡める経典を作成している。Pelliot sogdien 5 + 17もそのようなタイプで、短い仏典である『長爪梵志請問経』の全訳の後に、「受八関斎文」を添えて一つの仏典にしている。[50]

原典に大きな変更を加えるパターンの一つは、原文を極端に短縮するものである。『僧伽吒経』のソグド語訳の場合は直接の原典はまだ確定していないが、おそらくは月婆首那譯（『大正』no.423）であり、それと比較するとソグド語訳は随分短くなっている。ストーリーの展開だけを追い、教義に関する部分は省略している。極端な例は筆者が比定した『華厳経』の断片である（cf. Yoshida 2009, pp. 3309-311）。有名な善財童子の遍歴に関するテキストでは、遍歴する場所と会う人だけが翻訳され、残りの教義に関する部分は完全に省略しているので、原典と対照すると極端に短くなっている。実例に則して見てみよう。これはトルファン出土の断片（L51）で、現在はロシアのサンクトペテルブルグのロシア科学アカデミー東洋写本研究所に保管されている。[51] これは実叉難陀が六九五〜六九九年に翻訳した『大方広佛華厳経（八十華厳）』（『大正』vol. 10, no. 279, p. 342b21-c23）に基づいている。[52] 漢文の原典を引用し、ソグド語訳されたと考えられる部分に傍線を施し、実際に写本に残されている部分は太字にしておいた：[53]

1 [ ](s)m'wtry h
2 [ ]pcm'](kz)t' my'mnty
3 [ ]cšmy (ps)py βyrty
4 [ ]pr'tny'p'rmy]t pδ'ys 'rδ'r 'ws'γty
5 [ ]yw n'mt myγ[wn py](')ty'
6 [ ](p)cm'k(zt') cym'nty 'kw

7 [　　　　](.) wy’k ’sty sm’wtr’y
8 [　　　βwδs](t)n ’sty mγwn py’ty’
9 [n’mt ’w](p’)s’nch ’sty ’’š’h
10 [n’mt rty]šy ps’ ’YKZY [　]
11 [　　　pw]δyst(β)[　　]

342b21: 聖者。此三昧者。名爲何等。（1）海幢比丘言。（2）善男
342b22: 子。此三昧。名普（3）眼捨得。又名般若波羅（4）蜜境
342b23: 界清淨光明。（5）又名普莊嚴清淨門。善男子。我
342b24: 以修習般若波羅蜜故。得此普莊嚴清淨三
……………
342c19: 其三昧。見其心境。得其所有。平等智慧。（6）善男
342c20: 子。從此南行。（7）有一住處。名曰海潮。彼（8）有園
342c21: 林。名普莊嚴。於其園中。有優（9）婆夷。名曰休
342c22: 捨。汝往（10）彼問。菩薩云何學（11）菩薩行。修菩薩道。

『大正』のテキストの342b23からc19までの二十五行分が全く翻訳されていないことが分かる。
原典に変更を加える二つ目のパターンは翻案である。この場合原典に大幅な変更を加えるという点で先の事

例との区別は絶対的なものではない。確認されている唯一の確実な事例はVessantara Jātakaのソグド語版で、原典が何語のどの版であるかも確定していないほどである。最近の論文でD. Durkin-Meisterernstは漢文が原典ではあり得ないとする。その論文の付録として、主人公のソグド語名であるSwδ'šnの語源を論じたE. Provasiはバクトリア語が直接の原典であった可能性すら指摘する。[54] 一方筆者は最近の論文で、これが西秦の聖堅（三八八～四〇七）が翻訳した『太子須大拏經』（『大正』no.171）をベースにした翻案であることを論じた。[55] 筆者の論拠は、ソグド仏典が翻訳された当時中国では、聖堅訳のテキストが、図像化されたり変文のベースになったりするなどの点で、最もポピュラーであったことが知られていること、その前提でソグド語訳を見ても矛盾がないこと、さらに聖堅訳としか一致しないエピソードがあることであった。ソグド語版には、残された部分から判断して破損部に、飢えた家族のために主人公のSwδ'šnが自分の足の肉を食べさせたエピソードがあったと推定されるが、その推定はウイグル語版やモンゴル語版に対応するエピソードがあることから支持される。しかしこの逸話はこれら以外の言語の版には見いだされず、ソグド語の翻案者が最初に取り入れたものであったと考えられる。[56] このジャータカの場合、ソグド語訳にはこれ以外にも独自にストーリーを展開した部分が多くあり、訳者はソグド人の趣味に合うように原典を自由に改変することができたようだ。[57] それを可能にした翻案者の仏教に関する知識や、ソグド人の仏教信仰のあり方は別に議論しなければならないが本稿ではその余裕が無い。

終わりに

本書に寄稿すべく筆者が依頼を受けたテーマは「漢訳仏典と中央アジア諸言語・文字」であった。筆者の能力が及ばないことは認めるが、その一方で一人の研究者が中央アジアの諸言語の文献をカバーすることも不可能であろう。コータン語の専門家であるハーバード大学のP.O. Skjærvø教授から、「ある著名な仏教学者からイラン語圏の仏教に関する百科事典の項目を執筆してくれるように依頼されて、ソグド語仏典とコータン語仏典の両方をカバーする様な項目は、どんな優秀な研究者でも引き受けることができないと言って断った」という話をうかがったことがある。言い訳がましいが、筆者のように細々とソグド語文献を研究している学徒には、トカラ語やウイグル語で書かれた浩瀚な仏教文献について概観する能力はおろか、同じイラン系の言語とはいえコータン語やトゥムシュク語の仏典の事情も十分に把握できていない。それ故本稿では、筆者がいくらかでも事情を知っているソグド語仏典をめぐる問題に終始することになった。

ソグド語仏典は仏教文化圏である中国及び東トルキスタンに移住し定住したソグド人の手になるもので、ソグド人の仏教信仰は、ディアスポラで発生したコロニアルな現象である。その点で、オアシス国家全体（王族と一般住民）が仏教信仰を支援したコータンやクチャ、トルファンの場合とは全く異なる文化現象である。世界史的に見ても非常にユニークな事例と言えるかもしれない。故国を離れて中国に在住したソグド人が自分たちの言語を保持しながら、一部は先祖伝来のゾロアスター教（祆教）ではない宗教の信者となり[58]、多くの仏典を翻訳し書写していたわけであるが、それを可能にした人口や財力の規模、ソグド人同士のネットワークはどのようなものであったろうか。従来、筆者も含めソグド語学者は発見された文献を読み解くことに終始してきたが、今後は歴史学者や仏教学者と協力して、中国在住のソグド人の仏教信仰の実態にも目を向けていかなければならないように思う[59]。

注

（1）カシュガルなどこれら以外の地域では文献が出土しないため、その仏教信仰の状況は不明である。ただ四世紀まで存在を確認できる楼蘭国の場合は、わずかに残された文献資料や、ミーラーンに代表される仏教遺跡の状況からやはりインド仏教が信仰されていたことが分かる。

（2）漢人の王国が存在した高昌国では、中国仏教が主流となりその伝統は西ウイグル王国時代（十四世紀）まで続いた。そして中国仏教とトカラ語仏教圏の仏教の伝統を合わせた独自の仏教文化が花開いた。

（3）中国在住のバクトリア人が仏教を信仰し、バクトリア語に翻訳された仏典を持っていた可能性については下記を参照せよ。

（4）ソグド仏教をコロニアルな現象だと呼んだのはX. Trembley, "The spread of Buddhism in Serindia: Buddhism among Iranians, Tocharians and Turks before the 13th century", in: A. Heirman and S. P. Bumbacher (eds.), *The spread of Buddhism*, Leiden: Brill, 2007, pp. 75-129である。

（5）ソグド本土で仏教が組織的に信仰された形跡がないことについては、筆者も論じたことがあるが、まとまった議論としては吉田豊・影山悦子「イラン語圏の仏教信仰とイラン語仏典」（『「古典学の再構築」研究成果報告集A01「原典」調整班研究報告　論集「原典」』二〇〇三年）二一七―二三五頁の影山担当分、およびM. Compareti, *Traces of Buddhist art in Sogdiana*, (Sino-Platonic papers 181), Philadelphia 2008を参照されたい。漢文の歴史書のソグドに関する記録には、「俗奉佛」（『隋書』康國、中華書局標点本、一八四九頁）、「頗有佛法」（『旧唐書』康國、中華書局標点本、五三一〇頁）「尚浮圖法」（『新唐書』康国、中華書局標点本、六二四四頁）のような記事がみつかる。一見すると矛盾するようだが、これは中国本土にいるソグド人に仏教徒が多かったための誤解に基づいているのであろう。

（6）突厥の仏教受容についてはバザン（L. Bazin）・濱田正美（訳）「六―八世紀のチュルク人と仏教」（『東方学』七八、一九八九年）一四一―一五四頁が詳しい。さらに森安孝夫「トルコ仏教の源流と古トルコ語仏典の出現」（『史学雑誌』九八―四）一―三五頁も参照せよ。ちなみにこの時期北斉が突厥の他鉢可汗に与えたという突厥語の涅槃経は、一般にはソグド語に翻訳されたものと考えられている、cf. Y. Kasai, *Die uigurischen buddhistischen Kolophone*, Turnhout: Brepols, 2008, p. 23, n.96。

（7）さいわい近年、中央アジアの仏教全般を扱う高度な一般書が刊行されており参考になる。『新アジア仏教史05 中央アジア　文明・文化の交差点』（佼成出版社、二〇一〇年）。ただ残念なことに本稿で扱わなかった西夏語仏典についてはここにも解説がない。

（8）論書などは含めていない。提雲般若については、H. Kumamoto, "The textual sources for Buddhism in Khotan", in: J. R. McRae and J. Nattier (eds.), *Collections of essays 1993*, Sanchung 1999, pp. 345-360及び段晴『于闐・佛教・古巻』（中西書局、二〇一三年）四五―五六頁を参照せよ。

（9）（一）については段晴『上掲書』五〇頁を参照せよ。（二）と（三）はいわゆる『ザンバスタの書』に含まれる、cf. M. Maggi, "Khotanese literature", in: R. E. Emmerick and M. Macuch (eds.), *The literature of Pre-Islamic Iran. Companion volume I to A history of Persian literature*, New York: I. B. Tauris 2009, pp. 330-417特に pp. 351-352, 355-356。また（五）は単独の経典として多くの写本が発見されている、cf. Maggi, *ibid.*, pp. 399-400。さらに段晴『上掲書』五二―五六頁も参照せよ。

（10）上山大峻『敦煌仏教の研究』（法蔵館、一九九〇年）四五八―四六九頁参照。

（11）この年代比定は従来のものと異なるMaggi の最近の見解である。Maggi, *ibid.*, pp. 338-339 参照。

（12）Cf. R. E. Emmerick, *The Book of Zambasta*, Oxford: OUP 1968, pp. 343-345.

（13）ここで言う「カシミール語」とは具体的に何語なのか分からない。J. Nattier, "Church language and vernacular language in Central Asian Buddhism", *Numen* 37/2, 1990, pp. 195-219, 特に p. 211 が、"almost certainly Sanskrit"だとするのは、ここの文脈から判断してとうてい承認できない。たしかにカシミールは梵語文化圏であり、梵語仏典が受容されていた。そのことはギルギットで出土した梵語仏典の存在からも確認されるであろう。ところで kaspäräu は罽賓の原語とされる*kaspir と比較されるが、罽賓自体はカシミールを指す場合と、カピシを指す場合がある。どちらもいわゆる大ガンダーラに含まれるが、ここで kaspäräu と呼ばれている原語は梵語ではない現地語（vernacular）であるはずなので、ガンダーラ語を指していた可能性はないだろうか。『ザンバスタの書』が、Maggi が想定するような早い年代の成立なら、コータン人にはガンダーラ語の記憶は残っていたに違いない。実際コータン語に借用された仏教用語の古い層はガンダーラ語であることが知られている。大乗仏教の経典で用いられるガンダーラ語の要素は、近年指摘されているガンダーラ語で書かれた大乗仏典と無関係ではあり得ないだろう。

（14）十世紀の敦煌からは漢文仏典（『梁朝傅大士頌金剛經』）の発音をコータン語を表記するブラーフミー文字で音写した写本が見つかっており、この時代のコータン人が中国仏教にも興味を持っていたことが知られる。Cf. R. E. Emmerick and E. G. Pulleyblank, *A Chinese text in Central Asian Brahmi script*, Rome: Istituto Italiano per il Medio ed Estremo Oriente, 1993. このテキストについては、T. H. Barret による書評も重要である、cf. *BSOAS* 59/3, 1996, pp. 595-596.

（15）G. Melzer, "A copper scroll inscription from the time of Alchon Huns", in: J. Braavig et al. (eds.), *Buddhist manuscripts*, vol. III, Manuscripts in the Schøyen collection, Oslo: Hermes Publishing, 2006, pp. 251-278, esp. pp. 263-264 参照。

（16）Sims-Williams, *Bactrian documents I*, revised edition, Oxford: The Nour Foundation in association with Azimuth Editions and OUP, 2012, pp. 130-131 にある英語訳から日本語に翻訳した。

（17）Cf. Sims-Williams, *Bactrian documents II*, Oxford: The Nour Foundation in association with Azimuth Editions and OUP, 2007, pp. 173-177. それ以降に校訂されたテキストについては idem, *Bactrian documents III*, 2012, p.30 も参照せよ。

（18）トルファンで出土した紙に書かれたバクトリア語文書は、巻子本仕立てであり仏典である可能性が高いが、断片であり内容の比定ができない。Nattier, *ibid.*, pp. 215-216 および写本の特殊な体裁については、吉田豊「バクトリア語文書研究の近況と課題」（『内陸アジア言語の研究』XXVIII、二〇一三年）三九―六五頁、特に四五頁を参照せよ。これが仏典であるとすれば、中国仏教圏にいたバクトリア語話者たちもソグド人と同じような訳経と写経活動をしていたのかもしれない。

（19）Cf. A. Forte, "An ancient Chinese monastery excavated in Kirgiziya", *CAJ* 38/1, 1994, pp. 41-57.

（20）Cf. D. N. MacKenzie, *The Buddhist Sogdian texts of the British Library*, Acta Iranica 10, Téhéran / Liège: Brill, 1976, p. 11.

（21）彼は xwyštk「師」と呼ばれているから僧侶であったのかもしれないが、なぜサンスクリットの名前を持たないのか分からない。

（22）敦煌出土のソグド語仏典の一つ Pelliot sogdien 2 の奥書に依れば、この経典は長安で翻訳されたという。一方 Pelliot sogdien 8 の奥書からは、この仏典が敦煌で翻訳されたことがわかる。これらの仏典に関して詳しくは Yoshida 2009（下記注25）を参照せよ。

（23）Cf. MacKenzie, *ibid.*

（24）ちょうどこの頃新羅の慧超が中央アジアに関する記録を残しているが、サマルカンドに仏教寺院が一つあると言うだけである。桑山正進編『慧超往五天竺國傳研究』（京都大学人文科学研究所、一九九二年）四三頁。ただし彼は実際にソグドに行った訳ではないので、その記録は必ずしも信頼できない。

(25) ソグド語仏典全体の解説としては古くはD. Utz, *A survey of Buddhist Sogdian studies*, Tokyo: The Reiyukai Library, 1978があった。しかしその後の研究の発展はめざましく現在では参考にできない。最も新しい解説はY. Yoshida, "Buddhist literature in Sogdian", in: R. E. Emmerick and M. Macuch (eds.), *The literature of Pre-Islamic Iran. Companion volume I to A history of Persian literature*, New York: Tauris, 2009, pp. 288-329である。（以下Yoshida 2009と略す。）さらに本稿で論じる中国在住のソグド人の仏教についてはYoshida, "Buddhist texts produced by the Sogdians in China". In: M. Maggi et al. (eds.), *Buddhism among the Iranian peoples of Central Asia*, Vienna: Verlag der Österreichischen Akademie der Wissenschaften, 2013, pp. 155-179も参照せよ。（以下Yoshida 2013と略す。）日本語で読めるものとしては少し古くなったが、吉田豊「ソグド語仏典解説」（『内陸アジア言語の研究』Ⅶ、一九九二年）九五―一一九頁、同「ソグド語仏典解説補遺」（『内陸アジア言語の研究』Ⅷ、一九九三年）一三五―一三八頁がある。以下の議論でとくに典拠が示されていない場合にはこれらの論文を参照されたい。

(26) Jñānacintaがソグド人であるという直接の証拠はなく、彼がソグド語に翻訳できるということから判断しているが、この点に関して必要以上に慎重になる必要はないであろう。

(27) 八世紀後半に敦煌で活躍し、上山大峻により詳しく研究された僧侶曇曠（～七八八？）は、河西の建康出身であったという（上山大峻『敦煌仏教の研究』一九九〇年、二一頁）。建康は中国におけるソグド人の拠点になっていたことが知られているから、曇曠もまたソグド系であった可能性が高い。

(28) 不空三蔵のもとで得度したソグド人の記録も残っている。吉田豊「トルファン学研究所所蔵のソグド語仏典と「菩薩」を意味するソグド語語彙の来源について　百済康義先生のソグド語仏典研究を偲んで」（『仏教学研究』第六二・六三合併号、二〇〇七年）四六―八七頁、特に五四頁参照。彼らも商人から転じて出家したようだ。

(29) 吉田豊「Sino-Iranica」（『西南アジア研究』No. 48、一九九八年）三三―五一頁、特に四〇―四一頁参照。

(30) 実際には原語に還元できない人名で、ソグド名か中国語の名前かの判断に困る例もある。おおむね池田温「八世紀中葉における敦煌のソグド人聚落」（『ユーラシア文化研究』一、一九六五年）四九―九二頁の判断に従っているが、「孰れとも断定しがたいグループ」から七名を加えた。（丸括弧）のなかは写本の行数を示す。

（31）pwt-を含む名前から派生した短縮名と考えたが、この形式は在証されていない。これらの名前の本になったソグド語形は、*βwγtk [βuγt'ē]「(原義) 解放された」とも考えられるが、ここでは採らない。

（32）破損している名前もあり、実数の把握は難しい。これらについては、関尾史郎『西域文書からみた中国史』（山川出版社、一九九八年）八二頁の表を参照せよ。ソグド名には翟姓の二人も含めている。姓が破損していても名前の一部からソグド人と判断できる者も含めている。

（33）多くの場合、父親の名前が添えられているので、実際に関与する人間より人名の数は多い。この契約文書の翻訳としてはY. Yoshida, *apud* V. Hansen, *T'oung Pao* 89, 2003, pp. 159-161を参照せよ。

（34）注28で言及した論文の四〇頁にある安浮知壹は間違いである。これ以外に加えるべき仏陀名についてもYoshida 2013, p. 155, n. 5を参照。

（35）この奥書のテキストはE. Benveniste, *Textes sogdiens*, Paris 1940, pp. 113-115及びW. B. Henning, *BSOAS* 11/4, 1946, pp. 735-738を参照。Pelliot sogdien 8自体は、βγ'n 'sk'tm δ'mδ'r'k ''ry'βr'wk- δyšβrpwtystβ mx'stβ 100 'št' n'm swtr γwβty'kh pwstk「神々の中の最高の者にして、世界の保持者である観自在菩薩摩訶薩の百八の名前の経という讃えの経典」という名前の、原典不明の仏典である。

（36）姓がまちまちのこれらが同一人物である可能性は低い。Pelliot sogdien 8が書かれた年代もよく分かっていないが、差科簿の時代とはそれほど隔たっていたとは考えられない。そのように考えると、人名が比較的良く一致するように見える背景には、ソグド人の人名の流行が在るのではないだろうか。

（37）この名前は従来yzt'と読まれて来たが、この漢字音写形から読みを改善した。

（38）この点に関してはYoshida 2013, p. 157を参照されたい。さらに畢波「粟特人与晋唐時期陸上絲綢之路香薬貿易」（『台湾東亜文明研究学刊』10/2, 二〇一三年）二九九―三二三頁も参照せよ。

（39）テキストは、池田温『中国古代写本識語集成』（東京大学出版会、一九九〇年）三二六頁から。池田によれば、写本の時代は八世紀ころだと言う。敦煌におけるソグド人仏教徒の活動については赤木崇敏の最近の論文「ソグド人と敦煌」（『ソグド人と東ユーラシアの文化交渉』勉誠出版、二〇一四年）も参考になる。

（40）Yoshida 2009, p. 326参照。

（41）既存の漢文仏典にソグド文字の発音を添えたのではないことは、縦書きされた行が左から右に進むことから明らかである。

(42) Yoshida 2013, pp. 169-175を参照せよ。

(43) これらの僧侶用と考えられるソグド語仏典についてはYoshida 2009, pp. 323-327を参照せよ。

(44) Pelliot sogdien 7はAmoghapāśahṛdaya-sūtraのソグド語版だが、最後に添えられた陀羅尼の一部が欠けているだけで、ほぼ完本である。Pelliot sogdien 5 + 17では首尾は揃っているが、後半部が酷く破損している。

(45) W. Sundermann, "A Sogdian Mahāyānamahāparinirvāṇasūtra manuscript", in: T. Irisawa (ed.), *"The way of Buddha" 2003: The 100th anniversary of the Otani Mission and the 50th of the Research Society for Central Asian Culture*, Kyoto: Ryukoku University, 2010, pp. 75-83参照。

(46) Cf. W. Sundermann, *BSOAS* 40, 1977, pp. 634-635.

(47) Wellerはこれ以外にも、『金剛般若経』、『長爪梵志請問経』、『観佛三昧海経』についてもソグド語訳と漢文原典を比較・対照している。なおソグド語訳をめぐるここでの議論はYoshida 2009, pp. 317-323に基づいている。近年はB. MeisterernstとD. Durkin-Meisterernst夫妻が精力的にこの方面で研究を進めている。ひとまず彼らの最近の論文"Buddhist Sogdian texts in relation to their Chinese originals"黄建明他主編『首届中国少数民族古籍文献国際学術検討会論文集』(北京：民族出版社、二〇一二年)四一〇—四二五頁を参照せよ。

(48) 読み下しは『國訳一切経』経集部6から。梵語原典の日本語訳は：「世間にあるところのそれほど多くの異端、[その異端の]すべてにおいてそれら[の菩薩たち]が出家して、種々の誤った見解に陥っている衆生たちを解放させるのだ」とある。cf. 植木雅俊訳『梵漢和対照・現代語訳　維摩経』(岩波書店、二〇一一年)三五六—三五七頁。

(49) ソグド語仏典中のインド語の形式についてはE. Provasi, "Sanskrit and Chinese in Sogdian garb." In: M. Maggi et al. (eds.), *Buddhism among the Iranian peoples of Central Asia*, Vienna: Verlag der Österreichischen Akademie der Wissenschaften, 2013, pp. 191-308も参照せよ。漢字音にもとづく非標準的な梵語形については、吉田豊「ソグド文字で表記された漢字音」(『東方学報　京都』六六、一九九四年)三八〇—二七一頁を参照せよ。

(50) Cf. Yoshida 2009, pp. 299-301. Pelliot sogdien 9も同じような編集経典であろう。ここには『究竟大悲経』からの引用が見られるが、この経典自体は禅宗文献であり、筆者はPelliot sogdien 9も禅宗関連の経典だと考えている。cf. Yoshida 2009, pp. 313-317。なおPelliot sogdien 10や11も同じ写本の離れである。

（51） ソグド文字を横書きと見て、横一二cm×縦一八・五cmの巻子本の断片で、残っているのは一行の三分の一程度である。研究はYoshida, "Notes on Buddhist Sogdian fragments" R. Schmitt and P. O. Skjærvø (eds.), *Studia Grammatica Iranica. Festschrift für H. Humbach*, München: Kitzinger, 1986, pp. 513-522にある。

（52） ところでPelliot sogdien 20は『大正』no. 278（六十華厳）の忠実な翻訳であることが知られている、cf. Yoshida 2013, pp. 158-163。従ってL51はそれを元にした短縮版ではなかったらしい。

（53） テキスト中の［角括弧］は破損部を。（丸括弧）は文字の一部が見えている事を示す。原典の中の（1）～（11）はソグド語のテキストで対応する行を示す。

（54） Cf. D. Durkin-Meisterernst, "The literary form of the Vessantarajātaka in Sogdian. With an appendix by E. Provasi", in: Ch. Reck, and D. Weber (eds.), *Literarische Stoffe und ihre Gestaltung in mitteliranischer Zeit*, Wiesbaden: Dr. Ludwig Reichert Verlag, 2009, pp. 65-89.

（55） Y. Yoshida, "What has happened to Suδāšn's legs? Comparison of Sogdian, Uighur and Mongolian versions of the Vessantara Jātaka", in: E. S. Tokhtasev and P. Lurje (eds.), *Commentationes Iranicae. Vladimiro f. Aaron Livschits nonagenario donum natalicum*, St. Petersburg: Nestor-Historia, 2013, pp. 398-414.

（56） ソグド語版では主人公Swδ'šnの父親はšβy「シビ（王）」という名前なので、シビ王本生のモチーフがヒントになっている可能性がある。

（57） Cf. Yoshida 2009, pp. 304-307.

（58） 中国に在住したソグド人がすべて仏教に改宗したわけではない。中国で発見されるゾロアスター教徒のソグド人の葬具については、影山悦子「ソグド人の墓と葬具――中国とソグディアナ」（『ソグド人と東ユーラシアの文化交渉』勉誠出版、二〇一四年）を参照せよ。仏教徒になったソグド人がゾロアスター教の信仰を放棄したかどうかも判然としない。上で見たPelliot sogdien 8の奥書に見える人名では、nnyprm「(原義) ナナ女神の栄光」やm'xδ'yh「(原義) 月神のしもべ」などは、ゾロアスター教徒の典型的な人名である。

（59） 幸いなことに中田美絵は実際にそのような研究に着手している。「唐代中国におけるソグド人と仏教」（『ソグド人と東ユーラシアの文化交渉』勉誠出版、二〇一四年）。

仏経漢訳、仏教中国語と中国語の史的変遷、発展（1）

朱　慶之
翻訳　馬　之濤

一　漢訳、仏教中国語及びその中国語歴史言語学的価値

周知のとおり、紀元一世紀前後のインド仏教の伝来は、古代中国文化の発展において大きな出来事であった。西域仏教の高僧である大徳がもたらしたのは宗教そのものだけでない。さらに注目すべきはその背後にあり教義に付随したインド文明および文化、すなわち中国文明と同じく当時の人類文明の発展において最高水準に達した文明、文化の成果である。中印の二大文明における衝突と融合が、中国文明と文化の発展に巨大な影響が及ぼしたことに高評価を与えてもいいだろう。しかし、我々がその作用及び影響に対して、十分な認識を得ているとは言い難い。

中国における仏教及びその文化の伝播は、主に仏典翻訳に基づいている。歴代の経録によれば、後漢から宋ま

でのおよそ一〇〇〇年間に、西域仏教の僧侶をはじめとする翻訳家たちはインド語や中央アジア言語で書かれた仏典を漢訳したが、その数は三〇〇〇部近くに上る(2)。その中には散逸したものも多いが現存するものは一四八二部あり、計五七〇二巻、約四五〇〇万字にも及ぶ(3)。

これら翻訳経典は中国の中古文献史上、重要な位置を占めている。その理由として次の二点が挙げられる。

一、その数が厖大であること。特に唐代以前では、仏教翻訳は書写作品ではもっとも多く、その作品数は中国本土の書籍の総数を上回っていた。また、それらには中国本土の仏教創作や非仏教創作を生み出す効果もあった。大量の経疏のほか、今でも見られる遊記（例：東晋・法顕『仏国記』）や、目録（例：東晋・道安『綜理衆経目録』、梁・僧祐『出三蔵記集』など）、類書（例：梁・宝唱『経律異相』）、輿地（例：北魏・楊衒之『洛陽伽藍記』）、政論（例：梁・僧祐『弘明集』）、文学（例：志怪小説、現存十一種、輯存二十七種、散逸十七種、計五十五種）などである。その文体の多くは中国史上、初めてのものである。

二、新たな文語文体を誕生させたこと。文字（漢字）とともに誕生する中国語の文語の歴史は、甲骨文字や金文文字の時代に遡ることができる。中国語の文語は春秋戦国時代にその形がすでにできあがっていた。漢代になると、先秦諸子の著作をはじめとする言語が中国語の文語の規範また標準とされ定着した。二〇〇〇年近くも続く文語と口語（言、文）の乖離がそこから始まったのである。しかし後漢に始まった訳経は、この口語からかけ離れた文語の規範に縛られることはなかった。反対に「伝統無視」の姿勢で、当時の口語、あるいは独創的な口語文語の混合体をそのまま使用していた［朱慶之二〇一二］。そうして、「訳経体」という専用の文語形式が形成されたのである。早期の「訳経体」は鳩摩羅什を代表とする旧訳時代の改良を経て、卑俗な傾向を取り除き、典雅な表現を増し、新たな文語を作り出した。この種の文語形式はまず、仏教以外の民間の通俗創作に取り入れられ(4)、次第に新たな文語、すなわち白話文に進化した。白話文は「文白混じり」の伝統を守り、時の口語表現を吸収した文体である。それは先秦典籍に基づき、口語を排除した文言文とは明らかに異なるものであった。その発生と定着は中国文化史上における一大事である。多くの人々、特に社会の下層にいる庶民を文化の発展と改造に参加させたという意味で、その影響は極めて大きかった。

翻訳仏典で造り出された独特の文語及びその変体は「仏教中国語（Buddhist Chinese）」と言われる。その基本部分、すなわち翻訳仏典の言語に対しては、むしろその特徴を表わすことのできる「仏教混合中国語（Buddhist Hybrid Chinese）」と命名するほうがより適切であると思われる。

このように命名するのは、翻訳仏典の言語が中国語の従来の文語及び口語と著しく異なるからである。それは中国語の文語と口語の混じった文体であり、そうした「文白」混じり文は当時において「違法」なものであった。また、それは目標言語（target language）としての中国語と、起点言語（source language）としての原典の言語、および翻訳者の母語との混合体でもある。一見すると訳文は漢字で書かれているが、実は非中国語的（あるいは非中国語固有的、新しく創りだされた）成分が大量に存在することによりピジンの色彩を強く帯びている［朱慶之一九九二、二〇〇一、二〇一〇］。以上、二種の「混合」の主な原因には、ほとんどの主訳者（即ち梵語を中国語に訳す人）の母語が起点言語、または起点言語に近い言語であり、目標言語の中国語が彼らにとって第二言語、または外国語であったということがある。主訳者が「まずい」中国語しかできなかったからこそ、口語または文白混合という「異質」な文語で翻訳することが彼らにとって唯一の選択肢であった。さらに、起点言語あるいは母語の成分を訳文に入れることを避けられず、反対に翻字（transliteration）と翻訳借用（loan translation/calque）の方法を用い、原典における語及び文をそのまま中国語に入れようとした。その結果、訳文にピジン成分が大量に存在することに

表1　仏教中国語の諸文体及びその変体

分類			代表作家と作品
翻訳仏経	口語体		「古訳期」(5) 後漢・安世高、支讖の訳経
	文言体		「古訳期」後漢・康孟詳、三国・康僧会の訳経
	口語文言混合体	創成期	「古訳期」三国・支謙、西晋・竺法護の訳経
		成熟期	「旧訳期」のほとんどの訳経、鳩摩羅什を代表とする。「新訳期」の一部の訳経、義浄を代表とする
	方式体		「新訳期」ほとんどの訳経、唐の玄奘、宋の施護を代表とする
本土作品	文言体		すべての文語を媒体とする文人の作品。経注、弁難、史地、伝記、目録、音義、志怪小説など
	白話体	変文体	敦煌変文講経文
		白話詩体	王梵志詩、寒山詩、敦煌曲子詞
		語録体	祖堂集、伝燈録など

なったわけである［朱慶之二〇一二］。

コミュニケーション学の視点から見れば、インド仏教理論及び仏教文化を仏教中国語で記述することには、よい一面と悪い一面があるが、「仏教混合中国語」という特殊な形式でインド仏教典籍が中国に広がったことは、当時の歴史背景において最も適切な選択であったのである。

言語形式や文体（register）の特徴から、仏教中国語は複数の変体に分類することができる。翻訳仏経には口語体（colloquial register）、文言体（classical written register）、口語と文言の混合体（hybrid written register）及び方式体（stylized written register）という四つの変体がある。そして中国本土の作品には文言体と白話体の二種がある（**表1**参照）。

翻訳仏経の言語、すなわちインド仏教典籍の言語の中国語翻訳は仏教中国語の由来と基礎である。中国本土の仏教作品における言語は翻訳仏経言語の中国において発展したものであり、また仏教中国語が正式に中国語に融合したという標識でもある。

中国語史の研究者として、筆者は「仏教中国語」を使用したこれら文献資料の中国語の史的研究に対する価値に関心を寄せてきた。仏教の迅速な伝播により仏教中国語は次第に社会の各階層に浸透し、結果として人々の日常言語生活に影響を与えた。

一九八〇年代以降、仏教中国語の研究は中国語言語学の研究者から注目されるようになった。九〇年代には我々は「仏教混合中国語」の概念、及び中国語歴史言語学（Chinese Historical Linguistics or History of Chinese language）というカテゴリの中で仏教中国語研究を行うことを提唱した［朱慶之二〇〇一］。二十一世紀に入り、社会言語学的研究の導入により、仏教中国語の語学的研究において新たな発見があった。

社会言語学では、言語接触（language contact）は言語変化を引き起こす極めて重要な原因の一つであると考えられている。言語間の翻訳は典型的な言語接触ではないが、言語に及ぼす影響は無視してはならない。特に宗教経典の翻訳では尚更そうである。接触言語学の理論は仏教中国語の研究における新たな展開を導いた。それにより、われわれはこの研究に対して、改めて次のことを認識することができた。仏教中国語研究の主要任務は仏教文献言語に見える特殊な言語現象を研究、提示し、あわせてその由来を説明すること（後者が重要）である。しかし、この研究の最終目的は中国での、特に仏教の翻訳と訳経の流布による伝播を通してインド仏教及びその言語が中国語の発展、変遷にいかなる影響を及ぼしたかを究明することである。その影響はまさに中古中国語史や近代中国語史を構築し、当時の中国語の発展、変遷の原因を究明する際に無視することのできない要素である。

大きく言うと、仏教及び仏典翻訳からの影響はおおよそ、二つの方面より受けている。一つには原典の言語、二つには翻訳作業そのものである。仏典翻訳は主に母語を非母語に訳すため、起点言語の表現が目標言語に入り込むことが当然起こるのである。それと同時に、表現上の必要性により中国語に元々あった表現の使用の他、そのような表現に基づいた新しい表現も作り出された。(6) この二種の新成分は初めは訳経（仏教中国語）でしか見られなかったが、仏典の流布につれついにその一部が中国語に取り入れられ、中国語に正式に影響をもたらしたのである。仏教中国語の研究の基本はその影響を見出し、「因果関係」を明らかにするところにある。

ここでいう「原因」について言えば、重要なのは訳文と梵文との対照研究によって、訳文の中から原典に由来する成分を見つけることである。そして、訳文と非仏教文献との対照研究によって、原典とは関係がない、訳文の中で特有あるいは初めて現れる言語現象を見つけ、それが翻訳の際に創作されたものかどうかを解明することである。一方「結果」というのはこれらの新しい言語成分と現象が訳文にのみ現れるのか、それとも訳文（仏教中国語）を超えて、中国人による一般文書に浸透したかを明らかにすることである。これらの成分と現象が訳文に現れるだけでは、中国語に正式に影響を与えたとは言えないからである。以上の二点が仏教中国語の研究における最も重要で、基礎的な任務である。これらの基礎的研究が行われた上で、新しい成分が中国語の歴史的発展と変遷にいかなる影響をもたらしたかということが分析できるようにもなる。

ある論説によれば、梵語を代表とする古代仏教インド語と同時期の古代中国語は類型論上、それぞれ膠着語と孤立語に属し類型学上で大きな差異があるため、中国語は文法よりも語彙において影響を受けやすいという。これには一理あるが、重要な事実を見逃しているようである。影響をもたらす仏教翻訳は一種の特別な翻訳であるということである。特別というのは、古代仏教を翻訳する訳者の主体が外国僧侶であったということころにある。中国での布教のために、布教者は母語で書かれた仏教を非母語の中国語に翻訳した。訳者の根強い宗教意識や、目標言語を十分に理解していなかったということがあるために、原典に特有の、中国語には本来なかった言語成分である語彙、及び文法が中国語に訳されることになった。仏教中国語は斬新で生硬なものであり、中国語の習慣に従わないものであるが、中国語の格好を真似し「経」と呼ばれる仏教聖典に保存された。最初は中国語の格好を真似していただけであったが、それにより本来中国語にない言語成分が一般の中国語に融合する必要な条件を備えるようになった。後に、経典にしかなかった非中国語成分が仏教の力を借りて、仏典の広がりと共に、仏教以外への流布も始まるようになった。もちろんすべての新たな成分が仏教中国語から中国語へと変化を遂げたわけではない。しかし、それは確かに前述したような実現が困難な現象を実際に可能としたのである。

二十余年の努力により、仏教中国語の研究チームが拡大しつつある。研究方法と研究視野においても絶え間ない発展があり、数多くの成果を収めた。例えば、本稿で検討する、中国語（北方方言）の人称代名詞と名詞の複数標識「們」の出現と仏典翻訳との関係はその一つである〔朱慶之二〇一四〕。そこからは仏教中国語の混合特徴及びその中国語の発展、変遷への影響が窺えるのである。

二　現代中国語の諸方言における人称代名詞の複数標識の概観

現代中国語の諸方言においては、人称代名詞を単数と複数で区別するものがほとんどである。大まかに言えば、長江より北の広い地域では接尾辞の「們」を以て複数を表わすのが一般的であるが、長江より南の地域では複数標識はまちまちである（カラー口絵及び図1、図2参照）[7]〔曹志耘二〇〇八、李藍二〇〇八〕。

曹志耘〔二〇〇八〕は書き方（用字）を基にして、現代中国語の「人称代名詞複数形式」（plural forms of personal pronouns）を三十一種（三か所以上で使用されるもの）に分け、大きく三類に分けた。それらはA「虚語素」、B「多数語義含有語素」、C「『人』及び『農』含有」である。「虚語素」とは複数標識として完全に抽象化したものである。「多数語義含有語素」とは複数標識として完全に抽象化していないものである。「『人』及び『農』含有」

とは複数標識を句形式で表すものである（表2参照）。

しかしこの分類にも問題があると言わなければならない。主な問題点は「字」を以て語を定めることである。つまり書き方に捕われすぎ、「字」の背後にある語や語素を考察せず、その歴史的な由来に対する考慮を欠いているのである。

すでに言われているように、複数標識は様々な形を持ち、分布も一定していないが音声形式は乱雑ではなく、声母を手掛かりにそれを帰納することができるのである。例えば戴昭銘［二〇〇〇］、汪化雲［二〇〇八］(8)では声母が［t］である標識は同源のものであり、一類と見なすべきとする(9)。

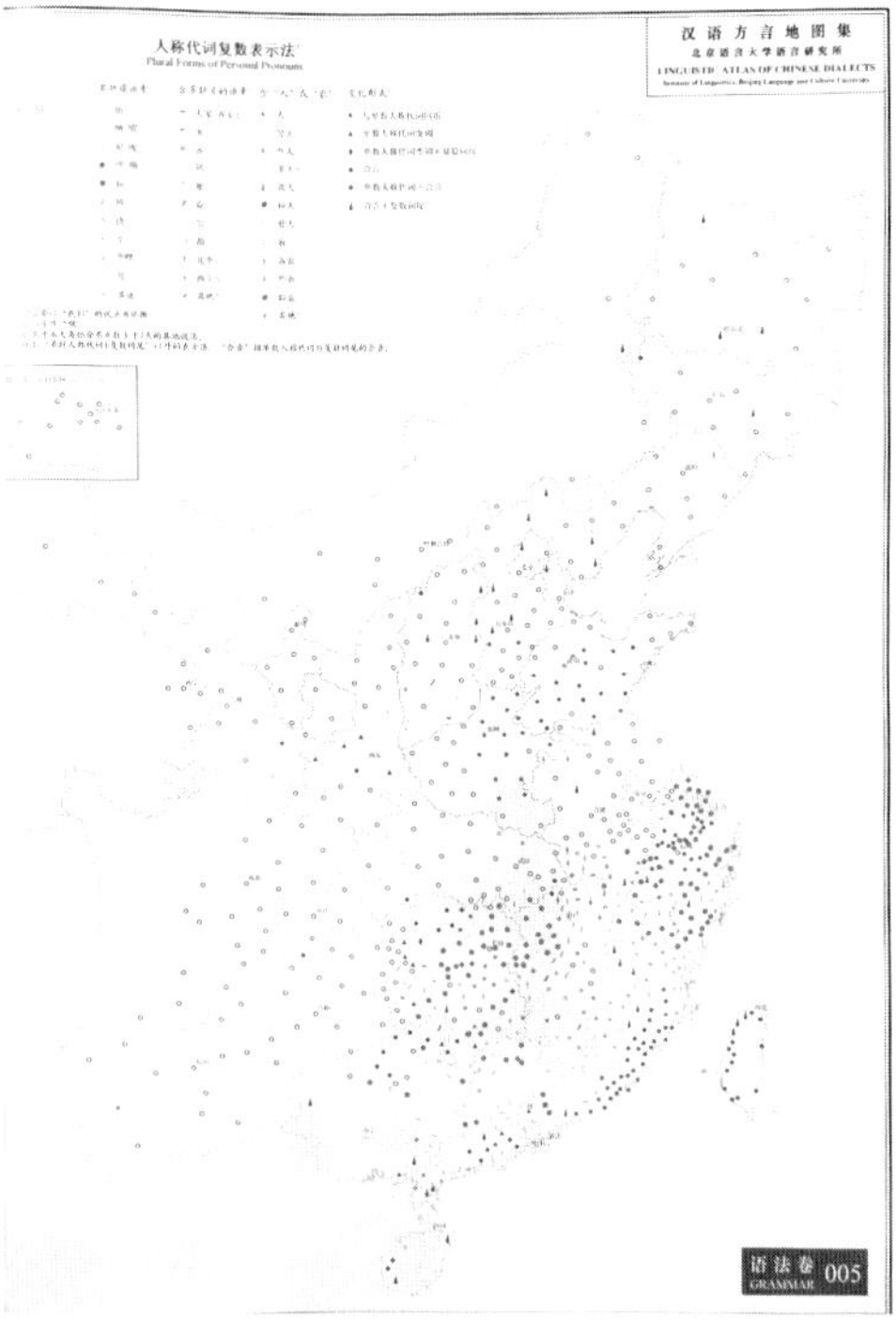

中国語史の視点から見れば、この考え方は合理的であろう。呂叔湘［一九四九］は北方方言の人称代名詞と人を表わす名詞の複数標識「們」の由来について次のように述べた。

> 「們」という書き方は早期の文献にすでにあったが、これは古代中国語には存在しなかった語と思われる。だが、文法上重要な語であり、手掛

図1　中国語方言人称代名詞複数標識分布総図

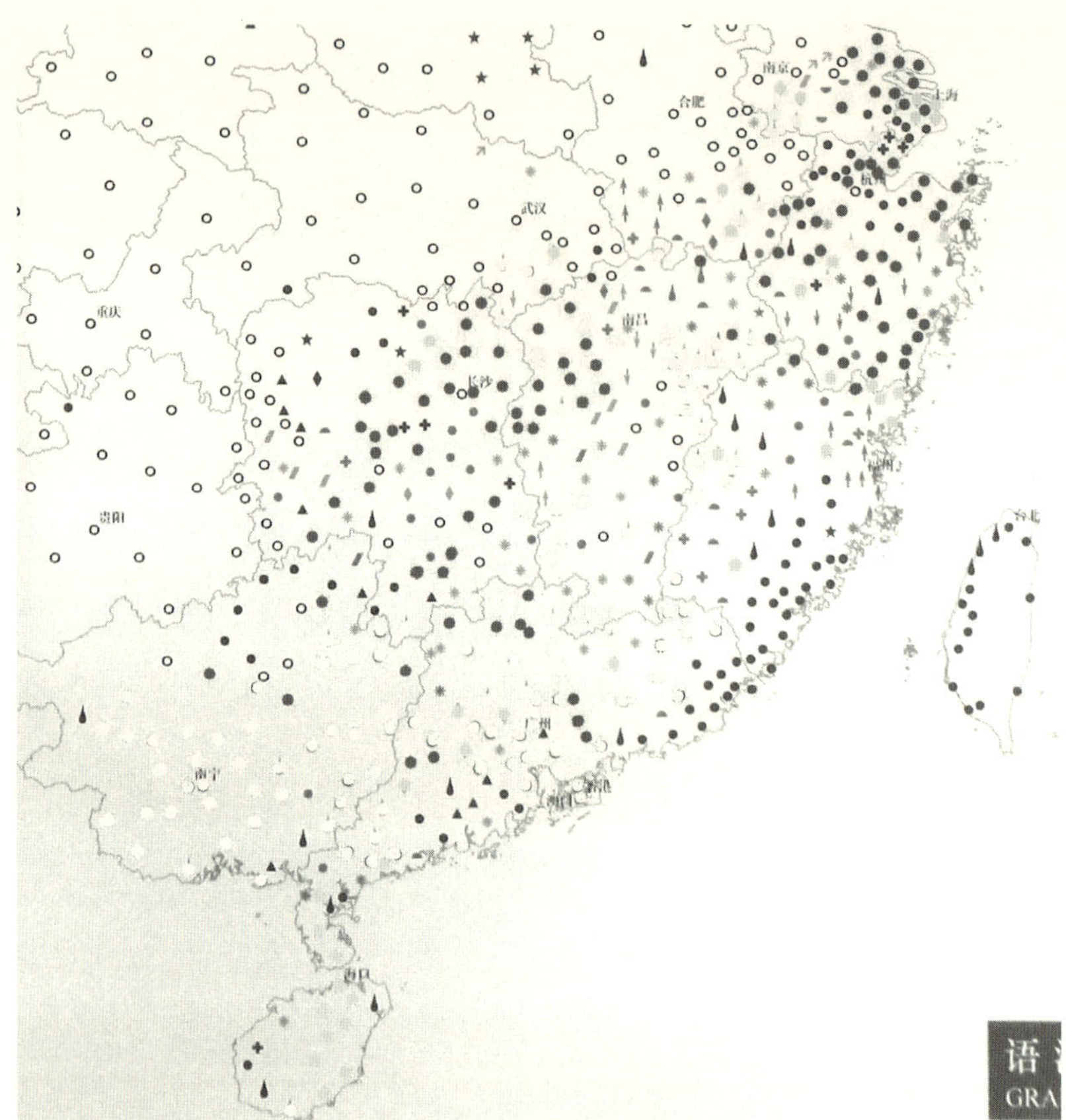

図2　中国語方言人称代名詞複数標識分布図（南方）

かりが少しも見つからないというのは信じがたいものである。そこで古代のいくつかの「類及之詞」の中から考察すれば、「輩」と「們」の間に関係があることに気がつくだろう。（一四八頁）

ここで言う「類及之詞」は六つある。すなわち秦漢時代に見られる名詞と代名詞に後接する「同一類（人または物）（class）」の名詞である「輩」「属」「等」「儕」「類」「曹」などである。呂叔湘の推論は基本的に正確であったが、戴昭銘と汪化雲の研究がこの方向に向かってさらに進まなかったことは惜しまれる。

実際にはT系統（例「搭」「哋」「兜」「帶」「篤」「多」「都」「底」「等」「黨」「的」など）のほかに、M系統（例「們」「木」「麼」など）、N系統（例「伲」「㑚」「納」「儂」など）、L系統（例「拉」「類」「来」「俚」「笠」など）とC系統（例「儕」「己」「者」「支」「子」など）の、あわせて五大系統にまとめることができる。これらは呂叔湘のいう古代中国語における人称代名詞に後接する「類及之詞」と大体対応している。すなわち、M系統は「輩」、T系統は「等」、L系統は「類」、C系統は「儕」あるいは「曹」に由来するものである。N系統は二つの起源を持っている可能性があり、一つはT系統（≤「等」）、一つはL系統（≤「類」）である。

表2　人称代名詞複数標識

A類	B類	C類
們	大家／齊家など	人
地／哋	家	等人
嘀／嘚	齊	些人
尼／呢	隊	多人など
哩／嘞	堆	幫人
拉	衆	粒人
嘰	個	都
澆	都	農
個	兒個など	各農
個哩	両個など	些農
苑	その他	粒農
その他		その他

三　二つの疑問

先に述べたように、現代中国語の諸方言における人称代名詞の複数標識は古代中国語で「同一類（人）」の名詞である「輩」「属」「等」「儕」「類」「曹」などに由来したものである。しかし、こうした「類及之詞」の本質に関して、複数人称代名詞または名詞との関係はあるが、現代の「複数標識（plural mark）」ではないと見なす意見が学者の間で統一されている。王力［一九八八：五一頁］の論述は代表的なものであろう。

上古の人称代名詞において、単数と複数との区別は明確ではない。もちろん、「朕」「予」「台」「卬」のような専ら単数に用いる人称代名詞はある。しかし、「我」「吾」「爾」「汝」は複数に用いることもできる……戦国以降、人称代名詞は「儕」「等」「曹」「属」などを加えて複数を表わすこともある。以下に複数の例を挙げる。

吾儕小人皆有闔廬以辟燥湿寒暑。（『左伝・襄公十七年』）／公等皆去、吾亦従此逝矣！（『史記・高祖本紀』）／吾属今為之虜矣。（『史記・項羽本紀』）／吾並斬若属矣！（『漢書・灌夫伝』）／我曹言、願自殺。（『漢書・外戚伝』）／上以若曹無益於県官、今欲尽殺若曹。（『漢書・東方朔伝』）

しかし、厳密に言えば、これらは人称代名詞の複数とは言えない。「吾儕」「吾等」「我曹」「我属」とは「我々のような人」という意味であるので、「儕」「等」「曹」「属」は複数を表わす語尾ではない。本当な人称代名詞の複数と言えるのは「我們」「你們」「他們」であるが、それは宋代以降のことである(10)。

戦国以降、人称代名詞に「類及之詞」を加えて「複数を表わすこともある」ということは、「吾等」のような使い方は「人称代名詞の複数とは言えない」ということと、前後で矛盾しているように見える。しかし、その結論は明白である。つまり「類及之詞」が表わすのは「数（number）」でなく、「集合（collective）」ということである。

これらの語が表わしたのは「複数」ではなかったとすれば、いつ（when）、どのように（how）名詞から複数の文法成分（例えば北方方言の「們」と粤語の「哋」）に変わったか、という一つの疑問が生じる。

最近の十～二十年間の類型言語学の研究成果によれば、人類言語の数標識（number mark）と類標識（classifier、類別辞。例えば中国語の名量詞など）はともに言語における「数」範疇の表現方式であり、一つの言語においては両者が共存することはないとされている［Chierchia 1998a, 1998b］。その法則は次のようにまとめられている。

一つの言語は必ず類標識言語か数標識言語かのいずれである。［Massam 2009］
(A language may be either a classifier language or a number language)

周知の通り、中国語は最も代表的な類標識言語と認められている。中国語の量詞は春秋戦国時代（紀元前七〇〇～二〇〇）から存在し、南北朝時代（四〇〇～六〇〇）にさらなる発展を遂げ、豊富な量詞系統を持つようになった。そしてその状態は今日までに続いている［劉世儒一九六五］。

二番目の疑問は、「数」範疇を表わす中国語の量詞系統が中古期においてすでに発生しているのに、なぜその後に複数標識が生じたのかということである。典型的数標識言語の数標識、例えば英語の-sに比べ中国語の数標識は際立つ特徴を持っている。一つは、英語の-sは名詞のみに用い、人称代名詞の単数と複数は各自の形態で現れる。一方英語の-sに近い中国語の複数標識、例えば粤語の「哋」、呉語蘇州方言の「哩」では人称代名詞のみに用い、名詞には使わない。主要方言の中では北方方言の「們」だけが例外で、名詞のみならず、人称代名詞にも用いられる（とはいえ、「們」の使用は人を表わす名詞に限られる）。もう一つは英語の-sは単に名詞複数を表わすのに対し、中国語の「們」「哋」などでは「真性」と「仮性」の別があり、真性のものは複数（plural）、仮性のものは集合（collective）を表わすということである。これはなぜか。

四　上古、中古期における「類及之詞」の性質の再検討

呂叔湘［一九四九］は北方方言の人称代名詞と人を表わす名詞である「們」について、中国語の「們」の表わす文法範疇は少なくとも「真複数」と「仮複数」の二種があると指摘している。現代言語学の用語で言えば、「真複数」はplural、「仮複数」はcollectiveである。さらに呂叔湘は中国語の人称代名詞に後接する「們」が真複数を表わすか、それとも仮複数を表わすかは容易に弁別できないが、名詞に後接する「們」の性質は分かりやすい。つまり固有名詞（例えば、人名、地名など、以下N_Aと呼ぶ）に後接する「們」は仮複数であり、非固有名詞または普通名詞（例えば「学生」「先生」など、以下N_Bと呼ぶ）に後接の「們」は真複数である、と指摘した。

上に述べたが、中国語現代方言における人称代名詞の複数標識は古代「類及之詞」（以下「-C」と呼ぶ）に由来するものである。王力などの説では、これらの語はただ「仮複数」の一種類の用法しか持たないという。そうな

表3　上古、中古非仏教文献における「Pp＋-C」の使用状況

Pp ＼ -C		等			輩			属			類			儕			曹		
		秦漢	魏晋	南北朝	秦漢	魏晋	南北朝	秦漢	魏晋	南北朝	秦漢	魏晋	南北朝	秦漢	魏晋	南北朝	秦漢	魏晋	南北朝
一人称	吾	4 (11)	20	45	—	—	3	10	—	5	1	—	—	11	3	4	3	—	5
	我	—	—	12	—	—	—	2	—	—	—	—	—	1	—	—	6	1	11
	余	—	1	1	—	—	1	—	—	—	—	—	—	—	—	—	—	—	—
二人称	汝	1	40	83	—	7	16	2	—	—	—	—	—	—	—	—	14	11	34
	若	4	—	3	—	—	—	2	—	—	2	—	—	—	—	—	2	—	—
	卿	—	7	120	—	—	—	—	—	—	—	—	—	—	—	—	1	—	8
計		9	68	267	0	7	20	16	0	5	3	0	0	12	3	4	26	12	58

らば、現代方言における人称代名詞の複数標識である「真複数」はどのように生じたのか。先学の論説に不適切なところがあったのか。そこで香港中文大学が開発した『漢達文庫』を利用し、上古、中古期の（非仏教）文献における人称代名詞と名詞に後続する「類及之詞」について考察を行った結果、新たなことが分かった（表3）。

まず第一に、先秦から漢代（秦漢）の文献において、「人称代名詞＋類及之詞」（以下これを「Pp＋-C」と略称）はすでに現われていたが、数は多くはない（漢代四〇〇年余りで、五十例余り）。分布は不均等であり、使用上の規則がまだ定まっていなかったことが言える。留意されたいのは「-C」の本来の名詞的意味は明白で、決して複数文法範疇の表現ではないということである。従って、この時期には中国語の人称代名詞は形式上、数の区別がなく、もちろん、単数と複数の対立もない（例えば、「我」と「我們」など）ということが言える。ここまでは王力の観察結果と基本的に一致する。

しかし、南北朝の文献では明らかな変化が観察される。「Pp＋-C」の用例が大幅に増加した（計三六三例）他に、複数を表わす文脈においては人称代名詞は常に「Pp＋-C」の形で現れ、規則性が見られる。類及之詞、特によく使われる「等」「曹」「輩」においては名詞

的な意味が本来ほど明白ではない。例えば梁・蕭繹『金楼子』巻四「戒子篇」では、作者は自称に一人称代名詞「吾」を、その子女には二人称代名詞「汝曹」を使用している。

親之名可聞、而口不可得言也。好論人長短、忘其善悪者、寧死不願聞也。龍伯高敦厚周慎、謙約節倹、**吾**愛之重之、願**汝曹**效之。杜季良憂人之憂、楽人之楽、有喪致客、数郡畢至。**吾**愛之重之、不願**汝曹**效之、效伯高不得、猶為謹敕之士。

文中の「汝曹」は他の多くの子女のことを指す。ここは王力のいう「あなたのような人」という意味でなく、呂叔湘のいう「あなた一＋あなた二＋あなた三……」という意味である。

第二に、上古と中古前期（東晋以前）には、名詞に後接する「類及之詞」（以下「N＋-C」と略称）は、固有名詞に限られ、普通名詞に使うことは決してなかった。この時期の「-C」が単に仮複数（集合）を表わしていたことが分かる。これも王力の観察と基本的に一致する。

しかし、遅くとも南北朝時代には一部の「類及之詞」においても変化が起こったことが多くの証拠から見て取ることができる。次に梁朝沈約『宋書』における「輩」の用例を見てみよう。

晋穆帝升平中、**童子輩**忽歌於道曰「阿子聞」、曲終輒云「阿子汝聞不」。（『宋書・五行志二』）

又与江夏王義恭書曰「早知**諸将輩**如此、恨不以白刃駆之、今者悔何所及！」（『宋書・張茂度伝附子永』）

太宗践祚、玄謨責所親故吏郭季産、女婿韋希真等曰「当艱難時、**周旋輩**無一言相扣発者。」（『宋書・蔡興宗伝』）

我東行是一段功、在郡横為**群小輩**過失大被貶降、我実憤怨、不解劉輔国何意不作。（『宋書・文九王伝』）

上使湛之等難慶之。慶之曰「治国譬如治家、耕当問奴、織当訪婢。陛下今欲伐国、而与**白面書生輩**謀之、事何由済！」上大笑。（『宋書・沈慶之伝』）

諸舎人右丞輩、及親近駆使人、慮有作其名……（『宋書・王景文伝』）

「童子」「将（将軍、将領）」「周旋（友人）」「群小（小人）」「面白書生」「舎人」「右丞」はすべて普通名詞である。「童子輩」は「童子一＋童子二＋童子三……」ということを表し、現在の「子供たち（孩子們）」という意味である。「周旋輩」はすなわち「周旋一＋周旋二＋周旋三……」ということを表し、現在の「友人たち（朋友們）」に相当する。ほかも同じである。

もし、仮に語の音韻の形や書き方を考えないとすれば、「輩」とその後の「真性複数」を表わす「們」はほぼ区別がない[12]。つまり、宋元時代における集合も数も表わせる「們」の特性は中古期の「輩」にも窺えることになる。先学の結論に不適切なところがあったと言える。

面白いのは「中土」（中国本土）の文献に比べ、漢訳仏経にも類似した現象がすでに存在していたということである。まず「Pp＋-C」について見てみよう。**表4**からは翻訳仏経における「Pp＋-C」の使用量が中土文献の数倍から数百倍もあることが見て取れる。しかも、翻訳仏経の中では「Pp＋-C」の使い方もかなり違うのである。一例を見てみよう。

後漢曇果共康孟詳訳『中本起経』巻一：「仏知迦葉心已降伏、便告迦葉『汝非羅漢、不知真道、何為虚妄、

表4-1　翻訳仏経における一人称代名詞「Pp＋-C」の使用状況

	我						吾						余／予						計
	類	属	等	輩	曹	儕	類	属	等	輩	曹	儕	類	属	等	輩	曹	儕	
後漢(13)	—	1	35	7	34	—	—	—	34	—	—	—	—	—	—	—	—	—	111
三国	—	—	27	—	65	—	—	—	51	—	—	—	—	—	—	—	—	—	143
両晋	—	—	3965	29	188	—	—	—	314	—	—	—	—	—	10	—	—	—	4506
南北朝	—	—	1617	3	28	—	—	—	16	—	—	—	—	—	—	—	—	—	1664
計	0	1	5644	39	315	0	0	0	415	0	0	0	0	0	10	0	0	0	

表4-2　翻訳仏経における二人称代名詞「Pp＋-C」の使用状況

	汝						若						卿(14)						計
	類	属	等	輩	曹	儕	類	属	等	輩	曹	儕	類	属	等	輩	曹	儕	
後漢	—	—	13	3	9	—	—	—	1	0	38	—	—	—	—	—	8	—	72
三国	—	—	21	1	19	—	—	1	2	0	39	—	—	—	25	—	26	—	134
両晋	—	—	3891	8	11	—	—	—	13	—	59	—	—	—	209	3	21	—	4215
南朝	—	—	1190	8	5	—	—	—	1	—	—	—	—	—	21	—	—	—	1225
計	0	0	5115	20	44	0	0	1	17	0	136	0	0	0	255	3	55	0	

自称貴乎？』於是迦葉心驚毛竪。自知無道、即稽首言『大道人実神聖、乃知人念。寧可得從大道人神化稟受経戒、作沙門耶？』仏言『大善！報汝弟子。卿是国師、今入法服、豈可独知乎？』迦葉受教、顧謂弟子『汝間与我共覩神化、吾始信解、當作沙門。汝等何趣？』五百弟子同声対曰『我等所知、皆大師恩也、師所尊信、願皆隨從。』即時師徒、倶共詣仏、稽首白言『我等皆有信意、願為弟子。』仏言『善来！比丘。』皆成沙門。」

大迦葉が目の前にいる五〇〇人の弟子と対談する場面である。弟子の中に代表がいるわけではないため、「汝」にせよ、「汝等」にせよ、「あなたと何人か」という意味でなく、「汝一＋汝二＋汝三＋……汝四九九＋汝五〇〇」、すなわち複数を表わす「あなた達」という意味にほかならない。五〇〇人の弟子がいう「我等」も「私と何人か」という意味でなく、「我一＋我二＋我三＋……我四九九＋我五〇〇」という意味である。これは同時期の中土文献における「Pp＋-C」の意味との本質的な相違点である。

次に「N＋-C」について見てみたい。同時期の中土文献では類及之詞「-C」は普通名詞に後接しないが、最初の翻訳仏経、すなわち後漢の訳経ですでに多くの用例が見られる。例えば「輩」では、

『道行般若経』巻四：「如是、須菩提、弊魔主行誹謗之、令**新学菩薩輩**心為狐疑、便不復学誦書是経。」

『遺日摩尼宝経』巻一：「仏語迦葉言『自求身事、莫憂外事。後当来世**比丘輩**、譬如持塊擲狗、狗但逐塊不逐人。当来比丘亦爾。』」

『般舟三昧経』巻三：「是**比丘輩**聞是三昧四事。助歓喜入高明之智。」

三国時代の訳経にも同じ状況が見られる。例えば、

『般泥洹経』巻下：「若**比丘尼及清信士清信女輩**、毎詣仏時、可通見者常得時宜；毎衆異学及諸梵志居士之輩、来詣請現、可通見者常得時宜。」

『太子瑞応本起経』巻一：「太子仰而答曰『迫有侍衛、欲去無從？』天神即厭其妻、**諸妓女輩**、皆令臥睡。」

さらに注意すべきなのは、「輩」が人以外を表わす名詞と連用されることである。

『修行地道経』巻七：「入地獄餓鬼、為驢輩中鳴。」
『仏般泥洹経』巻上：「奈女皆是瓶輩、其有比丘當見力。」

後漢から両晋までの漢訳仏典において、「輩」は同時期の非仏教文献と同様に人名など固有名詞に後接し、「仮複数」（collective）を表わす一方、「真複数」（plural）も表わす全く新しい用法があったことは明らかである。漢訳仏経が使用した口語または口語文語混合の言語は文言文ではない。南北朝以前にこうした「-C」の使い方が同時期の中土文献に見られないのは、中国語口語の表現であるためではないかという疑問があるかもしれない。それは当然あり得ない。

五　翻訳仏経の梵漢対照による発見

上の考察から分かるように、翻訳仏経の言語は一種の特殊中国語の変体である。中国語の口語と文語（文言文）の混合と、中国語と原典言語及び訳者の母語の混合という二つの特徴を持っている。そのため、それを「仏教混合中国語」あるいは「仏教中国語」と呼ぶ〔朱慶之一九九〇／一九九二、一九九七／二〇〇一〕。仏経訳文において原典に由来する成分を研究対象とする際、基本的、かつ有効な研究方法は梵漢対照である。ここでは『法華経』（Saddharmapuṇḍarīkasūtra）を例として検討を進めたい。

まず、「人称代名詞＋類及之詞」（Pp＋-C）[15]の対照結果を見てみよう（表5）。『法華経』の二つの漢訳、すなわち

表5　『法華経』における中国語「Pp+-C」と梵語の対応状況

漢訳文				梵文				
				対応成分あり				対応成分なし
経名	詞目		数量	双数/複数			単数	
				代名詞	動詞	%		
正法華経	一人称	我等	72	57	8	90.3	0	7
		吾等	19	16	2	94.7	0	1
		余等	4	3	0	75	1	0
		予等	1	1	0	100	0	0
		我輩	2	2	0	100	0	0
	二人称	汝等	11	9	0	81.8	1	1
		爾等	6	3	2	83.3	0	1
		若等	4	1	0	25	0	3
		仁等	3	3	0	100	0	0
		賢等	1	1	0	100	0	0
		汝輩	3	2	0	66.7	1	0
	計		123	97	12	87.2	3	13
妙法蓮華経	一人称	我等	151	117	18	89.4	4	12
	二人称	汝等	95	46	30	80	3	16
	計		246	163	48	85.8	7	28

西晋竺法護の『正法華経』と姚秦鳩摩羅什の『妙法蓮華経』において、「Pp＋-C」は梵語の双数形また複数形（人称代名詞の双数と複数、動詞の双数と複数を含む）との対応率が八十五％を超えている。つまり、訳者が梵語の複数人称代名詞に中国語の「人称代名詞＋類及之詞」で対応させようと翻訳したということである。

名詞に関しては、『法華経』では訳者が「類及之詞-C」を用い、梵語の双数と複数語尾に対応させることが多く見られる。そのことについては、例えば姜南［二〇〇八／二〇一二］による初歩的ではあるが説得力のある研究がある。姜南は、

> 原典の梵語の名詞（代名詞を含む）における単数形、双数形、複数形からの影響を受け、漢訳仏経において名詞の複数を形式で表記する傾向が顕著であり、「諸

「……」「……等」「諸……等／衆／輩／類」という三類の複数形式がよく見られる。この三類の形式標識は名詞の内部成分として、原典の名詞の複数変化に直接対応する。しかも名詞性成分［±生命］の制限を受けず、複数であるという文法的意味のみを表わし、複数接辞の性質を有している。（一三三頁）

と指摘した。ここでは本文との関連性から、姜南の挙げた第二類と第三類の用例を引用する。

1　「N＋等」

梵本と対応する例

yais sattvais（m.pl.I.）（2-92）＞「斯衆生等」（『正法華経』）

また「仏子等」「沙彌等」「餓鬼等」「善男子等」「大阿羅漢等」等が挙げられる。

2　「諸＋N＋-C」

梵本と対応する例

te kumārakās（m.pl.N.）（3-97）＞「諸子等」（『妙法蓮華経』）

te śrāmaṇerās（m.pl.N.）（7-187）＞「是諸沙彌等」（『妙法蓮華経』）

puṣpā（m.pl.N.）（308-25）＞「諸華等」（『妙法蓮華経』）
imi sarva-śrāvakān（m.pl.Ac.）（2-30）＞「諸声聞衆」（『正法華経』『妙法蓮華経』）
tṛṇa-gulma-oṣadhi-vanaspatīnām（m.pl.G.）（5-21）＞「彼卉木叢林諸藥草等」（『妙法蓮華経』）
imamas ca sattvam（m.pl.Ac.）（7-36）＞「諸衆生類」（『妙法蓮華経』）

また次のような用例もある。

bodhisattvās（m.pl.N.）＞「諸菩薩等」（『正法華経』）
bahu-buddha-putrās（m.pl.N.）＞「世尊諸子等」（『妙法蓮華経』）
tāyinām（m.pl.G.）＞「諸聖哲等」（『正法華経』）
te śrāmaṇerās（m.pl.N.）＞「是諸沙彌等」（『妙法蓮華経』）

『法華経』の訳者は類及之詞の「等」で原文にある複数の要素を翻訳することが多いが、『正法華経』に三か所で「汝輩」が見られるように「輩」を用いる例もある。また『妙法蓮華経』にも一箇所で貴重な例が見られる。

『妙法蓮華経』巻二「有五百人、止住其中。鵄梟雕鷲、烏鵲鳩鴿、蚖蛇蝮蠍、蜈蚣蚰蜒、守宮百足、狖狸鼷鼠、**諸惡虫輩**、交横馳走。」

「諸悪虫輩」は梵語 etāna suduṣṭa-prāṇinām（m.pl.G.）（3-153）と対応している。

なぜ訳者が「輩」より「等」を多く使っていたかについてはよく分らないが、類及之詞の本質においては違いはない。これらの対照資料があることにより、『法華経』での人称代詞と名詞に後接する「輩」「等」が複数標識の役割を果たしていたことが明らかになった。それだけでなく、後漢から漢訳仏典において大量に見つかる、複数を表わす「Pp＋-C」と「（諸）N＋-C」という語構造がいずれも原典と関係していると確信させられるのである。(16)

結び

以上で取り上げた幾つかの問題をまとめてみたい。中国語は典型的な類標識言語として、豊富な類標識（量詞）を有しながら、数標識言語の特徴、すなわち代名詞と名詞の複数標識も持っている。それはなぜなのか。答えは明白である。仏典の翻訳が「等」「輩」などの類別名詞の人称代名詞や名詞の複数標識への変化を促進、あるいは作り出したからである。この変化は後漢の訳経から始まり、次第に訳経において「合法」となった。さらに仏教の影響により、一般的な中国語に浸透してきた。文献資料を通して見ると、それは東晋以降のことであったが、口語への浸透はより早く始まっていたことが考えられる。

二〇〇〇年前に起こったインド仏教の翻訳は、単に仏教及びインド文化を中国に紹介しただけでなく、新たな中国語文語がそれにより作り出された。その文語は白話文の発生を引き起こし、中国民間文化の発展も促進した。また大量の原典の言語成分を含有していたため、中国語の発展と変遷に大きな影響を及ぼしたのである。本稿で検討した漢語の人称代名詞、名詞複数標識と翻訳仏経との関係はその一つの有力な証拠である。

注

（1）本研究は香港特区政府研資局（RGC）優配研究基金（GRF）HKIEd844710の助成を受けたものである。

（2）王文顔［一九八四：一一三頁］「歴代訳経（人数、部数、巻数）表」によれば、後漢から元（一二八五）にかけて、名前が記載された訳者は二〇一人、現存と散逸（一一三六部）を含め、計二六一一部、七八五三巻。各巻平均八〇〇〇字で計算すれば、約六二八二万字となる。

（3）呂澂［一九八二］によれば、経藏六八八部、二七九〇巻。律藏二一〇部、八七九巻。論藏一九六部、一三九四巻。密藏三八八部、六三九巻あるという。各巻平均八〇〇〇字で計算。

（4）注意すべきは、前述の中国本土の仏教僧侶による仏教創作はほぼ文言文であるということである。

（5）唐代の玄奘を代表とする仏教翻訳家たちは従来の訳経の質に満足せず、新たな訳経基準を作った。その基準で翻訳したものを「新訳」と自称し、鳩摩羅什を代表とする、東晋から隋までの、意訳を特徴とするものを「旧訳」、さらにそれ以前の直訳を特徴とするものを「古訳」と呼んだ。後に、この区分はそのまま中国仏教史家にも用いられるようになった。

（6）言い換えれば、この影響を二つに分けることができる。一つは仏典を翻訳する際、起点言語と関わる新しい言語創造が中国語に与える影響であり、その本質はインド・ヨーロッパ言語に属するインド語がシナ・チベット言語に属する中国語への影響である。これは古代の中国語が非中国語との間に起こった最も重要な言語接触の一つである。もう一つは仏典を翻訳する際、起点言語と無関係の新たな言語創造が中国語に与えた影響である。

（7）本稿の図1、図2は曹志耘［二〇〇八］を基に手を加えたものである。ここに記して感謝を申し上げたい。

（8）汪化雲［二〇〇八］の「用表示多数的詞語表示複数」（多数を表わす語で複数を表わす）という節では、長江以南の各大方言における人称代詞の「単音節複数標識」を三類に分けた。第一類は「T類声母で複数を表わすもの」、第二類は『儂』『人』を複数標識とするもの」、第三類は『幾』『家』『儕』類で複数を表わすもの」である（二五五―二七五頁）。

（9）ただし、二者の観点は同じではない。戴昭銘［二〇〇〇］はT系が古代の「等」に、汪化雲［二〇〇八］は「多」に由来するとしている。

（10）他の中国語史に関する論述と同様に、いわゆる「中国語史」は「通語」の歴史のことに過ぎない。つまり北方官話の歴史である。現代中国語の諸方言において、もしも「們」以外の、多様な人称代名詞の複数標識がすべて古代の「集合」を意味する「類及之詞」に由来するということであれば、「們」を例として挙げた王力の説には大過がない。

(11) 明らかに重複するものは一回と見なす。

(12) 呂叔湘［一九四八］でも述べているが、詳しく論じていない。

(13) 後の『大藏経』所収の後漢と三国の訳経には、その訳年と訳者に関する記録に杜撰のものがあり、現在の研究で多く修正されている。ここでは、Nattier［2008］の新成果を採用する。

(14)「卿」を挙げたが、「爾」「子」も含んでいる。

(15)「L」を含む二音節形式。例えば『正法華経』巻一「上尊仏道、今我等類、聞斯音声」の「等類」、巻六「惟願発來垂決見念、加威神恩、令我等輩人処虚空」の「我等輩」など。

(16)「們」が名詞の複数を表わす時には数量詞と共起しない。例えば「十位老師」と「老師們」のような言い方はあるが、「十個老師們」という言い方は許されない。しかし、訳経では次のような用例が見られる：「八萬四千諸婇女」(『長阿含経』)、「三十六億諸天子等」(『普曜経』)、「無量無辺百千萬億諸衆生類」(『仏本行集経』)。これは中国語の表現方式と梵語の表現方式が混在した結果と考えられる。

参考文献

北京大学中国語言文学系語言学教研室［一九九五］『漢語方言詞彙』(第二版)(北京：語文出版社)

Borer, Hagit［2005］In Name Only. Oxford University Press.

曹志耘主編［二〇〇八］『漢語方言地図集』(語法巻)(北京：商務印書館)

Chierchia, Gennaro［1998a］References to kings across languages. Natural Language Semantics 6：pp.339-405.

Chierchia, Gennaro［1998b］plurality of mass uouns and the notion of semantic parameter. Events and Grammar. ed. by Susan Rothstein. pp.53-103. Dordrecht & Boston:Kluwer.

Crystal, David (克里斯特爾)［1996］A dictionary of linguistics and phonetics. 4th edn. Oxford: Blackwell.（沈家煊中訳『現

代語言学詞典』、北京：商務印書館、二〇〇〇年）

戴昭銘［二〇〇〇］「歴史音変和呉方言人称代詞複数形式的来歴」（『中国語文』二〇〇〇年第三期）二四七—二五六頁

丁邦新［一九八七］「論官話方言研究中的幾個問題」（『歴史語言研究所集刊』第五八本第四分、台北：中央研究院、八〇九—八四一頁、『丁邦新語言学論文集』所収、北京：商務印書館、一九九八年、二〇九—二四五頁）

Dryer, Matthew S. & Haspelmath, Martin（eds.）［2011］The World Atlas of Language Structures. Munichi: Max Planck Digital Library. Available online at http://wals.info/. Accessed on2013 –05-08

馮春田［一九九七］「漢語複数詞尾『們』来源試説」（『俗語言研究』第四期）七六—八六頁

馮春田［一九九八］「漢語複数詞尾『們』来源於「輩」字説続貂」（『語苑擷英』、北京：北京語言文化大学出版社）三〇二—三〇九頁

Haspelmath, Martin［2011］Occurrence of nominal plurality. Dryer, Matthew S. & Haspelmath, Martin（2011） Chapter 34. Available online at http://wals.info/chapter/34.

黄伯栄主編［一九九六］『漢語方言語法類編』（青島：青島出版社）

姜　南［二〇一一］『基於梵漢對勘的『法華経』語法研究』（北京大学中文系二〇〇八年博士論文修訂本、指導教師朱慶之、商務印書館「中国語言学文庫」第三輯、北京：商務印書館、二〇一一年）

蔣紹愚、曹広順主編［二〇〇五］『近代漢語語法史研究綜述』（北京：商務印書館）

李　藍［二〇〇八］「漢語的人称代詞複数表示法」（『方言』二〇〇八年第三期、北京）二二四—二四三頁

李　藍［二〇一三］「再論『們』的来源」、Breaking Down the Barriers: Interdisciplinary Studies in Chinese Linguistics and Beyond, Volume 2, ed. by Cao, Chappell, Djamouri and Wiebusch, Language and Linguistics Monograph Series 50, Institute of Linguistics, Academia Sinica, Taipei, Taiwan. pp. 911-932.

李如龍、張双慶主編［一九九九］『代詞』（中国東南部方言比較研究叢書第四輯、広州：暨南大学出版社）

呂　澂［一九八二］『新編漢文大藏経目録』（済南：斉魯書社）

呂叔湘［一九四〇］「釋您、俺、咱、喒、附論們字」（『華西協合大学中国文化研究所集刊』一巻二期、『呂叔湘文集』第二巻所収、北京：商務印書館、一九九〇年）

呂叔湘［一九四九］「説們」（『国文月刊』第七九、八〇期、『漢語語法論文集』所収、北京：科学出版社、一九五五年）一四五―一六八頁
Massam, D.［2009］On the separation and relatedness of classifiers, number, and individuation in Niuean. Languge and Linguistics 10.4:pp.669-699. Taipei.
Nattier, J.（那体慧）［2008］A Guide to the Earliest Chinese Buddhist Translations, Texts from the Eastern Han 東漢 and Three Kingdoms 三国 Periods（早期漢訳仏経指南：從東漢到三国時代）, In Bibliotheca Philologica et Philosophica Buddhica Volum X, The International Research Institute for Advanced Buddhology. Tokyo: Soka University.
潘悟雲［二〇一〇］「漢語複数詞尾考源」（徐丹［二〇一〇ａ］所収）一一三―一二二頁
彭曉輝［二〇〇八］『漢語方言複数標記系統研究』（湖南師範大学博士学位論文、指導教師儲澤祥）
Tang, C-C. J.（湯志真）［2004］Two types of classifier languages: a typological study of classification markers in Paiwan noun phrases. In Language and Linguistics 5.2:pp.377-407. Taipei.
汪化雲［二〇〇八］『漢語方言代詞略論』（成都：巴蜀書社）
汪化雲［二〇一一］「複数標記『們』的来源」（北京大学『語言学論叢』（第四十四輯）、北京：商務印書館）二七一―二八七頁
王力［一九八八］『漢語語法史』（北京：商務印書館）
王文顔［一九八四］『仏典漢訳之研究』（台北：天華出版社）
伍雅清、胡明先［二〇一三］「複数標記与量詞同現現象的研究」（『語言科学』二〇一三年第四期、徐州）三四九―三五六頁
徐丹［二〇〇九］從『戦国縦横家書』看西漢初期複数概念的表達（『歴史語言学研究』二〇〇九年第二期、北京：商務印書館）八四―九二頁
徐丹編［二〇一〇ａ］『量与複数的研究――中国境内語言的跨時空考察』（北京：商務印書館）
徐丹［二〇一〇ｂ］「從語言類型看漢語複数形式的発展」（氏編［二〇一〇ａ］）九〇―一一二頁
徐丹［二〇一一］「漢語河州話及周辺地区非指人名詞的複数標記『們』」（『民族語文』二〇一一年第六期、北京）九―一三頁

許宝華、宮田一郎主編［一九九九］『漢語方言大詞典』（北京：中華書局）
楊伯峻、何楽士［二〇〇一］『古漢語語法及其発展』（修訂本）（北京：語文出版社）
楊秀英［二〇〇一］「従願文複数表示法看複数詞尾『們』的産生」（『殷都学刊』二〇〇一年第二期、安陽）九九―一〇二頁
詹伯慧主編［二〇〇二］『広東粵方言概要』（広州：暨南大学出版社）
張惠英［一九九五］「複数人称代詞詞尾『家、們、俚』」（『中国語言学報』第五期、北京：商務印書館、氏著『漢語方言代詞研究』所収、北京：語文出版社、二〇〇〇年、六五―六九頁）
張誼生［二〇〇一］「『N』+『們』的選択限制与『N們』的表義功能」（『中国語文』二〇〇一年第三期、北京：商務印書館）二〇一―二一一頁
朱慶之［一九九二］『仏典与中古漢語詞彙研究』（四川大学中文系一九九〇年博士論文、指導教師張永言、台北：文津出版社）
朱慶之［二〇〇一］「仏教混合漢語初論」（一九九七年北京第三〇届国際漢藏語言及語言学大会論文修訂稿、『語言学論叢』第三四輯、北京、二〇〇一年、朱慶之編［二〇〇九］所収）一―三二頁
朱慶之編［二〇〇九］『仏教漢語研究』（北京：商務印書館）
Zhu Qingzhi [2010] On some basic features of Buddhist Chinese, Journal of the International Association of Buddhist Studies, Volume 31 Number 1-2 2008 (2010).
Zhu Qingzhi [2011] Kumārajīva: A Great Contributor to the Creation of Chinese Buddhism and the Chinese Culture, paper delivered in the International Seminar and Exhibition on "Kumarajiva: Philosopher and Seer", New Delhi.
朱慶之［二〇一二］「上古漢語第一人称代詞『吾』『余／予』在口語中消失的年代」（『中国語文』第三期、北京：商務印書館）一九五―二一〇頁
朱慶之［二〇一四］「漢語名詞和人称代詞複数標記的産生与仏経翻訳之関係」（『中国語言学報』第一六期、北京：商務印書館）一〇―四三頁
祖生利［二〇〇五］「近代漢語『們』語綴研究綜述」（『古漢語研究』二〇〇五年第四期、長沙）四九―五五頁

仏典漢訳の分業体制
——天息災「訳経儀式」の再検討

船山　徹

筆者は二〇一三年に小著『仏典はどう漢訳されたのか——スートラが経典になるとき』を刊行し、仏典漢訳史の多角的な紹介を試みた。本稿はその内容と一部重なるが、北宋の天息災（十世紀末に中国で活躍したインド出身僧）による仏典の漢訳工程の特徴について論じてみたい。まず第一節で小著に既述した事柄に基づいて仏典漢訳史の概略を押さえた上で、第二～四節では小著では略説しただけであった南宋の志磐撰『仏祖統紀』巻四十三の「訳経儀式」を中心課題として取りあげ、小著で扱わなかった資料も新たに交えて訳経手順を再検討することにより、天息災の中国における最初期活動の意義を探ってみたい。

一　仏典漢訳史の概略

まず、経典の伝来経路と漢訳作成手順の二点を手がかりに、仏典漢訳史の基本的枠組みを確認することから始めよう。

経典の伝来経路――陸路と海路

仏典や僧侶の中国伝来経路は、内陸アジアを通る「陸路」と東南アジア方面を回る「海路」に大別できる。両路とも仏教史にとって重要だが、歴史的には海路よりも陸路の利用のほうが時代的にわずかに先行したと思われる。梁の慧皎撰『高僧伝』等の史伝においては最初期の僧侶の移動経路が必ずしも明瞭な形で記載されていないが、仏教が初めて伝わった後漢の時代（二五～二二〇）、洛陽を中心に活躍した安世高・支婁迦讖・安玄・康孟詳等の名に安息国の「安」、月氏の「支」、康居の「康」等の出自が姓として付されているように、恐らく彼らは内陸アジアと関係した。初の漢訳仏典と伝説される『四十二章経』の到来経路も内陸アジアを通る陸路とされた。(1)

一方、海路の利用が明確になるのは、康僧会（二八〇年没）が交趾（ヴェトナムのハノイ地方）から建鄴（江蘇省南京市）に来た三国呉の頃である。海路が十分定着するのは更に後の曇摩耶舎（五世紀初）・求那跋摩（三六七～四三一）・求那跋陀羅（三九四～四六八）等が来た五世紀初頭かそれ以降だった。つまり仏典漢訳の最初期には陸路が重要であり、その意義は後も継続したが、三世紀頃より以降、更に海路にも大きな意義が認められるようになったと推測される。

陸路の概略を見ておこう。陸路は内陸アジアを通る山と砂漠の道である。インド文化圏から陸路で中国に移動するにはガンダーラ Gandhāra を通ることが多かった。ガンダーラの都はプルシャプラ Puruṣapura（パキスタン国ペシャーワル Peshawar）であった。因みに『高僧伝』はガンダーラを罽賓と表すことがある。元来、罽賓はカシュミールに対応する音写と想定されるからカシュミールを指す用例は当然あるが、『高僧伝』等の他文献には、罽賓がカシュミールではなくガンダーラを指す確かな用例がある［桑山一九九〇：四三―五九頁］。このことは、ガンダーラが六朝時代の仏教にとって重要な土地だったことを示す。(2)

さてインド亜大陸からガンダーラを通って北上すると、次はパミール高原（葱嶺）を越える。そのルートは一つではなく、幾つか存在したようである。更に砂漠を東行して中国に至るには、大別して三種の経路があった。すなわち于闐（Khotan）・鄯善（楼蘭）を経て敦煌に至る道、亀茲（Kucha）を経て敦煌に至る道、両者間の別の道で敦煌に至る道の三種である。[3] 敦煌から先は、酒泉・張掖・姑臧（甘粛省武威市）を経て長安に至るか、南下して蜀（四川）の成都に至った。成都から建康（江蘇省南京市）に行くにはしばしば長江を活用した。

一方、海路でインドから中国に行くには、スリランカ（師子国、シンハラ Simhala）・東南アジアを経て、まず広州（広東省広州市）に至る。広州は中国における海路の玄関口であった。帰路の法顕・求那跋摩・求那跋陀羅・真諦（四九九～五六九）等、海路で中国に至った僧の多くは、広州に足跡を残している。

広州から建康方面に向かうには海路も頻用されたが、陸路も用いられた。すなわち広州を北上して始興（広東省韶関市）を通り、現在の梅関古道の付近で大庾嶺を超え、南康・予章を経て江州（江西省九江市）に達し、そこから長江を下って建康に達する。大庾嶺より南は珠江水系、北は贛江等の長江支流河川を使って内陸の殆どを舟（水路）で移動することすら不可能ではなかった。この経路は官僚が建康に客を招聘する場合に使われたが、官僚以外も多く用いた。

訳経手順の変遷

こうして中国に仏教が伝来すると、仏教徒たちは経典を盛んに漢訳した。複数人で訳経グループを組織し、役割を分担した。一個人が仏典を漢訳することは殆どなかった。ところで、人々が集まる訳経組織や場所のことを訳場と呼び、訳場の人員の職位や人名等の一覧記録を訳場列位と呼ぶことが多い。そうした訳場の実態を記録する文献は、唐および唐以後には豊富だが、六朝時代になかった点は注意される。例えば鳩摩羅什の場合、彼の訳した経典の序は確かに多いが、それ以外に訳場列位を記録する文献はなかった。

訳場の実態を知るには、分業組織の方法や聴衆の有無によって訳場組織を二期に区別すると理解しやすい。そこでこの二型の特徴を簡単に説明しておこう。

第一型は早期の訳場であり、経典の講義（解説）が同時に行われ、多くの聴衆が参加した。聴衆は訳出や講義を見守りながら、自ら古い訳本を持参し、参照しながら聴講することもあったようだ。時には訳文に関する質問が発せられて漢訳者が答えるような状況もあったらしい。典型は後秦国における長安の鳩摩羅什訳の場合であり、数十人、数百人、時にはそれ以上が集まる一種の仏教儀礼（法会）だった。その際、聴衆の多さそのものよりも仏教儀礼だった点に大きな特徴がある。こうした経典講義を伴う漢訳作業では、後代のような訳出組織分担制度の細分化はまだ十分発達していない。役割分担はむしろ単純であり、書記として様々に活躍する「筆受」等の担当をいくつか簡潔に略記するにすぎない。

第二型は後代の訳場であり、玄奘訳・義浄訳等、隋唐北宋の殆どが該当する。分業体制の細分化した、比較的少数の専門家から成る閉じた空間だった。分業体制は、現代の製造業における製品組立工場の流れ作業のように行われた。原則として経典講義は行われなかった。分業制は文献ごとに異なり、訳主・筆受・度語・潤文・証義等と呼ばれ、細分化された。つまり同じ第二型でも分業組織は必ずしも一定でなく、時代や訳者によって多少の相違があった。一つの担当職位に一人でなく、複数人を充てる場合もあった。第二型訳場の例として『仏祖統紀』巻四十三の記事がある。これについては第三節で主題として取り上げる予定である。

第二型の成立時期がいつかは不明な点が残るが、玄奘以前、隋の大興城（長安、現在の西安）における那連提耶舎（ナレーンドラヤシャス、四九〇～五八九）の訳場でかなり明確な分業が行われたのは確かとされる［王一九九九］。仏典漢訳は国家事業として常に迅速性が求められたのに加えて、高齢の那連提耶舎には有能な補助者が必要だったことが、分業が進んだ一因と考えられる。

こうして第二型訳場は隋のナレーンドラヤシャス頃に成立し、唐の玄奘の活動で最盛期を迎え、義浄（六三五～七一三）による律その他の翻訳、善無畏（六三七～七三五）や不空（七〇五～七四）等による密教経典の翻訳を経て、九世紀初め、般若（七三四頃～八一一頃）が『大乗本生心地観経』を訳した（八一〇～一一）。だがこの直後から唐代の訳経は急激に下火となり、北宋の太宗（在位九七六～九九七）の時代に漢訳が復活するまで、ほぼ二〇〇年近くの間、国家規模の大々的な仏典漢訳事業は停止した。以上が漢訳の通史的な概略である。

二　天息災について

前節末尾でふれた北宋太宗期の訳経復興事業には一体いかなる特色があっただろうか。この問いに答えるべく、復興の契機となった天息災の「訳経儀式」という儀礼を取り上げてみよう。この儀礼は北宋独自の漢訳事業を示す一方で、玄奘訳その他の唐代の漢訳を継承する面をも備えているので、儀礼より知られる唐宋訳経の連続性・非連続性を視点に、天息災の活動を意義付けてみたい。

北宋の訳経分業制を告げる文献に、北宋の賛寧撰『宋高僧伝』（九八八年）巻三訳経篇「論」、南宋の志磐撰『仏祖統紀』（一二六三年）巻四十三等がある。

『仏祖統紀』巻四十三によれば、北宋の太平興国七年（九八二）六月、開封（卞京。河南省開封市）の太平興国寺の西に訳経院が建てられた。完成祝賀のため、太祖を継ぐ第二代皇帝の太宗は、開封に来ていたインド僧の天息災（一〇〇〇年没）に落慶法要を要請した。その時、天息災が口で述べた式典内容が「訳経儀式」の名で記録されている。この式典は経典漢訳の作成手順を説くものであり、後述の通り、具体的手順を『般若心経』等の経典の文言で例示する点でも興味深い。そこでこの儀式記録を手がかりに、天息災の中国での最初期活動の特色を探ってみよう。第一節でインド僧の来華経路を概説したが、天息災の来華経路およびその問題点については後述する。天息災の訳業組織は、九位に分業を細分化した第二型（隋唐以降）の訳場であることも後述する予定である。

因みに訳経院は一年後の太平興国八年に「伝法院」と改称されるが、天息災が携わった訳経儀礼の時点では「訳経院」と当初の名で呼ばれていた。なお北宋の訳経僧として天息災の名を挙げたが、開封の外国僧は勿論彼だけではない。ほかに施護（一〇一七年没）や法天（一〇〇一年没）等も訳経事業で活躍した。

唐宋訳経の断絶

賛寧撰『大宋僧史略』（九九九年）の次の一節は、大規模訳経が唐の般若から北宋の太宗までの百数十年間に中断したことを明言する。

そもそも後漢以来ずっと漢訳者は続いていたが、唐の元和（げんわ）年間に［般若三蔵が］『本生心地観経（ほんじょうしんじかんぎょう）』を翻訳してからというもの、その後［北宋に至るまで］百六十年間、漢訳は急に途絶え、全く何も行われなかった。

原其後漢以来、訳者相続、洎唐元和年中、翻『本生心地観経』之後、百六十載、寂爾無聞。（大正五四、二四〇中）

このように仏教史家の賛寧は、般若から北宋まで大規模訳経は行われなかったと述べ、この直後の箇所で、天息災らによる訳経復活の偉業を高らかに宣揚している。

天息災の原名と出自

「訳経儀式」の原文を紹介する前に、天息災の基礎情報も整理しておこう。天息災の事績は、北宋の楊億等撰『大中祥符法宝録』巻六、南宋の志磐撰『仏祖統紀』巻四十三～四十四、明の明河撰『補続高僧伝』巻一訳経篇、清の徐松撰『宋会要輯稿』道釈二之五～九「伝法院」条などに散在する。ただしいずれも十分整理された立伝ではないため、やや情報錯綜の感が否めない。

天息災の梵語原名は不明である。[4]生年も不明である。天息災が開封に到来したのは太平興国五年（九八〇）であった。訳経院の完成した七年六月、訳経院に住し、咸平三年（一〇〇〇）の逝去まで、二十年余りを開封で過ごした。

天息災の訳経は、太平興国七年七月に上進された『聖仏母小字般若波羅蜜多経』一巻から始まった（大正二五八号。梁二〇〇三、附録一）。一方、訳経院での「訳経儀式」が直前の六月だったことは既述の通りである。この儀式は北宋訳経の実質的開始事業だったのみならず、天息災にとっても訳経関連の最初の仕事であった。本稿で扱う主題は、彼の最初期訳経活動の意義付けと関わる。

天息災の出身地に関しては情報が二種ある。第一に、『仏祖統紀』巻四十三、『宋会要輯稿』道釈二之五、『補続高僧伝』巻一は、天息災を「北天竺迦湿弥羅国」の人であると記す。これに拠れば、天息災はカシュミール出身ということになる。一方、大蔵経に天息災訳として収める諸経では、彼の出自を「西天中印度惹爛駄羅

（囉）国密林寺三蔵」——中インドのジャーランダラ国 Jālandhara の密林寺の三蔵（大正蔵『聖仏母小字般若波羅蜜多経』『法集要頌経』等）——と表すことがある。これに拠れば、現在のカシュミールとデリーのほぼ中間付近のパンジャーブ州ジャランダル（ジュルンドゥル）出身である。この国は中印度とされているが、地理的位置は北印度に近い。実際、玄奘系の地理書『大唐西域記』巻四では闍爛達羅国と表記し、その地域を北印度に分類している。

以上二種の情報のうち、第二説の初出文献が何であるか、筆者は寡聞にして特定できない。また密林寺という寺名の梵語原名も確定できない。仮に想定形を示すとしても根拠が明白でないので、その想定も十分確実とは言えない。

天息災と敦煌

天息災の詳しい移動経路には不明な点が多いが、海路でなく、内陸路で中国に来た可能性がある。そのことを示唆する文献資料は、『宋会要輯稿』道釈二之六～七の、法賢と施護に関する次の一節である。

法賢は十二歳の時、本国の密林寺で文法学を身につけた。父方の従兄弟である施護も出家を遂げた。法賢は彼に、「太古の賢人や聖人たちは梵語を漢語に訳したが、仏事を［棄てずに］継続した」と言った。そこで二人は一緒に北天竺から中国に赴くことにし、燉煌まで来ると、そこの王は彼らを熱心に引きとどめ、数ヶ月間、出立するのを肯んじなかった。［法賢は］錫杖や鉢を捨てたが、梵夾（即ち経典）だけは手放さずに［中国に］来たので、「仏の教えを説き明かす偉大な先生（明教大師）」と呼ばれた。

法賢年十二依本国密林寺、達声明学、従父兄施護亦出家、法賢語之曰：古聖賢師皆訳梵従華、而作仏事。即相与従北天竺国諸（→詣？）中国。至燉煌、其王固留、不遣数月。因棄錫杖鉼盂、惟持梵夾以至、仍号明教大師。

これによれば、法賢と施護は血縁者であり、共に北天竺国から中国に赴く途中で敦（燉）煌に至った時に、敦煌の王に出立を引きとどめられた。ここで言及される法賢とは天息災である。法賢という名は天息災が中国到来後に与えられた改名後の異名と見なすべきことが既に指摘されている（中村［一九七七：九―一〇頁］）。

因みに「本国の密林寺」という表現は、この寺が法賢すなわち天息災の出身地に近いことを示している。そしてこれを惹爛馱羅国の密林寺と同じと見なしてよいならば、天息災は惹爛馱羅国の出身であって、迦湿弥羅国出身ではあり得ないことをこの逸話は暗示すると言えよう。もう一人の施護という僧は、天息災・法天と共に太宗皇帝の傘下で活躍したインド人であり、出身地は北天竺の烏塡国／烏塡曩国（Udyāna, Uḍḍiyāna; 一説にはパキスタン北部のスワート渓谷付近）だった。なお、『宋会要輯稿』道釈二之五の記載に拠ると、施護と天息災が開封に来た年は太平興国五年（九八〇）であった。

法賢と施護がかつて敦煌に滞在したと本逸話が述べる以上、本逸話の史実性を否定しない限り、法賢（天息災）は陸路で中国に来たということになる。

では敦煌滞在は史実であろうか。それを史実と見るのは確かに可能であり、興味深い。ただ問題が全くないわけではない。まず、本逸話に言及する先行研究は管見の限り殆どセーン［二〇〇三：一一二頁］のみであり、他にないようである。(5) しかもセーン氏の研究も、本逸話を根拠に陸路到来説を主張しているわけではない。第二に、本逸話は史書の『宋会要輯稿』に逸話断片として現れるにすぎず、天息災の伝記類には全く言及されない。第三に、敦煌の必然性や内容的整合性を本逸話前後の脈絡から確認することもできない。それ故、例えば南海の一都市のような他地域を敦煌と混同した可能性も否定はできないから、現時点では天息災と敦煌や陸路の関連を否定する余地は確かにある。

しかし北天竺から中国への旅程が内陸アジア経由だった可能性はいつの時代もあるし、特に珍しいわけではない。例えば北宋時代には『大中祥符法宝録』巻十五に記す法護（達里摩波羅 Dharmapāla 一〇五八年没）がいた。法護は北印度出身だが海路で中国に至った。それ故、北天竺から東南アジアを経て海路で中国に至るより、内陸の敦煌等を通る方が、容易で自然に見える。つまり本逸話を是認し、天息災が敦煌経由で来たと想定することも確かに可能である。要するに現時点での問題は、天息災と敦煌の関係を記す文献は本逸話のみであるため、その史実性や信憑性をどの程度認めるべきかの一点と関わってくる。

このように敦煌滞在説には未解決の問題が残る。その一方で天息災が陸路で来た可能性を否定する論拠もまた十分ではない。それ故、資料紹介と問題提起の意味も込めて敦煌経由の可能性を留めておき、最終結論は今後の研究に委ねたいと思う。

三　訳経儀式——原文と訳注

天息災の最初期の訳経事業の実態を知るため、『仏祖統紀』巻四十三「訳経儀式」の原文の検討に入ろう。ただし紙幅の制約もあるので、天息災の活動を総合的に描写することはできず、最初期の活動の一部を紹介するにすぎないが、天息災が口述した儀式の内容は、およそ以下のようなものだったと記されている。

原文と現代語訳の二重線部と、それに対応する解説、および〔注1〕～〔注6〕は、筆者の新解釈と原文訂正案を示しているので、特に留意していただければ幸いである。

六月に訳経院が完成し、〔帝は〕天息災らに詔を出して訳経院に居住させ、天息災には明教大師という名を、法天には伝教大師という名を、施護には顕教大師という名を下賜し、〔インドから〕将来した梵本から経典を一点ずつ訳出させた。……天息災に訳経儀式を口述させた。……

〔経文の翻訳は次のような工程を経て行う。〕

第一「訳主(やくしゅ)」は、外に向かって〔＝僧たちの席の方向に〕正坐し、梵語の文を口で述べる。

第二「証義(しょうぎ)」は、その左に坐り、訳主と共に梵語の文を検討する。

第三「証文(しょうぶん)」は、その右に坐り、訳主が梵文を高らかに朗誦するのを聴き、それに誤りがないかどうかを点検する。

第四「書字(しょじ)の梵学僧(ぼんがくそう)」は、梵語の文をよく聞いて漢字で書き取るが、しかしまだ梵語の音である〈例えば『般若心経』の経名について言えば〕kṛdaya クリダヤ〔梵語文法に則った正しい語形は hṛdaya フリダヤ〕をまず最初に「紇哩第野」と転写する。そして sūtram スートラムを「素怛覧」と転写する〉。

第五「筆受(ひつじゅ)」は、梵語音を漢語に変える〈「紇哩那野」[注1]を今度は「心」と訳し、「素怛覧」を「経」と訳す〉。

第六「綴文(ていぶん)」は、〔漢字の〕語順を入れ替え、〔漢語の文として〕語句の意味を通じさせる〈例えば筆受が「照見五蘊彼自性空見」と訳した場合、ここ〔中国〕で今〔より自然な表現に修正して〕「照見五蘊皆空」とする。[注2]およそ梵語は多くの場合、動詞目的語を先に、動詞要素をその後に表記する。[注3]例えば「念仏」を〔梵語では〕「仏－念」、「打鐘」を「鐘－打」〔の語順〕とするように。それゆえ、字句の順序を入れ替えて文章化し、この土地〔中国〕の文章に適合させる必要がある〉。

第七「参訳(さんやく)」は、〔インドと中国という二つの〕土地の文字を比較検討し、誤りを訂正する。

第八「刊定(かんてい)」は、冗長な表現を削除し、語句の意味を確定する〈例えばもし〔訳文の文案が〕「無無明無明」〔無無明無明亦無無明尽）となっていたら、二字の重複〔を削除して「無無明」（無無明亦無無明尽）に改める。そして〕「上正遍知」とあって「上」の直前に「無」の字が欠けていたら、〔「無上正遍知」に改める〕〉。第九「潤文官（じゅんぶんかん）」[注4]は、僧たちの南側に席を設け、[注5]〔訳語の表現が適切かどうかを〕念入りに調べ、〔必要に応じて漢語表現を〕潤色する〈例えば『般若心経』の場合、「度一切苦厄」という一句はもともと梵本に存在しない。「是故空中」という一句の「是故」の二字はもともと梵本に存在しない[注6]〉。……

六月、訳経院成、詔天息災等居之、賜天息災明教大師、法天伝教大師、施護顕教大師、令以所将梵本各譯一經。……天息災述訳経儀式。……

第一訳主正坐面外、宣伝梵文。第二証義坐其左、与訳主評量梵文。第三証文坐其右、聴訳主高読梵文、以験差誤。第四書字梵学僧審聴梵文、書成華字、猶是梵音〈kṛdaya初翻為紇哩第野、sūtraṃ為素怛覧〉。第五筆受翻梵音成華言〈紇哩那野、再翻為心。素怛覧、翻為経〉。第六綴文回綴文字、使成句義〈如筆受云照見五蘊彼自性空見、此今云照見五蘊皆空。大率梵音、多先能後所、如念仏為仏念、打鐘為鐘打。故須回綴字句、以順此土之文〉。第七参訳参考両土文字、使無誤。第八刊定刊削冗長、定取句義〈如無無明無明、剰両字。如上正遍知、上闕一無字〉。第九潤文官於僧衆南向設位、参詳潤色〈如心経度一切苦厄一句、元無梵本、又是故空中一句、是故両字、元無梵本〉。……（大正四九、三九八上〜中）

〔注1〕原文「紇哩那野」はkṛnayaの音写を想定させるが、「心」の梵語はhṛdayaであるべきであり、h↓kとda↓naの二箇所に相違がある。このうちでh↓kの変化は以前からあったことが諸文献から裏付けられるので原文「紇」を別字に変更する必要はないが、より大きな問題はda↓naであろう。「紇哩那野」は正しくは「紇哩

第野」であるべきだが、「第」「那」の混同も以前から存在した。例えば唐代転写音の一つの典型であるスタイン将来敦煌写本二四六四号『唐梵翻対字音般若波羅蜜多心経』では「紇哩〈二合〉那野〈心〉」（大正八、八五一中）であり、『仏祖統紀』同様、「紇哩那野」を用いている。

〔注2〕原文「照見五蘊彼自性空見」。「此」まで繋げる大正蔵の「照見五蘊彼自性空見此。」という句点は誤りである。中村・紀野［一九六〇：一七二頁］によると原文は **vyavalokayati sma: pañca skandhās tāṃś ca svabhāva-śūnyān paśyati sma.** である。「此」の対応語は原文に存在しない。一方、和刻本・続蔵・国訳のすべてが「此」までを訳語に含めるのは誤り。それに無批判に従う従来の諸研究（曹［一九六三：四六頁］、ザケッティ［一九九六：一五一頁］、セーン［二〇〇三：二八九頁注五三］、梁［二〇〇三：六七頁、一〇六頁］、万［二〇〇八：一二一―一二頁「此」「伊賀」］、佐藤［二〇一二：九頁、七九頁］）も誤りである。結論として、句読点を変えて「此」を次文冒頭の文字と解釈することを本稿は提案する。別解として、「此」を衍字と解すことも不可能ではない。

〔注3〕原文「多先能後所」は問題である。このままでは意味が通らない。インドの梵語における語順を述べる「先能後所」は「先所後能」の誤りと判断し、原文を訂正したい。これは重要な提案だが、訂正以前の原文に問題があることを指摘する先行研究は全く存在しない。

訂正根拠となる主な文献資料のうち、まず早い例としては、唐の道宣『四分律含註戒本疏』に「西梵の伝うる所は前に其の境を列し、後に心縁を以てす。鐘打・仏礼の類の如きなり」（後掲資料ａ参照）と言う。これは、漢語が「先能後所」の語順なのに対し、梵語では逆に目的語を先に示し、動詞表現を後置することを示している。更に、明の王肯堂『成唯識論記』巻一は、『成唯識論』という書名が原語と漢訳では語順が逆転することを述べて「応に識唯成論と言うべきも、而れども訳して成唯識論と為す者は、彼（インド）は所を先にし能を後にし、此方（中国）は能を先にし所を後にす（彼先所後能、此方先能後所）。是の故に唐梵次序同じからず」（後掲資料ｄ）と言う。明の智旭の注釈もほぼ同内容である（後掲資料ｅ）。以上の場合、「能」は動詞的語彙を、「所」は目的語的語彙を意味する。つまり梵語の語順では「先所後能」に、逆に漢語の語順では「先能後所」になる。

要するに『仏祖統紀』の「先能後所」は誤りであり、「先所後能」に訂正すべきである。以下の諸文献がそれを裏付ける主な資料である。

・資料ａ唐・道宣（五九六～六六七）『四分律含注戒本疏』「西梵所伝、前列其境、後以心縁、如鐘打・仏礼之

類也。……若拠東夏、先能後所、……」（続蔵、宋・元照『四分律含註戒本疏行宗記』五）

・資料ｂ唐・大覚（八世紀初）『四分律行事鈔批』巻七「至如西梵所伝、先列其境、後心縁、謂先所後能也。如欲喫食云餅喫・彼岸到・鐘打・仏礼之類」（続蔵）

・資料ｃ唐・窺基（六三二～六八二）『成唯識論掌中枢要』巻上本「毘若底摩呾羅剌多悉提奢薩呾羅（Vijñaptimātratā-siddhi-śāstra）。……応云識唯成論、順此唐言成唯識論」（大正四三、六〇八下）

・資料ｄ明・王肯堂（一五四九～一六一三）『成唯識論証義』巻一「応云識唯成論、而訳為成唯識論者、彼方先所後能、此方先能後所。是以唐梵次序不同」（続蔵）

・資料ｅ明・智旭（一五九九～一六五五）『成唯識論観心法要』巻一「応云識唯成論、今言成唯識論者、蓋梵文先所後能、此方先能後所也」（続蔵）

〔注４〕潤文官は一語であり、職位を表す。『仏祖統紀』の他の箇所唐代文献に確かな用例がある。大正蔵・縮蔵・続蔵等の「第九潤文。官於僧衆南向設位」という句点は誤りである。筆者の理解は曹［一九六三：一七頁］が「第九潤文官、……」と区切るのと一致する。梁［二〇〇三：五三―五九頁］「訳経潤文官」も参照。

〔注５〕原文「於僧衆南向設位」。『宋会要輯稿』道釈二之六「於僧衆南別設位」（僧衆の南に別に席を設ける）とほぼ同義であろう。

〔注６〕「是故」に対応する語は梵語に対応しないと『仏祖統紀』は言う。しかし現存の『般若心経』梵本（中村・紀野［一九六〇：一七二頁］）には「それ故に舎利弗よ」を意味する“tasmāc Chāriputra”がある。つまり漢訳「是故」の対応語が現存梵語原文にある。この不整合をどう理解すべきかは、諸本の検討と共に、今後の課題である。

以上の「訳経儀式」から、我々はその特色を少なくとも二つ指摘できる。第一は、九位より成る分業体制である。それを整理すれば以下の通りである。

1　訳主　総責任者。梵文を読み上げることで作業を開始する。(6)
2　証義　訳主の読み上げた梵語原文の正確さを確認する。
3　証文　訳主の読み上げた梵語の発音の正確さを確認する。
4　書字梵学僧　書記の梵語専門家。訳主の梵語を漢字で転写する。
5　筆受　単語訳を担当する書記（原文のまま語順を変えない）。
6　綴文　作文係。筆受の作った漢訳単語の語順を入れ替えて文を作成。
7　参訳　原文と漢訳の二カ国語を参勘し適宜訂正する。
8　刊定　添削係。必要に応じて訳語を削除または補足する。
9　潤文官　潤色係。文が滑らかになるように脚色し、最終訳を確定する。

この九位と原語は異なるが実質的にほぼ同じ内容は、『宋会要輯稿』道釈二之五〜六に記録されている。また天息災と同時代の賛寧『宋高僧伝』巻三訳経篇の「論」に説明する漢訳工程も、相当類似性の高い訳経組織であったことを示している。要するに北宋訳経を描く三文献が告げる訳経組織は共通性が高い。

では遡って唐代訳経との関係はどうか。諸史料に散在する訳場列位を蒐集する先行研究に拠れば、天息災の訳場は唐代の訳経体制をかなり踏襲していたと考えるべきであろう。敢えて相違点を探せば、職位が九種と極めて細分化している点と、梵語原音を漢字表記する「書字梵学僧」に対応する職位を隋唐に見出しにくい点であろうか。後者に関しては、例えば「訳経儀式」における「書字梵学僧」に相当する職位は、玄奘訳・義浄訳・般若訳『大乗本生心地観経』巻一（石山寺本）等の訳場列位には確かに見出せない。しかしこの役職を北宋以前にあり得ない、北宋特有のものと短絡的に捉える必要もない。「訳主」が経典を暗誦していれば、その暗誦内容を紙に文書化し視覚化するために、漢訳担当者たちが容易に読める中国の漢字を用いて原文を転写する可能性は、仮に資料に明証がないとしても、いつの時代もあり得るからである。

次に、「訳経儀式」のもう一つの特色は、『般若心経』等の文言で訳経手順を例示することであるが、これについては節を改めて詳しく検討してみたい。

四　玄奘訳『般若心経』との関係

直前に『仏祖統紀』巻四十三「訳経儀式」より知られる二特色を略記した際、第二の特色は後述するとして論じなかった。そこで今、その第二の特色、つまり『仏祖統紀』が有名な『般若心経』等の文言を例にとって訳経工程を解説することを集中的に説明したい。当該記事に挙げられている具体的な経典の文言例は実際少ないながらも、慎重に扱えば貴重な情報を提供してくれる。

漢訳手順を『般若心経』の経文を例に用いて解説する方法の一具体例を再現してみよう。ただし『仏祖統紀』は『般若心経』の漢字音写語を省略する場合があるので、天息災以前の漢字転写の代表例として、スタイン将来敦煌写本二四六四号『唐梵翻対字音般若波羅蜜多心経』を便宜的に用い、『仏祖統紀』で省略された訳経過程の具体例を必要に応じて補足する。(7) この便宜的補足によって、天息災等が実際に行った訳経手順の流れを具体的に見渡せるようになる。

訳経手順の一例

「訳経儀式」は第九潤文官の項目で『般若心経』の一節「照見五蘊皆空、度一切苦厄」を例に挙げる。その作成法は以下の五工程となる。

【一　原文朗誦】訳経作業は第一訳主の原文音読から始まる。音読すべき原文は「訳経儀式」の中に引用されていないが、『般若心経』の次の一節である。

vyavalokayati sma: pañca skandhās tāṃś ca svabhāva-śūnyān paśyati sma.

（中村・紀野［一九六〇：一七二頁］）

以上の原語語順そのままの逐語的な意味：

観察した。／五蘊が／そしてそれを／自性が空であるものとして／見た。

【二　漢字転写】次に読み上げた原文を漢字で転写する。現代日本語で例示すれば、意味を訳すのでなく、耳に聞こえたままの音をカタカナ表記するのに当たる。『般若心経』の場合、第二書字梵学僧が【一】を次のように転写する。

尾也〈二合〉嚩嚕〈引〉迦底、娑麼〈二合〉。畔左、塞建〈引［引用者注：意味不明。「二合」の誤写か?］〉駄〈引〉娑、怛〈引〉室左〈二合〉、娑嚩婆〈引〉嚩戍儞焰〈二合〉、跛失也〈二合〉底、娑麼〈二合〉。[8]

原音転写を目的とするこのような漢語表記が、中国仏教史で既に以前から広く確立していた漢字転写版の陀羅尼——漢字で表記するが漢語として全く意味不明の音写語羅列——とほぼ同じ形式であることは興味深い。『仏祖統紀』は、漢訳作成の途中段階で正に陀羅尼の作成と類似の作業をすることを説いている。

【三　原文の語順通りに単語を漢語に翻訳】漢字による原音転写は意味が不明である。そこで第五筆受が原文の単語ごとに漢語に訳す。「尾也嚩嚕迦底、娑壓」の意味を『照見』と訳す。「畔左、塞建駄娑」を『五蘊』と訳す。「怛室左」を『彼』と訳す。「娑嚩婆嚩戍儞焰」を『自性空』と訳す。「跛失也底、娑壓」を『見』と訳す。以上を原文語順のままに単語を訳すと次のようになる。

照見—五蘊—彼—自性空—見

すぐ分かる通り、各部分は漢語に訳されているが、語順が漢文として全く不適切なため、文意が不明瞭である（特に下線部は文法的に破綻している）。

【四　漢語の語順を入れ替えて文にする】次は有意味な文の作成である。【三】の逐語訳を踏まえて第六綴文が単語の語順を入れ替え、次のように文を作る。

照見五蘊皆空

ただし【三】と比べると、単なる語順の入れ替えだけでなく、文字が若干異なるから、例えば次のような数段階を省略して結論のみを示したものと思われる。

照見―五蘊―彼―自性空―見↓照見―五蘊―見―彼―自性空↓照見―五蘊―見―皆空↓照見―五蘊―皆空

この理解が正しいなら、第六綴文・第七参訳・第八刊定を含む工程と言える。

【五　潤色】以上で文は一応できた。だがこのままでは漢文として不自然で、訳として読みにくいこともあろう。そのような場合は、最終第五工程として、漢文として意味明瞭で自然になるように、第九潤文官が次のように脚色する。

照見五蘊皆空、度一切苦厄

波線は原典にない、恣意的な加筆である。この脚色により原典と訳文が意味的に乖離するのは欠点だが、他方、脚色する前の原訳よりも述部が長いので、主部述部のバランスがよくなり、漢文として読み易くなるという利点が生まれる。

基本的性格

「訳経儀式」に示される『般若心経』への言及法から、仏典漢訳の多くの事例に応用可能と思われる、以下の二つの基本的性格を抽出できる。

基本性格（一）　天息災の漢訳は原単語の逐語訳を基本構造とする。文単位の逐文訳ではなく、単語ごとの逐語訳を原則とする点に特徴がある。それ故、単語レベルで見れば、漢訳語から原典の単語を想定可能な場合がある。

基本性格（二）　ひとまず作った文が生硬で読みにくい場合は、語単位の訳に脚色を加えることで訳文を自然な漢文として読み易くすることもある。その結果、漢訳は原典から乖離し、訳語から原語を復元不可能な場合もあり得る。

要するに漢訳は、語単位の逐語訳という大原則に由来する「原文に忠実な面」と、滑らかな自由訳への脚色的修正に由来する「原文から乖離する面」の二つの面を併せ持つ。前者は原典復元可能性と、後者はその不可能性と関わる。

問題点と仮説

以上がこの儀式の訳経過程と例であるが、ではこの儀式に問題はないだろうか。我々はここで素朴な疑問を禁じ得ない。「訳経儀式」は本当に天息災が用いた訳例を忠実に記録しているのだろうか。それとも天息災以外の別の何者かが書き加えた情報も含んでいると見なす方がよいのだろうか。

この疑問には理由がある。要点を先に述べると、「訳場儀式」から知られる訳経作業の中には、直後に天息災が行った訳本とはかなり異なる訳語が用いられており、「訳場儀式」の例文はむしろ唐の玄奘訳『般若心経』（大正二五一号）の文言と驚くほど適合する点が気にかかるのである。例えば上述の「照見五蘊皆空、度一切苦厄」は玄奘訳『般若心経』と一致する。玄奘訳と一致する経文の例はこれだけでない。紙幅の都合上、いま詳細を割愛して結論のみを記すと、「訳経儀式」で言及する経典文言のうち、玄奘訳『般若心経』と一致する経文には「照見五蘊皆空、度一切苦厄」のほか、経題の「心（紇哩第野）」「経（素怛覧）」、そして経文の「無無明」と「是故空中」がある。これに対して、同経と一致しない経文は恐らく「無上正遍知」のみである。つまり「訳経儀式」に言及される経文の具体例は玄奘訳と一致するものが殆どなのである。

この点に着目すると、要するに「訳経儀式」の一つの大きな問題は、『般若心経』との関係にあると言える。北宋の天息災が主導した訳経儀式が何故に唐の玄奘訳『般若心経』と一致する度合いが高いのかという素朴な疑問である。

現存経典のうちで天息災訳『般若心経』は何かと問うならば、直後の七月に完成の『聖仏母小字般若波羅蜜多経』一巻（大正二五八号）がそれに当たると考えることは不可能ではない。しかしこの訳本は、『般若心経』の所謂「小本テクスト」（中村・紀野［一九六〇］）と対応する要素があるとはいえ、訳語や内容は明らかに異なる。たとえば上述の「照見五蘊皆空、度一切苦厄」という文言も、「無無明」「是故空中」「無上正遍知」も登場しない。つまり『聖仏母小字般若波羅蜜多経』は『般若心経』の天息災訳とするより、むしろ一般的理解通りに「小字般若波羅蜜経」という別系統とみなす方が分かり易い。従って七月完成のこの訳本が「訳経儀式」の例文の基となったとは言えない。その場合、「訳経儀式」と玄奘訳との接点をどう説明すべきか。一つの可能性は、我々の知らない天息災訳『般若心経』が、玄奘訳を転用した天息災訳として当時は実在し、「訳経儀式」に影響を与え、その後、歴史から消えてしまったという想定である。だが我々は果たしてそこまで想像を逞しくすべきだろうか。

このように「訳経儀式」と玄奘訳『般若心経』の一致をどう理解すべきかは重要である。可能な解釈は複数あるかもしれない。最後に、この点に関する仮説を私見として示し、本論を閉じたい。思うに「訳経儀式」は天息災が実際に関わった北宋太宗期の儀礼であり、「訳経儀式」に例示する引用経句も天息災が了解したことを前提するとしても、彼の用いた例文の語彙は彼自身の新たな訳ではなく、有名な既存の玄奘訳の意図的な活用であったと想定することは可能なのではないか。天息災に与えられた使命は北宋の独自性を強調することではなく、唐仏教から宋仏教への連続性を是認し、訳経院の落慶法要を恙なく成功させ、唐の伝統を宋が復活させることを盛大に祝うことだった可能性は決して低くない。もしそう考えてよいなら、天息災が目下作成途上の未発表漢訳を儀式で突然に詳しく披露する必要など全くなかったに違いない。また、我々の知らない天息災訳『般若心経』が当時存在し、「訳経儀式」の経文例として使用された後に忽然と歴史から姿を消したというような劇的な筋書きも想定不要であろう。そのように想定すべき理由は、経録も含めて、どこにも見出せないのだから。要するに天息災は、聴衆の知悉する玄奘訳『般若心経』の文言を例文に用いることで訳経復活の式典を円満に成功させようとしたと仮定してよいなら、玄奘訳と一致する事実も特に問題なく解釈できるように思われる。

五　結論

本稿は、訳経院の落成式典（九八二年）を描写する「訳経儀式」を主な考察対象として、天息災の最初期活動より知られる漢訳作成手順を扱った。本稿独自の主張は三点に要約できる。第一に、法賢（＝天息災）が敦煌に滞在した可能性を示す文献がある。信憑性にはやや問題が残るが、研究の現段階では天息災が陸路で来華した可能性を残しておくべきであろう。第二に、「訳経儀式」の正確な読解を目指して現代語訳と原文訂正案を作成した。第三に、天息災の「訳経儀式」に例として示された経文は『般若心経』に由来するものが殆どである。それらの文言は直後に完成する『聖仏母小字般若波羅蜜多経』の文言と一致せず、唐代から流行していた玄奘訳『般若心経』と一致する。この式典は天息災訳や北宋仏教の斬新さを鼓吹するためでなく、唐以来の訳経事業を宋王朝が継承することへの祝賀表明を主たる目的としたと考えてよいとするならば、玄奘訳との密接な繋がりそれ自体を殊更に強く問題視する必要は恐らくなかろう。

注

（1）『四十二章経』の現存本を最初の漢訳とする伝承は史実とは言えないが、関連逸話が陸路による経典伝来を前提としているのは確かである。例えば慧皎『高僧伝』巻一摂摩騰伝は、後漢の明帝が派遣した使者の要請を承けて摂摩騰が「流沙」（中央アジアの砂漠）を越えて洛陽に至ったと記す（大正五〇、三二二下「冒渉流沙、至乎雒邑」）。

（2）内陸路にはガンダーラ一帯を通る道のほか、チベット経由の道もあった。インドからネパールを北上し、チベットのマンユル **Mang yul**（現在のネパール・チベット国境に近いキロン **Kirong** に該当。**Gyirong**、**sKid grong** とも表記。中国語表記は「吉隆県」）から、チベットを経て、中央アジアの砂漠に抜ける南北路である。だがこの経路は成立が遅く、初唐の王玄策が利用したのが最初である。王玄策の摩崖石刻碑文の解読は霍［一九九四］［二〇〇一］参照。

（3）このほか、敦煌の南に位置する吐谷渾（河南国）を東西に動いて成都に至る「河南道」があった（唐［一九八三］）。南朝が西域と交渉する時等に利用された。しかし主要路ではなかった。

（4）「天息災」の原語として **Devaśāntika** 等を挙げる研究もある（例えばセーン［二〇〇三］）。しかし「天息災」の梵語を特定するだけの文献学的論拠があるようには筆者には思われない。

（5）法賢（天息災）と敦煌の関係を示すこの一節の研究としてセーン［二〇〇三：一二二頁］参照。ただしこの一節に言及する研究は、これを天息災の旅程と結び付けないのが普通である。

（6）本稿では「訳主」を敢えて通史的に用いるが、これはあくまで便宜的措置にすぎない。「訳主」の用例は、六朝時代の仏教文献に確認されていない。「訳場」や「訳場列位」も同様である。

（7）大正蔵第八巻二五六号『唐梵翻対字音般若波羅蜜多心経』と『大正新脩大蔵経総目録』の記事が対応する敦煌写本番号を「S. 700」と記すのは誤りである。正しくは「S. 2464」である。

（8）本文の【一】に示した漢字転写版は、『仏祖統紀』中に明記されているものではなく、筆者が分かり易く説明するために、スタイン二四六四号『唐梵翻対字音般若波羅蜜多心経』に基づいて付加した転写版である。原文中、〈 〉は発音方法に関する夾注であり、「二合」は「XY」の漢字二字に関して、一字目Xの子音のみを残して母音は除去し、二字目Yの音と組み合わせて複合子音として読めという指示である。「引」は長母音として読めという指示である。

参考文献

王［一九九九］王亜栄「大興城仏経翻訳史要」（『中国仏学』二―一、再録王亜栄『長安仏教史論』宗教文化出版社、二〇〇五年）

霍［一九九四］霍巍「『大唐天竺使出銘』及其相関問題的研究」（『東方学報』京都六六）

霍［二〇〇一］霍巍「《大唐天竺使出銘》相関問題再探」（『中国蔵学』二〇〇一―一）

桑山［一九九〇］桑山正進『カーピシー＝ガンダーラ史研究』（京都大学人文科学研究所）

ザケッティ［一九九六］Stefano Zacchetti, "Dharmagupta's Unfinished Translation of the *Diamond-Cleaver* (*Vajracchedikā-Prajñāpāramitā-Sūtra*)" *T'oung Pao* 82, pp. 137-152.

佐藤［二〇一二］佐藤成順『宋代仏教史の研究』（山喜房仏書林）

セーン［二〇〇三］Tansen Sen, *Buddhism, Diplomacy, and Trade: The Realignment of Sino-Indian Relations, 600-1400*. Honolulu: Association for Asian Studies and University of Hawai'i Press.

曹［一九六三］曹仕邦「論中国仏教訳場之訳経方式与程序」（曹仕邦『中国仏教訳経史論集』東初出版社、一九九〇年（原載『新亜学報』五―二、一九六三年））
唐［一九八三］唐長孺「南北朝期間西域与南朝的陸道交通」（唐長孺『魏晋南北朝史論拾遺』中華書局）
中村［一九七七］中村菊之進「宋伝法院訳経三蔵惟浄の伝記及び年譜」（『文化』四一―一・二）
中村・紀野［一九六〇］中村元・紀野一義訳注『般若心経・金剛般若経』（岩波文庫、岩波書店）
万［二〇〇八］万金川「仏典漢訳流程裡「過渡性文本」的語文景観【第一部】訳経文体・訳場組織与訳経流程」（『正観雑誌』四四）
船山［二〇一三］船山徹『仏典はどう漢訳されたのか――スートラが経典になるとき』（岩波書店）
梁［二〇〇三］梁天錫『北宋伝法院及其訳経制度――北宋伝法院研究之二』（志蓮浄苑）

謝辞　本稿執筆にあたり、村田みお氏（立命館大学言語教育センター外国語嘱託講師）と倉本尚徳氏（台湾中央研究院歴史語言研究所助研究員）より有意義なコメントをいただいた。本稿の不備や誤解はもとより全て筆者の責であるが、両氏に深く謝意を表したい。

ラテン語教典の読法と仏典の訓読[1]

ジョン・ホイットマン

はじめに

一般的に、文字体系の借用過程は次の（1）のように捉えることができる。

（1）i．言語Aと言語Bの二重言語話者が言語Aの読者にもなる。
ii．その二重言語話者たちがAの文字を借用してBを表記する。
iii．Bの話者たちが（ii）で成立した表記体系を更にBの特徴に合わせることにより、Bの文字体系ができあがる。

例えば、朝鮮半島の文字体系史を対象とする研究には（1）のような記述がよく見られる。概ね次のような記述である。(ⅰ) 高句麗、百済、新羅が国家として成立する前から、半島諸言語の話者が中国の文字に接触し、漢字の使用者(読者)になると同時に、半島にいた漢人が半島諸言語に接触した。次に、(ⅱ) 半島の人々が漢字を以て半島諸言語を表記するようになった。これが韓国の研究者がいう「借字表記法」に当たるが、これは「固有名詞表記法」と「郷札」に区分される。(2) 最後に、吏讀の成立が (ⅲ) に対応する。我々に残された吏讀資料のほとんどが新羅語を記したものである。その創造は、七～八世紀初の薛聰による業績だと伝統的に伝えられているが、真実は定かではない。

文字体系の借用と自言語を記す表記法の成立は、筆記言語の「自言語化」(vernacularization) という過程を代表する現象であると言える。近頃、漢字文化圏における「自言語化」を仏教の普及に関連づける研究は少なくない [Mair 1994、金二〇一〇、Kornizcki 2014]。金 [二〇一〇] と Kornicki [2014] の研究では、仏教典の読法に着目して、東アジアにおける漢文訓読と仏教の伝来を関連づけている。本稿では、「典礼言語を自言語で読む」ことを一般的な現象として位置づけることを目指す。中世欧州におけるラテン語教典の注釈資料を通して、典礼言語に書かれた文字資料を自言語で読む現象は東アジアに限られた現象ではないという可能性を示す。最後に、八世紀に起きた、華厳経の日本への伝来と日本における訓点法の成立の関係を検討する。

二　「国際語」と「自言語」

話を朝鮮半島の文字史に戻そう。(1) は十五世紀までの朝鮮半島の文字史によく当てはまっているように見えるが、(1) だけでは説明できない現象が、朝鮮半島の場合に限らず、幅広く文字借用の過程に観察される。

それは、以前から使われていた共通語が（1-ii）、（1-iii）の段階でも継続して使用され、場合によっては（1-ii）や（1-iii）で成立した表記言語と新たに入れ替わる現象である。このような現象が、紀元後の南アジアにおけるサンスクリット語の使用拡大に見られることが、米国コロンビア大学南アジア文化史の専門家シェルドン・ポロック（Sheldon Pollock）により指摘されている。紀元前までは、南アジアにおける金石文などの文字資料は中世インド語の諸方言（プラクリット、prakrit）に限られ、ブラーフミー系統の文字でサンスクリット語が記されている記録はないが、紀元前後から、サンスクリット語の筆記言語としての使用が急速に増え、紀元後の十世紀の間、プラクリットの文字資料は少なく、表記言語としてのサンスクリットが支配的であった［Pollock 1998］。つまり、書き言葉として一旦成立したプラクリットとサンスクリット語が入れ替わったのである。ポロックはこの場合のサンスクリット語を「世界言語」または「国際語」（cosmopolitan language）と呼び、それに対立するプラクリットを「土着言語」または「自言語」（vernacular language）と呼んでいる。(3)(4) 南アジアの場合、表記言語として（1-iii）の段階まで達した自言語と、世界（国際）表記言語であるサンスクリット語が入れ替わったのである。

より「国際語」に近い表記体系がより「自言語」に近い表記体系と入れ替わる現象は、朝鮮半島の文字史にも見られる。郷札が「三国遺事」以後記録されていないことや、吏讀の使用範囲が新羅時代から李朝まで拡大されなかったことなどがその例であるが、国際語である漢文の維持力をもっとも明確に示す歴史的事実は順読口訣の定着である。韓国の口訣資料は日本の訓点資料と同じく、漢文の原典を自言語で読むために（つまり訓読するために）、原典に自言語の読みを示す符号を加えた資料である。このような符号のうち、自言語読み（訓読み）を記すのに使われる「字吐」（字토）という漢字の略体字が日本訓点資料の片仮名に対応する。「逆讀點」が訓点資料の返読点に対応し、「點吐」がヲコト点に対応する。高麗時代末期（十三世紀）までの口訣資料は、いわゆる釋讀口

訣がほとんどである。釋讀口訣は日本でいう訓読と同じく、原典の語句を音（朝鮮漢字音読み）か訓（韓国語読み）にしながら、韓国語の語順で読み下す読法を示すものである。十三世紀から支配的になった順讀口訣は、原典を読み下さず、句・節の語順と読みを原典のままにして、節レベルの文法単位を韓国語の助詞や接続詞でつなげる読法を示すものである。(5)(6) 順讀口訣に対応する読法（自言語読み）は日本の訓読には見当たらないが、庄垣内［二〇一二］が紹介したウイグル語による仏典の漢文訓読とある程度の類似性がある。

釋讀口訣がより自言語に近いとすれば、順讀口訣のほうがより国際語である漢文に近いといえるが、後者が前者に取って代わった。つまり、国際語に近い表記法（又は読法）が自言語に近いものと入れ替わったのである。この変化にはいろいろな説明がなされている。南豊鉉［二〇〇九：一二四頁］は、「漢文を理解する水準が高まるにつれて［順讀口訣が］発達した」ほかに、「科挙試験で製述科が重視され経典の解釈より製述（作文）を重視する傾向があらわれ、漢文の暗誦を重視するようになり、このような読法が発達したと見られる」などの要因を指摘している。これらの要因はいずれも漢文・漢字文化の影響力の強化、国際語である漢文への接近を示唆するものである。

いわゆる「近代化モデル」では、自言語、つまり国家・民族別の標準言語・標準文字体系への発達は単方向の過程として捉えられる。ポロックは、こうした「近代化モデル」を批判し、逆の方向、つまり筆記言語としての自言語を離れ国際語を取り入れる傾向が、歴史を通して複数の地域にわたって繰り返されていると主張している。十五世紀までの朝鮮半島における文字史はその一例として挙げられるだろう。ポロックは、ポストコロニアルの現在における世界化（globalization）と古代・中世・近世における世界言語への接近を対比しながら、その根本的な類似性を指摘している［Pollock 2003: pp.26-29］。

ポロックの記述は興味深いが、筆者は言語学者としてポロックの主張に対して以下の二つの疑問を抱いている。

一点目は、ポロックの東アジアの言語・文字史の捉え方である。ポロック［二〇〇〇］は東アジアの「自言語化」(vernacularization)を次のように記述し、実際の自言語化は東アジアでは近代まで起きなかったという。(7)

> Contrast, for example, the wide sphere of Chinese literary communication, where the vernacular transformation in places like Vietnam or Korea occurred so late as to appear to be the project of a derivative modernization.
>
> （［南アジアと欧州を］幅広い中国文学交流圏と比べてみると、ベトナムや韓国といった場所における自言語化は派生的近代化の結果と考えらるほど遅れて行われた。）
>
> ［ポロック二〇〇〇：五九五頁］

続いて、

> Sejong's demotic reforms in Korea in the mid-fifteenth century, and the development of *chu-nom* script in Vietnam around the same time, did not produce anything remotely comparable to what we find in fifteenth-century southern Asia or western Europe. Instead, the innovations in both Korea and Vietnam appear to have been largely instruments designed for the promulgation of neo-Confucianism.
>
> （世宗大王による十五世紀半ばの言語改革や、同じ頃ベトナムで行われた字喃の発達は十五世紀の南アジアとヨーロッパで見られるものとは到底比べられない。むしろ、韓国とベトナムで見られる改革は主に朱子学を公布する道具に過ぎなかったようである。）
>
> ［ポロック二〇〇〇：五九五頁、注6］

と述べ、ポロックは東アジアにおける「自言語化」の遅れを記述している。ここで何より注意しなくてはならないのは、ポロックは「自言語化」を論じるとき、複数の要素を一括して捉えていることである。次の（2）で述べる要素が、文字体系を借用する「自言語話者」が有する選択事項である。

（2）ⅰ．文字体系の選択
ⅱ．表記言語の選択
ⅲ．読み下す言語の選択

近世までの東アジア（朝鮮／韓国、満州（女眞）、モンゴル、ベトナム）において（2-i）の選択が「漢字」であったことはポロックの述べる通りである。つまり、文字体系においては漢字が選ばれたのである。しかし（2-i）の選択によって（2-ii）や（2-iii）が決まるわけではない。たとえば「蒙古秘史」の著者は（2-i）の選択においては「漢字」を選んだが、（2-ii）や（2-iii）の選択はいずれも「モンゴル語」であった。釈読口訣や日本の訓点資料では（2-i）、（2-ii）までの選択は「漢字・漢語」であるが、（2-iii）の選択は「自言語」であった。ポロックのような研究では、この三つの要素が混同され、「世界言語」（国際語）か「自言語」かの選択が過剰に単純化される傾向がある。これが本稿の一つ目の主張である。

もう一つの主張は、言語・文字使用上、（2）のような複数の選択肢があることは、漢字文化圏に限らず、国際語・自言語が対立する場合に常に見られるということである。権威のある「世界言語」（国際語）とある一地域に限られる自言語の関係を理解する上で「注釈文献」（glossed texts）は中心的な概念である。注釈文献（口訣資料、訓点資料）の存在によって古代韓国と日本の漢字使用者が多くの場合に自言語で漢文文献を読み下したことがわかる。ラテン語が国際語（世界言語）の役割を果たした中世欧州に注釈文献が数多く残されていることはよく知られているが、本稿ではその現象を紹介し、東アジアにおける口訣資料と訓点資料と比較する。

本稿の構成は次のようである。まず第三節では中世欧州における注釈文献はどういう形のものであったのか、どこまで口訣資料や訓点資料の比較対象になるかを検討する。次に第四節では口訣資料と訓点資料に立ち返り、その類似点と差異点およびその歴史的関係を検討する。第四節では cosmopolitan「国際語」と vernacular「自言語」の概念を簡潔に再検討する。

三　中世欧州の注釈文献と「読書」の口頭性

一　中世欧州の注釈文献

ラテン語の原典に自言語（中世欧州諸語）で記された注釈資料は、十九世紀から本格的に研究され始めた。注釈資料が豊富に残されているのは特に古アイルランド語［Stokes 1887］、古ドイツ語［Steinmeyer &Sievers 1879-1922］、そして古英語［Sweet 1885］である。古アイルランド語の場合には注釈文献が最古の言語資料であり、八世紀に遡る。古アイルランド語の資料はヴュルツブルク、ザンクト・ガレン、トリノ、ミラノ、カールスルーエ、ウィーンなど、ローマ正教の僧院がある各地に保存されている。これは、当時はアイルランド人のキリスト教僧侶がヨーロッパ各地の僧院で修行していたためであろう。これらの資料に見られる「Würzburg(er) Glosses/Glossen」のような「地名＋gloss(es)/glossen」という示し方は、日本の訓点研究でいう「XX点」（例えば「東大寺点」）と比較が可能である。

古アイルランド語、古ドイツ語、古英語などに注釈資料が多いことは、ロマンス系言語の話者と比べて、ゲルマン系やケルト系言語の話者にとって、当時の「国際語」であったラテン語は読んだり理解するのが困難だったためであろう。これは、漢語と異系統である日本語や韓国語の母語話者が漢文を読む場合と比較できる。中世欧州の注釈資料を機能別に分類した研究が複数あるが、こちらではウィランド［Wieland 1983］の分類を紹介し、口訣資料と訓点資料にもっとも近似するものと対応させる。

（3）ウィランド（一九八三）によるラテン語注釈の分類

機能	英語名	訓点・口訣資料との対応
（a）韻律注釈	Prosodic gloss	声点
（b）語彙注釈	Lexical glosses	漢語による語彙注釈
（c）文法注釈	Grammatical glosses	［　］
（d）統語注釈	Syntactical glosses	語順点（返読点、漢数字点など）
（e）解説注釈	Commentary glosses	原典の内容を説明する注釈

韻律注釈は鋭アクセント記号（´）と似たしるしを用いて、語調（ストレス）を示す。そのほかに、分音符として使われる場合もある。語彙注釈は原典の語彙の意味を加注当時の話者にわかりやすい単語で説明する注釈で

ある。原典の行上に記される場合が多い。同義語による注釈（例：（原文）aestus「火」（注釈）calor「熱」）のほかに、反意語による注釈は、東洋の注釈資料で見られるものと同じく非定形＋反意語で示すものが多い（例：（原文）credat「信」（注釈）non dubitet「不疑」）。ウィランドがいう文法注釈は原文の単語の文法格や品詞を示すもので、訓点資料や口訣資料には直接に対応するものはない。

訓点資料や口訣資料を比較する観点から考えて、統語注釈（syntactical glosses）がもっとも注目に値する。Wieland［1983］が調査した資料には、ローマ字、ローマ数字、点、点と線の組み合わせからなる四種類の統語注釈が観察されている。ローマ数字を使った注釈の例としては、点注とともにローマ数字を使った次の例を挙げることができる。

⁝　⁝　:　:　.

VI　VII　VI　VII　V

（4）Quattuor ergo simul repetens ter computat omnem
Quam duodenarius circumtulit ordo figuram.（Arator 87 v14f）

点注とローマ数字の少ない順に並べ直すと（5）の語順になる（Wieland1983:p.103）。

（5）Computat　[ter　repetens　quattuor]　ergo　simul　omnem
数える　3　かけて　4　従って　同時　全体の
figuram quam　circumtulit　duodenarius　ordo.
図を［関係詞］包含する　12の　順位
（3と4をかければしたがって同時に（使徒の）12くらいの順位を包含する全体図を算出する）

ウィランドは、（5）の語順を並べ替える目的は、古英語の語順を反映させるか、ラテン語の文法構造を分かりやすくするかのいずれかであったという。しかし、十一世紀の古英語の母語話者はなぜラテン語の読書においてラテン語の語順を古英語の語順に置き換えたのであろうか。次の章では、この問題を検討する。

二　古英語の統語注釈資料

古英語（アングロサクソン語）の統語注釈資料を調査した画期的な研究としてロビンソン［Robinson 1973］が挙げられる。ロビンソンは古英語に記された、ラテン語原典への注釈資料における複数の統語注釈体系に着目している。その中には、ローマ字（a b c…）、点、点と線の組み合わせ、括弧、コンマなどの符号がある。その一例であるケンブリッジ大学コーパス・クリスティ・カレッジ蔵ボエティウス Boethius 著『哲学の慰め』**De consolatione philosophiae** には、語彙注釈とともに統語注釈も見られる。次の（6）がその一行である。太文字で記した部分は原文のラテン語で、その上（原典行上）がアングロサクソン語の語彙注釈、その上が統語注釈である［Robinson 1973: p.448］。

（6）

b	d	c	e	g	a	f	h
eall	manna	cynn	on eorpum	gelicum	arist	fram	upspringe
Omne	**hominum**	**genus**	**in terris**	**simili**	**surgit**	**ab**	**ortu**
全て	人間	類	に地球	同じ	起き上がった	より	起源

アングロサクソン語の語彙注釈をアルファベット順に並べ直すと、（7）のように普通の古英語文になる(Robinson 1973: pp.448-9)。（7）の三行目は現代英語である。

（7）

a	b	c	d	e	f	g	h
Arist	eall	cynn	manna	on eorpum	fram	gelicum	upspringe
Arose	all	kind	of men	on earth	from	alike	upspringings
起き上がった	全て	類	人間	に地球	より	同じ	起源

（地球に全ての人類は同じ起源より起き上がった）

定動詞で始まる（7）の古英語の語順はラテン語としては異常であるが、古英語の存在構文にはよく見られる語順である。

ロビンソンの研究以降、上で見たような統語注釈については諸説がある。すでに五〇年代にDraak［1957］は、ラテン語原典に加えられた古アイルランド語の統語注釈が古アイルランド語が母語の若い僧侶の教育のためのものであった可能性を指摘した。ロビンソン自身は、ラテン語の原典に統語注釈を加えアングロサクソン語で読む習わしは、教育道具とか説教手段というより「文法解釈の精巧なシステム」(elaborate systems of grammatical commentary) だったと言う。これに対して、**Korhammer** [1980] は統語注釈が「自言語読み」のために使われたという説を否定した。**Korhammer** は古英語の統語注釈資料のほかに、ヨーロッパ大陸の数十点の資料を調査した結果、「自言語読み説」に対して次の問題点を挙げている。

（8）「自言語読み説」の問題点 [Korhammer 1980]

a．統語注釈記号がアングロ・サクソン語として不自然な語順を示す場合が多い。特に、動詞・主語・目的語（ＶＳＯ）の語順が多い。

b．大陸のラテン語統語注釈資料でもＶＳＯの語順が示される場合が多いが、この資料がアングロ・サクソン語で読まれたとは考えられない。

Korhammer が挙げた問題点は更なる反論を呼んだ。問題点（ａ）に対しては、O'Neill [1992] が、ロビンソンも挙げた、古英語の統語注釈資料であるランベス詩篇 (Lambeth Psalter) を調査し直した結果、統語注釈がアングロ・サクソン語として自然な語順を示しているという結論に至った。問題点の（ｂ）に対しては、**Reynolds** [1990] の研究が重要である。**Reynolds** はフランス国立図書館蔵のプリスキアヌス (Priscianus Caesariensis) 著『文法学教程』の九世紀の写本と、十二世紀に南フランスで書写されたホラチウス著『詩集』の写本を調査した。どちらの写本にも語順を示すローマ字（ａｂｃ…）とその他の統語注釈記号が数多く見られる。ホラチウスの写本を一五〇行調査した結果、主節においては六十節中の五十節が主語―主動詞―目的語（ＳＶＯ）の語順を示す。接続詞や疑問・関係代名詞に後続する節においては四十二節の内二十七節がＳＶＯで、残りはＶＳＯが十一節、ＯＶＳが二節、ＶＯＳが二節である［Reynolds 1990: p.36］。疑問文の場合には主動詞が必ず疑問代名詞に続く。Reynoldsが指摘するように、このような順序は古典ラテン語ではありえないが、古オック語（当時南フランスの口語）の語順を忠実に示すものである。

Reynolds［1990］の研究で分かるのは、欧州大陸でなされた、ラテン語原典に加えられたラテン語注釈も、「自言語読み」を示すことが目的だった可能性が強い、ということである。なぜなら、Wright［1982, 1994］の一連の研究で示されているように、中世初期から、ロマンス系言語の地域で記されたラテン語表記はしばしば古典ラテン語ではなく、当時の原始ロマンス系諸語（古フランス語・古スペイン語、古オック語など）を記すために使われたことが明らかなためである。Wrightは、九世紀ごろまでには、ラテン語の原典は古フランス語、古スペイン語などの「自言語」で口頭で読まれていたと指摘しているが、「自言語」でラテン語を読む習慣は発音、活用・屈折形だけではなく、自言語の語彙をラテン語の語彙と入れ替えることまで及んでいたという。このような読み方は教会・学校・行政の各場面で行われたものであり、漢文を中国語諸方言で「読み下す」のと等しい言語生活の一種である。Wrightのこの「自言語読み」説によれば、自言語ではなく、「ラテン語」で読む習慣は、九世紀にならないと始まらない、ゲルマン系言語圏から逆輸入された、人工的な読み方であったとされる。この説では、Korhammerが挙げた、「自言語読み説」に対する問題点（ｂ）が解消される。ラテン語注釈資料で示された統語注釈とその他（古アイルランド語、古英語、古ドイツ語など）の言語による注釈が類似している理由は、いずれも「自言語読み」を示しているからである。後者が当時の「自言語」（古アイルランド語など）での読みを示すと同様、前者はロマンス系諸語（古フランス語、古オック語など）の「自言語読み」を示すのである。

本節では、中世欧州における「国際語」であったラテン語と「自言語」であった中世各国の関係を考える場合、ラテン語原典の「自言語読み」を認める以上、原典がどう記されたかだけではなく、ラテン語の原典がどのように読まれたかという問題の重要性を指摘した。東アジアの場合は「自言語化」（vernacularization）の度合いを測るに当たって、「漢字で書かれた」という事実だけではなく、漢字資料の読み方も考えなければならないが、訓点資料や口訣資料の存在により、国際語であった漢語で記された漢文典が日本や韓国だけではなく、漢字文化圏全域で自言語で読まれたことは明らかである。特に興味を引くのは、Korhammer［1980］が中世欧州の統語注釈に関して指摘したように、各国の注釈の形式の間で一定の類似性が見られるのと同様に、訓点資料が現れ始める八世紀末・九世紀初めと口訣資料が現れ始まる十世紀の資料の間にも、一定の類似性が見られる。次節ではその類似性について検討する。

四　口訣資料と訓点資料の類似性と相違点——その歴史的関係をめぐって

一　口訣資料と訓点資料の比較

欧州の注釈資料に対する一般の学者の意識が低いのに対し、日本と韓国では訓点資料と口訣資料に対する意識が高い。口訣資料と訓点資料（より広い意味でいえば両国の訓読方法）の比較研究の出発点は藤本［一九九二］の研究である。その後、小林［二〇〇二］による、ソウル誠庵古書博物館蔵「大廣佛華厳経」の角筆口訣資料の紹介と日本で伝わった佐藤本「華厳文義要決」との比較研究がこの分野の研究を大きく刺激したが、未だ口訣資料と訓点資料を体系的に比較した研究はない。(8) 本節では、訓点資料と口訣資料のいくつかの類似点と相違点を紹介し、この研究の出発点とも言える佐藤本「華厳文義要決」を中心に、両資料の歴史的関係について検討する。

二　類似点と相違点

第二節では韓国の釋讀口訣と日本の訓点のいくつかの類似点を簡単に紹介した。その類似点は、略体表音漢字（字吐、仮名点）、自言語の形態論的情報を補う形態点（點吐、ヲコト点）、語順符号（返読点、漢数字など）、合符などの符号のほかに、加点作業に使われた道具にまで及ぶ。両国において、最古の口訣・訓点資料は角筆によって記されたものにほぼ間違いない。(9) もう一つの類似点は、宗派による点法の発達である。口訣資料の場合、我々に残された資料は「華厳経系統」（華厳宗）と「瑜伽師地論系統」（法相宗）で點吐法が大きく分けられる。これは訓点研究で認められるヲコト点の種類が八つ以上であるのに比べると数は少ないが、それは口訣資料の量的制約によるためであろう。

口訣資料と訓点資料の類似性について述べてきたが、言うまでもなく相違点も少なくない。例えば、南星祐・鄭在永［一九九八］で分析された東国大学蔵「舊譯仁王經」（十三世紀推定）の字吐釋讀口訣を見てみると、日本の訓点資料にはない語順の表示法があることが分かる。下の例はこの資料の第二帳の一～二行目である。（10）では日本の読者にわかりやすいように字吐を元の漢字体に改めてある。

（10）東国大学舊釋仁王經 2:1-2

a．［清］信行乙具足爲示爾復爲隱有叱在彌五道叱一切衆生是復爲隱
有叱在彌他方叱不知是飛叱可叱爲隱量乎音衆

b．［清］信行乙具足爲示爾復爲隱五道叱一切衆生是有叱在彌復爲隱
他方叱量乎音可叱爲隱不知是飛叱

c．［清］信行ʌr　具足hʌ-si-mjə　復（stohʌn）　五動s　一切衆生i　有（i）s-kjə-mjə
［清］信行ヲ　具足シ―タマヒ―テ　マタ　五動ノ　一切衆生ガ　有リ―ニ―テ
復（stohʌn）　他方s　量h-o-m　可（ci）s hʌ-n　不（an）ti i-nʌ-s　衆有（i）s.kjə-mjə
マタ　他方ノ　量スル　可（ベカラザル）　衆生有リ―ニ―テ

（10a）では本文の右に加えられた字吐と本文の左に加えられた字吐をそのままにした。（10b）は南星祐・鄭在永［一九九八］と鄭在永［二〇〇六］に従った書き下し、つまり韓国語の語順である。（10c）は（10b）を中世韓国語にした鄭在永［二〇〇六］の解釈を転写し、和訳を加えたものである。（10a）と（10b）を見て気がつくのは、字吐が右か左のどちらに入れられるかによって、順読するか返読するかが示される、ということである。たとえば、一行目の「復爲隱」までは原文の語順のままで読むが、次の「有叱在彌」の字吐は左に挿入されているので、この語を次の名詞句「五道叱一切衆生是」と返読する。このような字点が入れられた位置による返読表示は日本の訓点資料には見られないようである。

こうした表記レベルの相違はむしろ予想の範囲内である。上で見た「舊譯仁王經」は釋讀口訣の末期に近い資

料で、口訣の起源から五世紀も経った後の資料であり、口訣資料と訓点資料が原始的なものであるほど類似性が見つかるのはきわめて自然だからである。

その起源に関しては、上に述べた形式上の類似点のほかに、初期資料の形態の類似点が一つ指摘されている。南豊鉉［二〇〇六：一―二頁］は、新羅の釋讀口訣の起源は七世紀末に新羅華厳経の開祖である義湘の講義を記した講義録から始まったという。原文は残されていないが、高麗時代に残された資料から、南教授はこの講義録は字吐による釋讀口訣であったという。つまり、口訣資料で最古のものは仮名点にと相応する字吐によるものであった。

同じように、春日［一九五六：二六六頁］はその当時知られていた最古の訓点資料すべて仮名点という。春日はその年代順を（11）のように考えている。

（11） a. 景雲写　根本説一切有部毘奈耶
b. 同　根本説一切有部苾芻尼毘奈耶
c. 同　持人菩薩経
d. 同　央掘魔羅経
e. 同　羅摩伽経
f. 同　大方華厳経

無論、これらの資料には加点年の記録はないが、春日の考えでは（11a）～（11e）は延暦～大同期中（七八二～

八一〇）の約十年の間に加点されただろうという［春日一九五六：二六六頁］。初めの四点には仮名点（真仮名）のほかに返点と句点しかない。(10) 最古の資料には仮名点（字点）しかなく、ヲコト点がまだ見当たらないことは南教授の初期口訣資料に対する見解と一致する。

（11e）の「羅摩伽経」には原始的なヲコト点が見られる。春日の考えではこれが日本のヲコト点の最古例である。次の節で口訣資料の點吐と日本のヲコト点の歴史的関係の問題を取り上げ、「羅摩伽経」の重要性を改めて検討する。

三　口訣資料の點吐と日本のヲコト点の歴史的関係――佐藤本「華厳文義要決」をめぐって

口訣資料の點吐と日本のヲコト点の歴史的関係をめぐっては、佐藤達次郎旧蔵本『華厳文義要決（問答）』の重要性が日韓両国の研究者によって指摘されている。佐藤本『華厳文義要決問答』（以下「佐藤本『要決』」）にはヲコト点（星点）を含む訓点が見られる。中田［一九六九：一九九頁］はその星点について、「点法の系統は考えられないが、従来知られている点法に、ほとんど連絡のつかないものである」と指摘しているが、小林［二〇〇二］は佐藤本『要決』の点法がソウル誠庵古書博物館蔵『大廣佛華厳経』の角筆点と似ていると述べている。金永旭［二〇〇二］は小林とほぼ同じ解釈であるが、星点が口訣の「點吐」、つまり当時の韓国語（新羅語）を記したものだと主張している。『要決』の點吐／ヲコト点が韓国語（新羅語）を記すために加点されたという可能性は、小林［二〇〇四］にも示唆されている。しかし金永旭［二〇〇二、二〇〇六］も認めているように、佐藤本『要決』の星点には他の口訣資料に見られない用法がある。以来、日本と韓国の学者の間にこの資料に対する意識の隔たりが生じ、佐藤本『要決』の點吐／ヲコト点を何語で読むべきかは定かではない。本節では、ホイットマン［二〇〇九］

の発表論文を簡略にまとめ、八世紀末の訓点体系における日韓の交流について考察する。

三―一　資料

佐藤本『要決』の原典は昭和二十年四月十四日の空襲で焼失しており、現在残っているものとしては、昭和十四年に出版された二色のコロタイプ複製本しかない。その為、資料上の制約がある。本研究では東京大学国語研究室保管の昭和十四年の複製本と、同じ複製本を撮影した韓国の「華嚴文義要決研究プロジェクト・チーム」（研究責任者鄭在永、以下「鄭在永チーム」）によるデジタル写真を使用した。佐藤本『要決』には、朱の星点、句切符、合符、返読符がある。[11] 朱点のほかに、墨筆による行切点と、やや斜めの線形の「星点」がある。

佐藤本「要決」の内題は

巻第一 五科入

（12）華厳文義要決問答　　皇龍寺表員集

のように、「問答」の二字に円が墨筆で付けられている。[12]『要決』の日本への伝来について、小林［二〇〇四：一八七頁］は正倉院文書の「華厳宗布施法定文案」の天平勝宝三年（七五一）の条に「（未冩）華厳文義要決一巻　表員師用紙十四張」という記録があることを指摘している。古写本としては、佐藤本の他に、延暦十八年（七九九）に書写され、延暦二十一年に黄褐色の句切点が施された延暦寺蔵『華厳要義問答』（巻上、巻下）という題の同一本がある［小林二〇〇四：一八八頁］。[13][14] 日本に伝わった『要決』の写本に関しては、鄭在永［二〇〇九］が詳しい。佐

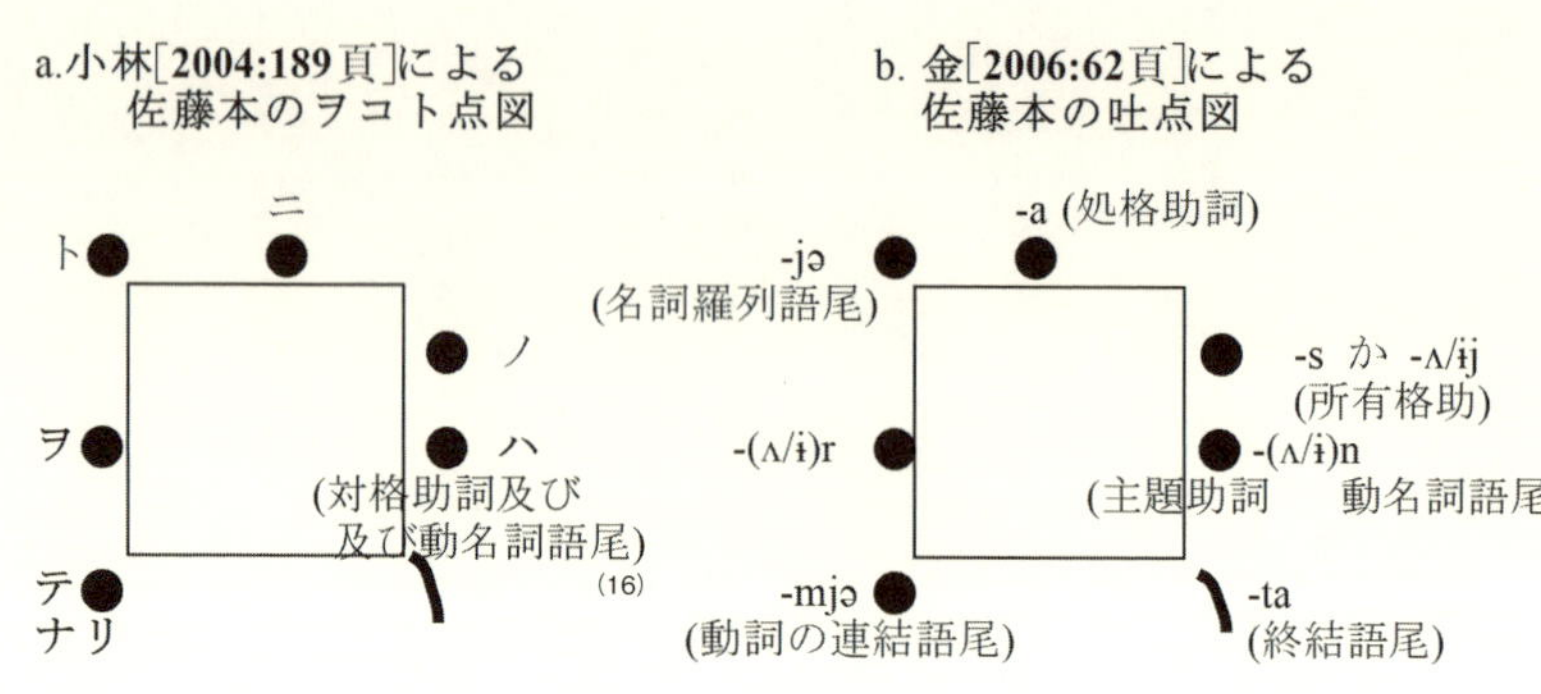

図1

藤本には奥書がないが、佐藤本も延暦寺本と同じ延暦十八〜二十一年間頃に日本で書写、加点されたという点については諸研究者の意見が一致している［中田一九六九：一九三頁、小林二〇〇四：一八八頁、金永旭二〇〇六：五三頁］(15)。

佐藤本『要決』は一巻五〇七行からなる。星点はおよそ四十点のみである。仮名点はない。句切符、合符、返読符の他に、本文の訂正の段階で朱筆が書き入れられた漢字も見られる。

三―二　佐藤本『要決』の先行研究

小林［二〇〇二：二七頁］は佐藤本「要決」の星点を六種類に分けているが、金永旭［二〇〇二］は更に処格を表示する点を上辺中段に加えている。両研究による点図を図1の（a）と（b）に示した。

便宜上、李［二〇〇六：五頁］の訓点座標数値の形式（13）に従って佐藤本の星点を（14）に示す。

（13）

11	12	13	14	15	16	17
21	**22**	23	24	25	26	27
31	32	33	34	35	**36**	37
41	**42**	43	44	45	**46**	47
51	52	53	54	55	56	57
61	**62**	63	64	**65**	66	67
71	72	73	74	75	76	77

（14）佐藤本「華厳門儀要決」の星点位置

座標数値	位置	吐点としての文法機能	音韻	対応する日本語
62	下辺左段	動詞の連結語尾	-mjə	テ
42	左辺中央	対格助詞及び動名詞語尾	-(ʌ/ɨ)r	ヲ
22	上辺左隅	名詞羅列語尾	-jə	ト
24	上辺中央	処格助詞	-a	ニ
36	右辺上段	所有格助詞	-s か -ʌ/ɨj	ノ
46	右辺中央	主題助詞	-(ʌ/ɨ)n	ハ
66	下辺右段	動詞、指定しの終結語尾	-ta	ナリ

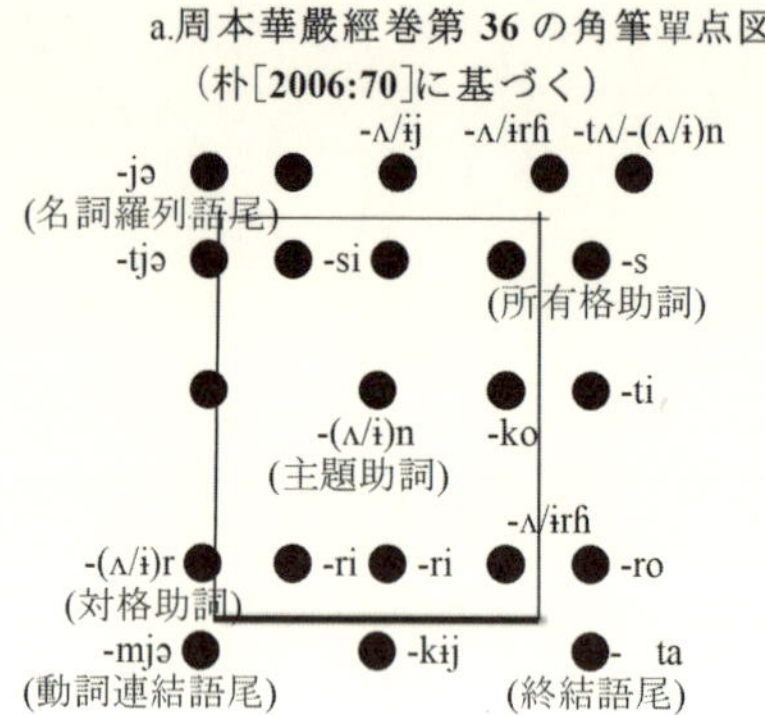

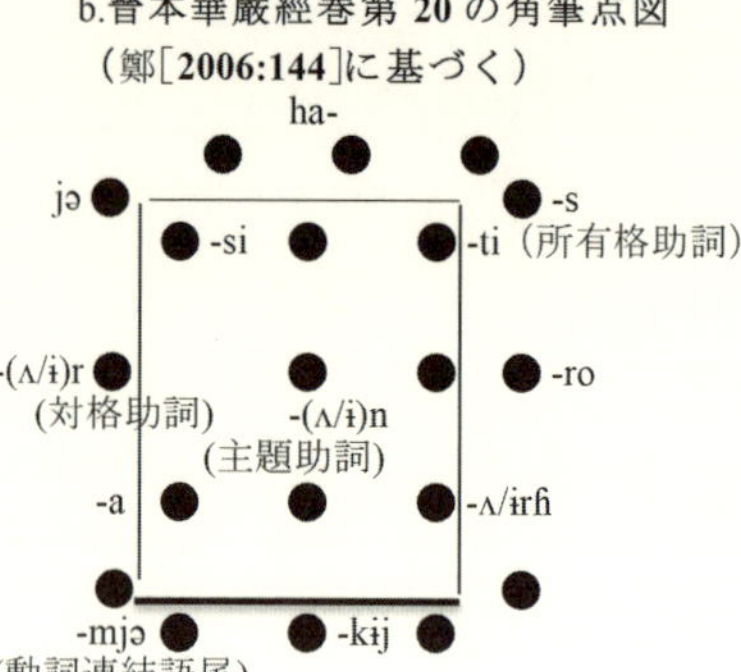

図2

図1の（a）と（b）からわかるように、ほとんどの場合、日本語としての解釈と韓国語としての解釈はよく似た文法機能を反映している。しかし日本の訓点資料には図1（a）と同じ点法は見当たらないのに対して、小林［二〇〇二：二八頁］が指摘するように、ソウル誠庵古書博物館蔵の周本「華嚴經」巻第六・二十二・三十六・五十七に見られる角筆点（十一世紀前半推定）とほぼ一致している。また、同じ誠庵博物館藏の晋本『華嚴經』巻第二十の角筆点（九～十世紀推定）とも類似している。図2は両資料の単点図である。(17)

周本「華嚴經」巻第三十六の角筆單点と佐藤本の星点は次の(15)のような対応を示している。

（15）周本華嚴經巻第三十六の角筆単点と佐藤本の星点の対応表

佐藤本		周本華厳經［南二〇〇七：六頁による］			
座標数値	位置	座標数値	位置	吐点としての文法機能	音韻
62	下辺左段	71	下辺左段外側	動詞の連結語尾	-mjə
42	左辺中央	51	左辺下段外側	対格助詞	-(ʌ/ɨ)r
22	上辺左隅	11	上辺左隅	名詞羅列語尾	-jə
24	上辺中央	なし			
36	右辺上段	27	右辺上段外側	所有格助詞	-s
46	右辺中央	44	真中	主題助詞	-(ʌ/ɨ)n
66	下辺右段	77	下辺右段外側	終結語尾（線点）	-ta

62（動詞連結語尾）、22（名詞羅列語尾）、36（所有格助詞）、66（終結形）はすべて周本『華厳經』と一致している。主題助詞の単点は周本と晉本の点図の中央（22）にあるが、佐藤本『要決』でその点が右辺中央に移っているのは、小林［二〇〇二：二九―三〇頁］が指摘するように、角筆と墨筆の資料上の違いのためであると思われる。佐藤本『要決』の星点は、時期的に近い晉本「華嚴經」巻第二十の角筆点ともよく似ている。一方、対格助詞は佐藤本『要決』と晉本「華嚴經」で完全に一致している。[18]

以上に述べた點吐／ヲコトの一致に加えて、佐藤本『要決』と周本『華厳經』の句切符、合符、返読符との類似性については小林［二〇〇四：一九〇―一九六頁］が詳しく述べている。同じような点法は日本の訓点資料には見られないので、小林は「佐藤本『華厳文義要決』が新羅の皇龍寺僧の表員の著作に基づいて本文を書写すると共に、親本に施されていた新羅のヲコト点や返読符、句切符、合符をも写した可能性が高い」［小林二〇〇四：一九〇―一九六頁］と指摘している。[19] 金永旭［二〇〇二、二〇〇六］も同じ結論に達している。

三―三　解釈上の問題点

三―二で見たように、佐藤本『要決』の諸訓点が韓国の口訣体系から強い影響を受けたことは疑いの余地がない。しかしこの「影響」の具体性に関してはいくつかの疑問が残る。佐藤本の加点者は新羅の原典からただ機械的に口訣點を写したのか。それとも、口訣体系の点法を把握した上で、本文を日本語で読むつもりで口訣の点法を借用したのか。これ以降、「ただ写した」という見方を「移点説」、「日本語で読むために借りた」という見方を「借用説」と呼ぶことにする。

もし「移点説」が正しければ、口訣資料としては読めても日本の訓点資料としては読むことが困難な部分が佐藤本に出てきても不思議ではない。逆に、「借用説」が正しければ、日本の訓点資料としては読めるが口訣としては読めない部分が出てくる可能性がある。この点に注目した先行研究として、李丞宰［二〇〇六］が京都国立博物館蔵「華厳経」巻第十七のヲコト点を研究している。この資料には口訣文字が含まれ、ヲコト点が属する特殊点乙類も口訣資料のものとの類似性を示していると言われている［小林二〇〇二：三五―三六頁］。しかし李丞宰［二〇〇六：九、一五―一六頁］は、ヲコト点が表す文法現象を指摘し、この資料は日本語を記したものであり韓国語を記したものではないという証拠をあげている。同様に、「借用説」を支持する文法現象が佐藤本『要決』にあることを次の三―四～八で見ていく。

三―四　下辺右段（⼆66）終結語尾～指定詞/-ta/ナリ

佐藤本『要決』の星点の大部分は韓国語としても日本語としても読むことができる。「下辺右段（66）」の多くもそうである。この点は十二例ある。点の形はやや縦に長く、線点に近い場合が多い。[20] この点の文法的機能を日本語で考えれば指定詞「ナリ」である。金永旭［二〇〇二、二〇〇六］の分析では動詞の終結語尾/-ta/とされる。終結語尾/-ta/は、十五世紀の中世韓国語の文法では、動詞に連結する語尾である。繋辞は/-ra/, /-ira/, /-ta/, /-ita/の形で現れ、/-i-/は語末の母音の後ろで脱落する。従って「名詞＋/-ta/」は「名詞＋繋辞の終結形」と解釈される。ただし、周本「華厳經」に現れる終結語尾を表す點吐/-ta/の分布を調べてみると、この點吐は「名詞＋繋辞の終結形」よりも、一般動詞の終結形を表示するのに使われることが圧倒的に多い。[21] 佐藤本『要決』に見られる「下辺右段（66）」の点はすべて指定詞を表示するために使われる。移点説の立場をとるならば、この違いを説明する必要があるだろう。

（16）の下線を引いた文は両言語で解読できる例である。

（16）説十法地門一品／六巻（⼆66）十他品第２六（〇七四―〇七五行）

　a．韓国語：一品六巻-ta.

　b．日本語：一品六巻ナリ。

韓国語の解釈は「一品（主語）六巻（繫辞）-ta（終結語尾）」である。日本語の解釈は「一品（主語）六巻ナリ（指定詞の終止形）」である。

（16）のような例の他に、金永旭［二〇〇二：六二頁、二〇〇六：五七―五八頁］は次の例（17）にも注目している。この例には「下辺右段（66）」の点の他に、主題助詞を表示する「右辺中央（46）」の星点もある。

（17）何故菩提／流支云前之五會（・46）是仏成道初七日説（66）第六／（一四九―一五〇行）
　　會（・46）後是第二七日説（66）耶[22]問法蔵師云此解不可（一五一行）

金永旭が指摘するように、「何故…耶」は疑問文である。中世韓国語において終結語尾/-ta/は疑問の終助詞の前に現れないが、/-ta/単独の疑問文終結法はあったため、一五一行では「耶」を不読字にして/-ta/で疑問文を表示した可能性も考えられる。ただしここで問題となるのが、前の一五〇行に「下辺右段（66）」の点がもう一つあることである。「何故菩提／流支云前之五會（・46）」と「第六會（・46）後是第二七日説（66）耶」は二つの、単独の疑問文ではなく、一つの疑問文である。「菩提流支云わく」と読み、その後を間接疑問文として読んで（66）を「ナリ」と読めば日本語としては問題がないだろう[23]。

（18）何故［か］菩提／流支云［ふ］前之五會ハ是仏成道初七日説ナリ第六／（一四九―一五〇行）
　　會ハ後是第二七日説ナリ（耶）（一五一行）

それに対して、（66）を韓国語の終結語尾/-ta/と解釈すれば、単独の疑問文の解釈が成り立たない。鄭在永チーム［二〇〇九：注三七四］もこの問題に注目しており、（一五一行の「下辺右段（66）」を）「終結とみて解釈したが文脈では連結と見た方が良いようである」（筆者訳）と述べている。この場合には、日本語としての読み下しが自然といわなければならない。

三―五　下辺左段（・62）動詞の連結語尾／-mjə／テ

小林（2002, 2006:189）は連用形を受ける「テ」として次の例（19）をあげている。

（19）答有二義一義／者為下方衆生。於无盡説中略取二此等結集流／（一八七―一八八行）
通一故有此部令（・62）其見聞。方便引（・42）入二无際限一中(24)（一八九行）

「令（・62）其」は日本語としては「其［レヲシ］テ…シム」」と読まれるであろう。金永旭［二〇〇二、二〇〇六：五九頁］はこの点を「左辺中央42」と見て動名詞の語尾/-(ʌ/ɨ)r/の連結用法として解釈しているが、他に（・62）の例はこの資料に見られないので、点の位置に関しては判断し難い。(25)

十五世紀の中世韓国語のハングル資料には、漢文の使役文における「使／令＋名詞＋動詞」を「名詞-ʌ/ir（対格助詞）＋hʌjakom（スラク）」または「名詞-ʌ/ir（対格助詞）＋hʌjə（シテ）」と訳す用法がある。後者の構造は日本語の「名詞ヲシテ…動詞＋シム」と同じである。動名詞語尾/-(ʌ/ɨ)r/を使った同じような構造が八世紀の韓国語にあった可能性は排除できないが、はっきりした根拠はない。(26) この場合も、日本語として読んだ方が自然だろう。

三―六　左辺中央（42）対格助詞及び動名詞語尾 /-(ʌ/ɨ)r/、ヲ

小林［二〇〇二、二〇〇四］も金永旭［二〇〇二、二〇〇六］も次の（20）の例に見られる星点を「左辺中央（42）」と解釈している。この点は日本語では対格助詞「ヲ」となり、韓国語では同じく対格助詞の /-(ʌ/ɨ)r/ または動名詞語尾の -(ʌ/ɨ)r となる。

（20）證處。同遍法界設於東方證法表處。彼有二舍／（一二五行）
那還（・42）有東方而來作證（一二六行）

小林［二〇〇四：一八九］はこの点を「ヲ」と解釈している。一方、金永旭［二〇〇六：六〇］は次のように述べている。「ここで「還」は副詞的に解釈される。「還」の左辺中央の點吐は目的格助詞ではない。動名詞語尾と見ることも難しい。そうするともしかするとこれは末音添記と関連があるのではないかと考えられる」（筆者訳）。さらに、金永旭はこの場合の「還」を中世韓国語または現代語の副詞 /toro/「再び」と比較している。[27] 日本語の訓点資料には「以還」を「コノカタヲバ」と読む例［大坪一九八一：一〇一頁］や、「還」を「コノカタ」と読む例［築島二〇〇七：三五一頁］がある。更に、字は異なるが「以来」を「（コノカタ）ヲ」と読む例もある［築島二〇〇七：三五〇］。従って「コノカタヲ」という副詞的表現が訓点語には存在していたことが分かる。これと似た用法は上代語にも見つかる。

（21）［大御足跡を見に来る人の去にし加多］千世の罪さへ滅ぶとぞいふ（仏足石歌）

この例では、「カタ」は前の連体節を受けて、「大御足跡を見に来る人の去った後／以来」のように、時間的副詞の意味を持っている。上代語の資料に見られる用法であることから、外来の用法でないことが分かる。このように考えると（20）は（22）のように日本語で解釈することが可能である。

（22）彼［ニ］有［る］ニ舎／（那還ヲ有（リテ）東方（而）來（テ）作證（す）。

三―七　上辺左隅（22）名詞羅列語尾 /-jə/、ト

名詞羅列の形態素を表すと思われる「上辺左隅（22）」の星点は八点ある。このうち、韓国語の /-jə/（名詞羅列語尾）または日本語の「ト」と読むことができる名詞羅列の形態素が七点ある。この七点はすべて二点か三点の組み合わせで現れる。[28] 次の（23）がその一例である。

（23）問慧苑云此經者／或（仏菩薩）仏自説或菩薩説或明光中說或神（・22）天（・22）等種々類／説何故今此唯稱佛耶（二七二―二七三行）（二七三―二七四行）

下線の「神（・22）天（・22）」は日本語では「神ト天ト」と読まれ、韓国語では「神-jə天-jə」と読まれると考えられる［小林二〇〇四：一八九頁、金永旭二〇〇六：六〇―六一頁］。ところが、名詞羅列として解釈できない例が一例ある。

（24）答此／並末教機異宣[二]聞各[(別故致（・22）不同。（一七七―一七八行）
本教機定。故／唯七二。（一七八―一七九行）

金永旭［二〇〇六：六一頁］は一七八行の例について次のように述べている。「一七八行の場合は他の用例と使い方が異なり、我々の興味を引く。関連文脈は「機異宣聞各別故致（・22）不同」なので、解釈しようとすれば「機（根機）が異なって当然聞くこともそれぞれ違う故に同じでないに至る」である。この時の「致」は述語として使用され、文章の種類としては平叙形に相当する」（筆者訳）[29]。しかしこの解釈には問題がある。「致（・22）不同」の頭に立つ字は「至」ではなく「致」である。「華厳問義要決」で「至る」（韓国語이르다 irita）の意味では「至」が使われる。延暦寺本も「致」となっているため、誤字ではないことがわかる。

日本の訓点資料には「致」を「致サク」（致サクノミトノタマフ）、「致サマク」または「致スコト」などの訓読例がある［築島二〇〇七：三八七―三九二頁］。特に後者の解釈であれば、「致（・22）」が加点者によって比較の対象と解釈されたとも考えられる。そうであれば「致［すこと］ト不同［しから］」と読まれた可能性があるだろう。

三―八　右辺中央（46）主体助詞及び動名詞語尾 /-(ʌ/ɨ)n/ ハ

佐藤本『要決』には、「右辺中央（46）」の星点が11例ある。その多くが韓国語にも日本語にも通じる、名詞句に後続する主題助詞の用法である。

（25）第一會（・46）為九會之最初故　（一三六行）

ところが、一例だけは名詞に後続しない。次の（26）はその例である。

（26）故依（・46）法花三七日四分律六七日興起行經七七日依・五分律八七日　（一七六行）

（26）（一七六行）の「依（・46）」は主題助詞としては解釈し難いが、日本語で解釈した場合、仮定条件節の語尾「ハ」（「バ」）と読むことは可能であろう。そうであれば「法花［に］依［りていは］バ三七日…五分律に依［りていは］バ八七日」という読み下しになる。これに対して、金永旭［二〇〇六：五四―五五頁］はこの星点を動名詞語尾-(ʌ/i)nの連結用法として分析しているが、「これまで新羅口訣文法に-(ʌ/i)nが連結語尾であった報告はない」［金永旭二〇〇二：五八頁］と指摘している。

四　佐藤本「要決」の星点の系譜

先行研究では佐藤本『要決』の星点は他の日本の訓点資料には見られないと言われているが、佐藤本『要決』の点図（図1（b））は、春日［一九五六］と築島［一九九六a・b］による神護景雲二年（七六八）の「羅摩伽経」のヲコト点図とは類似性を示している。次の図3（b）は築島［一九九六b：四一七頁］による。

佐藤本『要決』と神護景雲二年書写の「羅摩伽経」とでは「テ」「ニ」「ハ」「ナリ」の位置が同じであるが、「羅摩伽経」では「ヲ」が上辺に上がり、「ノ」と「ト」の位置が異なる。神護景雲二年書写の「羅摩伽経」は、

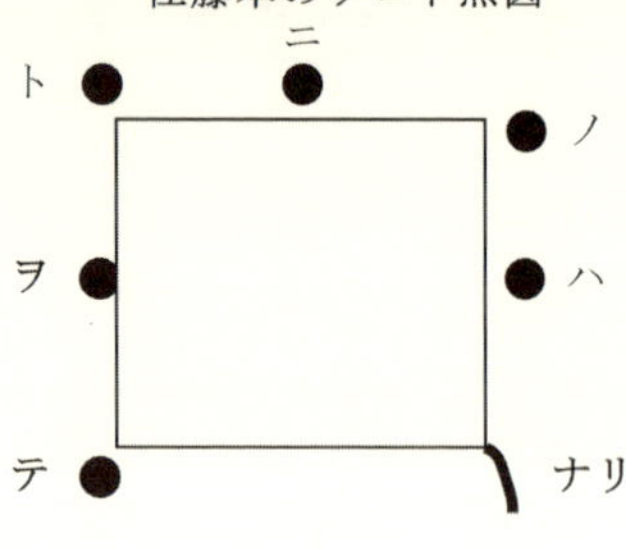

b. 簗島裕[1996b:417頁]による
羅摩伽経 の吐点図

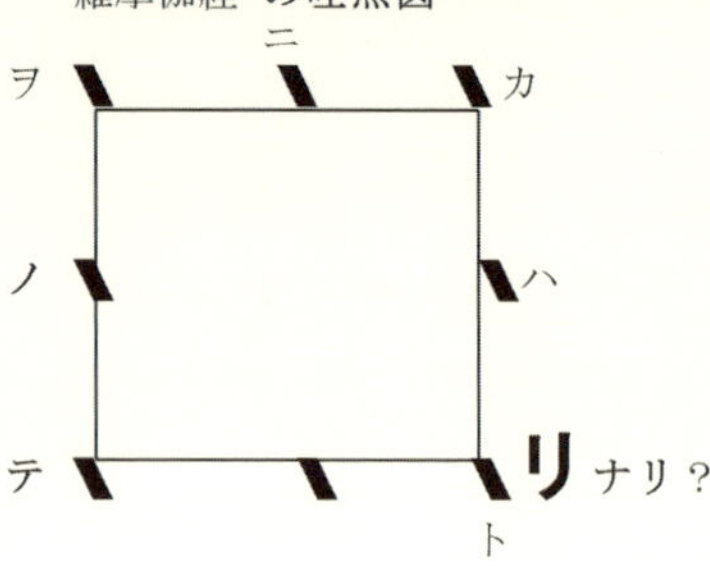

図3

簗島［一九九六ａ］で特殊点甲類に分類されている。特殊点甲類に関して簗島は「謂はばどの群にも屬し得ないものを寄せ集めて一纏めとしたといふ感がないでもないが「特殊點甲類」は、各點ごとに個別的で相互に關聯が見られないだけに、却って「特殊點乙類」よりも古い形態を示すのではないかと考え、敢へて各群の最初に位置せしめたのである」と述べている。また、「最も重要な點と考えられる「テ」の星點の位置を見るに」といい、簗島は神護景雲二年書写の「羅摩伽経」を含む特殊點甲群の四つの資料で「テ」の星点が左下にあることが第1・2・5・6群点と同じであると指摘している。この特徴においては佐藤本「要決」も同じである。

五　まとめ——佐藤本「華厳門義要決」と仏教漢文の自言語読みをめぐる交流

以上、佐藤本『華厳門義要決』の資料を紹介してきた。この資料の原本は、新羅の僧侶が新羅で撰集した華厳宗の仏教漢文であり、八世紀に大量の華厳宗関係の仏典とともに日本へ伝搬したものである。小林芳規［二〇〇二、二〇〇四、二〇〇八］が指摘したように、このような資料を媒体として、漢文の自言語読みの技術（ヲコト点・返読点・句読点）のいくつかが、華厳宗が国家仏教の基盤になっていた八世紀の新羅と日本の間に伝わり、日本の訓点の一源流になった可能性が大きい。この資料に見られる点法は明らかに朝鮮に由来するものであるが、上で議論したように、加点された漢文は日本語で読まれた可能性が高い。

そもそも、佐藤本『華厳門義要决』のヲコト点／點吐資料は日本語、あるいは韓国語だけで読むために加点されたという主張自体に問題があるかもしれない。すでに述べたように、日本語と韓国語の助詞・助動詞・語尾などには文法・形態論的平行性が高い。一つの符号（ヲコト点、返り点など）がどちらの言語にも使われる場合が多い。八世紀半ばから始まった華厳宗の経典と注釈書の伝来の過程には日韓語の二カ国語話者が関わったに違いない。「華厳文義要决」の加点者がそのような二カ国語話者であったとすれば、日韓両語で読むことを前提として加点した可能性もある。

もし口訣の點吐から影響を受けて日本のヲコト点が生じたという説が正しければ、ある歴史的段階において、點吐の「借用」、つまり「點吐を理解した上で點吐体系を借りて日本語に用いた」という出来事があったはずである。本節では、佐藤本「要訣」にこのような「借用」があった可能性について考察した。

五　「Cosmopolitan」と「Vernacular」の再検討

本稿では筆記言語としてのcosmopolitan language「国際語」とvernacular language「自言語」の関係について検討してきた。世界言語と自言語の対立は一次元的ではなく、文字体系、表記言語、そして読み下す言語からなる、三次元的対立である。文字体系と表記言語が世界言語による場合でも、読み下す言語が自言語である例は、韓国の口訣資料と日本の訓点資料に限られたものではなく、中世欧州にも類似する例が見られることを述べてきた。

中世欧州の場合、注釈資料、特に統語注釈資料の分類が日本や韓国のように発達していないため、その分類と言語・地域間の歴史的関係は未だ明らかにはなっていない。しかし、韓国と日本の形態的符号である點吐とヲコト点の場合は、符号体系が華厳経点とともに朝鮮半島から日本列島へ渡ってきた可能性がある。略体漢字（片仮名）を含む訓点のほかの要素も、同様に日韓の古代文字・言語交流の産物であるかどうかは今後の研究を俟たねばならない。

注

（1）この研究は韓国学中央研究院の補助金（MEST）（AKS-2011-AAA-2103）の援助を受け行ったものである。同研究院に謝す。

（2）（1）で仮定される段階では、郷札はむしろ吏讀と共に（2-iii）に分類されるべきだと考えられるが、韓国の先行研究では固有名詞表記法と一緒に分類されることが多い。

（3）Vernacular language の定訳は「土着言語」であろうが、韓国の学者정소연［二〇一一］「自言語」と表現している。本稿では「国際語」と対比させて「自言語」と呼ぶことにする。

（4）ポロックの表現 cosmopolitan language と vernacular language では筆記言語と口頭言語の区別が明確にされていないことは大きな問題点である。厳密にいうと、郷札や吏讀は「自国筆記言語」といい、釋讀口訣は自国口頭言語（もしくはそれに近いもの）というべきであるが、こちらでは筆記言語と口頭言語の違いをいちいち明記しない。

（5）鄭在永［二〇〇五、二〇〇六］では「順讀口訣」を「音讀口訣」と呼んでいる。ただし、音で読む原典の節を韓国の助詞や接続詞でつなげることを音読と言っているのであり、日本における音読とは異なる。

（6）釋讀口訣から順讀口訣への発展については、南豊鉉［二〇〇九：一二五―九頁］を参照。この二種類の口訣の違いは、金文京［二〇一〇：九九―一〇四頁］が日本の訓読法と対照しながら簡潔に説明している。

（7）東アジアにおける自言語化をポロックがどのように捉えているかについてはKing［2007］を参照。

（8）たとえば、朴鎮浩［二〇〇九］による、釋讀口訣と春日政治著『西大寺本金光明最勝王経古点の国語学的研究』に見られる白点資料を総合的に比較した研究がある。
（9）第三節では割愛したが、中世ヨーロッパでも角筆による注釈資料（drypoint glosses）が数多く残され、一九三〇年代から研究されている［Meritt 1934, 1961］。
（10）（11d）の「央掘魔羅経」の仮名点はすべて音読を示すものである［春日一九五六：二七六頁］。
（11）これらの符号は、原典では黄色［中田一九六九：一九三頁］か黄褐色［小林二〇〇四：一八八頁］であったらしいが、複製本では朱で複製されている。
（12）皇龍寺は新羅京州に六四五年に創立され、一二三八年に蒙古襲来により廃刹となった寺である。今でもその跡が京州で見られる。「要決」の撰集者の表員に関しては韓国の仏教学者の間でも諸説あるが、新羅華厳学の祖宗である義相の弟子だった表訓と同一人か、そうでなくても義相系の僧侶であった見方が有力のようである［金永旭二〇〇六：四八―五一頁］。
（13）中田［一九六九：一九三頁］は、延暦寺本が「句読を施したるものの最古の一つと目すべきものである」と述べている。
（14）延暦寺本は二巻あるが、佐藤本は第一巻のみである。
（15）金永旭［二〇〇六：五三頁］は、佐藤本の墨筆による本文と朱（黄）筆による加点は同筆であると指摘している。また小林［二〇〇四：一八八頁］は、佐藤本と延暦寺本に見られる句切点の形式が異なることや、延暦寺本に星点がないことから、別人による加点であると指摘している。
（16）指定詞「なり／-ta」を表すと思われる点は、図のようにやや長く縦か斜めになる場合が多く、星点より線点の形に近い。
（17）周本「華厳經」には単点の他、線点、双点、複星点と、複雑な點吐体系が見られる。
（18）金永旭［二〇〇二、二〇〇六］の研究では『要決』の星点24（上辺中央）は処格助詞/-a/と解釈されるが、周・晉本「華厳經」の単点に/-a/と読まれるものはない。
（19）小林［二〇〇四：一九三頁］は、佐藤本『要決』に見られる漢数字による反読法は、大東急記念文庫蔵の「華厳刊定記」巻第五にも見られると指摘している。「華厳刊定記」については、月本［二〇〇〇］、呉美寧・金星周

［二〇〇七］を参照。

(20) この点の形も口訣資料との関係を裏付ける特徴である。周本『華厳經』巻第三十六の角筆点では、線点の(・77)（下辺右段外側）は動詞の終結語尾を表示するために使われるが、単點（星点）の（・77）は終結語尾と関係のない音節、例えば副詞/mata/「毎、毎に」の第二音節を表示するために使われる。佐藤本『要決』と口訣資料は77に線点を使っているという点で一致する。

(21) 周本『華厳經』巻第三十六の點吐（77）（下辺右段外側）が繫辞の終結形を表示する場合、語尾/-ta/だけではなく、繫辞の/-i/も表記するようである。例えば周本『華厳經』36, 03.11-12では、「故＋繫辞」が「故24（|)、55(\)」となり、音韻的に解釈すれば「故i-ta」と表示されている［李丞宰二〇〇六：一五五頁］。

(22) 延暦寺本では「問」は「答」となっている［鄭在永チーム二〇〇九：注三七七］。

(23) 口訣資料にも、間接疑問文を倒置させて読み下す習わしがあったようである。李丞宰［二〇〇六：三二頁］は「瑜伽師地論」（點吐十三世紀推定）の例「問何故建立三種欲生三種楽生耶」をあげ、「問はく何故に三種欲生と三種楽生を建立するかといふ」と読まれたと述べている。

(24) これは法蔵の「華嚴經旨歸」からの引用である。原典は「答為下劣衆生。於無盡説中。略取此等結集流通故。有此一部。令其見聞方便。引入無際限中。」である。（中華電子佛典協會（CBETA）2006: T45n1871_p0590c13(04) - T45n1871_p0590c14 (01)。佐藤本『要訣』の合符「方便（・42）引」はこれと合わない。

(25) 金［二〇〇二、二〇〇六：五八頁］は二五七―八行の「在二／我身(内)の「在」字に「左辺中央（42）」の星点があると述べているが、鄭在永チーム［二〇〇九］はそれを認めていない。筆者が複製本を見る限りでは、漢数字の「二」以外にこの「在」字には点がない。

(26) 鄭在永チーム［二〇〇九：注四八三］は、この一八九行の「(・62)令」を連結語尾と解釈して、現代語訳では/hajəkim/「すらく」と訳している。

(27) 副詞/toro/は動詞/torʌ-～toro-/「回す、方向を変える」から派生したと考えられる。金永旭［二〇〇六：六〇頁］は一二六行の「還（・42）」について二通りの解釈を持っている。一つは（・42）の点が自動詞/tor-/「回る」の語幹末音添記であるという可能性である。もう一つは（・42）の点が動名詞語尾/-(ʌ/ɨ)r/を表示する可能性である。いずれの形も文献には現れない。更に金永旭［二〇〇六：六〇頁］は「しかし諺文で/tor-ta/（発表者：「回る」）は凡そ「轉」に対応するため解釈に躊躇せざるを得ない。これについては今後の研究を期待するのみである」（筆者訳）と述べている。

（28）具体的に内訳を述べると、二七三行の例に「上辺左隅（42）」の星点が二点、三七八行の例に二点、三七八行の例に二点、四〇一の例に三点ある。一七八行の例だけは一点のみである。

（29）ここで金永旭［二〇〇六：六一頁、注四〇］は南豊鉉［二〇〇二］を根拠に、語尾/-jə/が動詞述語の平叙形に使われる例は新羅口訣では他に見られないと述べている。

参考文献

정소연（鄭昭連）［二〇一一］국어의 양층언어성（diglossia）을 중심으로 본 송강 정철의 한시와 시조 비교연구．『한국학연구』三八、三八五—四二二頁

中華電子佛典協會（CBETA）［二〇〇六］「大正新脩大藏經第四十五冊 No. 1871《華嚴經旨歸》」(http://w3.cbeta.org/result/normal/T45/1871_001.htm.)

정재영（鄭在永）［二〇〇五］「韓国の口訣」（石塚晴通教授退職記念会編『日本学・敦煌学・漢文訓読の新展開』汲古書院）五八二—六〇八頁

정재영（鄭在永）［二〇〇六］「韓國의口訣」（『口訣研究』一七）一二五—一八五頁

정재영（鄭在永）［二〇〇九］「『華嚴文儀要訣問答』에 대한 文獻學的研究」（『口訣研究』二三）三一—六五頁

Draak, Maartje [1957] Construe marks in Hiberno-Latin manuscripts". *Mededelingen der Koninklijke Nederlandse Academie van 'Wetenschappen, afd.* Letterkunde, new ser. 20, pp.261-282.

藤本幸夫［一九九二］「李朝訓読攷其一『牧牛子修心訣』を中心として」（『朝鮮学報』一四三）一〇九—一二八頁

春日政治［一九五六］『古訓点の研究』（風間書房）

김영욱（金永旭）［二〇〇二］「佐藤本華厳文儀要訣의 國語学的研究」（『口訣研究』一〇）四七—七六頁

김영욱（金永旭）［二〇〇六］「佐藤本華厳文儀要訣의 新羅時代點吐研究」（李丞宰外『角筆口訣의解讀과飜譯』서울：태학사）四七—六八頁

金文京［二〇一〇］『漢文と東アジア』（岩波書店）

King, Ross［2006］Korean *kugyŏl* writing and the problem of vernacularization in the Sinitic sphere. Paper presented at the Association for Asian Studies, Boston, MA. March 2007.

小林芳規［二〇〇二］「韓国の角筆点と日本の古訓点との関係」（『口訣研究』八）五〇―七六頁

小林芳規［二〇〇四］『角筆研究導論・上（巻東アジア篇）』（汲古書院）

小林芳規［二〇〇六］「日本語の訓点の一源流」（『汲古』五九）一―一九頁

Korhammer, Michael［1980］. Mittelalterliche Konstruktionshilfen und altenglische Wortstellung. *Scriptorium* 34: 18-58.

Kornicki, Peter.［2014］. The vernacularization of Buddhist texts: From the Tangut empire to Japan. In Elman, Benjamin (ed.) *Rethinking East Asian languages, vernaculars, and literacies*, 1000-1919. Sinica Leidensia 115, 29-57. Leiden: Brill.

Mair, Victor.［1994］. Buddhism and the rise of the written vernacular in East Asia: The making of national languages. Journal of Asian Studies53.3, 707-751.

Meritt, Herbert.［1934］. Old High German scratched glosses. The American Journal ofPhilology 55.3, 227-235.

Meritt, Herbert.［1961］. Old English glosses, mostly dry-point. Journal of English and Germanic Philology 60, 441-450.

中田祝夫［一九六九］『東大寺諷誦文稿の国語学的研究』（風間書房）

남성우（南星祐）、정재영（鄭在永）［一九九八］「舊譯仁王經釋讀口訣의 表記法과 한글 轉寫」（『口訣研究』三）一九五―二五一頁

남풍현（南豊鉉）［二〇〇二］「新羅時代口訣의 再構를 위하여」（『口訣研究』八）七七―九三頁

남풍현（南豊鉉）［二〇〇六］「韓國의 古代口訣資料와 그 變遷에 대하여」임용기、홍윤표편（『국어사 연구 어디까지 와 있는가』서울：태학사）六一五―六三八頁

남풍현（南豊鉉）［二〇〇七］韓國口訣讀法」Association for Asian Studies での発表。米国ボストン三月二十三日

남풍현（南豊鉉）［二〇〇六］「韓國의 古代口訣資料와 그 變遷에 대하여」임용기、홍윤표편（『국어사 연구 어디까지 와 있는가』서울：태학사）六一五―六三八頁

남풍현（南豊鉉）［二〇〇九］「韓国語史研究における口訣資料の寄与について」（『訓点語と訓点資料』一二三）一二二―一一四頁

O'Neil, Patrick. [1992]. Syntactical Glosses in the Lambeth Psalter and the Reading of the Old English Interlinear Translation as Sentences. *Scriptorium* 46, 250-56.

呉美寧・金星周［二〇〇七］「大東急記念文庫蔵『華厳刊定期』について」（『訓点語と訓点資料』一一九）

박진호（朴鎭浩）［二〇〇六］「周本『華厳經』巻第36點吐口訣의解讀」（李丞宰外『角筆口訣의　解讀과飜譯 2 —周本『華厳經』巻第三十六』서울: 태학사）六九—九八頁

朴鎭浩［二〇〇九］「韓国の点吐口訣の読法について——春日政治『西大寺本金光明最勝王経古点の国語学的研究』との対比を通じて」（『訓点語と訓点資料』一二三）一〇—一九頁

Pollock, Sheldon. [1998]. The cosmopolitan vernacular. *Journal of Asian Studies* 57(1): 6-37.

Pollock, Sheldon. [2000]. Cosmopolitan and vernacular in history. *Public culture* 12(3):591-625.

Pollock, Sheldon. [2003]. Introduction. In Pollock, Sheldon（ed.）*Literary Cultures in History: Reconstructions from South Asia*. Berkeley: University of California Press, 1-36.

Robinson, Fred C. [1973]. Syntactical glosses in Latin manuscripts of Anglo-Saxon provenance. Speculum 48(3): 443-475.

Reynolds, Suzanne. [1990]. *Ad auctorum expositionem*: Syntactic theory and interpretive practice in the twelfth century. *Histoire Épistemologie Langage* 12.2, 31-51.

庄垣内正広［二〇一二］「ウイグル語漢字音と漢文訓読」（麗澤大学言語研究センター編『日・韓訓読シンポジウム——平成二十一年〜平成二十三年開催報告書』、麗澤大学言語研究センター）一九九—二二二頁

Steinmeyer, Elias&Sievers, Eduard. [1879-1922]. *Die althochdeutschen Glossen*. 5 vols. Berlin: Weidmann.

Stokes, Whitley. [1887]. *The Old-Irish glosses at Würzburg and Carlsruhe. Part I, The Glossesand translation*. London: Philological Society of London & Cambridge.

Sweet, Henry. [1885]. Theoldest English texts. Oxford: Oxford University Press.（Early English Text Society no. 83, reprinted 1957.

築島裕［一九九六 a］『平安時代訓点本論考』（汲古書院）

築島裕［一九九六 b］『平安時代訓点本論考・ヲコト点仮名字体表』（汲古書院）

築島裕［二〇〇七］『訓点語彙集成』第二巻う〜か（汲古書院）

月本雅幸［二〇〇〇］「大東急記念文庫蔵続華厳経略疏刊定記巻第五の訓点について」（鎌倉時代語研究会編『鎌倉時代語研究』第二三輯、武蔵野書院）

ホイットマン・ジョン［二〇〇九］「口訣資料と訓点資料の接点——佐藤本『華厳文義要決』のヲコト点／點吐を中心に」（訓点語学会第一〇〇回研究発表会、京大会館）

Wieland, Gernot. [1983]. *The Latin glosses on Arator and Prudentius in Cambridge University Library MS GG. 5. 35. Studies and Texts*, 61. Toronto: Pontifical Institute of MediaevalStudies.

Wright, Roger. [1982]. Late Latin and Early Romance in Spain and Carolingian France, Liverpool: Francis Cairns.

Wright, Roger. [1994]. Logographic script and assumptions of literacy in Tenth-Century Spain. In: Mair Parry et al. (eds) . *The Changing Voices of Europe*. Cardiff: University of Wales Press.

李丞宰［二〇〇六］「京都国立博物館蔵の『華厳経』巻十七の訓点」（『訓点語と訓点資料』一一七）一—一七頁

이승재（李丞宰）［二〇〇六］「符點口訣의 記入位置에 대하여」（李丞宰外『角筆口訣의 解讀과 飜譯 2 —周本『華嚴經』巻第三十六、서울: 태학사）一三—四五頁

이승재（李丞宰）外［二〇〇五—二〇〇九］『角筆口訣의解讀과飜譯』一—五（서울: 태학사）

第二部　文字・言語の書写と再生

正倉院文書と古写経

——隅寺心経の基礎的観察

宮﨑健司

はじめに

正倉院文書は、主に皇后宮職写経所にはじまる官営写経所の帳簿群であり、写経所文書というべきものである。それらによって光明子発願一切経いわゆる五月一日経をはじめとする一切経や、時々の要請に応じて書写された間写経など数多くの写経事業が知られ、その分析から奈良時代仏教の教学理解や信仰のありようも読み取ることができる。また、写経所文書から知られる写経事業のなかには、遺品である古写経が伝存する場合も多く、その分析からは、写経所文書を読み解く手がかりや、写経所文書では知りえない事実も明らかにすることができる。写経所文書研究と古写経研究は、両者相俟って奈良時代仏教の実態を知る上で重要な手がかりを示してくれるといえよう。その代表的なものが五月一日経で、写経所において常写と称される主要事業として関係史料は膨大な数にのぼる。その遺品も聖語蔵の約七五〇巻ほか約一〇〇〇巻が伝存し、両者に関する研究は大きな成果をあげている。

一方、写経所文書にはみえないものの、年紀や奥書をもつ奈良時代の古写経も多く伝存しており、それらからは写経所文書からでは知りえない写経事業をうかがうことができる。これに対して、年紀や奥書をもたない奈良時代の古写経も多く伝存しているが、これら古写経の位置づけができるのであれば、貴重な資料になるといえる。実際に年紀等のない古写経で、写経所文書にみえる写経事業の遺品と想定しうるものもある。

筆者は、かつて伝存する古写経について写経所文書にみえる写経事業との関係を指摘したことがある。一つは「年料多心経」と称される『般若心経』の書写事業であり、もう一つは光明子七七日のための『称讃浄土経』の写経事業である。それぞれ前者の遺品として隅寺心経を、後者の遺品として中将姫願経を指摘した。[1]しかし、これら研究においては、それぞれ遺品そのものの分析については十分になしえなかった。そこで、両者のうち隅寺心経について若干の観察をおこなったので、それを紹介したいと思う。

一　年料多心経と隅寺心経

まず「年料多心経」の内容についてふれておきたい。写経所文書のなかに「年料多心経」と称される『般若心経』の書写事業の関係史料が断片ながら残存している。具体的には天平十八年料・天平二十年料・天平二十一年料の三例で、そこから年料多心経の書写過程やその目的がある程度理解される。ただし天平二十年料は残紙利用の記録が残るのみなので、実際にある程度判明するのは天平十八年料・天平二十一年料の二例である。

天平十八年（七四六）料多心経は総巻数七六八巻であった。装潢の秦小広が造紙し、その支給を受けた経師の楊広足・丸部島守の二人が一紙ごとに一巻を写し、校生の粟田船守・石村熊鷹の二人が校正をおこなった。その後、一紙（巻）単位の写経は、装潢秦秋庭によって装丁されたが、三十紙（巻）を一巻に成巻した二十五巻と十八紙（巻）を成巻した一巻の総計二十六巻に仕上げられたことがわかる。そして、題師三島宗万呂が成巻後の各巻の外題を書写している。総巻数の七六八巻は、聖武天皇と光明皇后の年間の平安を祈るために、天平十八年の年間総日数分つまり三八四巻の『般若心経』を一部ずつ書写したもので、合計七六八巻が書写されたのであった。使用された料紙は黄紙であった。(2)

天平二十一年料多心経も総巻数七六八巻であった。装潢丈部曾祢万呂・治田石万呂が造紙したが、天平十八年料とは異なり、一紙ごとのバラではなく、二十紙を一巻に仕立てたものであった。料紙の支給を受けた経師達沙牛甘・志紀久比万呂・建部広足・万昆君万呂・錦部大名・大鳥祖足の六人が書写にあたり、校生粟田船守・舎人真万呂の二人が校正をおこなった。装丁の史料はみられないが、校正済みの写経三十紙（巻）を一巻に成巻した二十五巻と十八紙（巻）を成巻した一巻の総計二十六巻に仕上げられたことがわかる。なお成巻した各巻の外題を写した題師や料紙の色などに関する史料は見当たらない。総巻数の七六八巻は、天平十八年料と同様に聖武天皇と光明皇后の年間の平安を祈ったもので、天平二十一年の年間総日数と同数の『般若心経』三八四巻が一部ずつ、合計七六八巻が写された。

年料多心経の概要は、天皇と皇后の一年間の平安を祈ることを目的として、当該年の年間総日数分の『般若心経』を天皇と皇后の各一部ずつ書写させたものであった。なお、書写、装丁にあたっては、一紙に一巻ずつを写し、原則として三十紙（三十巻）を一巻に成巻し、総計二十六巻の巻子（但し一巻は十八紙）に仕立てるやり方がと

られた。また、書写された『般若心経』は当時もっとも流布したと思われる玄奘訳『般若波羅蜜多心経』であった。(3)

天平十八年から天平二十一年まで年料多心経は確実に存在したと思われるので、その総巻数は三〇〇〇巻を越えるものである。これほど多数の写経の一部が今日まで伝存していても何ら不思議ではないと考え、注目したのが隅寺心経であった。(4)隅寺心経は玄奘訳『般若波羅蜜多心経』を書写した古写経群である。空海が大安寺にあった時、法華寺の東北隅の隅寺(海竜王寺)に通い、毎日一〇〇巻ずつ一〇〇〇巻を書写して堂の天井に籠め置いたと伝承され、比較的多く巷間に伝存している。ただしこの古写経は奈良時代の古写経であることは疑いがない。その体裁は、主に黄麻紙や褐麻紙を用いて多く淡墨界を施し、一紙に一巻の『般若心経』を書写したものである。ただし書写に際して行数や字詰数、首題や尾題など各巻に差異が認められる。また伝存するもののうち十部以上を貼り継ぐものがあるほか、松崎慊堂の日記『慊堂日歴』(5)文政十二年(一八二九)七月十五日条には「凡廿一通為一巻」とあり、二十紙(巻)以上を成巻したものがあった。つまり、本来は複数部数を成巻したものであった。

隅寺心経の特徴は次のように指摘できる。

①底本に玄奘訳『般若波羅蜜多心経』を使用する。
②料紙には黄麻紙や褐麻紙を用い、多く淡墨界を施す。
③一紙に一巻を書写する。
④装丁は複数部数を成巻するものがあった。
⑤奈良時代の遺品と考えられる。

これらの諸点から隅寺心経が年料多心経の遺品であると考えるが、それを傍証する遺品として個人蔵『般若心経』（10　安田文庫旧蔵、重要文化財、以下、「安田文庫旧蔵本」と称す）[6]がある。本品の奥には「天平勝宝七年粁」との墨書があり、天平勝宝七年料多心経として書写されたことが想定されるのである。また、複数部数を成巻した点では、海龍王寺蔵『般若心経』（20　以下「海龍王寺本」と称す）[7]が十紙からなり、根津美術館蔵『般若心経』（09　重要美術品　以下「根津美術館本」と称す）[8]が十四紙からなることも比定の論拠といえる。

ところで、隅寺心経という呼称の隅寺は現在の海龍王寺にあたるが、奈良時代には内道場であった可能性が指摘されており[9]、内道場は「天皇の持仏堂ともういうべき存在」[10]であった。それゆえ天皇と皇后の年間の平安を祈願した年料多心経の安置場所として隅寺がもっとも適切であったと考えられる。その所縁を背景にのちに空海書写の伝承が附会し、今日の隅寺心経になったと考えられよう。

さて、年料多心経の概要とその遺品が隅寺心経であることを前稿によりながら述べてきたが、伝存する隅寺心経の示す多様な様相を考慮する時、そのすべてが年料多心経の遺品とするには少しく検討が必要になると思われる。さらに写経所文書によれば、年料多心経以外にも『般若心経』の間写例があり、天平勝宝二年（七五〇）の一〇〇〇巻心経と天平勝宝九歳の一〇〇巻心経、そして天平宝字七年（七六三）の一〇〇〇巻心経の三例が知られる[11]。この三例の写経事業からも二〇〇〇巻以上の『般若心経』の写経が生み出されているのであり、隅寺心経のなかにその遺品が含まれていても不思議ではない。そこで、隅寺心経そのものの様相を検討し、それら古写経群が一群とみてよいかどうかを検討しなければならないと考える。その前提として隅寺心経の基礎的な観察を試みることにしたい。

二　隅寺心経の基礎的観察

現在、管見の限りで確認できる隅寺心経の遺品を示したのが別掲の「隅寺心経所蔵目録（稿）[12]」である。ここでは隅寺心経の異同をみていく上で、少し煩雑ではあるが、次頁に典型的な隅寺心経である京都国立博物館蔵『般若心経』（15[13]　図1参照　以下「京都国立博物館Ⅰ本」と称す[14]）を示すことにしたい。

冒頭の数字は行数を示し、首題を除いて本文からの行数を付している。また下段の数字は各行の字詰数を示している。

首題から末尾の四句偈まで十七行にわたって約二七〇字で『般若心経』が書写されている。各行の字詰めをみると、本文一行目から十四行目までは奈良時代の古写経の標準的な字詰めである十七字となっている。

一　経題

一般に仏典は首題と尾題を伴うものであるが、まず経題についてみてみたい。隈寺心経の場合、京都国立博物館Ⅰ本のように、首題に「心経」とのみ記し、尾題をもたないものがもっとも多いように思われる。しかし、それ以外にも経題を具名で示す遺品もあり、さらに尾題を伴うものも存在している。

安田文庫旧蔵本では首題と尾題はいずれも具名の「佛説摩訶般若波羅蜜多心経」と記している。根津美術館本は、十四紙（十四巻）を一巻に成巻するものであるが、その第一紙は首題に具名の「佛説摩訶般若波羅蜜多心経」と記しているが尾題は伴っていない。唐招提寺蔵『般若心経』（24　以下「唐招提寺Ⅰ本」と称す[15]）は首題に「心経」と記すのみであるが、尾題に具名の「摩訶」を欠く「佛説般若波羅蜜多心経」としている。さらに大谷大学博物

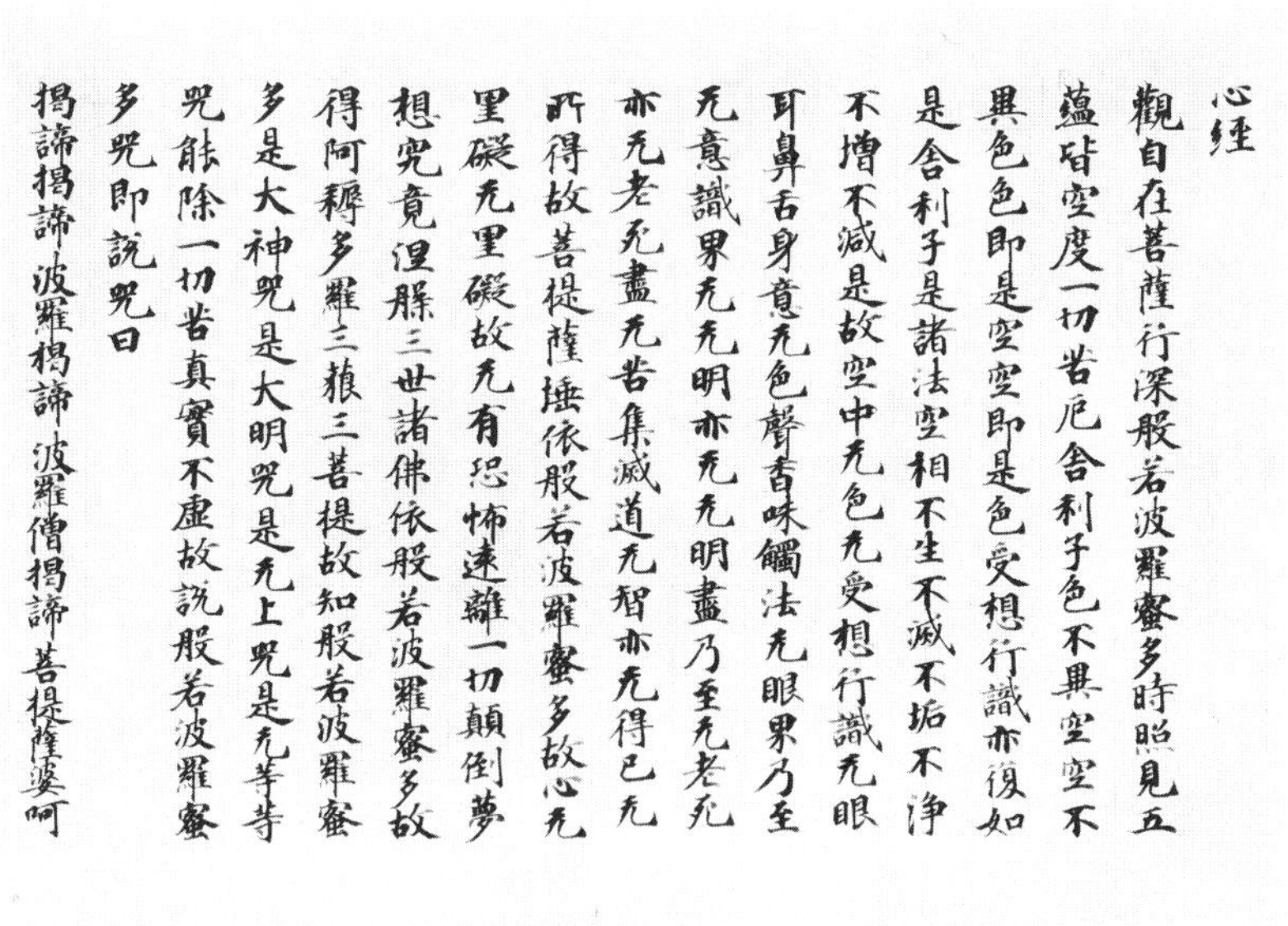

図1　京都国立博物館蔵『般若心経』（15・Ⅰ本）
出典：京都国立博物館編『守屋孝蔵氏蒐集古経図録』（京都国立博物館、1964年）図版15（33）

00 心経 02
01 觀自在菩薩行深般若波羅蜜多時照見五 17
02 蘊皆空度一切苦厄舎利子色不異空空不 17
03 異色色即是空空即是色受想行識亦復如 17
04 是舎利子是諸法空相不生不滅不垢不淨 17
05 不増不減是故空中无色无受想行識无眼 17
06 耳鼻舌身意无色聲香味觸法无眼界乃至 17
07 无意識界无无明亦无无明盡乃至无老死 17
08 亦无老死盡无苦集滅道无智亦无得已无 17
09 所得故菩提薩埵依般若波羅蜜多故心无 17
10 罣礙无罣礙故无有恐怖遠離一切顚倒夢 17
11 想究竟涅槃三世諸佛依般若波羅蜜多故 17
12 得阿耨多羅三藐三菩提故知般若波羅蜜 17
13 多是大神咒是大明咒是无上咒是无等等 17
14 咒能除一切苦真實不虚故説般若波羅蜜 17
15 多咒即説咒曰 06
16 掲諦掲諦　波羅掲諦　波羅僧掲諦　菩提薩婆呵 18

館蔵『般若心経』(13)では、尾題は伴わないが、首題に具名の「佛説」を欠く「摩訶般若波羅蜜多心経」と記している。つまり経題については次の五種類のあり方があったといえる。

①「心経」(首題のみ)
②「佛説摩訶般若波羅蜜多心経」(首題のみ)
③「摩訶般若波羅蜜多心経」(首題のみ)
④「佛説摩訶般若波羅蜜多心経」(首題・尾題とも)
⑤「心経」(首題)・「佛説般若波羅蜜多心経」(尾題)[16]

二　本文の用字

用字の異同も散見される。[17]まず第一に京都国立博物館Ⅰ本では本文二行目冒頭に「蘊」字が使用されているが、静嘉堂文庫蔵『般若心経』[18](04 以下「静嘉堂文庫Ⅰ本」と称す)では「薀」字が使用され、二種類の用字があったといえる。第二に京都国立博物館Ⅰ本では「无」字が本文五行目に三字、六行目に二字、七行目に六字、八行目に五字、九行目に一字、十行目に二字、十三行目に二字の、合計二十一字みえるが、安田文庫旧蔵本では「无」字ではなく、「無」字が使用されている。一方、静嘉堂文庫蔵『般若心経』(06 以下、「静嘉堂文庫Ⅱ本」と称す)[19]では本文七―九行目にかけて「无」字を八字使用し、それ以外の十三字は「無」字としており、「無」字と「无」字を混用する事例もみられる。つまり、ここでは三種類の用字があったといえる。第三に京都国立博物館Ⅰ本では、「已」字が本文八行目の下から二字目にみえているが、静嘉堂文庫Ⅰ本・同Ⅱ本ともに「以」字としており、ここでは二種類の用字があったといえる。第四に京都国立博物館Ⅰ本では、「咒」字が本文十三行目に三字、十四行目に一字、十五行目に二字の、合計六字みえているが、静嘉堂文庫Ⅰ本はすべて「呪」字としており、ここにも二種類の用字があったことがわかる。

一方、文末の四句偈に目を転じてみると、やはり用字の異同がみられる。用字の異同の第五として京都国立博物館Ⅰ本では、「掲」字が第一句目に二字、第二句目と第三句目にそれぞれ一字の、合計四字みえているが、称名寺蔵『般若心経』（11　以下「称名寺本」と称す）[20]では「羯」字としており、ここでも二種類の用字があったといえる。第六に京都国立博物館Ⅰ本では、「羅」字が第二句目と第三句目にそれぞれ一字の、合計二字みえているが、称名寺本や唐招提寺蔵『般若心経』（22　以下「唐招提寺Ⅱ本」と称す）[21]では「囉」字としており、二種類の用字があったことがわかる。さらに第四句目の「菩提薩婆呵」の三字目で京都国立博物館Ⅰ本は「薩」字を使用しているが、五島美術館蔵『般若心経』（03　以下「五島美術館本」と称す）[22]では、「莎」字とし、静嘉堂文庫Ⅱ本では「沙」字を使用している。なお唐招提寺Ⅰ本では「莈」字としており、「莎」字の誤字である可能性も考えられるが、一応、ここでは四種類の用字があったとしておきたい。

これらの用字の組み合わせを四句偈についてみると、次のような七種類のパターンがあったといえよう。

a　掲諦掲諦　波羅掲諦　波羅僧掲諦　菩提薩婆呵（京都国立博物館Ⅰ本）
b　掲諦掲諦　波羅掲諦　波羅僧掲諦　菩提莎婆呵（五島美術館本）
c　掲諦掲諦　波羅掲諦　波羅僧掲諦　菩提沙婆呵（安田文庫旧蔵本）
d　掲諦掲諦　波羅掲諦　波羅僧掲諦　菩提莈婆呵（唐招提寺Ⅰ本）
e　掲諦掲諦　波囉掲諦　波囉僧掲諦　菩提薩婆呵（唐招提寺Ⅱ本）

f　羯諦羯諦　波囉羯諦　波囉僧羯諦　菩提莎婆呵（称名寺本）

g　羯諦羯諦　波囉羯諦　波囉僧羯諦　菩提沙婆呵（27　太山寺蔵『般若心経』）(23)

最後に用字の異同ではないが、書体が相違する場合が二例みられる。まず本文三行目に一字、七行目に一字、八行目に二字の、合計四字の「亦」字がみえているが、京都国立博物館Ⅰ本では楷書体で記されているのに対して、静嘉堂文庫Ⅱ本では、「亦」字を草書様に記している。また、本文三行目の「亦」字の下に「復」字がみえるが、京都国立博物館Ⅰ本ではやはり楷書で記すのに対して、静嘉堂文庫Ⅱ本では、偏を行書風にくずして記している。一般に仏典の書写は楷書で忠実に書写されるものであったと考えられることからすると、書体の異同を単に写経生の個性と軽々には判断できないと思われ、字体の異同としてあげておきたい。

字形等について注意してみると他にも若干の相違がみられるが、本文の用字の大きな異同をまとめると次のとおりとなる。

①「蘊」と「薀」

②「无」と「無」と「无」「無」混用

③「已」と「以」

④「咒」と「呪」

⑤「掲」と「羯」

⑥「羅」と「囉」

⑦「薩」と「莎」と「婆」と「沙」

⑧「亦」（楷書）と「亦」（草書）
⑨「復」の偏の楷書と行書

三　功徳文と用字

本文の最末尾に功徳文をもつ遺品が知られるが、文言すべてが同じではなく、少なくとも二種類があったと思われる。

まず功徳文Aタイプとして、京都国立博物館蔵『般若心経』（14　図2参照　以下「京都国立博物館Ⅱ本」と称す[24]）には次のようにみえる。なお冒頭の数字は行数を示し、本文より連続した数字を付した。

17　誦此経破十悪五逆九十五種耶道若欲供
18　養十方諸佛報十方諸佛恩當誦觀世音般
19　若百遍千遍无問晝夜常誦此経

また、文言がほぼ同じでありながら、字句に若干の相違があるものもあり、唐招提寺Ⅰ本には、

17　誦此経破十悪五逆九十五種耶道若欲供
18　養十方諸佛報十方諸佛恩當誦此経觀自
19　在菩薩波若百遍千遍无問晝夜常誦此経

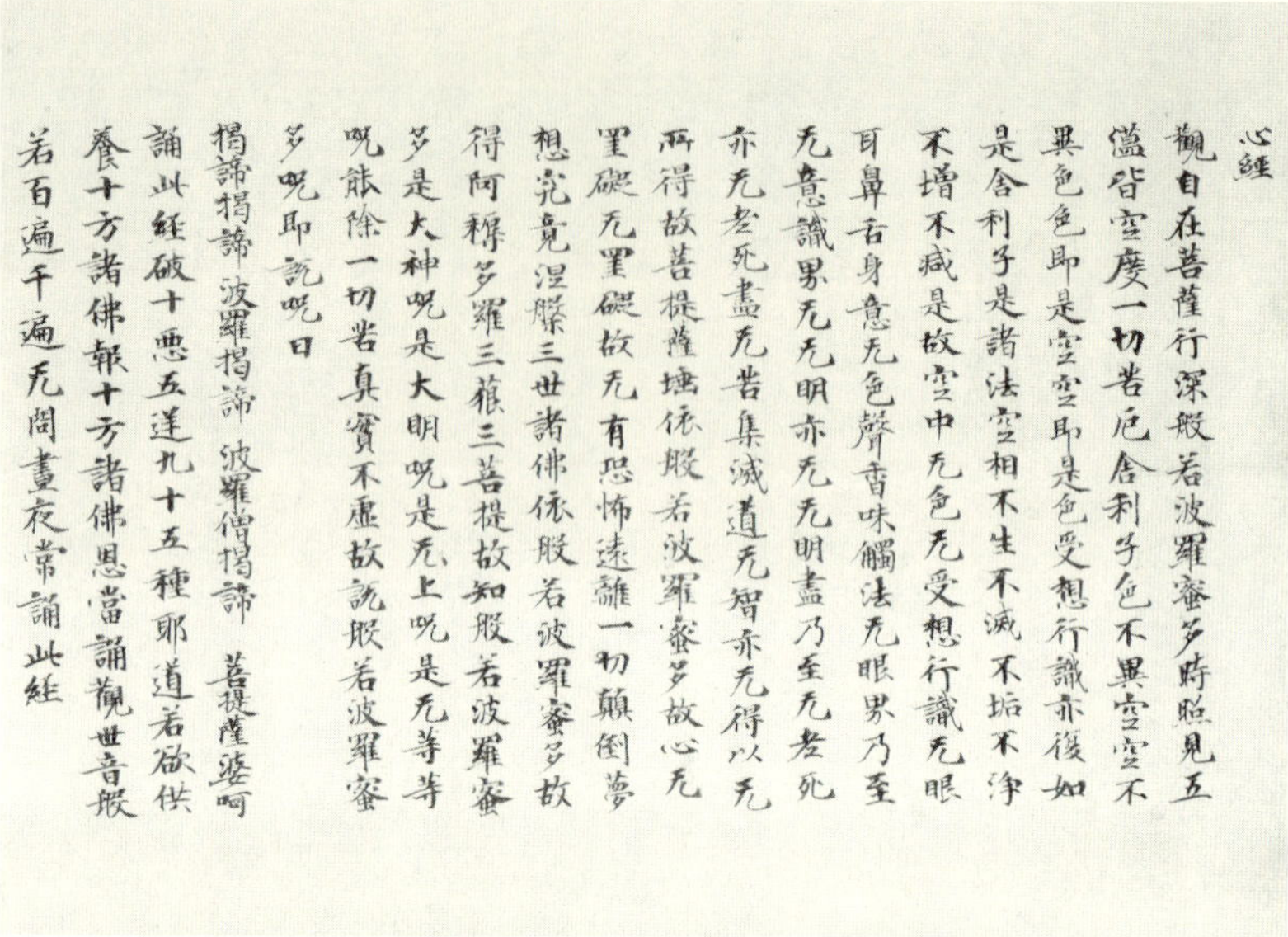

図2　京都国立博物館蔵『般若心経』（14・Ⅱ本）
出典：京都国立博物館編『古写経』(京都国立博物館、2004年)260頁　図版149

とみえており、十八行目終わりから十九行目にかけて、前者は「……観世音般／若……」とするのに対して、後者は「……觀自／在菩薩波若……」としている。管見の限り一例のみで、このうち十九行目四・五字目を「波若」とするのは「般若」の誤りとも考えられるが、上述の事例と同様に一応区別しておきたい。そこで前者をA1、後者をA2と称しておく。

次に功徳文Bタイプとして、海龍王寺本（図3参照）には次のようにみえる。

17　誦此経破十悪五逆九十五種邪道若欲供養
18　十方諸佛報十方諸佛思當誦観世音般若
19　百遍千遍无問晝夜常誦无願不果

功徳文は五十字足らずの文言で、A・B両タイプともほぼ同文であるが、大きくことなるのは最末尾

心経
観自在菩薩行深般若波羅蜜多時照見五
蘊皆空度一切苦厄舎利子色不異空空不
異色色即是空空即是色受想行識亦復如
是舎利子是諸法空相不生不滅不垢不浄
不増不減是故空中无色无受想行識无眼
耳鼻舌身意无色聲香味觸法无眼界乃至
无意識界无无明亦无无明盡乃至无老死
亦无老死盡无苦集滅道无智亦无得以无
所得故菩提薩埵依般若波羅蜜多故心无
罣礙无罣礙故无有恐怖遠離一切顛倒夢
想究竟涅槃三世諸佛依般若波羅蜜多故
得阿耨多羅三藐三菩提故知般若波羅蜜多
是大神咒是大明咒是无上咒是无等等咒
能除一切苦真實不虚故説般若波羅蜜多
咒即説咒曰
掲諦掲諦 波羅掲諦 波羅僧掲諦 菩提薩婆呵
誦此経破十悪五逆九十五種邪道若欲供養
十方諸佛報十方諸佛恩當誦観世音般若
百遍千遍无間晝夜常誦无願不果

図3　海龍王寺蔵『般若心経』（20）
出典：奈良国立博物館編『奈良朝写経』（東京美術、1983年）53頁　図版82

である。Aタイプは「常誦此経」と終わるが、Bタイプは「常誦无願不果」となっている。つまり功徳文にも大別すると二種類のタイプがあったものと思われるが、詳細にわけるとするとAの二種（A1・A2）とBの三種類といえる。

上述の引用からもわかるように、この短い功徳文にも用字の異同がみられる。まず京都国立博物館Ⅱ本や唐招提寺Ⅰ本では十七行目十三字目に「耶」字を使用しているが、海龍王寺本では「邪」字としているのである。また、京都国立博物館Ⅱ本は十八行目十一字目に「恩」字を使用しているが、海龍王寺本では「思」字としている。これらの異同が功徳文のタイプの違いによるものかどうかは不明である。いずれにしても二種類の用字があったことを想定しておきたい。さらに「恩」字について、A2タイプの唐招提寺Ⅰ本では「恩」字の異体字「恖」を使用している。これについては、上述の「亦」字の書体同様に写経生の個性とみるよりも、「恖」字を使う事例として、三種類の用字があったと想定する方がよいかもしれない。

以上、功徳文について異同をまとめると次のようになる。

①「常誦此経」（A1・A2）と「常誦无願不果」（B）

②「耶」と「邪」

③「恩」と「思」と「思」

四　字配り

隅寺心経の用字の異同について指摘してきたが、もう一点注意する事柄がある。それは本文の文字の字配りの問題である。字配りに注目して京都国立博物館Ⅰ本をあらためてみてみると、上述のとおり本文一行目から十四行目までは十七字詰めで、奈良時代の写経の標準的な字詰めになっている。十五行目は最終十六行目の四句偈の直前で改行されたため六字詰めになり、最終行の四句偈は四字・四字・五字・五字で十八字詰めという字配りになっている。別掲の目録に示した隅寺心経二十八例のうち、半数以上がこの字詰めであり、京都国立博物館Ⅰ本が典型的な隅寺心経であったことは字配りからもわかる。しかしその字配りに異同を生じる遺品も存在している。

京都国立博物館Ⅰ本を基準に字配りの異同があるものは大きく二種類にわけられる。その一つは少なくとも本文全体の半分以上の行数にあたる九行目まで同一で、それ以降に字配りの異同がみられるものである。

このタイプでもっとも異同の少ないものが京都国立博物館蔵『般若心経』（16　以下「京都国立博物館Ⅲ本」と称す[25]）であり、次のような字配りになっている。

13　多是大神咒是大明咒是无上咒是无等等咒能　18
14　除一切苦真實不虚故説般若波羅蜜多咒　17
15　即説咒曰　04
16　掲諦掲諦　波羅掲諦　波羅僧掲諦　菩提薩婆呵　18

この事例は十二行目までと十六行目には異同がなく、十三行目を十八字詰め、十四行目を十七字詰め、十五行目を四字詰めとするものである。なお本品にはA1タイプの功徳文が伴っている。

海龍王寺本も若干の異動があり、次のような字配りになっている。

12　得阿耨多羅三藐三菩提故知般若波羅蜜多　18
13　是大神咒是大明咒是无上咒是无等等咒　17
14　能除一切苦真實不虚故説般若波羅蜜多　17
15　咒即説咒曰　05
16　掲諦掲諦　波羅掲諦　波羅僧掲諦　菩提薩婆呵　18

この事例は十一行目までと十六行目には異同がなく、十二行目を十八字詰め、十三行目と十四行目を十七字詰め、十五行目を五字詰めとするものである。

もっとも大きな異同のあるものは根津美術館本で、次のような字配りになっている。

10　罣礙無罣礙故無有恐怖遠離一切顛倒夢想　18
11　究竟涅槃三世諸佛依般若波羅蜜多故得　17
12　阿耨多羅三藐三菩提故知般若波羅蜜多　17
13　是大神咒是大明咒是無上咒是無等等咒　17
14　能除一切苦真實不虚故説般若波羅蜜多　17
15　咒即説咒曰　05
16　掲諦掲諦　波羅掲諦　波羅僧掲諦　菩提沙婆呵　18

この事例は九行目までと十六行目には異同がなく、十行目を十八字詰め、十一行目から十四行目を十七字詰め、十五行目を五字詰めにするものである。これらを京都国立博物館Ⅰ本の字配りからすると半分以上同一のものである遺品のグループとして総じてａグループと称することにしたい。

一方、本文数行で字配りの異同が生じるものもあり、例えば、知恩院蔵『般若心経』(18)[26]では、次のような字配りになっている。

05　不増不減是故空中無色無受想行識無　16
06　眼耳鼻舌身意無色聲香味觸法無眼界　16
07　乃至無意識界無無明亦無無明盡乃至無老　18

08　死亦無老死盡無苦集滅道無智亦無得已　17
09　無所得故菩提薩埵依般若波羅蜜多故心無　18
10　罣礙無罣礙故無有恐怖遠離一切顚倒夢　17
11　想究竟涅槃三世諸佛依般若波羅蜜多故　17
12　得阿耨多羅三藐三菩提故知般若波羅　16
13　蜜多是大神呪是大明呪是無上呪是無等等　18
14　呪能除一切苦真實不虚故説般若波羅蜜　17
15　多呪即説呪曰　06
16　掲諦掲諦　波羅掲諦　波羅僧掲諦　菩提薩婆訶　18

この事例は本文四行目までと十五行目・十六行目に異同はないが、五行目と六行目を十六字詰め、七行目を十八字詰め、八行目を十七字詰め、九行目を十八字詰め、十行目と十一行目を十七字詰め、十二行目を十六字詰め、十三行目を十八字詰め、十四行目を十七字詰めにするものである。aグループとはかなり異なる字配りとなっていることから、bグループと称することにしたい。ただし、字配りの異同を詳細にみていくといくつかのパターンが考えられるが、少々煩瑣になるので、大きく二つのグループを指摘するにとどめたい。

以上、字配りの大きな異同についてまとめると次のようになる。

①字配りの異同が比較的少ない遺品（a）

②字配りの異同が激しい遺品（b）

五　その他

　これまで述べてきた隅寺心経の異同は、実物調査によらずともに、図版があれば観察可能であるのだが、実物調査でしか知りえない書誌情報で重要なものがあるので、最後に一、二点指摘しておきたい。

　隅寺心経をその遺品であると想定する年料多心経は、複数部数を成巻したものであったが、隅寺心経の多くは一紙のみとなっている。これは原装から剝がし取られることによって一紙となったと思われ、それが成巻されたり、軸装にされたりして今日に伝わったといえる。そうであるならば、改装に際しての化粧断ちなどにより本来の大きさから変わっている可能性が高いと考えられる。それを裏付けるように伝存する隅寺心経のうち、実物調査ないしは目録等の情報で判明する法量は、縦が二三〜二八センチ、横が三七〜四七センチとたいへん数値にばらつきがあるのである。特に剝がし取りの観点から、実物調査の際に注意を要するのは、本紙の左端・右端の剝がし取り痕などの観察といえよう。

　もう一点は界線の状態である。一般的な写経料紙は天界と地界そして縦界が施される例が多いが、隅寺心経も淡墨の界線が引かれている。界線に注目すると、天平十八年料多心経では一紙ごとに書写され、成巻されていることから、天界や地界が継ぎ目で食い違いを生じる可能性が高い。一方、天平二十一年料多心経では、二十紙を貼り継いだ料紙に書写されており、天界と地界が継ぎ目を越えて多く連続していることが考えられる。特に海龍王寺本や根津美術館本など複数部数を成巻したものを調査する際、界線に関する書誌情報も十分に留意しなければならないと考えられよう。

おわりに

隅寺心経の多様な様相について縷々述べてきたが、これらの点は隅寺心経と写経所文書にみえる写経事業とを比較する際にきわめて重要なことであると考える。ここで見出された知見を集積することで隅寺心経をグループ分けしたいと考えているが、これはとりもなおさず、本経つまり書写に際してのテキストを究明することにもなるのである。つまり、隅寺心経としてひとくくりにされてきた古写経群を相違点によりグループわけし、それぞれの特徴に注意しながら、年料多心経をはじめとした『般若心経』の写経事業の特徴と照らし合わせ、それぞれの遺品を確定することにほかならないのである。

今後、現存する隅寺心経の所在調査と実物調査による書誌情報の集積で精度を高め、隅寺心経の全容を明らかにしたいと考える。また、これらの研究を通して、年紀・奥書等をもたない奈良時代の古写経を資料として扱うための方法論も模索できればと考える次第である。

隅寺心経所蔵目録（稿）

番号	指定	首題	尾題	紙数	功徳文	字配り	所蔵者
1		心経	—	1	—	a	山形・宝幢寺
2		心経	—	1	—	a	山形・宝幢寺
3		心経	—	1	—	a	東京・五島美術館
4		心経	—	1	A 1	a	東京・静嘉堂文庫・Ⅰ本
5		心経	—	1	B	a	東京・静嘉堂文庫・Ⅱ本
6		心経	—	1	—	a	東京・静嘉堂文庫
7		佛説摩訶般若波羅蜜多心経	—	1	—	a	東京・センリュリーミュージアム
8		心経	—	1	—	a	東京・東京国立博物館
9	重美	佛説摩訶般若波羅蜜多心経	—	14	—	a	東京・根津美術館
10	重文	佛説摩訶般若波羅蜜多心経	佛説摩訶般若波羅蜜多心経	1	—	a	東京・個人蔵（安田文庫旧蔵）
11		心経	—	1	—	a	神奈川・称名寺
12		心経	—	1	—	a	石川・石川県立美術館
13		摩訶般若波羅蜜多心経	—	1	—	a	京都・大谷大学博物館
14		心経	—	1	A 1	a	京都・京都国立博物館・Ⅱ本
15		心経	—	1	—	a	京都・京都国立博物館・Ⅰ本
16		心経	—	1	A 1	a	京都・京都国立博物館・Ⅲ本
17		心経	—	1	—	a	京都・京都国立博物館
18		心経	—	1	—	b	京都・知恩院
19		心経	—	1	—	a	京都・立命館大学
20		心経	—	10	B	a	奈良・海龍王寺
21		心経	—	1	—	a	奈良・興福院
22		心経	—	1	—	a	奈良・唐招提寺
23		心経	—	1	A 1	a	奈良・唐招提寺・Ⅱ本
24		心経	佛説般若波羅蜜多心経	1	A 2	a	奈良・唐招提寺・Ⅰ本
25		心経	—	1	—	a	和歌山・長保寺
26		心経	—	1	—	a	愛媛・太山寺
27		心経	—	1	—	a	米国・ハーバード大学美術館
28		心経	なし	1	A 1	a	米国・プリンストン大学美術館

注

（1）宮﨑健司「年料多心経について」（『佛教史学研究』三十五巻二号、一九九二年、のち同『日本古代の写経と社会』、塙書房、二〇〇六年）、同「光明子七七日写経をめぐる一、二の問題」（『大谷学報』七十五巻四号、一九九六年、のち『日本古代の写経と社会』）。

（2）「間紙検定幷便用帳」（『正倉院古文書』続々修第二十八帙第七巻　『大日本古文書』（編年文書）第九巻三六八頁）。

（3）玄奘訳『般若波羅蜜多心経』（唐・貞観二十三年＝六四九）、『大正新脩大蔵経』八巻八四八頁C。

（4）隅寺心経については、山本信吉「『般若心経』（十部）（隅寺心経）」解説（『大和古寺大観』五　秋篠寺・法華寺・海龍王寺・不退寺〈岩波書店、一九七八年〉一一九頁・別刷四頁）、春名好重編著『古筆大辞典』（淡交社、一九七九年）の「隅寺心経」及び「魚養心経」の項、石田茂作「般若心経の遺品」（原題「般若心経遺品解説」、岸田千代子『般若心経百巻』〈東京美術、一九七三年〉、のち同氏『仏教考古学論攷』三〈雄山閣、一九七七年〉）、飯島太千雄編著『般若心経秀華』（講談社、一九九〇年）を参照。

（5）『日本芸林叢書』一一・一二（六合館、一九二九年）所収。

（6）文部省文化庁監修『重要文化財』20書跡・典籍・古文書Ⅲ〈仏典Ⅰ〉（毎日新聞社、一九七五年）六〇頁、頼富本宏・赤尾栄慶編『写経の鑑賞基礎知識』（至文堂、一九九四年）一八二頁。丸括弧内の冒頭の数字は、別掲の「隈寺心経所蔵目録（稿）」の番号に対応している。以下、同じ。

（7）奈良国立博物館編『奈良朝写経』（東京美術、一九八三年）五三頁（作品82）。以下に示す海龍王寺本の書誌情報は第一紙のみのデータである。

（8）是澤恭三『写経』（根津美術館、一九八四年）。以下に示す根津美術館本の書誌情報は第一紙のみのデータである。

（9）福山敏男『奈良朝寺院の研究〈増訂版〉』（綜芸社、一九七八年）五五―八頁。

（10）薗田香融「わが国における内道場の起源」（佛教史学会編『仏教の歴史と文化』、同朋舎、一九八〇年）三七三頁。

（11）天平勝宝九歳の一〇〇巻心経および天平宝字七年の一〇〇〇巻心経については、薗田香融「南都仏教における救済の論理（序説）」（『日本宗教史研究』四〈救済とその論理〉、法藏館、一九七四年）掲載「天平年間における間写経一覧」、宮﨑健司「藤原仲麻呂と『般若心経』」（『史聚』二八号、一九九三年、のち『日本古代の写経と社会』〈注1参照〉）を参照。

(12)本目録は、筆者自身の実物調査ないしは図録等で伝存が確かな遺品に限定し、不確実なものについては除外した。「目録（稿）」とした所以である。
(13)遺品に付した数字は本目録の番号に対応している。
(14)京都国立博物館編『守屋孝蔵氏蒐集古経図録』（京都国立博物館、一九六四年）図版十五（三十三）、同編『京都国立博物館蔵品図版目録』書跡編日本（京都国立博物館、一九八三年）一〇八頁、同編『古写経』（京都国立博物館、二〇〇四年）九二―三、二九九―三〇〇頁。
(15)前掲注4飯島編書、八―九頁。
(16)本品に関する書誌情報は筆者の実物調査によるものである。
(17)用字の異同について、前掲注4石田論文にも言及がある。
(18)静嘉堂文庫編『仏教の美術』（静嘉堂文庫、一九九九年）七七・一一三―四頁（作品32―1）。
(19)静嘉堂文庫編『日本の書跡』（静嘉堂文庫、一九八二年）作品22、前掲注18静嘉堂文庫書、七七・一一三―四頁（作品32―3）。
(20)前掲注6頼富本・赤尾編書、一〇九頁。
(21)奈良国立博物館編『特別陳列唐招提寺の美術』（奈良国立博物館、一九九三年）四四頁。
(22)五島美術館編『久能寺経と古経楼』（五島美術館、一九九一年）九九頁。
(23)愛媛県立美術館編『空海の足音　四国へんろ展　愛媛編』（愛媛県立美術館、二〇一四年）一〇八、二一八頁。
(24)前掲注14『京都国立博物館蔵品図版目録』書跡編日本、一〇八頁、前掲注14『古写経』、二六〇、三三八頁。
(25)本品に関する書誌情報は筆者の実物調査によるものである。
(26)前掲注4岸田書、三八―九頁・図版12。

古代日本の仏教説話と内典・外典
——『日本霊異記』を中心に

河野貴美子

はじめに

『日本国現報善悪霊異記』（以下『日本霊異記』）は、薬師寺の沙門景戒によって平安初期に撰述された、日本現存最古の仏教説話集である。上・中・下の三巻からなり、各巻冒頭には序文がおかれ、それに続いて、合計一一六の長短さまざまな説話がほぼ時代順に配列されている。各話の内容は、その書名が示すとおり、「日本国」に起こった「現報」譚や「善悪」の因果応報譚、また「霊異」譚を「記」し留めるものである。景戒は、上巻序文において、中国には『冥報記』や『般若験記』（『金剛般若経集験記』）といった「伝録」があるのに対し、日本にはそうした「奇事」を記した書物が未だ行われていないため、いまこの「奇記」を編纂することによって人びとが「邪を却けて正に入」るようにし、仏道へと導くのだ（左に掲げる引用文の波線部）と、その編纂目的を明確に表明している。それでは、例証話を通じて仏教を喧伝する、という日本初のこの試みは、いったいいかなる言説をもってなされたのか。まずその序文をみよう。

▽『日本霊異記』上巻序文（新日本古典文学大系、以下同）
原夫内経外書、伝於日本、而興始代、凡有二時。皆自百済国将来之。軽嶋豊明宮御宇誉田天皇代、外書来之。磯城嶋金刺宮御宇欽明天皇代、内典来也。然乃学外之者、誹於仏法、読内之者、軽於外典。愚癡之類、懐於迷執、匪信於罪福、深智之儔、覯於内外、信恐於因果。……匪呈善悪之状、何以直於曲執、而定是非、叵示因果之報、何由改於悪心、而修善道乎。昔漢地造冥報記、大唐国作般若験記。何唯慎乎他国伝録、弗信恐乎自土奇事。……故聊注側聞、号曰日本国現報善悪霊異記、作上中下参巻、以流季葉。……祈覧奇記者、却邪入正。諸悪莫作、諸善奉行。

『日本霊異記』上巻序文は、冒頭でまず、日本における書物の歴史の始まりとして、「内経（内典）」と「外書（外典）」が百済国より将来されたことから説き起こす。そして景戒は、仏者であろうと学者であろうと、ともに「内外」の書物双方を尊重して学ぶ姿勢が必要であると主張する。そうした自覚のもとに紡ぎ出される『日本霊異記』の文字・言語には、当時日本において触れることが可能であったであろう、さまざまな内典・外典の知識や情報が反映されている。ところが、『日本霊異記』の文は、漢字で綴られてはいるものの、正格な漢文法から外れた、いわゆる和習漢文の典型とされる。漢文としては破綻をきたしていたり、本来の漢字・漢語の用法とは異なる「いびつな」表現が散見されるのである。しかしそれは、仏教をなんとしてでも人びとに伝え、広めようとした撰者景戒、あるいは各話の筆録者らが、有効な言説を探し求めて努力、学習し、試行錯誤を重ねた、まさにその産物としての意義を有するものともいえないか。小稿では、古代日本において、仏教流伝を目的として繰り広げられた、漢字・漢語との「格闘」のさまとその結果について、『日本霊異記』の本文を通して考察、検討してみたい。

一　『日本霊異記』説話の構造、構成

まず、具体的な考察に先立って、『日本霊異記』説話の構造、構成について、典型的なものをあげてみておこう。

▽『日本霊異記』上巻「呰読法花経品之人而現口喎斜得悪報縁　第十九」

〔A1〕昔山背国、有一自度。姓名未詳也。常作碁為宗。〔B1〕沙弥与白衣倶作碁時、乞者来読法花経品而乞物。沙弥聞之、軽咲呰、故偀己口、訛音効読。白衣聞之、碁条恐曰、「畏恐矣」。白衣者、作碁毎遍而勝、沙弥者、毎遍猶負。於是即坐、沙弥口喎斜、令薬治療、而終不直。〔C〕法花経云、「若有軽咲之者、当世々牙歯疎欠、醜脣平鼻、手脚繚戾、眼目角睞」者、其斯謂之矣。〔D1〕寧託悪鬼、雖多濫言、而与持経者、不可誹謗、能護口業矣。

※〔A1〕場、人↓〔B1〕事件（例証話）の内容↓〔C〕内典の引用↓〔D1〕語り手・編者の評語

▽『日本霊異記』上巻「憑念観音菩薩得現報縁　第六」

〔A2〕老師行善者、俗姓堅部氏。小治田宮御宇天皇之代、〔B2〕遣学高麗、遭其国破、流離而行。急其河辺、椅壊無船、過渡無由。居断橋上、心念観音。即時老翁、乗舟迎逨、同載共渡。々竟之後、従舟下道、老公不見、其舟忽失。乃疑観音之応化也。便発誓願、造像恭敬。遂至大唐、即造其像、日夜帰敬。号曰河辺法師。々々之性、忍辱過人、唐皇所重。従日本国使、以養老二年、帰向本朝。住興福寺、供養其像、至卒不息。〔D2〕誠知、観音威力、難思議矣。〔E〕讃曰、老師遠学、遭難将帰。無由済渡、憶聖坐椅。心憑威力、化翁来資。別後諡翳、図儀常礼、其役不輟。

※〔A2〕人、時↓〔B2〕事件（例証話）の内容↓〔D2〕語り手・編者の評語↓〔E〕讃（賛）

『日本霊異記』の各説話はおよそ、冒頭で登場人物、時、場所について紹介（〔A1〕〔A2〕）した後、具体的な事件（例証話）の内容を語る（〔B1〕〔B2〕）。そして、その事件（例証話）の因果を説き明かす内典（仏教経典）の記述を引用したり（〔C〕）、語り手もしくは編者自身による事件（例証話）に対する評語（〔D1〕〔D2〕）をもって結ぶ、というパターンに集約できる。なお、評語の前には「誠知」や「嗚呼」等の語が置かれ、内典や評語の後には「其斯謂之矣」という語が付されることが多い。また、『日本霊異記』では合計十五の説話の末尾に四字句構成を基本とする「讃（賛）」（〔E〕）が付されている。

『日本霊異記』所収の各説話が、いずれの時点で文章化されたのか、また、評語や内典の引用、あるいは「讃（賛）」を、当該の説話記事に対して加えたのはいつ、誰によってなされたのかなど、詳細は不明である。また、『日本霊異記』の撰者である「薬師寺沙門景戒」に関しても『日本霊異記』以外の資料には全くその名も事績も確認できず、『日本霊異記』の編纂、製作がなされた具体的な環境については明らかではない。

しかし、右にあげた例をみると、『法華経』にちなむ上巻第十九縁においては、『法華経』の引用部分以外においても「喎斜」といった『法華経』所載の語句（随喜功徳品）が用いられていたり、上巻第六縁では「遄」といった、特定の外典に由来するかと思われる稀少な用字法が確認できる（「遄」字については後述する）。また、複雑な対句構成が試みられている「賛」（や「序文」）をもつことなど、『日本霊異記』の作文が、さまざまな思考とこだわりによって、工夫を凝らされなされたものであることが窺える。

そこで以下、『日本霊異記』の言語そして文字が、いったいいかなる内典・外典に基づいて紡ぎ出されているのか、内典・外典からのつながりと転回という観点から検討を試みたい。

そもそも、古代日本の文学世界は、その始めから仏教と深く関わり、ことばの面でも思想文化の面においても仏教と密接、複雑に関係しつつ展開してきたことが一つの大きな特徴だといえる。そしてまた日本においては、『日本霊異記』以後、仏教説話と称される夥しい数量の作品が著され、文学・文化の一基底をなしてきたことも事実である。小稿では、古代日本に展開した、仏教に関わるさまざまな言説の出発点に位置する『日本霊異記』にいま一度立ち返り、『日本霊異記』および古代日本の仏教説話を生み出したことばと書物をめぐる環境を明らかにしつつ、「文明移動としての「仏教」」がもたらした作用の一事例として提示していくことを目指したい。

二　『妙法蓮華経』の字句の反映
――訓釈を通してみる『日本霊異記』の言語・文字、その一

『日本霊異記』の言語と文字の特徴を捉えるために、まず、現存諸写本の各話の末尾に付されている「訓釈」に注目する。「訓釈」は、『日本霊異記』を読む際に注意すべき字句や難読語に対して読みや意味を示したものである。したがって、訓釈が付された箇所には、『日本霊異記』においてとりわけ特徴的な文字や言語が用いられている場合が少なくない。例えば、「訓釈」が加えられている字句の中には、特定の内典や外典にしか共通の用例が見出せない珍しい用字や表現があったり、あるいは、中国における本来の字義・語義とは異なる特殊な用法と思われるものがある。そうした文字・言語を詳しく観察するならば、『日本霊異記』のことばが含み持つ背景、また、表現の由来や作文のプロセスを解き明かしていくことも可能となろう。

まず、『日本霊異記』の現存写本の状況を確認しておく[1]。

・興福寺本…延喜四年（九〇四）写本の模本。上巻のみの零本。
・真福寺本…鎌倉期写。中・下巻のみの零本。
・前田家本…嘉禎二年（一二三六）写。下巻のみの零本。
・国立国会図書館本…三昧院本（建保二年（一二一四）奥書）の模本。上巻三十一縁、中巻二十八縁、下巻二十縁の抄出本。
・来迎院本…平安後期写。中・下巻の一部のみの零本。訓釈は本文中に注記。

右にあげた『日本霊異記』の各種伝本に残されている訓釈を眺めてみて、まず注目されるのは、『日本霊異記』

の字句の中に、実に多く『妙法蓮華経』の字句が利用されていること、そして、訓釈において、それらの字句の多くに注意が向けられ、掲出されていることである。

▽『日本霊異記』訓釈が掲出する『妙法蓮華経』との一致字句（傍線は玄応『一切経音義』妙法蓮華経音義に掲出される字句）

庶、鄙、叵（上序）、嘷吠（上二）、鑁（上三）、窺（上四、五、下六）、呰、繚戾、角睞（上十九）、喎斜（上十九、中十八）、姝（上二十、中二十七）、宴嘿（上二十、三十四）、捶（上二十一）、矜（上三十三）、嫉妬（中一）、躃（中十）、餚饌（中十六）、褫（中十七）、戻（中十八）、衒（中十九）、柔、儒（中二十七）、背傴（下二十）、傭賃（下二十五）等。

右のうち、一例を具体的にみよう。

▽『日本霊異記』中巻「観音銅像反化鷺形示奇表縁　第十七」

大倭国平群郡鵤村岡本尼寺、観音銅像有十二体。……聖武天皇世、彼銅像六体、盗人所取。尋求無得。経数日月、……彼池辺有牧牛童男等、見之池中、有聊木頭、々上居鷺。……垂将捕之、即入於水、見所居木、有金之指、取牽上見、観音銅像。……告知諸人。々々転聞、告知寺尼。々等聞来、見実其像也。塗金褫落。尼衆衛繞彼像、而悲哭云、……

※国立国会図書館本訓釈「褫：音大伊。阿波計。」

「褫落」は、『妙法蓮華経』巻二・譬喩品第三にも「泥塗褫落」とみえる語句である。『日本霊異記』の当該語句が『妙法蓮華経』の語句を反映するものかどうか、決定的確証はないが、「褫落」の語句の前に同じく「塗」の字がみえることは、「塗られていたものがはげ落ちる」ということを表現しようとしたときに、『妙法蓮華経』の当該語句に発想を得て「塗金褫落」と作文された可能性は高いと思われる。

また、「褫」字に対して『日本霊異記』の訓釈は「阿波計（あばけ）」という訓を宛てているが、これは、保延二年（一一三六）写『法華経単字』（源実俊写）が譬喩品の当該字に対して「褫：アハケ」と付訓しているものと同訓である。すなわち、『日本霊異記』中巻十七縁の「褫落」の語は、『妙法蓮華経』所載の語句に拠るものとして認識されていたからこそ、『妙法蓮華経』の訓読と同じく「あばけ」と読む、と『日本霊異記』の訓釈は指摘しているのではないだろうか。

『日本霊異記』が「褫落」という「珍しい」用字によって説話記事を綴ったのは、『妙法蓮華経』所載の文字に学んだため、と考えうる。

なお、後にみるように、『日本霊異記』にみえる特殊な用字は、『日本霊異記』を出典として多くの説話を再録する『今昔物語集』においては、他の一般的な字や語に置き換えられてしまうことが多いが、「褫落」のように『妙法蓮華経』に由来する字句については、『今昔物語集』（巻十六―十三話）においてもそのまま継承される。これはやはり、日本の言説世界において、内典、とりわけ『妙法蓮華経』の存在と影響が大きかったことを反映するものかと思われる。

さて、『日本霊異記』の字句の多くが『妙法蓮華経』に見出せるものであることは、既に多くの指摘があるが(2)、訓釈が取り出してみせる『日本霊異記』の字句には、これまで指摘がなかったものの、やはり『妙法蓮華経』の用字に学んだ語かと思われるものがある。

▽『日本霊異記』下巻「強非理以徴債取多倍而現得悪死報縁　第廿六」

田中真人広虫女者……天年無道心、慳貪無給与。酒加多水、沽取多直。貸日与小升、償日受大升。出挙時用小斤、償収時以大斤。息利強徴、太甚非理。或十倍徴、或百倍徴。債人渋耳、不為甘心。多人方愁、棄家逃亡、跉跰他国、無逾此甚。……

※前田家本訓釈「跉跰：佐須良不留者也」

「佐須良不留者也（サスラフルモノナリ）」という訓が付されたこの「跉跰」という語は、外典（中国古典籍）にはほとんど用例が確認できないものである。しかし、左にあげる玄応『一切経音義』によれば、これは通行の『妙法蓮華経』巻二・信解品第四が「伶俜」に作る箇所の異文として存する表記であったことがわかる。

▽玄応『一切経音義』巻六・妙法蓮華経・信解品音義（古辞書音義集成）

伶俜：……経文多作跉跰。……

そして実際、敦煌出土の『妙法蓮華経』信解品写本には、当該箇所を現在通行の「伶俜」ではなく、「跉跰」に作るものがあり（甘博〇七五）(3)、『日本霊異記』当時日本に伝わっていた『妙法蓮華経』の一本が、敦煌出土本と同じ文字の異同を有していた可能性が考えられるのである。『日本霊異記』において「跉跰」という特殊な用字が選ばれたのは、しかるべき理由があってのことであった、すなわち、奈良・平安期の日本に伝来していた『妙法蓮華経』の一本の字句を反映するものであったと推察することができるわけである。

なお、『日本霊異記』が『妙法蓮華経』所載の字句を用いている箇所においては、「跉跰」以外にも、次のように敦煌出土の写本『妙法蓮華経』と字体が一致する場合がある。

▽『日本霊異記』上巻「令盗絹衣帰願妙現菩薩倏得其絹衣縁　第卅四」

紀伊国安諦郡信部寺之前、昔有一家。絹衣十、盗人所取。……買人転聞、乃知盗衣、当頭匪求、宴嘿弗動也。斯亦奇異事矣。

※興福寺本訓釈「宴嘿：二合竊也。」（「宴」字は、写本では「女」の部分を「安」に作る）

「宴嘿」は、口をつぐんでおし黙ることで、『妙法蓮華経』巻一・序品第一にみえる語。現在の通行本（大正蔵等）では「宴黙」に作るが、敦煌出土写本『妙法蓮華経』（S.437、及びP.2801）は「宴嘿」に作る。なお「黙」字の異同については、仲算の『妙法蓮華経釈文』にも指摘されている。

▽仲算『妙法蓮華経釈文』巻上（古辞書音義集成）

宴：焉見反。詩伝云、安息也。慈恩云、或作晏字。焉澗反。黙也。

黙：莫北反。麻杲云、静不言也。或作嘿、俗也。

『妙法蓮華経釈文』が「宴」の字を「晏」に作る例があることを示しているのも『日本霊異記』写本の字様に近い。もう一例をみる。

▽『日本霊異記』中巻「力女示強力縁　第廿七」
尾張宿禰久玖利者、尾張国中嶋郡大領也。聖武天皇食国之時人也。久玖利之妻、有同国愛知郡片蕝里之女人。……随夫柔濡、如練糸綿。……
※国立国会図書館本訓釈「柔：音尓夏反。尓古也可二」「儒：音難反。ヤハ良カニ」

「柔濡」は柔和なことで、『妙法蓮華経』巻一・序品第一にみえる語。現在の通行本（大正蔵等）では「柔軟」に作るが、敦煌出土写本『妙法蓮華経』には、『日本霊異記』真福寺本の字体と同じく「柔濡」に作るものが確認できる（S.437）。

これらの例からみると、『日本霊異記』の、他には用例が確認できないような特殊な用字が、（『日本霊異記』の誤りではなく）実は、『日本霊異記』が参照した各種典籍の、写本時代の古い用字や異同を反映するものである可能性もあることになる。わずかな文字の異同ではあるが、『日本霊異記』は、古代アジアに展開していた典籍のつながりを推し量ることを可能とする材料を提供しうる、文献学的資料価値をも有するものだといえる。

以上、訓釈が掲出する字句をはじめとして、『日本霊異記』が使用する字句の中には『妙法蓮華経』に学んだと思われるものが数多く見えること、また、『日本霊異記』におけるそれらの字句の字体を通して、『日本霊異記』の撰者もしくは筆録者が参看した『妙法蓮華経』テキストが、敦煌出土写本と一部の文字異同を共有する、一伝本であったさまが窺えることをみた。

それでは次に、同じく訓釈が掲出する『日本霊異記』の字句において、内典ばかりではなく、外典に由来する字句が反映していると思われるものがあることをみる。

三　外典の字句の反映――訓釈を通してみる『日本霊異記』の言語・文字、その二

一　『毛詩』由来の字句

『日本霊異記』伝本に付された訓釈においては、『妙法蓮華経』などの内典に共通してみえる字句以外にも、他の文献には多くは見られない特殊な用字を掲出するもの、しかもその特殊な文字が『日本霊異記』においては複数回繰り返して使用されるものであることを指摘する場合がある。そしてその中には、ある特定の外典に由来する字句かと推察されるものがある。

例えば、『日本霊異記』内に合計六箇所（上六、八、中十九、二十、二十一、下巻序文）にわたって用いられている「遄」字である。(4)「遄」字は、現代の日本語においても、また古代の文献においてもほとんど用いられることのない特殊な文字である。それでは『日本霊異記』は、何ゆえこの特殊な文字を六度も繰り返して使用したのであろうか。

興福寺本『日本霊異記』訓釈は、上巻第六縁の当該字に対して「遄：忽也」、国会図書館本『日本霊異記』の訓釈は、上巻第八縁の当該字に対して「遄：スミヤ加尓」という訓釈を付している。訓釈の存在は、『日本霊異記』が読み継がれていく過程において、この「遄」字が、訓釈を必要とする、注意すべき文字であったことを示している。

ここで注目したいのは、上巻第八縁における当該字の用法である。

▽『日本霊異記』上巻「聾者帰敬方広経典得報聞両耳縁　第八」

小墾田宮御宇天皇之代、有衣縫伴造義通者。急得重病、両耳並聾、悪瘡遍身。歴年不愈。自謂「宿業所招。非但現報。長生為人所厭、不如行善遄死」。乃掃地飾堂、屈請義禅師、先潔其身、香水澡浴、依方広経。於是発希有想、白禅師言、「今我片耳、聞一菩薩名。故唯願大徳、忍労復促」。禅師重拝、片耳既開。義通歓喜、亦請重礼。禅師更拝、両耳倶開。遐邇聞者、莫不驚怪。是知、感応之道、諒不虚矣。

衣縫伴造義通は、急病のために耳が聞こえなくなり、長い間治ることがなかった。義通はこれを「宿業」によるものと思い、義禅師を招いて、身を浄め、方広経に帰依したところ、感応が生じ耳が聞こえるようになった、という話である。

「遄」字は、重病に冒された義通のことば（傍線部）、「この病は宿業によるものであって、現報のみが引き起こしたものではない。長生きして人に厭われるよりは、善行を修めてさっさと死んだ方がよかろう」という部分に「遄死」という表現としてみえる。

そして、この「遄死」という語を中国古典籍に求めると、『毛詩』鄘風・相鼠に次の詩句がみえる。

▽『毛詩』鄘風・相鼠（重栞宋本毛詩注疏附挍勘記）

相鼠有体、人而無礼。人而無礼、胡不遄死。

人として生きていく意義がないのであれば、すみやかに死ぬよりほかない、という詩句の意を汲むならば、義通の発言にもそのまま通じる。『日本霊異記』の表現のもとには、この詩がふまえられていると考えられる。

ただし、『日本霊異記』の筆録者は『毛詩』を直接参照し、それに拠ってこの表現を作り出したのかというと、ことはそう単純には解明できない。

というのも、「相鼠」詩の当該部分は、例えば『史記』商君列伝に引用され、また唐・道宣撰の『集古今仏道論衡』といった仏者の書物にも引かれており、『日本霊異記』の時代には既に一つの「定型句」のように複数の内典・外典において利用されている表現だからである。

▽道宣『集古今仏道論衡』今上在東都有洛邑僧静泰勅対道士李栄叙道事（大正蔵第五十二巻三九二頁ａ）

人之無良、胡不遄死。

また、他に例えば『止観輔行伝弘決』巻一之四も、『摩訶止観』中の「遄」字に対する注釈として当該詩を引用している。

しかしまた、『毛詩』相鼠の当該詩句については、次のような興味深い資料がある。

▽『世俗諺文』一一七（源為憲撰、寛弘四年（一〇〇七）序。通し番号は東寺観智院旧蔵、現天理大学附属天理図書館蔵写本による）

人而無礼胡不遄死

毛詩云、相鼠有体、人而無礼。人而無礼、胡不遄死。

注云、遄、速。

『世俗諺文』は、源為憲が藤原道長（九六六～一〇二七）の依頼を受けて、その子頼通（九九二～一〇七四）の学習のために漢籍・仏典から計六三一条の「諺」を出典とともに集め記した幼学書である（現在は上巻（計二二三条）のみが残る零巻）。『世俗諺文』がこの詩句を、『毛詩』を典拠として示しつつ引いているということは、古代日本において、この詩句が、本来は『毛詩』に存するものだという認識のもと、「諺」として認定されるほど、「知っておくべき」語句表現となっていたということになる。

さて、「遄死」の語を含むこの『毛詩』の詩句は、中国においても『史記』や仏書などさまざまな典籍において繰り返し利用応用されており（すなわち、中国において仏教関係の書物が執筆されたり翻訳されたりする際には当然のことながらさまざまな漢語、古典籍所載の語句表現が用いられること）、そしてそれがまた『日本霊異記』においては、仏道への帰依を決意したある人物の心情の吐露を示す表現として有効に活用されていることを示すものであった。

ちなみに、『日本霊異記』には、この他にも『毛詩』に由来すると思われる語句表現がある（『日本霊異記』下巻序文の「言」「言提」という語句等）。

なお、『日本霊異記』がこうした外典（中国古典籍）に由来する漢語表現を駆使して、「工夫を凝らして」生みだした表現は、『日本霊異記』説話を多く再録する後世の説話集においてはどのように受け継がれているのかをみると、また興味深い現象が見出せる。

▽『三宝絵』中五「衣縫伴造義通」（源為憲撰。永観二年（九八四）成立。新日本古典文学大系、底本は東京国立博物館蔵東寺観智院旧蔵本）

……コ、ニミヅカラオモハク、「是ハ昔ノムクヒニヨリテ所招病也。コノヨノ事ニハアラジ」ト思テ、「ナガイキシテ人ニニクマレムヨリハ、シカジ、功徳ヲツクリテハヤクシナムニハ」ト思テ……

▽『今昔物語集』巻十四「伴義通、令誦方広経開聾語　第三十六」（十二世紀前半。新日本古典文学大系）

……義通思ハク、「此レ報ニハ非ジ。宿業ノ招ク所ナラム。今生ニ亦善業ヲ不修ズハ、後世ノ報亦如此ナラム。然レバ、不如ジ、善根ヲ修シテ後世ヲ祈ラム」ト思テ……

『三宝絵』中五、『今昔物語集』巻十四―三十六話は、それぞれ『日本霊異記』上巻第八縁の類同話を載せるものである。まず、『三宝絵』の方では「遄死」という表現が「ハヤクシナム」という和語に置き換えられている（関戸家本「しかしくとくをつくりてとくしなむにはと思て」。前田家本「不如行功徳早死」）。そして『今昔物語集』に至っては、「不如……遄死」という『日本霊異記』の表現は消えてしまっている。これをみると、『日本霊異記』が編み出した漢語表現が、日本語の中に消化され、やがてその痕跡すらみえなくなっていく様子が端的に示されているように思われる。逆に言えば、『日本霊異記』の文は、多くの箇所で日本語の影響を受けた和習を含みながらも、なお漢語表現と密着して表現が構築されたものであることが改めて確認できるのではないだろうか。

二 『楚辞』由来の字句

また、『日本霊異記』には次のような「珍しい」語句が使用されている。国会図書館本訓釈が「侘傺：ニ合ワヒテ」と注する「侘傺」という語句である。(5)

▽『日本霊異記』中巻「悪逆子愛妻将殺母謀現報被悪死縁　第三」

吉志火麻呂者、武蔵国多麻郡鴨里人也。火麻呂之母者、日下部真刀自也。聖武天皇御世、火麻呂、大伴筑紫前守所点、応経三年。母随子往、而相餉養。其婦者、留国守家。時火麻呂、離己妻去、不昇妻愛、而発逆謀、思殺我母、遭其喪服、免役而還、与妻倶居。母之自性、行善為心。子語母言、「東方山中、七日奉説法花経有大会。率母聞之」。母所欺、念将聞経発心、洗湯浄身、倶至山中。子以牛目眦母而言、「汝地長跪」。母瞻子面、而答之曰、「何故然言。若汝託鬼耶」。子抜横刀、将殺母頸。母即子前長跪而言、「殖木之志、為得彼菓並隠其影、養子之志、為得子力并被子養。如恃樹漏雨、何吾子違思、今在異心耶」。子遂不聴。時母侘傺、著身脱衣、置於三処、子前長跪、遺言而言、「為我詠裹。以一衣者、我兄男汝得之也。一衣者、贈我中男睍也。一衣者、贈我弟男睍也」。逆子歩前、将殺母頸之頃、裂地而陥。母即起前、抱陥子髪、仰天哭願、「吾子者、託物為事。非実現心。願免罪睍」。猶取髪留子、々終陥也。慈母持髪帰家、為子備法事、其髪入筥、置仏像前、謹請諷誦矣。母慈深故、於悪逆子、垂哀愍心、為其修善。誠知、不孝罪報甚近、悪逆之罪、非無彼報矣。

右にあげた『日本霊異記』中巻第三縁は、筑紫の防人に徴用された吉志火麻呂という人物が、妻を家に残し、母とともに任地に赴いたものの、妻への恋しさから、母を殺してその服喪を理由に国に帰ろうと企てるという話である。火麻呂は、母が日ごろ善を行うことを心がけていたのをよいことに、山中で法花経の法会があると嘘をついて母を連れ出し、その途中で母を殺そうとする。そこで母は火麻呂の前で跪き、「木を植えるのは、その実を手に入れ、またその木陰に隠れることをあてにしたいと望むからである。子を養育するのは、子の力を得て、また子に養ってもらうことを望むからである。ところが、頼みにした木から雨が漏れ落ちるように、どうして我が子は私の思いに反して邪悪な心に傾いてしまったのか」と訴えるが、その言葉にも耳を貸さない息子に対して、母は「侘傺て（わびて）」、着ていた衣を脱いで息子らに残す。そして、母の切実な訴えにも心を改めず、火麻呂が母を殺そうとした瞬間、火麻呂の足元の地が裂け、その裂け目へと火麻呂は落ちていく。そのとき母は、落ちていく火麻呂の髪をつかみ、天に向かって息子の罪が許されることを願うが、息子はついに地の底へと落ちてしまい、息子の髪のみを持ち帰った母は、息子のために手厚く法事を行う、という結末に至る。

いま注目したいのは、網がけを施した「侘傺（侘傺て）」という表現である。「侘傺」という語は、中国の古文献において用例はきわめて少ないが、『楚辞』には複数回集中して現れる語である（離騒、九章・惜誦、渉江、哀郢、九歎・愍命）。例えば次のようにみえる。

▽『楚辞』離騒（芸文印書館影印明万暦丙戌刊馮紹祖観妙斎本『楚辞章句』）

忳鬱邑余侘傺兮、吾独窮困乎此時也。

〔王逸注〕侘傺、失志貌。

王逸の注が説くように、「侘傺」とは「失望するさま」であり、『日本霊異記』の当該場面における母の状態を描写するには適当な用語だといえる。しかし『日本霊異記』は、このきわめて用例の限られた語句をいかに知り、何ゆえにここに用いたのであろうか。

ここで仏典に目を向けると、わずかに『大唐大慈恩寺三蔵法師伝』のみに当該語句の用例が確認できる（「未嘗不執巻躊躇捧経侘傺」（巻一）、大正蔵第五十巻二二五頁c）。一方、『日本霊異記』と時を接して現れる空海の著作『大日経略解題』にも「侘傺尋五百由旬之宝処」という用例が見える。きわめて用例の限られたこの語を、『日本霊異記』と空海が共有していることは、いかに考えるべきだろうか。

先にも触れたように、『日本霊異記』が筆録、編集された環境は具体的には未詳というほかなく、当代一流の学問を修めた空海の言語や学問環境と一線上に考えることはできない。しかし、そこに使用される表現において、このように極めて特異な語彙が共通して取り出せることは、当時の仏家の言語・文字知識の一側面を伝える、興味深い現象だといえよう。

なお、『楚辞』の作品のうち、上にあげた「離騒」は『文選』にも収められている。『日本霊異記』の語句と『文選』の間にも、実は特殊な用字法が共通してみられる例があり[6]、あるいはこれも『文選』を経由しての受容であるかもしれない。

さて、中巻第三縁には、「侘傺」の語の他にも、例えば「貺」字（傍線部）が日本語の補助動詞「たまふ」を表記するために用いられている等[7]、語彙や表現の面で、さまざまに興味深い特徴がみられる。

そして「侘傺」や「貺」といった「特殊な」表現は、中巻第三縁を出典とする『今昔物語集』巻二十――三十三話には受け継がれない。

▽『今昔物語集』巻二十「吉志火麿、擬殺母得現報語　第三十三」

……火丸此レヲ聞ト云ヘ共不許シテ、猶殺サムト為ル時ニ、母ノ云ク、「汝ヂ暫ク待。我レ云ヒ可置キ事有」ト云テ、着タル衣ヲ脱テ、三所ニ置テ、火丸ニ云ク、……「一ノ衣ヲバ我ガ中男也汝ガ弟ニ与ヨ。……」……母此レヲ見、火丸ガ髪ヲ捕テ、天ニ仰テ泣ミク云ク、「……願ハ天道、此ノ罪ヲ免シ給ヘ」……

これらの語句が『今昔物語集』に受け継がれなかったのは、『日本霊異記』が試みた「侘傺」や「睍」といった語彙の使用が日本の文章表現、文学表現にしっくりとはまらず、日本語の表記として安定することがなかったため、伝承の過程で淘汰、改変された結果かと考えられる。そして逆に、『日本霊異記』の中にこうしたやや「いびつ」な表記がままみえるのは、『日本霊異記』が編纂された当時、さまざまな出来事や人びとの思いをいかなることばを用いて書き記していこうとしたのか、日本で初めて「説話」を書き留め、「説話集」を生み出そうとした『日本霊異記』の工夫や思考、またその「苦労」を垣間見せるものといえるのではないか。

以上、『日本霊異記』において、特定の内典や外典に由来する字句が、巧みな意図をもって応用、利用されているとおぼしき箇所をとりあげてみた。

さて、一方『日本霊異記』には、『日本霊異記』独自の造語かと思われるもの、また、本来のその漢字・漢語の意味とはずれる形で、漢字・漢語が用いられている箇所もある。そこで次に、そうした特殊な文字、語句の使用状況から、『日本霊異記』の「工夫」をみてみることにする。

四　『日本霊異記』独自の特殊な用字、用語

一　「詘」字について

『日本霊異記』の訓釈をたどってみると、他にもまた、『日本霊異記』が試みた興味深い用字法が浮かび上がってくる。それは例えば、「とる」「みる」「おそれる」といった基本的表現を記す際に、実にさまざまな漢字を宛てて、表現が凝らされていることである。(8)

例えば、中巻第十六縁や下巻第二十七縁にみえる「掃」字は、真福寺本や前田家本の訓釈に「取也」あり、「とる」の意で用いられている字であるが、これは『文選』張衡「西京賦」などごく限られた文献にのみ先行の用例が確認できるものである。こうした用字法からみると、『日本霊異記』説話が筆録されるにあたり、『文選』所収の作品が参照され、その用字を用いて「作文」されたのではないかと想像されるのである。

また『日本霊異記』には、「掃」字以外にも、珍しい文字を「取」の意味で用いることがある。

▽『日本霊異記』上巻「僧用涌湯之分薪而与他作牛役之示奇表縁　第廿」

釈恵勝者、延興寺之沙門也。法師平生時、涌湯分薪、詘一束与他而死。……

※興福寺本訓釈「詘：取也」

「詘」字には、中国古文献においては「枉也」「撓也」「曲也」「折也」「服也」「還也」「尽也」などさまざまな訓詁が確認できるが、「取也」という訓はみえない。(9)なお、『日本霊異記』が「詘」字を用いるのは、この一例の

みである。『日本霊異記』は、延興寺の沙門恵勝が、寺の浴室の湯を沸かすための薪を「とって」他人に与えたまま死んでしまったということを述べる際、その「とる（盗み持ち出す）」という行為について、「詘」という珍しい文字を用いたのである。これは「詘」字の「まげる」という字義を応用して用いた作文かとも思われるが、本来「詘」字が有する字義からは、ややずれる用法である。

ところが興味深いことに、日本の古辞書『新撰字鏡』巻三（僧昌住撰。八九八〜九〇一年）には、「詘：取也」という、『日本霊異記』興福寺本の訓釈と同様の訓詁が確認できる。さらには、観智院本『類聚名義抄』（十二〜十三世紀）には「詘：トル」の和訓がみえる。ちなみに、『日本霊異記』上巻第二十縁に基づく『今昔物語集』の類同話では、当該箇所は「取テ」となっている。

▽『今昔物語集』巻二十「延興寺僧恵勝、依悪業受牛身語　第二十」

今昔、延興寺ト云寺有リ。其寺ニ恵勝ト云僧住ケリ。年来此ノ寺ニ住間ニ、寺ノ温室分ノ薪一束ヲ取テ、人ニ与ヘタリケルニ……

『新撰字鏡』と『類聚名義抄』は、いずれも僧侶の手によって編纂された漢和辞典である。『日本霊異記』がこの「詘」という特殊な文字を何ゆえに用いることにしたのか、仏典にいくらかみえる「詘」字の用例に学んだのかなど、詳細は分からないが、少なくとも『日本霊異記』以後、日本の仏者の間では「詘：取也」という特殊な「読み」が継承されていたわけである。

二　「恕」について

『日本霊異記』からもう一例、本来の字義とは若干ずれる漢字の用例をみる。

▽『日本霊異記』下巻「用網漁夫値海中難憑願妙見菩薩得全命縁　第卅二」

呉原忌寸名妹丸者、大和国高市郡波多里人也。自幼作網、補魚為業。延暦二年甲子秋八月十九日之夜、到紀伊国海部郡内、於伊波多岐嶋与淡路国之間海、下網捕魚。々々人三舟乗有九人。忽大風吹、破彼三舟、八人溺死。時名妹丸、漂之於海、至心帰於妙見菩薩、発願而言、「済助我命、量乎我身、作妙見像」。漂海拒波、疲身惑心。如寐無覚。皎天覚瞻、身在彼部内蚊田浦浜之草上焉。唯一所済。量於己身、作像而敬。嗚呼異哉、遇風破舟、撃波亡人。単唯一存、恕身作像。定知、妙見大助、漂者信力也。

※真福寺本訓釈「恕：判加利弖」

海で漁をしていた男が大風に遭い、舟から海に投げ出されるが、妙見菩薩に祈り、「もしも命を助けてもらえたならば、自分と等身大の妙見菩薩像を作ります」と発願したところ、溺死を免れ、言葉通りに妙見菩薩像を造った、という話である。

ここで注目したいのは、「自分と等身大の（大きさにはかって）」と述べる箇所で、はじめは「量」字（傍線部）が用いられているが、最後の部分では「恕」字が使用され、真福寺本訓釈がそこに「判加利弖（ハカリテ）」という読みを宛てていることである。

「恕」の字義は、本来、「思いやりをもってゆるす」「あわれんで大目にみる」といったことであり、「はかる」

という訓はない。それでは、『日本霊異記』は何故、「量（はかる）」の義に「恕」字を宛てたのであろうか。

ここで、『日本霊異記』にもう一例、「恕」字が使用されている箇所をみよう。

▽『日本霊異記』上巻「無慈心剥生兎皮而現得悪報縁　第十六」
大和国有一壮夫。郷里姓名、並未詳也。天骨不仁、喜殺生命。其人捕兎、剥皮放之於野。然後不久之頃、毒瘡遍身、肌膚爛敗、苦痛無比。終不得愈、叫号而死。嗚呼現報甚近。恕己可仁。不無慈悲矣。
※国会図書館本訓釈「恕：ハカリテ」

殺生を好む男が、兎を捕獲し皮を剥いで野に放ったところ、まもなくその男は全身に瘡ができ、皮膚が爛れて死んでしまった、という話である。その末尾の評語、「恕己可仁」の「恕」字に対して、訓釈はやはり「ハカリテ」という読みを与えている。

「恕」字が「はかる」と読まれるようになる過程について考えてみると、まず、中国古典籍において「恕」字が用いられる有名な文として、『論語』里仁の一節がある。

▽『論語』里仁（中国思想史資料叢刊『論語義疏』中華書局）
曾子曰、夫子之道、忠恕而已矣。

〔皇侃疏〕恕、謂付我以度於人也。

梁・皇侃『論語義疏』は、古代日本で非常によく読まれ学ばれた『論語』注釈書であり、中国では散佚してしまったものの、日本には複数の写本が伝存する所謂佚存書である。その「皇侃疏」では「恕」字の意味について「自分を忖る（はかる）ことをもって人のことを度す（はかる）」と説いており、「恕」字に「忖・度＝はかる、思いはかる、思いやる」の意味が重ねられている。

また、「恕己」という語句を中国古典籍に探すと、『漢書』における次のような例に行き当たる。

▽『漢書』成帝本紀（中華書局標点本）
崇寛大、長和睦、凡事恕己、毋行苛刻。
〔顔師古注〕恕者、仁也。恕己之心以度於物。

顔師古の注によれば、「恕己」という語は、「己を恕（ゆる）す（心をもって物を度す（思いはかる））」ということだと説明されている。

また、『日本霊異記』と同様、「恕己可〜」という表現は、『法句経』や『大般涅槃経』をはじめ、内典にしばしばみえる。

▽『大般涅槃経』一切大衆所問品第五（大正蔵第十二巻四二六頁c）
一切畏刀杖、無不愛寿命。恕己可為喩、勿殺勿行杖。

これは「己の身に喩えて（引きよせて）考えよ」、という表現である。

これらを合わせて考えると、「恕」字の字義が、「（思いやりをもって）ゆるす」→「忖度する（思いはかる、おしはかる）」と転回し、それがやがて日本語の「はかる」という訓と接続した結果、『日本霊異記』のように「恕」字そのものを「はかる」の意で用い、「はかる」と訓ずる語句表現を生み出すに至ったのだ、とは考えられないだろうか。

以上、『日本霊異記』伝本に付された訓釈を手がかりとして、『日本霊異記』の言語・文字の特徴を、それが基づいたかと思われる内典・外典からの転回に注目し考察を行った。

それでは次に、個別の文字、語句のみではなく、各「文」の構成において『日本霊異記』が外典・内典を利用しつつ「作文」「創作」を試みている箇所をみていくことにしたい。

五　『日本霊異記』の作文

一　外典を用いた対句

『日本霊異記』の本文中には、内典や外典に取材したことばを軸として、整った対句表現の構築が試みられている箇所が少なからず存在する。まず、外典所載の「譬」が引かれているものをみる。(10)

▽『日本霊異記』下巻「拍于憶持千手呪者以現得悪死報縁　第十四」
越前国加賀郡、有浮浪人之長。探浮浪人、駆使雑徭、徴乞調庸。于時有京戸小野朝臣庭麿。為優婆塞、常誦持千手之呪為業。展転彼加賀郡部内之山、而修行。神護景雲三年歳次己酉春三月廿六日午時、其長有其郡部

内御馬河里、遇行者曰、「汝何国人」。答、「我修行者。非俗人也」。長瞋嘖言、「汝浮浪人。何不輸調」。縛打駆傜、猶拒逆之、懇引譬言、「衣虱上於頭而成黒、頭虱下於衣而成白」。如是有譬。頂載陀羅尼負経之意、不遭俗難。何故持大乗之我令打辱。実有験徳、今示威力」。以縄繫千手経、従地引之而去。……

小野朝臣庭麿という人物は、優婆塞となり、千手の呪（陀羅尼）を唱えることを常の行いとしていた。一方、浮浪人に調庸を迫る「長（おさ）」がおり、修行中の庭麿と出会った。調を差し出すよう責め立てる長に対して庭麿は、「陀羅尼を頂に載せ経を負っているのは、世俗の難を避けるためであるのに、どうしてこのような目にあうのか。いまこそ威力を示されよ」と言って、千手経を縄で縛り、地面に引きずって去っていった……。その後まもなく長は、乗っていた馬もろとも空中に舞い上がり、翌日になって地上に落下し死んだ、という話である。

いま注目したいのは、庭麿が陀羅尼の威力が即座に現れないのを恨むかのように述べる言葉の冒頭（傍線部）で「衣に付いている虱も頭に上れば黒くなる、頭に付いている虱も衣に下りてくると白くなる」という「譬」が用いられている部分である。これはつとに、狩谷棭斎の『日本霊異記攷証』も指摘するように、『文選』所収の嵆康「養生論」とその李善注が引く『抱朴子』に関連する内容がみえるものである。

▽『文選』嵆康「養生論」（胡克家本）

虱処頭而黒、麝食柏而香。

〔李善注〕抱朴子曰、今頭虱著身、皆稍変而白、身虱処頭、皆漸化而黒。則是玄素果無定質、移易存乎所漸。……

『日本霊異記』の当該話は、事件が発生した詳細な日時が載るなど、文字に書かれた記録の形で伝えられた事件であったかとも推察される。が、その当否はさておき、いずれにせよ『日本霊異記』は、『文選』所収の作品にみえる表現を基とする庭麿の発言を、八字＋八字の対句として再編集し、記し留めているのである。

なお、『文選』「養生論」のこの箇所は、空海の作文にも応用されている。

▽空海『三教指帰』上巻（定本弘法大師全集）

遂与頭虱以陶性、将晋歯而染心。……

空海が「頭の虱」とともに「晋の歯」のことを対句として並べるのは、「養生論」が前掲の箇所に続いて、「頸処険而癭、歯居晋而黄」と述べるのに基づくことは間違いない。『日本霊異記』と『三教指帰』は、日本において述作された漢文における「虱」の表現の応用、という点で共通するわけであるが、既に「侘傺」の例でもみたように、『日本霊異記』に特徴的にみえる「外典語」が空海の著作にも重なりみえることは、当時の日本の述作者の言語知識や環境を伝える一具体例として注意すべきものであろう。

さて、それでは、『日本霊異記』下巻第十四縁と類同の記事を載せる『三宝絵』において、この部分はどのように記述されているのか。

▽『三宝絵』中八（新日本古典文学大系、底本は東京国立博物館蔵東寺観智院旧蔵本）

……コノ時ニ修行者云ク、「キヌノシラミハ頭ニノボレバ黒クナル。頭ノ蟣モ衣ニクダレバ白クナリヌ。虫モスミカニシタガヒテ其色ヲアラハセバ、法モツ所ニシタガヒテソノカタチヲアラハスベキ物也。……」

※関戸家本「ときに行者のいはく、きぬのしらみもかしらにのほれはくろくなる。かしらのしらみもきぬにくたれはしろくなる。むしもすむところにゝてそのいろをあらはせは、法文たもつ所にしたかひてそのちからをあらはすへきものなり。」

※前田家本「于時行者云、衣虱登頭黒、頭虱下衣白。衣虫随住所顕其色、法随所持可顕其力者也。」

『三宝絵』（東寺観智院本、関戸家本）では先にみた例と同様に、本来の漢語表現が和語に置き換えられた形で継承されている。ここには、典拠である中国古典籍の本来の文脈から切り離され、教訓的な意味合いを含みつつ「成語」が独立していく過程がみえるように思われる。

なお、『日本霊異記』下巻第三十三縁には、「吹毛不可求疵」（真福寺本訓釈「疵：キスヲハ」）という、『漢書』景十三王伝・中山靖王勝伝にみえる表現（「吹毛求疵」）の応用があるが、これはやがて『源氏物語』桐壺巻においては、「おとしめ疵を求めたまふ人は多く」という和文表現になっていくものである。

このように、日本に伝わった外典の言語表現が、日本漢文の述作において利用され、やがて和語化し、「日本語」として認識され位置を得ていく、そうしたいくつかの語句語彙の起点に『日本霊異記』が存在しているということに、いま改めて留意されてもよいのではないか。

それでは次に、『日本霊異記』が内典所載の語句に基づき、対句あるいは後世に成句となるような表現を構築、構成している例をみる。

二　内典を用いた対句

『日本霊異記』には、内典の語彙や表現に基づき、手のこんだ対句を構成したり、成句的な言辞を構築するものがある。

『日本霊異記』下巻第六縁は、吉野の山寺に住む僧の身体が弱り、弟子に魚を買ってこさせる。購入した魚を小櫃に入れて弟子が寺に持ち帰る途中、面識のある檀越に会い、小櫃の中身はいったい何かと問いただされる。「小櫃の中身は経だ」と弟子は嘘をつくが、魚汁がしたたる小櫃はどうみても経ではなく魚を入れたものだと、無理やりに開けさせられたところ、果たして櫃の中身は法花経に化していた。その後、僧の元へ届けられた「魚」をみた檀越は、「因果」を知り、僧を「大師」として恭敬供養した、という話である。その末尾の評語には、次のようにある。

▽『日本霊異記』下巻「禅師将食魚化作法花経覆俗誹縁　第六」

……当知、為法助身、於食物者、雖食雑毒、而成甘露、雖食魚宍、而非犯罪、魚化成経、天感済道。此復奇異事也。

仏道修行によって身を助けるというのはこういうことであって、食物においては、たとえ「雑毒」を食べようともそれは「甘露」となり、「魚宍」を食べようとも罪を犯すことにはならない、とある。このうち前半の「雑毒が甘露に成る」ということばは、例えば、次のような内典にもみえる。

▽『大乗理趣六波羅蜜多経』（大正蔵第八巻八八三頁c）

若施美飲砂糖石蜜甘蔗蒲萄種種香飲、得如来口中四牙、所有飲食及諸毒薬、至此牙時変成甘露。

『日本霊異記』の筆録者は、如来の口に入れば、いかなる飲食毒薬も変じて甘露と成る、という、こうした内典の言説をもとにして句の前半（「雖食雑毒、而成甘露」）を作り、また、（「僧が魚を食べた」という）説話の内容に沿って「雖食魚宍、而非犯罪」という句を後半につなぎ、対句を構築したのであろう。

なお、『日本霊異記』下巻第六縁を出典とする『三宝絵』中十六では、この対句が、微妙に変化を遂げている。

▽『三宝絵』中十六

……マサニ知ベシ、法ノタメニ身ヲタスクレバ、毒モ変ジテ薬トナル。魚モ化シテ経トミユ。

※関戸家本「まさにしるへし、のりのためにはたすくれは、とくもへんしてくすりとなり、いをも化して経となる。」

※前田家本「当知、為法扶身、毒変為薬、魚化為経。」

そして、『日本霊異記』が「雖食雑毒、而成甘露」としていたのを、『三宝絵』が「毒モ変ジテ薬トナル」としたのには、次にあげるような内典の表現が影響しているのではないかと思われる。

▽『大智度論』釈嘱累品（大正蔵第二十五巻七五四頁b）

譬如大薬師、能以毒為薬。

▽『妙法蓮華経玄義』（大正蔵第三十三巻七五五頁ａ）

譬如良医、能変毒為薬。

『三宝絵』は、源為憲（『世俗諺文』の撰者でもある）が、十八歳で出家した尊子内親王のために撰述した仏教入門書である。『三宝絵』は、『日本霊異記』の「対句」と同内容の、当時より一般的に知られていた内典由来の表現を採用したのかもしれない。

さて、いまみた例では、『日本霊異記』が構築した内典由来の対句表現は、『三宝絵』にそのままの形で受け継がれてはいかない。しかし、『日本霊異記』説話の末尾に付される評語の中には、内典から取り出され、『日本霊異記』以後も日本語の中で定型句、成句のように使用されていく表現もある。

▽『日本霊異記』中巻「未作畢仏像而棄木示異霊表縁　第廿六」

……木是無心、何而出声。唯聖霊示、更不応疑也。

『日本霊異記』中巻第二十六縁は、仏像を作ろうとして完成されないまま棄てられ、橋として使われていた梨の木が「痛い、踏むな」と声を出すのを禅師が聞きつけ、仏像として完成させたという話である。右にあげた、その末尾の評語の傍線部分の表現（「木是無心、何而出声」）は、参照した典籍名は掲げられていないものの、次の

『十一面神呪心経義疏』をふまえた語句と思われる。

▽慧沼『十一面神呪心経義疏』（七～八世紀、大正蔵第三十九巻一〇一〇頁a）

……初明動像二明出声也。問木是無心、何故動而出声耶。答此有三義故動而出声也。一者行人心誠。二願強盛故。三菩薩願重故也。人世不無是事也。如丁蘭木母、猶現生相、僧感画女、尚応哀形。何況是菩薩而不応耶。……

傍線部の語句が、『日本霊異記』中巻第二十六縁の評語と一致する。

そしてここで注目すべきは、その傍線部の直後の、波線部分の文が、同じく『日本霊異記』の上巻第十七縁の評語にそのまま引用されていることである[11]。

▽『日本霊異記』上巻「遭兵災信敬観音菩薩像得現報縁　第十七」

……蓋是観音之力、信心之至也。丁蘭木母、猶現生相、僧感画女、尚応哀形。何況是菩薩而不応乎。

『日本霊異記』上巻第十七縁も、中巻第二十六縁と同じく、仏像の霊験を語る説話である。上巻第十七縁と、中巻第二十六縁とが、同じく仏像の霊験を説き、その末尾の評語に、同一の内典の非常に近接した箇所から文言を引き載せるということは、『日本霊異記』の筆録者が必ずやこの『十一面神呪心経義疏』を参照していることを示していよう。

そしていま注意したいのは、中巻第二十六縁においては、『十一面神呪心経義疏』の文言が、四字＋四字の形（「木是無心、何而出声」）に整えられており、定型句、成句のように独立して用いることも可能なように「加工」されていることである。(12)

またもう一例、『日本霊異記』が内典から評語に引用する語句が、後世にも（若干語形を変えながら）引き続き用いられていくものをみよう。

▽『日本霊異記』下巻「奉写法花経々師為邪婬以現得悪死報縁　第十八」

……断知、護法刑罰。愛欲之火、雖燋身心、而由婬心、不為穢行。愚人所貪、如蛾投火。……

『日本霊異記』下巻第十八縁は、女衆が堂に多治比経師を招請して法花経を写していたところ、雨が降り、狭い堂の中に経師と女衆が雨宿りする事態となる。そして経師は「婬心」をおこして女と「婚（くながふ）」。すると経師も女も死んでしまったという話である。その事件を記した後、『日本霊異記』は右のような評語を載せるが、そのうち傍線部は、『梵網経古迹記』の文を引用したものである。(13)

▽新羅・太賢『梵網経古迹記』巻下本（八世紀。大正蔵第四十巻七〇五頁a）

一切怨害、皆従欲生。愚人所貪、如蛾投火。

「如蛾投火」は、自ら危険の中にとびこむことのたとえとして、現代中国語においては「飛蛾投火」「飛蛾赴火」「飛蛾撲火」といった四字熟語としてみえ、現代日本語においてもまた「飛んで火に入る夏の虫」としてよく知られ用いられることばである。ただ、「夏の虫」と表現するのは日本独自の変化のようであるが、例えば、鎌倉期成立の『童子教』には、「勇者必有危、夏虫如入火」とみえ、また、『源平盛衰記』巻八・法皇三井灌頂には「智者ハ秋ノ鹿、鳴テ入山、愚人ハ夏ノ虫、飛テ火ニ焼トゾ…」とみえる。

このうち『童子教』は、多くの格言を含む道徳教科書のごとき書物で、中世から多くの注釈書が作られ広く普及したものであるが、いまその末尾の結びのことばに注目すると、次のようにある。

▽『童子教』（新日本古典文学大系）

為誘引幼童、注因果道理。出内典外典、見者勿誹謗、聞者不生笑。

『童子教』は僧侶によって撰述されたものとされているが、いま注目したいのは、ここに、かつて景戒が『日本霊異記』序文で述べたことばと同様の発言が繰り返されていることである。すなわち、幼童をはじめとする人々に因果や道理を説き、導くためには、「内典」「外典」双方にみえることがらを伝え、それらを学ぶよう勧めることが肝要である、ということである。

実は、『日本霊異記』と『童子教』の間に位置する「諺語集」である、源為憲の『世俗諺文』も、その序文には次のようにみえる。

▽『世俗諺文』序

夫言語者、自交俗諺者多出経籍。雖釈典儒書為街談巷説、然而必不知本所出矣。

『世俗諺文』編纂の目的は、「言語」中に現れる「俗諺」の多くは「経籍」に由来するものであり、たとえ「釈典儒書」であっても「街談巷説」となる語があるが、必ずしもその出典が正しく知られていない、それを正しく伝えるのだ、ということなのであった。そして『世俗諺文』は、いま学ぶべき「諺」として、外典のみならず、内典に由来する「諺」をも出典とともに掲出するのである。(14)

このように、日本の言説は、「内典」「外典」双方をともによく学び、そこからさまざまなエッセンスを吸収することによって、基礎根幹を固め、新たな表現を重ね、豊かに形成されてきたものであった。繰り返し述べるならば、『日本霊異記』がみせる言語・文字との格闘のさまや、「内典」「外典」を駆使した作文の創意工夫は、日本の言語世界において繰り広げられてきた、「内典」「外典」の摂取、受容をはじめとする、さまざまな試行錯誤の原点の一つとして、改めて大きく評価することができるのではないだろうか。

おわりに

以上、古代日本の仏教説話が、いかなる言語・文字をもって「仏教」流伝を実現しようとしたのか、『日本霊異記』を考察対象の中心として検討してきた。そして、そこには、内典・外典の字句表現の摂取と、それを消化しアレンジしていこうとする試みがさまざまな形で窺えることをみてきた。

『日本霊異記』を生み出す機縁となったのは、はじめにも触れたように、中国において既に存在していた『冥報記』や『般若験記』といった「仏教説話集」の存在であった。しかしここで改めて注意したいのは、例えば『冥報記』は、『旧唐書』経籍志においては「乙部史録雑伝類」に著録されており、当初は「史書」の一類として認識されていた書物であったことである。

振り返って『日本霊異記』をみると、『日本霊異記』の各説話は時代順に配列され、『日本書紀』や『続日本紀』との記事の重複もある。また、「賛」を有することや、予兆に関わる「謡」を持つことなど、いずれも史書の体例、特徴を共有している。また、『続日本紀』の編纂に携わった菅野真道が登場する下巻第三十五縁には、史書編纂に際しての一資料であったと思われる「解（解状）」の存在が説話の中に語りこまれている。

中国においても、日本においても、今日いわゆる「仏教説話（小説）」と称される書物が、ともに「史書」的な性質から出発、展開していることは、韓国あるいはベトナムを含む漢字・漢文文化圏における仏教の流伝に伴う「言説」の生成の「メカニズム」として、改めて注目すべきことがらと思われる。

また、『日本霊異記』においては、「仏教」を日本の「歴史」の中に正当に位置づけていくことを狙ってか、天皇や国家、公権力と直接的に深く関わる説話が散見されるのも、見逃すことのできない特徴であり、面白さである。

その一例をあげる。

▽『日本霊異記』上巻「忠臣小欲知足諸天見感得現報示奇事縁　第廿五」

故中納言従三位大神高市万侶卿者、大后天皇時忠臣也。有記云、「朱鳥七年壬辰二月、詔諸司、「当三月三日、将幸行伊勢。宜知此意而設備焉」。時中納言、恐妨農務、上表直諫。天皇不従、猶将幸行。於是脱其蟬冠、擎上朝廷、亦重諫之、「方今農節、不可行也」」。或遭旱災時、使塞己田口、水施百姓田。々施水既窮。諸天感応、龍神降雨。唯澍卿田、不落余地。堯雲更靄、舜雨還霈。諒是忠信之至、仁義之大。賛曰、「修々神氏、幼年好学。忠而有仁、潔以無濁。臨民流恵、施水塞田。甘雨時降、美誉長伝」。

大后天皇（持統天皇）の忠臣であった大神高市万侶は、『懐風藻』にも詩を残す著名な人物である。ここでは、農事の妨げとなる天皇の行幸を諫言によって止めたり、旱の時には自分の田の水を百姓の田にそそぐようにしたところ、諸天の感応があり、高市万侶の田にのみ雨が降る霊験がおこった、という話が記される。ここで高市万侶は「忠」「信」「仁」「義」（傍線部）といった儒家の徳目を体現する良臣として描かれており、末尾に賛が付されることからも、史書の「伝」のごとき体裁、内容となっている。

また注目したいのは、賛の末尾の「美誉」（波線部）という語句である。『日本霊異記』では、本話以外にも、天皇に認められ、称賛を受けた仏者らを取りあげる際、繰り返してこの「誉」の字を用いるのである（上二十六、中七、中二十二）。『日本霊異記』はそもそも、冒頭の上巻第一縁と、末尾の下巻第三十九縁に、ともに天皇を主要な登場人物とする説話が置かれており、天皇・王権とのつながり、その枠組みの中で仏教を位置づけ、語ろうとする意図が顕著である。

そしてさらに興味深いのは、一見、仏教への信仰とは関わりがみられない、右の大神高市万侶の説話の中に、「諸天」や「龍神」、そして題目の中の「小欲知足」（網掛け部分）など、いずれも『妙法蓮華経』所載の語句がちりばめられていることである。また、「堯雲」と「舜雨」（二重線部）の対は、中国では、唐・法琳『弁正論』巻四にみえるものである（「開四等之日、遍燭堯雲。揚六度之風、横流舜雨」。大正蔵第五十二巻五一二頁a）。

このように、『日本霊異記』の各説話、そして『日本霊異記』という仏教説話集の存在は、仏教の流伝がもたらした言語・文字への刺激、そしてさらには知や歴史の構築における影響を考察するうえで、さまざまな視点、糸口を示してくれるものであり、今回考察を行ったわずかな材料からもその一端は推し量ることができるのではないだろうか。

主な使用テキスト

出雲路修校注『新日本古典文学大系三〇　日本霊異記』（岩波書店、一九九六年）
古辞書叢刊刊行会編『原装影印版古辞書叢刊別巻　法華経単字』（雄松堂書店、一九七三年）
吉田金彦（解題）『古辞書音義集成第四巻　妙法蓮華経釈文』（汲古書院、一九七九年）
小林芳規（解題）『古辞書音義集成第七〜九巻　一切経音義』上・中・下（汲古書院、一九八〇年〜一九八一年）
沼本克明・池田證壽・原卓志『古辞書音義集成第十九巻　一切経音義索引』（汲古書院、一九八四年）
方広錩・［英］呉芳思主編、上海師範大学・英国国家図書館合編『英国国家図書館蔵　敦煌遺書』⑦（広西師範大学出版社、二〇一一年）
上海古籍出版社・法国国家図書館編『法蔵敦煌西域文献』⑦、⑱（上海古籍出版社、一九九八年、二〇〇一年）
観智院本『世俗諺文』（古典保存会複製、一九三一年）
馬淵和夫・小泉弘・今野達校注『新日本古典文学大系三一　三宝絵　注好選』（岩波書店、一九九七年）
小泉弘・高橋伸幸『諸本対照　三宝絵集成』（笠間書院、一九八〇年）
池上洵一校注『新日本古典文学大系三五　今昔物語集三』（岩波書店、一九九三年）
小峯和明校注『新日本古典文学大系三六　今昔物語集四』（岩波書店、一九九四年）
東京大学国語研究室編『東京大学国語研究室資料叢書　今昔物語集』（汲古書院、一九八五年）
山田俊雄・入矢義高・早苗憲生校注『新日本古典文学大系五二　庭訓往来　句双紙』（岩波書店、一九九六年）

注

（1）興福寺本『日本国現報善悪霊異記上巻』便利堂影印（一九三四年）、小泉道『校注真福寺本日本霊異記』（『訓点語と訓点資料』別巻第二、訓点語学会、一九六二年）、財団法人前田育徳会尊経閣文庫編『尊経閣善本影印集成四〇　日本霊異記』（八木書店、二〇〇七年）、財団法人日本古典文学会監修・編集『複刻日本古典文学館　日本霊異記　来迎院本』（ほるぷ出版、一九七七年）参照。

（2）浅野敏彦「日本霊異記の漢字と言葉――法華経・一切経音義との比較を通して」（坂本信幸他編『論集　古代の歌と説話』和泉書院、一九九〇年）、出雲路修校注『新日本古典文学大系三〇　日本霊異記』（岩波書店、一九九六年）等。

（3）段文傑主編『甘粛蔵敦煌文献』第五巻（甘粛人民出版社、一九九九年）、于淑健『敦煌仏典語詞和俗字研究――以敦煌古佚和疑偽経為中心』（上海古籍出版社、二〇一二年）参照。

（4）河野貴美子「『日本霊異記』を生みだした「語」学と「文」学」（『文学・語学』二〇五、二〇一三年三月）も参照。

（5）河野貴美子「上代の女性の結婚と仏教――『日本霊異記』を通してみる」（仁平道明編『アジア遊学一五七　東アジアの結婚と女性――文学・歴史・宗教』、勉誠出版、二〇一二年九月）も参照。

（6）前掲注4拙論参照。

（7）前掲注2出雲路修校注書等参照。

（8）前掲注2浅野論文、出雲路修校注書等参照。

（9）宗福邦・陳世鐃・蕭海波主編『故訓匯纂』（商務印書館、二〇〇三年）等参照。

（10）当該の箇所については前掲注4拙論でも検討し述べた。

（11）中村史『日本霊異記と唱導』第二編第二章（三弥井書店、一九九五年）参照。

（12）「心なき草木…」という句は、後世の軍記物語や謡曲などに繰り返しみえる。

（13）狩谷棭齋『日本霊異記攷証』（覆刻日本古典全集、現代思想社、一九七八年）等参照。

（14）なお敦煌出土の金言成句集『新集文詞九経抄』（八世紀半ば～九世紀後半成立）の序文にも「包括九経、羅含内外、通闡三史、是要無遺」（P.2557）と、やはり内典外典をともに重視する姿勢がみえる。

長屋王発願経（滋賀県常明寺蔵和銅経）伝来考

岩本健寿

はじめに

今日、長屋王発願経と称される経巻群は二種類存在する。いずれも『大般若波羅蜜多経』（以下、『大般若経』）で、一方は和銅五年（七一二）十一月十五日付けで書写されたもの（以下、和銅経）、もう一方は神亀五年（七二八）五月十五日付けで発願されたもの（以下、神亀経）である。長屋王発願経と称されるのは、和銅経の跋文に「長屋殿下」、神亀経のそれには「仏弟子長王」とあり、それぞれが長屋王を指すと考えられているためである。

このうち、和銅経は、現存する限りにおいて日本国内で書写された最古の『大般若経』とされ、現在、二三〇巻ほどの存在が確認される。(1) なかでも、鈴鹿峠の麓・滋賀県甲賀市土山町（旧甲賀郡土山町）にある常明寺・見性庵・太平寺には、それぞれ二十七帖・四十三帖・一四二帖が伝えられており、和銅経現存巻の九割以上が同一地域に伝来するため、当該地域は、和銅経の伝来に関わる重要な地域であるといえる。

とはいえ、なぜこの地域に多数の和銅経が伝来しているのかについては不詳なところが多い。そもそも、和銅経にしろ神亀経にしろ、直接関わる記述が『続日本紀』等の他史料に確認できないため、その施入先や流出・伝来過程等はほとんど不明のままである。

また、そればかりではなく、三ヶ寺が所蔵する和銅経の詳細な調査記録すら、川瀬一馬「長屋王の願経」[2]と田中塊堂『日本古写経現存目録』[3]を確認できるにとどまっているのが現況である。

こうした状況の下、この度、常明寺現蔵和銅経調査の機会に恵まれた。本稿では、第一にその調査報告を目的とし、加えて、そこで得られた知見をもとに、和銅経伝来に関する私見を提示したい。

一　常明寺蔵和銅経

一　和銅経

ここでは、まず、常明寺蔵の和銅経を論じるに当たり、和銅経について簡潔にふれておきたい。

和銅経本文は、後世の修補部分を除いて無界で筆写されている。これは、神亀経とともに長屋王発願経の特徴である。奈良時代に書写された『大般若経』はほかにも現存するが、無界のものは和銅・神亀両経のみである。[4]

さて、和銅経の発願の経緯は、その跋文からうかがえる。[5]例として巻二十二のそれを左に掲げる。

藤原宮御寓　天皇以慶雲四年六月
十五日登遐三光惨然四海遏密長屋

殿下地極天倫情深福報乃為
天皇敬写大般若経六百巻用尽酸割
之誠焉
和銅五年歳次壬子十一月十五日庚辰竟
用紙廿張　　北宮

これによれば、跋文は、①五行目までの願文、②和銅五年（七一二）十一月十五日に書写の終わったことを示す年紀記載、③「用紙廿張」・「北宮」という各巻の所用紙数記載と「北宮」記載（以下、用紙・北宮記載とする）から構成される。願文によれば、慶雲四年（七〇七）六月十五日に没した「藤原宮御寓　天皇」（文武天皇）の冥福を「長屋殿下」（長屋王）が祈念するため『大般若経』が書写されることになったことがわかるだろう。この跋文は、同文が現存巻の過半数に確認できるため、[6]初めから全巻に付されていたと考えられる。ただし、筆跡はすべて同一とは判断されず、数人で分担していたものと思われる。

なお、願文に長屋王が明記されるからといって、和銅経の発願者を長屋王に特定することについては必ずしも定説とされているわけではなく、別に考察の必要があるといえる。とはいえ、本稿はあくまで和銅経の調査報告を主目的とするため、長屋王ないしその周辺人物を和銅経の発願者とするにとどめ、この点に関してはこれ以上追究しないこととする。

二　常明寺蔵和銅経と「長峯寺」

甲賀市土山町にある常明寺は、山号を瑞宝山とし、臨済宗東福寺派に属す寺院で、ご住職によると、もともとは現在地付近の五瀬に所在していたという[7]。また、伝わる縁起によれば、和銅二年に文武天皇の菩提を弔うために元明天皇が建立を発願し、同五年に七堂伽藍が完成したという。

同寺の所蔵する和銅経二十七帖は[8]、明治四十三年（一九一〇）四月二十日に国宝（旧国宝）、昭和三十七年（一九六二）六月二十一日に国宝に指定されている。所蔵巻は、川瀬や田中の指摘する通り、巻二十一・二十二・二十四〜三十・四十一〜四十四・四十六・四十八〜六十で、いずれも、もともとは巻子装であったが現在は折本装に改められ、昭和二十八年六月の文化庁による調査の際に作成したと思われる函に入れられ保管されている。各巻の現状については、本稿の末尾に「**表1**　常明寺蔵和銅経」を付したのでそれを確認していただきたい。

そのなかで、殊に留意すべき事項は「長峯寺」という記載が数巻に確認できることである。いずれも同筆と認められるが、川瀬以来[9]、これが和銅経の伝来に関わる記述と見なされてきた。川瀬は「長峯寺」についての具体的検討を行っていないが、鈴木景二は以下のように考察する[10]。まず、「長峯」を、薬師寺領豊浦荘の立荘に関わる天平感宝元年（七四九）閏五月二十日「聖武天皇施入勅願文」[11]に見える「佐〻木山長峯」と同一視し、次に「佐〻木山」を現在の繖山（観音寺山、滋賀県近江八幡市・東近江市）と同定した上で、繖山内所在の諸寺院のうち、「桑峰薬師」の称をもつ桑実寺が、豊浦荘内に位置し、一時期その小別当を務めていたことから[12]、「長峯寺」を桑実寺と見なし、和銅経は、当初薬師寺に施入されたものの、現存する分は時を経て桑実寺に移されたとする。長屋王と薬師寺との関係については、『諸寺建立次第』や薬師寺本『薬師寺縁起』等が薬師寺に長屋王や吉備内親王と縁を有する堂舎の存在を記載することから裏付けられるという。

また、そもそも、見性庵と太平寺に所蔵される和銅経数巻に共通して「正寿院」での校了を示す記載があり、桑実寺の塔頭に「正寿院」が確認されるため、田中以来[13]、現存する和銅経は一時期一括して桑実寺が所蔵し、その後、常明寺・見性庵・太平寺に分与されたと考えられてきた。

これら伝来については後で検討するが、その前段階として、常明寺における『大般若経』現蔵状況についてふれておく必要があるものと考える。太平寺において、和銅経を補完するために後世の写経がともに伝えられているためである。[14]

二　常明寺蔵『大般若経』諸群と和銅経

一　四種の『大般若経』

現在、常明寺には四種の『大般若経』が伝えられている。便宜的に、成立の古い順に列挙すると、A和銅経・B「中世経」・C永泰書写経・D慧喬書写経となり[15]、B・C・Dの概要を示すと左のようになる。

B「中世経」

折本／表紙は朱色／多くは写経だが、一部は版経／界線あり／書写者・発願者名・跋文・年紀等の記載なし／写経・版経の状態から中世成立と推測／現蔵巻は巻七から巻九十九までの一部。

C永泰書写経

永泰（大堂）の書写／折本／表紙は多くは青色／外題は「大般若波羅蜜多経巻第□□□」[16]／写経／墨界線

はないが、一部の巻には押界あり／年紀記載はないが、江戸時代の書写と推測／跋文あり（ほとんど同文の二種が存在）／巻末に檀越の名が記される場合あり／現蔵巻は一〇一以上の数の巻の一部。

D　慧喬書写経

慧喬（虚白）の書写／折本／表紙は青色（C永泰書写経表紙の青色とは異なる）／外題は「大般若波羅蜜多経〈巻第□□〉」(17)／写経／墨界線はないが、一部の巻には押界あり／年紀記載はないが、江戸時代後期の書写／跋文あり（後掲）／巻一〇〇までしか確認できず。

このうち、まず注目したいのはD慧喬書写経である。次掲の跋文を有するためである(18)。

長屋王、自書二写大般若経一、以資二
文武天皇覚路一。又嘗造二千袈裟一遣二於唐一施レ之。鑑
真和上之東渡実由レ此也。王淳信如レ是。又王所二
書写一般若散二在諸方一。当国広瀬村某寺及尾州
某寺皆蔵二若干巻一。弊院所レ蔵一百巻。大堂和尚
曾補二五百巻一。不肖慧喬窃発願謹書二写一百巻一、将下
以并二大堂写経一為中全部上。如二長屋王書写百巻経一
別盛二宝函一深秘重レ之。毎歳読誦須レ用二新写経一。
近江州甲賀郡土山県瑞鳳（ママ）山常明禅寺小隠

再住東福松堂叟慧喬敬識

一見してわかるように、末尾には発願者である僧慧喬の自署が見られる。彼は[19]、またの名を松堂や虚白ともい い、常明寺のある土山で安永二年（一七七三）に生まれ、六歳の時に当時の常明寺住持淡嶺に師事したと伝えら れる。その後、慧喬は、寛政三年（一七九一）には常明寺を離れるが、文化四年（一八〇七）に僧中巌の後を受け て常明寺を継承した。また、文政七年（一八二四）には肥前佐賀高城寺の住持となった後、数ヵ寺の住持を経て、 天保六年（一八三五）に東福寺住持の、同十四年に南禅寺の住持の公帖をそれぞれ賜ったという。晩年は東福寺 即宗院に隠棲し、弘化四年（一八四七）に没したとされる。このような彼の経歴から、慧喬書写経の成立時期が 十九世紀前半であることは間違いないだろう。ただし、具体的な成立年次は記されていない。

続けて、跋文本文の検討に移る。冒頭では長屋王が『大般若経』を文武天皇のために書写したとするが、これは 和銅経書写を指すとみてよい。次に、鑑真への袈裟送付が記されるが、これは、古来からの著名な伝承であり、和 銅経書写とともに長屋王についての仏教関連の事績を具体的に記すことで、彼の篤信を顕彰する文脈となっている。

それ以後は、長屋王発願経の所在についての話題に切り替わる。まず、長屋王発願経が「諸方」に「散在」し ていることが述べられ、所蔵先として、近江国広瀬村所在の寺院[20]と尾張国所在の寺院[21]が例示される。その文脈で 「弊院」（常明寺）に長屋王発願経「一百巻」が存在することを記す。この長屋王発願経が和銅経を意識していた ことは確実であろう。次に、大堂による『大般若経』五〇〇巻の補写、続けて、この跋文の筆者である慧喬（松 堂）による『大般若経』一〇〇巻の書写のことが語られる。慧喬の目的が、大堂書写の『大般若経』五〇〇巻と あわせて『大般若経』「全部」（六〇〇巻）を揃え、「長屋王書写百巻経」を「宝函」に入れることにあったらしい

こともわかる。最後には、毎年『大般若経』を転読する際は「新写経」を用いることとされる。(22)

以上が慧喬書写経の跋文の概要であるが、そこには、和銅経伝来に関する貴重な情報が書かれていることに気づく。特に重要な事項は三点ある。

一点目は、慧喬書写経成立時には常明寺に長屋王発願経とされる経典が一〇〇巻存在したということである。常明寺の和銅経現蔵数が二十七帖であることを考えると、江戸時代にはより多くの「和銅経」が所蔵されていたのだろうか。

二点目は、その「長屋王書写百巻経」を補うべく写されたのが、大堂書写の『大般若経』五〇〇巻だということである。大堂は、C永泰書写経の跋文から永泰の別名だと判明するので、大堂書写の『大般若経』五〇〇巻とは、すなわち、永泰書写経のことだとわかる。前述したように、永泰書写経は、一部の巻にこそ押界が確認されるものの墨界線はない。さらに、その願文の一部には「酸割」という語句が確認され、これが和銅経跋文にも確認されることから、永泰（大堂）が和銅経を念頭に『大般若経』を補ったことは間違いない。また、永泰は『大般若経』五〇〇巻を書写したのにとどまっていることから、彼は、「長屋王書写百巻経」も法会等で使用するつもりでいたのであろう。

ところが、慧喬は、「長屋王書写百巻経」の価値に気づいたらしく、それを「宝函」に収め、代わりに新たに『大般若経』一〇〇巻を書写した。これが慧喬書写経である。

ここにおいて、慧喬の書写した『大般若経』一〇〇巻と、その当時常明寺に伝えられていた「長屋王書写百巻経」とで、巻次を同一とすることが判明する。これが、慧喬書写経の跋文が伝える重要な情報の三点目である。

以上のことから、近世の一時期まで、常明寺には長屋王発願経が一〇〇巻あり、その一〇〇巻は、慧喬の書写した『大般若経』と巻を同じくすることが指摘できよう。

この推測を裏付けるかのように、慧喬書写経は、前述したように、巻一〇〇までの一部しか現存しない。仔細は、本稿の末尾に「表2　常明寺蔵『大般若経』（巻一〜一〇〇まで）」を付したので確認していただきたいが、おそらく、「長屋王書写百巻経」とは、巻一から巻一〇〇までの諸巻で構成されていたものと思われる。

ところで、慧喬の言及する「長屋王書写百巻経」がすべて和銅経であったかといえば、その可能性はきわめて低いとせざるを得ない。というのも、常明寺には、慧喬書写経と巻次が同一の範囲内に収まる『大般若経』がもう一群存在するからである。それが、B「中世経」である。節を改めて、「中世経」について検討してみたい。

二　「中世経」の伝来と和銅経

「中世経」は、『大般若経』諸巻から構成されるものの、表2にあるように、巻七から巻九十九までのうちの四十八帖しか伝えられていない。そもそも、この一群には写経・版経が混在しており、和銅経・永泰書写経・慧喬書写経とは異なって必ずしも一括りにしていいものではないのかもしれない。しかし、伝来の経緯が常明寺に伝わっておらず、表紙を朱色で揃え、中世成立のものと考えられるため、本稿では一括して考察対象とした。

繰り返しになるが、「中世経」は、年紀も跋文も発願者も書写者も伝えない。そのため、研究上、その存在を振り返られることは今日までなかった。ところが、表2にもまとめておいたが、次の諸点により、「中世経」が和銅経と密接な関係を有する経巻群であることは明白なのである。

一点目は、巻六十三・八十一・八十三に、和銅経の一部に確認できた「長峯寺」記載がやはり確認できることである。この「長峯寺」という書き入れは、和銅経の一部に見られたそれと同筆と認められ、この点だけでも、

「中世経」が、ある時期ないしある時期以降、和銅経とともに所蔵されたことを示唆するものと思われる。

二点目は、巻四十・六十三に、応永二十九年（一四二二）の修補が記されることである。同年の修補は和銅経巻二十五・三十にも確認されるため、和銅経・「中世経」ともに、同一年に修補が加えられていることがわかる。

三点目は、巻十三の裏打紙の記載である。すなわち、そこには、

藤原宮御寓　天皇以慶雲四年六月
十五日登遐三光惨然四涙乃

と記されており、筆跡こそ和銅のものではないが、明らかに和銅経の跋文を筆写していることがうかがえるのである。この裏打紙は、「海」を書く際に次行の「報」と混同し、さらに続けて「乃」を書いてしまったために結果的に反故にされ、裏打紙として利用されたのだろう。いずれにせよ、「中世経」修補の際に、和銅経が周囲に存在していたものと考えられる。

四点目は、現存巻が、**表2**を一目すればわかるように、常明寺現蔵の和銅経と一切重複しないことである。これは単なる偶然とはいえまい。

これらの点から、和銅経と「中世経」とは、ある時期以降、あわせて所蔵・伝来されたものと結論づけられると考える。また、両経の現存巻が慧喬書写経の範囲とほぼ重なっているため、慧喬書写経跋文に言う「長屋王書写百巻経」とは、和銅経と「中世経」との取り合わせ経巻群を指す蓋然性がきわめて高い。

おそらく、その取り合わせの画期の一つは、応永二十九年の修補であろう。まず、「中世経」巻六十三には複

数の裏打紙が施され、数紙に応永二十九年の修補と「長峯寺」の書き入れとが記載されることを確認したい。これは、前に指摘した諸点も勘案すれば、応永二十九年に「長峯寺」で和銅経・「中世経」に修補が加えられたことを示すものと思われる。

次に、巻六十三に充てられる紙のうち、一紙が、和銅経ではない『大般若経』巻六十の一部である点に注目したい。すなわち、それは、応永二十九年修補の際には、和銅経巻六十とは別の『大般若経』巻六十がその現場にはあったということを示唆する。推測を重ねるならば、この修補の際に、和銅経と「中世経」とが組み合わされたということもできようか。

以上のことを総合すると、少なくとも応永二十九年の時点で和銅経・「中世経」が混在した経巻群があり、遅くとも近世のある時期までに、その経巻群「長屋王書写百巻経」（『大般若経』巻一〜一〇〇）が常明寺に伝来していたことと考えられよう。つまり、「中世経」は、現在でこそ長屋王発願経とは称されないが、過去の一時期においては、長屋王発願経として存在していたものと思われる。

同様の事象は、簡潔に既述したように、太平寺蔵の『大般若経』においても指摘することができる。太平寺現蔵の『大般若経』は二六〇帖で[23]、このうち一四二帖が和銅経である。和銅経以外の一一八帖は、鎌倉時代から江戸時代にかけての写本・刊本であるという。

これに関して、『甲賀郡志』下の太平寺の項には、

大般若経　二百五十巻相伝ふ長屋皇子の御真筆なりと。

とあり、ここでは、長屋王発願経が二五〇巻伝えられていることになっている。おそらく、太平寺現蔵『大般若経』二六〇帖のうち、十帖が版本であるため、残りの写本二五〇帖が長屋王発願経として伝えられたものと思われる。しかしながら、うち、一〇八帖は中世から近世にかけての書写になり、明らかに和銅経ではない。とはいえ、それらを含めて長屋王発願経として伝えられたということなのだろう。

なお、京都国立博物館蔵守屋コレクションには、「和銅経補足本」として、『大般若経』巻二三五・三六八・四六九が含まれる。(24) いずれも平安時代の書写とされるが、これら「和銅経補足本」三巻は、それぞれの修補記と太平寺の『大般若経』欠巻状況とから判断して、もと太平寺にあったものと思われる。

さらに、特種東海製紙株式会社蔵『大般若経』巻一二三は、経文とは別筆で「寿永二年六月廿三日交了義円」とありながら、さらに別筆で享保三年（一七一八）に太平寺で修補されたことが記される。(25) これは、和銅経とは何ら関係なく院政期に書写された『大般若経』が、後世、和銅経を補完する役割を付加されたことを示す事例である。

また、田中は、巻次を記さないが、「和銅経補経」として、「寛治六年壬辰五月廿三日乙巳書写畢　執筆僧定暹」・「永暦元年十二月廿五日酉時書写畢　僧蓮栄」という奥書を有する二巻の経を紹介する。ほかに、天慶二年（九三九）の奥書を有する『大般若経』巻二三一も和銅経補写本として重要美術品にかつて指定されている。これらも、それぞれ、和銅経と関わりなく書写されたものであろうが、後世、和銅経を補うことを課されたのである。

このように、今日、和銅経と称される経巻は、近世においては、それ以外の経巻も含めて長屋王発願経として伝えられていたのである。

最後に、常明寺への和銅経伝来時期について述べたい。常明寺は、既述のように八世紀初頭創建の縁起を有する。しかし、近世初頭の天正年間（一五七三〜九二）に兵火のために焼失し、再建は延宝年間（一六七三〜八一）のことだという。これに基づくならば、延宝年間以降に常明寺に伝えられたと考えるのが自然であろう。もちろん、それ以前から和銅経が常明寺にあり、焼失から再建までの一時期のみ他所に移されていた可能性もあるが、なにぶん、史料がないために立証は困難である。

以上が、今回の調査で明らかとなった諸点である。

二　和銅経の移動

ここでは、通説を整理した上で、和銅経の伝来について二、三のことを押さえてみたい。

先にも述べたように、和銅経については、薬師寺へ施入された後、現存巻は一括して近江国蒲生郡織山桑実寺へ流伝し、その後、土山の三ヶ寺へ伝来したというのが通説となっている。その際根拠とされたのは、和銅経の一部巻に見られる奥書である。それらをおおよそ時代順に列挙すると次のようになる。

①和銅経巻一一七奥書（見性庵蔵）

以嘉禄三年三月之比不慮自殿村堂不具之経

仍加修理令具本経畢

②和銅経巻二十五奥書（常明寺蔵）

右経自和銅五年壬子至応永廿九年壬寅七百八個年矣

③和銅経巻三十奥書（常明寺蔵）

応永廿九冬修補焉

④和銅経巻一五四奥書（見性庵蔵）

永禄六年林鐘吉辰為再興校之宝聚庵当住

⑤和銅経巻四一六奥書（太平寺蔵）

永禄六年□上旬於玉林庵為修補（以下墨消）

⑥和銅経巻五七九奥書（見性庵蔵）

江州甲賀鮎河於玉林為再興校了

⑦和銅経巻二十八裏・二十九裏・三十裏（すべて常明寺蔵）

長峯寺(26)

⑧和銅経五二三奥書（見性庵蔵）

□正六〈戊寅〉年林鐘吉辰　正寿院　校了

⑨和銅経五九六奥書（見性庵蔵）

」六年林鐘吉辰修補シテ校了正寿院

⑩和銅経五九九奥書（見性庵蔵）

天正六年林鐘吉辰修補シテ校了正□正□

⑪和銅経巻五二二奥書（見性庵蔵）（以下切断）

正寿院　校了

⑫和銅経巻三十奥書（常明寺蔵）

自和銅五壬子至明暦元乙未九百四十四歳

⑬和銅経巻五十五補充紙裏（常明寺蔵）

自和銅五壬子今迄明暦元乙未九百四十四歳

これらのうち、嘉禄三年（一二二七）三月の年紀を有する①巻一一七奥書が和銅経流伝についての最古の手がかりとされてきたが[27]、そこに記されるのは「殿村堂」で発見されたことだけで、「殿村堂」が特定されるわけでもなく、それ以上に追究されることもなかった。

伝来に関する研究で重視されたのは、⑦「長峯寺」記載と⑧〜⑪「正寿院」記載である。通説の論旨は既に述べたので割愛するが、「長峯寺」が桑実寺、「正寿院」が桑実寺正寿院と同定されたことにより、これらの記載をもって、現在三ヶ寺に伝えられる和銅経は、天正六年（一五七八）六月時点では一括して桑実寺に所蔵されていたと考えられるに至っている。

しかしながら、問題点がないわけではない。

一点目は、④和銅経巻一五四奥書・⑤同巻四一六奥書・⑥同巻五七九奥書の位置付けができていないことである。確かに、和銅経巻五二二・五二三・五九六・五九九からは、天正六年時点でこれらの経巻が正寿院で校了されていることが確認できる。一方で、それより前の永禄六年（一五六三）には、「宝聚庵」（④）や「玉林庵」（⑤⑥）において校了ないし修補が行われており、後者は見性庵や太平寺のある鮎河に存立することになっている。仮に、正寿院が桑実寺正寿院だとした場合、永禄六年に鮎河にあった和銅経を、なぜ、天正六年までに桑実寺に移し、その後、見性庵や太平寺のある鮎河に再移したのであろうか。

二点目は、「玉林庵」や「正寿院」が、見性庵・太平寺両寺蔵経のみに確認される点である。逆に、三点目として、「長峯寺」の書き入れが、見性庵・太平寺両寺蔵経に確認されない点を指摘しておきたい。「長峯寺」は、常明寺蔵の和銅経巻二十八・二十九・三十に明記され、その他数巻にもそれと思しき墨痕が確認できる。

常明寺蔵経以外に「長峯寺」を明記する和銅経は、根津美術館蔵巻二十三であり、巻二十八・二十九・三十とほぼ同様の部分に明記されている。巻二十三については、鵜飼（養鸕）徹定が「薬師寺蔵」とするもの(28)、川瀬が、その伝来を狩谷棭斎→田中光顕→根津家として鵜飼の見解を否定した。一方、根津美術館は、巻末に楊守敬の蔵印があるため、楊守敬旧蔵とする(29)。

十九世紀後半の所蔵状況は不詳のままであるが、常明寺に巻二十三前後の和銅経が揃っており、且つ「長峯寺」記載が共通するため、根津美術館現蔵和銅経巻二十三は、ある時期まで常明寺現蔵和銅経とともに保有されていた可能性が高いといえる。ただし、その場所が常明寺であったかどうかは不明である。

さらに、「長峯寺」の書き入れとともに、応永二十九年（一四二二）・明暦元年（一六五五）における両度の修補もまた、常明寺蔵経にしか確認されず、見性庵・太平寺両寺蔵経には記されない。一方、既述したように、「中世経」には応永二十九年修補や「長峯寺」が明記される。

これらのことから、常明寺現蔵和銅経が、「中世経」や根津美術館蔵巻二十三とともに一群を形成しており、一時期「長峯寺」に存在していたことは明らかであろう。そこに、見性庵・太平寺両寺蔵経はなかったものと思われる。また、その一群から巻二十三がいつ外れたのかは不明ではあるものの、一群の経典は、応永二十九年に修補を受け、さらに、明暦元年にもまた修補を受け、その後、常明寺に移されたと考えられる。

以上の諸点を考慮すると、和銅経現蔵巻について、天正六年時点で一括保有されていたとする通説は見直されるべきであろう。少なくとも、応永二十九年の時点で、常明寺現蔵巻を中心とする一群と、見性庵・太平寺現蔵巻とでは、所蔵者が異なっていたのではなかろうか。そもそも、常明寺・見性庵・太平寺の三ヶ寺は、現在でこそ同一自治体に包摂されるが、江戸時代は、常明寺の位置は南土山村の、見性庵・太平寺のそれは鮎河村の域内であり、近代になってそれらの村々が合併したに過ぎない。また、常明寺が、古代以来の阿須波道（近世の東海道）沿いに位置しているのに対し（常明寺故地の五瀬も同じ）、見性庵・太平寺は、阿須波道よりさらに山間部に入ったところに位置する。[30]このため、時には、常明寺と見性庵・太平寺とに細分化して考察することも必要だと考える。

ところで、和銅経流伝に関する最古の史料は、実は和銅経巻一一七奥書ではない。「稲生西宮大般若経」と称される経巻群の巻四四九跋文である。[31]「稲生西宮大般若経」とは、三社（大宮・西宮・三大神）から成る式内社伊奈冨神社（三重県鈴鹿市稲生町）[32]に十二世紀後半に奉納された『大般若経』のことで、付近の得田（鈴鹿市徳田町）在住の連円善恵坊が大勧進僧として周辺の有力者に呼びかけ書写・奉納したものである。現在は一部しか伝わらないが、このうち、巻四四九の跋文が、承安四年（一一七四）八月十八日の年紀を有し、和銅経の願文全文（藤原宮～之誠焉）を引用する。

これにより、十二世紀後半の伊勢国における『大般若経』書写の現場に和銅経が存在していたことがうかがわれ、あわせて、この頃までには和銅経が在地に流出している可能性を指摘できるであろう。

現存する「稲生西宮大般若経」のうち、和銅経願文が確認されるのは巻四四九のみである。仮に、巻四四九書写の際に和銅経巻四四九がその現場にあったとすると、和銅経巻四四九は現在太平寺の所蔵となるので、単純に整理すれば、伊勢国から鈴鹿峠を越えて最終的には近江国側の太平寺に入ったということになろう。同時に、和銅経の伝世を考える際、鈴鹿峠を挟んだ伊勢・近江間の交通を視野に入れる必要のあることが意識される。

いうまでもなく、鈴鹿峠は伊勢国と近江国とを結び、あらゆる階層の人々が絶えず往来していた。常明寺のある土山は、その鈴鹿峠の近江国側の麓に当たり、近世でいえは、東海道の宿駅であるばかりでなく、ここから北へは御代参街道が通り、日野や八日市、さらには中山道小幡宿まで通じる要衝であった。一方、鮎河には、土山に通じる道ばかりでなく、御代参街道とは別に日野まで通じる道が通っている。日野は、日野商人と呼ばれる商人集団の拠点であり、各地との往来がさかんであり、街道沿いの土山はおろか、山中に入った感のある鮎河でさえも、人や文物の往来は当然あったものと思われる。こうした交通を通じて、両地域に和銅経が伝来したのであろう。

おわりに

本稿では、成立から伝来まで、種々の面で謎がいまだ多く残されている和銅経について、常明寺現蔵の『大般若経』を手がかりとして、その伝来を検討してきた。その結果、近世初期に和銅経が桑実寺から常明寺・見性庵・太平寺に分与されたとする通説は、若干ではあるが、見直すことができたであろう。繰り返しになるが、常明寺蔵和銅経は、少なくとも十五世紀前半には、見性庵・太平寺蔵のものとは別に所蔵されるようになっていたものと思われる。

この結論に至ったのは、ひとえに常明寺蔵の『大般若経』を一括して調査できたゆえである。これは、寺蔵史料は、特定の史料だけを取り出して考察するのではなく、寺蔵史料全体のなかでの位置付けに思いを寄せながら扱う必要のあることを物語っているともいえようか。

また、本稿では、和銅経流伝に関する史料として、従来の研究で扱われなかった「稲生西宮大般若経」を取り上げ、交通という要素の重要性を指摘した。蛇足ではあるが、交通を視野に入れながら滋賀県南東域に目を向けたとき、和銅経の伝来に関わる「殿村」・「長峯寺」・「正寿院」が数ヶ所存在していることに気づく。

例えば、「殿村」は、東近江市市子殿町（旧蒲生町市子殿）や愛東外町（旧愛東町外）等があり、「長峯寺」は甲賀市水口町牛飼に「長峯」(33)、東近江市宮川町に字「長峯山」(34)が存在する。そもそも、「長峯寺」という名称自体、山岳寺院であれば呼称されうるものである。また、「正寿院」についても、桑実寺以外にも確認でき、一例として石塔寺を挙げておく。この寺院は、享保十九年（一七三四）に寒川辰清により成立した『近江輿地志略』によれば(35)、「阿育王山石塔寺正寿院」とある。中世の石塔寺は石塔商人の拠点として著名であり、彼らは近江・伊勢間を活発に往来していたのである。

なお、「宝聚庵」や「玉林庵」については、同名ないし同音の寺院が確認できなかった。ただし、後者については、鮎河にあったとされており、『甲賀郡志』(36)は、見性庵・太平寺のほかに、鮎河所在寺院として、栖碧院・正等院・薬師堂・地蔵堂・観音堂等を掲載する。これらのいくつかは廃寺となっている可能性があるが、『甲賀市史』によると(37)、鮎河にはいくつか寺院跡遺跡が確認されているという。

これらの例示には史料的根拠がまったくなく、単なる蛇足でしかない。しかし、従来まで説かれてきた「長峯寺＝桑実寺＝正寿院」という構図は、滋賀県南東域の地名・寺院名や当地域にとどまらない寺社の本末関係等を丹念に整理した上で再度検証する必要があるものと考える。

最後に、従来の通説では和銅経の施入先まで遡る検討がなされてきたのに対し、本稿では、和銅年間はおろか、中世初頭まで何とか遡るにとどまった。施入・流出という重要な点を含めて今後の課題を多く残したままとなるが、一旦、擱筆したい。

注

（1）現存状況については、本書「天平改元以前の仏典・仏菩薩等一覧――写経編2――長屋王発願経（和銅経）」による。なお、神亀経については、同「写経編3――長屋王発願経（神亀経）」を参照。

（2）川瀬一馬「長屋王の願経」（『日本書誌学之研究』大日本雄弁会講談社、一九四三年、初出一九四二年）。以下、川瀬の見解は、特段の断りのない限り、これによる。

（3）田中塊堂『日本古写経現存目録』（思文閣、一九七三年）。以下、田中の見解は、特段の断りのない限り、これによる。

（4）長屋王発願経のほかに無界の『大般若経』としては、平安時代初期の筆写とされる巻一一〇断簡（伝来不詳）が伝えられている（慶應義塾大学附属研究所斯道文庫講座編『慶應義塾図書館蔵小津家古筆切聚影』一九八九年）。また、奈良時代書写の仏典で無界のものとしては、石山寺蔵『成唯識論』巻二～十（天平二十年〔七四八〕薬師寺僧恵勝書写、巻三のみ奥跋なし）が現存する。なお、中国大陸には無界の仏典が多く見られ、今後は中国大陸や朝鮮半島も視野に入れた考察が必要になるものと考える。

（5）具体的な解釈については、新川登亀男「式部卿長屋王と和銅経」（『日本古代の対外交渉と仏教』吉川弘文館、一九九九年）に詳しい。

（6）ただし、所用紙数は各巻で異なる。表1参照のこと。

（7）『甲賀市史』第五巻（二〇一三年）は、五瀬の「山麓」に、寺院跡である「五瀬遺跡」の存在を指摘する。

（8）『甲賀郡志』下（一九二六年）は常明寺蔵和銅経の員数を「三十九巻」とするが、誤りである。

（9）和銅経伝来に関する主要先行研究としては、前掲注2川瀬論文、前掲注3田中目録、鈴木景二「現地調査からみた在地の世界――近江国薬師寺領豊浦荘・興福寺領鯰江荘」（佐藤信・五味文彦編『土地と在地の世界をさぐる——古代から中世へ』山川出版社、一九九六年）、松木裕美「長屋王の変と薬師寺」（『東京女学館大学紀要』八、二〇一一年）がある。
（10）前掲注9鈴木論文。
（11）『大日本古文書』編年文書第三巻、二四二・二四三頁。
（12）『大乗院寺社雑事記』延徳三年（一四九一）九月十八日条ほか。
（13）田中塊堂『古写経綜鑑』（鵤故郷舎出版部、一九四二年）・前掲注9鈴木論文ほか。
（14）前掲注3田中目録・京都国立博物館編『守屋孝蔵氏蒐集　古経図録』（一九六四年）・滋賀県教育委員会編『滋賀県大般若波羅蜜多経調査報告』二（一九九四年）。
（15）AからDの諸経の名称は、便宜的に付したに過ぎない。
（16）□には『大般若経』該当巻の数字が入る。
（17）同右。
（18）前掲注8『甲賀郡志』下、八〇八頁に翻刻を掲載。なお、同書では、「第三十冊」の跋文を掲載するというが、今回の調査では、慧喬書写経に巻三十は確認されず、総数も四十三帖であった（表2参照）。
（19）以下、慧喬の伝については、前掲注8『甲賀郡志』下、一三六三頁および『東福寺誌』（一九三〇年）に基づく。
（20）広瀬村・寺院名ともに未詳。
（21）未詳。
（22）現住職によると、現在、常明寺では大般若会を毎年催すが、そこで用いる『大般若経』は、永泰書写経と慧喬書写経とであるという。
（23）前掲注14滋賀県教育委員会編書。
（24）前掲注14京都国立博物館編書。
（25）前掲注1「天平改元以前の仏典・仏菩薩等一覧——写経編2——長屋王発願経（和銅経）」参照。なお、当該経典は、宮内庁書陵部蔵『大般若経』巻六（『平安遺文』題跋編・一七一八号、奥書に「寿永二年六月十九日校了　義円」）や東京大学史料編纂所蔵『大般若経』巻四一〇（同二九八〇号、奥書に「寿永三年四月交了義円」）の僚巻と考えられる。

(26) 川瀬は室町時代末期頃の書き入れとする。なお、和銅経他巻には「長峯寺」と思しき墨痕を有するものもある(表1参照)。

(27) 天平三年(七三一)八月八日書写の知恩院蔵『法華経玄賛』巻三跋文(奈良国立博物館編『奈良朝写経』(東京美術、一九八三年)図版一〇)に「地極天倫情深重報」・「用尽酸割之誠焉」とあり、この表現が、和銅経跋文ときわめて類似していることから、竹内理三「解説」(『寧楽遺文』下、訂正版、東京堂出版、一九六二年)・前掲『奈良朝写経』・前掲注5新川論文等は、和銅経と当該経典との間に何らかの関係を見い出す。首肯できる見解ではあるが、それら語句だけでは和銅経が流出していた確証にはならないため、ここでは、本問題は取り扱わない。

(28) 鵜飼(養鸕)徹定『古経捜索録』(嘉永五年(一八五二))・『古経題跋』(文久三年(一八六三))。なお、両書では神亀経について「興福寺蔵」とするが、築島裕によれば、神亀経巻四六八に確認できるヲコト点は喜多院点であるため(加点時期は「平安時代中後期」)、加点者は「興福寺法相宗辺の僧」だという(築島裕「大般若経古点本について」(『築島裕著作集第一巻　訓点本論考拾遺』汲古書院、二〇一四年、初出一九八六年))。築島の結論は鵜飼の記述を別角度から補うものであり、一方の和銅経の伝来についても、今後、鵜飼の見解の再検証は必要であると思われる。

(29) 根津美術館編『根津美術館蔵品選　佛教美術編』(二〇〇一年)。

(30) 三ヶ寺周辺の交通路については、『土山町史』(一九六一年)附載「土山町全図」・『甲賀市史』第一巻(二〇〇七年)・同第三巻(二〇一四年)を参照。

(31) 前掲注3田中目録、一七九頁。『三重県史』史料編古代・上(二〇〇二年)・二一六二号。

(32) 同社の周辺には、『大安寺伽藍縁起幷流記資財帳』に記される伊勢国「奄芸郡城上原四十二町」の「墾田地」(天武天皇二年施入)が存在したとされる。

(33) 近くには修験道で栄えた飯道山や飯道寺があり、「長峯」では、それと関係の深いとされる寺院跡が検出されている。前掲注7『甲賀市史』第五巻は、この寺院を「長峯寺」とするが、仮称に過ぎない。

(34) 近くにはに蒲生堂や法教寺という地名が残る。

(35) 『近江国輿地志略』(大日本地誌大系所収本、蘆田伊人編、一九三〇年)。

(36) 前掲注8『甲賀郡志』下。

（37）前掲注8『甲賀市史』第五巻。

付記　本稿は、常明寺をはじめ、見性庵・太平寺・施福寺・瑞光寺・特種東海製紙株式会社・大倉集古館・根津美術館・奈良国立博物館・京都国立博物館・東京国立博物館・甲賀市教育委員会（順不同）の皆様から一方ならぬ御厚誼を賜った所産である。末筆になりましたが、記して感謝申し上げます。

巻	跋文の存否				長峯寺	特記事項	川瀬記述
	願文	年紀	用紙・北宮				
53	○	×	×			表題を含む冒頭3行は後世補筆。	首三行江戸期補写 (跋一行欠)
54	○	○	○	用紙一十八張北宮	△	用紙・北宮の次行裏に墨痕あり。判読難。「長峯寺」ヵ。冒頭部の張り紙裏に、天地逆にして和銅経と同筆で「用紙一　九〔八ヵ〕張　北宮」。修補の際、和銅経他巻を使用したヵ。	巻末背面に「長峯寺」(室町末期頃の筆)
55	×	×	×			1折ウ3行分別紙を充てて後世補筆。その別紙裏に天地逆にして3行「和銅五年歳次壬子十一月十五日庚辰竟／「自和銅五壬子今迄明暦元乙未九百四十四歳」／用紙一十七張　北宮」という記載あり。1・3行目は和銅経と同じ筆、2行目は別筆。	跋欠
56	○	×	×				跋二行欠
57	○	×	×			表題・品題は後世の補筆。	
58	○	○	○	用紙一十七張北宮	△	跋文の後に墨痕ありヵ。ただし判読不可。	跋二行半欠
59	○	○	○	用紙十七張北宮		冒頭一部破損。	
60	×	×	×			冒頭下部後世補筆。37折ウ3行目以降後世補筆。	末江戸末期写

凡例
1. 本表では、特段の事情のない限り、常用漢字等の平易な字を用いた。
2. 「巻」欄は、各巻を算用数字で示した。
3. 「跋文」・「願文」・「年紀」・「用紙・北宮」の定義については、本文参照のこと。
4. 「願文」・「年紀」・「用紙・北宮」欄は、それらが現在確認できれば○、できなければ×、部分的に残存していれば△とした。
5. 「長峯寺」欄は、記載が確認できた場合は○、判読困難だが記載の可能性が残る場合は△、確認できない場合は空欄とした。
6. 「特記事項」欄で使用した記号は以下の通り。
   - 「　」…史料本文を示す。
   - 〔　〕…校訂注。
   - ／…改行を示す。
7. 「川瀬記述」欄は、川瀬一馬「長屋王の願経」(『日本書誌学之研究』大日本雄弁会講談社、1943年、初出1942年)からの抜粋。

表1　常明寺蔵和銅経

巻	跋文の存否				長峯寺	特記事項	川瀬記述
	願文	年紀	用紙・北宮				
21	○	×	×				末二行欠
22	○	○	○	用紙廿張　北宮	△	冒頭部欠損。用紙・北宮の行に墨痕あり。判読難。「長峯寺」ヵ。	首若干欠 巻末背面に「長峯寺」（室町末期頃の筆）
24	○	○	○	用紙一十七張北宮			
25	○	○	○	用紙十八張北宮		用紙・北宮の左行に別筆で「右経自和銅五年壬子至応永廿九年壬寅七百八個年矣」。次行にも文を確認できるが、折本にする際に切断。残画から元の文を推測すること不可。	首に墨書識語「自和銅五壬子至明暦元乙未九百四十四年也」 巻末に「右経自和銅五年壬子至応永廿九年壬寅七百八個年矣」（次行切截削去）
26	△	×	×			跋文は前半3行のみ。	跋四行欠 跋文三行残存
27	○	○	○	用紙廿張　北宮			
28	○	○	○	用紙一十八張北宮	○	冒頭部欠。用紙・北宮の行裏に「長峯寺」。	首欠
29	○	○	○	用紙一十九□北宮	○	□は欠損・裏打ち。冒頭1紙は後世の補写。用紙・北宮の行裏に「長峯寺」。	首二四行鎌倉期補写 巻末背面に「長峯寺」（室町末期頃の筆）
30	○	○	○	用紙一十七張北宮	○	年紀次行に別筆で「自和銅五壬子至明暦元乙未九百四十四歳」。用紙・北宮の次行に別筆で「応永廿九冬修補焉」。用紙・北宮の次行裏に「長峯寺」。	巻末に「応永廿九冬修補焉」 墨書識語「自和銅五壬子至明暦元乙未九百四十四年也」
41	○	○	○	用紙廿一張北宮			
42	○	○	○	用紙一十八張北宮			
43	○	○	×				
44	○	○	×			川瀬の言う墨書識語は確認できず。	墨書識語「自和銅五壬子至明暦元乙未九百四十四年也」
46	○	○	×			年紀次行に文章あるも切断のため判読不可。	
48	○	×	×			表題を含む冒頭5行は後世補筆。	首五行江戸期補写 （跋二行半欠） 跋文四行半残存
49	○	○	×				
50	○	○	×			巻末に3行「常明寺常什大般若経二十七冊／昭和廿八年六月日依文化財保護法／修理畢　　　文部技官田山信郎記之」という記載。田山信郎は田山方南の実名。	跋二行欠
51	○	○	○	用紙一十六張北宮		冒頭3行は後世補筆。	
52	○	○	×			年紀の行、欠損多。	

巻	和銅経	「中世経」		慧喬書写経	
		現蔵	特記事項	現蔵	特記事項
40		○	末尾に「応永廿九壬寅修補[　　　　]□□院」。「□□院」は正寿院ではない。[] 部分は墨痕あり、裏に「長峯寺」ヵ。判読不可。		
41	○				
42	○				
43	○				
44	○				
45		○			
46	○				
47					
48	○			○	首部のみ。後半欠（後半は巻81〔or82〕が接続）。
49	○				
50	○				
51	○			○	
52	○			○	
53	○			○	尾部のみ。前半欠（前半は巻85が接続）。
54	○			○	
55	○			○	首部のみ。後半欠（後半は巻79が接続）。
56	○				
57	○			○	
58	○			○	首部のみ。後半欠（後半は巻86が接続）。
59	○			○	尾部のみ。前半欠（前半は巻100が接続）。
60	○			○	
61				○	
62					
63		○	末尾紙背に「長峯寺」。 裏打紙（巻60）に別筆で「右経応永廿九壬寅修補之利及法界含情者也」。 次行に更に別筆で「右経応永廿九壬寅修補之利及法界含情者也」。 別の裏打紙に「長峯寺」。	○	
64		○			
65					
66				○	全欠。表紙のみ。
67		○			
68		○			
69		○			
70		○		○	跋文なし。
71				○	
72					
73		○		○	
74				○	首部のみ。後半欠（後半は巻513〔永泰書写経〕が接続）。

表2　常明寺蔵『大般若経』（巻100まで）

巻	和銅経	「中世経」		慧喬書写経	
		現蔵	特記事項	現蔵	特記事項
1					
2					
3					
4					
5					
6					
7		○			
8		○			
9					
10					
11		○			
12		○			
13		○	表紙裏から1折目にかけて紙を充てる。その紙に「藤原宮御寓天皇以慶雲四年六月／十五日登遐三光惨然四涙乃」。筆は和銅のものではなく後世のもの。最終2字誤り。よって反故となったか。		
14					
15		○			
16		○			
17		○			
18		○			
19		○			
20					
21	○				
22	○				
23					
24	○				
25	○				
26	○				
27	○				
28	○				
29	○				
30	○				
31		○		○	首部のみ。後半欠。
32		○			
33		○		○	全欠。表紙のみ。
34		○			
35		○		○	
36		○		○	首部のみ。後半欠。
37		○			
38		○		○	全欠。表紙のみ。
39				○	尾部のみ。前半欠（前半は巻76が接続）。

巻	和銅経	「中世経」		慧喬書写経	
		現蔵	特記事項	現蔵	特記事項
75		○		○	
76		○		○	首部のみ。後半欠（後半は巻39が接続）。
77		○		○	
78		○		○	首部。後半欠。
				○	尾部のみ。前半欠（前半は巻91が接続）。
79		○		○	尾部のみ。前半欠（前半は巻55が接続）。
80		○		○	
81		○	首・末紙背に「長峯寺」カ。	○	尾部のみ。前半欠（前半は巻48が接続）。「八十一」の「一」は虫損。
82				○	
83		○	末尾紙背に「長峯寺」。	○	全欠。表紙のみ。
84		○		○	
85		○		○	首部のみ。後半欠（後半は巻53が接続）。
86		○		○	首部のみ。後半欠（後半は巻100が接続）。
				○	尾部のみ。前半欠（前半は巻58が接続）。
87		○			
88		○			
89		○		○	首部のみ。後半欠。
90				○	首部のみ。後半欠。
91				○	首部のみ。後半欠（後半は巻78が接続）。
92					
93		○			
94		○			
95		○		○	
96		○		○	首部のみ。後半欠。
97		○		○	
98		○		○	
99		○			
100				○	首部のみ。後半欠（後半は巻59が接続）。
				○	尾部のみ。前半欠（前半は巻86が接続）。
合計	27	48		43	ほかに巻不明断巻2帖あり。

凡例

1. 本表は、常明寺現蔵の『大般若経』のうち、巻1から100までについてまとめたものである。永泰書写経は、巻100までは確認できなかったため省略した。
2. 本表では、特段の事情のない限り、常用漢字等の平易な字を用いた。
3. 「巻」欄は、各巻を算用数字で示した。
4. 「中世経」・「慧喬書写経」・「永泰書写経」の定義については、本文参照のこと。
5. 「和銅経」欄は、常明寺が現在所蔵する場合、○とした。
6. 「中世経」欄は、現存が確認できれば「現蔵」欄に○、特記事項があれば適宜記した。
7. 「慧喬書写経」欄は、現存が確認できれば「現蔵」欄に○、特記事項があれば適宜記した。なお、慧喬書写経は、使用頻度が高いために修補が多く施されることから、別の巻と接続している場合が確認された。

第三部　教理の解釈と転回

台密に見る密教の東漸
——円仁撰『金剛頂経疏』の教学的特色を中心に

大久保良峻

一　台密の基盤としての『金剛頂経疏』

円仁の主著である『金剛頂経疏』と『蘇悉地経疏』は、天台密教の教学的基盤を確立した根本書と位置づけられる。その述作は両経典の解釈という点において未曾有の業績であり、『大日経』の註釈書である『大日経義釈』(『大日経疏』)に並ぶ密教典籍の基本註釈書として、日本密教史上比類なき光彩を放つことになった。従って、東密の諸学匠による両書の研鑽も見逃せず、日本密教全体の流れから位置づける必要がある。とはいえ、天台密教ならではの教義を発揚した書物として捉えられることも贅語を要しない。

中でも、先に成立した『金剛頂経疏』では経文の解釈に入る前に、大綱と、所謂、天台の五重玄義に基づく記述を設けたことは、まさに台密ならではの方向性を確固たるものにしたと言えるのであり、そこに根本教義が多彩に盛り込まれた。

そこで本稿では、『金剛頂経疏』巻一の大綱・玄義の箇所を中心に、若干の分析を試みることにしたい。なお、円仁の教学については多数の研究がある。ここでそれを敢えて扱うのは、原文の読み込みが不十分であったり、未記名の原拠に注意が払われていなかったりすることがしばしば見られるからである。

二　円仁が伝えた口訣と台密の根本思想

先ず、円仁に対する重要な教示として、師である元政の口授とされる言葉が挙げられる。因みに、元政は「げんせい」、或いは「がんじょう」と読まれる。なお、大正蔵所収の『胎蔵界大法対受記』巻一[1]では、「政」の字に「シヤウ」という読み仮名を付している。元政の示教と考えられる言葉は全て、円仁にとっても、後の台密にとっても極めて重要な意味を持つ。先ず、『金剛頂経疏』巻一に見られる次の記述を検討する。

次随自立者、如二大毘盧遮那経第一云一。而毘盧遮那一切身業・一切語業・一切意業、一切処・一切時、於二有情界一宣二説真言道句法。一已上経文 若准二此文一、応レ云三一切時処説レ法、普利二有情一。何但得レ局二二三時等一。故大興善寺伝法阿闍梨云、諸家所立、皆是随機。若准二実義一、弁二説毘盧遮那如来説法時一者、応レ云二一切時一也。[2]

随自立というのは随他立に対する言葉であり、密教の立場を意味し、また絶対的な立場をも含意する。ここでは、この前に説教の時について随他立を明かしたことを承けて、随自立を論じているのである。右の記述で何より注目すべきは、『大日経』巻一の、「而毘盧遮那一切身業・一切語業・一切意業、一切処・一切時、於二有情界一宣二説真言道句法一。[3]」という経文を引いた上で、大興善寺伝法阿闍梨、すなわち元政の、「諸家の所立は、皆是れ随機なり。若し実義に准じて、毘盧遮那如来説法の時を弁説せば、応に一切時と云うべきなり。」という言葉を記していることである。ここに、大日如来の説教の時が一切時であるとする教理が成立するのであるが、これは安然によって形成される所謂、四一判の中の一時義[4]に聯繫する。

この『大日経』の文は、そのまま理解すれば、大日如来が一切処・一切時に真言密教を説いていることになるのであり、円仁にとっては「毘盧遮那遍一切処」の義と相俟って、密教の最重要教義を成立させる根拠となる。「毘盧遮那遍一切処」という言葉は、『法華経』の結経とされる『観普賢菩薩行法経』[5]に見られることを濫觴として、その概念は天台教学では勿論のこと、『大日経義釈』（『大日経疏』）では密教義として尊重され、そしてその流れにおいて円仁にとっても極めて重要な教義を提示する根拠となった。[6]この義を突き詰めれば、一切の諸法が毘盧遮那如来の活動性に他ならないことになり、そこに必ずしも言語に特定されない法身説法の姿を見ることは可能である。そして、特に「毘盧遮那遍一切処」の義を機根論に当て嵌めれば、曼荼羅の諸尊のみならず、一切衆生が毘盧遮那如来であるという立論となる。しかし、それを単純に肯定することは正義とはならないであろう。すなわち、行位を含めた修行論、或いは機根論がそういった直截な肯定論を抑制するからである。機根論については、円仁が『金剛頂経疏』巻一[7]で、毘盧遮那遍一切処に基づいて一切衆生に仏性ありと判じたことも、そういった立場の表れである。

右に記したように、『金剛頂経疏』では先ず説教の時について随他立と随自立を述べる中で、『大日経』の、

「而毘盧遮那一切身業・一切語業・一切意業、一切処・一切時、於二有情界一宣二説真言道句法一。」という文と、大興善寺の阿闍梨、つまり元政の教示を記していた。そして、同書では更に所説の教という観点から、正しく教を明かすとして、真言教における随他立と随自立を次のように説くのであり、やはり『大日経』の同文と大興善寺の口訣が鍵となっている。


言二正明一レ教者、亦分為レ二。初明二随他立一、後弁二随自立一。

言二随他立一者、於二真言教一、総有二五種三摩耶教一。謂、仏三摩耶教・菩薩三摩耶教・縁覚三摩耶教・声聞三摩耶教・世間三摩耶教。故毘盧遮那経第二説二諸真言道一竟、説二摂偈一云、秘密主、当レ知、此等三昧道、若住二仏世尊・菩薩救世者・縁覚・声聞一説、摧二害於諸過一。若諸天・世間真言法教道、如レ是、勤勇者、為レ利二衆生一故。此等偈文、如レ次、即是五種三摩耶教。雖三中有二仏三摩耶教一、且随レ機別以為二随他一。故毘盧遮那経義釈判二此偈一云、五位三昧、皆是毘盧遮那秘密加持。其与相応者、皆可二一生成仏一。何有二浅深之殊一。今偈中所レ説、就下彼等自所二流転一法教上而言耳。

後弁二随自立一者、唯随二如来自意一説レ之。故云二随自一。故彼経云、毘盧遮那一切身業・一切語業・一切意業、一切処・一切時、於二有情界一、宣二説真言道句法一。所謂、初発心乃至十地、次第此生満足。今准二此文一、如来但説二真言頓証無上法門一、曾無二他事一。是即名為二随自立一也。是故大興善寺阿闍梨云、若就二真言一而立レ教者、応レ云二一大円教一。如来所レ演無レ非二真言秘密道一故。[8]

後半では随自立を説明して、既述した『大日経』の文を引き、更に大興善寺阿闍梨によって説かれた、「若し真言に就いて教を立つれば、応に一大円教と云うべし。如来の演ぶる所は真言秘密道に非ざるは無きが故に。」という台密教判の玉条が示されているのである。

要するに、随他立は仏・菩薩・縁覚・声聞・世間という機根に応じた教えである五種の三摩耶教であり、一方、随自立は如来による一切の教え、ここでは五種の三摩耶教が、実は毘盧遮那如来随自意の真言密教であることを説いているのであって、その随自立こそが台密の一大円教論の基盤となる。なお、随他立と随自立は随自意・随他意を換言したものであり、五種の三昧耶教も五種の三昧道に基づく。

その随他立（随他意）と随自立（随自意）とは、言わば、相対と絶対のことであり、相対と絶対を相対的に並記したものである。更に言えば、それらはそれぞれ差別と平等に共通する。そして、それらの中、絶対・平等の方を強調するのが台密の特色と言える。

ところで、円仁が随他立の証文として引用する『大日経義釈』[9]の記述は、深秘の釈に立脚して、五位三昧（五種三昧道）が全て毘盧遮那如来の秘密加持であるという観点から、ともに相応する者は区別なく一生成仏することを論じたものであるので、随自意の説明になっている。しかしながら、円仁は随他立ならば五種が存することの説示として依用したのである。

ともかく、随他・随自の二面性は、同時に存在するものであり、空海の立場では、密教を他の仏教より優れているという相対性の方が強調される傾向があるのに対し、台密では絶対性・平等性が重んじられる。その台密の立脚点は、円仁が伝えた、大興善寺阿闍梨元政の口訣に帰趨すべき根拠が見出されるのである。そういった台密と東密の特色を述べたものとしては、例えば、大正蔵巻七十所収の『菩提心論見聞』巻一に次のような記載が見られることが挙げられる。

所謂、真言教意、一切衆生本有薩埵、諸尊皆同大毘盧遮那仏身也。然則、十界衆生、大小諸尊、皆悉真言遮那仏乗可レ得レ意。例如三天台三乗・五乗・七方便皆入二仏乗一。爰以五大院、一仏・一時・一処・一教等云云。覚大師御釈、若就二真言一而立レ教者、応レ云二一大円教一等云云。問(ママ)東寺意、払二諸教一独二真言一。山門意、開二諸教一同会二真言一。彼此所談異也。但又互、此両義雖レ非レ無二其義一、二流大途如レ此。(10)

ここでは、東寺と山門、つまり東密と台密とを対比して、東密が諸教を払って密教のみを尊重する立場であり、台密は「諸教を開して同じく真言に会す」ことを特色とする立場であるとしている。

以上のことから言えるのは、円仁が『大日経』の、「而毘盧遮那一切身業・一切語業・一切意業、一切処・一切時、於二有情界一宣二説真言道句法一。」という教説を尊重したということであり、それは法身としての毘盧遮那仏の遍在性を認識してのことであったと思われる。そのことは、円仁撰とされる『真言所立三身問答』でも同様であり、同書ではこの『大日経』を引いて、「故知、理智不二法身説法也。(11)」と論じている。この『真言所立三身問答』は小篇ではあるが、独特の説示が見出され、古来の学匠に会釈を要求することになった。(12) 偽撰であれば、『金剛頂経疏』に触発された典籍と看做しうる可能性があるとしても、詳細は不明である。

ここで取り上げた『大日経』の記述について問題点を一つあげるならば、「有情界に於いて」と記されていることである。そもそも、この文を含む『大日経』の一連の記述は、空海撰とされる『弁顕密二教論』巻下(13)では、自性・受用・変化・等流という四種法身に順次配当され、該当文は第三の変化身による説法とされている。その箇所を円仁は抽出して力説したのである。このことについては、後でも確認する。なお、『弁顕密二教論』は円仁や安然の目に触れていた様子がないので、いつ頃流布したか不明であることにも注意が必要である。

恐らく、円仁にとっては、「有情界に於いて」とあることを限定的に捉えるよりも、一切処・一切時における毘盧遮那仏の活動性が根本的な着眼になったと思われる。そのことは、『金剛頂経疏』巻一で、「如是我聞」の「我聞」を釈す中で、「我聞二遍法界毘盧遮那極理之声一故云レ聞也。(14)」と述べ、続けて右の『大日経』の文を引用していることにも明瞭であろう。

三　大興善寺阿闍梨によるその他の口訣

既に見た大興善寺の阿闍梨元政の口訣は、『金剛頂経疏』巻一冒頭の五重玄義において、根本的な絶対教判を成立させる根拠として引証されたものと理解しうる。その元政の発言が、他の箇所にも記されていることは知られている。『金剛頂経疏』巻三には次のように見られる。

次釈二経文一者、私謂、不久現証等覚等者、如レ次即是毘盧遮那如来積レ功累レ徳所レ感五智也。言二不久一者、顕二今始（イ頓）成一也。毘盧遮那如来、豈始今日成。但以レ随レ機、且示二不レ久現証一耳。何者、若不レ示二現証一者、何由勧進、令レ期二頓覚一。故示二此相一也。故毘盧遮那経云、我昔坐二道場一、降二伏於四魔一。以レ此得レ知、毘盧遮那仏、雖レ云二不レ久現証一、而成仏以来、甚大久遠。所二以不レ説二所レ経劫数一者、於レ経各有二傍正義一故。彼法華為（イ正）レ破二近成執一故、広説二久成事一。今此経、為（イ正）レ顕二頓証之相一、是故広演二此現証相一、略説二彼久成事一。雖レ有二傍正一、二仏不レ異。是故大唐大興善寺阿闍梨云、彼法華久遠成仏、只是此経毘盧遮那仏。不レ可二異執一。(15)

そもそも、台密では、安然が四一判の最初に一仏思想を高揚したように、密教思想において毘盧遮那仏（大日如来）の一仏に統合される要素は濃厚である。すなわち、突き詰めれば、曼荼羅海会の諸尊は、随自意という観点からは毘盧遮那仏に他ならないからであり、そういった思想は『大日経義釈』（『大日経疏』）に顕著である。[16] 智顗に始まる中国天台で、仏身に関して三身の相即・一体を説くことは周知のことであり、[17] 当然、台密ではその平等性が特色として打ち出されるので、空海が顕密の差別の方に力点を置いて仏身を論ずるのとは対照的とも言える。

そうであれば、結論は予測される通りであるとしても、台密では天台法華宗における『法華経』の教主は釈迦であることから、密教の大日如来と釈迦との関わりを確認する必要があった。その代表的な教説が右に見た記述中に示されている。どういうことかと言えば、中国天台では毘盧遮那を法身として、釈迦を伽耶近成の応身と久遠実成の報身という二身に分類して論じうる教学が示されているのであり、それらが一体であると単純に主張できるとしても、久遠実成をどう理解するかということは大きな問題となる。右の記述では却って、大日如来を久遠実成に同致させてそれぞれの同一を言うのであり、その根拠として、『大日経』巻二で、毘盧遮那世尊が執金剛菩薩に告げた偈文中に、「我昔坐道場　降伏於四魔」[18] と記されていることを挙げたのである。つまり、円仁は密教の大日如来において、成仏より以来、甚だ大久遠であるという久遠実成の意義を論じ、『法華経』の久遠実成を結合したのである。但し、円仁の意は、仏身論と言うより、密教の不久現証という速疾性と大日如来との関わりを論じたものと言える。そして、元政が、『法華』の久遠成仏は毘盧遮那仏のことであると述べたと結論づけている。

因みに、証真は『天台真言二宗同異章』[19] で『金剛頂経』の「不久頓成」や『大日経』の「我昔坐道場」という教説に基づき、真言における修因得果の義として論じているが、円仁はそれらを機根と仏に配当して差異を論じているのであるから、方向性は異なる。しかし、証真にとっては真言にも有始の義があることが重要なのである。そこで考究しなければならないのは、円仁が「我昔坐道場　降伏於四魔」という経文を依用したということは、毘盧遮那仏を有始の仏と捉えたことになるのではないかということである。

このことについては、既に先行研究で注目されている記述であるが[20]、『金剛頂経疏』巻一[21]で引用する『大日経義釈』巻二[22]の文章中に、「六者、以二時大一故。謂、寿量長遠、出二過三時一、師子奮迅、祕密神通之用、未二曾休息一。」と見出されることや、『金剛頂経疏』巻二に、「又、毘盧遮那法然道理、過去久遠、邈無二萌始一。現在刹那、無レ有二辺際一。未来永劫、展転不レ窮。故云二無始（無）終一。[23]」と説示されていることは、如上の観点からも見逃し得ないであろう。すなわち、寿量長遠の語に三時を出過する意義を認め、過去久遠の語に無始の意義を与えているのである。

そもそも、前にも記したように、三身の相即は天台教学の根本義であり、湛然の『止観輔行伝弘決』巻一之二には、「三身相即、無二暫離時一。既許三法身遍二一切処一、報・応未三嘗離二於法身一。況法身処、二身常在。故知、三身遍二於諸法一。何独法身。法身若遍、尚具二三身一。何独法身。[24]」と説かれ、三身の遍在や常住も主張されている。

しかも、特に報身常住の義を論ずることは、最澄にとっても重要な課題であった。すなわち、『守護国界章』巻下之中の「弾三麁食者謬破二報仏智常一章第三」には、冒頭に「有為報仏、夢裏権果。無作三身、覚前実仏。[25]」という有名な言葉が見出され、加えて、「権教三身、未レ免二無常一。実教三身、倶体倶用。[26]」という記述も見られるのである。

更に言えば、空海撰とされる『即身成仏義』や『弁顕密二経論』では十地や等覚であっても如来の内証を聞知することができないと記されているのであり、大きな問題となる。(27) そして、そのことと対照的に論じられるのが『金剛頂経疏』巻一の教義である。

> 問。若諸地菩薩、倶不二覚知一者、此経於二諸有情一無レ分。詎（イ誰）以二此教一流二転於世一。
> 答。所レ言諸地菩薩、倶不二覚知一者、是約二顕教諸地菩薩一。若約二秘密根一、凡夫具縛、尚得二聞知一。何況、秘教諸地菩薩、何不レ得レ伝。是故彼経亦云、常於二三世一不レ壊二化身一、利二益有情一、無二時暫息一。……(28)

すなわち、『金剛峯楼閣一切瑜伽瑜祇経』巻上(29)に、如来の内証を諸地の菩薩が倶に覚知しないと記されているのは顕教の菩薩のことであり、密教であるならば凡夫であっても聞知するのであるから、密教の諸地の菩薩は当然伝えることができると説くのである。ここで何より注目すべきは、凡夫が内証の世界に関与することを説示し、その証文として、三世において化身が有情を利益するという常住性を述べている同経同箇所の記述を援用したことである。このことは、『秘密曼荼羅十住心論』巻十(30)等で、『瑜祇経』の経文がそのまま引証されているのとは異なり、円仁が独自の解釈を施したことを意味する。

このように見てくると、台密で大日如来（毘盧遮那仏）と釈迦の一体を強調することは単に大日如来の統合性だけでなく、報身的な要素が両者を強く結びつけ、しかも法身と変わらない常住性で三身一体が保持されての上であることが知られる。このことからも、天台教学の重要性が確認されるであろう。

そこで、再び確認したいのが、円仁が尊重した『大日経』巻一の記述である。経文の冒頭から示せば次のようになっている。

如レ是我聞。一時、薄伽梵、住二如来加持広大金剛法界宮一、一切持金剛者、皆悉集会。如来信解遊戯神変生大楼閣宝王、高無二中辺一、諸大妙宝王、種種間飾、菩薩之身為二師子座一。其金剛名曰二虚空無垢執金剛・虚空遊歩執金剛・虚空生執金剛・被雑色衣執金剛・善行歩執金剛・住一切法平等執金剛・哀愍無量衆生界執金剛・那羅延力執金剛・大那羅延力執金剛・妙執金剛・勝迅執金剛・無垢執金剛・刃迅執金剛・如来甲執金剛・如来句生執金剛・住無戯論執金剛、如来十力生執金剛・無垢眼執金剛・金剛手秘密主一。如レ是上首、十仏刹微塵数等持金剛衆倶。及普賢菩薩・慈氏菩薩・妙吉祥菩薩・除一切蓋障菩薩等諸大菩薩、前後囲繞而演二説法一。所謂、越二三時一如来之日、加持故、身・語・意平等句法門。時彼菩薩、普賢為二上首一、諸執金剛、秘密主為二上首一。毘盧遮那如来加持故、奮二迅示三現身無尽荘厳蔵一。如レ是、奮二迅示三現語・意平等無尽荘厳蔵一。非下従二毘盧遮那仏身、或語、或意一生上。一切処起滅、辺際不可得。而毘盧遮那、一切身業・一切語業・一切意業、一切処・一切時、於二有情界一宣二説真言道句法一。又、現二執金剛・普賢・蓮華手菩薩等像貌一、普於二十方一、宣二説真言道清浄句法一。所謂、初発心乃至十地、次第此生満足。縁業生増長有情類業寿種除、復有二牙種生起一。[31]

先述したように、『弁顕密二教論』ではこの箇所を四種法身に配当している。第四の等流身に配されるのは、「又、現二執金剛・普賢・蓮華手菩薩等像貌一、普於二十方一、宣二説真言道清浄句法一。」の箇所であり、説法するのが直ちに毘盧遮那仏というわけではないことに依拠するのであろう。因みに、同文は、『十住心論』[32]では巻三の嬰童無畏住心、すなわち天乗において引用されている。

そして、問題となるのはその直前の箇所であり、『弁顕密二教論』が変化身説法とするのは、「非下従二毘盧遮那仏身、或語、或意一生上。一切処起滅、辺際不可得。而毘盧遮那、一切身業・一切語業・一切意業、一切処・一切時、於二有情界一宣二説真言道句法一。」の部分である。その中、円仁が重視したのは毘盧遮那を主語とする、「而毘盧遮那、一切身業・一切語業・一切意業、一切処・一切時、於二有情界一宣二説真言道句法一。」という教説であることは既に検討した。

このことに関して、安然が『教時問答』巻一で次のように述べていることが注目される。

大日経説、大日如来身・口・意業、一切時処起滅、辺際不可得。是他受用三密。現二普賢等九界三密一、説二真言道一。是変化身三密。(33)

要するに、「一切時処起滅」を説く箇所について、他受用身のことであるとし、執金剛や普賢等を現ずるのは変化身であるとしているのであり、『弁顕密二教論』の配対とは異なっている。そして、ここでは円仁が重んじた文を引用していないのである。

先ず、他受用身としたことは、台密にとっては重要な意味がある。それは、円仁が大日如来について「成仏より以来、甚だ大久遠」と述べていたことは、他受用身に通じるからである。密教の教主については単純に論じられない要素があるが、大日如来を基本的に法身と捉えることは問題ない。しかし、台密では他受用身を密教の説主として重んずる傾向がある。(34)

勿論、安然にとっては、三身・四身を説くとしても、それらは一体であり、そこに一仏義の根本義が見出される。そのことを前提として、他受用身について『教時問答』巻一で次のように述べている。

私謂、尼吒天宮天冠大日、即他受用、亦是自受用身。故天台云[35]、一切諸仏、色究竟天成仏、是別教義。菩提樹下八相釈迦、即変化身也。亦是法身。故普賢観云[36]、釈迦亦名二毘盧遮那遍一切処一、其仏住処名二常寂光一。四波羅蜜所二摂成一処。天台判云[37]、丈六身即毘盧遮那。故知、真言大日住二他受用一、以レ此為レ門開二顕内証一。顕教釈迦住二変化身一、以レ此為レ門開二顕内証一。若従二外迹一証二入内証一、即於二一身一具二是四身一。不レ同二顕教三身各別、分量差別一。[38]

要を言えば、諸々の仏身が一体であることを、天台教学と『普賢観経』で論証した上で、大日如来は他受用身に住して内証を開顕すると結論づけているのである。ここに、台密における他受用身尊重の代表的教義が確立されたのであるが、それは円仁の教学の延長線上にあることが明らかであろう。

もう一つ考究すべきは、安然が、「而毘盧遮那、一切身業・一切語業・一切意業、一切処・一切時、於二有情界一宣二説真言道句法一。」という経文をどのように理解していたかということである。そのことについては、次に引く『教時問答』巻四の問答が参照されるであろう。

問。第四時何。

答。自性・自受常恒当二説法一。不レ論二時・処之一多一也。然約二常恒一名為二一時・一処一。他受・変化・等流身土随レ縁不定。故論二時・処之一多一也。然約二不定一名為二一切時・一切処一。又、自性土・自受用土各有二四身一。是故彼中亦云二一切時・一切処一。如丁大日経云丙毘盧遮那一切身・語・意業、於二一切時一於二一切処一宣乙真言句法甲。他受・変化・等流土中各有二四身一。是故彼中亦云二一時・一処一。如丁華厳云下尽二未来際一常説中華厳上、法華亦云丙常在二霊鷲山、及余諸住処一。我浄土不レ毀而衆見乙焼尽甲。(39)

ここでは、一時・一処、及び一切時・一切処についての議論がなされている。『大日経』の文については、「有情界に於いて」の部分は省略されているが、自性土と自受用土に各々四身があることの証文としているのである。つまり、自性身、或いは法身、及び自受用身としての大日如来が他受用身・変化身・等流身としてまさに一切時・一切処において説法していることを論じているのである。その一方で、他受用身・変化身・等流身の土にも四身があり、一切時・一切処の説法に自性・自受用身による一時・一処という常恒の説法があるとする。このように、円仁によって抽出された経文が単純に一面的に論じられないことを説述することで、円仁から安然へと継承された台密ならではの主張となっていると考えられる。

ここまで、一大円教論に関連して、元政の口訣とその意義を、安然の述作をも視野に入れて探って来た。教判という大枠において、台密独特の主張が展開されていることが知られたのではなかろうか。

元政の教示については、もう一つ挙げておきたい。『蘇悉地経疏』巻一には次のように説かれている。

諸三乗教、経二歴三大阿僧祇劫一、修レ因得レ果。今此秘教不レ爾。或現身得レ証。或異生得レ成。而不レ待二三無数劫満一。……然於二成仏一有二二種義一。謂、凡位成仏・聖位成仏。言二凡位成仏一者、若得二如来智慧一、雖レ未レ断レ惑、依・正二報、随レ解融通。於二一一微塵一、具見二十方三世一、於二一一身分一、具見二法界相好一。凡夫依報、従レ本以来、遍二法界一之依。愚縛正報、法然道理、等二虚空一之正。由レ未レ遇レ縁不レ得二顕現一。今依二如来三密加持一、此身法界依・正始漸顕現。将似二聖位毘盧遮那一。但以二凡情麁劣一不レ能二覩見一。唯仏能見レ是（イ之）為二凡位成仏一也。故大興善寺和尚云、諸法無二定性一。為二識之所一レ転。若三密解起、此凡夫之身転為二如来身一。此身之外無二別仏身一。故五字陀羅尼云、即於二凡夫身一、現成二就仏身一。応二以為レ証也。次、精進無レ懈、昼夜修習、断二除惑障一、弥増二顕現一。依正二報、互相融通、神力自在。上聖・下凡、亦同得レ見レ之、為二聖位成仏一也云云。[40]

ここでは密教による、現身における得証や、凡夫（異生）の得成を説き、併せて成仏に凡位成仏と聖位成仏の二種があることを述べている。特に注目されるのは、凡位成仏の解説として、大興善寺和尚の言葉を紹介していることであり、凡夫身以外に仏身があるわけではなく、その関係を「転」という語で説示している。

円仁の即身成仏論において最も重要な思想は、生身の不捨を「転捨」という表現で説くところに見出され、それは天台教学における聖位の初である初住位において論じられる。[41] その議論は、ここでの凡位成仏の延長とも言えるものであり、右に見た聖位成仏も仏身の顕現の度合いが増すことを言うのみであり、凡夫身を捨てるという考えは見られない。

円仁は師からの伝受を重んじ、『金剛頂経疏』巻一では、同書の内容を説明して、「今所二賛述一、無レ非二前聞一」[42]と述べている。具体的な明記はないが、元政と考えられる大興善寺の師から学んだ内容が、円仁にとって大きな指針となったことが知られるであろう。そして、それは安然に継承されていく。

生身の捨・不捨の問題は、天台教学に依拠する即身成仏思想では、初住位における不捨の義が根本説となる。

このことについて、安然撰『即身成仏義私記』には、円仁が、「我幼奉二先師一、長問二遠国一。円教肉身唯転不レ捨。[43]」、「我已親聞。大徳若不レ聞、何故執レ之。[44]」等と述べたことが記されている。口伝の尊重が看取されるであろう。

四　『金剛頂経疏』巻一の五重玄義における引用文献について

円仁が立脚するのは、言うまでもなく名・体・宗・用・教と略示される天台の五重玄義であり、それは、「次判二五義一者、謂、釈二経名一、弁顕二教体一、弁二宗与レ用、判二教相一也。[45]」と説明される通りである。当然のことながら、依拠として天台教学が活用されていることが推知されるであろうが、そのことについて円仁は特に玄義の箇所では天台文献からの典拠を明示していないため、一見しただけでは不分明なのである。

なお、引用書目全体についての考察は別の機会に譲り、ここでは若干の特色や問題点を述べておくことにしたい。例えば、最初の釈名における「経[46]」の箇所では、経に無翻と有翻という二種があり、それぞれに五義のあることを説いているが、それは『法華玄義』巻八上[47]の記述に基づいている。『法華玄義』からの引用であるので、典拠を示す必要性を認識しなかったのであろう。その後には、賁法師、通法師、僧肇と明記して、その説を引用している。賁法師は良賁の『仁王護国般若波羅蜜多経疏』巻上一、通法師は基（窺基）の『法華玄賛』巻一本、僧肇は『注維摩詰経』巻一の説である。ここには二つの問題点がある。一つは、何も言わずに天台説を引用していることであり、このことは更に後述する。もう一つは通法師という言い方である。

そこで、先ず通法師について検討する。その説は主として経文の解釈中に用いられているのであり、以下に列記する。

①通法師云、今直釈レ経為レ常為レ法。常則道軌二百王一、法乃徳模二千葉一。(48)（巻一）

②通法師云、我有レ三。一、妄所執我。謂、外道横計。二、仮施設我。謂、大涅槃非我〔無我〕為レ除二二乗倒一、於二無我中一説二真我一故。三、世流布我。謂、世共伝。自指称レ我。雖三伝法者了二遍計体空・円成無相・依他起無性一、従レ縁随二順世間一、仮説称レ我。(49)（巻一）

③通法師、依二分別功徳論第三一云、阿難但云レ聞不レ言レ見者、為二将来四部衆一故、不レ得レ言レ見。設言レ見者、後四部衆、復承二阿難一、言レ見則為二虚妄一。以レ是故、但可レ称レ聞、不レ言レ見耳。是謂、見約二一時一。聞通二万劫一也。(50)（巻一）

④通法師云、依二親光論一、薄伽梵名、包二含二義一。一具二六徳一、二破二四魔一。初具レ徳者、初一断徳、次一智徳、後四恩徳也。(51)（巻二）

⑤通法師云、西国正本、一切経首、皆言二婆伽婆一。此方経初、多云二仏在一、時有レ安二婆伽婆言一。(52)（巻二）

⑥故通法師云、理趣則該二羅能所一、行二詣真諦一。(53)（巻五）

これらの中、①は基の『法華玄賛』巻一本(54)に見られる。そして、②も『法華玄賛』巻一末(55)の記述と同定しうるようであるが、同様の教義は同じく基の『大般若波羅蜜多経般若理趣分述讃』巻一(56)や、その他にも見られ、それぞれ円仁の引用とは若干異なるところがある。いずれにせよ、ここまでは基の説と看做しうる。

しかし、③は殆どが『分別功徳論』巻二(57)の記述であり、そうではない「是謂、見約二一時一。聞通二万劫一也。」の箇所が誰の説か特定できない。また、④については、良賁の『仁王護国般若波羅蜜多経疏』巻上一(58)が典拠として考えられる。因みに、仁空の講述に基づく『義釈捜決抄』巻一之三でも、「金疏ニモ引テ通法師ノ解ヲ云ク、依二親光ノ論一、薄伽梵ノ名ハ包二含ス二義一ヲ。一ニハ具二六徳一ヲ。二ニハ破二四魔一等ト云云。」(59)と記すのみであり、通法師については何も詳らかにしえない。⑤は菩提流支訳『金剛仙論』巻一(60)に基づく。⑥は不明である。

このように見てくると、通法師を基のことと推定できるのは最初の二つのみであり、全体としては不明とせざるをえない。今後の課題としておきたい。

『金剛頂経疏』における五重玄義第二の経体は、総体と別体に分けられる。その中、総体が金剛界の鑁字ではなく阿字であると定義したことは『大日経義釈』を尊重した結果であり、注目されて来た。そして、別体には、円密一致の観点から見逃せない教義が示されている。

すなわち、仏の在世、及び滅後に関して経の義を論ずるに当たり、『法華玄義』巻八上(61)の文章を明記せずに活用しているのである。詳しい内容については、別稿(62)に譲るが、諸法がそのまま経体となりうる教義を天台教学から引証し、自らの密教義に導入したのである。なお、その箇所は、『法華玄義』の顕体ではなく、釈名中に見出されるものであり、実は最澄も『守護国界章』巻中之中(63)で経体を論ずる上で注目した(64)。円仁説の要点のみを言えば、『法華玄義』巻八上に、「六塵是法界体、自是経。非二根利取方乃是経一。」(65)とあることを一層強調して、『金剛頂経疏』巻一で、「若約二極理一弁二経体一者、五陰・十二入・十八界等、本是法界体、自是経。非二根性取方乃是経一。」(66)と述べているように、諸法に究極の理としての経体を認めるのである。この円仁の密教義が安然によって継承・大成され、諸法そのものが法身説法に他ならないという円密一致の教学として結実する(67)。

ここでもう一つ注意すべきは、右の『法華玄義』の教義が『維摩経』を経証としていることである。つまり、『維摩経』の引用は天台教学に基づくものであり、円仁の創意ではない。それとは別に、『金剛頂経疏』には天台による引用をそのまま踏襲することも散見するが、そういった孫引きは一般的な方法と言えるかもしれない。

次に注目したいのは、第四の用である。『金剛頂経疏』におけるその箇所は短いが、先ず、「第四明レ用者」(68)として記されるのは、『法華玄義』巻九下の「明用」(69)の教説を規範として、それを改変したものである。そして、それに続き、『法界次第初門』巻下之下(70)の記述に基づき、大慈善根力と大悲善根力に言及するが、やはり典拠の明示はない。

第五の教相は、「第五明二教相一者、於レ中為レ三。初明二諸門所摂一、次弁二法被根性一、三正判二教相一也。」(71)というように三分され、十二分教(72)の詳細な解説もあり、全体としての分量も多い。今は例証を省略するが、ここでも天台義が活用されていることは容易に推測されるであろう。

結語

台密の特色は、円密一致を先ず挙げてよい。それは最澄以来の主張から探ることが可能であり、特に円仁から本格化する。その大成は安然に委ねられるが、『大日経義釈』（『大日経疏』）の尊重という一貫した基底がある。要するに、『大日経義釈』を指南とすることで、密教そのものが天台義と融会していることを強調するのが天台密教であり、日本天台である。台密にとっては密教そのものの本質が円密一致となる。

安然による教学大成は、密教の天台化とも言うべき要素を持っている。そのことは、円仁の段階では、安然ほど徹底してはいない。しかしながら、円仁による天台義の導入は表面的に見ると見逃してしまう要素があり、上述のように、必ずしも明示されない天台義が、安然によって大成される台密教学の基盤として盛り込まれていることに注目する必要があろう。

なお、『金剛頂経疏』巻一の後半から始まる経文の解釈中には、天台説であることが明示されている箇所も目立つ。巻一の五重玄義においてそうしなかったのは、まさに天台説に準じた著述を目指し、そのことが自明であったからであろう。

注

(1) 大正七五・五四頁上。大野達之助『日本仏教思想史』(一二五頁)では「ゲンショウ」とする。

(2) 大正六一・一五頁下―一六頁上。

(3) 大正一八・一頁上中。

(4) 『教時問答』巻一(大正七五・三七四頁上)の冒頭には、「問。真言宗立二幾教時一、判二摂三世十方一切仏教一。答。真言宗立二一仏・一時・一処・一教一、判二摂三世十方一切仏教一。問。一仏・一時・一処・一教意何。答。一切仏名二一仏一、一切時名二一時一、一切処名二一処一、一切教名二一教一。問。何意立二此一切仏・一切時・一切処・一切教一。答。常恒三世住二一切時身口意金剛一、一切諸仏・菩薩清浄広博蔵如来、於二一切時一於二一切処一、常説二一切教一。今約二此意一立二此義一。」と記されている。ここに示した、『金剛頂経疏』巻一の教説については、『教時問答』巻二(大正七五・四〇六頁上中)で議論がなされている。

(5) 大正九・三九二頁下。

(6) このことについては、拙編著『天台学探尋』Ⅰ「天台学の根本思想」(三　天台学の帰結的名言とその解釈)参照。

(7) 大正六一・一四頁下。そこには、「初約二一切一泛明二根性一者、毘盧遮那遍一切故、一切有情皆有二仏性一。是故無レ非二秘密根性一。若具二毘盧遮那法身一者、必具二三昧及大智恵一、無レ不レ顕二得毘盧遮那万徳之果一。如下得二礦金一必獲中鐶釧上。」と記されている。

（8）大正六一・一六頁上中。
（9）『大日経義釈』巻五（『疏』巻七）。続天全、密教1・一七九頁上。
（10）大正七〇・四九頁中。撰者について、大山公淳『密教史概説と教理』（六一頁、一三三頁）では、跋文（一一五頁中）に、「于時嘉暦三年戊辰八月七日於尾州丹羽郡小櫟安楽寺学頭坊談而已　安超記之」と記されていることにより台密の安超とする。
（11）大正七五・五三頁上。
（12）拙著『台密教学の研究』（一五四頁）参照。
（13）大正七七・三八〇頁下。
（14）大正六一・二一頁中。
（15）大正六一・三九頁中。
（16）拙稿「本覚思想と神」（伊藤聡編『中世神話と神祇・神道世界』所収）参照。
（17）仏身論の基本については、拙編著『新・八宗綱要』Ⅲ「天台宗」参照。
（18）大正一八・九頁中。
（19）大正七四・四二二頁下。
（20）浅井円道『上古日本天台本門思想史』（三一一頁）参照。
（21）大正六一・九頁中。
（22）続天全、密教1・三五頁下。
（23）大正六一・三〇頁下―三一頁上。
（24）大正四六・一五二頁上。
（25）伝全二・五六七頁。
（26）同右。
（27）拙著『台密教学の研究』（二一九頁）参照。
（28）大正六一・一五頁中。
（29）大正一八・二五四頁上。

(30) 大正七七・三六一頁上。『瑜祇経』の同様の方法による引用が『弁顕密二教論』巻下（大正七七・三八〇頁中）に見出される。
(31) 大正一八・一頁上中。
(32) 大正七七・三二九頁上中。
(33) 大正七五・三八六頁下。
(34) 拙編著『天台学探尋』Ⅲ「天台密教の伝灯」（八〇頁）参照。
(35) 『法華文句記』巻一中（大正三四・一六三頁中）には、「若㆜云㆑坐㆓蓮華蔵㆒、或云㆛三世諸仏皆色究竟成㆚無上道㆙、並別仏相。」と見出される。
(36) 大正九・三九二頁下。
(37) 『法華文句』巻二下（大正三四・二九頁中）には、「若丈六仏即毘盧遮那法身、放㆑光者、円義也。」と記されている。
(38) 大正七五・三八二頁下。
(39) 大正七五・四四〇頁中。
(40) 大正六一・四〇一頁中下。
(41) 拙著『天台教学と本覚思想』「円仁の即身成仏論――特に生身の捨・不捨について」参照。
(42) 大正六一・七頁下。
(43) 仏全二四・二一五頁下。
(44) 同右。
(45) 大正六一・八頁上。
(46) 大正六一・九頁下。
(47) 大正三三・七七五頁上―。
(48) 大正六一・九頁下。
(49) 大正六一・二〇頁下。
(50) 大正六一・二二一頁中。

(51) 大正六一・二三頁下。
(52) 大正六一・二六頁上。
(53) 大正六一・七〇頁下。
(54) 大正三四・六五一頁上。
(55) 大正三四・六六三頁上。
(56) 大正三三・二八頁上。
(57) 大正二五・三三頁中。
(58) 大正三三・四三八頁上。
(59) 天全一〇・一三六頁上。
(60) 大正二五・八〇一頁中。
(61) 大正三三・七七六頁下―七七七頁上。
(62) 拙著『天台教学と本覚思想』「五大院安然の国土観」参照。
(63) 伝全二・四一三頁。
(64) このことについては、拙稿「最澄の経体論――徳一との論諍を中心に」（多田孝正博士古稀記念論集『仏教と文化』所収）参照。
(65) 大正三三・七七七頁上。
(66) 大正六一・一一頁上。
(67) 拙著『台密教学の研究』第六章「日本天台における法身説法思想」第二節、参照。
(68) 大正六一・一二頁下。
(69) 大正三三・七九六頁下。
(70) 大正四六・六九六頁上。
(71) 大正六一・一三頁上。
(72) 大正六一・一三頁上―。円仁が論じたのは『金剛頂経』に基づく十二分教であり、後に安然は『教時問答』巻四（大正七五・四四三頁上―）で『大日経』を付加して、円仁説を充実せしめた。

注所引文献の出版社等

大野達之助『日本仏教思想史』（吉川弘文館、一九五七年）
大山公淳『密教史概説と教理』（高野山大学、一九六一年）
浅井円道『上古日本天台本門思想史』（平楽寺書店、一九七三年）
大久保良峻『天台教学と本覚思想』（法藏館、一九九八年）
大久保良峻『台密教学の研究』（法藏館、二〇〇四年）
大久保良峻編著『新・八宗綱要』（法藏館、二〇〇一年）
大久保良峻編著『天台学探尋』（法藏館、二〇一四年）
多田孝正博士古稀記念論集『仏教と文化』（山喜房仏書林、二〇〇八年）
伊藤聡編『中世神話と神祇・神道世界』（竹林舎、二〇一一年）

龍女の復権
――五障・転女成仏説への批判としての『法華経』龍女譚の再検討

阿部龍一

はじめに――龍女の物語の解釈の抱える問題点

本稿はいわゆる「五障」「変成男子」「龍女成仏」という表現に代表される『法華経』の龍女譚の従来の理解が、実は『法華経』本文の極端な歪曲であることを指摘する。さらに『法華経』本文の文脈に即した徹底的な再解釈を行うことで、物語としての龍女譚の本来の意義と重要性を解明する。

鳩摩羅什譯『妙法蓮華経』の提婆品に収められている龍女の物語は『法華経』のさまざまの逸話の中でもことに名高い。龍女譚は霊鷲山の釈尊を囲む聴衆の目の前で龍女が即座に男に変わり（変成男子）成仏に必要な修行を完成させ、瞬く間に南方無垢世界に転生して、その地で仏身を現して如来となった（龍女成仏）話として理解されるのが定説だ。龍族の王女である龍女はわずか八歳の少女ではあったが、すでに『法華経』の優れた実践者だった。しかし女であるためにその身のままで仏陀に転生することができなかったので、まず男性の修行者に変身し、それによってようやく仏身を現すことができたとする、女性へのきわめて差別的な逸話として広められている。また龍女譚の中で舎利弗が龍女に向かって説く「五障」説――女は梵天、帝釈天、魔、転輪聖王、仏陀に生まれ変わることができないとして、女性が背負う五つの障害を主張する説――を肯定する物語としても知られている。

中世の仏教書にはこのような「変成男子・龍女成仏」説を唱えるものが数多く存在している。三論宗と浄土教を兼学した院政期の学僧として名高い珍海（一〇九一～一一五二）の『菩提心集』の一節はその好例といえよう。

> 問女身には五の障ふかしといへば。これをいやしむ程に法華經を聞けば。龍女も佛に成り。薬王品を持ても往生すと説かれたり。されば又厭ふまじきかと覺ゆ。これをいかにか定むべき。答龍女が佛になりしも變成男子といへば。さながらは佛にならず。藥王品を持て極樂に生るれど。彼國にて男子と成るものなり。されば猶いとふべきなり。（中略）女の心おほくはうるはしからずと見えたり。淨土を願はば女身をいとふべし。(1)

これは『仏説無量寿経』に述べられる弥陀の四十八願のうちの女人往生を説く第三十五願（再び女身に生まれ変わることを厭い嫌う者には、必ず男子として浄土に往生することを阿弥陀仏が約束する）を意識しつつ、それと同意趣の『法華経』薬王菩薩品の女人救済説も視野に入れて、(2)珍海が変成男子した龍女を手本として、女性の信者に極楽往生を勧めているものである。しかし彼の「浄土を願はば女身をいとふべし」という主張は、女身のままでは往生できないから、極楽往生を遂げるためにはまず女であることを捨てなければならい、つまり女のままでは浄土に入ることができないことを同時に意味し、来世の救済と引き替えに現世の女性へのさらなる差別を背負わせるものだ。比叡山黒谷別所の学匠光宗（一二七六～一三五〇）による教理、法会、修法、寺社の伝承を集大成した大著『渓嵐拾葉集』では龍女を煩悩の根本である三毒（貪・瞋・癡）を人格化する者として彼女に対する否定的な描写がさらに強調される。

男女中ニハ女身也。以貪愛爲體。諸趣中ニハ蛇毒身以大嗔爲體。六道中ニハ畜生道。愚癡ヲ爲體。年齢幼少ノ愚癡也。此愚癡ハ無明ヲ爲體。無明ハ是諸煩悩ノ根本也。(3)

つまり龍女の女身であることは貪愛を、蛇身は瞋恚を、畜生道と幼少であることは愚癡をそれぞれ表すという。しかも『法華経』で提婆達多が授記を得る逸話の直後に龍女譚が置かれているのは、三逆の悪人である提婆達多と同様に罪深い三毒の龍女が法華経の方便の力によって救済されるからだと光宗は説明する。

以上から珍海や光宗によって示された見解が現在でも龍女譚の一般的理解の基礎をなしていることが確認できた。しかしその一方でさまざまな先行研究により、このような変成男子・龍女成仏説を根幹とする龍女の差別的な理解が、九世紀後半以前の日本には存在しなかったこと、また中国仏教をはじめ東アジアの仏教世界では古代から近代に至るまで知られていないことが指摘されている。(4) つまり龍女が男に変わったことにより初めて成仏することができたと断定する説明は、中世日本の仏教教理の伝統の一部で発生した極めて特殊な解釈である。最澄は龍女の成仏を即身成仏と捉え、道元は女性でも得法し僧伽の指導者となれることの根拠として龍女を挙げ、日蓮は龍女の成仏は一念三千の成仏であると言明して、それぞれ変成男子・龍女成仏説を否定した。(5) それにもかかわらず、彼らの見解が少数意見に留まり、女身を転じなければ成仏はできないという説のみが人口に膾炙してしまったのも、中世以来の日本仏教史上の特異な現象である。それゆえ男性への転身とそれ続く成仏――いわゆる転女成仏――にのみに注目して解釈することは、『法華経』本文の一部である龍女譚の本質を見誤る危険を多くはらんでいるものと言わざるを得ない。

龍女の物語には彼女の釈尊に対する衆生済度の誓願の表明、宝珠の奉献、無垢世界と娑婆世界の衆生の同時利益など、変成男子・龍女成仏よりもさらに重要な要素が多く存在する。また長編の物語としての『法華経』の全体的な文脈の中で登場人物としての龍女の役割を捉えることも、龍女譚の意義を把握するためには不可欠だ。しかし残念ながら近代的な龍女に関わる研究のほとんどは、いまだに龍女譚を五障説に依拠した転女成仏を中核とする物語として扱っているのが現状だ。(6)

以下の第一節では龍女の人物描写と彼女と他の登場人物の関係を明らかにすることで龍女譚の物語を構造的に把握する。第二節では『法華経』前半部（迹門）の中での龍女譚の位置付けを授記をめぐる物語との関係から探る。さらに第三節では龍女譚と経典後半部（本門）のクライマックスである久遠実成の如来の開示との関わりに注目することで、龍女の物語が『法華経』全体に占める重要性を解明することを目指す。また変成男子・龍女成仏説による理解との相違を明らかにするため、智顗、吉蔵、窺基など中国仏教史上の代表的経疏類の龍女譚の解釈を指標として読解を進める。東アジアの仏教の歴史を通して最も広く流布した『法華経』テクストは鳩摩羅什譯『妙法蓮華経』なので、本稿でも『妙法蓮華経』の龍女譚に依拠しつつ、竺法護訳の『正法華経』など、その他の訳本も適宜参照する。(7)

一　龍女の物語の再検討

娑蝎羅龍王の八歳の王女の物語は『妙法蓮華経』の提婆達多品（第十二章）に収められている。経巻の体裁を取った八巻本の『法華経』では提婆達多品は第五巻の冒頭に置かれていた。平安朝の宮廷人は法華八講で提婆達多品が講じられる日を「五巻日」として特別に祝ったと伝えられているので、『法華経』全体の中でもこの部分が古来珍重されていたことが分かる。(8)

提婆達多品は前半と後半の二つの部分に分けられる。前半部は提婆達多の受記の物語が語られる。釈尊の従兄弟でありながら僧伽を分裂させ釈尊の命を奪おうとして傷を負わせた極悪人の提婆達多が、その前世は『法華経』の一仏乗の教えを熟知した阿私仙という仙人だった。釈尊は前生では大王だったが、王位を捨てて大乗の教えを求めていた。大王は阿私仙に出会い、彼の下僕となって修行に励み、ついに一仏乗の教えを受けることができたという。この物語の含意するところは、提婆達多の数々の悪行は自らが怨敵となることで僧伽の団結を強めて釈尊の法を守るための方便だったと理解することが可能だ。その功徳により提婆達多は遠い未来に天道世界という浄土で悟りを開き天王如来という仏陀になるという授記を釈尊から授かる。(9)

それに続く龍女譚を理解しやすくするため、以下の三つの場面に分けて検討する。

一　智積菩薩の問い

前章（見塔品）では東のかなたの宝浄世界から釈尊の『法華経』の説法を讃えるために多宝如来が多くの眷属を伴って霊鷲山に詣で、巨大な七宝塔の中から姿を現して釈尊と塔内で座を分けあい（二佛並座）、互いを賛嘆する。それを受けて提婆達多品の後半部では、多宝如来に伴っていた菩薩衆の一人である智積菩薩が、提婆達多への受記が終わると師の多宝如来に「ではわたしどもの浄土に戻りましょう」と願い出る。しかし釈尊が智積を留めて、「私の弟子に文殊という菩薩がいるから、彼に会って法について話し合い、それから故国にお帰りなさい」と言う。すると釈尊の法座をしばらく留守にして娑蝎羅龍王の龍宮で『法華経』の教えを広めていた文殊菩薩が宝蓮華に乗って大海から湧出し、彼の教えにより菩薩の位を得た多くの龍族の者を伴って霊鷲山に戻って来る。智積が文殊に「龍宮であなたが教化した者は一体何人ですか」と尋ね、文殊が「それはあまりに多くて数えることができません」と答えるやいなや、さらに無量無数の龍族の菩薩たちが宝蓮華座に乗って海から飛来して、虚空に留まって霊鷲山の上空を埋め尽くした。(10)

文殊が「私の龍宮での教化の成果はご覧になる通り。これらの者はすべて『法華経』の教えのみによって導かれた者です」と言う。智積は『法華経』の教えは甚だ深くて精妙であり、すべての経典の王者と言われています。あなたの龍族の弟子の中でこのような難しい教えによって修行することで仏位を得た者が果たしているでしょうか」と問う。この問いに対する文殊の答えは龍女の性格描写と物語の中での彼女の役割をよく言い表している。

「有り。娑蝎羅龍王の女は年始めて八歳なり。智慧は利根にして、よく衆生の諸根の業行を知る。陀羅尼を得、諸仏の説きしところの甚深の秘蔵を悉くよく受持し、深く禅定に入りて諸法を了達し、刹那の頃において菩提心を発して不退転を得たり。辨才は無礙にして、衆生を慈念すること猶し赤子のごとし。功徳を具足して心に念じ、口に演ぶるところは微妙、広大にして、慈悲、仁譲あり。志意は和雅にして能く菩提に至れり。(11)」

智積の「はたして仏位を得た者がいるか」という問いに、文殊はその答えの最初と最後で「有り」「能く菩提に至れり」と言明しているのだから、龍女はわずか八歳の龍族の王女という外見に似合わず、すでに仏位に至り、菩提（悟り）を完成した人物であることは明らかだ。つまり彼女は悟りを成就したにも関わらず、大乗仏教の理想である生死輪廻の苦海に沈む衆生を救うため敢えて涅槃に入らず利他行を続ける最上位の菩薩であり、生死と涅槃の不二を体得した無住所涅槃の実践者として描かれている。その意味で龍女は彼女の師の文殊や、観音、普賢、彌勒といった大乗を代表する、等覚、妙覚の位を得た菩薩たちと同等の存在であるといえる。

この点については天台大師智顗（五三八～五九七）は『妙法蓮華経玄義』で「龍女は利那の頃において菩提心を発して等正覚を成ず。即ちこれ涅槃を明かす。発心と畢竟との二つは別せず。」として龍女は発心と同時に「等正覚（阿耨多羅三藐三菩提）」つまり完全な悟りを得た者として賛嘆している。また彼女の悟りを『大方広佛華厳経』（梵行品第十二）の「初発心時に即ち正覚を成ず」、『維摩経』（菩薩品第四）の「一を念じて一切法を知る。これ道場に座して一切知を成就するが故なり」などと表現された発心即菩提の現成として賛辞を惜しまない。[12]

中国三論宗を代表する学匠である嘉祥大師吉蔵（五四九～六二三）は『法華義疏』で龍女が等覚の菩薩であり、智顗にならい彼女を「利那の頃において菩提心を発し、成仏を得た」者と位置づけた上で、その発心について四種の異なった発心をあげて説明する。「一は初発心、初地に入るを謂うなり。二は行発心、二地ないし七地なり。三は不退発心、八・九地を謂う。四は一生補処発心、第十地を謂う。龍女の発心成仏はこれ第四の義なり。」つまり吉蔵は「利那の頃において菩提心を発して（中略）能く菩提に至れり」という経の本文に依拠して、龍女をすでに菩薩十地を完成させ、その上位に位置する一生補処――もうひとたびの転生で三十二相に荘厳された如来の身体を得ることが保証されているが、衆生済度のために如来の涅槃を選ばず菩薩位に留まる者――の大菩薩と

して認めている。(13)

また同書で吉蔵は『法華経』に仏力、広大力、速疾力の三力が備わっているとして、龍女の成仏を女身のままで覚者となった「現身成仏」であると定義している。

提婆達多は説経により遂に作仏を致す。ゆえに経に成仏の力あり。文殊の法華経を説くによりて無量無辺の衆生はならびに悟道を得。ゆえに法華に広大力あるを歎ず。龍女は経を聞きて現身に成仏す。ゆえにこの経に速疾力あるを歎ず。(14)

つまり吉蔵によれば龍宮で文殊菩薩から『法華経』を学んだ時に即座に、龍族の八歳の少女の身体そのままで成仏を得たことが明らかだ。これは智顗が彼女の女身を一身に一切如来の身体を映し出す「普現色身」であると捉えたことと対応する。この点についてはさらに第三節で検討する。

さらに中国法相宗の祖、慈恩大師窺基（六三二～六八二）もその著『妙法蓮華経玄賛』で吉蔵と同じく龍女を一生補処菩薩と規定している。さらに龍女は文殊の答えに述べられているように十六種の徳を併せ持っていたので速やかに菩提に至ることができたと説明する。その十六の徳とは、一、龍であること。二、女であること。三、子供であること。四、智慧が利くこと。五、衆生の気根をよく理解していること。六、陀羅尼に習熟して諸仏の教えをよく保っていること。七、禅定に優れていること。八、法をよく理解していること。九、不退転の位を得ていること。十、辯才に優れていること。十一、慈念に豊なこと。十二、徳の高いこと。十三、弁舌が流れるようで速やかなこと。十四、教えが深遠であること。十五、仁愛と謙譲を備えていること。十六、和雅であること。

文殊が説いた十六徳について窺基は「上の如くこの女は速やかに菩提に至れり。刹那の頃とは時の極小なり」と述べている。吉蔵と同じく窺基の読みからも、物語の展開に従う限り、龍女がすでに龍宮で菩提に到っていた、つまり成仏していたことが確認できる。(15) これに関連して十六徳のうち、龍族の者であること、女人であること、幼い身の上であることが龍女の徳として列記されているのは注目に値する。非人、女、小児であっても、それが悟りを得ることの妨げにはならないこと、また修行者の外見に関わらず無上菩提を獲得することが可能であることを、龍女が率先して示しているからであろう。

このように中国仏教の代表的注釈類は文殊菩薩による龍女の人格描写について、彼女がすでに内なる悟り（無上正等覚）を完成させた最上位の菩薩であると理解することで一致している。ところが文殊の対話者である智積菩薩はその答えに納得できず、龍女について以下のような疑問を呈する。

「我釈迦如来を見たてまつるに、無量劫において難行苦行し、功を積み徳を累ね、菩薩道を求むること、未だ止息したまわざりき。三千大千世界を観るに、乃至芥子の如きばかりもこの菩薩の身命を捨てし処に有らざるは無し。衆生のためのゆえなり。然して後、即ち菩提道を成じ得たまえり。この女の須臾の頃に便ち正覚を成ずることは信ぜず。(16)」

智積の疑問を注意深く読むと、一方では無量劫にわたる釈尊の数えきれない前世での修行の時間と、もう一方では龍女が龍宮で文殊から教えを受けた現世での短い時間を比べている。そのように短い時間で、釈尊でさえ過去世の永劫にも比される時間をかけて得た等正覚を、この幼い娘が得たとは考えられないと述べている。つまり文殊から龍族の無数の菩薩の中でも第一として選ばれた龍女が、前世で修行に費やしたであろう無量の時間の長さには考えが及ばず、現世と過去世を混同するいわゆる「カテゴリー錯誤」を智積は犯している。しかもそれに自ら気づかずに、文殊に愚問を投げかけてしまっている。

『法華経』を長編の物語として見ると、その物語が進行してゆく上での底流として先ず注目されるのが前世での学習の強調であろう。釈尊が次々に受記を与えてゆく声聞の弟子たちが実は前世ですでに法華経の教えを釈尊から学んでいたが、それを忘却してしまったので、現世で釈尊がもう一度『法華経』の一仏乗の教えを与えて、過去世の修行で得たものを思い出させるという構想だ。たとえは譬喩品（第三章）では、声聞の弟子の中ではじめに一仏乗の重要性に気がついて釈尊から授記された舎利弗に対して、釈尊が次のように語っている。

「我昔かつて二万億の佛の所において無上道のための故に常に汝を教化せり。汝はまた長夜に我に従って受学せり。我は方便をもって汝を引導せし故に我が法の中に生まれたり。舎利弗、我は昔汝をして仏道を志願せしめたれども、汝は今悉く忘れて便ち滅度を得たりと謂えり。我は今還って汝をして本願によりて行ぜし所の道を憶念せしめんと欲する故に、諸声聞のために「妙法蓮華・教菩薩法・仏所護念」と名づくるこの大乗経を説くなり。[17]」

つまり『法華経』では過去世で巡り会った教えをどのように思い出すか、また前世で修学した内容の重要性をどう自覚できるかが、菩薩として『法華経』の教えを実践してゆく上で重視されている。智積菩薩はこの『法華経』の物語の根本的な前提に気がつかないで、カテゴリー錯誤に陥る愚問を文殊に対して発してしまった。

菩薩の悟りの段階としては十信、十住、十行、十廻向、十地、それらに等覚と妙覚の位を加えた五十二位が知られている。『首楞厳経』によれば妄想が滅んで中道純真の境地を得ることが菩薩の五十二の修行の段階の初位、つまり十信のはじめの位の「信心位」に入ることとされる。つぎに「過去未来無数劫中の捨身受身の一切の習気、皆現に在前す。善男子みな能く憶念して遺忘することなきを得れば、念心に住すと名づく」と述べられている。(18) 中道純真の境地を深めると、遠い過去であれ近い過去であれ無量無数の前世の生死の業行の一切が想起され、それを忘れずに記憶することができるようになると、ようやく五十二位中の第二位の「念心」位に進むとされる。つまり菩薩として無上菩提の目標へと前進するためには前世での修行の成果を忘れずに、それに基づいて今生での修行に努めて、またその成果を来世への修行へと続けてゆくことが必要だと考えられている。釈尊が菩提樹下で自らの過去世の一切を想起し、それが悟りへの重要な階梯となったのと同様に、大乗の菩薩道の基本として過去世を追想する能力が求められている。智積菩薩は菩薩道を歩んで行くために必須なこの能力を未だ充分に習得できていなかったので、釈尊が故国に帰ろうとするのを留めて文殊菩薩と対論させた、そう理解するのが妥当であろう。

この智積菩薩とは対照的に、文殊菩薩は過去世の出来事を追想することに殊の外すぐれた菩薩として『法華経』に登場する。その序品（第一章）では、遠い過去に「日月燈明如来」という同じ名を持った二万の如来が次々に出現して『法華経』の教えを宇宙的な時間の中で継承して行ったこと、その二万番目の最後の日月燈明如来が無量義処三昧という禅定を修された後に『法華経』の教えを説き、それが終わると涅槃に入られたこと、この日月燈明佛は出家以前は大王で八人の王子がおり、八王子のすべてが父にならって出家し菩薩道を修したなどと、はるか遠い過去にすでに『法華経』が説かれていたことを文殊菩薩が述べている。さらに日月燈明如来の上足の弟子に妙光という名の菩薩がいたこと、かれは如来の滅後に八王子を教導して無上菩提に至らせたこと、八王子の末の弟は「然燈佛授記」で著名な然燈如来に転生して、彼らによって『法華経』の教えが語り継がれて行ったことが語られる。文殊菩薩は自分にこのような過去世の知識が備わっているのは、じつは過去世の妙光菩薩が自らの前生であったからだと明らかにしている(19)。

このように見ると、文殊菩薩はさまざまな如来や菩薩がはるか遠い過去世から『法華経』の教えを守り継いできた活動の連鎖をありありと記憶している最上位の菩薩であり、一方の智積菩薩はそのような記憶能力が未発達な駆け出しの菩薩として龍女譚に描かれている。その意味で「智積」という名には皮肉とユーモアが籠められている。それは彼が物語の主役である龍女の引き立て役を果たしているからである。彼とは対照的に龍女は前世ですでに十分な菩薩行を積み上げてきたので、龍宮で文殊菩薩から『法華経』の教えを受けると、吉蔵が解説したように十地菩薩の発心をして「刹那の頃に即ち正覚を成」じた、と理解できる。智積の文殊への疑問は愚問であり、それが否定されることを前提としたいわゆる修辞疑問、または反語的疑問として扱われるべきだ。事実、文殊は智積の問いに答える必要もなかった。その代わりに龍女自身が忽然と霊鷲山に姿を現した。

二　舎利弗の問いと龍女の宝珠奉献

龍女は霊鷲山の法座に現れるや否や釈尊に礼拝し、偈によって釈尊を賛嘆して自らの誓願を述べる。

深く罪福の相に達して　普く十方を照らし
微妙なる浄法身は　相の三十二を具え

八十種好をもて　法身の荘厳に用う
天人の戴仰する所　龍神も咸く恭敬す
一切衆生の類は　宗奉せざる者なし
また聞きて菩提を成ぜしこと　ただ佛のみ当に証知す
我は大乗教を闡きて　苦の衆生を度脱せん(20)

龍女が『法華経』に登場するその他の佛弟子と大きく異なるのは、彼女が一仏乗の教えを受けた場所が龍宮であり、その師は文殊菩薩だったことだ。霊鷲山で釈尊から直接教えを受けたわけではないので、釈尊本人から自らが等正覚を得たことを証明してもらうことが重要だったはずだ。偈文を結ぶ四句（又聞成菩提　唯佛当証知　我闡大乗教　度脱苦衆生）で、釈尊から龍宮で『法華経』を聞き学んだことによって得た自らの悟りの正しさを証明できるのは釈尊のみだから、その承認を得た上で大乗の教えを説いて苦界の衆生を救いたいと、誓願を述べている。

しかし釈尊が龍女の悟りが真正であることを承認するまえに、今度は舎利弗が異議を唱える。

「汝久しからずして無上道を得たりと謂えり。この事、信じ難し。所以いかん。女身は垢穢にしてこれ法器にあらず。いかに能く無上菩提を得ん。仏道は懸曠にして無量劫を逕て勤苦積行して具に諸度を修し、しかる後にすなわち成ず。また女身にはなお五障あり。一は梵天となることを得ず。二は帝釈、三は魔王、四は転輪聖王、五は仏身。いかに女身にしてすみやかに成仏を得ん。(21)」

舎利弗は声聞の十大弟子の中でも智慧第一と謳われた大羅漢だ。声聞乗の最終目的は「灰身滅智」（存在し続けることへのとらわれをすべて滅ぼした智慧）を得て、入滅するおりに輪廻転生の輪環を絶ち、涅槃の彼岸へと消え去ることであるといわれる。羅漢とは声聞の中ですでに灰身滅智を得た者をいう。しかし『法華経』方便品（第二章）で釈尊は自分が説いてきた声聞乗は、羅漢位を得た弟子たちがさらに修行を進めて菩薩乗に入るための――つまり生死転生を繰り返して菩薩として修行を積み、いずれ正等覚を得て仏陀となるための――方便としてのみ与えたものであることを明らかにした。舎利弗はこれをいち早く理解して譬喩品（第三章）で釈尊の授記を得た。つまり彼は後生で無量無辺不可思議の劫を転生して行き、未来世で千億万の佛を供養した後に菩薩道を完成させ、離垢世界という浄土に生まれて、ついに華光如来という佛になるという、栄誉ある予言を釈尊から与えられた。(22)

その自分でさえもこれから計り知れないほど遠い未来まで修行を続けた後に、ようやく完璧な悟りにたどり着くであろうと授記された。ところが目の前に現れた八歳の龍族の少女は、すでにやすやすと等正覚を成就させていると文殊菩薩は言明した。彼女の外見に捕われている舎利弗は、智積と同様にそれを信じる事ができない。さらに女人を五障によって穢れた存在であり、仏身を獲得することができない、つまり男僧の自分より劣った存在であるはずの龍女の成仏は認められない、と彼は主張している。

舎利弗は『法華経』譬喩品（第三章）で釈尊の授記によって自分が菩薩道の実践者であることをはじめて自覚したのだから、いまだに駆け出しの菩薩であることは智積と変わりがない。文殊菩薩が龍女について「刹那の頃において菩提心を発して（中略）能く菩提に至れり」と断言したのは、修行者の内なる悟りの完成はその外見、年齢、性別とは一切関係がないことを意味している。舎利弗はそれが理解できずに、内なる悟りと外見としての三十二相に荘厳された仏身を混同するというカテゴリー錯誤の過ちを犯してしまっている点でも智積と類似している。つまり龍女の物語の中では舎利弗も智積と同じく龍女の引き立て役を果たしており、彼の龍女に対する疑問も、物語の進行の中でそれが否定される事を前提とした、修辞的疑問であったと理解できる。

龍女は舎利弗の問いに言葉ではなく、より具体的な行為によって答えようとする。その値は三千大千世界、つまり全宇宙に等しいとされる珍宝の宝珠を彼女は捧げ持って、釈尊に献上する。釈尊はそれをすみやかに納受する。大乗仏教経典一般で宝珠はさまざまな象徴の役割をはたしているが、それらは以下の三種に大別することができる。第一に『大般若波羅蜜多経』に見られるように悟りの智慧の完成、つまり「般若波羅蜜多」を表し、また般若波羅蜜多が凝縮されたとされる聖遺物である舎利と同一視される。第二に『金光明最勝王経』や一連の禅観経典では無明を破る般若智の光の源泉としての法身を示す。第三に『華厳経』や『涅槃経』では一切衆生に本来備わるという浄菩提心や仏性を示す譬えとして使われている。[23]さらに第四として『法華経』では五百弟子受記品（第八章）の衣裏繋珠や安楽行品（第十四章）の髻中明珠の譬えに示されるように、宝珠は『法華経』の一仏乗の教えそのものと、その教えの発揮である方便力を示している。[24]

『法華経』の解説書は枚挙に暇がないほど豊富だが、龍女の宝珠奉献について満足な理解を示した先例を見たことがない。それは釈尊が彼女の宝珠を「納受」したという行為の積極的な意味合いを見落としているからであろう。釈尊がその宝珠を退けることなく、すぐさま受けとったのは、ちょうど宝玉の真贋を即座に判断できる宝石師のように、龍女の宝珠を真正なものとして承認したからだ。つまり釈尊は宝珠を受けとるという実践によって、それが譬えとして龍女の菩薩としての資質を表現しているものをも、同時に是認したといえよう。譬えとしての宝珠の納受は、第一にさまざまな波羅蜜行を成就して菩薩道の最終目的である般若波羅蜜多に龍女がすでに到達したこと、第二に龍族の幼い王女という外見であっても仏陀の身体の精髄である法身を体得していること、第三に浄菩提心を共有するというすべての衆生にとって、等正覚を得ることが可能であることを、幼い龍女が身をもって示しそれを釈尊が証知したと言える。

『法華経』と同じく鳩摩羅什譯と伝えられる『禅秘要法経』は「諸仏の法身によって色身あり。色身はたとえば金瓶のごとく、法身は摩尼宝珠のごとし」と諸仏の法身と色身の関係を説明している。[25] この記述からも三十二相、八十相好の備わった仏陀の色身よりも、龍女が体得した法身はその根源としてははるかに優れたものであるのが明らかだ。天台大師智顗は『妙法華経文句』で龍女の宝珠奉献を彼女の悟りの現成の明証であるとして、それを因（文殊菩薩から『法華経』を学んだこと）と果（等正覚を承認されたこと）に分けて論じている。

> 献珠は圓解を得しことを表し、圓珠はその圓因を修得せしことを表す。佛に奉ずるはこれ将に因よく果となり、佛の受くること疾きは、果を得ることまた速やかなり。[26]

智顗の語法において「圓」は単に丸いという意味でなく「まどか」つまり、完全、完璧を表す。龍女の智慧の完成、また彼女の『法華経』修学の完璧さが宝珠の形状と重ね合わされて、宝珠の譬えとしての意味が浮き彫りにされている。

つまり釈尊が龍女の宝珠を速やかに受け取り納めたことは、龍宮で文殊菩薩から『法華経』を学ぶことで彼女が達成した悟りの正統性を証明し、また彼女が『法華経』の大乗一佛乗によって衆生を済度するに相応しい人物であることを、霊鷲山の法座の大衆に公認するという積極的な意味を持っていた。

智顗が明らかにしたように、宝珠奉献の場面の意味するところを舎利弗が正しく理解できたならば、龍女の物語はここで完結していたであろう。なぜなら釈尊が龍女の宝珠を納受したことで、五障説を含む舎利弗の唱えた異議のすべてがすでに退けられてしまい、龍女こそが『法華経』の教えを実践する大菩薩であるとして文殊菩薩が物語の主人公を紹介した内容が正しかった事も証明されたからだ。

智顗は同著で『菩薩処胎経』に依拠しつつ舎利弗が唱えた女人を差別する五障説を断固として否定している。

魔・梵・釈・女は皆身を捨てず、身を受けずに、悉く現身に成仏を得るがゆえに、偈にいわく。法性は大海の如く、是非ありと説かず。凡夫・賢聖人は平等にして高下無し。唯だ心垢の滅ありて、証を取ること掌を反すがごとし。(27)

魔王、梵天、帝釈天と同じく、女人もその身を捨てたり、それをほかの身体に転生して変えることなしに、その女身のままで成仏することができる、と智顗は宣言している。それは究極的な真理である法性が、あたかも大海がどのような河川の水でも受け入れるように、女だから成仏できない、男なら成仏できるなどと舎利弗が言い張るような、是非の分別をしないからだ。大海のような法性に到達するために必要なのは、ただ心の垢を滅することのみだから、手の表裏を反転するように素早くそれを証することができる、と述べている。

龍女は釈尊が宝珠を受け納めたことの意義を、智積菩薩と舎利弗が納得できたかどうか確かめるために、「我は宝珠を献じ世尊は納受したまう。この事速やかなるや、いなや」と問いかける。二人は単純に、あるいはぶっきらぼうに、「甚だすみやかなり」と答える。(28) 智積と舎利弗は宝珠の奉献と納受という彼らの眼前で起こった事象だけを理解したのみで、彼らの異議の申し立てがすでに釈尊による納受によって却下されてしまったことに全く気づいていない。そこで彼女は「汝の神力をもってわが成仏を観よ。復た此れよりも速やかなりき」と勧めた。つまりこの文で龍女が、「あなたたちの肉眼ではなく神（心）眼で私の成仏の本質を見なさい。もしそれができれば、私が悟りを得たことが、釈尊が私の宝珠を受けとってくださったのよりも、さらに速やかだったことが分かりますよ。」と言って智積と舎利弗に注意を促した。[29] しかし彼らにはそのような能力が欠如していて、彼女に答える事ができなかった。龍女が新米の菩薩である彼ら二人を教え導こうとする動機によって、彼女の物語は最終の場面へと展開してゆく。

三　龍女の方便力の発揮

智積と舎利弗の無力さが一段と明らかになったので、龍女がすでに正等覚を得た存在であることを、宝珠奉献よりもさらに具体的に示す方法が必要になった。ここに続く箇所は龍女がそれをいかに実践したかを述べているが、同時に通説である変成男子・龍女成仏説の拠り所となっている部分なので、以下のように三段に分けて詳しく見てみよう。

（一）当時の衆会は皆龍女の忽然の間に変じて男子と成り、菩薩の行を具して、すなわち南方の無垢世界に往き、宝蓮華に坐して正等覚を成じ、三十二相、八十種好ありて、あまねく十方の一切衆生のために妙法を演説するを見たり。

（二）その時娑婆世界の菩薩、声聞、天、龍の八部と、人、非人とは、皆遥かに彼の龍女の成仏してあまねく時の会の人、天のために法を説くを見、心大いに歓喜して悉く遥かに敬礼せり。無量の衆生は法を聞いて解悟して不退転を得、無量の衆生は道記を受くるを得て無垢世界は六反に振動す。智積菩薩および舎利弗と一切の衆会は黙然として信受せり。(30)

（三）娑婆世界三千の衆生は不退地に住し、三千の衆生は菩提心を発して受記を得たり。

まず第一段で注目されるのが、瞬く間に意のままに男に変わって菩薩行を完成させるだけ能力が、龍女にはすでに備わっていたことだ。釈尊は舎利弗に対して「無量、無辺、不可思議の劫を過ぎて、千万億の佛を供養し、正法を奉持し、菩薩の所行を具足」した後にようやく成仏することができると授記した。(31) つまり舎利弗にとって菩薩行とは、これから数えきれないほどの転生を繰り返して永遠に近いような長い時間をかけて修行を繰り返して行った後に、やっと完成させられるものだった。ところが龍女は同じ菩薩行を彼女の前生での修行を通してすでに積み重ねていたので、無量劫もかかるといわれるその過程を刹那の時間に凝縮して見せることができた。これは等正覚、成道、成仏という語が示す境地が非時、無死と表現されるように、輪廻生死の時間を超越することであることを考えれば、むしろ当然であろう。

その変身が終わるや否や今度は忽然と娑婆世界から姿を消し、宇宙のかなたの無垢世界に瞬時に転生し、その地の宝玉に飾られた蓮華座の上で正等覚を得て、三十二相のそなわった佛身を現して『法華経』の教えをその世界の衆生に説いたという。龍女がすでに正等覚を得ていたことは、龍女譚の先行個所で文殊菩薩が言明し、さらに釈尊が宝珠を納受してそれを証明しているのだから、彼女が無垢世界に往生したことでもう一度正等覚を得たわけではない。八歳の少女が悟りを得た存在であるということは、智積や舎利弗のような駆け出しの菩薩の想像を絶する出来事だった。つまり無垢世界で宝座の上で三十二相、八十相好の備わった仏身を得たという、彼女の二度目の悟りの獲得の光景は、かれらの限られた理解力でも分かるように、いわば「ありふれた」常識的な成仏のイメージを龍女が作り出したと理解されるべきだ。智積と舎利弗が見ていたものは、彼女の内なる悟りの完成を――つまり悟りを得るとは時間の遅速や長短の問題を超越する能力の獲得であることを――可視化して、彼らを教え導くために龍女によって生み出された視覚的な方便だった。

この点について吉蔵は如来が仏身を現す様式に三種があるとして説明している。第一は釈迦如来の代表される男身の仏身であり、第二は女身の仏身、さらに第三は「男亦女」の仏身であり、龍女は第三に当たるとする。龍女は「もとこれ女、変じて男となる」と定義している。(32) つまり龍女の女身も男身も共に仏身であると解釈して転女成仏を明確に否定していることは注目されるべきだ。

第二段の始めでは、娑婆世界の霊鷲山の法座のすべての大衆が、宇宙のかなたの無垢世界で如来となった龍女が数えきれない衆生を教え導いているのを見て、大きな喜びを感じ彼女を敬い仰いだ、と述べられている。霊鷲山に集ったものすべてが宇宙のはるか遠くの出来事を見る事ができたというのだから、やはりこれは龍女が神通力を発揮して、彼女の悟りを彼らのために可視化した結果であったことが確認できる。また彼女の教えを聞いただけでその世界の数えきれないほど多数の衆生が不退転位の菩薩となり、さらに無数の衆生が彼女の変身である仏陀から無上道を得るとの授記を与えられている。これは全く未曾有のことだったので無垢世界の大地は六種に振動してそれを祝福した。

第三段では無垢世界で龍女が仏身を現して妙法蓮華の教えを説いたのを見ただけで、霊鷲山の大衆のうちの三〇〇〇人が菩薩道の不退位に進んでそこに留まり、それに加えて三〇〇〇の者が釈尊の授記を得た。ここで注目すべきは、龍女の視覚的な方便の力によって、無垢世界でも、娑婆世界でも、同じように夥しい数の者が上級の菩薩の境地に一足飛びに精神的な成長を遂げたり、将来の成仏の保証を得たりしていることだ。『法華経』の物語の進展から見ても、彼女の方便の影響力は、提婆達多品以前の箇所で釈尊の方便が示したさまざまな影響力を、数量ではるかに上回っている。この点については次節でさらに検討する。

第三段の結びは、龍女が現前させた刹那の成仏という空前絶後の光景を目の当たりにして、智積も、舎利弗も、その他のすべての大衆も、「黙然として信受せり、」ただ粛然と沈黙したまま、信じて受け入れた、と記されている。彼らが「信受」したのは何だったのか。もちろんそれは龍女が一瞬のうちに男の菩薩に変わって無量劫もかかるはずの菩薩行をすべて遂行し、無垢世界に転生して、仏陀の荘厳身を現したことではない。それらはありと彼らによって目撃されたのだから、あらためて信受する必要はないはずだ。そうではなく、彼らが受け入れざるを得なかったのは、このような奇跡的な光景を生み出した非凡きわまりない力を、龍女がすでに備えていたことである。つまり智積が「この女の須臾の頃に便ち正覚を成ずることは信ぜず」と言って不信を抱き、舎利弗が「汝久しからずして無上道を得たりと謂えり。この事、信じ難し」と言って異議を唱えた対象であった龍女の内なる悟りを、彼女の発揮した力の根源として、今は信じざるを得なかった。智積も、舎利弗も、自分たちの前に現れた八歳の龍族の王女を、彼らの師として仰ぐべく人物として、今は真摯に受け入れたのだ。

第三段が龍女譚の結びとして優れているのは、この部分が以下の三つの側面から物語に完結性を与えているからである。第一に物語のヒロインの龍女が猜疑、中傷、差別に曝されつつも、最後には並外れた人物であることの正しさが証明されて勝利すること。敵対者の智積と舎利弗は、彼女の神通力の威力を見せつけられて、茫然自失のうちに敗北する。それによって二人は物語の中での龍女の引き立て役を見事に果たした。智積と舎利弗の敗北は同時に彼らから龍女に向けられた「五障」をふくむ差別的な議論がすべて否定され、打ち砕かれたことも意味している。

第二に文殊が龍宮で広めた『法華経』の教えの正統性が明らかにされた。『法華経』は釈尊の入滅後に大乗の教法をどのように保って行くかを一つの大きなテーマにしているので、釈尊以外の者が説いた『法華経』の教えによって龍女が正等覚を得られたことは、『法華経』の普遍性を保証するものとして重要だ。その文殊から教えを受けた龍女が捧げた宝珠を、釈尊が納受したことにより、彼女の悟りの正しさは承認された。しかし智積と舎利弗はそれを理解することができなかった。そこでこの二人の限られた理解力でもそれが見えるように、彼らでも納得できる形にしてわざわざ現したのが、龍女の男性の菩薩と仏陀への変身であったといえよう。

第三に龍女が作り出した無垢世界の光景に触発されて、無垢世界と娑婆世界の両方で、無数の者たちが大乗の悟りへの道に入り、またその菩薩道の完成を目指して進んだ。つまり龍女は智積と舎利弗の無知を方便力を現す契機として巧みに捉えて、彼女の偈文で「我は大乗教を闡きて　苦の衆生を度脱せん」と述べた誓願をみごとに実践して成し遂げた。龍女の物語をこの結末から捉え直せば、彼女が誓願の通り多くの衆生を済度し教え導いたことの方が、彼女自身の「変成男子」「龍女成仏」よりはるかに重要な意味を持っていたことは一目瞭然だ。

＊　＊　＊

以上、龍女譚を物語の構成や登場人物の性格描写に着目して再検討した。この物語の眼目が彼女が文殊菩薩から『法華経』の教えを受けることで瞬時に得たという「内なる悟り」――正等覚――を証明することにあるのは明白だ。またその内なる悟りを表象するものとしての宝珠と、その奉献・納受の重要性も明らかとなった。さらに龍女が幼少であること、龍族に属すること、さらに女身であることも、『法華経』の教えを学ぶことよって得られる正等覚と方便力とが、実践者の年齢、種性、性別などの外見とは一切関係なく、すべての衆生に開かれた普遍的なものであることを示すために、きわめて積極的な意味を持っていることも確認できた。

智顗、吉蔵、窺基などによる中国仏教教理を代表する『法華経』の注釈に依拠しつつ提婆達多品を読めば、龍女がすでに正等覚を得ていた人物であることは、物語の中で文殊菩薩が言明した通り疑いの余地がない。つまり彼女自身の悟りを完成させる目的のためならば、男性に変身する必要など全くなかったのだ。彼女が「変成男子」「龍女成仏」したのは、龍女の身体に備わった正等覚を智積と舎利弗が納得せざるを得ない形に視覚化することで、彼らを男性至上主義の偏見から解放する方便力の発揮だった。言いかえれば『法華経』龍女譚は、「五障」という概念を中核としたいわゆる変成男子・龍女成仏説に代表される、女性の仏教者への差別的偏見を打破し排除することを目的とした物語なのである。

この点を確認するためには、もう一つの「変成男子」の話として著名な『維摩詰所説経』観衆生品（第七章）の天女譚と比較することが有益だ。この経典の主人公の維摩詰は中天竺の毘舎離に住む在家の仏教者でありながら、大乗仏教の不二の法門が説く空性の教えを深く体得した比類ない大菩薩だ。あるとき彼が病を得たので、毘舎離の町を訪れていた釈尊は舎利弗をはじめとする大羅漢たちに見舞いに行くように命じる。ところが羅漢たちは一人残らず、以前に彼らの法の理解がいまだ不徹底であることを、維摩に見抜かれて叱責された苦い経験を持っていたので、見舞いの役を引き受ける事ができない。

釈尊は今度は弥勒菩薩を始めとする菩薩の弟子たちに見舞いに行くよう促す。しかし彼らも同様に維摩から菩薩道の実践の不備を指摘されているので、尻込みして行くことができない。そこで般若波羅蜜多の智慧を体現した菩薩である法王子、文殊師利が見舞いを引き受け、羅漢や菩薩はあたかも文殊菩薩の陰に隠れるように、彼に従って維摩の邸宅を訪れる。維摩は自分の病は生死の苦海に沈む衆生のすべてに対する慈悲の現れであると、文殊に伝える。はじめは見舞いの挨拶に見えたやり取りを契機として、彼の邸宅で維摩と文殊の二人の大菩薩による大慈、大悲、空性の関係をめぐって不二の法門の大法座が始まる。つまり維摩の病はふだん彼を敬遠している羅漢や菩薩たちを不二の法門の法座に連ならせるための方便でもあった(33)。

維摩と文殊菩薩の対話がたけなわになると、それを祝福するために維摩の邸宅に住んで法を学んでいる天女が姿を現し、参加者たちに散華した。不二の法門を体得した菩薩に降り散った花びらはそのまま落下したが、小乗を実践する舎利弗をはじめとする羅漢に落花した花は、彼らの衣に付いて離れなくなってしまった。天女が舎利弗になぜ花びらを払い落とそうとするのですか、と問うと舎利弗は華で衣を飾るのは法に叶わない、つまり出家の身に相応しくないからだ、と答える。天女は「花が相応しくないと言うのはお止めなさい。花は相応しい、相応しくないなどと、いちいち分別してはいませんよ。あなたが相応、不相応と物事を差別しているから纏わり付くのです。出家して俗世を去った者が物事を相応不相応と分別する事こそが法に叶わない事ではありませんか。一切の分別を超えて不二を体得した菩薩たちをご覧なさい。花は彼らにはまとわりついていませんよ。あなたが花は相応しくない物として疎み、嫌い、とらわれているから、花が纏わり付くだけですよ(34)」と述べる。問題の原因が舎利弗自身の偏った認識にあることを、彼は天女に鋭くえぐり出されてしまった。

天女が深く法を学んだ者であることにようやく気づいた舎利弗は、彼女に「あなたはどのぐらい維摩の邸宅にお暮らしですか」と尋ねる。彼女が維摩からどれほど法を学んでいたかを聞き出したかったのであろう。「それはあなたが解脱を得られて、それに留まっているのと同じ時間です」と天女は答え、「あなたが解脱に留まられているのは、どのぐらいの長さですか[35]」と舎利弗に聞き返した。舎利弗はそれが全く返答不可能な問いである事に気づき、ただ絶句するのみだった。解脱とは転変する生死の時間の世界から、それを超えた永遠の涅槃の非時の世界に到ることだから、その長さを測るとはできない。天女が自分よりもはるかに徹底して解脱とは何かを理解し、そこに住していることを思い知らされて、言葉を失った。

それでも自分が法についても悟りについても、天女に言い負かされてしまったことを認められない舎利弗は、さらに愚かな問いを発して自らを追いつめてしまう。「汝はいかんして女身を転ぜざるや。」つまり法についてそこまで深く学んでいるあなたが、まだ女の身でいるのはどうしてですか、もうとっくに男になっていていいはずではありませんか、と天女に聞いてしまった。天女は神通力を発揮して即座に舎利弗を女である自分の姿に、自分を男僧の舎利弗に変身させた。天女は「あなたが女身を転じて男性に戻れたら、すべての女性も女身を転じることができますよ。」と皮肉をこめて言うが、舎利弗は女になった自分をどうすることもできない。「男であるあなたが今女として現れているのと同じように、すべての女性にも女という不変の性格があるわけではなく、その本質は空性なのです。それで釈尊は一切の存在に男と女の違いはないと説かれました[36]。」そう言って天女は神通を収めた。男僧に戻った舎利弗は、男女を分別し差別することを超えることが、不二の法門に入ることであると、ようやく悟った。

天女譚の結びでは、維摩が舎利弗になぜ天女がこのように優れた菩薩であるかを種明かしをしている。

この天女はすでに曾て九十二億の佛を供養しおわり、能く菩薩の神通に遊戯して、所願具足し無生忍を得て不退転に住す。本願をもってのゆえに、随意に能く衆生の教化を現す[37]。

文殊菩薩が大乗仏教の教えを代表していること、天女が龍女と同じく極めて優れた菩薩であること、舎利弗がここでも引き立て役を勤めていることなど、龍女譚と類似性はこれ以上説明を要しないであろう。天女が舎利弗に悟りとは時間を超越することであると論理的に説明した内容を、視覚的な神通として示したのが龍女の無垢世界での仏身の示顕であった。『維摩経』の天女と『法華経』の龍女は両者とも「変成男子」したが、それは転女成仏を否定し、男僧の女性差別の偏見を取り除くための方便であったことで一致している。『法華経』龍女譚の物語としての意義を明らかにする事ができたので、次節では龍女譚が『法華経』全体の長編の物語に占める位置や、経典中のその他の物語との関連を探る。

二　授記の変奏として龍女譚

西晋太康六年（二八五）の竺法護の訳とされる『仏説海竜王経』は漢訳大乗経典でも早期のものに属し、隅寺（海龍王寺）での光明皇后の信仰の伝承でも知られるように、奈良時代にすでによく流布していた。(38) 娑竭羅龍王とその眷属が、どのようにして菩薩道に入り、大乗の教えを修行すべきかを、龍宮を訪れた釈尊から学んだ模様が、この経の中心を成している。女寶錦受決品（第十四章）には「寶錦」という名のもう一人の龍女が登場する。容姿端麗で知られる龍王の王女の寶錦は、一万人の侍女を引き連れて釈尊を見上げ、彼の教えに感謝して宝珠と瓔珞を奉献して誓いを述べた。「今日吾等は一類平心に皆無上の正真道の意を発し、吾等の来世に如来の至真の正等覚を得、當に今の如来のごとく経法を説き、将に衆僧を護らん。」彼女が龍王の宮廷の女官たちを代表してこう宣言すると、釈尊の十大弟子の一人、頭陀第一として知られる大迦葉尊者が「無上の正覚は甚だ獲るべきは難し。女身をもって成仏道を得るは不可なり」と異議をとなえて、王女と女官たちが来世で正等覚を得る可能性を否定した。迦葉に対して寳錦は以下のように正々堂々と反論する。(39)

云う所のごとく女身をもって成仏道を得るは不可なれば、男子の身もまた得るべからず。ゆえいかん。それ道心は男もなく女もなし。佛の言われるごとく、目において計るものには男なく女なし。耳鼻口身心もまたかくのごとく男なく女なし。ゆえいかん。ただ仁者の眼の空のゆえなり。空において計るものに男なく女なし。耳鼻口身心も倶に空なり。かくのごとく虚空および寂にして男なく女なし。もし能く解了分別するを眼の本とす。則ち名づけて道という。(40)

あなたの言うように女の身で仏道を成就する事ができないのならば、男の身でもできませんよ。なぜならば、仏道を求める気持ちには男も女もないのだから。すでに解脱を得た羅漢である、あなたの眼の本質は空性です。ならばその眼で認識する事物には男女の差別はないはずです。身体の他の部分を構成する耳、鼻、口、体、心も眼と同様に空を本質としているのだから、それによって認識する事物にも男女の違いはありません。その事をよく理解し、わきまえることこそが眼の本質であり、それこそが道と言われるものですよ。このように大乗仏教の不二の教えに立脚して、寳錦は大迦葉を見事に論破してしまった。

釈尊は寳錦を讃えて、また彼女の迦葉への反論が正しいことを証明するために、彼女に授記した。それによると、三百劫を超えた来世に光明世界と呼ばれる佛国土で、寳錦は普世如来と呼ばれる仏陀として現れて正等覚を獲得して九十二億の菩薩を教え導く。また龍女の侍女たちも光明世界に往生するであろうと予言した(41)。『海龍王経』の寶錦授記の物語では、龍族の王女が「五障」に代表されるような女性に対する差別や、転女成仏の必要性をきっぱり否定して羅漢の男僧を退けることで、釈尊の記を授けられている。この点は『法華経』の龍女譚の性格を理解するためにも有益だ。

しかし同じく龍族の王女の物語でありながら、寶錦授記の話と比較すると、『法華経』龍女譚の革新的な性格が浮き彫りにされるのではないだろうか。寶錦授記でははるか未来の光明世界で寶錦が如来として出現する光景が、釈尊によって授記として物語られる。それに対して龍女譚では同様な光景が釈尊の弟子たちの眼前にありありと現前する。それは何より寶錦にとって三百劫以上の時間が必要といわれる菩薩行の過程を、龍女はすでに彼女の過去世で通過することで、一生補処の大菩薩となっていたからだ。だからこそ龍女は釈尊の助けも借りずに、自らの神通力であたかも映画で用いられるフラッシュバックの技能のように、自らが過去世で広大な時間を費やして勤めたであろう菩薩の修行の全行程を瞬時に凝縮して示すことができた。

このように寶錦の物語との対比によって、龍女譚を授記の特殊な変奏として捉えることができる。一般に授記に関する物語は、記を受ける仏弟子が無数劫をかけて転生しつつ菩薩行を積み重ねてゆく終着点である成仏の様子を、釈尊が先取りして語ることで弟子の菩薩行の成功を保証して励ます。ところが龍女譚では龍女はすでにこの無量劫の菩薩道の終着点に至っており、その視点から物語が述べられる。龍女譚は授記が指し示す時間の先後を逆転し、すでに正等覚を得た菩薩の立場から長大な菩薩道の過程を振り返った物語であるといえよう。

授記は『法華経』の一仏乗の開示にとっても不可欠の要素だから、龍女譚が『法華経』中の授記の物語とどのような関連を持っているかを見てみよう。窺基は『妙法蓮華経玄賛』で『法華経』の授記を六種に分類している。

（1）別記。譬喩品（第三章）での舎利弗や授記品（第六章）の迦葉、目連、須菩提、迦旃延への四大羅漢への授記のように、個人個人の弟子に与えた別個の授記。（2）同記。五百弟子受記品（第八章）の富楼那と彼が率いる五百羅漢への授記のように、多数の弟子が来世で同名の如来となることから、集団に一度に与えた授記。（3）後記。授学無学人記品（第九章）の二〇〇〇の声聞や、安楽行品（第十二章）の六〇〇〇の尼僧への授記のように最も遠い将来に成仏して『法華経』の教えを守り継いでゆく者たちへの授記。（4）無怨記。提婆達多品（第十二章）の提婆への授記のように釈尊の怨敵に与えられた記。（5）通行記。法師品（第十章）で釈尊が自らの滅後に『法華経』を読誦し、書写し、説教して法を伝えてゆく僧俗、男女、天、人、非人などすべての衆生に約束した、個人や集団を特定しない授記。（6）具因記。常不軽菩薩品（第二十章）で釈尊の前世の常不軽菩薩がすべての衆生に将来の成仏の可能性が秘められていることを見て、巡り会う全ての者に向かって行った礼拝行。[42]

窺基はこれらのうちの第一から第五までを釈尊という如来によって与えられた授記、第六は釈尊が未だ修行者だった時に実践した菩薩による授記の一種であるとする。また第一、第二、第三、第五は霊鷲山で釈尊の説いた『法華経』の教えを学んだ者に与えられる授記、第四と第六はその機会に漏れたものが与えられた記であるとしている。このように六種の授記をさらに四つの位相に分けた上で、窺基は龍女の授記をこれらの四位相の利益のすべてを統合しているもの（「合四位益」）として捉え、そのために広大な利益を生み出す授記として特記している。[43]

龍女譚によれば、龍女が南方無垢世界で仏身を現し、その地で『法華経』の教えを説いて無数の弟子に授記したが、その光景を見た娑婆世界の霊鷲山上の大衆の内の三〇〇〇の者も釈尊から授記された。龍女は龍宮で文殊菩薩から『法華経』の教えを学び、その正しさを霊鷲山で釈尊に承認された。また菩薩の龍女が現前させた光景を見ることで、数多くの者が釈尊から授記された。つまり龍女譚で授記を受けた者は窺基が四つの位相に分類したすべてに渉っており、龍女の事業は方便行の実践として大きな成果を挙げたといえよう。このように窺基の指摘に沿って『法華経』中に説かれるさまざまな授記と比較すると、龍女譚の結論部の焦点が、彼女の変成男子や仏身の示顕にあるのではなく、その光景の現前による衆生の利益と救済にあったことが再確認できる。

天台智顗がいわゆる「迹門」として区分した『法華経』の前半部の十四章（序品から安楽行品まで）に、窺基が指摘した授記のうち常不軽菩薩品をのぞくすべてが記されている。この前半部の各章で授記が述べられている配列には一定の規則があることが認められる。

授記が記述される章	授記の対象となる者
第三章　方便品	舎利弗
第六章　授記品	迦葉、目連、須菩提、迦旃延
第八章　五百弟子品	富楼那と五百羅漢
第九章　授学無学人記品	阿難、羅睺羅と二千人の学、無学の声聞
第十章　法師品	〔釈尊滅後に法華経を信奉するものすべて〕
第十二章　提婆品	提婆達多と、龍女の成道を見た三千の大衆
第十四章　安楽行品	憍曇弥、耶輸陀羅と六千の尼僧[44]

このように『法華経』の前半部は、章が進むに従って釈尊から授記を得る者の範囲が広がってゆく構造を取っている。また「火宅三車」（方便品）、「長者窮子」（信解品）、「衣裏宝珠」（五百弟子品）、髻中明珠（安楽行品）など

の『法華経』中の著名な譬喩がこれらの授記と緊密に結びついている。あたかも譬喩は横糸（緯）のようであり、それを授記の連環が縦糸（経）として経典の物語のテクスチャーに織り上げてゆく役割を負っている。『法華経』の一仏乗が小乗の実践者である声聞にも菩薩道に進んで無上等正覚を得る道を開く画期的な教えであることを、まず舎利弗が第三章で理解し、自分もいずれは如来となることができること確信することで、初めて釈尊から授記を得る。一仏乗の理解者が第八章では富楼那に率いられる五百羅漢へと増加し、第九章では小乗の悟りである解脱を得た羅漢（無学）だけでなく、いまだに解脱を得ていない阿難などの声聞（学）にも分け隔てなく授記された。

第十章では釈尊が自らの滅後に『法華経』の教えを信奉し説教するすべての衆生に授記を与えるであろうと宣言する。これは将来に授記が行われるであろうという約束で、授記そのものではない。しかしこの宣言によって、授記を与える力の根源が釈迦牟尼仏個人にあるのではなく、『法華経』そのものに備わっていることが明らかにされた。これにより衆生を菩薩道に導き入れ、遂に比類なき悟りを得て如来となることを可能にするという『法華経』の方便力が普遍的なものであることが一層明確になった。つづく第十二章では極悪人の提婆達多が受記されるという驚くべき展開を見るが、これは『法華経』の方便力によって菩薩道に入る者の広がりの環から、釈尊の怨敵の比丘さえも漏れることがなかったことの例証であろう。

このように授記の物語が積み上げられて行った後に、授記の変奏としての龍女譚が始まる。さまざまな授記の話と比較してまず注目されるのが、龍女が無垢世界で仏陀となって『法華経』を説いたことで、その世界の「無量の衆生は法を聞いて解悟して不退転を得、無量の衆生は道記を受くるを得、」と記述されている龍女による方便の発揮の影響力の偉大さだ。ちょうど龍女が文殊菩薩から龍宮で『法華経』の教えを受けただけで、あっという間に不退位の菩薩になったように、数えきれない者が龍女の説法を聴いただけで不退位の菩薩となり、それ以外の無数の者たちは授記された。さらに龍女がはるかかなたの世界で刹那に仏陀となって多くの衆生を導いている光景を見て励まされた、霊鷲山上の「三千の衆生は不退地に住し、三千の衆生は菩提心を発して受記を得たり」と記されている。

つまり『法華経』の物語の進行のこの時点までに、釈尊が霊鷲山で授記した衆生よりもはるかに多くの者たちを、龍女は菩薩道の目的である正等覚の獲得に向けて導いた。それは何よりも釈尊が授記によって「語る」ことで示唆した菩薩道完成に到るまでの膨大な道のりの時間を、龍女は等覚の大菩薩として瞬時の視覚的な影像に凝縮して「見せる」ことができたからだ。

正等覚を得、仏身を現して衆生済度するという菩薩道の最終目的に、女人では到達できないという考えが全く不当なものであることを、龍女が第十二章の終結部でまざまざと示した。そのため彼女の反対者の智積や舎利弗も驚きのあまり言葉を失い、それを認めざるを得なかった。この龍女の勝利により女性たちにも『法華経』一仏乗の教えが開かれていることが明らかになり、第十四章では釈尊の育ての親の憍曇弥尼と彼の太子時代の妻の耶輸陀羅尼に率いられた、六〇〇〇もの尼僧が授記される道が開かれた。この数は釈尊から授記を受けた男僧の数を上回るものだ。『法華経』を長編の物語として見る視点からも、龍女譚を女性の仏教者に対する差別を正当化する話と解釈することは不可能だ。

以上のように『法華経』の授記の話の連環の大きな文脈から見ると、龍女譚は龍女の悟りの力による菩薩道の広大な時間の超越あるいは凝縮と、『法華経』の方便力の及ぶ範囲を宇宙のかなたにまで拡大することで、経典の物語の進行上の重要な転換点の役割を果たしている。それに先立つ霊鷲山上の男性の修行者に与えられた授記が示す救済の力を一刹那に総括して、それを龍宮で『法華経』を学んだ龍女が無垢世界に舞台を移して刹那に成道し、説法し、衆生済度する光景を示すことで、経典の方便力を普遍化している。その意味で龍女譚は『法華経』の前半部の物語の最大のクライマックスを画している。

三　龍女と久遠実成

龍女譚が『法華経』前半の物語の盛り上がりの頂点を示すものであることは前節で述べた通りだ。これについて、天台智顗は『妙法蓮華経文句』で龍女と彼女が成し遂げた方便行を次のように絶賛している。

> 人、天、歓喜して、彼、此、益を蒙る。南方に縁熟すに宜しく八相の成道をもってす。此土に縁薄くして、もって龍女の教化は秖る。此れは是れ権巧の力、一身に一切身を得る普現色身三昧なり。(45)

天上天下の衆生が娑婆世界の霊鷲山でも、南方無垢世界でも、龍女によって大きな利益を得た。わずか八歳でかなたの世界に旅立った彼女の、この世界との縁は薄いものだった。しかしそれによって無垢世界との縁が秖（実）り熟して、そこで釈尊と同じく八相の成道（降天、入胎、出胎、出家、降魔、成道、転法輪、入滅）の姿を現した。これこそが権巧方便の力の発揮であり、普現色身三昧そのものである、と智顗は龍女を褒め称えている。

龍女譚本文では言及がない八相成道をわざわざ持ち出して、智顗が龍女のイメージを釈尊のそれと重ね合わせているのは興味深い。いうまでもなく『法華経』は入滅を目前にひかえた釈尊が、如来滅後にも仏法が正しく継承され、人々を済度し続けてゆくことを目的として説かれた教えである。そのために釈尊がその生涯で説いたさまざまな教えを統合する最上の教えとして、霊鷲山に集った大衆に「一仏乗」を説いて、未曾有の方便の力が発揮されることが、『法華経』の根幹の主題を形成している。つまり智顗の読みに従えば、入滅が迫った釈尊と同様に、龍女もこの娑婆世界との縁が薄くなった時に、最も実りのある方便の教えを開示したのだ。

この意味で智顗が龍女を「普現色身三昧」の実践者としていることはきわめて重要だ。この語は一般に観音菩薩が三十三身を方便として現して衆生を済度する菩薩行を示す言葉としてよく知られている。(46) 龍女の身体を観音菩薩の身体と肩を並べるほど方便力の備わったものと考えるのは、龍女譚の主人公としての龍女の性格を探る上でも極めて示唆的だ。

しかし『法華経』を長編の物語として読む時、この言葉が示す思想はさらに積極的な意味合いを持って現れる。経典の後半部（本門）で釈尊が自らの如来としての命が、無始の過去世から三千世界の隅々で『法華経』の教えを語り継いできた無量無数の如来すべての命と全く同一の、永遠の生命を生きる者であることを明かす。つまり『法華経』の教主である釈尊こそが「一身に一切身を得」た「普現色身」を現した存在だった。智顗はこの点を一切諸仏に共通する身体である「真身通」として捉え、それを内・外の二側面から『妙法蓮華経玄義』で以下のように説明している。

> この経中にまた真身通相を明かす。いわゆる普現色身は、一切衆生の喜び見る所を示すなり。これすなわち外身通なり。現身は瑠璃のごとし。十方諸仏ことごとく身中に現ず。これ則ち内現身通なり。(47)

つまり智顗は『法華経』の後半で明らかにされる、いわゆる久遠実成の如来の身体と、正等覚による時間の超越を映し出した龍女の身体を重ね合わせている。これは龍女譚が経典前半部のクライマックスを画すのみでなく、後半部の主題への展開を示唆する重大な転機の役割を果たしているからであると思われる。

前半部だけを読むと、釈尊の授記による教導で一仏乗に目覚める者の数よりも、龍女によって菩薩道の教化を得る者の数が大きく上回っていて、龍女譚のみが突出している印象を与える。しかし龍女の物語を後半部の釈尊の如来壽量の開示の先駆けであり、迹門から本門への物語の移行を円滑に進めるための転換点として見ると、龍女の教化した菩薩の数の異例の多さの理由も明らかになる。

『法華経』後半部（本門）の最初に置かれている従地湧出品（第十五章）では、多くの仏国土から霊鷲山を訪れていた菩薩たちが、釈尊の滅後には自分たちも娑婆世界に留まって教法を守って行きましょうと名乗り出る。これに対して釈尊はこの世界にも『法華経』の教えを継承してゆく菩薩が十分過ぎるほど存在しているのでその必要はないと、申し出を断わる。すると釈尊の言葉の正しさを証するように、霊鷲山の大地が割けて、そこからおびただしい数の菩薩が湧出する。かれらはすでに過去世で無数劫の菩薩行を勤めて不退位を得ており、身体は皆金色で三十二相を現して彼らが等正覚に到った大菩薩であることを示していた。これらの菩薩すべてについて釈尊は自らが悟りを開いて後に教導した直弟子であると宣言した。(48)

これを聞いた弥勒菩薩は金色の菩薩の湧出の意味が理解できずに、釈尊に異議を唱える。「世尊、如来の太子たまいし時、釈宮を出で伽耶城を去ること遠からず、道場に坐して阿耨多羅三藐三菩提を成ずることを得たまえり。これよりこのかた四十年を過ぎたり。世尊、いかにしてこの少時において、大いなる仏事を作したまうや。」さらに彌勒は、これらの金色の大菩薩たちは過去世で無量無数の如来に仕えて功徳を積んできた者であり、また彼らの数があまりに夥しくただ人数をかぞえるだけでも千万劫もかかるはずであろうに、どうやって釈尊は四十年という短い間にこれらの者すべてを正等覚に導くことができたのですか、と疑問を呈する。それはちょうど年頃二十五歳ぐらいの容姿の優れた髪も黒々とした青年が、一〇〇歳の老人を見て、この人は我が子ですと言い、老人も青年を見て、これは私を養育してくれた父ですと言うようなものではありませんか。そのようなことは信じがたく、世尊のおっしゃることも同様に信じられません。そう彌勒は釈尊を問いただす(49)。

ここで弥勒菩薩が反対者の役を務めているのは、この娑婆世界で釈迦仏の次に如来として出現する者として釈尊に選ばれたのがかえって災いして、「一生補処菩薩」であるという名誉に捕われている者としていくつかの大乗経典で扱われているからであろう。たとえば『維摩経』の菩薩品では「一生補処」の時間に執着していて悟りによる生死の時間の超越が不徹底であることを、維摩詰に叱咤される役目を弥勒菩薩が負っている。また『法華経』の序品では彼は過去世で「求名菩薩」つまり名声を求める菩薩だったが、自らの過去世を思い出せず、文殊菩薩から自分は過去世であなたの、つまり求名の法友だった妙光菩薩だったのですよ、と教えられる。文殊の教示によってようやく自分も過去世で妙光と共に日月光明如来から『法華経』の教えを受けていたことを思い出す(50)。

智顗が『法華経』全体でも最も重視した如来壽量品（第十六章）の冒頭で、釈尊は彌勒の疑問に答えて、実は自分が成仏して以来、世界全部を形成する粒子の数よりも遥かに多い劫が経過していることを説き明かす。

> 我成仏して以来、またこれに過ぎたること、百千万億那由他阿僧祇劫なり。これよりこのかた、我は常に娑婆世界にありて法を説きて教化し、また余処の百千万億那由他阿僧祇の国においても、衆生を導利せり。諸善男子よ、この中間において、我は然燈佛などと説き、また復たそれは涅槃に入れりと言えり。かくのごときは

皆方便をもって分別す。善男子よ、もし衆生ありて我所に来たらば、我佛眼をもってその信などの諸根の利鈍を観ず。度すべき所に従って処処に自らの名字の不同と年紀の大小を説き、また現じてまさに涅槃に入らんと言う。諸善男子よ、如来は諸衆生の小法を楽い、徳薄く垢重き者を見るに、この人のために我少きに出家し、阿耨多羅三藐三菩提を得と説く。しかるに我は実に成仏してよりこのかた、久遠なること斯のごとし(51)。

つまり釈尊は物語の中の自らが誰であるかという説明を、釈氏の王宮に生まれ育った悉達太子が出家成道した釈迦牟尼仏という一個人から、智顗が「普現色身」と表現した一身に三世十方のすべての如来の色身を映し出す、永遠の命を生きる宇宙的な如来へと変質させて行くことによって、彌勒菩薩の質問に答えた。それによると釈尊は過去仏として名高い然燈佛をはじめとして、その時々の衆生を済度するために最も適した名と寿命を持った仏陀として出現し続けてきた。各々の仏陀として涅槃に入り、また新たな仏陀として生まれて、自分は三千大千世界に生き続けるという。この如来の普遍性を見ることができない理解力の劣った者たちだけのために、自分は釈迦族の王子の出身で菩提樹下で等正覚を得た一人の仏陀として現れている、とも述べている。釈迦牟尼仏としての生涯を間近に終えて入滅するのも、仏弟子に法を自分の在世中に切磋琢磨して学ぶことの緊要さを思い知らせるための方便であることを、「良医病子」の譬えで示した(52)。

これに続く分別功徳品（第十七章）では、前章で自らの壽量が限りなく長遠であることを明かしたことにより、釈尊が「無量無辺阿僧祇の衆生に大饒益を得」させたことが述べられる。

六百八十万億那由他の恒河沙の衆生は無生法忍を得、また千倍の菩薩摩訶薩ありて聞持陀羅尼を得、また一世界の微塵数の菩薩摩訶薩ありて楽説無礙辯才を得、また一世界の微塵数の菩薩摩訶薩ありて百千万億無量の旋陀羅尼を得たり。また三千大千世界の微塵数の菩薩摩訶薩ありて、能く不退の法輪を転ず。（中略）また一四天下の微塵数の菩薩摩訶薩ありて、一生に當に阿耨多羅三藐三菩提を得べし。(53)

つまりここで初めて釈尊自身によって利益を与えられた衆生の数が夥しく増えて、経典前半部の授記によって教導された衆生の数を軽々と凌駕してしまう。しかも単に悟りに向かって前進するのではなく、『法華経』の教えを説いて衆生済度するための技能を無数の菩薩・摩訶薩たちが獲得したことが強調されている。

以上から一方で従地湧出品から如来壽量品を経て分別功徳品に至る、釈尊の久遠実成の如来としての顕現の物語の論理と、もう一方で提婆達多品の龍女の物語を構成する論理が酷似していることが明らかだ。第一に金色で三十二相を備えた無数の菩薩が大地から湧出したのは、提婆品で龍女を始めとする無数の菩薩が龍宮の海中から湧出して霊鷲山に現れたことと類似している。第二に弥勒菩薩が金色三十二相身の菩薩たちすべてが、娑婆世界でわずか四十年間教えを説いた釈尊の直弟子であることを信じられず、釈尊に異議を唱える点は、龍女譚で智積菩薩と舎利弗がわずか八歳の龍族の王女がすでに無上正等覚を得た大菩薩であることを認められず、龍女の反対者になることと対応している。第三に釈尊が自らが時空を超えた久遠実成の如来であることを宣言することにより広大な利益を法座の大衆にもたらす点は、龍女が悟りの力によって菩薩道の遠大な時間と空間を一刹那に凝縮して無垢世界で成道の光景に現前させ、無垢世界と娑婆世界の無数の衆生を菩提の完成にむけて導いたことと相対している。

龍女の物語と久遠実成の物語とのこのような照応関係は、やはり龍女譚が単に『法華経』前半部のクライマックスを画しているのみでなく、経典後半部のクライマックスである久遠実成の如来の顕現の前触れとして、智顗の区分による迹門から本門への物語の展開の橋渡しの役割を担っているからであろう。釈尊の仏身の真の姿は久遠実成の如来であったが、それが理解できない器根の劣った者のために、自分は王宮で生まれ育ち菩提樹下で成道した釈迦如来であると説いた。それと同様に、龍女の女身そのままが等正覚を得た者の身体であると信じることができない智積と舎利弗のために、彼女は無垢世界で八相成道した如来の姿を瞬時の映像で示した。この釈尊と龍女による方便の発揮の一致こそが、吉蔵が彼女を女身のまま「現身成仏」した覚者であると捉え、智顗が龍女をその女身一身に一切の如来の身体を映し出す普現色身三昧の実践者として認めた根拠であると理解できる。

結び

本稿の第一節では提婆品龍女譚の物語としての内的構成と登場人物としての龍女と文殊、智積、舎利弗との関係を見ることで、主人公の龍女の性格付けを明らかにした。第二節では龍女譚と『法華経』前半部（迹門）の授記の物語との関連に着目し、第三節では龍女譚と経典後半部（本門）の釈尊による久遠実成の如来の開示の物語との照応に焦点を当てて、龍女譚の意義を長編の物語としての『法華経』の大きな文脈の中で把握した。これらいずれの視点から見ても、龍女がすでに等正覚を得た傑出した大菩薩であることは疑いの余地がない。

真の成仏とは女身であること、幼少であること、龍族であることなどの外見とは一切関わりのないことを、龍女は彼女の物語の結末で最もドラマティックに示した。その龍女を五障に纏わり付かれた罪深い存在であり、彼女の女身を捨てなければ悟りに到ることはできないと読み替えてしまった変成男子・龍女成仏説は、『法華経』

本文に対する悪意に満ちた歪曲であると言わざるを得ない。それは中世日本の仏教教学にかかわる男僧の一部が女性への差別を正当化させるために、随唐時代の大陸で発達した『法華経』注釈の正統的伝統を全く無視してでっち上げた暴挙だった。吉蔵、窺基、智顗などに代表される『法華経』注解の伝統を重視しそれに忠実だった他の東アジアの文化圏や平安中期以前の日本では、龍女への理解の歪曲が起きなかったのはむしろ当然であろう。

なぜ変成男子・龍女成仏説が中世日本で横行してしまったかを探るのは、残念ながら本稿の視野の範囲を超えている。しかし本稿で指摘できた諸点を中世の女人不浄観の勃興と流行を対象とした諸研究と関連づけるとで、それを解明することは可能であろう。ともあれ、五障と転女成仏に依拠した変成男子・龍女成仏説が作り上げてしまった龍女のイメージが、『法華経』提婆達多品の物語の主人公である龍女の性格や役割とは全く異なる、むしろ正反対のものであることを確認して、それを今後の仏教史、女性史、文学史などの研究の参考にしていただければ、本稿の目的は達せられると思われる。

＊　＊　＊

大斎宮選子内親王（九六四～一〇三五）は自歌集『発心和歌集』で『法華経』の二十八品の各々に一首を捧げているが、提婆達多品については、以下の詞書を添えて龍女を讃える歌を詠んでいる。

皆遥かに彼の龍女の成仏して、普く時の會の人天のために説法するを見て、心大いに歓喜す（原漢文）

さはりにもさはらぬ例有りければ隔つる雲もあらじとぞ思ふ(54)

詞書は龍女が南方無垢世界に赴いて仏身を現して、そこに集った天上天下の有情のために法を説くのを、霊鷲山の大衆が見て大きな喜びを感じたという、龍女譚の終結部からの引用である。ここで選子が強調しているのは、龍女が仏陀に変身したことではなく、龍女が無垢世界で現した仏身による教導の様子をありありと見た霊鷲山の大衆が、それに啓発されて悟りに向かって大きく前進した点だ。つまり詞書は『法華経』龍女譚の読者としての選子も、霊鷲山の大衆と心を一つにして龍女の説法を喜び、それに励まされたことを表現している。

詞書に導かれる和歌では、五障という女人が背負う「さわり」（障害）があるという話は聞いたことがある。しかしここに龍女がその五障に妨げられることなく悟りを完成させ、見事に衆生済度を行う例を示してくれた。そこで悟りの世界と女人とを隔てるという迷いの雲も、実は存在しないのだと思った、という選子の感慨が読み込まれている。

選子内親王の歌は、変成男子・龍女成仏説が声高に唱えられていた平安後期にあっても、それに惑わされることなしに「五障」を否定し、『法華経』の龍女譚の内容を明確に理解していた、女人の『法華経』信仰者の存在を示す例として貴重だ。また龍女譚を中心として『法華経』テクストの深層で、物語の綾がどのように織りなされているかを的確に捉えて、それを優れた文芸作品創作の糧とした女流作者の例としても注目される。

変成男子・龍女成仏説が経典の龍女像を大きく歪曲したものであることを認識すれば、選子内親王の歌のように『法華経』の龍女譚を正しく読み、その理解に基づいて創作活動が行われた例も多く見いだすことができるのではないだろうか。いわば「反」変成男子説に立って龍女を描いた作品として、『平家納経』提婆品見返し絵や謡曲『海人』などを指摘できると思われる。それらについては稿を改めて考察したい。

注

（1）『浄土宗全書』一五巻　五三〇頁上・下。
（2）『大正新脩大蔵経』（以下『大正』と略称）一二巻、二六八頁下。『大正』九巻、五四頁中・下。
（3）『大正』七六巻、五九九頁上・中。
（4）平雅行氏『日本中世の社会と仏教』（塙書房、一九九二年）四〇八頁以下。吉田一彦氏「龍女の成仏」（大隅和雄・西口順子編『巫と女神』平凡社、一九八九年）五八―六〇頁。Miriam Levering, "The Dragon Girl and the Abbess of Mo-shan: Gender and Status in the Ch'an Buddhist Tradition," *Journal of the International Association of Buddhist Studies*,vol.5, no.1, 1982, pp. 19-35. Levering, "Dogen'sRaihaitokuzui and Women Teaching in Sung Ch'an." *Journal of the International Association of Buddhist Studies*, vol. 21 no.1. (1998) : 77-110.
（5）最澄撰『法華秀句』（『伝教大師全集』三巻、二六一頁）。道元撰『礼拝得髄』（『正法眼蔵』日本思想体系本、岩波書店、一九七〇年、三二一―三二三頁）。日蓮撰『開目抄』（『大正』八四巻、二二六頁中―二二九頁下）。本稿の執筆にあたり大久保良峻氏「天台教学における龍女成仏」（『日本仏教総合研究』四号、二〇〇六年五月所収）から多大な示唆を受けた。ここに謝意を表したい。
（6）『法華経』龍女譚を転女成仏を主張する経典テクストと曲解している近代的研究は枚挙に暇がないほど夥しいが、先行研究として影響力の大きい作品を数点選べば、仏教教学では平川彰氏「女性菩薩の在り方」（『初期大乗仏教の研究』春秋社、一九六八年）、藤田宏達氏「転女成男の思想（一）・（二）」（『国訳一切経印度撰述部月報』三八・三九、一九七一年、岩本裕氏『仏教と女性』（第三文明社、一九八〇年）、永田瑞氏「仏典における女性観の変遷」（大隅和雄・西口順子編『巫と女神』平凡社、一九八九年）など、仏教史・女性史・文化史の立場からの研究としては笠原一男氏『女人往生思想の系譜』（吉川弘文館、一九七五年）、前掲注4平氏書、前掲注4吉田氏論文、山本ひろ子氏「成仏のラディカリズム――『法華経』龍女成仏の中世的展開」（岩波講座東洋思想一六

『日本思想』二、岩波書店、一九八九年）などが代表的作品としてあげられる。また龍女譚を転女成仏を否定する物語であると指摘した近年の研究として、岡田真美子氏「改転の女人成仏と龍女成仏」と戸田裕久氏「法華経提婆達多品龍女成仏譚の一解釈」（共に伊藤瑞叡博士古稀記念論文集編纂委員会編『法華経と関係諸文化の研究』山喜房仏書林、二〇一三年所収）がある。しかし岡田氏は日蓮の一念三千成仏説のみを論拠とされ、戸田論文ではケルン南條本の梵文テクストの読解により龍女が釈尊に奉献した宝珠が女性性器であるという奇怪な誤読が行われている。両者とも本稿が目指す龍女譚の物語としての構造の解明と、長編の文学としての『法華経』テクストの文脈の中での龍女譚の意義の理解とは論旨を異にしている。

（7）龍女譚は『妙法蓮華経』では第十二章の提婆達多品に含まれるが、法護訳『正法華経』、闍那崛多・達摩笈多共訳の『添品妙法華経』、さらにケルン南條本などの梵本も含めて、いずれも第十一章の見塔品の結末部に収められており、提婆品が独立した章として扱われていない。智昇撰『開元釈経録』には『妙法蓮華経』の提婆達多品は鳩摩羅什訳ではなく、別行していた梵本を外国三蔵の達磨菩提と中国僧の法献が共訳したものが用いられたとの記録がある（『大正』五五巻、五九一頁中）。提婆達多品の成立に関しては塚本啓祥・佐々木孝憲法氏「法華経の成立史的問題」（金岡圓照編『法華経の成立と展開』平楽寺書店、一九七〇年所収）などに詳しい。本稿では文献学的成立史学的立場からではなく、中国の代表的注釈類が対象とした羅什訳『妙法蓮華経』に含まれた龍女譚がどう読まれ、解釈されてきたか、龍女譚と『法華経』のその他の部分がどのように関連を持っているかを中心的な問題として扱う。

（8）現行の『大正』蔵経中の『妙法蓮華経』では提婆達多品は第四巻に含まれるが、中国でも日本でも古代以来読誦、書写に用いられていた八巻本『妙法蓮華経』の慣行では提婆品は第五巻の巻頭に位置していた。「五巻日」については今成元昭氏「法華八講の日と時」（『大正大学人文研究所年報』三一号　二〇〇一年所収）に詳しい。

（9）『大正』九巻、三四頁中―三五頁上。

（10）『大正』九巻、三五頁上・中。

（11）『大正』九巻、三五頁中。論旨を明らかにするため、本稿での漢文経典類からの引用はすべて読み下しに改めた。

（12）『妙法蓮華経玄義』『大正』三三巻、七三四頁中。『大方広佛華厳経』『大正』九巻、四四九頁下巻。『維摩詰所説経』『大正』一四巻、五四三頁上。

(13)『大正』三四巻、四六〇頁中―四六一頁中、五九二頁中。
(14)『大正』三四巻、五九一頁下。
(15)『大正』三四巻、八一六頁下。
(16)『大正』九巻、三五頁中。
(17)『大正』九巻、一一頁中。
(18)『大正』一九巻　一四二頁上。
(19)『大正』九巻、三頁下―四頁中。
(20)『大正』九巻、三五頁中・下。
(21)『大正』九巻、三五頁下。
(22)『大正』九巻、一一頁中・下。
(23)『大般若波羅蜜多経』『大正』六巻、五三六頁下、五五一頁下、七一七下、七巻、二九〇下。『摩訶般若波羅蜜多経』『大正』八巻、二九一下。『金光明最勝王経』『大正』一六巻、四〇九頁下。『思惟略要法』『大正』一五巻、二九九中。『大方廣佛華嚴經』『大正』九巻、六二二下、六八一下、七一五中、七七七中。『大般涅槃経』『大正』一二巻、八一九中。さらに『金光明経』(『大正』一六巻、四三三中以下)などでは般若智の覚醒によって得られる辯才の発揮である陀羅尼を示す語としての宝珠が頻出する。大乗経典一般で宝珠が持つ象徴的意味については石井公成氏「初期禅宗における摩尼宝珠（一）」(『駒沢短期大学仏教論集』第七号、二〇〇一年十月)に詳しく述べられている。
(24)『大正』九巻、二九頁上、。三八下―三九下。
(25)『大正』一五巻、二六五頁中。
(26)『大正』三四巻、一一七頁上。『菩薩従兜天術天降神母胎説広普経』『大正』一二巻、一〇三五頁下。
(27)『大正』三四巻、一一七頁上。
(28)『大正』九巻、三五頁下。
(29)この箇所は通常、龍女がこれから即座に南方無垢世界へと往き、三十二相を具えた仏身を現すので、それを智積と舎利弗に神通力を使ってはっきり見なさい、と言っているものと理解されているようだ。しかし、これでは物語の展開が理解できなくなってしまう。龍女が宇宙のはるかかなたの世界で仏身を現したことは娑婆世界の無数の衆生が見届けたのだから、それは智積と舎利弗だけが神通を使って見たのではなく、龍女の神通の発揮によって智積と舎利弗を含む多くの衆生を教導するために出現した光景だと考えるべきだ。もし智積と舎利弗にそのような神通があれば、すでに龍女の内なる悟りの完成を理解できたはずだ。この二人にそのような能力が無いことが確かになったので、龍女は神通を発揮して彼女が無垢世界で成道する光景を大衆のために映し出したと考えるべきだ。ちなみにケルン南條本の梵本テクストの対応個所では、神通を使うのは智積と舎利弗ではなく、龍女自身になっており、神通が使われる目的も、彼女が無垢世界で示す成道とは無関係だ。ケルン自身の英訳では「舎利弗尊者よ、もし私が神通力を使っていたならば、私はさらに速く等正覚に到達していたでしょう。そしてこの宝珠を受けとる方もいなかったはずです」となっている。つまり龍女は舎利弗が宝珠が釈尊によって納受されたことの意味が全く分からなかったのを、この時点で確かめ、自分がもっと早くに神通を発揮して、舎利弗に自分がすでに等正覚を得ていたことを分からせていれば、釈尊にわざわざ宝珠を受けとっていただくこともなかったであろう、そう述べている。Kern, H. trans., *Saddharmapuṇḍarīka or the Lotus of the True Law.* New York: Dover Press, p.253.

（30）『大正』九巻、三五頁下。
（31）『大正』九巻、一一頁下。
（32）『法華義疏』大正　三十四巻、五九二頁中。
（33）『維摩詰所説経』『大正』一四巻、五三九頁下以下、五四二頁上以下、五四四上以下。
（34）『大正』一四巻、五四七頁下。
（35）『大正』一四巻、五四八頁上。
（36）『大正』一四巻、五四八頁中・下。
（37）『大正』一四巻、五四八頁下。
（38）中村八洲彦氏『海龍王経の研究――海龍王寺と「海龍王経」』（中村八洲彦、一九九九年）。
（39）『大正』一五巻、頁下。一四九頁中・下。
（40）『大正』一五巻　一四九頁下。

(41)『大正』一五巻　一五〇頁中・下。

(42)『大正』三四巻、六五四頁上。

(43)『大正』三四巻、六五四頁中。

(44) 五百弟子品では釈尊が千二百人の声聞に授記するであろうと述べるが、物語の中で実際に記を授かるのは五百羅漢なので、その数を取った。安楽行品の初めに記を受けた八千の声聞についての言及があるが、かれらが果たしてし釈尊から授記されたのか、他の仏国土の如来から記を受けた者たちが娑婆世界を訪れているものなのか、明らかにできない。ここでも物語の中で釈尊に授記されたことが確かめられる六千の比丘尼のみを取った。

(45)『大正』三四巻、一一七頁上。

(46)『妙法蓮華経玄義』『大正』三三巻、七九二頁下。湛然述『法華文句記』『大正』三四巻、三五五頁中。『法華義疏』『大正』三四巻、六二三頁下。

(47)『大正』三四巻、一一七頁上。

(48)『大正』九巻、四一頁上・中。

(49)『大正』九巻、四一頁下。

(50)『大正』一四巻、五四二頁上・中・下。『大正』九巻、三頁下―四頁中。

(51)『大正』九巻、四二頁中・下。

(52)『大正』九巻、四三頁上・中。

(53)『大正』九巻、四四頁上。

(54) 常磐大定編『釈教歌詠全集』一巻、三九六頁。この和歌に関してはエドワード・ケーメンス氏の優れた研究がある。Edward Kamens, "Dragon-Girl, Maidenflower, Buddha: The Transformation of a Waka Topos, "The Five Obstructions." *Harvard Journal of Asiatic Studies*, 53/2 (1993), pp.389-442, p.400ff.

仏教の東流と竜巻・湧き水・逆流

――戒律とその伝受(1)

ポール・グローナー
翻訳　大鹿眞央

はじめに

仏教はインドから中国・韓国・日本そして最終的にアメリカやヨーロッパへと東流したというイメージが多くの国々において一般的である。仏教はインドで起こり、そして東方へと広がったため（北方のチベットや南方のスリランカへも同様に）、こうした見解は一見、妥当であるように思えるかもしれないが、より詳細に研究すれば、多くの問題が明らかになる。なぜ仏教は西方へ流布しなかったのか。仏教の伝播はそこまで一方向のみであったのか。思想と儀式とにおける東西両方向への交渉はなかったのであろうか。仏教の伝播について、より完璧に理解するようになるにつれて、我々は、仏教の伝達が非常に複雑であることを理解するようになる。

仏教の東方への伝播という思想はどこからやってきたのか。間違いなく、インドから中国へ仏教が伝達した史実は大きな役割を担った。「東方への伝達」（東伝）や「東での流布」（東流）、そして「東方への漸進」（東漸）といった語句は、仏教文献の中に頻繁に現れる。Erik Zürcher の *The Buddhist Conquest of China*（『仏教の中国伝来』）や Kenneth Ch'en の *The Chinese Transformation of Buddhism*、そして Peter Gregory の *Tsung-mi and the Sinification of Buddhism* といった名著の題名にも示されているように、西洋の現代的な研究において、東伝は一つの重要な主題となってきた。

本稿では、戒律とその伝受という観点から、東伝という考え方について検討する。仏教の東伝は、文献・教義・さとりの経験の翻訳という観点から考えられ得るが、ヴィナヤ（vinaya 毘奈耶）とそれに付随する儀式との伝達は、特に有用な例を示してくれる。正式な受戒を経ない者は仏教の出家者ではないということは、儀式の重要性を示唆している。戒律の伝受は、決まった人数の正式に受戒した出家者たちによって行われなくてはならなかった。かくして、人々の移動が必要となったのである。戒律の内容は、真の仏教徒の振る舞いがどうあるべきかという理想像を人々に示した。しかし、ヴィナヤは理解するに容易な文献ではなかった。ヴィナヤは翻訳された後でさえ、解説が加えられなければならなかった。もし仏教徒が戒律を堅持せず、戒律の多くを頻繁に無視したとしても、それでもなお、彼らは、自身が憧れるであろう規範、または改革運動の基礎となるべき規範を必要としたのである。

本稿は以下の三つの部分より成立している。まず初めに、ヴィナヤと戒律の伝受とにおける東伝もしくは東流という概念を考察する。第二に、それとは異なった別の物語（narrative）に注目する。それは、戒律やその授受が事実上は不変であり、常に存在するという思想である。この場合のイメージは、竜巻もしくは湧昇にたとえられるかもしれない。このようなイメージは、戒律の起源が仏陀や菩薩たちによって伝授されたものとしてみなされるか否か、もしくは、それがその者の仏性から湧き出たものとみなされるか否かに依拠する。この節では、日本天台の受戒に焦点を絞る。第三に、アメリカとヨーロッパに焦点を絞り、再び戒律とその伝受に重点を置く。西洋の仏教は、時に東伝に細心の注意を払い、そして時にそれを無視するという二つの物語の混合物としてみなされ得る。それと同時に、西洋の仏教は、時に非常に保守的であり、それは逆流と呼ばれ得るものを表現し、自由主義化への一般的な傾向に抗うこともある。時折、ヨーロッパやアメリカでの発展は、アジアの仏教へ影響を与えるのである。

一　戒律とその伝受における東伝

まず、西域、即ちインドと中央アジアから伝達された戒律に関わる文献を、中国がどのように探し求めたかに関する幾つかの初期の記述について、考察することから始めよう。中国に戒律が導入された初期の歴史に関しては、幾つかの素晴らしい研究が存在するため、私はこの議題について詳細に探求するつもりはない。本稿では、初期の中国僧が僧侶としてどのように振る舞うべきかについての手本を求めて、インドや中央アジアへ立ち返っていたことをただ示すのみである。(2) 仏教が中国に入り、戒律に関する質の良い翻訳が無いまま数世紀を経た後で、中国僧たちは戒律に関する彼らの理解と実践について疑いを持ち始めた。道安（三一二～三八五）は、恐らく完全なヴィナヤの必要性を痛切に感じていた最初の中国の出家者の一人である。それは、多分に彼が仏図澄（没年三四八）のもとで学んでいたことに起因するであろう。仏図澄はクチャ出身であり、カシミールで学んだ者である。道安は、ヴィナヤの中により権威のある教えが見出されるのを待つ一方で、彼独自の一連の規律を制定して、半月ごとに開催される会合（布薩）に格別の注意を払った。僧侶向けのプラティモークシャ（pratimokṣa 波羅堤木叉）の序文の中で、彼は以下のように書いた。

異国の地で律は尊重される。全ての僧院に戒律を保つ者がいる。彼らは毎月戒律の復唱を主導する。戒律が復唱されるべき日においては、一晩中、彼らは教えと実践とについて真剣に語る。もし規律が犯されたならば、彼らはその者を非難する。ちょうど鷹や隼が小型の鳥を追撃するように。偉大なる教えが東方へ伝達されてから、長い時間は経っていない。私の師たちは秦国で受戒を始めた。プラティモークシャの翻訳者たちについては、彼らの翻訳物を校合する者がほとんどいなかった。我々は前時代の師たちが伝えてきたものを継続するつもりであったが、仏図澄が来たとき、その多くが訂正されねばならなかった。以前、鄴国にいた頃、私はこの中の幾つかを学んだが、戒律を完全に究明できる境地にまでは達しなかった(3)。

外国重律。毎寺立持律。月月相率説戒。説戒之日、終夜達暁、諷乎切教、以相維摂。犯律必弾。如鷹隼之逐鳥雀也。大法東流、其日未遠。我之諸師、始秦受戒。又之訳人、考校者尠。先人所伝、相承謂是、至澄和上、多所正焉。余昔在鄴、少習其事、未及検戒。

プラティモークシャは、布薩における短期間での復唱に適した戒律の一覧表であった。しかし、戒律の内容を分析するには、明確さにおいて全く不十分であった。書状の中で、道安は以下のように書いた。

五百もの規律が存在すると言われている。しかし、何らかの理由によって、それらは我々の手に届いていない。これは致命的である。もし〔比丘・比丘尼・優婆塞・優婆夷の〕四衆のための規律が完全でないならば、教えにおける深刻な過失が起こるであろう。……戒律は修行の基礎である。……私は西方からのこの文献を熱烈に望む。それが無くては、仏教はどうして生き残れよう。(4)

云有五百戒、不知何以不至。此乃最急。四部不具、於大化有所闕。……戒立行之本。……先胡本有至信。因之勿零落。

仏図澄が、当時の中国の出家者における修行の不十分さについて道安に注目させたことは、非常に重要である。出家者の規律に関する道安の業績の一つは、慧遠（三三四〜四一六）を指導したことである。彼は自身の清純な振る舞いによって、また完全なヴィナヤを初めて中国語訳することになったクマラジーヴァ（Kumārajīva 鳩摩羅什）を長安へ招待するよう推し進めたことによって有名になった人物である。

比丘尼たちにとっての戒律と受戒は、中国の仏教徒たちにさらに難しい問題を提示した。これの理由は、現在の上座部及びチベット地方において比丘尼のための完全な受戒制度の設立を難しくしている理由と近似している。中国の僧侶たちは、西方出身の僧侶の一団が手本を示し、また彼らの受戒の正統性を保証してくれるのを当てにすることができたが、一方では、西方から中国へ渡った比丘尼が少数であったことが問題を難しくした。それは戒壇にて読まれるべき初期の文献から抜粋した、以下の記述が明らかにしている。

この地では、比丘尼の完全な受戒に関する文献は存在しないが、比丘のための文献は昔から存在した。〔しかし、〕呉国には比丘尼のための五百の戒律が存在していた。(5) 歩き回って戒律を探し求めた結果、戒律は聖人の手で生み出されたもののようではないと思われた。法太（三二〇～三八七）や道林（支遁としても知られる、三一四～三六六）は戒律を口喧しく訂正した。……過去に、法太は外国人に戒律を翻訳するよう頼んだことがあったが、その結果は簡略で不十分なものであった。涼洲（現在の甘粛省）で、慧常は五百の戒律を一巻にしたものを苦労しながらも手に入れた。しかし、その内容は繰り返しばかりで浅薄であり、凡夫によって作られたものに過ぎなかった。最終的に、僧純と曇充が拘夷（クチャ）国からやって来た。彼らはその場所で雲慕藍寺の仏図舌弥から尼僧のプラティモークシャと尼僧の受戒のための教えを獲得したのであった。……我々は、それを仏図卑に訳させ、曇摩侍に伝えさせた。[6] 我々は、これが確かに如来によって作られたものであると知った。しかし、戒律の数は合計すると五百ではなかった。さらに、比丘のための戒律の数は二百六十であった。……理性的にそれを考えたとき、（比丘に対する戒律の数の）二百五十と、（比丘尼に対するそれの）五百という数字は概算に違いないと分かった。比丘尼の完全な受戒については、我々は資料を全く手にしていない。故に、比丘のための受戒の方法を用いて、それと異なる部分は変更した。八つのパーラージカ（pārājika 波羅夷）には、違いが無い。故に比丘の戒律に依ることで十分であるはずであり、そして、一時中断（suspension）を求められる十七の戒律については省略することも可能である。[7]

此土無大比丘尼戒文、斯一部僧法久矣。呉土雖有五百戒比丘尼、而戒是覓歴所出、尋之、殊不似聖人所制。法太・道林、声鼓而正之。……法太去年、亦令外国人出、少許復不足。慧常涼州得五百戒一巻、直戒戒複之、似人之所作、其義浅近。末乃僧純・曇充、拘夷国来。従雲慕藍寺、於高徳沙門仏図舌弥、許得此比丘尼大戒及授戒法。……遂令仏図卑為訳、曇摩侍伝之。乃知真是如来所制也。而不止五百数。比丘戒有二百六十。……然以理推之、二百五十及五百、是挙全数耳。又授比丘尼大戒文少。将即用授大比丘法、而出其異也。八波羅夷、無二。亦当依比丘足耳。亦当略授十七僧伽衛尸沙一章也。

この記述の中で注目すべきは、比丘尼に適した戒律を発見するためのたゆまぬ努力があった点と、そして幾つかの戒律についての編集物はとるに足らぬものとして排除されたという点である。最終的にクチャ国へ行くことで、満足できる戒律一式が見つかった。仏陀に起源を求められるもので信頼できる文献を探索することは、彼らが努力する大きな動機となった。それと同時に、仏教の実践の基礎的な面における知識の欠落、例えば、出家者の戒律の数について二百五十や五百という数字を文字通り受け取らなければならないのか否かということは、彼らの仏教についての知識がいかに初歩的なものであったかを示唆している。パーラージカを犯すことは生涯に亙って僧伽から追放されることになる。伝統的に比丘は四つ、比丘尼には八つのパーラージカがある。これらの戒律の数をめぐる混乱は、この時点におけるヴィナヤの理解がどの程度のものであったかを指し示している。そして、比丘と比丘尼によって守られる主要な戒律における差異は重要ではないという主張もまた、僧伽についての知識が基本的なものに過ぎなかったことを示唆している。

中国の尼僧における初期の伝記の集成は、浄検（二九二～三六一）のそれから始まる。彼女は、比丘・比丘尼とは何かと師に問うている。師は比丘・比丘尼の集団のための戒律は似たようなものであると答えたが、そのことを明記した文献が無かったので、師は彼女に戒を授けることを拒否した。さらに言えば、確立した比丘尼の僧伽なくして、戒の伝受は不可能である。そのような中で、浄検は比丘の僧伽を依用することによって、どうにか戒を受けることができた。それは芳香を伴う儀式であった。こうした受戒は、仏陀の義母であるマハープラジャパティ（Mahāprajapati 摩訶波闍波提）の例に基づいていると言われていた。彼女は、比丘尼の僧伽が存在しないにもかかわらず、最初の比丘尼となった者である。問題を含んだ浄検の受戒は、スリランカから必要な数の尼僧が集められたときに、グナヴァルマン（Guṇavarman 求那跋摩、三六七〜四三一）とサンガヴァルマン（Saṅghavarman 僧鎧）の仲裁を通じて最終的に修正されることとなった。この出来事が記述されるときになされた配慮と、比丘・比丘尼たちがヴィナヤの要件の複雑さを切り抜けようとした際の方法は、西方から正確に伝達することがいかに重要であるかを示唆している。それと同時に、浄検の受戒に付随する不可思議な出来事は、ヴィナヤにおける文字通りの「要件」を超越する方法への切なる願望を提示し、また西方からの途絶えぬ血脈のための「要件」に疑問を提示している。この問題については、本稿中の次節で考察する。

仏教の東伝については、『高僧伝』におけるヴィナヤを説明する僧侶たちの議論の中で言及されている。[8]

仏教の偉大な教えが東へ伝達されて以来、五つの部が伝えられた。まずプンニャターラ（Puṇyatāra 弗若多羅）は十誦律（大正no. 1435）の梵本を誦出することができた。クマラジーヴァは（彼と共に）文献を中国語訳することに努めた。しかし、翻訳が完成する前にプンニャターラは亡くなってしまった。後に、ダルマルチ（Dharmaruci 曇摩流支）が梵本の残りを誦出し、クマラジーヴァがそれを訳したのであった。[9]

自大教東伝、五部皆度。始弗若多羅誦出十誦梵本。羅什訳為晋文。未竟、多羅化焉。後曇摩流支又誦出所余、什訳都竟。

この記述の幾つかの点は注目するに値する。まず、仏教の東伝への言及が、『高僧伝』の中の、ヴィナヤに関係あるもう一つの文章に見られる点である。[10] クマラジーヴァは、時に彼の翻訳は自由すぎると批判された。しかし、ヴィナヤの翻訳に対するこうした彼の配慮は印象的である。特筆すべきは、最後の文章について相談できる相手を見出すまでは、彼が翻訳の完成を先延ばしにしたことである。このことは、彼が性的活動の制約を犯したことに対して与えられる批判と対照的である。完全なヴィナヤの梵本を誦出した情報提供者についての言及は、何人かの僧侶たちがヴィナヤの翻訳を重視していたことを示唆している。菩薩の戒律については、後でより詳細に検討するが、『梵網経』を翻訳したクマラジーヴァの評価に関する言及には、「淳風東扇」[11]という表現が含まれている。

三九九年、クマラジーヴァが翻訳する前に、法顕と三人の僧侶たちがインドを旅してヴィナヤを持ち帰るために中国を出発した。法顕の正確な生年月日は不明であるが、中国を出るとき、彼はおおよそ六十歳くらいであった。彼は四一四年に一人で中国へ戻り、二種のヴィナヤを持ち帰った。そしてブッダバドラ（Buddhabhadra 仏陀跋陀羅）と共に『摩訶僧祇律』（*Mahāsaṅghika vinaya*）を訳出した。また法顕の死後の五二二〜五二三年にもう一つの *Mahīśasaka-vinaya* が『五分律』として訳出された。法顕の英雄的な旅は『仏国記』という彼の旅行記の中で語られている。法顕の旅は、義浄（六三五〜七一三）を含む他の者の旅にとっても手本となった。彼は『根本説一切有部毘奈耶』（*Mūlasarvāstivāda-vinaya*）を手に入れるためにインドを旅した人物である。義浄の旅行記と出家者の修行についての議論とは、『南海寄帰内法伝』と題されている。題名は「南海」と読めるが、これは東南アジアとインドも含んでいて、それ故に東伝の物語にも当てはまる。

ヴィナヤを伝えようとした勇ましく有名な旅行の例は、他にも引証され得る。例えば、日本へ正当な戒律の伝受を伝えようとした鑑真（六八八〜七六三）の尽力が挙げられる。『唐大和上東征伝』という鑑真の最初期の伝記における題名でさえも仏教の東伝を反映している。栄叡（没年七四九？）と普照（生没年不明、〜七三三〜七五三〜）が鑑真を日本へ招待したときに、彼らは自分たちの願いを次のように言い表している。

仏教の教えは東へ伝わり、日本へ届いた。しかし、教えはそこにありながらも、〔正しく〕伝えた者はいない。その昔、日本には聖徳太子（五七四?～六二二）がいて、この二百年後に神聖な教えが日本で栄えるであろうと仰った。そして、その時は来た。我々は、偉大な律師に、東方へ渡り仏法を興隆して頂きたく存じます。[12]

仏法東流、至日本国。雖有其法、而無伝法人。日本国昔有聖徳太子。曰、二百年後聖教興於日本。今鍾此運。願大和上東遊興化。

この文献は、天台の法統の祖である慧思（五一五～五七七）が日本に再誕すると約束し、そこで聖徳太子として出現した、と続けて主張している。このように、仏教の東伝には不思議な予言が伴っていた。それによって、最澄（七六六、一説七六七～八二二）や空海（七七四～八三五）が中国で受けた公的な容認と支援の道とが開かれたのである。

鑑真は日本へ渡るのに五度も失敗し、その間に視力を失った。しかし、遂に七五三年に日本へ到着した。鑑真の招待と、彼の戒律の授受における伝統とは、インドから東方への伝達という物語において重要な構成要素である。鑑真の弟子である豊安（没年八四〇）は『戒律伝来記』を執筆した。それは、勅宣により八三〇年に編集されたもので、四つの部分に分かれていた。インド（小乗二十部）での伝達、凡夫と聖者とによる中国への戒律の伝達、百済（韓国）から日本への伝達、そして中国から日本への伝達である。[13] よく見られることではあるが、その血脈は数世紀の後に創製された。こうして豊安は、ヴィナヤの血脈として働くように、インドの仏教諸部の起源に関する文献における幾つかの記述を並べた。正当な血脈は、他の血脈に疑いの目を向けるために使用され得た。鑑真の血脈による補強は、少なくとも一時的にではあるが、朝廷が戒律の伝受を管理するのに必要な手段を彼らに与えた。同類の主張は、密教の儀礼のように、仏教の他の面においても起こり得た。それは自身の正統性のために血脈を頼みとするものである。

鎌倉時代の間に、中国への渡航と日本への正式な戒律の伝達とは、再び重要となった。栄西（一一四一〜一二一五）は、日本で仏教を復興しようとして、二度も中国へ渡った。加えて、彼は歴史上の仏陀と関係ある八箇所の聖地を訪れるために、インドへ訪れようとした。栄西の旅程の主要な部分は、中国で用いられていたヴィナヤと菩薩戒との受戒の組み合わせを再び紹介することであった。栄西は『興禅護国論』の後書きの中で、禅師仏海（一一〇三〜一一七六）が、自身の死の二十年後に東方の日本で禅が隆盛を誇るであろうと予言したと記した。栄西はその予言を実現したと記述した。[14] 戒律もしくは出家者の規律を日本へ東伝するという風潮の一役を担った他の人物としては、俊芿（一一六六〜一二二七）や道元（一二〇〇〜一二五三）が言及され得る。[15]

西方からの伝達の強調は、著名な歴史家であり、ヴィナヤと華厳の学匠でもあった凝然（一二四〇〜一三二一）における大量の著作にも反映されている。彼の『三国仏法伝通縁起』は、時々、初めての包括的な仏教史の書物と呼ばれ、[16] インド・中国・日本を通じた東伝を強調している。凝然は、不適当な受戒の手順、プラティモークシャと完全なヴィナヤの翻訳、そして道宣の『四分律』の解釈が重要であることといった話題を慎重深く追求している。ヴィナヤと戒の伝受両方の伝達に対する興味は、『続高僧伝』などの著者である道宣にも同様に見出される。凝然による詳細な研究は、仏教の東伝に関連する多くの議題を明らかにした。しかし、中国への仏教の拡大における中央アジアの役割のように、朝鮮の役割は、日本にはよく知られていたが、凝然の著作の中では無視されている。凝然は最澄と彼の戒律観に関して批判的である。それは、我々が次に見ていくように、東伝のパラダイムの多くの面に疑問を投げかけるような歴史的展開である。

二　竜巻と湧き水——日本天台

インドからの途絶えぬ伝達の強調と、特定の地域と結びついた教えを特定の師が伝達する方法とを対照してみると、大乗仏教が出現したことで、少なくとも幾つかの教えは事実上不変であり、どのような人物または場所からも独立しているという主張がなされるようになった。そのような主張の先駆けは「小乗」学派の中に見られる。大衆部は、仏陀は一音をもって説法したが、衆生は各々の能力に依った方法でそれを聴いたと主張すると言われていた。[17] 大乗仏教では、例えば、『法華経』従地涌出品第十五章で描写されているように、釈迦牟尼が無数劫の間、霊鷲山において説法していたという主張は、これが時間も場所も超越した伝達であることを示している。戒律について言えば、『梵網経』は未だ完訳されていない非常に大部の著作の一部であると言われていた。それ故に、形而上学的な意味においてのみ存在していたその著作は、恐らくは瞑想を通じて、それらに接触できる機根を持った者であれば利用できたのかもしれない。[18] 後に検討する幾つかの他の文献の中で、『梵網経』は実のところ偽経もしくは土着の文献、即ち中国で著された文献であるが、盧舎那仏（Vairocana Buddha）の教えをもとにインドで作られたと言われていた。こうして、東伝の典型はなお適応されたが、現実には、教えの多くが中国に生じたのであった。時には、「東伝」はもはや適応するように見えなかった。なぜなら、超越的な文献は閃きもしくは瞑想を通じて直接接触できると主張する者もいたためである。

時によって、菩薩戒は超越的であると言われた。それは、仏陀の生涯の間に起こった特定の出来事に基づいていると言われたヴィナヤの、より具体的な戒律の起源とは全く違うものであった。例えば、大乗仏教の範疇における三聚浄戒、即ち、悪を防ぐ戒（摂律儀戒）・進んで善を行う戒（摂善法戒）・衆生に利益を施す戒（摂衆生戒）は仏陀の三身と菩薩の四弘誓願と結びついていた。これらの一つ一つが他の二つを包含していると言われていた[19]。菩薩戒が不変であると言われたとき、菩薩戒は仏性といった概念と同一視できるようになった。『梵網経』には、以下のように記述されている。

その時、彼は天王宮より閻浮提の菩提樹の下へと降りた。凡夫や無知の者も含めた地上の全ての衆生のために、我々の本初心地の盧舎那仏は、まさに初めてさとりを起こした心地（初発心時）より、常に一つの戒律を説いている。それは光り輝き、金剛のような戒律である。これらは仏と菩薩の本源であり、仏性の種子である。一切衆生は皆、仏性を持っている。一切の意識・色・心・情、全てに仏性戒が入っている。各々が仏陀の原因を持っている。それ故に、各々が常住の法身である。このようにして、十のプラティモークシャが世に現れた。これらの戒律は、三世の一切の衆生によって受け、保持されるべきである。……それらは一切衆生の戒律の本源であり、本質的に清浄である[20]。

復従天王宮下、至閻浮提菩提樹下。為此地上一切衆生凡夫痴闇之人、説我本盧舎那仏心地中初発心中常所誦一戒。光明金剛宝戒。是一切仏本源・一切菩薩本源・仏性種子。一切衆生皆有仏性。一切意識・色・心、是情・是心、皆入仏性戒中。当当常有因。故有当当常住法身。如是十波羅堤木叉、出於世界。是法戒、是三世一切衆生頂戴受持。……是一切衆生戒本源、自性清浄。

梵網戒は、いつの時代のどこの仏教徒でも繋がることの可能な、本質的な遍在性を持っていた。ある者は、懺悔と仏陀がそれを受け取った標示とを通じて、菩薩戒における最も重大な犯戒を改めるのかもしれない。しかし、標示を与えられなくとも、その者は正式に受戒した師の前に出て、再び受戒するかもしれない。このことは、密接に関連する『瓔珞経』所説の規定、即ち戒律は犯されることがあっても失われることはあり得ないと主張する規定によって強固にされた。(21)

日本の天台僧たちによって好まれた『梵網経』の受戒は、通常、中国天台第六祖である湛然による手引き書に基づいていた。それは最澄によって編集され、増広されてきたものである。この手引き書は、歴史上の釈迦牟尼からの伝達と、時と場所を超越した伝達との間における緊張関係を反映している。手引き書そのものは、ヴィナヤから抜粋した伝統的な受戒に基づく箇所を含んでいた。それは、ある者が僧伽へ参加するのを妨げる議題と主要な戒律が授けられた後になされる説明とに関する質疑である。それと同時に、その手引き書は、戒律の伝受は距離と時間を超越したという考えを反映した大乗文献からの要素も含んでいた。釈迦牟尼・文殊師利菩薩・弥勒菩薩は、戒和上（preceptor）・羯磨阿闍梨（master of ceremonies）・教授阿闍梨（teacher）としての役割を務めるために招かれた。全ての如来（Tathāgatas）は尊証師（witnesses）を務めることになり、全ての菩薩は同学の等侶（one's fellow practitioners）を務めることになった。(22) この方式は『法華経』の結経である『観普賢経』に基づいていた。この経は懺悔に基づく受戒を記している。(23) 最終的に、手引き書の一箇所は自らの手による受戒（自誓受戒）と関係のある超自然的な兆候と結びついたのであった。

これらの受戒のための血脈は、遠い昔に霊鷲山で釈迦牟尼が『法華経』について久遠の説法をしたのを、慧思と智顗が聴いたことに由来していると言われていた。(24) 慧思がこの出来事を智顗に述べたとき、恐らく慧思には、因縁が彼に出会わせるために智顗を連れてきたと表す意図があったのであろう。しかしながら、智顗の伝記における文章についての最澄の読み込み方は、さらに字義通りであり、多くの天台の血脈が歴史を超越した起源を持つことを指すものであった。戒律との関係は、慧思が智顗へ「安心と楽のための修行」（安楽行）について述べた文章に由来していたのかもしれない。それは、慧思による論書の主題にもなった『法華経』の一節である。最澄はその文章をより字義通りに解釈し、彼の菩薩戒における受戒の血脈が釈迦牟尼から直接来ていて、慧思と智顗、それから中国の祖師たちの短い血脈を通って来たと主張した。こうして天台の血脈は、時折、歴史上の祖師たちの血脈へと伝わる仏陀から直接受け取った教えの混合物とされた。

仏陀と菩薩から戒律を直接受ける可能性は、潜在的な危険性をはらんでいた。というのも、人々が望めば、如何なる方法でも新しい僧伽を設立して戒律を定義できるとされたことによって、制度上の管理が徐々に衰弱していく可能性もあったためである。事実、幾つかの文献はこのことを暗示している。例を示せば、以下に挙げるのは、黒谷血脈における「戒灌頂」に関する文献からの抜粋である。戒灌頂は上位の修行者に授けられる天台の戒法であり、彼らを仏陀とみなすものである。

貴方はこのことに従うべきである。もし己の精神を浄化できたならば、全ての善は無作（be uncreated）となる。況んや悪をや。ある者は他に依らずに解脱する。それ故に、それは「自然」と呼ばれる。染汚される事象は何も無い。それ故に、それは「清浄」と呼ばれる。……貴方は衆生救済という偉大な目的のみのために世界に現れた。一仏乗のために種々の修行道が説かれている。人々の宗教的能力（機根）によって教えが確立されている。病を知れば、薬を処方することができる。もし過去仏によって公式化されてこなかった戒律が必要ならば、それを公式化すべきである。……もし過去仏によって用いられてこなかった修行が必要ならば、それを制定すべきである。(25)

汝亦順之。若能浄其意者、善法尚無作。況於悪法乎。不依他而解。故云自。無於法而染。故云浄。……汝亦唯以一大事因縁、出現於世。為一仏乗、説種種道。随機設法。知病、施薬。若有前仏未制之戒者、恣制。……若有前仏未修行者、恣行。

この戒律の授受における潜在的危険性は、絶えることのない歴史的な伝達とそれを結びつけることで処理された。たとえ仏陀と菩薩が授戒したとしても、現実に目に見える（現前の）人物が伝授を行い、彼こそが戒律を伝達する教師（伝戒師）であると記すことで、天台で用いられる標準的な受戒は、制度の権威を保つのに役立つ区別を生じたのであった。[26] 凡夫は戒の伝受のための文殊菩薩による暗唱に気づくことができないため、文殊の代わりに目に見える師が戒律授受の文章を唱えた。初期の浄土宗の手引き書（及び中世天台の手引き書）においては、衆生は勧請された仏陀及び菩薩を見ることができないが、仏菩薩は彼らの超人類的な能力（神通力）を通じて現れると言われている。[27] 学者でもあり、三鈷寺の住職でもあった仁空（一三〇九～一三八八）は、儀式に参与する仏と菩薩の具体性について少し異なった見地をとり、仏陀と菩薩により戒律を「授けること」と、現前の師により戒律を「伝達すること」との間における差異を強調している。仏陀と菩薩が現れなくとも、彼らはその者のために明確に存在しているのである。[28] 幾つかの手引き書の中では、「現前」の師が戒壇のそばにいて文殊菩薩の代わりに言葉を話しているにもかかわらず、文殊菩薩のイメージが戒壇に据え付けられる。このように、天台の主導者たちは、戒律を受けた標示を仏陀から受け取るといった自誓受戒に訴えるよりも、師たちに基づいた血脈を用いることを好んだ。事実、純粋な自誓受戒は、千里の内に資格ある師が見つからない場合にのみ用いられた。[29] 戒律を伝達する師の役割は、天台宗の座主によって果たされることが多かった。このことは、たとえ仏陀や菩薩により戒律が授けられたとしても、僧伽を管理することの重要性を示している。

『普通授菩薩戒広釈』の著者である安然（生年八四一）は、下記の範疇によって、戒律の解釈における差異を明確にしている。

戒律には三種類ある。一、伝達された戒、即ち師から受けたもの（伝受戒）。……二、提案を表明することと、それを支持することを三反繰り返す儀式を通じて呼び起こす戒（発得戒）。三、生来的に具わっているために手に入る戒（性得戒）。真如に基づいた生来の戒。凡夫も聖人もこれらを持つ。これらは四つの不滅の信の対象（四不壊信）である。〔即ち、三帰依所と戒律である。(30)〕

戒亦三種。一、伝受戒。従師所受。……二、発得戒。白四羯磨、心境発得是也。三、性得戒。真如性戒。凡聖共有是。四不壊信。

これによって、途絶えぬ血脈に基づく受戒と、まさに実際（the very nature of reality）の中に存在した戒律に基づく受戒との両方が可能となった。

天台の受戒において授けられた戒律は、通常、三聚浄戒と言われていた。この曖昧な題目の組み合わせは他の戒律の組み合わせと適合し得た。悪を妨げる戒律（摂律儀戒）の定義における差異は特に重要であった。『瑜伽師地論』（*Yogācārabhūmi*）系統の文献によると、これらはヴィナヤの戒律と一致した。こうして人は、摂律儀戒としての完全に受戒した僧侶のための二百五十の戒と、摂善法戒のための菩薩戒の組み合わせとを保持するのかもしれない。(31) 摂衆生戒は橋の建設といった種々の社会福祉活動と一致した。

三聚浄戒における異なった解釈は、ヴィナヤから戒律を排除する『梵網経』と密接に繋がりを持った偽経である『瓔珞経』の中に見られる。[32]その代わりに、摂律儀戒は十のパーラージカと同一視された。十のパーラージカは、天台僧が通常『梵網経』所説の十の主要な戒律（十重禁戒）と同一視していた曖昧な公式である。摂善法戒は八万四千もの教えと同一に考えられたが、明確な内容については何も言及されなかった。摂衆生戒は四無量心（慈・悲・喜・捨）と同一視された。[33]加えて『瓔珞経』は、事実上は夫や妻も含めた誰もが戒律を授けることができるという文章を含んでいた。「戒律を受けた後にそれを犯した者」は、「戒律を受けたことは無いがともかく戒律に従う人」よりも優れていると言われた。戒律を受けた者は少なくとも仏教徒ではあったのだから。菩薩戒は死の際で絶えることはなく、生から生へ持ち越された。戒律を受けることは可能でも、それを捨て去ること（捨戒）は不可能であり、戒律を犯したとしても、失うことは不可能なのであった。[34]このような記述は、中世天台における菩薩戒の本質とその伝受とをめぐる議論の焦点となった。このような論述が、東伝の強調を不要にするものとして容易に理解され得たとしても、このような伝達の主張は、必ずしも消失することは無かった。仁空は仏陀から菩薩そして僧侶へ、またクマラジーヴァから現在へといった菩薩戒の絶え間ない伝達を論義書の中で主張している。これは、獅子尊者の死とともにインドで血脈が途絶えたことを主張する天台の伝統的な見地とは異なっていた。[35]

歴史を超越した戒律の伝達という誘惑は、叡尊（一二〇一〜一二九〇）と覚盛（一一九四〜一二四九）と他二名の僧侶の自誓受戒の記述にも例証されるように、天台宗のみに限らなかった。これらの僧侶たちは一二三六年に自誓受戒を行うために東大寺を訪れ、そこで三聚浄戒を受けた。それは、唯識（Yogācāra）文献についての彼らの理解によれば、ヴィナヤの戒律を含むものであった。正当な受戒の血脈を再び確立するための彼らの努力は、偽経の『占察経』を含む幾つかの文献の読み込みによって支えられていた。一二三五年、覚盛と叡尊は、個別の受戒

（別受）という実践に戻った。この別受においては、別個の儀式が仏教徒の修行の各々の状態のために用いられていた。これは、正当に受戒した師の血脈を伝統的に強調する動きが再び現れることを示していた。それはそうとしても、彼らの血脈の起源は自誓受戒に由来するため、彼らはその血脈を批判から守り続けることになるだろう。[36]

史実に基づく血脈に依るか、それとも歴史を超越した血脈に依るかは、他の例も引用され得る。中国での実践に従って天台における四分律の受戒を支持した俊芿は、正当な受戒には不十分な人数の僧侶たちと共に帰った。その結果、彼は『占察経』の権威に頼ったが、その後に、僧侶の歴史的血脈を強調する側へと立ち戻った。[37] これらの僧侶たちが再び血脈を強調するという保守的な戒律観を補強するために自誓受戒を用いたとしても、仏陀と菩薩からの直接の伝達という魅力は非常に大きかったので、我慢することは事実上不可能であった。大谷由香氏による律宗史についての近年の研究では、興福寺に属する律宗の僧侶の変化から、凝然以降の東大寺出身僧侶の変化まで突き止めている。凝然は、華厳の祖師法蔵（六四三～七一二？）が鑑真の師の一人であったと主張することで、華厳と律宗との繋がりを強調した。こうした主張が、鑑真の弟子の思託（生没年不明）による、現存していない鑑真の初期の伝記に基づくかもしれないとしても、その初期の文献に言及される「僧侶法蔵」が華厳の祖師を指すという証拠はほぼ無い。[38] それから凝然は、戒律の真髄（戒体）は仏性と真如に基づくと主張した。これは、戒体が無表色・思・種子のいずれに存在するのかという点をめぐる興福寺律宗における議論からの重要な脱却であった。こうして受戒は仏性を呼び起こす方法になった。これは天台の主張に近い立場である。約六十年後、律宗僧侶の清算（一二八八～一三六二）は、戒律を論ずるために『法華経』を用い、受戒と即身成仏とを同一に見ることで、より先進的な立場をとった。それは天台の立場に非常に近いものである。

三　北米における伝達

途絶えぬ東伝と歴史を超えた仏教徒の物語における典型は、如何にして西方の仏教へ適用できるであろうか。現代の流通は、仏教の迅速な普及を可能にした。即ち、西方から東方への伝達はその意味の多くを失った。伝達は、それまで起こらなかった方法で入り混じりながら種々の方向から生じるものである。例えば、西洋の女性たちは、上座部とチベットの共同体における仏教社会の中で、女性が尼僧として完全に受戒できるよう唱道することに積極的である。ある意味では、これを仏教の東伝に対する「逆流」と呼ぶかもしれない。それは西から東への価値と解釈における伝達である。

たとえそうであっても、伝統的な仏教の実践に従う魅力は、なお強力なものである。結局は保守的な動きに帰したものの、アジアからの途切れることのない伝達を強調した幾つかの例を挙げることは可能である。カリフォルニアにおける「万仏聖城」(The City of Ten-thousand Buddhas、法界仏教総会the Dharma Realm Buddhist Associationの一部)は、宣化(一九一八～一九九五)によって創設された中国人の僧伽である。彼はアジア人と西洋人両方の修行者に対して完全な戒律の伝授を大量に行った。ヴィナヤと菩薩戒との授業は、彼の修行課程における日常的な一部分であった。彼の課程は、受戒と戒律に対する保守的な姿勢を例示する。それは、禁欲主義・一日一食のみで済ますこと・常にローブを身に着けること・信者のために儀式を催すために外出しないことを含んでいる。

サンディエゴ郡にあるタニサーロ(Thanissaro、Ajaan Geoffとしても知られる)のDhamma Metta Forest Monasteryは、アジアの典型を正確に堅持するとともに、しかし、現代の西洋人が理解するような方法で戒律と伝受とを説明しようと試みる僧伽の一例として挙げられる。タニサーロは一九四九年にアメリカでGeoffrey DeGraffとして生まれた。彼はタイのDhammayut Orderで修行し、遂にタイで僧院長となる機会を与えられたが、アメリカで僧院を引き継ぐために戻った。彼の弟子の多くは西洋人であり、朝になると乞食を行うために外出し、質素な暮らしを送っている。彼が貢献したことの一つは、ヴィナヤと戒律の詳細な説明をしたことであり、そのおかげで西洋人はより深い理解と理論的根拠とを得られるようになった[39]。タニサーロの僧院では、候補者が誠実であるか否かを決めるために、受戒前の一定期間は必要とされない。僧侶たちは、もし彼らが出家者でいることをもはや望んでいないならば、ローブを脱ぐことが許されている。上座部の伝統の多くが尼僧のための正当な受戒の血脈を持たないため、彼の僧伽には、尼僧の受戒の準備は何も無い。事実、彼は上座部の尼僧の僧伽を復興しようという近年の試みを批判した[40]。

西洋における最も興味深い仏教の適用例の一つは、ベトナムの僧侶ティク・ナット・ハン（Thich Nhất Hạnh）による、僧侶・尼僧のためのプラティモークシャの再公式化である。この変化は、伝統的な仏教国では、成し遂げるのが困難であったかもしれない。伝統的な修行との連続性を保つために、彼は出家者たちに伝統的な文献と改変された文献の両方に精通するよう求めている。僧侶と尼僧のための戒律の数は、伝統的な文献と改変された文献ともに同じであった。僧侶のために二百五十、尼僧のために三百四十八あった。僧伽からの追放を伴うパーラージカの罪はそれほど大きく変更されなかったが、それ以外の重大ではない罪については大きく変更された。禁欲主義がいまだに守られているとはいえ、自慰はもはや一時中断（suspension）を伴う罪ではなかったが、単純に懺悔を伴う罪ではあった[41]。懺悔と没収を伴う違反に含まれるのは、マリファナを含む麻薬の所有・DVDやテレビゲームや世俗的な読み物の所有・Eメールアカウントや銀行口座を許可を得ずに所有すること・株への投資と宝くじをひくことである[42]。

僧侶や尼僧になるのは生涯に亙る決断であると考えられる。そして、候補者は完全な受戒を認められる前に修道志望の期間を経験し、僧侶もしくは尼僧になりたいと僧伽へ直接志願しなくてはならない。[43] こうした面は、宗教的職務を受け入れることに対する西洋の態度を反映しているように見える。幾分かは、この面倒な申し込み手続きは、西洋人が己の宗教を「物色」することに対する仏教側の反応なのかもしれない。しかし、それは同時に、一定の期間に在家者が保つ八つの戒律（八斎戒）を受けることで出家生活を試してみるか、もしくは新入りとして加入させられるかといった伝統的な形式を刷新する方法でもあろう。出家者になるための準備と、戒律を拒否する可能性との両方に対するその態度は、伝統的な上座部の態度をより正確に堅持するタニサーロの僧伽に見られるそれとは著しく異なっている。ティク・ナット・ハンの集団では、ベトナムのように、男性も女性も完全な受戒が認められている。

要するに、ヴィナヤは、現代の問題及び性差といった論争についての視点を反映するために、現代的に変更されたのである。結果として、伝統的なヴィナヤは拡充され、出家生活のための堅固な指南書となってしまっている。ヴィナヤの改変を弁護するよう求められたとき、ティク・ナット・ハンの集団はこう答えた。

我々に質問した人々がいる。「仏陀によって作られた出家者の法典を変更する貴方たちは誰ですか」と。答えは変わらない。即ち、「我々は仏陀の子供である。我々は彼の延長であり、彼の願いを成し遂げるために修行をしている。」……改訂されたプラティモークシャの目的は、出家者の修行における高潔さと彼らの自由を守るためであり、それ故に、解脱へ至る本当の道が継続可能となる。それは、仏陀と彼の最初の比丘・比丘尼・優婆塞・優婆夷による僧伽が辿った道である。……出家者の僧伽に具体化された、修行と仏陀の教えに深く根ざしたものが無いならば、文化的な改革もしくは変動によって、それは後に何の痕跡も残さずに一掃されてしまうであろう。仏教が生きた伝統としてあり続けるためには、教えと実践が関連した状態に保たれねばならない。プラティモークシャは、単なる大学の、もしくはインテリの学問になるべきではない。……我々は確信している。仏陀が彼の子孫の直感・知性・勇気に期待していることを。これらは、解脱への道が現在の我々の世代にも繋がっていて、なおかつ開かれた状態を保ち続けるためのものである。それ故に、教えと実践を改めることは本当に必要なのである。(44)

アジアからの伝達の重要性を強調する、一見すると保守的とも見える他の例は、日蓮宗と浄土真宗の伝統の中に見ることができる。そうであるとしても、これらの場合はインドからではなく、日本からの伝達が強調される。これらの場合、聖職者の振る舞いと教えとを慎重に管理する必要性が重要となる。真宗の教師（この語は、字義通りには師を意味するが、アメリカの寺院の聖職者として使用されるようになってきた）の修行には、約三年を必要とし、その多くはアメリカ国内で完遂できる。そして、それは日本の本願寺での要件と平行して行われる。その修行は、京都での集中的な十日間の修行期間でもって締めくくられる。(45) 日蓮宗も同様に、外国の聖職者の受戒において保守的である。数年に及ぶ修行は四十日間の修行期間によって締めくくられる。それは、時々、荒行（過酷な苦行者の修行であり、読誦しながら冷水に己を投ずることも含まれる）も包含される。真宗と日蓮宗両方の伝統が持つ、教義の逸脱を改めようとする苛烈さが原因で、このような修行が必要となっている。

これらの動きは、誰もがどこでも仏教を利用できることを認める寛容な伝統と対比され得る。その伝統は、二〇一二年にインターネットを通じて日本やアメリカ、そして至るところで始まったTree Leaf Sanghaによって創始された。それは、自身について以下のように説明する。

Treeleaf Zendo は健康上の問題・遠方在住・育児・仕事や家族の要請などによって禅センターに通うのが容易でない方といった禅の修行者のためのオンライン修行道場である。そして、Treeleaf Zendo は坐禅の場所・摂心（retreats）・議論・師との交流・その他全ての曹洞禅の仏教僧伽の活動を提供しようと努めている。(46)

こうして、僧伽はインターネットに繋がる全ての人のために普遍化していく。創始者たちの意図が賞賛に値するものであるとしても、その組織は伝統的な仏教組織の型を超えて遠く離れてしまったと言えよう。

西洋の伝統の多くは、本稿で提示した二つの基本的な話の間の緊張関係をどのように扱うかについて、それほど明確ではない。アメリカにおける最も充実した歴史的な仏教の記述は、Rick Fields の *How the Swans Came to the Lake* である。この題名は他地域への仏教の伝達に関するチベットの伝説を暗示している。(47)「戒律」・「受戒」・「得度」といった語句は、この本の目次や索引には出てこない。それは恐らく、正当な戒律の伝受の伝達とヴィナヤの厳正な読み込みとが、初期のアメリカ仏教の伝達において大きな役割を担っていなかったためであろう。このことは、中国や日本への仏教の伝達とは明らかに異なっている。

西洋の仏教の多くは世俗的であり続けた。それ故に、ヴィナヤの厳格な指針に従ってこなかった。それは、一つには、西洋の修行者たちの多くが禁欲主義を採用するのを好まなかったためである。それと同時に、彼らは菜食主義者でいることと仏教的実践、特に瞑想に参加することに熱心でいることができた。アジアの僧伽で用いられた儀式は、しばしば注目するには値しない文化的に極めて短命なものとして拒否された。それは、プロテスタントがカトリックの儀式を拒否したことを反映した立場であった。多くの西洋人が受戒し、僧侶や尼僧として生きてきたとはいえ、その多くはアジアの国々で行われてきた。上述した万仏聖城やタニサーロ率いる集団のような出家者の僧伽でさえ、ただ少数の西洋人を引き寄せたのみであった。出家仏教（monastic Buddhism）についての西洋の関心は、西洋における禁欲主義的な仏教の確立に向けられるよりも、チベットや中央アジアにおける尼僧のための正当な受戒の確立にしばしば向けられた。

西洋の禅集団の構成は、アジアの伝統に関する彼らの不明確さのみならず、アジアの僧院生活に対する態度の曖昧さを反映している。ある意味で、これは、超越したものとしての仏教の真理の探求と、上で議論したような途絶えぬ血脈の尊重との混合を反映したものとして見ることができる。西洋の禅師たちはしばしばローブを身に纏い、時には剃髪をしているが、彼らはだいたい結婚している。より進んだ段階の修行者を指すために、様々な言葉が用いられてきた。例えば、チベットの組織のSravasti Abbey websiteは、在家者（anagarika）が保つ八つの戒律を受けた多くの人々の名前を挙げる。彼らのうちには、師から許可を得るために十年も待った者もいる。(48) こうした場合、八つの戒律は長期間に亙って守られる。ニューメキシコ州のサンタ・フェにある禅の機関であるThe Upaya Instituteは、彼らの上臈の指導者を示すために、多くの表現を用いる。即ち、priest・rōshi・abbot・head teacher・Head Monk・Temple coordinator・chaplainなどである。priestといった語句を含む同じような一覧表は、他の様々な禅センターにも見ることができる。それを確認できる最も良い場所の一つが、鈴木俊隆によって設立されたThe San Francisco Zen Centerである。修行者が僧侶となる初期の戒律の伝受は、受者が修行のため日本へ渡ろうとしていたために行われた。しかし、鈴木は風変わりな方法でこれを執り行った。彼は、受者とは離れた室内へ入り、口誦し、鈴を鳴らし、それから部屋へ戻り、受者の髪を象徴的に切るために、指でもってハサミで切る動作をした。受者はその儀式に混乱し、そして、それは日本で批判された。鈴木によって執り行われたそれより後の儀式は、より整って開かれたものであった[49]。鈴木は、受戒が意味するものとアメリカ人にとってそれが意味するもの、それらに関する彼自身の疑問を通じて、己のやり方を見つけていった。血脈の強調もしくは仏教の内在的性質といった類型に関して言えば、鈴木は自由奔放な態度でもって始め、次第に伝統と血脈とをより強調する方向へと移っていった。これは、全てではないが、多くの禅センターにおける典型となっている。

カリフォルニアのMount Baldy Zen Centerでは、非常に厳格に戒律の伝受を考えている。一年間禁欲生活を送らなければならないが、その後で結婚しても良いという。これは奇妙な規律の組み合わせである[50]。カリフォルニアにある曹洞宗の機関であるShasta Abbeyは、男性と女性両方に禁欲的な「僧侶」としての受戒を行っている。彼らは如何なる恋愛関係あるいは性的関係からも離れていなければならず、未成年の子供がいてはならず、そして修道志望者（postulant）として申し込む前に、僧院にて在家の修行者として生活するよう試みなくてはならない。完全な受戒は、適切な期間の後に与えられる。「postulant」という語句の使用は、キリスト教の文脈により多く見られるが、それはShasta Abbeyが機関として成立するための、仏教とキリスト教両方の典拠を混合したものに依存する仕方の典型である。他にも例は挙げられるが、これらは幾つかの主題を共通して有するように思われる。僧院長、即ち禅師の役割は最重要なものである。換言すれば、受戒は、修行者の僧伽以上に精神的な指導者へ依存しているように思える。アメリカの禅仏教の修行は、法の伝達と僧伽への参加とを一つのものにしてしまっている[51]。それは日本の修行から受けた影響であろう。同時に、それは戒律の伝受の歴史的な面と、超歴史的な面との複雑な結びつきを反映している。

近年では、僧伽へ入るための要件はより厳しくなっている。それは、修行を自由化する傾向に対しての逆流として筆者が言及した動向である。伝統的な修行主義に新たな命を吹き込むティク・ナット・ハンとタニサーロによる努力も同様に、この説明の中に含まれるのかもしれない。この保守的な動きに影響を与えてきた要因の一つは、西洋の仏教僧団の中で起こってきた重大な数の性的違背に対する反応であった。加えて、僧伽の成員が成熟するにつれて、それが在家用であれ出家用であれ、儀式がどのように執り行われるべきかについて、彼らはさらに興味を持つようになっていく。近年のGriffith Foulkによる『曹洞宗行持軌範』の英訳によって、アメリカの禅修行者たちは、より強く団結し、彼らの歴史を理解しやすくなったが、その影響はまだ目に見えていない。(52)これまで東京の曹洞宗本部が、それを広く分配することを面倒に思ってきたのである。

仏教の東伝と、万物に仏の教えが遍在していることとの間の緊張関係は、どのようにしてアメリカの仏教を明らかにするのであろうか。その大部分において、西洋の修行者は、仏教の歴史についてそれほど理解してこなかったし、彼らの伝統に関する大部の文献を読むことができなかったし、そして、アジアの機関についてもよく知らないできた。結果として、彼らはカリスマ性を持った指導者、もしくは精神的な指導者に導かれることを当てにしてきた。このように、途絶えぬ血脈という考えは、修行に関して常に重要とされてきたわけではない。しかし、法の伝達が議論されるときには、途絶えぬ血脈は強調され、これらの集団の指導者たちに権威を与えてきたのである。僧伽の規律を定義する中で、途絶えぬ血脈の強調が欠落したことで、西洋からアジアへの影響も生じた。そして時によって、仏教僧団を率いること、もしくはそれに入ることが何を意味するかについて、多くの解釈が生じているのである。

結　語

筆者は、種々の文脈における戒律とその伝受に関する多くの伝統に焦点を絞ることで、東方へと向かう途絶えぬ血脈という理想が、それに頼らぬ仏教の教義の普遍性という理想と結びついてきたあり方の幾つかを論述しようと試みてきた。この議題については、より多くのことを論述できたことであろう。この議題は、チベットや上座部の社会において、尼僧の僧伽を復興するという問題を考えるときに重要となる。さらに、これは出家者の規律の変更が真剣に議論されるときに、それは十分なほど頻繁には起こらないものであるが、同様に肝要となる。中世の社会における集団の発達は、現代の仏教に見られる伝達の話における複雑さを明らかにしている。こうした発達について、ある者は現在進行中の仏教の活気の証拠とみなして喜ぶであろう。また、ある者は仏教の伝統的形式の衰退として嘆くであろう。アジアからの切れることのない伝達の保守的な強調と、仏教の真理は遍在していて新たな社会的要請に応ずるために変化し得るという、より自由な視点との間の緊張関係は、何世紀もの歴史を持ち、今後も仏教の展開に影響を与え続けるであろう。

注

（1）　この論文は、二〇一二年に早稲田大学の科学研究費基盤研究（A）によって「仏教の東伝」について講演するよう依頼されたときのものが元になっている。そして、私が大谷大学で *The Eastern Buddhist* のために同様の講演をするよう依頼されたとき、広大な範囲の文化と時代とに亙って論ずる機会は、私にとって我慢するにはあまりに魅力的であった。早稲田大学と大谷大学の聴衆の皆様に、その意見と批評に関して感謝の意を捧げる。

（2）英語では船山［二〇〇四］とHeirman［二〇〇八］を参照。日本語では横超一九九三を参照。
（3）『出三蔵記集』、大正五五・八〇頁上中。中嶋［一九九七］（三四〇頁）。下線は筆者による。
（4）中嶋［一九九七］（一七五―一七六頁）。Zürcher［一九七二］（一九七頁）では、『出三蔵記集』中の作者不明の手紙について道安によるものと考えている。
（5）ここで言及されている文献については不明である（中嶋［一九九七］三五六頁・註三）。
（6）彼らの役割の正確な意味は曖昧である（中嶋［一九九七］三五六頁・註一〇）。
（7）中嶋［一九九七］（三五二―三五三頁）。ここで言及される多くの僧侶のうちの何人かは、Zürcher［一九七二］の中で議論されていて、その中でも法太と道林が特に注目されている。慧常については、僅かなことしか分からない旨が三九二頁の註八二に書いてある。
（8）『比丘尼伝』巻一、大正五〇・九三四頁下―九三五頁上。Tsai［一九九四］（一七―一九頁）やStache-rosen［一九七三］を参照。受戒の法的な背景はHeirman［二〇〇二］で議論されている。
（9）『高僧伝』巻一一、大正五〇・四〇三頁中。慧皎［二〇一〇］巻四（一六一頁）を参照。
（10）『高僧伝』巻一一、大正五〇・四〇一頁中。
（11）『梵網経』、大正二四・九九七頁上。『出三蔵記集』、大正五五・七九頁下。中嶋［一九九七］（三三四頁）を参照。
（12）『唐大和上東征伝』、大正五一・九八八頁中。
（13）『戒律伝来記』巻上、大正七四・一頁中。この冊子の中の上巻のみが現存している。
（14）『興禅護国論』巻下、大正八〇・一七頁上中。市川［一九七二］（九六―九七頁）を参照。
（15）さらなる分析については、大塚［二〇〇九］を参照。
（16）松本［二〇〇二］（一〇九頁）を参照。
（17）『異部宗輪論』巻一、大正四九・一五頁中。望月『仏教大辞典』巻一（二八頁上）を参照。
（18）Stevenson執筆予定。
（19）石田［一九五三］（三九二―三九三頁）を参照。
（20）『梵網経』巻下、大正二四・一〇〇三頁下。

(21)『梵網経』巻下、大正二四・一〇〇八頁下。『瓔珞経』、大正二四・一〇二一頁中。この議題に関する天台の論義については、Groner［二〇〇七］を参照。
(22)『授菩薩戒儀』、続蔵二―一〇・五丁左下―六丁右上。
(23)『観普賢経』、大正九・三九三頁下。
(24)『叡山大師伝』、伝全五、附録・三三頁。『内証仏法相承血脈譜』、伝全一・二三二―二三三頁。『隋天台智者大師別伝』、大正五〇・一九一頁下。
(25)『戒灌伝授次第』、続天全、円戒一・二四頁上。下線は筆者による。
(26)これと似た「伝戒人」といった語句は、正式な受戒を執り行うために栄叡（没年七四九）と普照によって中国僧が日本へ招待されたことを記述するために用いられた。「伝戒師」という語句は『心地観経』（大正三・三〇四頁中）に出てくるが、中国で広く用いられてきたようには思えない。これらが使用されるのは、最澄がそれを紹介して以降である。
(27)『授菩薩戒儀則』黒谷本、『続浄土宗全書』円戒叢書一・二頁上。
(28)『円頓戒儀秘聞書』、『西山全書』別巻三・六〇九―六一〇頁。
(29)『山家学生式』、伝全一・一八頁。『瓔珞経』では、自誓受戒を資格ある師からの受戒よりも下位に置いている（大正二四・一〇二〇頁下）。
(30)『普通授菩薩戒広釈』巻中、大正七四・七六七頁上。
(31)『瑜伽師地論』巻七五、大正三〇・七一〇頁下。
(32)『瓔珞経』、大正二四・一〇二〇頁中下。
(33)同右。
(34)『瓔珞経』、大正二四・一〇二一頁中。
(35)『戒珠抄』、続天全、円戒二・二八三頁下。
(36)Groner［2005］（二一八―二二〇頁）を参照。
(37)叡尊と俊芿の血脈及び彼らが『占察経』に依拠していることについての議論は、『徹底章』（新版日蔵、戒律宗章疏四・二四五―二五一頁）の中に見られる。この議論では、ある者は『占察経』を偽経と考えていると記述するが、『占察経』の正当性を擁護する。

（38）Chen［2007］（一五九―一六二頁）、徳田［一九六九］（五四九頁）を参照。

（39）Thanissaro［2007］を参照。

（40）Thanissaro［2009］を参照。他の仏教の師たちは彼の立場を批判した。

（41）『Dharmacarya Council of the Plum Village Practice Center』（一二〇―一二一頁）を参照。

（42）『Dharmacarya Council of the Plum Village Practice Center』（一二八頁）を参照。

（43）“Becoming a Monastic” を参照。

（44）Nhất Hạnh［2004］を参照。

（45）『教師資格要件』、Thompson［二〇一三］（五頁）を参照。

（46）“Treeleaf zendo”。彼らの受戒についての映像は、Youtube にて視聴可能である。

（47）Fields［一九九二］を参照。

（48）“Ken Takes Anagarika Precepts” を参照。

（49）Chadwick［1999］（二四六、二七〇、二八二頁）を参照。

（50）“Composition of Community”。

（51）Ford［2006］を参照。

（52）Foulk［2010］を参照。

参考文献一覧

“Becoming a Monastic.” http://plumvillage.org/about/becoming-a-monastic/（accessed Nov. 18, 2013）.

Chadwick, David. 1999. *The Life and Teachings of Shunryū Suzuki*. New York: Broadway Books.

Chen, Jinhua. 2007. *Philosopher, Practitioner, Politician: The Many Lives of Fazang（643-712）*. Leiden: Brill.

Ch’en, Kenneth. 1973. *Chinese Transformation of Buddhism*. Princeton: Princeton University Press.

“Composition of Community. http://www2.hmc.edu/www_common/religious_studies/baldy/comp.html（accessed Nov. 18, 2013）.

Dharmacarya Council of the Plum Village Practice Center, ed. No date. *The Revised Pratimoksa*.

Fields, Rick. 1992. *How the Swans Came to the Lake*, 3rd edition. Boston: Shambhala.

Ford, James Ishmael. 2006. *Zen Master Who? A Guide to the People and Stories of Zen*. Somerville, MA: Wisdom. Publications.

Foulk, T. Griffith, trans. 2010. *Standard Observances of the Soto Zen School*. Tokyo: The Administrative Headquarters of Soto Zen Buddhism（Sōtōshū Shūmuchō）.

Funayama Tōru. 2004. “The acceptance of Buddhist precepts by the Chinese in the fifth century.” *Journal of Asian History* 38.2: 97-120.

Gregory, Peter. 2002. *Tsung-Mi and the Sinification of Buddhism*. Honolulu: University of Hawai’i Press.

Groner, Paul. 2005. “Tradition and Innovation: Eison, Kakujō, and the Re-establishment of Orders of Monks and Nuns During the Kamakura Period.” In *Going Forth*: *Visions of Buddhist Vinaya*, ed William Bodiford, pp. 210-235. Honolulu: University of Hawai’i.

________. 2007. “Can the Precepts Be Lost? Can the Precepts Be Violated? The Role of the Pusajie yiji in Medieval Tendai Discussions of the Precepts.” Essays from the International Tendai Conference, Tendai gakuhō（Journal of Tendai Buddhist Studies）: 165-200.

________. 2012. “The Role of Confession in Tiantai/Tendai Bodhisattva Ordinations.” In *Sins and Sinners*: *Perspectives from Asian Religions*, ed Phyllis Granoff and Kōichi Shinohara, pp. 216-242. Leiden, Brill.

Heirman, Ann. 2008. “Indian Disciplinary Rules and Their Early Chinese Adepts: A Buddhist Reality.” *Journal of the American Oriental Society* 128.2: 257-272.

Heirman, Ann. 2001. “Chinese Nuns and their Ordination in Fifth Century China.” *Journal of the International Association of Buddhist Studies* 24.2: 275-303.

Huijiao 慧皎. 2010. *Kōsōden* 高僧伝, trans. Funayama Tōru 船山徹 and Yoshikawa Tadao 吉川忠夫. Tokyo: Iwanami shoten.

Ichikawa Hakugen 市川白弦, Iriya Yoshitaka 入谷義高, and Yanagida Seizan 柳田聖山. *Chūsei Zenka no shisō* 中世禅家の思想. Tokyo: Iwanami shoten, 1972.

Ishida Mizumaro 石田 瑞麿. 1953. “Sanju jōkai ni tsuite” 三聚浄戒について. *Indogaku Bukkyōgaku kenkyū* 1.2:392-93.

"Ken Takes Anagarika Precepts." http://www.sravastiabbey.org/gallery/2011/sept11kensangarika.html（accessed Nov. 18, 2013）.

"Kyoshi Certificate Requirements"（http://www.shin-ibs.edu/degrees/certificates/minister/requirements.php [accessed on June 28, 2013]）

Matsumoto Nobumichi 松本信道. 2001. "*Sangoku Buppō dentsū engi*" 三国仏法伝通縁起. in Nihon（ed.）, *Nihon Bukkyō no bunken gaido* 日本仏教の文献ガイド, ed. Bukkyō kenkyū kai 仏教研究会, pp. 109-112. Kyoto: Hōzōkan.

Mochizuki Shinkō 望月信亨 and Tsukamoto Zenryū 塚本善隆, ed. 1958-63. *Mochizuki Bukkyō daijiten* 望月仏教大辞典, zōteiban. Tokyo : Sekai Seiten Kanko Kyokai.

Nakajima Ryūzō 中島隆蔵, ed. 1997. *Shutsusanzōki shū*: *Jokan yakuchū* 出三藏記集序巻訳注. Kyoto: Heirakuji shoten.

Nhat Ha***nh, Thích. 2004. *Freedom Wherever We Go: A Buddhist Monastic Code for the Twenty-first Century*. Berkeley: Parallax Press.

Ōchō Enichi 横超慧日. 1993. "Kōritsu denrai izen no Chūgoku ni okeru kairitsu" 広律伝来以前の中国に於ける戒律. In *Kairitsu no sekai* 戒律の世界, ed. Mori Shōshi 森章司, pp. 391-418. Tokyo: Keisuisha.

Ōtani Yuka 大谷由香. 2010. "Chūsei Risshū ni okeru kaitai shisō no hensen" 中世律宗における戒体思想の変遷. *Ryūkoku daigaku daigakuin bungaku kenkyūka kiyō* 龍谷大学大学院文学研究科紀要 32: 160-67.

Ōtsuka Norihiro 大塚紀弘. 2009. *Chūsei Zenritsu Bukkyō ron* 中世禅律仏教論. Tokyo: Yamakawa shuppansha.

Satō Tatsugen 佐藤達玄. 1986. *Chūgoku Bukkyō ni okeru kairitsu no kenkyū* 中国仏教における戒律の研究. Tokyo: Mokujisha.

Stache-rosen, Valentina. 1973. "Gunavarman（367-431）a comparative analysis of the biographies found in the Chinese Tripitaka." *Journal of Tibetology* 10.1: 5-54.

Stevenson, Daniel B. Forthcoming. "Anxieties of Scriptural Presence: The *Lotus Sūtra* as Codex, Recovered Memory, and Text Transcendent in Medieval China."

Suzuki Gakujutsu Zaidan 鈴木学術財団, ed. 1973-78. *Nihon daizōkyō* 日本大蔵経. Tokyo: Kōdansha.

Tendai shūten hensanjo 天台宗典編纂所, ed. 2006. *Zoku Tendaishū zensho, enkai 2* 続天台宗全書, 円戒 2. Tokyo: Shunjūsha.

Thanissaro. 2007 2nd ed. *Buddhist Monastic Code I-II*（http://www.accesstoinsight.org/）.

________. 2009. "Vinaya Basis for Refuting the Recent Bhikkhuni Ordination." http://www.bhikkhuni.net/wp-content/

uploads/2013/08/Thanissaro-Bhikkhu-Vinaya-Refutation-of-Bhikkhuni-Ordination.pdf

Thompson, Diana. 2013. "Kyoshi Memories," *Wheel of Dharma* 39.2: 5.

Tokuda Myōhon 徳田明本. 1969. *Risshū gairon* 律宗概論. Kyoto: Hyakkaen.

"Treeleaf zendo." http://www.treeleaf.org/ (accessed on Nov. 18, 2013).

Tsai, Kathryn, tr. 1994. *Lives of the nuns: biographies of Chinese Buddhist nuns from the fourth to sixth centuries: a translation of the Biqiuni zhuan*. Honolulu: University of Hawai'i Press.

Zürcher, Erik. 1972. *The Buddhist Conquest of China: The Spread and Adaptation of Buddhism in Early Medieval China*. Leiden: Brill.

付記　本稿の翻訳にあたり、多大なる御協力を頂いたMatthew McMullen氏と藤本庸裕氏に心より御礼申し上げる。
また、引用箇所の原文は、訳者が添加したものである。

第四部　仏教の造形化と浸透

敦煌壁画に見る八大菩薩像

劉　永増
翻訳　阮　麗

西暦七八六～八四八年は、瓜州、沙州を含め河西回廊全域が吐蕃に支配された時期であり、史上では中唐時代と称される。この時期において、莫高窟は五十五の石窟を開鑿し、三十六の石窟を重修した。[1] そのうちの第二〇一窟（中唐初期）、第三六五窟（八三二～八三四年の間）、二三一窟（八三九年）の三窟が創建年代の分かる窟である。いっぽう、楡林窟は初唐時代に創建され、[2] 唐代だけで十九窟を開鑿したが、現在、ほぼ良好な状態で残っているのは、第二五窟だけである。敦煌石窟には、初唐時代に十一面観音、盛唐時代に千手千眼観音、不空羂索観音、如意輪観音などの観音経変が登場し、今でも合計二三六幅の経変画が残されている。[3] これらの経変画はいずれも雑部密教に属するもので、敦煌蔵経洞より発見された絹画を含めても金胎両部曼荼羅を内容とするものは稀にしかないのである。[4]

しかし、敦煌石窟には、八大菩薩像の図像が少なからず残されている。八大菩薩像というと、通常では胎蔵大日如来を中心に観音、金剛手、弥勒、文殊、普賢、除蓋障、虚空蔵、地蔵など特定の八体の菩薩像を表現する図像を指し、すでに判明している作例としては、楡林窟第二五窟（中唐）、二〇窟（五代）、莫高窟第一四窟（晩唐）の三例がある。最近、筆者は敦煌石窟における密教図像の基本調査をするなかで、新たに莫高窟の第一七〇窟（宋代）、第二三四窟（宋代）、楡林窟第三五窟（五代）、第三八窟（五代）、東千仏洞第七窟（西夏）からさらに五例の八大菩薩像を発見し、本尊が多様に表現されたことがはじめて明らかになった。以下、現場での調査の結果に基づいて、敦煌石窟における八大菩薩像の図像表現について論じていきたい。

一　莫高窟第一七〇窟

第一七〇窟は、莫高窟南区南側の二層目に位置し、比較的に小さな石窟である。『敦煌莫高窟内容総録』によれば、盛唐時代に造営され、宋代、清代に重修されたとされる。窟内の状況は、主室天井は盛唐時代に造営され、周壁と甬道、前室は宋代に重修されたように見える。また、前室門上に宋代重修の発願文（但し、文字はすでに消失）と菩薩一体を描く。『内容総録』には入口の南側に説法図一鋪、北側に観音経変図を描くとあるが[5]、筆者の調査により八供養菩薩と八大菩薩像であることが判明した。

まず、前室西壁南側には、倚坐如来像を中心とする八供養菩薩像（高一五六センチ、幅七九センチ）が見出せる。画面はかなり傷んでいるが、幸い肝心な菩薩たちの持物は確認できる。すなわち、中尊台座の右側から、両手を腰において拳を作る嬉供養菩薩、縄状の華鬘を持つ蓮華鬘供養菩薩、琵琶を演奏する歌供養菩薩、両手を内側に屈する舞供養菩薩という内四供養菩薩を時計回りに配置している。また、画面の左側下方から、柄香炉を持つ香供養菩薩、華盆を捧げる華供養菩薩（欠損）、バター燈明を手にする燈供養菩薩、法螺を捧げる塗供養菩薩の順で、

図1　莫高窟第一七〇窟前室西壁立面図

外四供養菩薩を配置する（図1）。

一方、西壁北側に配される胎蔵大日如来と八大菩薩像（高一五八センチ、幅一三七センチ　図2）は以下のとおりである。

中尊　菩薩形禅定印如来坐像。頭上に三山形の宝冠を戴き、宝冠両側に小さな法螺貝を付け、頸飾や腕釧、臂釧などの装身具をつける。胸は張り腰は引締まり、両足は吉祥坐に組んで蓮華座上に結跏趺坐する。両手は腹前で禅定印を結ぶ。蓮花座はさらに方台に載り、その下方の中台に獅子を表わしているが、向かって右側の獅子だけが残っている。菩薩の背後に方形の背屏と身光、頭光をあらわし、背屏の左右には摩羯魚、牝羊、象などの六拏具を配しているが、現在は右側の一部だけしか残っていない。図像学上では、上述した楡林窟第二五、二〇、莫高窟第一四窟の本尊と同じように胎蔵大日如来と認定される。

図2　莫高窟第一七〇窟八大菩薩像

金剛手菩薩　左側第二段の外側に配する。同じく三山形の宝冠を被り、両足を浅く交叉させて蓮華座に坐る。右手は垂下させて右膝上に置く。左手は胸前で蓮華枝を執り、蓮華は反対側の頭部右側に表わされ、その上に三鈷杵を立てて載せる。

除蓋障菩薩　左側第三段の内側に配され、像容や装身具などは前述した菩薩たちと同じである。左手は胸前に挙げるが手先が欠損、右手は屈臂して梵筴を執る。

弥勒菩薩　右側第二段の内側にある。左手は垂下させて与願印を結び、三山形の宝冠の中央に化塔を付ける。右手は胸前で蓮華枝を執り、蓮華上に水瓶を表わす。

虚空蔵菩薩　右側第二段の外側にある。左手は屈臂するが、手先は欠損する。右手は胸前で剣を執る。

地蔵菩薩　右側第三段の内側にある。胸部と両足はかなり傷んでいるが、頭部左側に火焔宝珠が確認され、図像学上では地蔵菩薩と比定される。

観音菩薩　右側第三段の外側にある。画面のほとんどは摩滅してしまったが、頭上の三山冠に化仏を付けていた痕跡が確認されたため、観音菩薩と比定できる。

文殊菩薩と普賢菩薩　残る左側第二段内側と左側第三段外側には、八大菩薩中の文殊菩薩と普賢菩薩が配されていたはずであるが、持物が確認されていないため、同定することはできない。

二天王　胎蔵大日如来の左右において、上下四段に分けて二天王と八大菩薩、四供養菩薩を表わす。上段左右の隅に薬叉形の二天王を配する。いずれも三角形の宝冠を戴き、頸飾、臂釧、腕釧などの装身具を付け、遊戯坐の坐勢で蓮花座に坐す。左側の天王は琵琶を抱えて演奏し、右側の天王は、左手は塔を托し右手は宝棒を執る。

八大菩薩の下方にさらに四体の菩薩を配する。いずれも激しく摩損しているが、西壁南側の八供養菩薩と同じく三角形の宝冠を被り、手勢は胸前で何かを捧げるように見えているため、同じく供養菩薩と判断される。また、そのうちの左側から第三番目の菩薩は、両手で宝幢を捧げている。宝幢を捧げる菩薩は、上述した莫高窟第一四窟と楡林窟第三五窟の胎蔵大日・八供養菩薩図の中にも見られる。

二　莫高窟第二三四窟

第二三四窟は、莫高窟南区中段の第二層に位置する。『敦煌莫高窟内容総録』に記された第二三四窟の内容とは一致しない。(6) なぜなら、『総録』では第二三四窟と第二三五窟の内容が誤って入れ替わっているのである。本稿では、石窟上方に付された窟番号に従って説明を進めることにする。

『総録』では第二三五窟（すなわち本稿の第二三四窟）について、次のように記述されている。

造営時代：宋。洞窟形制：伏斗形天井。内容：西壁に千手千眼観音一鋪（上部は煤が付着）を描く。下方に格狭間を描く。南北壁にそれぞれ観音経変一鋪（上部は煤）を描く。下方、格狭間に供養する諸宝物を描く。東壁の南北側に比丘各一体を描く。

石窟は長方形の平面を呈し、奥壁には龕を開かず、壁一面に千手千眼観音経変を描いている。しかし、地面より約一二〇センチ上方は煤が付着して図様は完全に見えなくなっている。南北壁では、上下四段からなる菩薩像の第一列目は全く見えず、二列目はやっと判別される程度である。それに対して、第三、四列目は鮮明に残っている。以下、**図3**を参照しながら各尊像の位置関係と像容表現を解説する。

西壁　壁面の現存状況からみると、造営当初は千手観音の頭部・体躯とその主要な大手を塑造であらわし、その周りに壁画で千手と眷属を表わす、いわゆる「絵塑結合」という手法で造られたものである。現在では、壁

図3　莫高窟第二三四窟 八大菩薩配置図

面中央の塑像はすでに失われ、その下方の右側に婆藪仙、左側に吉祥天だけ残されている。跪坐する婆藪仙は四臂で、上方二手は挙げ、胸前に挙げた二手は合掌している。それに対応する吉祥天は華盆を捧げる。さらに、その中央に配された蓮池中に竜王が立つ。

南北壁の中尊　両方とも蓮華座にのる立像である。北壁の菩薩像は、頭部と上半身は煤で黒変してしまったが、首をやや右側に傾けて、左側下方に差し出した手は光明山を按じていることから、如意輪観音と判断される。如意輪観音の立像は、莫高窟第四四九窟の西龕内にも見られる。それに対して南壁の中尊は、臂数は明瞭ではないが、右側において少なくとも三臂が確認されたため、八臂不空羂索観音立像であると推測される。右第一手は蓮華、第二手は梵筴を執り、第三手は垂下して、第一指と第二指を捻ずる。それに対して反対側では、ただ長い杖形器のようなものだけ確認される。また、このほかの八臂不空羂索観音立像の例は、莫高窟第四四九窟の西龕内に見られる。

つぎに、八大菩薩について見ていこう。

まず、不空羂索観音の中段左右、すなわち配置図（図3）に示す1と2は、図様は明確には確認できないものの、以下のように3～8までの菩薩は確認できるため、この1・2の二体は八大菩薩中の観音菩薩と金剛手菩薩であると推測できる。

3　**虚空蔵菩薩**（図4　上段左）　三山冠を戴き、頸飾や腕釧や臂釧などの装身具を付け、遊戯坐の坐勢で蓮華座上に坐す。左手は左膝の前で与願印を結び、右手は胸前で剣を執る。

4　**普賢菩薩**（図4　上段右）　虚空蔵菩薩と同じ像容であるが、右手は屈臂し手先が欠損する。左手は胸前で蓮華枝を執り、頭部左側に三宝蓮として表わされる。

5　**文殊菩薩**（図4　中段右）　同じく三山冠を戴き、宝冠の左右に小さな法螺貝を付けている。右手は与願印を結び、左手は胸前で安慰印を結び、頭部左側に青蓮華を表わす。

6　**弥勒菩薩**（図4　中段左）　八大菩薩中最もよく残っているものである。三山冠に化塔を付け、右手は胸前に挙げ、左手は左膝上において蓮花枝を執り、蓮華上に水瓶を乗せる。その左側の短冊に「南無弥勒□□」と

図4　莫高窟第二三四窟南北壁　八大菩薩像

記す。

7　**除蓋障菩薩**（図4　下段右）　頭部はすでに剥落してしまった。左手は胸前で安慰印を結び、右手は屈臂して梵筴を執る。

8　**地蔵菩薩**（図4　下段左）　右手は安慰印を結び、左手は蓮花枝を執る。頭部左側の蓮華上に宝珠を表わす。

八供養菩薩の配置については、基本的に楡林窟第二〇窟と同じように時計回りに配置されているが、まず、南壁の不空羂索観音において、菩薩下方の右側に柄香炉を執る香供養菩薩、その反対側に法螺貝を手にする塗供養菩薩を配する。そして、画面上方の第一段の煤で見えないところに、華供養菩薩と燈供養菩薩を配していたと推測される。そうすると、本窟の八供養菩薩の配置順は、楡林窟第二〇窟の華・香・灯・塗と違って、香・華・灯・塗の次第に配置されたのである。また、北壁の如意輪観音の下方において、腰の両側で拳をつくる嬉供養菩薩、両手を内側に屈する舞供養菩薩を配している。それに対して、上方の第一段には内供養菩薩中の鬘供養菩薩と歌供養菩薩を配していたと推測されよう。

三　楡林窟第三五窟

瓜沙曹氏政権は、乾化四年（九一四）曹議金が帰義軍節度使になってから、天聖元年（一〇二三）曹賢順が逝去するまで百年以上続いた。この百余年間に、曹氏一族は楡林窟で二十八個の石窟を造営した。第三五窟は楡林窟の西崖の中央にあり、唐代に造営され五代、清代に重修された窟である。石窟は前室と後室からなり、主室東壁南側に現存する供養者題名「沙州工匠都勾當画院使」、「節度使押衙知画手」(7)などから、本窟は当時の画院につとめていたプロの画家が参加した上で作られた窟であると分かる。

石窟は前室と後室からなり、主室中央に方形の仏壇を設置し、仏壇上に清代に作られた道教像三体が安置されている。前室には長い甬道が作られており、主室に接するところに小さな方室を開く。石窟の大きさや窟形式などは、下記の楡林窟第三八窟と同じである。各壁の内容は以下の通りである。

西壁　上方に千仏坐像一列、その下方に観無量寿経変
南壁　上方に千仏坐像一列、その下方に普賢菩薩変
北壁　上方に千仏坐像一列、その下方に文殊菩薩変
東壁上方　観音菩薩像を描き、その左右に男女供養者像と千仏坐像(8)
東壁北側　五方仏曼荼羅
東壁南側　五方仏曼荼羅（剥落）(9)
前室西壁門上　毘沙門天王赴那吒会
前室天井　如意輪観音経変　千手千眼観音経変　不空羂索観音経変

以下、八大菩薩像（幅約五三〇センチ、縦二二三センチ）について解説する（図5）。

前室に続く甬道天井に千手千眼観音経変を描き、その左右の方室天井に如意輪観音経変と不空羂索観音経変を表わす。如意輪観音経変は、殆どは剥落し、向かって左側の華供養菩薩、嬉供養菩薩、香供養菩薩だけ残ってい

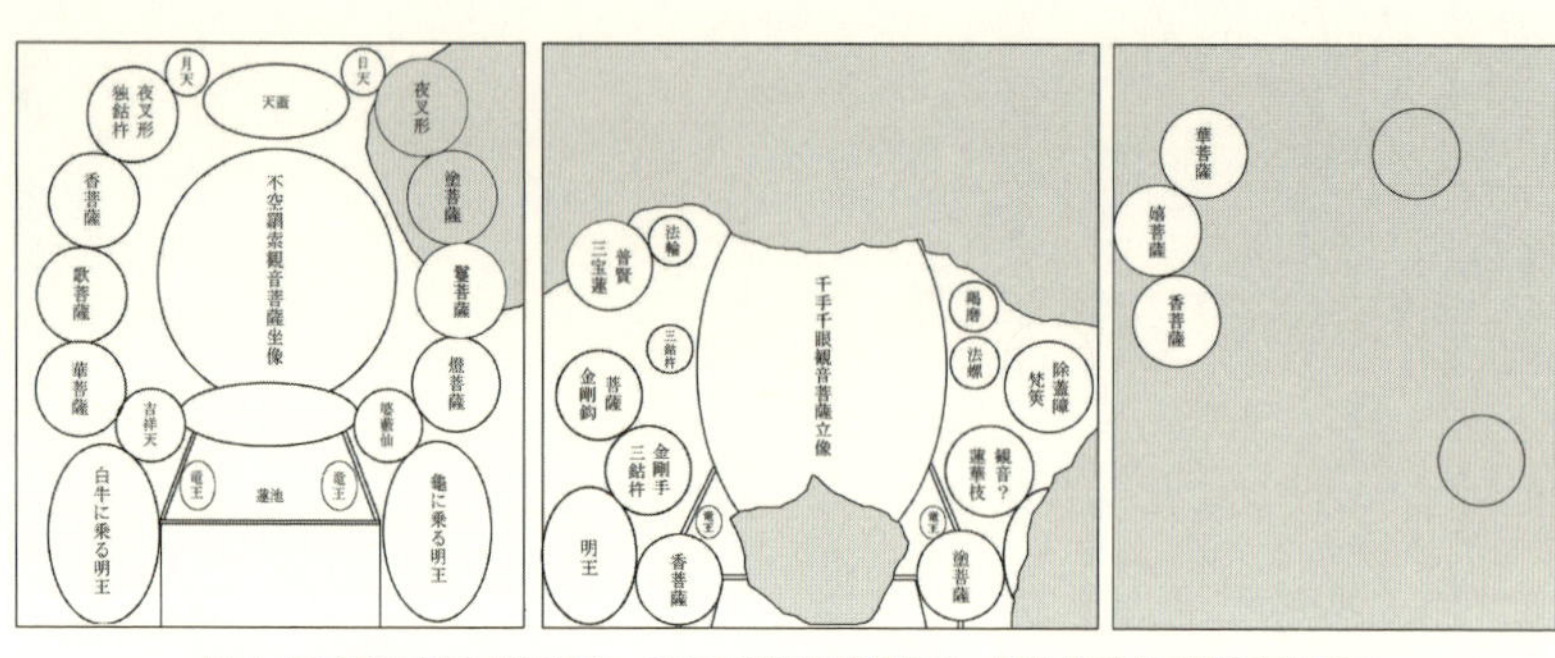

図5　不空羂索観音菩薩経変、千手千眼観音菩薩経変、如意輪観音菩薩経変配置図

る。千手千眼観音経変は、下方中央と上方より画面全体の約三分の一のところまで剥落してしまった。不空羂索観音経変は左側上方の二像が剥落したほかは、ほぼ完全に残っている。

千手千眼観音は頭部より上が欠損する。左右第一手は胸前で安慰印を結び蓮華枝を執る。左右第二手は虚心合掌し、左右第三手は垂下させて左手に羂索、右手に数珠を執る。観音菩薩の左側に宝印手、宝楼閣手、梵筴手、宝弓手、宝珠手、与願印手を配し、右側に宝剣手、宝鏡手、宝楼閣手、宝螺手、宝矢手、宝鉢手、与願印手などを配する。また、正大手の外側に無数の千手を表わす。

観音菩薩の左側は上半分が失われてしまい、下方に除蓋障菩薩と観音菩薩、その反対側に普賢菩薩、金剛鈎を執る菩薩、金剛手菩薩などを配する。これらの菩薩から、本曼荼羅は千手千眼観音の左右に八大菩薩の四体ずつを配していたと推測される。除蓋障菩薩は三面宝冠を戴き、宝冠の左右に小花を飾っており、頭部左右に小さな法螺貝を付ける。上半身に条帛を付け、両足は遊戯坐の坐勢で蓮華座上に居す。右手は右膝上で第一指と第二指を捻じ他指を伸ばす。左手は胸前で蓮華枝を執り、頭部左側の蓮華上に梵筴を表わす。その下方では、菩薩は同じく遊戯坐（足は逆に組んでいる）としているが、上述した除蓋障菩薩と同じ造形である。左手は胸前で第一指と第二指を捻じて他指はやや曲げる。右手は右膝上において蓮華枝を執り、その先端は明確に確認されないが開敷蓮華のように見え、観音菩薩であろう。

千手千眼観音の右側上段の菩薩は、同じく遊戯坐の坐勢で蓮華座上に居す。左手は胸前で安慰印を結び、右手は腹前で蓮華枝を執る。蓮華枝の先端が三宝蓮の形を呈するので普賢菩薩と比定できる。

その下方の菩薩は、同じく三山冠を戴き遊戯坐の坐勢であるが、左手は左膝上に伏せ、右手は屈臂して金剛鈎を執る。八大菩薩中には金剛鈎を執る菩薩は知られていないため、尊名の比定はここでは保留する。

その下方の菩薩は、左手を胸前に挙げて金剛拳印を執り、右手は右膝の傍らで蓮華枝を執り、蓮華上に金剛杵を立てて表わす。図像的には金剛手菩薩と比定される。

また、千手千眼観音の下方には蓮池を配し、蓮池中の左右に竜王が二体ずつあらわされている。蓮池の下方に、柄香炉を執る香供養菩薩と法螺貝を手にする塗供養菩薩を配する。さらに、画面下方の隅に二明王を配しているが、左側の明王は剝落してしまった。右側の明王は一面四臂で、身色は緑色である。額に第三眼を付けず、焰髪中に髑髏を付け、下半身に獣皮を巻き付ける。左第一手はやや下方に垂下させて第一指と第二、三指を伸ばし、他指を曲げる。左第二手は挙げて独鈷杵を執る。右第一手は胸前で安慰印を結び、右第二手は宝棒を執る。また、千手千眼観音と八大菩薩の間の小さな円内に、羯磨、法螺貝、法輪、金剛杵などを表わす。

千手千眼観音経変の左右に八大菩薩を配することに対して、天井北側の不空羂索観音経変の左右には内外供養菩薩を配する。不空羂索観音は一面八臂であり、頭上に化仏を付け額に第三眼を表わす。両足は吉祥坐を組んで蓮華座上に結跏趺坐する。左第一手は胸前で宝珠を執り、左第二手は垂下させて数珠を執る。左第三手は平らに置いて壷を執り、壷中に華を挿す。左第四手は挙げて錫杖を執る。右第一手は胸前で安慰印を結び蓮花枝を執る。

右第二手は垂下させて羂索を執る。右第三手は平らに置いて梵筴を執る。右第四手は挙げて三叉戟を執る。また、莫高窟第四六八窟の八臂不空羂索観音像は本像とほぼ同じ持物を執っている。

不空羂索観音の上方に天蓋を配し、その左側に日天、右側に月天を配する。日天は黒く変色し、月天の円輪中には桂樹と薬を搗く兎、蟾蜍が描かれる。その下方の第一、二段の尊像はすでに剝落してしまったが、反対側の尊像から、薬叉像と法螺貝を執る塗供養菩薩と推測される。第三段には蓮華鬘（胸より上部は欠損）を執る鬘供養菩薩を配する。その下方に燈明を執る燈供養菩薩を表わす。さらにその下方、すなわち本尊の台座の左側に婆羅門形の婆藪仙を配し、合掌して本尊に向かって礼拝する。最下段の左隅に亀に乗る一面六臂の水天神を配する。水天は焔髪中に髑髏を付け、亀に騎乗して火焰中に坐す。額に第三眼を付けず開口とする。左第一手は胸前で数珠を執り、左第二手は平らに置いて華枝を執る。左第三手は挙げて三鈷杵を執る。右第一手は左大腿上に押し付け、右第二手は平らに置いて羂索を執る。右第三手は挙げて金剛鈴を執る。

右側上段には薬叉形の尊像を配する。焔髪は赤く染められ遊戯坐にして火焰中に坐する。左手は左大腿上に置き、右手は胸前で大きな独鈷杵を執る。その下方に柄香炉を執る香供養菩薩、琵琶を演奏する歌供養菩薩、花盆を捧げる華供養菩薩を配する。また、第四段の内側に天女形の吉祥天を配する。両手で花盆を捧げている。さらに最下段の右隅に一面四臂の閻魔天を配する。閻魔天は髪を逆立て、白牛に騎乗して火焰中に坐す。額に第三眼（開眼）を付け、口を大きく開いて牙上出する。左第一手はやや垂下させて五指を広げて前方に向ける。左第二手は挙げて三鈷杵を執る。右第一手は胸前で短刀を執り、右第二手は挙げて宝棒を執る。

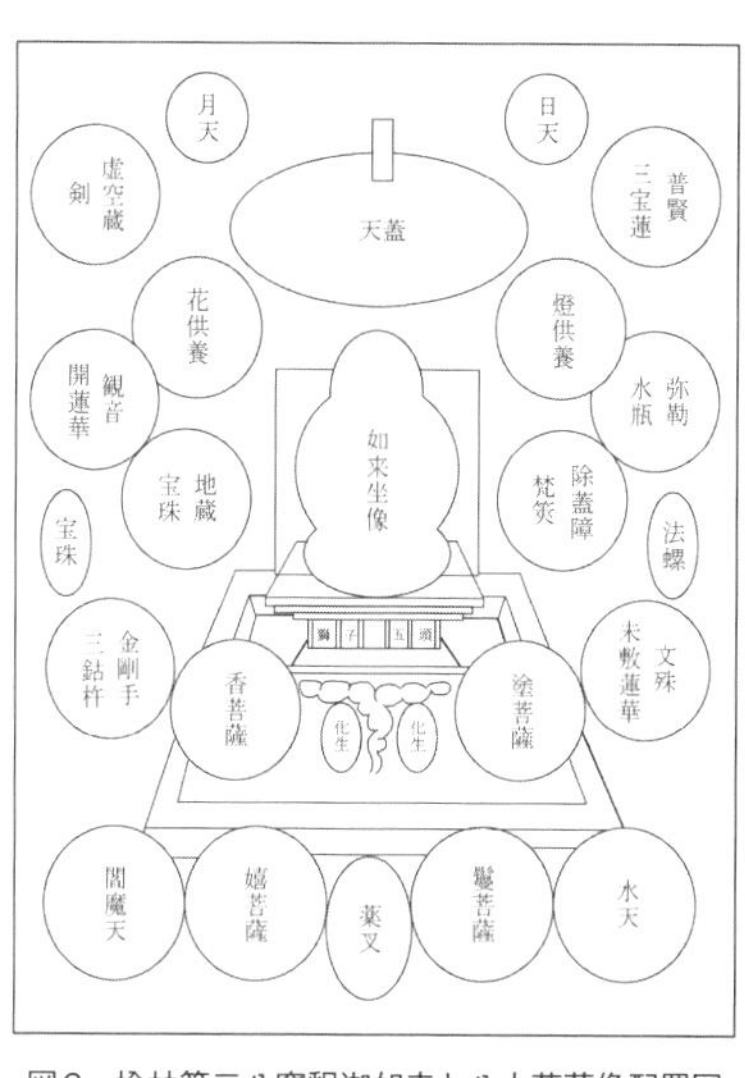

図6　楡林第三八窟釈迦如来と八大菩薩像配置図

図7　楡林窟第三八窟釈迦如来と八大菩薩

四　楡林窟第三八窟

第三八窟は楡林窟西崖北側にあり、五代に造営され清代に重修された窟である。窟型は第三五窟と同じく前後室からなり、主室の内容は以下の通りである。

主室西壁　弥勒経変
主室南壁（西より）　思益梵天請問経変、薬師浄土経変、胎蔵大日如来と八供養菩薩
主室北壁（西より）　天請問経変、観無量寿経変(10)、釈迦如来と八大菩薩像
主室東西側　竜王礼仏図
前室天井中央　千手千眼観音経変（剥落）

北側東側に中尊釈迦如来と八大菩薩像を表わす（図6、7）。

中尊（図8）　如来は偏袒右肩に袈裟をまとい、両足を吉祥坐に組んで蓮華座に結跏趺坐する。蓮花座は宝台に載り下方の中台には五頭の獅子を表わす。方台は

図８　楡林窟第三八窟北壁釈迦如来

さらに下方の蓮池より湧出した雲上に乗る。雲の下方に赤子姿の化生童子が両手で未敷蓮華を捧げる。如来は右手を胸前に挙げ安慰印を結び、左手は左膝の外側より垂らす。頭光と身光を負い、背後にさらに方形の背屛を配し、その上に団花を飾る。背屛上部は三角形をなしてその先端に宝珠を付ける。背屛左右に、上方より六拏具として摩羯魚、牝羊、白象などを描く。如来が結ぶ降魔印、中台に表わされた獅子、また反対側に描かれた八供養菩薩の本尊が菩薩形であること、中台に五頭の象を表わすことなどから、本像は釈迦如来と比定できる。

日天、月天　釈迦如来の上方に描かれた天蓋の上方中央に、曼荼羅名を書き入れる榜題があるが、残念ながらその名は確認できない。天蓋の左右に飛天が飛び合い、さらにその左右に日天、月天の像を配する。両方とも菩薩形であり頭光と身光を負って、日天は五頭の馬座、月天は五羽の鵞鳥座に結跏趺坐する。

普賢菩薩　中尊の左側上段にあり、三山冠を戴き頸飾に小さな法螺貝を付け、条帛、腕釧、臂釧などの装身具を飾って蓮華座上に結跏趺坐する。左手は左膝前より垂下させ、右手は屈臂して第一指と第二指で三宝蓮を執る。

弥勒菩薩　中尊の左側第二段の外側にあり、装身具などは上述した普賢菩薩と同様であるが、上半身に条帛も鹿皮も付けず、頭上に化塔は表わさない。両足を逆に組んで蓮華座上に結跏趺坐する。左手は胸前で安慰印を結び、右手は与願印を結んで、掌から蓮華枝を生え出し蓮華上に水瓶を表わす。また、その下方の小さな蓮台に法螺貝を表わす。

除蓋障菩薩　中尊の左側第三段にあり、宝冠を戴き条帛と装身具を付け、遊戯坐の坐勢で蓮華座上に坐る。右手は右膝前より垂下させて、左手は屈臂して梵筴を執る。

文殊菩薩　中尊の左側第四段の外側にあり、像容は除蓋障菩薩と同様であるが、左手は左膝上に置き、右手は胸前で蓮花枝を執る。蓮花は未敷蓮華として頭部左側に伸び出す。敦煌石窟における八大菩薩図では未敷蓮花を執る文殊菩薩は他例を見ないが、当該像以外の七菩薩はいずれもそれぞれの尊格に合う有力な持物を執っているので、本菩薩を文殊菩薩に比定してよかろう。

虚空蔵菩薩　中尊の右側上段にあり、像容は上述した菩薩たちと同様で、遊戯坐の坐勢で蓮華座上に居す。右手は右膝前で与願印を結び、左手は腹前で剣を執る。

観音菩薩　中尊の第二段の外側にあり、像容は上述した菩薩たちと同様である。頭上に化仏を表わさず、左手は腹前に置き右手は屈臂して開敷蓮花を執る。また、その下方の小さな蓮台に火炎宝珠を表わす。

地蔵菩薩　中尊の右側第三段にあり、同じく遊戯坐の坐勢で蓮華座上に居すが、右手は右膝前より垂下させ、左手は屈臂して蓮華上の宝珠を執る。

金剛手菩薩　中尊の第四段外側にあり、左手は垂下させ、右手は胸前で蓮華枝を執り、頭部左側に表した蓮華上に金剛杵を立てる。

内四供養菩薩　中尊の右側第四段の内側、すなわち、向かって右側の蓮池中に柄香炉を執る香供養菩薩を配する。それから第二段の内側に華盆を捧げる華供養菩薩、その反対側に燈明を執る燈供養菩薩、第四段の内側に法螺を執る塗供養菩薩を配する。菩薩たちはいずれも頭光と身光を負い、片膝を地面に着けて蓮華座上に坐る。

外四供養菩薩　最下段の蓮池下方に配する。嬉供養菩薩は、両手を腰側において指をやや屈して拳を作る。鬘供養菩薩は両臂を屈して蓮華鬘を執る。両菩薩はともに遊戯坐の坐勢で蓮華座に坐し、条帛を付け頭光と身光を負っているが、嬉供養菩薩は、条帛を斜めに掛けずに胸を横に包むように着けている。また、両菩薩の中央に両手で香炉を捧げる薬叉を表わす。本図に描かれた嬉・鬘供養菩薩は、反対側の同位置に配される歌・舞供養菩薩とともに外供養菩薩を構成する。

水天、閻魔天　最下段の左右隅にある。左隅の緑亀に騎乗する薬叉風の尊像は閻魔天であり、眼を大きく開き、上半身は半裸で下半身に腰衣を巻き、がっちりとした体軀である。右手は羂索を束にして持ち、左手はその一端を執り、その先端に半三鈷杵を付ける。反対側においては、赤い牛に騎乗し、右手は右大腿上に押し付け、左手は腹前で宝棒を執る。

さらに、画面の西側に観無量寿経変が配されている。敦煌石窟の作例にしても、また敦煌以外の阿弥陀浄土変にしても、阿弥陀如来の多くは、右手は外側に向け第一指と第二指を捻じ、左手は内側に向け第一指と第四指を捻じるいわゆる説法印（転法輪印）を結んでいるが、本窟北壁中央に配される観無量寿経変においては、阿弥陀如来は禅定印を結び、胎蔵曼荼羅中台八葉院の阿弥陀仏と同様な図像で表わされている。

北側東側の釈迦如来と八大菩薩像に対して、南壁東側には大日如来と八供養菩薩像を描く。本尊は菩薩形禅定印大日如来である。頭上に三山冠を戴き、条帛、装身具などをつけ吉祥坐を組んで蓮華座に結跏趺坐する。仏座はさらに方台に乗せられ、その中台に五頭の象を表わす。宝冠中央に何かを付けていたが明確には確認できない。

楡林窟第三八窟に描かれた二幅は、異例というべきものである。南壁に表わされた八大菩薩図の本尊は、獅子座に結跏趺坐し降魔印を結ぶ如来形であり、一応釈迦如来と認められるが、一方の南壁に配される菩薩形・禅定印の像は、象座に結跏趺坐する。象座というと、直ちに阿閦如来を想起するが、禅定印を結ぶ阿閦如来はまずありえない。菩薩形・禅定印というと胎蔵大日如来となるが、象座に結跏趺坐する菩薩形・禅定印の像は、また胎蔵大日如来には比定できない。

しかし、般若訳『諸仏境界摂真実経』[11]に、

爾時毘盧遮那如来、尽虚空界、常住不変。観察海会、如大象王、入於遍満一切虚空覚悟本性智慧希有金剛三昧。

とあって、「大象王の如し」、「希有なる金剛三昧に入る」という毘盧遮那仏は、まさに象座に結跏趺坐し、禅定印を結ぶ本像の通りである。それにしてもやや無理があると思うが、両幅の中尊が誤って入れ違いに描かれたと考えれば、この難題は解決する。すなわち、本来北壁に描くべき降魔印を結ぶ如来を、誤って南壁に描いたということである。この仮定が成立するのであれば、すなわち、現在の両幅の中尊は交代して、南壁は菩薩形・禅定印胎蔵大日如来を中尊とする八大菩薩像となり、北壁は降魔印を結ぶ阿閦如来を中尊とする八大菩薩像になるのである。

画面の四隅には明王を一体ずつ配している。四明王はいずれも半裸の上半身に条帛を付け、下半身に腰衣を巻き、がっちりとした体つきで蓮華座に半跏する。頭上に三角形の宝冠を戴き、第三眼をつけず、装身具を飾る。左側上方隅の明王は、左手を左大腿上に置き、右手は胸前で金剛鈴を執る。左側下方隅の明王は壁画が剥落した

ため確認できない。右側上方隅に、独鈷杵を執る明王を配する。右側下方隅には、左手に宝珠、右手に宝棒を執る明王を配する。

内四供養菩薩は、第二段の内側と第四段の内側に表わされる。右側下方すなわち仏座の右側に、時計回りの順で柄香炉を執る香供養菩薩、華盆を執る華供養菩薩、燈明を執る燈供養菩薩、法螺貝を執る塗供養菩薩を表わす。外四供養菩薩は、蓮池の下方において香炉を捧げる夜叉を挟んで箜篌を演奏する歌供養菩薩と、右手は挙げ左手は反対側に伸ばす舞供養菩薩を表わす。すなわち、外四供養菩薩中の二体で四供養菩薩を表わしている。

また、右側第三段では同じく法螺貝を執る菩薩を表わしているが、それに対応する反対側に、左手は胸前に挙げ、右手は屈臂して未敷蓮花を執る菩薩を表わす。その下方（すなわち左側第五段の外側）に宝幢を執る菩薩、その反対側に杖形器（先端が欠損）を執る菩薩を配する。この四体の菩薩の尊格についてはまだ分からないが、同じく供養菩薩であろう。

五　東千仏洞第七窟

東千仏洞第七窟は、東崖の南側に位置し、窟は北に坐し窟口が南面している。平面（図9）は長方形を呈し、石窟後部に中心柱が設けられている。中心柱正面に浅い仏龕を開き、民国年間に重修された如来坐像が安置される。中心柱の両側壁に尊勝仏母曼荼羅と十一面八臂観音菩薩曼荼羅を配し、中心柱後壁に涅槃経変を表わす。前部天井は穹窿形とし、壁画はすでに剝落してしまっている。南壁東西両側には青い金剛手と不動明王を一体ずつ配し、東西両壁の南側すなわち石窟に入って左右壁に、阿弥陀来迎図と阿弥陀浄土変をそれぞれ表わす。石窟後

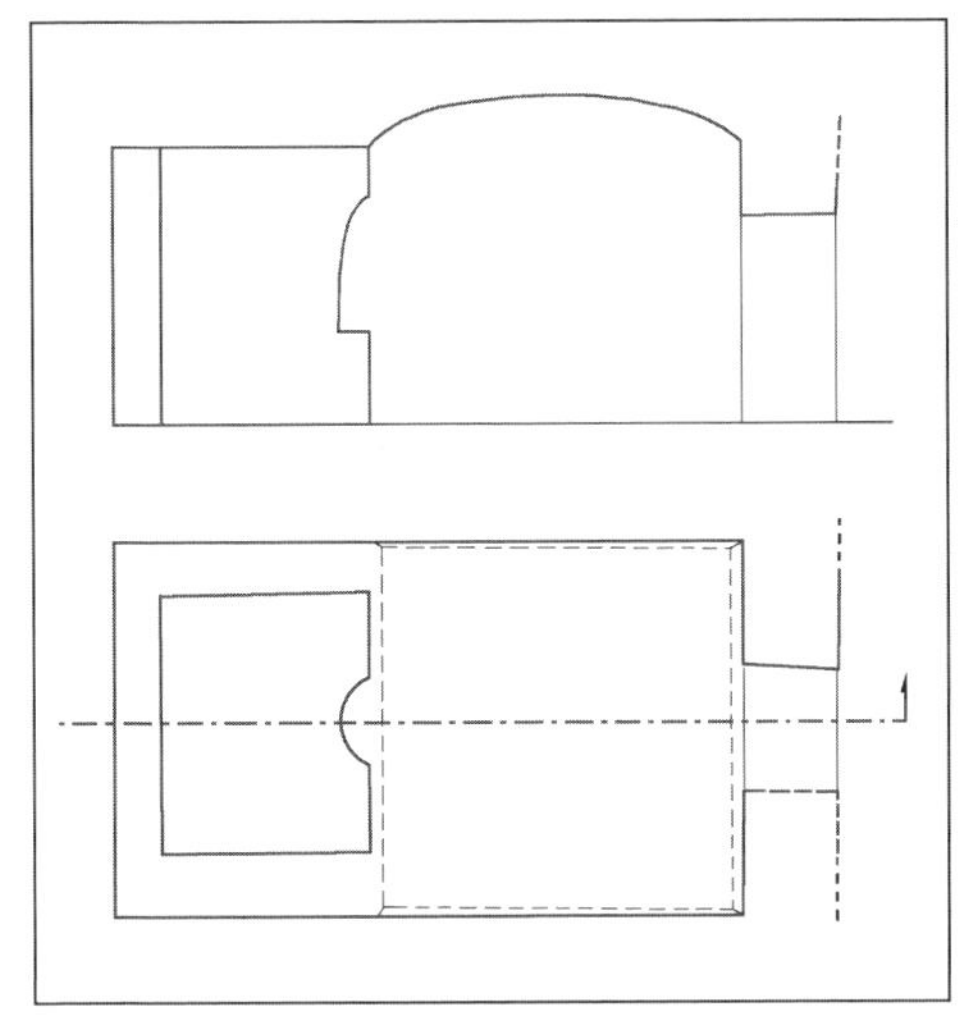

図9　東千仏洞第七窟平面・断面図

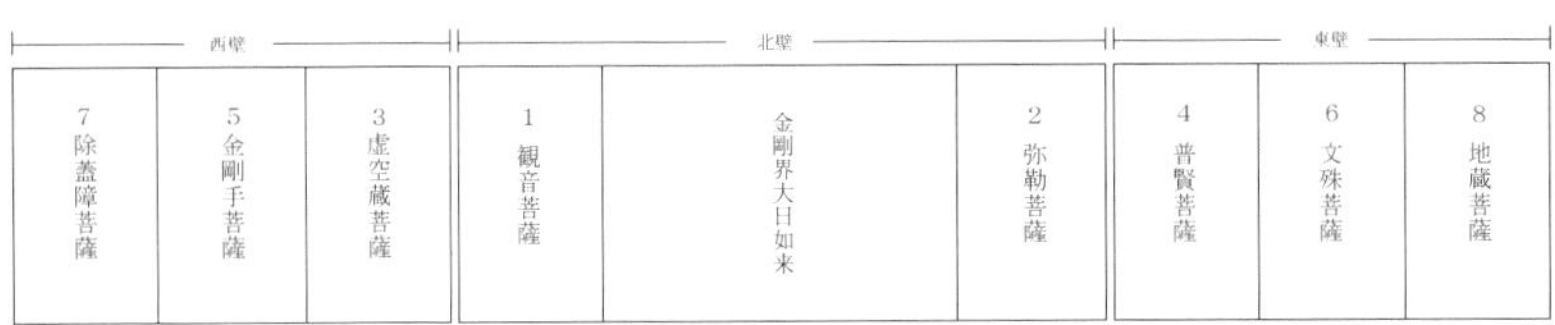

図10　東千仏洞第七窟　金剛界大日如来と八大菩薩像配置図

部の正面壁（北壁）に金剛界大日如来と八大菩薩像を配する[12]。図10に示すように、北壁中央に智拳印を結ぶ金剛界大日如来を描き、その左右と東西壁に八大菩薩を表わす。結論を先に言えば、本窟における八大菩薩は不空訳『八大菩薩曼荼羅経』に従って忠実に描かれたものである。

金剛界大日如来と八大菩薩像からなる壁画の中央に描かれた中尊大日如来は、袈裟を偏袒右肩につけ身光、頭光、天蓋を付する。両足を吉祥坐に組んで蓮華座に結跏趺坐する。蓮花座はさらに八角台に乗り、八角台の下方中央に一頭の獅子を表わす。両手は胸前に挙げ、右手は第二指を伸ばし他指で拳をつくり、第二指の第一関節は屈する。左手は第二指を伸ばし他指を屈し、伸ばした第二指を右手第二指第一関節の内側につけたいわゆる智拳印を結んでいる。大日如来の両側に四脇侍菩薩、二弟子、二天王、二飛天を配する経変図になっている（図11）[13]。上述したように、敦煌石窟における大日如来八大菩薩像図では、その中尊の多くが菩薩形・禅定印の胎蔵大日如来であり、智拳印を結ぶ金剛界大日如来八大菩薩像図はほかには見られない。

次に、図10に示した番号に従って八大菩薩の図像表現について見ていこう。

1　**観音菩薩**　八大菩薩像の右側に配されている。画面下方の蓮池中に八角台を配し、その上に乗せる蓮華座に観音菩薩をあらわす。頭光身光を負い、頸飾、腕釧、臂釧などの装身具を着ける。頭上に高い宝冠を戴き宝冠に化仏すなわち無量寿如来を表わす。左手は胸前で未敷蓮花を執り、右手は右膝前で与願印を結ぶ。不空訳『八大菩薩曼荼羅経』においては「聖観自在赤色身。左手持蓮華右手施願。頭冠中有無量寿如来」[14]とあり、本像と完全に一致する。また、観音菩薩の上方に天蓋を配し、その左右の円輪内に菩薩を表わす。

2　**弥勒菩薩**（図12）　弥勒菩薩については、『八大菩薩曼荼羅経』に「於観自在菩薩後、想慈氏菩薩。金色身。左手執軍持右手施無畏。冠中有窣堵波。半跏坐」とある。すなわち、弥勒菩薩は半跏に坐し、左手に水瓶、右手は施無畏印を結び、冠中に窣堵波を付けているという。それに対して東千仏洞第七窟像は経年変色のため身色が判らなくなり、現在では身色は濃褐色となっている。両足は半跏とはせずに、ほかの菩薩と同じく蓮華座上で、結跏趺坐する。また、冠中に表わす化塔、施無畏印を結ぶ右手、水瓶を執る左手の表現などは不空訳『八大菩薩曼荼羅経』の記述と一致する。

図11　東千仏洞第七窟北壁金剛界大日如来

図13　東千仏洞第七窟虚空蔵菩薩

図12　東千仏洞第七窟弥勒菩薩

3　**虚空蔵菩薩**（図13）　虚空蔵菩薩以下の諸尊は西壁と東壁に一幅ずつ交代に配置されている。頭上に宝冠を戴き、身色は淡赤色で、天衣などは真っ赤な朱色で彩色されている。左手は胸部中央において印相を作る。右手は屈臂して掌はやや下方に向け、そこから小さな宝珠を流している。『八大菩薩曼荼羅経』には「於仏背後、想虚空蔵菩薩。左手持宝安於心上。右手施流出無量宝」と説かれており、本像と完全に合致する。

4　**普賢菩薩**　頭上に五仏宝冠を戴き、左手は垂下させて与願印を結び、右手は胸前で剣を執る。身色は同じく濃褐色に変色してしまっている。『八大菩薩曼荼羅経』に「虚空蔵菩薩左辺。想普賢菩薩。戴五仏冠金色身。右手持剣左手施願。半跏而坐」という。普賢菩薩については東千仏洞第七窟像は蓮華座上に結跏趺坐しているが、それに対して不空訳『八大菩薩曼荼羅経』は半跏坐像と説く。そのほかの図像表現は不空訳の記述と一致する。

5　**金剛手菩薩**　身色は淡赤、天衣などは真っ赤な朱色で彩色され、頭髪は紺色で長く垂らしている。頭上に五仏冠を戴き、左手は腹前において、右手は胸前で金剛杵を執る。『八大菩薩曼荼羅経』には「於如来左辺。想金剛手菩薩。右手執金剛杵左手安於胯。戴五仏冠。身青色。半跏而坐」とあり、身色については経典の記述と一致しないが、そのほかの図像表現は完全に合致する。

6　**文殊菩薩**　文殊菩薩については『八大菩薩曼荼羅経』に「於金剛手菩薩前。想曼殊室利童真菩薩。五髻童子形。左手執青蓮花。花中有五股金剛杵。右手作施願。身金色。半跏而坐」とある。経文において文殊菩薩は「五髻童子形」とするが、本像の宝冠はほかの菩薩たちとほとんど変わらない。また、本像は他尊同様に蓮華座上に結跏趺坐しているが、『八大菩薩曼荼羅経』は半跏坐とする。両手の姿勢と持物については経文の記述と一致する。すなわち、左手は胸前で蓮華を執り、蓮華上に金剛杵を立てる。右手は垂下させて与願印を結ぶ。

7　**除蓋障菩薩**（図14）　身色は肉色に表わされているが、『八大菩薩曼荼羅経』においては金色身であると説く。右手は垂下させて与願印を結び、左手は胸前で虎皮宝幢を執る。『八大菩薩曼荼羅経』に「於曼殊室唎菩薩右。想除蓋障菩薩。金色身。左手持如意幢。右手施願。半跏而坐」とある。東千仏洞第七窟像は蓮華座上に結跏趺坐し、経文とは異なっている。そのほかの図像表現は不空訳と完全に一致する。

8　**地蔵菩薩**　身色は黒く変色してしまったが、『八大菩薩曼荼羅経』に説かれるように、左手は腹前で鉢を托し右手はその上方において掌を鉢口に向ける。『八大菩薩曼荼羅経』に「於如来前。想地蔵菩薩。頭冠瓔珞面貌熙怡寂静。愍念一切有情。左手安臍下拓鉢。右手覆掌向下。大指捻頭指作安慰一切有情想」とあり、両者は完全に合致している。

図14　東千仏洞第七窟除蓋障菩薩

二明王（図15）　南壁両側に描かれた二明王は、かなり傷んでおり、画面の周辺は大分剥落してしまった。東壁南側に一面二臂の明王を配する。額に第三眼（開眼）を付け、頚部、腹部、前臂、両足に蛇を巻き付けて、左展式にして象頭人身の毘那耶歌を踏みつける。右手は挙げて三鈷杵を執り、左手は胸前で縦に伸ばした第二指に羂索を付け、青色身の金剛手と比定できる。それに対して、南壁西側の明王は、

図15　東千仏洞第七窟　金剛手と不動明王

右目は閉じて左目は開眼とし、腰に獣皮を巻き付け、両足は毘那耶歌（頭部は欠損）を踏み付ける。右手は頭上に挙げて剣を執り、左手は同じく胸前で第二指を伸ばして羂索を巻き付ける。青色身の不動明王と比定できる。

以上、東千仏洞第七窟における金剛界大日如来八大菩薩像図について、不空訳『八大菩薩曼荼羅経』と対照しながら解説してきた。図10の配置図に示すように、その経文を忠実に再現したものである。八大菩薩の配置順序については、まず中央の金剛界大日如来の右側に観音菩薩を配し、それから『八大菩薩曼荼羅経』に説かれる順序に、弥勒菩薩→虚空蔵菩薩→普賢菩薩→金剛杵菩薩→文殊菩薩→除蓋障菩薩→地蔵菩薩、と左右に一体ずつ配置される。身色については、『八大菩薩曼荼羅経』に観音菩薩は赤色身、弥勒・普賢・虚空蔵・文殊・除蓋障菩薩は金色身、金剛手菩薩は青色身と説かれるが、本窟においては、西壁に配される虚空蔵・金剛手・除蓋障が赤色身に表現されている。ほかの五菩薩は経年変色のため、当初の身色は確認できない。また、坐勢については『八大菩薩曼荼羅経』には、観音・弥勒・普賢・金剛手・文殊・除蓋障の六菩薩は半跏坐と記述するが、東千仏洞第七窟像はいずれも蓮華座上に結跏趺坐する。さらに、宝冠上の化仏の有無、持物の種類や執り方などは、不空訳経文とほとんど違わずに表現されている。

また、日本では、醍醐寺の扉絵八大菩薩図が不空訳『八大菩薩曼荼羅経』を典拠としているとされている。同じ不空訳『仏頂尊勝陀羅尼念誦儀軌法』（大正蔵No.九七二）によれば、仏頂尊勝曼荼羅も毘盧遮那仏を中尊とし、その周囲に八大菩薩、または不動、降三世の二大明王を加え、十体の眷属からなる曼荼羅である。それと同じように、東千仏洞第七窟には、八大菩薩像を表現するとともに、金剛手、不動の二明王も入口の両側に侍立している点が、注目すべきところである。

結び

以上、敦煌石窟における八例の八大菩薩像のうち、筆者が新たに発見した五例について詳しく見てきた。これら八例は、時代的に言えば、中唐時代に描かれた楡林窟第二五窟が最も古く、その後の晩唐時代のものが一例（莫高窟第一四窟）、五代は二例（楡林窟第二〇、三五、三八窟）、宋代は二例（莫高窟第一七〇、二三四窟）、西夏時代は一例（東千仏洞第七窟）となっている。八大菩薩像は、晩唐～宋代の敦煌石窟においてかなり流行していたと認められる。

また、敦煌石窟では、左右に相対応する一対画或いは一組画が極めて流行している。楡林窟第二五窟と東千仏洞第七窟を除いて、ほかの五例はいずれも左右対応するようにして表わされている。莫高窟第一四窟は胎蔵大日如来八大菩薩像と金剛薩埵経変、楡林窟第二〇窟と莫高窟第一七〇窟像は胎蔵大日如来と倚坐毘盧遮那仏を、相対応するように表わしている。楡林窟第三五窟と莫高窟第二三四窟像は、千手千眼観音菩薩を中央に、如意輪観音菩薩と不空羂索観音菩薩を左右に配している。

本尊については、多様に表現されていることが分かる。八例の八大菩薩像では、菩薩形で禅定印の胎蔵大日如来像とするものに楡林窟第二五窟、第二〇窟、莫高窟第一四窟、第一七〇窟の四例があることが確認できた。その内、楡林窟第二五窟の本尊は、縦書きの短冊形に「清浄法身盧舎那仏」と墨書され、『華厳経』教主の盧舎那仏と八大菩薩の融合であると認識される。一方、楡林窟第二〇窟の倚坐如来像は、その短冊形には「清浄法身毘爐（盧）遮那佛」と記され、上述したように、本窟の拳、索、語、愛の外四供養菩薩は、疑経である『金剛峻経』に見出せるので、五代の敦煌石窟においては、倚坐形の如来像でも毘盧遮那仏と見ていたのであろう。

楡林窟第三八窟については、獅子座に結跏趺坐し降魔印を結ぶ如来形の像と、象座に結跏趺坐し菩薩形・禅定印の像は、直ちに尊格を決めることはできないものである。しかし、もしこの両本尊を入れ替えて描けば、南壁は菩薩形・禅定印胎蔵大日如来を本尊とする八大菩薩像となり、北壁は降魔印を結ぶ阿閦如来を本尊とする八大菩薩像となるのである。

莫高窟第二三四窟の作例は不空羂索観音と如意輪観音像であり、楡林窟第三五窟の作例は如意輪観音、千手千眼観音、不空羂索観音である。この構成は、晩唐以後における観音信仰のさらなる普及と漢文化との習合に深く関わっているものと伺える。

また、敦煌蔵経洞より発見された敦煌遺書中に、P・三九二〇冊葉子という連写経がある。[15] かなり長い写経であるが、そのうちの第四件は、不空訳と称する『金剛頂経一切如来深妙秘蜜金剛界大三昧耶修習瑜伽迎請儀』で、第五件は同じ不空訳と称される『金剛頂経一切如来真実摂大乗現証大教王経深妙秘蜜金剛界大三昧耶修習瑜伽迎請儀』である。そして、楡林窟第二〇窟に見られる金剛拳、金剛索、金剛語、金剛愛の外四供養菩薩は、同じく不空訳と称する『金剛峻経』にその名が見出される。[16]

さらに、P・三九二〇連写経の第七件は、『高王観世音経』である。この経典については、『仏祖統紀』に「後人がみだりに増益した」ものであると指摘され、『開元釈教録』では偽妄乱真録に入れられており、さらに武周録においては入蔵録に入れるべきものではないと注記している。『続蔵経』には、光化二年（一八九八）の刊本のものが収載され、『大正蔵』の第八五巻の疑似部（No. 2898）はさらに転収されたものである。[17]『続蔵経』の巻末に「念八菩薩名号」が附加されているが、敦煌本『高王観世音経』には、八大菩薩名は説かれていない。この八大菩薩名は、おそらく『仏祖統紀』に指摘されたように「後人が妄りに増益した」部分であろう。

莫高窟第二三四窟、楡林窟第三五窟における観音菩薩を中尊とする八大菩薩像は、そうした経典の流行と無関係ではないと言わなくてはならない。『仏祖統紀』に記される「妄りに増益した」もの、また、偽妄乱真とみなされたものこそ、当時の仏教信仰の正体を反映したものであり、とりわけ中原地方を遠く離れた敦煌においては、敦煌仏教の指導層にあった宣教者たちは敢えて庶民の「口に合わせて」作り出したものと想像される。さらにいえば、敦煌のような辺地においては、仏教信仰に関しては自由度が高かったのではないかと思うのである。

東千仏洞第七窟像は、智拳印金剛界大日如来であり、同窟の八大菩薩像は不空訳『八大菩薩曼荼羅経』に従って忠実に再現されたものである。これは中国では唯一の作例として貴重である。

八大菩薩の持物については、中唐時代の楡林窟第二五窟においては菩薩の左右の手に執る形で表現されている。そして、晩唐時代の莫高窟第一四窟になると、蓮華上に載せて表現するようになった。持物の種類、また、それによる菩薩名の比定については、楡林窟第二五、二〇窟の八大菩薩像が尊像名を伴っており、敦煌地域における八大菩薩を判定する基準作として重要である。

最後に、これら在銘の八大菩薩像を参考にして、八例の八大菩薩の図像表現について整理しておきたい。あわせて次頁の「敦煌壁画に見る八大菩薩一覧表」を参照されたい。

観音菩薩　八例のうち、莫高窟第二三四窟では欠損する。楡林窟第二〇窟は頭部の一部と持物としての開敷蓮華だけ残る。ほかの六例のうち、頭上に化仏を付けたものは三例である。手印・持物については、右手は与願印を結び、左手に蓮華を執る形式が一般的である。

金剛手菩薩　八例のうち二例（楡林窟第二五窟と莫高窟第二三四窟）が欠損。莫高窟第一四窟像は金剛杵を左手に執る。東千仏洞第七窟像は右手で金剛杵を執る。その他の四例は、いずれも蓮華上の金剛杵を執る。

弥勒菩薩　八例のうち、楡林窟第三五窟は欠損。そのほかの七例のうち、六例が宝冠に化塔を表わす。鹿皮については、莫高窟第一四窟、楡林窟第二五、二〇窟像は鹿皮をつけているが、五代以降の五例はいずれもつけていない。持物については、ともに蓮華上の水瓶を執る。敦煌石窟においては、宝冠に化塔、蓮華上に水瓶という形は八大菩薩中の弥勒菩薩の固有の形式であるといえる。

虚空蔵菩薩　八例のうち、楡林窟第三五窟は欠損。東千仏洞第七窟像は、『八大菩薩曼荼羅経』に従って右手から宝珠を流出させる表現であるが、ほかの六例はいずれも剣を執り、そのうちの五例が右手で執っている。

敦煌壁画に見る八大菩薩一覧表

		楡林窟第25窟 中唐（尊名があり）	莫高窟第14窟 晩唐	楡林窟第20窟（尊名があり） 五代	楡林窟第35窟 五代	楡林窟第38窟 五代	莫高窟第170窟 宋代	莫高窟第234窟 宋代	東千仏洞第7窟 西夏
観音	右手	与願印	与願印 頭上に化仏（左右手共通）	開敷蓮華	開敷蓮華	開敷蓮華	頭上に化仏	不明	宝冠に化仏
	左手	蓮華	蓮華	欠損	第1・2指が捻ずる	腹前に置く	左右手は不明	不明	右手は与願印、左手は未敷蓮華
金剛手	右手	欠損	右膝上に置く	垂下	蓮華上金剛杵	蓮華上金剛杵	蓮華上三鈷杵	不明	頭上に五仏冠
	左手	欠損	三鈷杵	蓮華上三鈷杵	胸前で金剛拳	垂下	不明	不明	右手は金剛杵、左手は腹前に置く
弥勒	右手	蓮蕾 頭上に化塔 鹿皮を付ける（左右手共通）	蓮華上水瓶 頭上に化塔 鹿皮を付ける（左右手共通）	胸前 頭上に化塔 鹿皮を付ける（左右手共通）	不明	蓮華上水瓶	蓮華上に水瓶	胸前に挙げる 頭上に化塔（左右手共通）	頭上に化塔、左手は水瓶
	左手	水瓶	数珠を執る	蓮華上水瓶	不明	安慰印	頭上に化塔	蓮華上に水瓶	右手は施無畏印を結ぶ
虚空蔵	右手	剣	剣	剣	不明	与願印	剣	剣	宝珠を流す
	左手	前方に平出	左膝上に置く	左膝上に置く	不明	剣	不明	左膝前で与願印	胸前で印相を作る
普賢	右手	欠損	三宝蓮	三宝蓮	三宝蓮	三宝蓮	不明	屈臂して手先が欠損	頭上に五仏冠、右手は剣
	左手	欠損	胸前で安慰印	胸前	安慰印	垂下	不明	頭部左側に三宝蓮が現する	垂下させて与願印を結ぶ
文殊	右手	青蓮華	青蓮華	青蓮華	不明	未敷蓮華	不明	右手は与願印、左手は安慰印	与願印
	左手	青蓮華	地面に突く	左膝上に置く	不明	左膝上に置く	不明	頭部左側に青蓮華	蓮華上金剛杵
除蓋障	右手	欠損	梵莢	胸前	蓮華上梵莢	垂下	梵莢	梵莢	与願印
	左手	欠損	右膝前に置く	蓮華上梵莢	第1・2指が捻ずる	梵莢	胸前	胸前で安慰印	虎皮宝幢
地蔵	右手	火炎宝珠	蓮華上菱形宝印	腹前	不明	垂下	不明	胸前で安慰印	掌を鉢口に向ける
	左手	腹前に置く	左膝上に置く	蓮華上に菱形宝印	不明	蓮華上宝珠	頭部左側に宝珠	蓮花枝を執る。頭部左側に宝珠	鉢を托す
八供養菩薩		無	香菩薩、塗菩薩 嬉菩薩、鬘菩薩	華、香、燈、甘露菩薩 拳、索、語、愛菩薩	香、華、燈、塗 歌、鬘 香、嬉、華	香、華、燈、塗 舞、歌 香、華、燈、塗 嬉、鬘	香、華、燈、塗 嬉、鬘、歌、舞	嬉、鬘、歌、舞菩薩 香、華、燈、塗菩薩	無

つまり、虚空蔵菩薩像では剣を執る図像がもっとも安定的に見出せる。

普賢菩薩　八例のうち、二例が欠損する。東千仏洞第七窟像は、頭上に化仏を付け、右手は剣を執り、左手は与願印を結ぶ。ほかの五例は、いずれも三宝蓮を持物とする。そのうち、第二三四窟像は菩薩の頭部左側に表わす。

文殊菩薩　図様が不明である莫高窟第一七〇窟と楡林窟第三五窟のほかは、四例が青蓮華を持物とし、一例（楡林窟第三八窟像）は未敷蓮華とする。東千仏洞第七窟像は、右手は与願印を結び、左手は蓮華上金剛杵を執る。

除蓋障菩薩　八例のうち、楡林窟第二五窟が欠損する。東千仏洞第七窟像は、右手は与願印を結び、左手は虎皮宝幢を執る。残りの五例はいずれも梵筴を執る。

地蔵菩薩　八例のうち、楡林窟第三五窟では欠損する。東千仏洞第七窟像は鉢を執る。残りの六例は、持物として菱形宝印か宝珠のどちらかを執っている。莫高窟第一四窟と楡林窟第二〇窟像は菱形宝印を執り、それに対して楡林窟第二五、三八窟、莫高窟第一七〇、二三四窟像では宝珠を持物とする。単独の地蔵菩薩像、或いは観音菩薩と並立する地蔵菩薩像においては、宝珠を執る像が多いので、雑密図像に影響されたものと思われる。

注

（1）　季羨林主編『敦煌学大辞典』（上海辞書出版社、一九九八年）九―一〇頁。また、段文傑『唐代後期的莫高窟芸術』は、中唐時代に盛唐時代の未完成窟を十八完成させ、また四十八の窟を新たに開鑿、総計六十六窟を造営したとする（『敦煌石窟芸術論集』一九七頁、甘粛人民出版社、一九八八年）。

（2）楡林窟の創建年代については、『敦煌学大辞典』では開鑿年代は定かではないが、現存する最古の石窟は唐代であるとされている。しかし、唐代のどの時期に創建されたかは明らかにされていない。また、向達氏の『莫高・楡林二窟雑考』は、「楡林窟の創建年代は、莫高窟の創建年代よりさほど遠くない」とする（『文物参考資料』第二巻第五期、一九五一年）。しかし、筆者の調査では、初唐時代と判断される壁画はほとんどなく、塑像もいずれも後代に重修されている。塑像の頭光、身光、衣飾などをよく観察すると、初唐時代に創建され後代に重修された窟は十数窟にのぼるが、それ以前の石窟は発見できない。

（3）筆者の調査では、十一面観音、不空羂索観音、如意輪観音、千手千眼観音の四つの経変は総計二三六幅ある。

（4）純正密教の作例としては、楡林窟第三窟、東千仏洞第五窟から、西夏時代に描かれた金剛界曼荼羅が確認できる。また、蔵経洞より発見された絹本仏画についての研究は、田中公明『敦煌　密教の美術』（法蔵館、二〇〇〇年）を参照されたい。

（5）敦煌文物研究所編『敦煌莫高窟内容総録』（文物出版社、一九八二年）五八頁。

（6）前掲注5敦煌文物研究所編書、八一―八二頁。

（7）供養者名は「施主沙州工匠都勾當画院使帰義軍節度使押衙銀青光録大夫検校太子賓客竺保一心供養」、「節度使押衙知画手銀青光録大夫検校太子賓客武保琳一心供養」とある。

（8）東壁北側において、先頭に描かれた女供養者像には「施主小娘子陰氏田息翟一心供養」との題名があり、その後ろの男児に「長男□子一心供養」という銘文がある。観音菩薩は遊戯坐の坐勢で坐り、首をやや右側に傾げて、両手は胸前で金剛杵と金剛鈴を執る仕種であるが、残念ながら持物は剥落してしまった。

（9）画面はほぼ完全に剥落してしまったが、残りの画面からいえば、東壁南側は東壁北側の五方仏と同じ構成である。

（10）五代の楡林窟は、莫高窟ほどには大型石窟の造営は無かったようだが、前述した第二五、二〇、三五窟のように、莫高窟以上に密教題材の石窟造営を好んでいたようである。莫高窟における観無量寿経変、阿弥陀経変などについては、本尊となる阿弥陀仏は必ず転法輪印を結んでいるのだが、楡林窟においては、本窟の北壁に描かれた観無量寿経変の阿弥陀仏は禅定印を結んでおり、明らかに密教に影響されたものである。

（11）『大正蔵』巻第一八、二七〇頁。

（12）張伯元「東千仏洞調査簡記」によれば、本窟は東に坐し西に向いている。また、奥壁に描かれた八大菩薩像については、説法図一鋪、その両側にそれぞれ一菩薩を描くとする。
（13）未完成の模写図である。本模写図は、甘粛省西北師範大学美術学院王宏恩教授と大学院生たちが模写しているところを筆者が撮影したもので、本論文の図版として使用させていただけることに感謝する。
（14）不空訳『八大菩薩曼荼羅経』、『大正蔵』第二〇巻、六七五頁。
（15）『敦煌宝藏』第一三二冊、台湾新文豊出版社。
（16）田中公明「金剛峻経とチベット仏教」（『敦煌　密教と美術』所収。法蔵館、二〇〇〇年）二〇七頁。
（17）『仏説解説大辞典』第三巻、三五三―三五四頁。

図版出典一覧

図1、2、3、4敦煌研究院考古研究所趙蓉氏作図
図5、6、9、10、15著者作図
図7、8『中国石窟　安西楡林窟』（平凡社・文物出版社、一九九〇年）図88
図11、12、13、14　著者撮影

弥勒仏像の諸相と「仏教」の流伝
――四川地域の造像を例に

肥田路美

はじめに

仏教が生んだ多くの尊格のなかでも、弥勒は特殊な存在である。釈迦から授記を受け釈迦の後を嗣ぐ菩薩として信仰を集め、さらには未来世に成道し三会の説法を通して衆生を教化救済する如来としても信仰された。それに伴い、菩薩像としても如来像としても造像され礼拝されてきたのである。歴史的な仏陀である釈迦もこれと同様に、成道を遂げた釈迦仏としての造像とは別に出家前の姿で表された釈迦菩薩像の存在が知られるものの、仏伝美術の主人公としての表現やそこから派生したごく限られた造像例があるに過ぎず、弥勒菩薩の造像の広汎な流行とは比較にならない。

弥勒に対する信仰の起源や性格については、弥勒経典の文献的研究に先鞭をつけた松本文三郎による明治四十三年の『弥勒浄土論』(1)以来、多くの研究の蓄積がなされている。また、小乗大乗を問わず仏教世界全域に広まった弥勒信仰が生んだ造形は、仏教美術史の分野においてもさまざまな論点を提供してきた。インド、ガンダーラ、中央アジア地域に関する代表的な成果が宮治昭の『涅槃と弥勒の図像学』(2)であり、中国については特に敦煌石窟壁画に百余幅も残る弥勒経変相図が隋代から宋代に至る展開を示して注目され、朝鮮半島や日本の弥勒像に関してはとりわけ半跏思惟形の菩薩像の問題が関心を集めてきた。(3)

弥勒経典は、兜率天上の弥勒菩薩のありさまを説いた上生経（沮渠京声訳『観弥勒菩薩上生兜率天経』）も、弥勒仏が出世する未来世のありさまを詳述した一連の下生経（鳩摩羅什訳『弥勒下生成仏経』、同『弥勒大成仏経』など）も、きわめてヴィジュアルなイメージに満ちていて造形行為に結び付きやすく思われるが、なかでも五十六億万歳の後という遥かな未来世を舞台とする弥勒仏の造像には、特別な含意が推測される。

本研究課題において筆者に課せられたのは、長く現地調査をおこなってきた中国四川地域（四川省および重慶市を含む古の巴蜀地域を以下称する）の石刻資料をもとに、「仏教」の流伝の実態やメカニズムについて考察することであった。小稿では、弥勒仏の造像に焦点を当てながらこの問いに対するいくつかの手掛かりを提示したい。

一　茂県出土永明元年銘石像

四川地域は、中国に仏教が伝わって間もない後漢時代から、華北一帯で造像活動が下火になった晩唐、五代、宋時代に至るまで、中心都市である成都をはじめ各地で仏像の制作が活発に継続し、今日も平野部に散在する摩崖造像遺跡に豊富な石造遺例を見ることができる。その現存像のなかで造像銘に尊名を明記する作例を集計してみると[4]、唐一代に限っても最も件数が多いのが観音菩薩（救苦観世音菩薩と記す例が多い）の二十二件、次いで釈迦仏二十件、阿弥陀仏十一件であり、弥勒については僅かに四件[5]を数えるのみである。無論、圧倒的多数の造像は尊名を記さないが、造像全体のおおよその傾向もまた右の通りであったと推測される。

しかしながら、この地域での弥勒仏銘をもつ如来像の出現は比較的早く、五世紀後半に遡る。図1はその四川省茂県出土永明元年（四八三）銘石像（四川博物院所蔵）である。永明とは南朝の斉の年号で、稀少な南朝銘仏像の一つとしてよく知られた作品であるが、出土地が成都市街ではなく岷江を遡った山岳地帯の羌族居住地区であることも、この作品の特異な点である。造像銘は石の右側面に六行に刻む（拓本図版及び実見により筆者翻字。六行目は同じ書体ながら行頭を下げやや細字とする）。

図1　茂県出土永明元年銘弥勒仏像

斉永明元年歳次癸亥七月十五日西涼[曳]比丘釋玄嵩爲帝／主臣王累世師長父母兄弟六親眷属及一切衆生敬／
造无量壽當来弥勒成佛二世尊像願一切
羣生發弘／曠心明信三寶瞿修十善遭遇
慈氏龍華三會聶豫／其昌永去塵結法身
満足廣度一切共成佛道／比丘釋僧成
[操]□値□共成此[功]。

三行目に、無量寿つまり阿弥陀と当来の弥勒の成仏した像を造るとあって、弥勒仏の遺例であることがわかるが、ここで「二世尊像」と記している点に注意しておきたい。

この石像は早く一九二一年に耕作中の農民によって発見された(6)。同時に板瓦が出土したことから寺院址と見られる。ところが、もとは四面に龕像を彫刻した碑像形式であったものを、当時の四川軍閥関係者らが数片に割って国外へ転売しようとした。幸い成都の人士らの知るところとなって水際で阻止されたが、現在も四石に分割された状態で展示されている。このうち、高さ一一六センチ、幅五〇センチ、厚さ一七センチの大きな一石が当初の碑面に当たり、表裏にそれぞれ如来坐像と如来立像が半肉彫で表されている。その立像の右上角に「无量寿佛」の四文字が刻まれていることから、坐像の方が弥勒仏として作られたことがわかる。

弥勒仏坐像は、下段に格狭間を表した方形の台座に結跏趺坐し、右手は胸前で施無畏印をあらわし、左手は与願印とするが第一～第三指を揃え伸ばした刀印のような形を示す。着衣は通肩にまとった袈裟の胸元を大きく寛げ、左肩から右腋に渡る内衣と、結び目を作って袈裟のうえを台座まで垂下する二条の帯紐をあらわす。さらに目立つのが台座に懸け垂らした裳裾の表現である。いったいに本石像は、肉髻・地髪部とも素髪とし、脚部の薄さや膝張りの狭さに比して上体が長いなどの身体比率の拙さが目立ち、裏面の無量寿仏に至っては両耳が欠如するなど、成都市街で出土している南朝銘石像と比較しても朴拙な作ゆきと言わざるを得ないが、裳懸部は非現実的に形式化されているとはいえなかなかに丁寧な彫刻である。

この作品が仏教美術史上重要な点の一つは、表裏の二体の如来像がともに所謂中国式服制で表されていることである。如来像の服制が、インド以来の偏袒右肩式や通肩式から、袈裟の末端を左前膊に掛けて胸元を大きく寛げ恰も左右の領のある士大夫の着衣のように見せかけて、袈裟の下に着けた内衣をのぞかせた中国創案の形式に変化したことは、仏教美術の漢化を端的に示す現象のひとつである。しかし、その成立の事情については、江南王朝下での自然発生的現象とみる説、華北の鮮卑族王朝で漢化政策の一環である服制改革の影響により生まれたとする説、涼州や長安周辺で胚胎し他地域に流伝して発展したとみる説など、さまざまな見解があっていまだ不分明である。(7) そうしたなかにあって、茂県出土のこの石像は、制作年の上でも制作地の上でも大きな問題を投げかける存在である。

まず、本石像が造られた永明元年とは、北魏におけるこの種の中国式服制の流行期はおろか、上記の北魏影響論がその出現の契機とみなしている太和十年（四八六）の孝文帝による服制改革令の発布をも遡る。南北朝後半期を席巻した中国式服制の仏像は北魏朝廷周辺で創案されたとする見解に再考を迫る紀年銘なのである。

しかも、南朝の領内といっても江南でも四川の中心である成都でもなく岷江上流の山間で出土したことが、重要である。一見、きわめて辺鄙な孤絶した土地で偶々発見された感があるが、この茂汶（茂県および汶川県）地区は河西・西域と成都を連絡していた河南道の要所であり、江南と西域との往来においても北朝政権に抑えられた秦隴地域を避けてこの交通路が利用された。南隣の汶川県でも一九八九年に唐代の仁寿寺址の窖蔵坑に埋納された数件の石像が出土したが、(8) それらは成都市街より出土した梁代の紀年銘のある石像と作風や意匠が共通し、あきらかに同時期の作である。永明元年銘石像の銘文にある発願者「西涼[曹]比丘釋玄嵩」を五胡十六国の西涼、あるいは西涼の故地である敦煌や酒泉周辺の出身と解して、本石像を涼州や西安地域からの影響関係の中で位置づける見方があるが、(9) 再考を要しよう。

そこで注目すべきは、この茂汶地区に劉宋・南斉時代に活躍した高僧釈玄暢が仏寺を建立したという慧皎撰『高僧伝』巻八玄暢伝の記事である。玄暢は河西（現在の甘粛省蘭州西北部）の出身で涼州（武威）で出家し、天水麦積山での修禅で有名な釈玄高に弟子入りした。その後、戦乱の中で平城（大同）など華北の地を転々とし、逃れるように劉宋の都揚州（南京）に到り『華厳経』の注釈をおこなうなどして宋の文帝に帰依された。しかしまた朝廷の混乱を避けて荊州長沙寺に移り、やがて西行して成都の大石寺に入った。さてその後について『高僧伝』は次のように記す。

至昇明三年又遊西界観矚岷嶺。乃於岷山郡北部廣陽縣界見齊后山。遂有終焉之志。仍倚巖傍谷結草爲菴。弟子法期見神人乘馬著青單衣。繞山一匝還示造塔之處。以齊建元元年四月二十三日。建刹立寺名曰齊興。正是齊太祖受錫命之辰。天時人事萬里懸合。

ここにいう岷山郡北部の広陽県界とは、まさに茂汶地区に当たる。その「斉后山」なる山の巌に添い谷を傍らにするところに草庵を結び、青い単衣の神人が馬に乗って山を一めぐりし仏塔を造立する場所を示すのを弟子が目にしたことから、仏塔と寺院を建立し「斉興寺」と名づけたという。それが南斉の建元元年（四七九）四月二十三日のこと、すなわちまさに斉の太祖蕭道成が劉宋の順帝から禅譲された日だったという。確かに、『南斉書』高帝本紀下の冒頭に「建元元年夏四月甲午、上即皇帝位於南郊」とあり、ことに同書巻十八の祥瑞志に「益州斉后山、父老相伝、其名亦不知所起。昇明三年、有沙門玄暢於山丘立精舎、其日、太祖受禅日也」という。『高僧伝』で慧皎が「天時と人事とが万里をへだてて合致したのである」と感嘆しているように、この茂汶地区における玄暢の寺院建立は斉太祖の受禅、斉朝の開創の正当を天が嘉した祥瑞という意義をもったのであった。「斉興寺」という寺名はまさしくそのことをストレートに示したものであり、また「斉后山」という山名は斉の版図の後背の地――しかも、祥瑞志や、玄暢伝が引用する玄暢の書状によれば、未だ斉朝成立以前にすでにその名が予兆されていたとする——であることによる。中央から地理的に最も遠いこの西の僻陬は、しかし意識の上でもまた実際の仏教活動の上でも江南の都に直結した地だったのである。

玄暢伝によれば、奏聞を受けた太祖は勅命で広陽県の税役を免じ斉興寺の俸給としたという。玄暢はそののち斉の第二代武帝の招請をうけて再び都に還ったが、本石像の制作の翌年に当たる永明二年（四八四）に卒している。以上のことから、本石像の発願者釈玄嵩は玄暢門下の僧であった可能性が大きく、奉為の対象として列挙された筆頭の「帝主」は言うまでもなく武帝を指している。また、玄嵩の出身をいう「西涼〔曺〕」とは師僧と同じく河西あたりのことかもしれない。しかしながら、だからといって本石像に涼州や西安地域からの影響を想定するのは早計で、玄暢と出身地を同じくして行を共にしたとすれば尚のこと、都建康や長江中流の一大仏教拠点だった荊州との関係にこそ留意すべきである。(10)

もっとも、本石像の作風にはいかにも地方作らしい朴拙さがあり、特に裳懸や衣襞の表現はすでに指摘があるとおり麦積山石窟北魏窟の像に形式的には近い(11)ものの、実際の立体像の情報やその理解を欠いたまま造形せざるを得なかったとみえ、全く不合理な表現に終わっている。おそらく粉本は画像であり、江南か荊州からもたらされたものであった可能性が高い。そうとすれば、弥勒仏と無量寿仏を表裏に配したその主題の選択についても、当地四川での発想であるよりも南朝の中心地域から波及したものとみるのが妥当であろう。

前述したとおり、この石像は両如来像を併せて造立する功徳により、一切の群生が広心を発し弘め、三宝を明らかに信じ、十善を具え修め、慈氏の竜華三会に遭遇し、その昌らかなるものを与摂し、永く塵結を去り法身満足にして、広く一切を度し共に仏道を成さんことを、と願っている。ここでは無量寿仏に固有の願旨は見られないかわりに竜華樹下の弥勒仏の三会説法に遇わんとの願いが明示されており、両尊を造立するものの弥勒仏の方によりウェイトが置かれていたことがうかがえる。それでは、この二仏を一具とした構成にはいかなる意味があったのか。

二　二仏、三仏、四仏構成の意味

永明元年銘碑像では、無量寿仏と弥勒仏を「三世尊像」と称していた。ここから推察されるのは、無量寿仏を西方極楽浄土の仏としてよりも未来世の弥勒仏に対する現在世の仏として、両者を一具としたらしいことである。同様に、弥勒仏を他仏と共に二仏一具とした造像の例として、紀年と弥勒仏銘を有する四川地域の稀少な遺例をもう一件挙げたい。八世紀の盛唐期から五代にかけてが摩崖造像の開鑿のピークだった四川地域にあってはごく早い、初唐の貞観年間の造営にかかる摩崖遺跡が、やはり茂県地区にあり、点将台摩崖造像とよばれている。永明元年銘碑像の出土地から北へ五十余キロほどの地点である。またしてもこの最奥の僻地に造像されたのは偶然ではなく、この地が唐朝が吐蕃と対峙する前哨基地だったからである。

摩崖遺跡は、巨岩の側面に二十一の仏龕が開かれており、うち十五龕に貞観四年（六三〇）の紀年銘が残ることから、同年の九月から十一月の間に集中的に開鑿されたものとわかる。[12] このうち最も規模が大きな第一号龕（図2）は、主尊を倚坐形の如来像とし二比丘二菩薩二力士で構成した七尊龕で、龕外右側に次のような銘文を刻む。

惟大唐貞観四年歳次庚寅九月癸亥／朔十五日丁丑大施主主持節兼翼州諸軍事／翼州刺史上大将軍李玄嗣行治中張仲品／敬造釋迦及弥勒佛二龕助布施主禄事／参軍常詮冑司倉参軍李徳超行司戸参／軍王季札行参軍劉紹

約翼針県令范孝／同丞馮帥才翼水県令席義静丞楊和鸞／左封県令劉保徳丞常白寛如和府統軍宋威／右別将王君相石臼戍副鄭寶賢敬造為法界

ここに名を連ねた発願者らはいずれも、対吐蕃の前線であったこの茂汶地区（銘文中にみえる翼州、翼針県、翼水県、左封県はこの一帯）に赴任した唐の軍政関係者で、点将台摩崖は彼らやその眷属が、或いは数人で、或いは単独で出資して造像したものなのである。同じ人物が複数龕に関わったケースがいくつか見られ、特に如来坐像を主尊とした七尊から成る第六号龕は、この第一号龕の銘文と若干の人名の出入りはあるものの基本的にほぼ同内容である。両龕は隣接していないが、これが双方の銘文中にある釈迦仏龕と弥勒仏龕に当たることは明らかである。けれども願旨については、銘文の末尾が欠如した第一号龕の文辞を六号龕のもので補っても「為法界衆生咸同斯福」というごく常套的な定型句でしか表明されておらず、釈迦と弥勒の組み合わせに何を託したかは判然としない。

ただ、同じ岩面にある第一五龕には次のような興味深い銘文がある。

図2　茂県点将台摩崖造像第1号龕

□□□□□第二式佛第三随葉佛／第四成□拘□□佛第五拘那含／牟尼佛第六迦葉佛第七釋迦文佛／

過去七仏の尊名を羅列しただけのこの銘文は、願旨を含まないうえ龕内は如来坐像の独尊であるため、刻記の趣旨はわからないが、点将台摩崖の発願者らの間に過去仏の系譜やそれに連なる未来仏への関心が強かったことは、これによって窺うことができよう。翻って第一号龕・第六号龕の関係もまた、世代的系列にあるこの両仏に帰依して現世と来世の二世にわたる修功徳としたものとみてよい。

ところで、点将台第一号龕・第六号龕それぞれ倚坐形・結跏趺坐形の主尊のうちどちらを弥勒仏とみるかについては、本摩崖の釈迦仏銘像がいずれも結跏趺坐であるからという消去法的推測によらずとも、倚坐像の方とするのが一般的な理解である。先掲の永明元年銘石像の弥勒仏は結跏趺坐像であったが、南北朝期においては弥勒銘をもつ如来像は立像も少なくなく、試みに松原三郎『中国仏教彫刻史研究』（吉川弘文館、一九六六年）に収録された石窟以外の独立造像によって見ると、坐像の弥勒仏は北魏和平元年（四六〇）銘金銅仏板像以下五件、立像は北魏延興五年銘金銅像以下八件が数えられる。これが隋代になると倚坐形が弥勒仏に採用される例が増え、唐代に至ると弥勒仏像の圧倒的多数が倚坐形となることが広く知られており、敦煌石窟に計九十幅確認される初唐以降の弥勒下生経変[13]の主尊の弥勒仏が例外なく倚坐形であること、龍門石窟の唐代窟で尊名を銘文に明記した倚坐仏は優塡王像を別にすれば弥勒仏に限られることなどが、無銘の倚坐仏像についても弥勒と推定する根拠となっている。ただし、倚坐というやや特殊な形式がこの時期の中国でなぜ弥勒仏に固有の図像として選択的に定着したのかという事情は定かではなく、その解明は弥勒仏像研究の最大の課題である。[14]

ともあれ、倚坐形の如来像を弥勒仏と見たとき、上のような二仏一具の作例だけでなく、三仏一具、四仏一具の作例のほとんどが弥勒仏を含んでいることを、次に問題としたい。こうした構成の場合、独立した雕塑像では長年の間に各尊や配置が入れ替わる可能性があるが、石窟や摩崖造像では当初の構想をそのまま伝えているというのが利点である。ここでは、四川地域のなかでも三仏並坐龕、四仏並坐龕がまとまった件数見られる夾江千仏岩の例を取り上げよう。

図3　夾江千仏岩第89号龕

夾江千仏岩は成都の西南に位置し、岷江の支流である青衣江に面した崖面に大小の仏龕が開かれた摩崖造像遺跡で、文革中に百余龕が破壊されたものの現在なお一六五箇龕が残る[15]。わずかな紀年銘と造像の様式や主題から見ると、造営は開元年間に始まり九世紀に最も盛んにおこなわれたと考えられる。現存する三仏並坐龕は十一件、四仏並坐龕は三件を数える。**図3**は正壁に三体の如来像が並坐した第八九号龕である。いずれも頭部を欠失しているが、倚坐像を中尊とし、左右尊は両手を腹前に置いた結跏趺坐像とする。そのうち左尊は第一指と第二指を捻じた弥陀定印を結ぶが、右尊は両掌を重ねて鉢と思われる持物を載せた形である。同じ構成の龕に第三〇号、第一一四号龕などがある。また、

図4　夾江千仏岩第13号龕

第一三号龕（図4）では倚坐像は左に配して、中尊は腹前に置いた左手に鉢を載せ右手は膝に伏せた結跏趺坐像、そして右尊を弥陀定印を結んだ結跏趺坐像としている。第三三号龕、一一一号龕もこれと同じ構成である。

これらの三仏並坐龕では、三仏それぞれの形式に変化を設けて各々異なる個性を与える工夫がなされている。例えば第一三号龕では、坐像の二体は通肩式の着衣形式とするのに対し、倚坐像は寛げた胸元に内衣を見せる形式としたり、二体の坐仏の台座の意匠に変化をつけて、中尊では裳懸とするのに対し、右尊は三段の仰蓮を見せている。これら三仏の尊格は、指を捻じた阿弥陀仏固有の定印を結ぶ坐仏が阿弥陀仏、倚坐像が弥勒仏とすると、残る鉢を奉持した一尊は釈迦仏か薬師仏とみるのが順当であるが、後述するようにこの夾江千仏岩では薬師仏は鉢と共に錫杖を持つ図像であらあわすため、錫杖の無いこれらは釈迦仏として造られた可能性が高い。では初唐のこの時期において弥勒・阿弥陀・釈迦の三仏一具の組み合わせには、いかなる意味が託されたのか。

そこで参考になるのが、やや年代は下がるが龍門石窟第九六四号龕の開元五年（七一七）の題記である。[16] これは、朝議郎行少府監主簿上柱国である魏牧謙が亡父母のために造像したことを述べるが、まず冒頭で「嘗読仏経云、過去未来見在為三世仏。欲求解脱而不帰依者、未之有也」といい、さらに「於龍門奉先寺北、敬為亡考妣、造阿弥陁像、釈迦无尼像、弥勒像、合為三鋪同在一龕」という。銘文中の三世仏すなわち過去世、現在世、未来世のそれぞれにおける仏たちの存在については、たとえば『法華経』方便品に「聞法歓喜讃、乃至発一言、則為已供養一切三世仏」とあるように、大乗仏教の基本的なビジョンとして早くから意識され、造形としても中国では五世紀の北魏の石窟美術ですでに中心的な主題となっていた。[17]もっとも、三仏で構成された造像には三世仏以外の可能性もあり、西方極楽世界の阿弥陀・東方瑠璃光世界の薬師・娑婆世界の釈迦ないし弥勒という三方の仏国土の主とする解釈、また法身仏・報身仏・応身仏という華厳教思想が反映した三身仏とする場合もあり得る。しかし、唐代の造像銘に主題名として出てくるのは専ら「三世仏」である。四川地域の例では、中尊施無畏印坐仏・左尊定印坐仏・右尊倚坐仏（但しいずれも手は後補）が並坐した巴中南龕第六四号龕に「李朝興三世石像賛」と題した刻銘が見られ、[18]中尊施無畏印坐仏・左尊倚坐仏・右尊弥陀定印坐仏の重慶潼南千仏崖三仏龕には大中七年（八五三）の紀年と「敬造三世佛三身、右弟子□□願平安永為供養」という文言を刻む。[19]

龍門第九六四号龕の像は正壁を施無畏印の倚坐仏とし、左右壁はともに袈裟を通肩に纏った触地印の坐仏とするが、左壁像は相対する右壁像と左右対称になるように通例とは逆の左手を垂らした姿としている。主尊の倚坐仏は弥勒とみてよいため、この龕では未来世の仏を中心に、過去仏・現在仏の阿弥陀と釈迦を左右に配置しているわけである。ただし、どちらが釈迦か阿弥陀かは判然としない。[20]では何を祈願したかというと、魏牧謙造像題記は、亡父母や自身が「以為滅無始世界之罪、憑有為功徳之助」、すなわち過去世以来の罪業を消滅し、世々功徳を積めるよう仏助を頼りにしたいという。このように、三世の仏を造像する意図とは、三世にわたって罪業を消滅することで悪道へ堕することを免れ、現在はもとより未来世に至るまで福徳を得るところにあった。

しかし一方で、四川地域と陝西北部地域の石窟を中心に唐宋時代の三仏図像について多くの作例を集め類型分析をおこなった李静傑氏によれば、唐代の三仏図像は、施無畏印か触地印の釈迦仏[21]、転法輪印か禅定印ないし弥陀定印の阿弥陀仏、倚坐像の弥勒仏、鉢を持った薬師仏を「随意に」組み合わせているという[22]。四川の作例で言えば、釈迦・阿弥陀・薬師（広元皇澤寺第五五号龕〈七世紀前半〉）、釈迦・弥勒・薬師（蓬渓新開寺第四龕〈貞元元年〈七八五〉〉）、阿弥陀・弥勒・薬師（邛崍石笋山第九龕〈八世紀後半〉）などのバリエーションが見られ、そこには何らの約束事も認められない。少なくとも、三世の概念は未来仏たる弥勒があって初めて成り立つのであるから、倚坐像を含まない三仏図像は三世仏への帰依を含意したものではない。

さらに、同じ摩崖造像遺跡に四体の形式の異なる如来像で構成された四仏龕が存在するという事実もまた、三仏図像が必ずしも三世仏を意味しないことを傍証していよう。夾江千仏岩には、九〜十世紀の造営と考えられる第一四、第七二、第七三号龕という三件の四仏龕がある。隣り合った第七二、七三号龕はそれぞれ四仏を並坐させた形式であるのに対し、第一四号龕は四仏のうちの一体のみ立像に作り三仏を並坐させた異例な構成である。**図5**は前二者のうち保存状態がましな第七二号龕であるが、破損箇所をほぼ同形式の像容である七三号龕像で適宜補いながら四仏の特徴を確認すると、向かって左から右手に錫杖——柄は欠失し頭環部のみ見えるが、薬師仏のアトリビュートである[23]——左手は腹前で丸い持物をもち結跏趺坐する薬師仏、弥陀定印で結跏趺坐する阿弥陀仏、倚坐形の弥勒仏、腹前で重ねた両掌に丸い持物を載せた結跏趺坐像を並列している。最後の一体は積極的な根拠があるわけではないが、残る釈迦仏に該当するはずである。ちなみに、阿弥陀仏の頭部から出た二条の光が環形を作りながら発散する表現は、中唐期以降後代まで西方浄土変龕の阿弥陀仏に定型的に見られる表現で、ここではその図像を借用している。また、弥勒仏の台座には六拏具――いわゆるグプタ式背障装飾が表されている。南インドに起源するとされるこの特異な意匠は、中国では七世紀後半頃から弥勒仏像の台座装飾として流行したものであるが、ここでは形式化、便化が進んでおり、いわば弥勒を表す一種の記号的な表現となっている。

図5　夾江千仏岩第72号龕

釈迦、阿弥陀、弥勒、薬師という四仏の組み合わせは、日本では天平二年（七三〇）に完成した興福寺五重塔の初層部の安置仏に採用されていたことが知られている。すなわち、『興福寺流記』所収の「山階流記」に引かれた「宝字記」によれば、塔下には「東方薬師浄土變」「南方釋迦佛土變」「西方阿彌陀浄土變」「北方彌勒浄土變」[24]がそれぞれ種々の群像や荘厳具を伴って設けられていたとする。同じ四仏一具は元興寺などの塔にもあったといわれ[25]、また、それを一つの根拠として法隆寺金堂外陣の四大壁画の主題も同様の四仏に当てて説明されてきた。堂塔内の東西南北四面に各一仏を配置した場合は、「宝字記」にあるように四方の浄土――釈迦の場合のみ浄土といわず仏土と称するのは南贍部洲の娑婆世界を指すからである――という意味合いを想定できるが、夾江千仏岩の四仏並坐龕は文字通り横一列に並列した形式で、ここに四方浄土のビジョンを見るのは難しい。同じ摩崖に少なからぬ数の三仏龕と併存していることからも、三仏龕とは別の構成原理による造像と考えるより、先述の「随意に」組み合わされた三仏龕の拡大版という性格のものと考える方が妥当であろう。釈迦、弥勒、阿弥陀、薬師の四仏の組み合わせはどの経軌にも無く、当時最も広汎に信仰されていた四種の如来を取り合わせたと言う以外ないのである。

三　大仏としての弥勒仏

前章でみた三仏龕の多くや、殊に四仏龕においては、未来仏である弥勒仏の固有性が積極的に問われることはなかったが、弥勒仏を単独で造立した場合は如何であっただろうか。四川地域で造立された独尊の弥勒仏像で最も重要な作が、楽山大仏の通称で知られる凌雲寺の巨大な摩崖像である。楽山は青衣江と大渡河が岷江に注ぎ込む水運の要衝で、その合流点に面した崖を深く穿って総高七一メートルの倚坐仏が造られている（図6）。大仏の右下の崖面に刻まれた『嘉州凌雲寺大仏像記碑』によれば、着工は開元元年（七一三）のこと。九十年の歳月をかけて貞元十九年（八〇三）にようやく完成をみた。[26] この間の経緯、とくに事業の推進者の変遷や大仏造立の目的の変化について詳細に論じた大島幸代氏によれば、発願者である海通禅師の真のねらいは掘削した岩石で水流を変える治水にあり、その大規模な社会事業遂行のために多くの人を結縁させるべく大仏造立という方便を用いたという。[27] 大仏の像高が崖の高さに一致するのは、治水工事ゆえの必然だったわけである。この大仏の尊名については清同治三年編纂『嘉定府志』に収録された上記の碑文には見えないが、近年の報告では碑題に「大弥勒石像記」とあるといい、[28] 南宋の范成大もその紀行『呉船録』に弥勒と記している。[29] 倚坐形であることからも弥勒仏として造立されたことはまず疑いない。

図6　楽山凌雲寺大仏

弥勒仏の造像の顕著な特徴の一つが、中央アジアや中国においてしばしば巨大な法量で作られたことにある。下生の弥勒を大仏として造像する思想的根拠として、宮治昭氏は、弥勒がこの世に現れる時、五穀豊穣で安楽な世界が達成され人々の寿命や身長が大いに伸び、弥勒自身が巨大な姿をとるという弥勒下生信仰が一つの源泉となったと論じている。(30) 宮治氏の指摘によれば、弥勒の身長は『観仏三昧海経』に釈迦仏に十倍する十六丈とあるのをはじめ、鳩摩羅什訳の『弥勒大成仏経』には「身は釈迦牟尼仏より長じ三十二丈なり」といい、更に同じく羅什訳『弥勒下生成仏経』では「身長千尺、胸廣三十丈、面長十二丈四尺」と拡大する。

実際に中国で造立された弥勒大仏で早いものが、江南の剡県石城山（現浙江省新昌県大仏寺）の弥勒像である。造像の着工は南斉の建武中（四九四〜九八）のこと。僧護という当地の僧が発願した事業であった。『高僧伝』巻十三釈僧護伝によれば、石城山の隠岳寺に住していた僧護は、寺北の数十丈の崖壁に仏の光焔の形が見えその上には叢樹が枝を垂らしており、経行するたびに崖壁が輝くので、誓願を発して「十丈の石仏を鐫造し、弥勒千尺の容に擬えて、凡鬩有縁に同じく三会を睹せしめん」としたという。(31)『弥勒下生成仏経』に基づけば真身の弥勒ならば身量千尺であるべきところ、鐫造するのは十分の一の大きさの石仏ではあるが、それを造って人々に竜華三会のありさまを実見させせよう、という願旨はたいへん示唆に富む。つまり、仏像が真仏の代用物に過ぎないことは承知の上で、未来世の弥勒説法の会座を擬似体験しようというのである。もっとも、僧護の事業は着工から年月を経ても面相が彫成できただけで、第二生において宿願を遂げることを臨終に誓って卒したといい、その後、僧淑なる沙門が遺業を継いだが資力が無く未完に終わり、梁朝に至って武帝の勅命をうけた高僧僧祐が、四年がかりで五一六（天監十五）年にようやく完成させたという。以来、ここで遷化した天台智顗をはじめ参拝帰依する者は多く、百尺金容と称揚される一方で度々重修が繰返された。そのため現状は像高約一四メートルの禅定印

坐像であるが、宿白氏は当初像を倚坐形と推測している。(32)

いずれにせよ、僧護の願旨の要点は、竜華樹下——崖面に枝を垂らした叢樹を竜華樹に見立てたのである——の弥勒を大勢の人々と共に目の当たりに見たいというところにあり、そうした直截的な動機こそが、教義とはまた別の次元で摩崖という形式と巨大な法量を採択したと推測されるのである。不特定多数の者たちが共に像の足もとに集まって非日常的なスケールの仏を拝礼するということが、釈迦無き世にあって仏陀の不在を埋め合わせる宗教的体験となり得たのであろう。弥勒仏像の巨大化には、そうした実際的な要因や動機もあったはずである。

四川地域では楽山大仏を筆頭に、像高三六・七メートルの栄県大仏、二二メートルの資陽半月山大仏、一八・五メートルの潼南大仏、一〇メートルの閬中大仏、未完成であるが楽山大仏に匹敵する規模の仁寿大仏など、創建が唐代に遡る倚坐形の摩崖大仏が各地に残るほか、主立った摩崖造像遺跡には中心的な場所にひと際大きな仏龕が穿たれ、これもまた多くの場合弥勒倚坐像が造られている。こうした弥勒仏の造像状況は四川地域に限らないが、大多数が銘文を有さず造像銘の統計的集計には上がってこないという点が、比較的小さな法量が主流である観音菩薩や阿弥陀仏の造像とは一線を画した傾向性といってよい。個々人の発願とは異なる公共的な性格が、弥勒仏像、特に大仏としての弥勒像にはうかがえるのである。

四　大足北山仏湾弥勒下生変相窟

弥勒大仏にみられる公開性あるいは劇場性ともいうべき性格は、実は四川地域の仏教造像に通底する傾向である。(33)この地域の造像の一つの特色が、石窟や摩崖仏龕の正壁、左右壁はもとより天井から床面に至るまで種々の

図7　大足北山仏湾第176窟正壁

モチーフを彫刻した立体的変相図の盛行である。こうした窟龕は特に四川盆地の西部から中部の摩崖を舞台に盛唐・中唐期に発達し、形式化の度合いを強めつつも晩唐五代から宋代まで展開した。それらの主題は時代による推移はあるが西方浄土変、維摩経変、大悲変相、地獄十王図などが主流で、敦煌石窟では百幅を数える弥勒経変は稀である。そうしたなかで大足北山仏湾第一七六号窟（カラー口絵及び図7）は、主題と紀年を明記した造像銘を伴う貴重な弥勒下生変相として知られる。

本窟は間口、奥行きとも約二メートル、窟高約二・六メートル。主尊は高い蓮華座に結跏趺坐する如来像で、右隣の第一七七号窟との間に「本州匠人伏元俊男世能鐫彌／勒泗州大聖時丙午歳題」との刻銘があることから[34]、弥勒と泗州大聖僧伽をそれぞれ主尊とした両窟が一組として北宋靖康元年（一一二六）に造営されたことがわかる。弥勒像は形式化が進み萎縮した印象は否めないが、かわりにひと際目立つのが背後にあらわされた背障である。左右側に彫刻された後脚で立ち上がるヴィヤーラカはひどく矮小化されている一方で、騎乗する童子が肥大化するなどインド由来の意匠がかなり形骸化しているが、前節でも触れたグプタ式背障装飾を踏襲したものである。しかし、本来は椅子の背凭れであるはずの背障が蓮華座に付属するのは不合理で、唐代以来倚坐形の弥勒仏にたびたび表されてきたこの意匠が、坐形であるにもかかわらず弥勒仏の記号的表現として採用されたのだろう。

図8　大足北山仏湾第176窟左壁（部分）

主尊の両側から左右壁にかけては、上下三層にわたって犇めき合うようにさまざまな像や説話的情景が彫刻されている。とりわけ下段には、飲食や剃髪の場面をはじめ、自ら墓に赴く老人、自然に樹木に生じた衣服を獲る者など弥勒下生経の説く未来世の理想世界の情景が展開する。(35) なかでも左右両壁の目立つ位置に彫刻された、半開の門扉の陰に立つ女性の姿（図8）には、誰もが注意を引かれよう。漢代以来墓葬美術の中で繰り返し用いられてきたこの図像は北宋時代には世俗画にも登場するが、弥勒下生経典類には該当する内容が見当たらない。それを敢えて表した意図について、王天祥・李琦両氏は、本窟が開鑿された当時の社会の現実的な情景——科挙受験や金との交戦のために家郷を離れている夫を心配しながら待つ妻——が、文学においても題材とされたように、ここにも反映されたのだという。[36]

また、この窟についての最も大きな疑問は、なぜ隣の一七七窟と対で開鑿されたのかということにある。一七七窟の主尊の泗州大聖僧伽は初唐時代に西域から来朝し景龍四年（七一〇）に長安で入寂した僧であるが、後代に至るほど「神変無方」の救済の威徳力が強調されるようになり、十一面観音の応化身として宋代には絶大な信仰を集めた。この窟にはさらに左壁に宝誌、右壁に萬迴といういずれも同様に観音の応化身といわれた聖僧の像を配している。四川地域にはこの三者を一龕にあらわした例が他に二件知られており、[37]中晩唐期から五代、宋代にかけた聖僧信仰の様子がうかがえるのであるが、そうした主題がなぜ弥勒仏と組み合わされたのか。

これについて馬世長氏は、敦煌蔵経洞から発見された『僧伽和尚欲入涅槃説六度経』と名付ける偽経に注目した。[38]この古写経の内容と性格については牧田諦亮氏の研究に詳しく、それによれば、僧伽は閻浮提に生じて無量の衆生を教化したが、悪業をなす不信の衆生は度することができないため、しばらく入涅槃して身を隠し、弥勒下生の時をまって再び出世して衆生済度しようと説くものである。[39]馬世長氏は「吾与弥勒尊佛同時下生、共坐華城救渡善縁」「吾后与弥勒尊佛下生本国、足踏海水枯渇、遂使諸天龍神八部聖衆、在于東海心中修造化城」といった経文に見られる、僧伽と弥勒仏が同時に下生し共に衆生を救済するという観念が、この北山仏湾の対窟を生んだと論じている。十分に妥当な見解といえよう。

淮水下流に位置する泗州を拠点とした僧伽信仰は、水上交通の要衝であるとともに度重なる甚大な水害に見舞われたこの地ならでは、治水救難の利益が最も強調されるところであったが、上の偽経はそれに加えて、兵乱が競いおこり一切の諸悪が身にせまっても必ず庇護し、天魔、外道、溺水といえども害をなさしめず、悉く安穏依食して極楽の報を受けしめると説く。それのみならず、大旱や疫病にも験あり、財や子宝の施与、科挙及第の祈願まで託されたまさに民衆的現世利益のほとけであった。一七七窟で左脇侍とされた宝誌も同様にあらゆる現世利益の期待を集め、万里を一日で往復したことからその名で呼ばれた右脇侍の萬迴も、行路の無事を祈る対象とされたとみられる(40)。下生の弥勒仏がそうした聖僧たちと同等視されたことを、半開の門扉の陰に立つ女性像が物語っている(41)。

むすび

「仏教文明の東方移動」を文字通り象徴したのが、五世紀初頭の法顕が「大教宣流始自此像。非夫弥勒大士継軌釈迦、孰能令三宝宣通辺人識法(42)」と記し、七世紀の玄奘も「自有此像、法流東派(43)」と述べた陀歴（ダレル）の弥勒大仏であった(44)。インダス川上流のダレル渓谷は、ちょうど中国南朝にとっての茂汶県と同様にインド世界にとって辺境であると同時に外の世界への出入り口に当たる。釈迦の後を継ぐ弥勒という存在があったからこそ仏教は時間的にも空間的にも弘く流伝することができた、というこれらの述懐は、釈迦の遺跡を慕って仏国インドへの道を辿った彼ら後代の中国僧たちにとって、切実な実感であったのだろう。

弥勒仏の造立には、末法観と表裏をなすそうした仏教の永続性への希求や、弥勒仏出世の理想世界を統治する転輪聖王とのイメージの混淆があった一方で、本稿で取り上げた四川地域に残る南北朝時代から北宋時代までの事例においては、それとはまた次元を異にする性格が認められる。ひと言でいえば、現実的、大衆的なあり方である。仏教文明の流伝には、造形美術を駆動力として、より形而下へ大衆化へと向かうベクトルも大きく働いたことが、弥勒仏の造像を通してもうかがえるのである。

注

(1) 松本文三郎『弥勒浄土論』(丙午出版社、一九一一年。平凡社東洋文庫に『弥勒浄土論・極楽浄土論』(二〇〇六年)として再録)。
(2) 宮治昭『涅槃と弥勒の図像学――インドから中央アジアへ』(吉川弘文館、一九九二年)。
(3) 弥勒に関する美術史分野の先行研究は厖大な件数にのぼる。王惠民「弥勒信仰与弥勒図像研究論著目録」(二〇〇八年、敦煌研究院ホームページ掲載)は、中国の著作を中心に主要な二百余編を挙げて有用である。
(4) 造像銘から尊名を抽出するに当たっては以下の出版物を用い、筆者が実査し得たものについては補訂を加えた。胡文和『四川道教仏教石窟芸術』(四川人民出版社、一九九四年)、『大足石刻銘文録』(重慶出版社、一九九九年)、『中国四川唐代摩崖造像――蒲江邛崍地区調査研究報告』(重慶出版社、二〇〇六年)、四川省文物考古研究院『四川安岳臥佛院唐代刻経窟』(天地出版社、二〇〇九年)、『綿陽龕窟――四川綿陽古代造像調査研究報告集』(文物出版社、二〇一〇年)、『巴中石窟内容総録』(巴蜀書社、二〇〇六年)、四川省文物管理局『四川文物志』上冊(巴蜀書社、二〇〇五年)、『広元石窟』(巴蜀書社、二〇〇二年)、広元皇澤寺博物館・成都市文物考古研究所「蒼渓県陽岳寺摩崖石刻造像調査簡報」(『四川文物』二〇〇四年第一期)、四川省文物考古研究院・四川省茂県博物館「四川茂県点将台唐代仏教摩崖造像調査簡報」(『文物』二〇〇六年第二期)。
(5) 弥勒仏という尊名を明記した銘文を伴う現存の摩崖像四件の内訳は、茂県点将台摩崖第一号龕(本文で後掲)、蒲江鶏公樹山第一四号龕(大中五年〈八五一〉銘)、合川龍多山摩崖第九号龕(咸通六年〈八六五〉銘)、蒲江看灯山第二四号龕(咸通七年銘)。
(6) 出土以来の経緯と造像内容については、袁曙光「四川茂汶南斉永明造像碑及有関問題」(『文物』一九九二年二期)参照。
(7) この問題の研究史は小泉惠英「南北朝時代の仏教美術」(『中国国宝展図録』所収、東京国立博物館、二〇〇〇年)に要領よくまとめられている。
(8) 雷玉華・李裕群・羅進勇「四川汶川出土的南朝仏教石造像」(『文物』二〇〇七年第六期)。
(9) 石松日奈子「比丘釈玄嵩造像碑」解説『世界美術大全集東洋編　三国・南北朝』(小学館、二〇〇〇年)四五四頁。山名伸生「吐谷渾と成都の仏像」(『佛教藝術』二一八号、一九九五年)二二頁。また劉長久「四川、重慶石窟造像的歴史発展」（『中国石窟彫塑全集第八巻　四川重慶』重慶出版社、二〇〇〇年）五頁など。

(10)　この時期の伝播経路に関連し、雷玉華氏は前掲注8論文で、茂汶地区出土南朝造像のうちでも双観音像などに見られる濃厚なインド的様式が麦積山石窟の北周造像と親近性を持つことについて、海路建康に伝わった様式が四川に及び、更に西北へ伝播し天水の麦積山へ到ったというルートを想定している。検討に値しよう。

(11)　楊泓「試論南北朝前期仏像服飾的変化」（『考古』一九六三年第六期）、前掲注9山名論文、一三頁など。

(12)　四川省文物考古研究院・四川省茂県博物館「四川茂県点将台唐代仏教摩崖造像調査簡報」（『文物』二〇〇六年第二期）。

(13)　王恵民『燉煌石窟全集6　彌勒經畫巻』（商務印書館、二〇〇二年）一七頁。

(14)　倚坐形の弥勒仏像が流行に至った現象については、南北朝末から隋にかけての時期、それまで盛行していた交脚倚坐の菩薩像に替って並脚倚坐の菩薩像が出現し、それが如来に置き換わるようにして流行が始まったことを、すでに水野清一が指摘している（「倚坐菩薩像について」『東洋史研究』第六巻第一号、一九四〇年）。また、倚坐という姿勢が玉座に坐る世俗の帝王のイメージを伴ったものであることは、弥勒仏が転輪聖王穰佉王の出世を前提として出現し両者がパラレルな性格をもつことと関連しているとされる（宮治昭「弥勒と大仏」前掲注2同書所収、三九七頁。原載『オリエント』三一―二、一九八八年）。しかし、それまで多様な像容で造像されていた弥勒仏が、唐代初頭前後から倚坐形式に一本化されるに至った要因の探索は今後の課題である。

(15)　四川省文物考古研究院・西安美術学院・楽山市文物局・夾江県文物管理所・于春・王婧『夾江千佛岩――四川夾江千佛岩古代摩崖造像考古調査報告』（文物出版社、二〇一二年）。

(16)　この題記については久野美樹『唐代龍門石窟の研究――造形の思想的背景について』（中央公論美術出版、二〇一一年）三三四―三三八頁に詳しい。

(17)　賀世哲「関於敦煌莫高窟的三世仏與三仏造像」（『敦煌研究』一九九四年第二期）。

(18)　程崇勛『巴中石窟』（文物出版社、二〇〇九年）八〇―八一頁。

(19)　李静傑「唐宋時期三仏図像類型分析――以四川、陝北石窟三仏組合彫刻為中心」（『故宮学刊』二〇〇八年総第四輯）。

(20)　一般に、『阿弥陀経』などで十劫の昔に成道したとされる阿弥陀仏を過去仏とし、歴史的仏陀である釈迦を現在仏とすることから、この龕に関しても久野美樹氏（前掲注16）、李静傑氏（前掲注19）は阿弥陀を過去仏、釈迦を現在仏としており、筆者もそれに従う。但し、三世仏の過去仏・現在仏の尊種や配当には教義的規程がなく、阿弥陀を現在仏、釈迦を過去仏に配当することもあった。

(21)　ただし私見によれば、右手を施無畏印とする如来坐像は宝慶寺石仏龕の在銘作例に見るように阿弥陀仏である可能性が大きい。

(22)　前掲注19李論文。ただし、鉢を持つ如来像が必ずしも薬師仏とは決められないのは、前掲の茂県点将台摩崖の釈迦銘、弥勒銘の如来像も鉢と思われる持物をもつ形式であるとおりである。

(23)　薬師仏関係の経軌には錫杖を固有の持物とする記述は無いが、晩唐以降の敦煌壁画では薬師経変の主尊薬師如来は錫杖と鉢を持つ形式が大多数を占める。薬師仏が錫杖を執る意味について濱田瑞美氏は地獄救済と関係があると論じている（濱田瑞美「大足北山仏湾の薬師龕について」『図像学Ⅰ――イメージの成立と伝承（密教・垂迹）』竹林舎、二〇一二年所収）。

(24)　ただし、北面の弥勒浄土変の「彌勒像一軀」については、群像のなかに『弥勒上生経』にしか登場しない牢度跋提が含まれているため、下生の弥勒仏像ではなく兜率天の弥勒菩薩像であった可能性がある。小林裕子「興福寺東金堂・五重塔・西金堂の造営とその意義」（『早稲田大学大学院文学研究科紀要』第五二輯第三分冊、二〇〇七年。同氏『興福寺創建期の研究』中央公論美術出版、二〇一一年）。

(25)　大江親通『七大寺巡礼私記』元興寺条に「安四方浄土之相」とある。

(26)　氣賀澤保規「四川楽山凌雲寺大仏の歴史と現状――世界第一の石仏」（『佛教藝術』一七九、一九八八年）。

(27)　大島幸代「四川省楽山市凌雲寺大仏の造営と左右龕の毘沙門天像について」（『てら　ゆき　めぐれ　大橋一章博士古稀記念美術史論集』中央公論美術出版、二〇一三年所収）。

(28)　魏奕雄「関于新発現的韋皐碑記」（『四川文物』一九九三年第三期）。

(29)　小川環樹訳『呉船録・攬轡録・驂鸞録』（平凡社、二〇〇一年）三〇頁。

(30)　宮治昭「弥勒と大仏」（『オリエント』三一―二、一九八九年、前掲注2同氏書所収）。

(31)　『大正新脩大蔵経』巻五〇、四一二頁上。

(32)　宿白「南朝龕像遺迹初探」（『考古学報』一九八九年第四期）三九七頁。

(33) 肥田路美「四川仏教石刻の性格」（氣賀澤保規編『中国中世仏教石刻の研究』勉誠出版、二〇一三年所収）。

(34)『大足石刻銘文録』（重慶出版社、一九九九年）二七頁。ちなみに大足石刻ではこのように鐫匠すなわち石窟造像の彫工が造像を表明した題記が多く検出できる。

(35) 第一七六窟の図像の詳細については馬世長「大足北山佛湾一七六与一七七窟――一箇奇特題材組合的案例」（『二〇〇五年重慶大足石刻国際学術研討会論文集』文物出版社、二〇〇七年所収）参照。

(36) 王天祥・李琦「也論大足北山一七六与一七七窟：一箇独特題材組合的案例――以〝婦人啓門図〞為中心」（『芸術考古』二〇〇八年第四期）一〇九頁。

(37) 肥田路美「四川省夾江千仏岩の僧伽・宝誌・萬迴三聖龕について」（『早稲田大学大学院文学研究科紀要』第五八輯第三分冊、二〇一二年）。

(38) 前掲注35馬論文、一五頁。

(39) 牧田諦亮「中国における民俗仏教成立の過程　甲編僧伽和尚」（『中国仏教史研究第二』大東出版社、一九八四年所収）四四―四七頁。

(40) 前掲注37肥田論文。

(41) 前掲注36王・李論文、一一〇頁。

(42)『大正新脩大蔵経』巻五一、八五八頁a。

(43)『大正新脩大蔵経』巻五一、八八四頁b。

(44) ダレルの弥勒大仏については前掲注30宮論文に詳しい。

図版出典一覧

図1　『中国国宝展』図録（東京国立博物館、二〇〇〇年）図版一一二

図2　李静傑氏撮影・提供

図3　四川省文物考古研究院ほか編『夾江千佛岩　四川夾江千佛岩古代摩崖造像考古調査報告』（文物出版社、二〇一二年）図版九〇

図４　同上、図版二〇
図５　同上、図版七一
図６　工藤元男編『中国「世界遺産」の旅　第三巻　四川・雲南・チベット』（講談社、二〇〇五年）一一一頁（部分）
図７・８　筆者撮影

長安における北周時代の仏教造像
——紀年銘像を中心に

于　春
翻訳　肥田路美

はじめに

北周は五帝、二十四年間の王朝である。西魏の恭帝三年（五五六）に実権者であった宇文泰が死ぬと翌年宇文護は恭帝を廃し宇文覚（孝閔帝）を帝に立てて国号を周とし、長安に建都した。五七七年には北斉を滅ぼして北方を統一したが、五八一年に楊堅が静帝宇文闡に禅譲を迫り、ここに北周は滅んだ。都城は、漢の長安城、西魏の都城でもあった現在の西安北郊未央区の漢城遺址である。また、建徳三年（五七四）五月には武帝が仏道二教の廃止令を下し、中国史上二度目の法難が起きた。大象元年（五七九）に「初めて仏像及び天尊像を復す」まで仏像の禁断は四年間続いた。

図1　天和五年銘比丘尼馬法先造釈迦像

長安で出土したか早い時期に拾蒐された仏像のうち、北周時代のものは一二〇余件認められる。これは全体の五分の一強に当たる少なくない件数である。そのうち紀年銘を有するものは十九件を数える。本稿ではこれらのうち詳細が確認できない三件を除いた十六件の紀年銘像を取り上げ、造像形式の変化や特徴、銘文内容の分析をおこない、北周時代の長安における造像様式の成立と展開を論じたい。

長安地区で発見された北周の金銅像はごく少なく、紀年銘のあるのは一九七七年に未央区で出土した天和五年（五七〇）銘比丘尼馬法先造釈迦像(1)（図1）の一件だけである。石像については、全体で一二〇余件のうち丸彫像は八十余件、単面造像（仏塔壁面に嵌込んだ板状の浮彫像）二十余件、造像碑九件、背屏式造像が四件ある。紀年銘のあるものは十五件（丸彫七、背屏式四、造像碑四）であるが、ここでは紙幅の関係上、作品名の列記にとどめる。

1　丸彫像

七件の内訳は如来立像三件、菩薩立像二件、菩薩像の台座のみが残存したもの三件である。

保定三年（五六三）銘仏立像(2)（図2）、保定五年（五六五）趙願造観世音像(3)（図3）、保定五年范令造釈迦石像(4)（図4）、天和元年（五六六）台座(5)（図5）、天和五年姚氏造菩薩像台座(6)（図6）、天和六年勢至菩薩像台座(7)（図7）、大象二年（五八〇）張子開造仏立像（図8）。

図3　保定五年趙願造観世音像

図2　保定三年銘仏立像

図5　天和元年台座

図4　保定五年范令造釈迦像

図8　大象二年張子開造仏立像

図6　天和五年姚氏造菩薩像台座

図7　天和六年大勢至菩薩像台座

図10　天和四年夏侯純陀造像碑

図9　武成二年造像碑

図11　天和年間造像碑

図12　建徳三年呂建崇造像碑

図13　周二年造像

図14　保定二年僧賢造像

図15　天和二年□午原造像

図16　建徳二年揚子恭造像

2　造像碑

武成二年（五六〇）造像碑(8)（図9）、天和四年（五六九）夏侯純陀造像碑(9)（図10）、天和年間（五六六〜五七一）造像碑(10)（図11）、建徳三年（五七四）呂建崇造像碑(11)（図12）

3　背屏式造像

周二年（五五八）造像(12)（図13）、保定二年僧賢造像(13)（図14）、天和二年（五六七）□午原造像(14)（図15）、建徳二年揚子恭造像(15)（図16）

一　造像碑の形式上の特徴

北周の紀年銘のある造像碑は件数は多くないが、図像には明らかな時代的特徴があらわれている。すなわち、成熟した一面一龕五層式の構図が出現したこと、線刻の側面形の仏坐像が出現したこと、龕楣の火焔文が退化したことの三点である。

一点目の一面一龕五層式構図の出現について見ると、武成二年造像碑や天和四年夏侯純陀造像碑はいずれも四面に像を彫刻しており、一面に一龕を開き、図様を二重陰刻線で区画して五層に分ける方法が定型となっている。武成二年造像碑の碑陽を例にみると、二重線で碑面を五層に区分し、最上層には植物文様帯、第二層には四つの方格にそれぞれ一坐仏を陰刻、第三層には主尊の龕を配し、龕上に比丘像、龕の両側に力士像をあらわす。第四層は三つの方格を設け左右には二獅子、中央に香炉を作る。最下層にはある故事の情景を彫刻する。また、天和四年夏侯純陀造像碑の碑陰も二重線で上下五層に区分している。

これらに加えて両碑像は以下の共通の特徴を有している。すなわち、四面の龕内の像の組み合わせが、碑陽の主尊は結跏趺坐像、碑陰の主尊は倚坐像でともに立形の脇侍を伴うこと、碑の両側龕内は独尊立像であること、造像銘はいずれも側面下部に配すること、碑面は線刻で図様をぎっしり表すことである。上記の両造像碑のほか、碑林博物館の北周茘非氏造像碑、任闓造像碑も同様の特徴を具える。その構図や様式は非常に統一されており、北周時代の長安に造像碑の統一的な制作規範が存在していたことを示している。

それに対し、建徳三年呂建崇造像碑は北魏の造像碑の伝統的様式を継承している。すなわち碑首、碑身の上部に大龕を開いて仏坐像、二菩薩、四比丘立像、頭部だけ覗いた四比丘、二飛天、二獅子という多くの尊像を彫刻し、銘文は碑陽の下部に刻む。こうした構成は前述の五層式構図とは大いに異なっている。

第二点の側面形の仏坐像の出現については、二件の紀年造像碑に見出せる。天和四年夏侯純陀造像碑の第四層と第五層には各六体の仏坐像を線刻するが、左右各三体は相対するように側面形を示して坐す。仏坐像の面部は青年のようで、交領の内衣を着ており比丘像に似るが、どの像も連珠文の光背と火焔文身光を負い、頭頂には明らかに肉髻がある。両手を腹前で袖内に隠して覆蓮座に結跏趺坐する。長安地区では北周以前にはこうした線刻による側面形仏坐像は見られない。

三点目の宝珠形火焔文の退化については、北周の造像碑の龕楣様式に新たな展開が現れた。北魏以来、円栱龕や凸字形龕の龕楣浮彫は透かし彫り的な宝珠形火焔文だったが、北周に到ると次第に退化して浮彫から線刻に変わった。北魏時代の龕楣における浮彫や透かし彫り的表現の宝珠形火焔文は、視覚的効果が明瞭であった。それに比して、天和四年夏侯純陀造像碑や武成二年造像碑の小龕の龕楣に採用された線刻による火焔文の表現は、視覚効果が弱くなっている。

二　丸彫像の形式上の特徴

北周の丸彫像八十余件のうち、紀年銘のある像には、丸彫の覆蓮方座の大流行、像のプロポーションがずんぐりしていること、連珠文の装飾的光背の増加という三つの明らかな特徴が認められる。

まず覆蓮方座について見ると、これまでに知られている長安の紀年銘像のうちでこの形式の台座の最も早い例は、碑林博物館所蔵西魏大統十二年（五四六）（図17）のものであり、西北地区で出土した北周像では保定元年（五六一）の丸彫像が覆蓮方座としては最も早い。

北周の覆蓮方座では獅子を伴わないもの、[16]獅子二頭を伴うもの、獅子四頭のものの三種類があるが、獅子二頭を伴う形式が大多数を占める。覆蓮と方座の間の框には四角形、八角形、円形のものがあるが、大半は四角形である。比較的法量の大きな像の足下には方形の枘をもった円盤形ないしは仰蓮の小座を造り、それと覆蓮の枘穴とで像と台座とを連結している。

紀年銘像で獅子二頭を伴う覆蓮方座は六件ある。天和五年比丘尼馬法先銘像の台座は、上層は円形仰蓮で蓮弁二段を線刻する。下層は八角形座で中ほどに香炉を頂く童子、両側に各一頭の立形の獅子を浮彫する。獅子の顎下の鬣は両側に靡き、内側の脚は僅かに持ち上がって、歩くさまを表す。

長安の北周紀年銘像には、台座に四頭の獅子を伴う例は見られないが、藍田県水陸庵所蔵の藍田悟真寺遺址出土像に例がある。方形基台の陰刻銘文には「□□□和元年歳／□丙戌五月丁丑／□馮五日辛卯邑／□卅人等敬造／……」とあり、北周天和元年（五六六）がまさに丙戌年にあたる。覆蓮の下は低い円框で、方形基台上に四頭の蹲る獅子を丸彫したものが部分的に残っている（図18）。

このほか、長安出土の周二年（五五八）造像の台座は比較的特殊な形式である。上は腰部を絞った宣字座で、下は仰蓮二段葺きとしており、恰も蓮弁の中から宣字座が起ち上がったような意匠で、長安地区では稀な作例である。

特徴の二点目は、尊像のずんぐりしたプロポーションである。長安地区の北周造像における身体比率はおおよそ二種類ある。一つは頭部と体軀の比率が約一対三から一対四で、明らかに頭が大きく身長が短いもの。一つは比率が約一対五から一対六で比較的均整がとれたもの。ただし、全体的に像の身高と身幅の比例が三対一を超えないため、身体はやはりずんぐりして見えるのである。

図17　西安碑林博物館蔵西魏大統十二年銘台座

図18　藍田悟真寺遺址出土台座

前者の比率の造像は、大多数を占める。例えば保定五年趙願造観世音像は、頭部の高さと体軀の高さの比は一対四弱で、体軀の高さと幅の比は二対一に近いため、典型的なずんぐり体型である。保定五年范令造釈迦像は頭部対体軀が約一対四・五であり、体軀の高さと幅の比は三対一より小さく、肩幅も狭いため、明らかに頭部が大きくみえる。

後者の均整のとれた造像は、比較的少ない。大象二年張子開造像は頭部と体軀の高さの比が一対五を超えており、頸部は長いが三道を刻まず、体軀の高さと幅の比は三対一に近いため、すらりとして見える。

連珠文光背については、北周紀年銘像に三件見られる。天和五年比丘尼馬法先像を例に見ると、内側から順に五弁蓮華の線刻、連珠文、素文帯、連珠文、外縁は火焔文とし焔心を透かし彫りする。保定二年僧賢像、周二年造像の光背もこれと類似している。長安ではすでに北魏時代に連珠文装飾光背が出現し、碑林博物院蔵の長安北郊查家寨出土北魏景明二年（五〇二）四面造像塔の四面の如来像がいずれも連珠文装飾の光背をもつなどの例があるものの、多くはない。それに対して北周時代の光背装飾では、明らかに連珠文が頻繁に見られるようになり、小粒の連珠が界線や縁に多用されている。

三　如来像の様式の特徴

長安の北周如来像は、頭部はいずれも浮彫で螺髪をあらわし、肉髻は一般に底部が広く扁平である。天和五年比丘尼馬法先造像、大象二年張子開造像の肉髻は、典型的な扁平なものではなく比較的高いが、やはり底部が広い。張子開造像の頭部の螺髪は約十三層――地髪部は七層、肉髻部六層にあらわす。

長安の北周如来像の面部の特徴は、顔かたちから方円型と整った顔立ちの二つに分類できる。目鼻立ちはおおよそ、眉目が切れ長なものと、目鼻口が顔の中央に寄ったものの二種類ある。一九七八年に西安北郊の漢城郷中官亭村で出土した仏立像（図19）は、面部が方円で大きく豊満であり、湾曲した眉は細長く、目も切れ長で水平に伸びる。目鼻立ちの幅に対して面部の長さは明らかに太短かく、これに加えて身体の比率も太短く、これを「童子形」と形容する学者が少なくない。

一方の整った顔立ちの例は天和五年比丘尼馬法先銘像で、目は杏仁形を呈し両目の外端は面部と同じ幅で、鼻梁は高く根もとはまっすぐで、鼻の頭はやや尖っている。面部は小さいながら整っており、目鼻立ちは横長である。大象二年張子開造像はやや相違があり、頭部の比例はやや小さく顔立ちは整い、眉は長く弧を描き目は細長く、唇は小ぶりで、目鼻口が比較的中央に寄っており、清秀である。

長安の北周の如来像の着衣形式はいずれも通肩式である。その通肩式にも二種類の型があり、大衣を首まわりを詰めて纏った形と、胸元を寛げたいわゆる双領下垂式であるが、前者の形式が主である。衣文の表現では内衣の縁を外に翻す一種特殊な図像が出現した。衣文の彫刻にも陰刻と浮彫の二種類が見られる。法量の比較的小さな如来像の衣文では一般に線刻による表現を採用し、法量が大きな像では浅浮彫で稜線を凸起させるものが多い。

図19　漢城郷中官亭村出土仏立像

まず、襟もとを詰めた着衣形式の場合、衣文の表現には主に三種類――U字形衣文、縦向きの半裁のU字形衣文、半U字形を左右互い違いに交差させた形の衣文――が見られる。武成二年造像碑の主尊坐仏は懸裳に並行の三条のU字形衣文を刻んでおり、大衣の胸部のU字形衣文と相呼応している。碑の左側面にある龕内の立仏の衣文もこれと類似し、両腿部に五条の交差した半U字形衣文をあらわす。これによりU字形衣文、半U字交差衣文は遅くも武成二年（五六〇）にはすでに長安に出現していたことがわかる。

保定二年僧賢造如来像は大衣を首まわりを詰めた通肩に纏い、衣文は左胸から右腋下へ斜めの弧線の半U字形を呈す。袈裟の衣文は相当に簡略で、膝頭では衣文をつくらない。大象二年張子開造像も同じ着衣形式で、胸元は長U字形を呈し、上半身には五条、両腿では四条のU字形衣文をあらわす。保定三年銘仏立像の通肩式大衣もまた、上体は五条、両腿は各四条のU字形衣文をあらわし、衣文線の数は大象二年張子開造像と共通する。

図20　西安出土無銘像

一方、後者の双領下垂式の作例については、大象二年張子開造像と同時に出土した仏像がこの着衣形式である。この像は通高一一六センチ、上体に斜めに内衣を着け腰帯を締めて大衣上に垂らす（図20）。大衣は右肩から身体の前をめぐって左臂の後ろに懸け左手で衣端を握る。腹と腿に四条の斜め向き弧線の衣文をあらわす。注意に値するのは、下垂した腰帯の末端が三角形を呈し、各々一小円球形が付いていることである。この種の垂帯の様式は北周以前の長安造像には見られない。

長安の北周像の衣文で特殊なのは胸前で外へ折り返されて賑やかに垂れる衣縁の表現である。周二年（五五八）造像の内衣の様式のように、右肩から左脇下へ到る衣縁が外へ折り返されて下垂しており、その表現は台座を覆う袈裟の衣文に類似している。西安北郊の草灘李家村出土の十七件の白石浮彫造像のうち、一体の仏坐像（図21）の衣文がこれとよく似ている。臨潼博物館所蔵の北周仏立像（図22）もまたこれに類似する衣文が見られる。こう

図22　臨潼博物館所蔵仏立像

図21　草灘李家村出土白石造像

した衣文様式は北周以前の造像には見られない。

法量が大きな大象二年張子開造像と同時に出土した四体の立仏の浅浮彫の衣文は、単線による方式を採用している。碑林博物館所蔵の北周の石造仏立像では、三体が紐二条で成るような形状の衣文、つまり二本の陽刻線で一条の衣文を形作る方式である。この種の表現は比較的特殊で長安地区でも多くは見られない。天和五年比丘尼馬法先造像の衣文も特殊で、毎組の衣文は一本の浅浮彫の凸起と一本の陰刻線で組成している。

また、保定三年銘仏立像は左手に宝珠を持ち、右手は欠損する。これは現存する長安の北周造像中で唯一の宝珠を奉持した仏立像であるが、銘文ではその尊格を明確には説明していない。

四　菩薩像の様式の特徴

北周の紀年菩薩像の身体比率はおおよそ二種類ある。第一類は頭部が大きく身体が太短く平板で、如来像におけるずんぐりした様式と近似しているもの。第二類は身体比率が整っており頗る肉感的なものである。

第一類は保定五年趙願造観世音像が例となる。頭部と身体の高さの比率は約一対四で、頸は短く三道がない。身体の高さと幅の比率は約二対一で、典型的な短軀である。身体は完全に衣と装飾で覆われ、腹はやや膨らむが体軀は平板である。第二類は天和四年夏侯純陀造像碑陰の龕内の浮彫菩薩像が例である。その頭部と身体の比率は整い、上体は裸形で腹部はまるく膨らむ。両側の脇侍菩薩もまた上体を裸形とし腹部を突出し肉感的である。長安ではこれより早い同類の菩薩像は未だ発見されておらず、それと第一類の菩薩様式との隔たりは大きい。

菩薩の面部の特徴的表現は顔の形と目鼻口の位置にある。顔の形は二種類あり、一つは方円形、一つは縦長楕円形である。目鼻立ちにも二種類あり、一つは目鼻口が顔の中央に寄ったもの、一つは分布が整い目が切れ長なものである。西安に現存する菩薩像頭部のうち、二十件近くは北周時期のものと認められ、その顔の形と目鼻の分布の特徴は大体前述のとおりである。筆者は、顔の形が方円で目が切れ長のものが北周の長安地区に特有な菩薩像の特徴と考える。

北周の菩薩像の衣や装身具は、およそ二種に分類できる。第一類は衣が繁縟で身体を覆い、瓔珞が華麗なもの。第二類は衣が簡略で肉身が露出し、瓔珞は無く、僅かに頸飾だけつけるものである。第一類の像では保定二年僧賢造像の脇侍菩薩のように、上体には左肩から右腋下に斜めに内衣をわたし、肩に天衣を掛けて臂にまとい、下半身には長裙をつける。胸前に頸飾をつけ肩から瓔珞をさげ、瓔珞はX字形を成し、両膝の間に団花装飾を垂らす。第二類は天和四年夏侯純造像碑の碑陰龕内の三尊菩薩像が例である。いずれも上体は裸形で天衣を肩に懸け、裙を着ける。三尊とも瓔珞をつけず、わずかに主尊のみ頸飾を着ける。こうした風格と長安の北魏・西魏の菩薩像の差異は甚だ大きい。

このほか、保定二年僧賢造像の左菩薩は、腰部の裙の上縁の衣文が特殊で、右が高く左が低く、裙の縁が外へ翻り衣襞が明瞭である。これは北周以前の菩薩像に見られず、長安の隋代の菩薩像に多く見出せるものである。

五　紀年銘の内容

造像主のうち、邑義によるものは僅かに保定二年僧賢像の一件のみであり、「合諸邑義一百人等」という文言や僧官「都維那」の名がみえる。造像主の段氏は北周の大姓の一つである。この像は規模は小さいが発願文は厳謹で北魏以来の長安造像の風格を踏襲しており、邑義制度がこの時期になお行われていたこともわかる。比丘尼による造像としては、比丘尼馬法先の金銅仏像が唯一の長安地区の北周造像であるが、法量は小さくなく作行きは精美で、この尼の教団における地位が低くないことがうかがえる。耀県薬王山碑林所蔵北周武成元年（五五九）絳阿魯造像碑では、碑陰の題記に「比丘尼法姫」とあり、その後にさらに「比丘尼僧輝、比丘尼僧思」など供養者である比丘尼と比丘の名前が共に列ねられている。北周の正史『周書』によれば、北周の帝后で出家して尼僧になったものは九人を数え、北周時代に、帝后が出家して長安の比丘尼僧団の首長となったことが長安仏教の発展に一定の推進作用を及ぼした可能性が推測できる。

さて、造像の題材については、紀年銘像のうち八件は銘文に尊名を明記せず、「石像」とするもの三件、「仏像」一件、「像」一件、「石銘」一件で、二件については不詳である。菩薩像であることが明確な四件については、観世音菩薩像一件、大勢至菩薩像一件、弥勒菩薩像一件、失名一件である。如来名をいうものは四件あり、三件が釈迦牟尼像で、のこる一件には「无量」の二字が残存するものの、釈迦像が多数を占めている。

銘文で「奉為」の対象を示すものは十一件あり、「父母」とするものが七件で多数を占める。そのうち「七世父母」とするものが三件、「亡父母」一件、「亡父」一件ある。亡くなった親族を奉為とするもの四件の内訳は「亡父母」「亡父」「亡夫」「亡息」などである。また、「法界衆生」の為とするもの三件、国祚の奉為とするもの二件があり、造像主である夫婦自身の為とするものが一件だけある。北周の紀年造像の奉為対象は主に父母（あるいは七世父母）と亡き親族であることがわかる。

銘文に関してこのほか、建徳二年揚子恭造像銘に「釋迦像壹軀」とあり、「壹」字は長安地区の造像銘で初めて現れた数詞表記である。また、建徳三年呂建崇造像碑に「造浮図三級、石銘壹立、師子乙雙」とあり、「壹」「乙」を「一」として用いている。この表記法は長安では北魏時代から見られる。なお、この銘文中「師子乙雙」とあるのは、獅子を供養対象としたことをいい、やはり初見である。

六　長安地区の北周造像の来源について

長安の北周造像はある面では北魏・西魏以来の特性を継承し、別の面では新たな特徴を出現させた。その新たな要素の出現とは、おおよそ以下のものに由来している。

一　南北朝時代の絵画芸術の影響

北周の長安造像碑の線刻図像の出現には、南北朝時代の顧愷之や陸探微一派の創造した「春蚕吐絲」の線描技法が関係していると思われる。顧・陸一派は「秀骨清像」な南朝士大夫の形象で有名であるが、鍵になる部分の用筆は「陸得其骨（陸探微は其れ骨を得たり）」を基礎とする規範である。規範的な用筆は標準化された描線を生み、これが南北朝時代の線描技術の基礎を定めたのである。長安の北周造像碑の流暢で規律のある陰刻線は疑いなく「春蚕吐絲」の線描技術の反映である。

姚最の『続画品』は張僧繇を評して「善く寺壁を図き群工を超越す」と評述している。張彦遠の『歴代名画記』は「筆わずかに一二にして像已に応ず」といい、また米芾『画史』は「張の筆ける天女宮女の面は短にして艶」と述べている。これらから、張僧繇一派の用筆は簡略で、人物は「面短而艶」であり、西域の凹凸画法の影響を受けて、顧陸の「秀骨清像」を改め「張得其肉（張僧繇は其れ肉を得たり）」的画風を創造したと見てよい。北周長安の仏教造像は北魏晩期の痩身の表現を改め、かわりに面部はふくよかで身体はずんぐりし、衣文は簡略な作風が出現した。これは張僧繇一派の画風と無関係ではなかろう。

漢代の墓葬壁画では人物像は側面形のものが多いが、南北朝時期に到ると側面形人物像はほとんど消失し、斜めからみた半側面、あるいは正面形の人物像がこれに取って替った。半側面像の絵画技法は透視遠近法の問題に関わる。その出現は南北朝時期の絵画技術の重大な展開であり、西域の画風の影響を受けたものである可能性がある。伝顧愷之『洛神賦図』中の人物は多くが半側面像である。筆者の管見の限りでは、北魏や西魏の長安造像にはまだ如来像の半側面像は見られない。北周造像碑の碑陰の線刻図像中、たとえば武成二年造像碑において、如来像の表現に半側面像の技法を用いた初例が見出せる。これらのことから、北周の長安の造像碑は同時期の絵画の影響を受けて如来像の半側面坐像を出現させたと推測される。

二　南北朝時代の社会生活の影響

北朝時期には西北の少数民族がたびたび中原に入り、中原地区の社会や生活習慣に変化をもたらした。これらの「胡化」された生活習慣は北周の長安仏教造像に影響を及ぼしたと考えられる。たとえば格狭間（壼門托泥式）のある牀榻類の流行は、仏像台座の格狭間装飾と直接関係があろう。また、ソグド人の獅子に対する特殊な感情は長安の仏教造像中の獅子像に関係した可能性がある。

長安龍首原付近から、安伽墓、康業墓、史君墓など三基の北周時代のソグド人墓葬と、罽賓国の婆羅門の後裔である李誕之墓が次々に発見された。安伽墓の石榻は七脚で、正面に四脚・三格狭間、背面に三脚・二格狭間、側面に各一格狭間をつくる。正面と側面の格狭間は上辺を連弧形につくり、保定二年僧賢像基台の格狭間に類似している。

河南鄭県の南朝画像石にみられる帳を具えた小型榻座の図像は、六角形でそれぞれの角に柱を立て帳を架し、六脚で六つの格狭間をもつ。格狭間は上辺の中央を直線、その両側を二連弧にあらわし、胴部は張り下辺は直線を為す。この格狭間の様式は天和五年（五七〇）比丘尼馬法先造像の基台の格狭間の形状と一致している。長安地区の北周仏教造像の格狭間装飾は、当時の牀榻類の家具の流行と直接的な関係があると思われる。

ソグド人康業（天和六年卒）の墓から出土した一具の青石製牀榻は、正面に三脚を設け、両側の脚を蹲踞する獅子の形につくる。安伽墓の石造墓門の砧上には一対の獅子を造る。陝西省楡林市靖辺県の北周の曹明の青石造墓門の砧にも蹲踞する一対の獅子がある。ソグド人墓をはじめとする北周の墓葬において、丸彫の獅子像は一つの重要な特色である。北周時代の長安では覆蓮方座に蹲る獅子がたいへん流行した。それ以前の浅浮彫や減底陽刻による獅子が、丸彫技法による表現になってからは、視覚上、獅子を重視する度合いが明らかに増大した。上述の北周墓における丸彫獅子と北周の仏教造像の覆蓮座上の獅子の形態は相似しており、同工異曲といってよい。

建徳三年呂建崇造像碑の発願文に供養対象として「師子乙雙」とあることや、碑林博物館が所蔵する西安出土の北周丸彫獅子の小像数体は、その性質が全く注意されてこなかった。もしかすると、これらの丸彫獅子像と北周仏像における獅子の付加は関係があるのではなかろうか。少なくとも、長安の北周仏像における獅子の付加、獅子の比重の増大と、北周のソグド人墓葬の丸彫獅子像の流行の趨勢は、一致していると推測できる。

三　成都の南朝造像の影響

成都は南北朝時代の重要な宗教造像のひとつの中心であった。長安の北周の大型丸彫像の流行が成都の南朝造像の影響であることは既に論じられており(17)、筆者もまたそれに賛同する。『続高僧伝』巻十六の周京師大追遠寺釈僧実伝に「逮太祖平梁荊后、益州大徳五十余人、各懐経部送像至京。以真諦妙宗、条以問実。既而慧心潜運、南北疏通」とあり、西魏の廃帝二年（五五三）に蜀を平定したのち、成都より経像を送って長安に到った高僧が五十余人の多きに達したという。僧実が益州大徳となり「像を送って」長安に到り、北周の太祖宇文泰と深くよしみを通じたことで「南北疎通」を得たのだった。

管見によれば、長安地区で最も早い螺髪の如来像は北魏景明二年（五〇一）の四面造像塔のうちの一面の龕内に見出せるが、北周以前の長安地区では螺髪の如来像はごく少ない。それに反して、成都万仏寺出土の南朝の仏頭はいずれも螺髪である。長安の北周の如来像における螺髪の様式の源は、成都万仏寺の仏像において流行した

図23　西安碑林博物館所蔵青石製如来立像

如来の螺髪様式である可能性がある。

万仏寺出土造像では、通肩の袈裟の衣文に双線による凸形の勾勒的手法を用いることがどの像にも見られ、衣文が左胸から右下に向かって半裁のU字形を呈する様式も常に見られる。ただ衣文は長安造像よりも更に密集し複雑さを加えている。成都西安路出土の南朝梁太清五年（五五一）阿育王像は、杏仁形の目が馬法先造像と類似している。万仏寺出土像の梁中大同三年（五四八）背屏式造像において多くの人物像が前後に羅列し、菩薩立像は比較的大きく高肉彫で表すのに対し、比丘像は小さく浅い浮彫とすることと、保定二年僧賢造像に用いられる浮彫の高低、すなわち菩薩では高く比丘では低くする手法とは、たいへん近い。このほか、万仏寺出土の背屏式造像に常に見られる頭光の外縁部の連珠文は、北周長安造像の光背装飾の連珠文の流行と相関性があると言えよう。

現存の西安出土の北周造像の中に、成都から直接もたらされた像はあるのだろうか。これは更に追究する必要のある問題である。成都の南朝造像と長安の北周造像の最大の相違は石質にある。四川盆地では砂岩が多く産出され、成都の石像はいずれも砂岩製で彫刻が容易い。長安の北周造像はいずれも石灰岩である。現在の考古発掘から見るかぎり、長安地区ではいまだ砂岩質で南朝様式の像は発見されていない。したがって「益州大徳五十余人、各懐経部送像至京」の時には、嵩張って重い砂岩質の像は未だ持って来られなかったのだろう。

長安の北周の紀年のある如来像と成都万仏寺の南朝如来像の明瞭な相違点は、如来の面部の形である。長安では方円形、万仏寺像では楕円形である。碑林博物館所蔵の二体の北周乃至隋代の青石製大型如来立像（図23）は、面部は比較的長く、微笑を帯び、成都万仏寺の楕円形の如来の面部に相似しており、これは南朝様式の面相に違いない。

四　河北省曲陽の白石像の影響

二十世紀の五十年代に、河北省曲陽修徳寺において二二〇〇余件の北魏から唐代にかけての白石像が発見された。長安で出土した白石像は、曲陽の白石造像の北周長安造像への影響を反映している。

長安の保定二年（五六二）僧賢造像は白石を材料として使用している。主尊の面貌は曲陽の北斉天保五年僧理造思惟像に極めてよく似ている。当該像は比較的幅の広い横長方形の基壇の上に一対の獅子と香炉を浅浮彫しており、これもまた曲陽の白石像によく見られる様式である。

天和年間の白石造像碑は、現在確認できる唯一の紀年のある白石造像碑である。その法量は比較的大きく、碑陽の中部には上下二つの大龕を開き、左右側に対称的に八つの坐仏小龕や獅子や力士などの龕を設けており、武成二年造像碑など典型的な北周の青石製の造像碑の「一面一龕五層式」との違いは大きい。長安出土の北朝白石造像碑は極少なく、管見の限りではこの天和年間の白石造像碑が時代的に最も早いと考えられる。

西安北郊の草灘李家村から出土した十七点の単面白石製造像は一組の特殊な作品で、これ以前の長安地区ではこのように件数の多い同類の単面造像のセットは未だ発見されていない。その垂帳式の龕楣や龕口の装飾、基壇の図様は、いずれも北斉の白石造像の影響を示している。

大象二年張子開造像では銘文に「玉像」を造ったと記す。「玉像」という語句は、長安の北周以前の造像銘ではきわめて稀であるが、曲陽の東魏・北斉時期の白石造像の銘文には頻出し、白石造像を指す語句であることは間違いない。張子開造像は白石ではなく青石製であるにもかかわらずこの語句を用いているのは、像に対して美しく讃えるものであると思われる。

五　洛陽地区からの影響

長安造像の石質は北魏の砂岩から北周の石灰岩へと変化した。これは雲岡石窟の砂岩から龍門石窟の石灰岩への変化を連想させざるを得ない。青石造像は長安での流行である。これは長安北部の耀県、富平一帯での青石の産出を前提とするものであると同時に、成熟した青石彫刻の技術もまた不可欠である。耀県の薬王山碑林と西安碑林は、どちらも少なからぬ北魏時代の仏教・道教の青石造像碑を所蔵しており、その彫刻技術や表現方法は北周の青石造像碑と相当大きな隔たりがある。その中でも突出した格差があるのは武成二年造像碑など長安北周造像碑にみられる陰刻線の図像である。

青石製の陰刻線による早期の作品としては、洛陽地区出土の北魏の石棺、石棺床、石室などの葬具がある。有名な洛陽の北魏正光五年（五二四）の元謐石棺や、孝昌三年（五二七）の寧懋石室などがその例である。つまり、青石陰刻線の技術は、仏教造像碑に応用される前に、洛陽の青石製葬具の主要な装飾技術の一つだったのである。筆者は、長安の北周青石造像碑の陰刻線の技術には、北魏時代の洛陽の石造葬具における陰刻線装飾の流行もまた関係している可能性を推測するものである。

洛陽龍門石窟の北魏窟である普泰洞における涅槃図中の、釈迦が臥す六脚の牀にも、二つの格狭間が表されているし、賓陽洞の維摩詰説法図の維摩詰が坐す榻座にも格狭間がある。長安の北周造像の格狭間図案の源が洛陽地区であることを直接証明する根拠はないが、その可能性を排除することはできない。

このほか、大象二年張子開造仏立像における比較的丈長い身体比率や細い頸、頭部の小さき、目鼻立ちの秀でた特徴もまた、龍門石窟の造像様式との相関性が想定できる。

むすび――廃仏前後

大象二年張子開造仏立像の基台正面には、二百余字の長文の発願文が刻まれている。文に「……佛弟子張子開睹佛法重崇像曰无出内発菩提心念勝果乃鐫鑿名山機匠為七世父母敬造釋迦玉像一区……嵩山可礪心願永懐大象二年七月廿一日建」という。題記中の「仏法重崇」とは、北周武帝による建徳三年の廃仏の後、静帝宇文闡が大象元年に仏教を復興した史実を指している。

前述した十六件の紀年造像のうち、十五件は武帝の建徳三年の廃仏より前に制作されたもので、破仏期間には紀年造像の出土は無い。「仏法重崇」後の造像の初めが「北周五仏」を代表する大象二年の張子開造像である。大型の青石丸彫造像の数量は少なくない。この他、西安碑林博物館所蔵の西安空軍通訊学院の土地から集中的に出土した仏・菩薩像頭部は四十件以上にのぼるが、これらの仏頭の大部分は北周造像の特徴を具えている。文献の記載によれば、出土地は唐の長安城金城坊の楽善尼寺があった所である。楽善尼寺は隋の開皇六年（五八六）に建立されたという。報告によれば、これらの仏頭はまさに意図的に打ち壊されて地下に埋められたもので、集中的に埋められた如来や菩薩の頭部の制作年代は遅くも唐よりは下らず、唐の武宗の会昌五年（八四五）の廃仏運動の中で毀損に遭ったものと推測できる。これによってみれば、唐代の楽善尼寺に奉安された造像の中に整った北周造像が大量に含まれていることは、これらの北周造像が北周武帝の廃仏で壊されたわけではなく、武帝の廃仏後の「仏法重崇」の時期に制作された可能性がたいへん高いことを説明している。これらは北周の仏法重崇後の長安北周造像の代表作としてよい。

これに鑑みれば、筆者は北周武帝の廃仏と静帝の復興を画期として、北周仏像を前後二つの時期に分けて把握するものである。すなわち、建徳三年の破仏前の十五件の北周紀年造像を前期造像とし、大象二年張子開造像と共に出土した「北周五仏」や、隋唐楽善尼寺出土の北周造像を後期造像とする。長安の北周前期の造像は形式が多様で、単体の丸彫像、造像碑、背屏式造像などがあって、南朝、北斉、洛陽、異民族など各方面の造像の特色に由来する要素を具えており、大融合の時代とみなせる。後期の大型青石丸彫像の大流行は、成熟した独特な造像様式を表現している。

北周後期の宣帝、静帝の在位期間は、北周の重臣で隋の開国皇帝である楊堅が朝廷の大権を掌握していた。『隋書』によれば、楊堅の誕生は「以大統七年六月癸丑夜、生高祖（楊堅）于馮翊般若寺。紫気充庭。有尼来自河東、謂皇妣曰、此児所従来甚異。不可于俗間処之。尼将高祖舎于別館。躬自撫養」という。これにより楊堅の出生と成長は寺院の僧尼と密接な関係をもったことが知られ、楊堅本人もまた仏教を篤信していた。ゆえに、北周後期の大型丸彫造像の興隆は、北周の重臣で隋の開国皇帝である楊堅の崇仏と直接の関係がある可能性があろう。「上好む所あらば、下必ずこれを盛んにす」といい、北周後期の大量の大型丸彫造像の出現は、国家の力が仏教信仰を奨励した社会的背景を暗示しており、また隋代の長安造像の繁栄と作風の基礎を定めたものでもあったのである。

注

（1）造像銘「天和五年／三月八日比／丘尼馬法／先爲七世／父母法界／衆生敬造／釋伽牟尼／像一軀供養」。

（2）造像銘「保定三年／歳次癸未／七月癸亥／十五日丁／丑佛弟子／符道洛／爲亡父母／造石像一區」。

（3）造像銘「保定五年／九月廿七日／佛弟子趙／願造觀／世音像一／區」。

（4）造像銘「保定五年／二月廿九／日清信女／范令爲一／切法解（界）衆／生爲亡夫／□景略造／釈迦石像／一區令得成就」。

（5）造像銘「□周天和元□／歳次丙戌五□／丁丑朔十五□／□卯佛弟□□／何洪仰爲□□／□持節車騎□／將軍儀同三司／大都督上村縣／開國子仁敬造／□□石□□□」。

（6）造像銘「□（天）和五年歳次庚／寅二月乙卯朔廿／一日庚子／……／佛弟子姚氏司馬／……／父母敬造菩薩一／區……」。

（7）造像銘「議天官□□／士馬振杜□／女長蘭奉□／父母雕模□／勢至菩薩□／像一軀供□／願□父母□／□長壽四体／調順堅固菩／提心无退其／生生世世□／」、台座基台左側面末尾の刻文「大周天和六年／歳次辛卯一／□五日刊□／」。

（8）造像銘「夫至道□□……／而無功者凝□……／聲絶教家滅……／以顯道諸天……／則與其悲□……／流津□可愛……／使□人是以……／一區上爲皇帝……／爲七世所生師……／属普同此願一……／武成二年歳……／□朔十□日……」。

（9）造像銘「以如来應緣權降舍衛國耀教……／潛化是故弟子夏侯純陀割捨／瓊珍爲忘（亡）父造像一区區願使觀者／悉發菩提心達解法相复願天王／永隆歷劫師徒七世父母一切衆／生合家大小永離盖纏託生兜率／面奉弥勒常聞正法所願如□／天和四年六月十五日造□□」。

（10）造像銘「周天和……無量寿……」。

（11）この造像碑は甘粛省博物館所蔵の北周建徳二年王令猥造像碑に極めて似ている。

（12）造像銘「周二／年八／月十／二日／儀同／拓王／鑠妻／皇甫／清女／敬造／□身／石像／一軀／願恒／直佛／聞法／永離／三塗」。

（13）造像銘「保定二年歳次壬午／八月戊戌朔十二日／巳酉合諸邑義一百／人等廪識身起念脩／造彫木寫容塗金／鑄

玉石佛像一區爲長／延國化永级國祚佛／弟子僧賢香花供養／」、「都維那」、「法起、段退、段武、王世興、段老生、王山松、段文祥、段延、王社」。

(14) 碑林博物館旧蔵。展示キャプションでは唐の元和二年（八〇七）としているが、様式から判断しても北周の天和二年と認められる。造像銘「佛弟子趙慎／清信女王中好／息女郭女賜侍佛／息天貴弁侍佛／」、「天和二年十二月丁卯□四日□午原造弥勒像一區造志」。

(15) 造像銘「建德二年歳／次癸巳四月／十五日正信佛／弟子楊子恭／妻王敬造釋／迦像壹軀□／得成就仰□／四恩王國□／康征夫无□／愿恭夫妻□／生待（侍）佛恒□／正法法界□／□一時成□／」。

(16) 獅子を伴わない作例に、天和元年像台座、天和五年姚氏造像台座の二件がある。また保定五年趙顚造観音像と共に出土した北周仏立像もまた獅子を伴わない覆蓮方座である。

(17) 中国社会科学院考古研究所編・張建峰『古都遺珍――長安城出土的北周仏教造像』（文物出版社、二〇一〇年）、呉葒「北周円雕仏造像及相関問題」（『考古与文物』二〇〇八年第一期）。

図版出典一覧

図1　西安市文物保護考古所編『西安文物精華　仏教造像』（世界図書出版西安公司、二〇一〇年三月第一版）五六頁
図2　岳连建「西安北郊出土的佛教造像及其反映的历史问题」（『考古与文物』二〇〇五年第三期）二七頁
図3　同図1、五四頁。
図4　西安碑林博物館編『西安碑林全集　一〇六巻　造像題記』（広東経済出版社、海天出版社、一九九九年）一二七頁
図5　馬咏鐘「西安北郊出土北周仏造像」（『文博』一九九九年第一期）七一頁。
図6　筆者撮影
図7　同図1、五七頁
図8　西安碑林博物館編『長安仏韻　西安碑林仏教造像芸術』（陝西師範大学出版社、二〇一〇年四月第一版）八六頁
図9　同図8、三〇頁

図10　同図8、三〇頁
図11　同図8、三一頁
図12　同図8、三二頁
図13　同図8、五八頁
図14　同図8、五九頁
図15　同図8、一六三頁
図16　同図4、一三〇頁
図17　筆者撮影
図18　筆者撮影
図19　同図1、六二頁
図20　同図1、九三頁
図21　同図1、七一頁
図22　『世界美術大全集東洋編三三国南北朝』（小学館、二〇〇〇年、図二三二）
図23　同図8、一〇六頁

飛鳥白鳳彫刻と造仏工の系統

大橋一章

はじめに

わが国の造仏工、つまり仏像をつくる工(たくみ)は敏達六年（五七七）の十一月にはじまる。(1) このとき百済の造仏工と造寺工の二人が来日した。わが国でも本格的な伽藍を擁した仏教寺院、すなわち彩色鮮やかな巨大木造建築と金色燦然と輝く丈六の金銅仏をつくることのできる工たちを養成するために、百済は造仏工と造寺工の二人を送ってきたのである。二人の工のもとに弟子入りした見習い造仏工と見習い造寺工が十年の修得期間を経て一人前になると、用明二年（五八七）わが国初の本格的伽藍の飛鳥寺が発願された。

一人前に成長した造仏工たちがわが第一世代の造仏工で、この中に鞍作止利がいたのである。第一世代の造仏工たちは飛鳥寺本尊の丈六金銅仏をつくることが目的であった。鞍作止利たちのつくった仏像は当然ながら百済式仏像で、正面観が強く、現在止利式仏像と呼んでいる。

飛鳥時代には金銅仏のほかにクスノキ像や非止利式仏像もあって、どのような造仏工がつくったものか不明のものも多い。この小論では第一世代の造仏工から第二世代へ、さらに白鳳彫刻をつくっていく私の言うエリート造仏工がどのように登場してくるのか、七世紀の造仏工の系統を検討してみたい。

一　第一世代の造仏工と鞍作止利

推古三十年（六二二）二月二十一日聖徳太子は四十八歳の生涯を終えたが、その一カ月前の正月二十二日に発病し、つづいて王后も発病した。そこで別の王后、王子と諸臣は太子の病気平癒を祈願してつくったのが現法隆寺の金堂の釈迦三尊像（図1）である。太子は発病後一カ月で王后につづいて亡くなったため、釈迦像は当初の病気平癒という目的が不可能となり、光背銘文は、「若し是れ定業にして以て世に背きたまはば、往きて浄土に登り、早く妙果に昇らせたまわむことを」と記す。つまり、太子が発病後一カ月で亡くなると、病気平癒という願意に「若是定業以背世者、往登浄土早昇妙果」が加わったのである。釈迦三尊像の制作は太子の死の時点でどこまで進んでいたかわからないが、完成は翌推古三十一年（六二三）の三月であった。

私見によると、太子が推古十五年に発願していた法隆寺は推古二十三年（六一五）ごろにはまず仏塔（五重塔）が完成し、推古二十七年（六一九）ごろには金堂と本尊が完成していた。(2) この法隆寺が創建法隆寺であり、若草伽藍である。太子の死の三年前の推古二十七年ごろには創建法隆寺の金堂と本尊はすでに完成しており、釈迦三尊像は突発的な太子の発病によって急遽発願制作されたものである。したがって釈迦三尊像は創建法隆寺の本尊ではあり得ないのである。(3)

図1　法隆寺釈迦三尊像

光背銘文に書かれている「王后皇子」の「王后」は多くの先学たちと同じく、蘇我馬子の娘である刀自古郎女であろうから、私は推古三十一年三月に完成した釈迦三尊像は刀自古郎女と王子（山背大兄）が太子と住んでいた斑鳩宮の一画に建つ仏殿に安置されていたと考えている。

太子には釈迦三尊像を発願した刀自古郎女のほかに三人の妃がいた。太子とともに発病しそして太子とともに亡くなった「王后」は膳加多夫古の娘の菩岐岐美郎女、また第一夫人ともいうべき敏達・推古両天皇の娘であった菟道貝鮹皇女、そして四人目が天寿国繡帳の制作を発願した橘大女郎である。太子の発病につづく薨去に際し、亡くなった菩岐岐美郎女以外の刀自古郎女は先述のように病気平癒を祈願して釈迦三尊像をつくり、また橘大女郎も太子の往生したという天寿国の光景を宮中の釆女たちをして、帳二張の上に刺繡で描かせていた。

ならば第一夫人たる菟道貝鮹皇女も何らかの行動を起こしたにちがいない。私は、菟道貝鮹皇女も病気平癒を祈願して現夢殿の救世観音像（図2）を制作し、完成後は住んでいたであろう宮殿の一部に安置していたと推測している。[4]　おそらく制作年代は、太子発病の推古三十年正月二十二日以降のことで、年内には完成していたと考えられる。

このほか法隆寺には戊子年銘（図3）の小振りの釈迦三尊像が伝来している。光背銘によると戊子年、つまり推古三十六年（六二八）に亡き蘇我馬子のためにつくられたものだが、当初どこに安置されたかは不明である。この小像は誰の目にも金堂の釈迦三尊像と同じく止利式仏像に見えるが、釈迦三尊像が厳格な印象を与えるのに対し、この小像からは柔和、穏やかな印象を感じる。小像ゆえに厳しさを表現できず、円やかさが前面に出たとも言えよう。しかしながら、両者これほどの違いが生じるのは同じ止利工房内でつくられたものであっても、作者が異なるからであろう。

釈迦三尊像や救世観音像、戊子年銘像等がつくられた推古朝の後半期に如何ほどの数の造仏工、つまり仏師が活動していたか、正確な数は残念ながらわからない。かつて私は、敏達六年（五七七）来日の百済の造仏工と造寺工のもとに弟子入りしたわが見習い造仏工と見習い造寺工が、十年の修業期間を経て一人前の造仏工と造寺工に成長した用明二年（五八七）に、わが国初の本格的伽藍を擁した飛鳥寺が発願されたことを論じた。(5) そのとき一人前に養成された造仏工はおよそ十人、造寺工は二十人ほどと推測したが、この造仏工は金銅仏をつくる工であった。彼らは得意分野から造形部門の造仏工と鋳造部門の造仏工に分業化していた。その両者の頂点に立ち、

図2　法隆寺夢殿救世観音像

図3　法隆寺戊午年銘像

造仏工たちのリーダーとなったのが鞍作止利であった(6)。

わが国の造仏工たちは百済の造仏工によって養成されていたから、彼らが修得した仏像は言うまでもなく百済の仏像であった。鞍作止利をはじめわが国の造仏工たちが学んだであろう百済の仏像で、等身仏のような大きさのものは現在ほとんど伝わらないが、止利の晩年作の一つが先の釈迦三尊像である。細かな造形上の特色については前稿に譲りたいが(7)、釈迦三尊像は正面観の強い仏像である。すなわち、腕の長さが短縮化され、臀部の厚みも省略されたもので、側面観が不完全と言えよう。止利たちは百済の造仏工から側面観が不完全な分、左右対称の裳懸の表現など正面観の強い彫刻を学んでいたのであろう。習いはじめて四十五年も経ていながら、止利は釈迦三尊像を見るかぎり、正面観照という彫刻の範疇から脱け出すことができず、いつまでたっても当初修得した、つまり丸呑みの状態のままであった。その結果、止利の円熟期を過ぎ晩年ともいうべき時期につくられた釈迦三尊像は、現存する中国南北朝時代および百済期を通じてもっとも美しい良好な仏像でありながら、立体造形における側面観の欠如という百済式仏像を克服できなかったのである。

それでも正面観照という彫刻世界にいながら、もっとも美しい彫刻を目指し、改良改善を試みたため、釈迦三尊像に結実できたのである。釈迦三尊像こそ止利の自己完結そのものであった。

止利以外の第一世代の造仏工たちも、同じく側面観が乏しく正面観の強い百済式仏像の世界から脱け出すことはできなかった。というのも、第一世代の造仏工たちは百済の造仏工がはじめて教示する百済式仏像を、彫刻という立体造形が如何なるものか知らなかったため何ら批判できず、いわば丸呑みの状態で修得していたからである。敏達六年の百済の造仏工への弟子入りから推古三十年に至る四十五年もの期間、第一世代の造仏工たちは百済式仏像をつくりつづけていたのである。その間第一世代の造仏工たちが百済式仏像以外の仏像を受容した形跡はない。

ところで、百済式仏像の源流は中国南朝の仏像であるが、百済の造仏工と造寺工に指導されたわが見習い工たちが一人前に成長した用明二年に飛鳥寺が発願された。飛鳥寺は崇峻元年（五八八）から伽藍設計、杣取、木材の乾燥と加工、整地、地割、基壇づくりがなされ、仏塔（五重塔）は推古元年（五九三）の正月に刹柱を建て、推古四年（五九六）には完成した。ついで中金堂が推古五年から八年（六〇〇）にかけて建立された。この後推古二十二年（六一四）ごろまで、東西両金堂、中門、回廊、講堂の建立がつづく(8)。

飛鳥寺の造営工事半ばの推古八年に、推古政権は中国隋にはじめての使者を派遣した。当時のわが国は百済から仏教文明を供与され、その拠点とも言うべきわが国初の本格的伽藍を擁した飛鳥寺を、それも百済の工人たち（造仏工、造寺工、露盤工、瓦工、画工）の指導のもとに造営中であった。そのような時期に隋に使いを送ったのである。『扶桑略記』によると、蘇我馬子は飛鳥寺の仏塔の地下に仏舎利を埋納したとき、自ら百済の服装を身につけて舎利安置の儀式に臨んだという。このことは馬子が百済から供与された仏教文明は百済のもので、それを今から受容していくという決意の表明と解釈することができる。私は明治の文明開化のころ、鹿鳴館を建て欧米の服装で飾り立てた政府高官たちが西洋のダンスに興じた情景を想い出すのである。(9) 馬子が百済の服装をしてからわずか七年ほどの間に、馬子たちは今現前で繰り広げられている飛鳥寺の建立はもともと百済のものではなく中国のもの、すなわちそれは中国仏教文明であることに気づいたのである。

すると百済を介して中国仏教文明を受容するよりも、直接中国に赴き自らの手で持ち帰ることを考えた。もちろんわが国が当時の東アジアの国際関係における中国重視策を模索した結果、遣隋使の派遣に至ったであろうことは推察できるが、私は百済がわが国に供与した仏教文明は紛れも無く中国のものであることに気づいたため、わが国の外交策は中国重視に転換したと考えている。飛鳥人たちは飛鳥寺の建立を百済の工人から指導されていても事の本質を見抜く力を持っていたのである。

この第一回の遣隋使の帰国については不明であるが、第二回の遣隋使は推古十五年（六〇七）出発、翌十六年帰国、第三回遣隋使は推古十六年（六〇八）出発、翌十七年帰国、そして第四回遣隋使は推古二十二年（六一四）出発、翌二十三年帰国している。はっきりしている第二回、第三回、第四回の遣隋使の帰国時、つまり推古十六年、推古十七年、推古二十三年には、最新の隋の仏像のいくつかが将来されたであろうことは容易に想像がつく。わが国にとっては、百済式仏像につづく第二番目の仏像にあたる隋の仏像の受容については後述したい。

そのころわが国では最初の本格的伽藍を擁した飛鳥寺の造営工事も進捗し、推古十七年（六〇九）四月八日には本尊の丈六釈迦三尊像（現飛鳥大仏）（図4）が開眼された。前年の推古十六年には第二回遣隋使が隋使裴世清等をともなって帰国し、裴世清は完成前の飛鳥寺本尊を奉礼した。第三回遣隋使の帰国時の推古十七年の九月には、飛鳥寺本尊はすでに完成しており、すでに述べたように回廊内の仏塔、中金堂、東西両金堂、中門、回廊も完成し、のこるは回廊北側の講堂だけで、この講堂も第四回遣隋使が帰国する推古二十三年の前年の二十二年には完成していた。

飛鳥寺の発願以来、鞍作止利をリーダーとする十人ほどの第一世代の造仏工たちの目標はあくまで本尊の丈六の金銅釈迦三尊像を制作完成させることであった。とは言え、本格的伽藍を擁した仏教寺院の建立はその後の盛況を考慮すれば、飛鳥寺につづく伽藍の造営に耐え得る工人の数を確保しなければならなかった。敏達六年来日の百済の造仏工と造寺工に弟子入りした、たとえば造仏工の鞍作止利や造寺工の山東漢大費直麻高垢鬼のような第一世代の工人たちが一人前になって飛鳥寺の造営を推進していたころ、第一世代の造仏工や造寺工たちにとっては次なる第二世代の工人たちの育成が現実問題として逼っていたのではなかろうか。第一世代の造仏工たちはまず本尊の雛型を拵え、それをもとに塑土で原型をつくり、さらに鋳型を製作し、鋳込み作業、鍍金とつづけるが、私は第二世代の造仏工の弟子入りは作業量が一段と増える塑土による丈六の原型の制作がはじまるころではないかと考えている。もちろん第二世代ともいうべき造仏工の弟子入りは原則随意であったと思われるが、人手を多く必要としたのは丈六の塑像の原型づくりがはじまるころではなかろうか。

図4　飛鳥寺釈迦如来像

飛鳥寺の建立につづいて発願、造営された寺院に聖徳太子の法隆寺と四天王寺[10]、さらに中宮寺[11]がある。法隆寺は私見によると推古十五年に発願されたが、すでに述べたように仏塔は推古二十三年ごろ完成し、推古二十七年ごろには金堂とその本尊も完成していた。法隆寺の本尊も第一世代の造仏工たちのリーダー格の鞍作止利を中心につくられたのであろうが、この法隆寺つまり創建法隆寺たる若草伽藍は天智九年（六七〇）の四月に雷火のために全焼したから、その本尊も金堂とともに焼失したと思われる。ところが現金堂の釈迦三尊像を創建法隆寺の本尊とみる見解もあるが、その光背銘文、すなわち太子の病気平癒を祈願したという願意を読む限り、先述のごとく創建法隆寺の本尊ではあり得ないのである。

若草伽藍の金堂の規模は現金堂や飛鳥寺の中金堂と同規模というから、飛鳥寺の例からしてこの規模の金堂の本尊は丈六仏が相応しい。等身仏では金堂の内部空間が大きすぎることは、現金堂の内部を見れば一目瞭然である。すなわち等身仏の釈迦三尊像を丈六仏用の大空間内でも見劣りしないように、仏像には大きすぎる巨大な須弥形台座を用意し、さらに天井からはこれも巨大な屋根形天蓋を吊り下げ、上下から釈迦三尊像を包み込む工夫をしているからである。したがって私は、創建法隆寺の若草伽藍の金堂には飛鳥寺と同じく丈六の金銅仏の本尊が安置されていたと推測しているのである。

二　第二世代の造仏工と斉周隋の仏像

私は創建法隆寺の本尊は鞍作止利を中心に第一世代の造仏工たちによってつくられたと推測しているが、ここで飛鳥寺の本尊完成後の造仏工たちの動向について検討してみたい。

先述のように第一世代の造仏工たちは金銅仏をつくることが目的であった。敏達六年（五七七）来日の百済の造仏工の下でわが見習い造仏工たちは育成されたが、やがて頭角を現した鞍作止利を頂点に、その下には塑土を用いて雛型を拵え、それをもとに塑像の原型をつくるまでを担当する造形部門の造仏工と、原型をもとに鋳込のための鋳型づくり、溶銅生産のための溶解炉づくり、仕上げの金鍍金までを担当する鋳造部門の造仏工から構成された造仏グループが出現していた(12)。

この造仏グループがわが国初の本格的伽藍の飛鳥寺本尊の丈六金銅仏の制作に従事したのである。第一世代の造仏工たちは百済の造仏工のもとで修業中に、それぞれの得意分野から造形部門と鋳造部門に分かれることになったが、鞍作止利は両部門に長じていたため、両者を統率するリーダーになったのである。すでに述べたが、飛鳥寺本尊の制作過程で第二世代の造仏工の弟子入りがあったが、彼らも十年ほどの期間を修業して一人前の造仏工に成長したと思われる。もちろん師匠格は止利をはじめとする第一世代の造仏工たちであった。一人前の造仏工になった時期は飛鳥寺の本尊が完成した推古十七年以降、法隆寺金堂の本尊の制作がはじまるころではなかろうか。

第二世代の造仏工が一人前に成長すると造仏工たちの数も増え、鞍作止利以外の第一世代の造仏工をトップに据え、その下に造形部門と鋳造部門の造仏工が控える新たな造仏グループが登場する条件が整ってきた。私は飛鳥寺本尊が完成するまでは一つしかなかった造仏グループが、完成後には三グループほどに増えていたのではないかと推測している。

さて、七、八世紀の飛鳥白鳳彫刻の中で特筆すべきは、鞍作止利たちが修得した金銅仏以外に木彫仏、それもクスノキ像が制作されたことである。もっとも古い時期の制作と考えられるクスノキ像は先述の法隆寺夢殿本尊の救世観音像である。前章で記したように、私は聖徳太子が発病薨去した、推古三十年（六二二）に太子の病気平癒を祈って后の一人菟道貝鮹皇女が発願したと考えているが、多くの先学も指摘しているように、正面観を強く意識した止利式仏像の代表例である。すると鞍作止利の造仏グループには木彫作家もいたことになるが、私は以下のごとく推察している。

推古朝の後半、つまり飛鳥寺の本尊完成後に造仏工の数が増えた結果、三つほどの造仏グループが出現したころ、私はクスノキを素材にした木彫仏の制作がはじまったと推測している。クスノキ像についてはおそらく百済の造仏工が教示したもので、彼は金銅仏専門の造仏工であったが、中国南朝地域でクスノキ像がつくられ、それが百済に将来されていたことを承知していたのであろう。もともと中国南朝地域でインドの檀像の檀木の代用品として長江流域に自生するクスノキが採用され、クスノキ像が登場した。(13)当初のクスノキ像は檀像と同じく素木のままであったが、汚れや経年変色のような劣化が目立つようになると、クスノキの欠点をかくすために制作当初から彩色もしくは漆箔されるようになった。南朝から百済に伝わったクスノキ像はおそらく彩色像と漆箔像であったと思われる。

ところが朝鮮半島にクスノキは分布せず、わずかに百済領であった済州島には自生するが、雨量が少ないため大木、巨木に成長することはないという。こうしてみると百済でクスノキ像がつくられることはなかったが、南朝からの将来像を見て百済では知識としてクスノキ像を理解していたのである。敏達六年来日の造仏工もすでに百済で実見していた彩色像や漆箔像のクスノキ像の存在をわが造仏工たちに、まずは知識として教示したのであろう。その時期としては来日以降ならいつでも機会はあったが、当初は金銅仏の制作修得に専念していたからクスノキ像を教示したのは見習い造仏工が一人前になり、飛鳥寺本尊の制作が進行中のころではなかろうか。朝鮮半島と異なりわが国はクスノキの宝庫といっても過言ではなく、現在でも西日本各地にはクスノキの巨木が分布している。

敏達六年以来金銅仏の制作法の修得に専念していた鞍作止利等の第一世代の造仏工たちもクスノキ像の存在を知ると、クスノキ像に興味を示し、造仏グループが複数出現するころになると、どのグループでもクスノキ像の制作をはじめたのであろう。造仏グループにはリーダーの下に造形部門と鋳造部門の造仏工が配されていたが、第三の部門というべき木彫部門がつくられ、そこに配された木の扱いに慣れた造仏工が造形部門がつくった雛型を手本にしてクスノキ像をつくったと考えられる。というのも仏教伝来の六世紀前半以前にわが古代人たちは、列島に自生するスギ、クスノキ、マキ、ヒノキなどの樹種の特性を熟知し、用途に応じた使い分けを確立していたからである。(14)当初から樹種に熟知した木工関係の工人からの造仏工への弟子入りもあったと思われるが、樹種に慣れた造仏工がいない場合はあらたに木工関係の工人を木彫部門の造仏工として補充し、木彫の造仏工として養成したのであろう。クスノキ像をつくる造仏工はいずれの造仏グループにもいたと考えられる。

ところで、現存する七世紀のクスノキ像はおよそ十二件ある。もっとも古いと思われるものは先述の救世観音像で、これは漆箔仕上げである。また彩色仕上げとしては百済観音（図5）や中宮寺の菩薩半跏像（図6）を挙げることができる。

図5　法隆寺百済観音像

救世観音像は両手を胸前に宝珠を捧げ、両脚をやや開いて直立する。左右の腕から体側に垂下する天衣は正面を向き、鰭状に左右に広がり、さらに裳裾の端も左右対称に広がる。一見して左右対称の造形できわめて正面観の強い彫刻であるため、

図6　中宮寺菩薩半跏像

図7　法隆寺夢殿救世観音像頭部

誰の目にも止利式仏像の一つと映ずる。ところが面部（図7）に注目すると、眉は鼻梁から左右に大きくつりあがり、両目の下瞼はうねりのある輪郭線で立ち上がり気味に彫られ、何かを見つめるかのごときリアルさを呈している。鼻は三角状で大きく、小鼻はふくらみ、柔らか味を感じさせる。口は両端を大きくつり上げ、唇そのものは単調な表現で生命感はないが、両端を大きくつり上げることで、口辺に微妙な凹みと膨らみが生じ、生々しい雰囲気がただよう。目と口唇から受ける印象は気味悪さと言えようか。

側面観は頭部から頸、胸、ウエスト、腹へなだらかな曲線で表され、釈迦三尊像のような角張った表現はない。長い頸をやや前に傾け、両肩を引き腹を心持ち突き出す側面観は柔らかい雰囲気で、まるで生命のある人間が佇む姿である。

このような救世観音は正面観の強い止利式仏像でありながら、釈迦三尊像とは明らかに異なる。

換言すると止利式仏像に何かが加わっているのである。すなわち、第一世代の造仏工は敏達六年以来およそ十年間、百済の造仏工から百済式仏像の制作指導をうけ、やがて一人前の造仏工になると飛鳥寺本尊の制作に邁進していた。この間推古政権は遣隋使の派遣に踏み切り、わが国にも仏像をふくめた隋の文物が将来される可能性が生じた。しかしながらたとえ隋の仏像の将来があっても、飛鳥寺本尊を制作中であった第一世代の造仏工は隋の仏像を受容する余裕はなかったにちがいない。それでは第一世代の造仏工たちは飛鳥寺本尊の完成後には最新の仏像、つまり隋の仏像を受容できたのかというと、私は否定的である。というのも、再三述べてきたように推古三十年制作の釈迦三尊像は正面観の強い彫刻で、そのどこにも隋の仏像を想起させる要素がないからである。

こうしてみると、第一世代の造仏工のリーダーたる鞍作止利は晩年に至っても正面観の強い百済式仏像をつくりつづけていたことになるが、他の第一世代の造仏工たちも同様であったと推測できる。つまり第一世代の造仏工たちは百済式仏像の枠内で活動し、より美しい造形の仏像をつくることに専念していたが、残念ながら新しい隋式仏像を受容してつくることはできなかったのである。

それでは釈迦三尊像と同時期の制作と考えられる救世観音像は、如何なる造仏工がつくったのであろうか。私は第二世代の造仏工、それも樹種の特性を熟知していた造仏工が制作したと考えている。つまり丸呑みで百済式仏像をつくりつづけていた第一世代の造仏工たちは、すでに年齢を重ねて硬直化し、新しい隋の仏像を受容する余裕がなかったのである。これに対し、若い第二世代の造仏工たちは新しい仏像を前に、柔軟に対処できた、つまり新しい仏像を受容できたのである。言うまでもなく第二世代の造仏工は正面観の強い仏像をつくってきた第一世代の造仏工たちに弟子入りしていたから、基本的には百済式仏像を修得していた。そこへ新しい隋の仏像が将来され、彼らはそれを受容したのであるから、正面観の強い止利式仏像に隋式仏像、すなわち未熟とはいえ人体各部の観察と造形がはじまった表現が加わり、救世観音像がつくられたのである。

つぎに法隆寺の百済観音は像高が二一〇・九センチもありながら、伝来については不明な部分が多い。従来、同じく立像の救世観音像と比較しながら説明されてきたが、両者の相違は誰の目にも明らかである。百済観音は止利式仏像のような天衣や裳裾のはしが左右対称にはね上がることはなく、細身で長身、しかも円筒形の体部を裳がしずかに垂下する。両臂から垂れ下がる天衣は幅広く両側面を掩い、先端はうねるように前方に反転する。つまり正面観照の止利式仏像とは異なり、百済観音は側面観照を意識した彫刻なのである。しかも面部は柔らかい表現となっていて、この柔らかさは先の救世観音像にも認められたが、より近いものとしては、中宮寺の菩薩半跏像を挙げることができる。

先ほど私は救世観音像に認められる新しい要素、それは人体各部の観察と造形がはじまる隋の仏像を受容した結果であることを述べたが、百済観音の非止利式要素も中国の仏像から受容したものであろう。

ところで、隋王朝は北周の静帝が楊堅（文帝）に帝位をゆずったことで五八一年に成立した。わが国が盛んに隋に使いを送り、隋の文物を将来するのは建国からおよそ三十年前後のころであった。したがって、隋時代につくられた仏像はおそらく前王朝の北周の仏像の延長上、さらに言えば五七七年に北周に滅ぼされた北斉の仏像をも含めた延長上でつくられたものと考えられる。

こうしてみると、遣隋使が将来した仏像には隋代につくられた最新の仏像はもちろんのこと、北周や北斉の仏像も含まれていたのではなかろうか。その中に側面観の強い仏像があって、それらを受容した第二世代の造仏工で、樹種の特性にも通じていた造仏工がつくったのが百済観音ということになろう。

つぎに法隆寺金堂の四天王像（図8）も彩色仕上げのクスノキ像であるが、百済観音と同じく体側に垂下する天衣が幅広い平面を側面に向け、先端を前方に反転させている。また左右の腕が角度を変えて曲げられていることも百済観音と同じである。しかしながら、体軀に奥行きが生まれ、人体として丸みをましたことは百済観音よりも一層前進している。こうした造形は側面観照を考慮したもので、止利式仏像にはないものである。広目天の光背裏の中央部に「山口大口費」なる刻銘があって、『日本書紀』白雉五年（六五〇）是歳条に、「漢山口直大口、奉レ詔刻二千仏像一」とある「漢山口大口」と同一人と解し、四天王像の制作は白雉元年をそれほど隔たらないころと言われてきた。おそらく山口大口は第二世代の木彫専門の造仏工の一人であったと思われる。

最後に取り挙げたいのは中宮寺の菩薩半跏像で、これも彩色仕上げのクスノキ像である。一見穏やかでプロポーションの良さという新しい要素を持ちながら、平板で堅い褶襞や厳格な雰囲気を醸し出すような止利式仏像の古い要素をもあわせもっている。もっとも柔らかな肉付けといってもそれは裸形の上半身だけで、下半身の半跏の右脚は直線的で硬く、両足の甲は平板で、指も奇妙な形状を呈し、血のかよった肉身とはほど遠い。丸みがあって穏やかに感じる上半身にしても単に曲面に仕上げた結果であって、それでも両腕の肉付けはふっくらとしてリアリティがあるが、胸から腹部にかけては人体のような自然さはない。柔らかで丸みがあると言っても、けっして人体各部の観察と造形が進展する白鳳彫刻ではないのである。

図8　法隆寺金堂四天王広目天像

以上、救世観音像、百済観音、四天王像、菩薩半跏像について種種述べてきたが、いずれもクスノキ像で、救世観音像の漆箔仕上げのほかは彩色仕上げである。鞍作止利のような第一世代の造仏工たちは百済の造仏工のもとで金銅製の百済式仏像の修得に邁進していたから、飛鳥寺本尊の完成前にクスノキを用材とするクスノキ像がつくられることはなかった。飛鳥寺本尊の原型塑像がつくられるころには第二世代の造仏工の入門があり、すでにクスノキ像の存在を承知していた第一世代の造仏工たちは樹種の特性に通じた若者を積極的に集めたと推測される。こうして集められた第二世代の造仏工たちは、当然ながら第一世代の造仏工たちから正面観の強い百済式仏像を修得したのである。しかしながら第二世代の造仏工たちは第一世代より年齢もはるかに若く、それ故に柔軟な頭脳を持っていたため、遣隋使が将来した最新の隋の仏像や、斉周の仏像にいち早く興味を示し受容することができたのである。

こうしてもっとも止利式仏像の影響が強かった造仏グループ、すなわち私の言う三つほどの造仏グループのうち鞍作止利をリーダーとするグループが手掛けたのが救世観音像である。誰もが止利式仏像と認めるが、それでも面部には気味悪さを感じさせるような人体表現、つまり隋式仏像の要素が登場しているのである。

また別の造仏グループには第二世代の造仏工たちが修得した正面観照の止利式仏像を排除して、遣隋使将来の斉周式仏像を受容して、側面観照の百済観音をつくる造仏工たちもいた。従来、先学たちは百済観音の源流を斉周式仏像に求めたが、その好例を見つけることはできなかった。それほど百済観音の造形は特殊で、つまり極端と言えるほどの長身で細身の体軀を呈していて、私は百済観音と類似の仏像を探し出すことは不可能と考えている。おそらくわが第二世代の造仏工は頭部、体部そして蓮肉までを一材でつくることのできる列島自生の巨木のクスノキの用材を入手した結果、目一杯利用して仏像の背丈をのばした長身の百済観音をつくることになったのであろう。つまり、長身という特異な姿の百済観音は巨木クスノキの用材の確保から工夫してつくったものなのである。

第一世代の造仏工たちが生まれてはじめて見る仏像彫刻の修得に挑戦したとき、百済の造仏工の指導のまま、換言すれば丸呑みで受容するしかなかったのに対し、第二世代の造仏工たちは、入門前から中国仏教文明たる飛鳥寺の彩色鮮やかな巨大木造建築を目の当たりにし、仏像彫刻が如何なるものかも承知していたはずだから、余裕をもって修得することができた。この点が第二世代の造仏工と第一世代との大きな差である。してみれば第二世代の造仏工の個個の工夫や改善がやがて芽生え、その結果長身の百済観音に結実したのである。

また従来の止利式仏像の正面観の強い要素と、遣隋使将来の斉周隋式仏像の要素を五分五分にもった仏像が四天王像や菩薩半跏像である。クスノキ像の制作は一般論として、当初は止利式仏像の要素が多く、中国仏像の要素が少ないものから、やがて半々となり、さらに逆転していくという一元的変化を想定する必要は必ずしもない。私は、先述したように飛鳥寺の本尊完成後に三つほどの造仏グループが登場し、中国将来仏を積極的に吸収するグループから消極的なグループまで、さまざまなグループが同時に存在していたと考えている。したがって、止利式仏像の要素が色濃くあるから古く、逆に少ないから新しいというわけでもないのである。

飛鳥時代のわが国の初期造像は第一世代の造仏工の鞍作止利がリードした止利式仏像が主流であったが、樹種の特性に通じた第二世代の造仏工たちが擡頭すると遣隋使が将来した斉周隋の仏像を積極的に受容した結果、止利式仏像のほかに多種多様な特色を持ったクスノキ像がつくられ、飛鳥時代の仏像を豊かにすることになったのである。

この章を終えるにあたって、もともと第一世代の造仏工たちが目指していた金銅仏についても述べておきたい。推古十七年完成の飛鳥寺本尊の丈六の釈迦三尊像（図4）、ついで創建法隆寺（若草伽藍）の本尊丈六仏、推古三十一年完成の釈迦三尊像（図1）等があるが、その他在銘の金銅仏には法隆寺献納御物丙寅年銘半跏像（図9）、

図9　法隆寺献納宝物丙寅年銘像

図10　法隆寺献納宝物辛亥年銘像

法隆寺献納御物辛亥年銘観音像（図10）、観心寺戊午年銘観音像（図11）、野中寺丙寅年銘弥勒像（図12）がある。それぞれの干支は異説もあるが、私見によって記すと御物の丙寅年は推古十四年（六〇六）、同じく御物の辛亥年は孝徳天皇の白雉二年（六五一）、観心寺の戊午年は斉明四年（六五八）、野中寺の丙寅年は天智五年（六六六）に該当する。

　御物丙寅年銘像と野中寺丙寅年銘像はともに半跏思惟像でありながら、彫刻の様式は大きく異なる。前者は吊り上がった切れ長の目と眉が顔一杯につくられ、鼻は両眉から真直ぐにのび、先端をV字状に処理することで小鼻を兼ねる。また両頬の張った顔貌は特徴的ではあるが、血の通う顔には思えない。顔より細い胴体部分も人体観察による造形ではあるまい。四角の台座に垂下する裳の褶襞も下半身から垂れたものには見えず、台座の表面に描いた紋様のごとくである。作者の観察力や造形力は未だしのもので、彫刻としても未熟なものと言えよう。

　一方野中寺の顔は丸くふっくらとして一見して人体に近づいたようだが、胴体は短くプロポーションが悪い。しかし胸部は盛り上がり、腹部とは明らかに分けられ、臂や腕には肉付けが認められ、裳は両脚をゆるやかに包み、台座全体を柔らかく掩っている。頭上には豪華な三面宝冠を載せ、連珠文の織りの裳が下半身を包むのである。同じ干支であっても両者の六十年の差は明白である。野中寺像は先述のクスノキ像とここで述べている在銘金銅仏の中では作者の観察力はもっとも進展したものと言えよう。

　つぎに辛亥年銘像はやや長めの顔に吊り上がり気味の目で、鼻は三角錐状にあらわし小鼻をつくらず、口唇は小さく人中もつくらない。先の御物丙寅年銘像は顔一杯に目と眉を大きくつくっていたが、この辛亥年銘像の目鼻口は無表情につくられ、あたかも仮面のような風情を呈し、作者の人体観察、造形はほとんどなされていない。両腕から体側に垂下する天衣はその平面を正面に向け、鰭状の突起も先端も左右対称に広がる。この天衣の左右対称の表現は洗練された形式美さえ感じる。また頭上の三角宝冠も正面を向き、正面観の強い止利式仏像を辛亥年、つまり六五一年までつくっていた造仏工がいたのである。

図11　観心寺戊午年銘像

図12　野中寺弥勒像

　この辛亥年銘像に対し、観心寺の戊午年銘像は七年後の六五八年の制作であるが、止利式仏像と彫刻の世界が違うことが歴然としている。顔はふっくらと肉付けがされ、人体の一部であることが見て取れる。頸より下の体軀はウエストがややしまるも胸は膨らみ、扁平感はなく、左右の脚の存在が裳を通して認められる。両腕から垂下する左右の天衣は平面を側面に向け、側面観も意識されていて、止利式仏像が百済式仏像によってつくられたのに対し、観心寺像は遣隋使将来の斉周隋の仏像を受容して制作されたのである。

以上、在銘金銅仏を概観すると御物丙寅年銘像がもっとも古様を呈し、飛鳥寺本尊完成の三年前の丙寅年（六〇六）につくられた。敏達六年（五七七）以来百済の造仏工のもとで修業してきた第一世代の造仏工が入門以来二十九年後につくった仏像と解するとあまりに未熟な彫刻といえよう。おそらく飛鳥寺本尊の塑像原型をつくるころに入門した第二世代の造仏工が一人前になる前につくったものではあるまいか。もちろん第二世代の造仏工には樹種の特性に通じクスノキ像を制作したものや、第一世代以来の金銅仏を専門とした造仏工もいたはずで、その中には正面観の強い止利式仏像を辛亥年（六五一）までつくりつづけた造仏工もいたのである。一方、遣隋使が将来した新しい斉周隋の仏像を受容することができた金銅仏専門の第二世代の造仏工がつくった在銘金銅仏が観心寺の戊午年銘像や野中寺の丙寅年銘像であった。

私は以上のクスノキ像や在銘金銅仏はいずれも飛鳥時代の仏像であると考えている。すると一時代一様式とする見解と相容れないことになるが、一時代に多種多様な仏像がつくられた理由については、これまで縷々述べてきたところである。

三　エリート造仏工と白鳳彫刻

白鳳という名称を日本美術史の時代名称として初めて用いたのは建築史の関野貞氏で、明治三十六年（一九〇三）のことであった。[15] それまで仏教伝来から平安遷都までを、推古・天智・天平の三つの時代に分けていたが、関野氏は天智時代は推古時代を受けてようやく発達円熟した天平時代に至るものであるから、その性質は天平時代と大きな相違はない。そこでこの両者を合わせて一時代として寧楽時代と名づけ、その様式手法の如何によって前期・本期もしくは白鳳期・天平期と名づけるべきとしたのである。

関野氏は白鳳時代とはけっして言わないが、白鳳という字形が美しく、快い響きをもつためか、一般には天智時代の名称に取って代わり白鳳時代と称されることとなった。関野氏は寧楽時代の美術は唐朝文化を得て成立したものと解したが、その時代設定は基準作例がなかったため曖昧さがつきまとった。そのため種種見解が発表されてきたが、詳しくは拙稿に譲りたい。[16]

白鳳美術の源流を唐、それも初唐美術に求めることにはほとんど異論はない。私は第一回遣唐使が帰国する舒明四年（六三二）から、在唐留学生がつぎつぎと帰国する舒明十二年（六四〇）ごろまでの九年間を、初唐美術・文化の第Ⅰ期の受容期、また白雉五年（六五四）の第二回遣唐使の帰国から斉明七年（六六一）の第四回遣唐使の帰国までの七年間を初唐美術・文化の第Ⅱ期受容期と考えている。[17]

初唐美術・文化の第Ⅰ期受容期の舒明十一年（六三九）に発願されたのが舒明天皇の百済大寺、つまりわが国第一号の勅願寺であった。百済大寺は初唐美術受容の第Ⅰ期受容期に発願され、第Ⅱ期受容期にはまだ造営中であった。初唐美術がわが国に将来されると、より直接にその恩恵に浴したのは言うまでもなく天皇の宮廷であるから、その宮廷に直結する百済大寺造営集団こそ最先端の初唐美術に真っ先に接することができた唯一の造寺造仏の制作集団であった。したがって天皇家の初の寺院造営のためにあつめられた工人は、当代にあってもっとも優秀な工人であったことは言うまでもない。つまり百済大寺造営集団はもっとも優秀なエリート造仏工とエリート造寺工たちから構成されていたのである。[18]

初唐の建築や仏像が百済大寺造営集団に受容されたことを示す文献史料や仏教美術品は何も現存しない。しかしながら、『大安寺伽藍縁起幷流記資材帳』によると百済大寺には天智天皇奉造請坐と伝える乾漆の丈六仏像と四天王像があったというが、乾漆像はそれまでの飛鳥時代にはなかった仏像である。つまり、百済大寺造営集団の造仏グループは当時にあっては最新の材質である乾漆像をつくっていたのである。乾漆像はいうまでもなく遣唐使将来仏で、その初唐の仏像は写実表現が萌芽したものであった。したがって、現存しない天智奉造請坐の乾漆の丈六仏像と四天王像は写実表現の萌芽をを思わせる仏像では、わが国で最初につくられた初唐彫刻ということになる。

しかし百済大寺の仏像はいずれも伝来しないため、私が白鳳彫刻第一号と主張しても具体的な美術様式を論ずることはできない。百済大寺の完成後、斉明天皇の冥福を祈って天智朝に発願された勅願寺第二号が川原寺である。私はエリート造仏工と造寺工から構成されていた百済大寺造営集団が百済大寺完成後、そのまま川原寺造営集団に移行したと解している。

川原寺の発掘調査報告[19]は、金堂の柱間寸尺の中央間対隅間の比が後の奈良時代の建物に近いこと、尺度が唐尺の範疇にはいること、複弁蓮華文軒丸瓦を用いていることなどから、川原寺の建築は唐建築の影響による寺であったことを示唆している。また昭和四十九年川原寺裏山から塼仏・塑像片・緑釉片等の遺物が多数発掘された。[20]ここで注目したい塼仏と塑像片は作者の人体観察力は前代よりすすみ、同じく人体造形力も増した結果、仏像の肉身各部がはっきり識別されたものとなり、ここに写実表現の仏像が登場したのである。しかしその写実表現は未だ完全ではなく、唐の長安三年（七〇三）の宝慶寺浮彫諸像（図13）のような写実表現が完成した盛唐期の仏像と較べると、川原寺の塼仏や塑像は盛唐美術の前段階、つまり初唐美術の水準と言える。明治の関野氏は初唐美術の影響をうけたのが白鳳美術であるとの見解を発表していたが、白鳳美術は天智朝創立の川原寺造仏に確実に認めることができるのである。

すでに述べたように、百済大寺は舒明十一年に勅願寺第一号として発願されたが、そのころ活動していた造仏工と造寺工はおそらく第二世代が中心で、第三世代の工人もいたとおもわれる。こうした造仏工と造寺工たちから舒明天皇の寺院造営のために選ばれたのは、当然ながらもっとも優秀な工人たちであろうから、先述のように百済大寺造営集団はエリート工人集団であった。

図13　宝慶寺石造如来三尊像

造仏グループにあつめられたのは造形部門の造仏工たちが中心で、そのほか百済大寺ではわが国初となる乾漆像が制作されたため、漆芸に長じた工も加わった。隋の仏像と比較すると初唐の仏像は一段と人体観察と人体造形が進展したものであったから、エリート造仏工たちはよりつくり易い材質として塑土を用いて初唐彫刻を修得したのであろう。さらに言えば、エリート造仏工であればこそ最新の初唐彫刻をいちはやく理解して受容、吸収する能力をも兼ね備えていたのである。百済大寺で乾漆像をつくったのは遣唐使が将来した初唐彫刻が乾漆像であったことから、本尊はわが国初の乾漆丈六仏としたのであろう。しかし漆は貴重品でもあったから、つぎの川原寺では塑像や塼仏をつくったのである。しかし丈六仏としては飛鳥寺本尊のような金銅仏の制作を望んだのではなかろうか。

先述のように、飛鳥寺本尊完成後に登場した三つほどの造仏グループは舒明朝になるとさらに増えて五つほどになっていたのではなかろうか。いずれにも造形部門のほかに、木彫部門、当初からの鋳造部門があったはずで、私は百済大寺の乾漆像完成後に将来の丈六金銅仏の制作に向かって優秀な鋳造部門の造仏工がエリート造仏工のグループに引き抜かれたと考えている。同じころエリート造仏工といっても先述のようにほとんどは造形部門の造仏工であったが、自分たちの後継者の育成をはじめたと思われる。つまりエリート造仏工の第二世代は既成の造仏工からの引き抜きではなく、優秀なる工人が指導すれば優秀なる弟子の登場は確実になるからである。

この鋳造部門のエリート造仏工たちが初唐彫刻を修得し、はじめて完成させた丈六の金銅仏が山田寺講堂の丈六仏像であった。現興福寺国宝館の仏頭である。山田寺は金堂と本尊をつくった後、発願者蘇我倉山田石川麻呂が自殺に追い込まれ造営は中断していた。天武二年（六七三）に石川麻呂の孫娘が天武の皇后（後の持統）になると、山田寺の仏塔と講堂の建立、さらに丈六の金堂仏の制作がはじまった。私は山田寺の天武朝の造営には皇后と石川麻呂の関係からすると、川原寺造営集団のエリート造仏工と造寺工が担当したと考えている。(21)

丸く球形のごとき顔は若々しい印象を受け、誰の目にも人体の一部と見えるが、目、鼻、口、さらに頬から顎まで単調な肉付けである。これが明治の関野氏の言う写実の萌芽であろう。写実の完成と言う天平彫刻の典型が薬師寺金堂の薬師三尊像で、そのはちきれんばかりの肉付けと較べると、仏頭は単調な肉付けに尽きるのである。

これが白鳳彫刻と天平彫刻の違いで、白鳳彫刻が写実の萌芽期の初唐彫刻を学んだ結果である。

山田寺の丈六金銅仏が制作中の天武九年（六八〇）十一月、天武天皇は皇后の病気平癒を祈って薬師寺を発願した。藤原京の右京の地に建てられた現在言うところの本薬師寺である。わが国第三号の勅願寺で、川原寺造営集団を中核とする薬師寺造営集団がつくられた。このころになるとわが国でも律令体制が整備され、薬師寺造営集団は令制に組み込まれて造薬師寺官と称され、私見の造仏グループは造丈六官、造堂塔グループは造塔官と呼ばれた[22]。つまり勅願寺は律令体制の整備とともに律令国家が経済的に管理する官寺に位置づけられ、勅願寺造営集団も天皇家の付置機関から律令体制に組み入れて造寺官としたのである。

こうして薬師寺の本尊は持統二年（六八八）の正月に丈六の金銅仏として完成した。山田寺丈六仏像は天武七年（六七八）十二月四日に鋳造開始、天武十四年（六八五）三月二十五日に開眼供養がおこなわれていて[23]、薬師寺本尊とは制作年代が重なる。勅願寺造営集団の同じエリート造仏工たちがつくった二組の丈六金銅仏が制作年代まで重なっていることからすると、両者はほとんど同じ造形をしていた。換言すれば、今は伝わらない薬師寺本尊の顔はあの仏頭とほとんど変わらなかったことになろう。おそらく川原寺の造営が終わるころ、エリート造仏工の鋳造部門の造仏工たちは第二世代のエリートたちが成長し、ほとんど同時に二組の丈六金銅仏を制作できる人数を確保していたのである。

以上のように、遣唐使将来の初唐彫刻にいちはやく接して理解し、受容吸収できた造仏工は、百済大寺を造営する勅願寺造営集団を構成するエリート造仏工たちであった。優秀な造仏工であった故に最先端美術の初唐彫刻を理解し白鳳彫刻をつくることができたのである。まず百済大寺では白雉三年（六五二）ごろ皇太子中大兄が乾漆像の丈六釈迦像を奉造請坐し、川原寺では塑像の丈六阿弥陀像を、山田寺では金銅仏の丈六阿弥陀像を、薬師

図14　鰐淵寺壬辰年銘金銅仏

寺では同じく金銅仏の薬師像をつくっているのである。勅願寺では材質は変わっても一貫して丈六仏をつくっているが、令制に組み入れられると官寺の造仏グループを造丈六官と称した理由もここにあるのである。こうしてみると白鳳彫刻は勅願寺造営のエリート造仏工が初唐彫刻を範としてつくりはじめ、勅願寺の造立とともに丈六の乾漆像、丈六の塑像、丈六の金銅像と発展させたものである。

ところで、私は旧稿で従来白鳳仏とされてきた法隆寺の夢違観音像と伝橘夫人念持仏、新薬師寺の香薬師像、鶴林寺の観音立像、深大寺の釈迦倚像、また紀年銘のある出雲鰐淵寺の壬辰年銘観音立像、長谷寺の戊年銘法華説相図銅版等は「勅願寺や官寺の丈六仏像と比較すると、いずれもその周辺の彫刻にすぎない」と記したが、[24]今読み返すと素っ気なく曖昧な表現であった。「その周辺」の「その」は白鳳彫刻の主流ともいうべき勅願寺造営集団のエリート造仏工たちがつくった丈六の金銅仏のことである。現在の私は、エリート造仏工たちが丈六金銅仏をつくるまでの過程で、もしくは本薬師寺の丈六金銅仏の後で制作した小型の金銅仏と解している。詳細は稿を改めたい。

最後に言及したいのは、旧稿では無造作に白鳳仏に入れていた鰐淵寺の壬辰年銘像である。古くから壬辰年は先学が持統六年（六九二）で一致する稀有な例の仏像であったが、最近吉村怜氏は干支一運繰り上げて舒明四年（六三二）を主張している。[25]曰く、「この像のプロポーションは大きい頭部に比べて上体は短く、下半身はいちじるしく細く長い。くの字形の側面観を顕著に示しており、細身で直立する姿勢など一乗寺像や観心寺像とも似ており、隋様式と見てよいと思う。朴訥な感じである」と。

吉村氏はこの鰐淵寺像が白鳳彫刻ではなく、隋式仏像を修得したものであることを明快に説いている。今さらながら自分の不明を恥じなければならないが、要するにこの像には夢違観音像や香薬師像、橘夫人念持仏のようなプロポーションがほぼ完全で、あかぬけした洗練性がないのである。それ故に地方作とも言われてきたのである。肉身各部の把握が未成熟で、胸部からウエストあたりで大きく凹み、ふたたび腹部で膨らみ下半身を包む裳を通して両脚の存在はわずかに窺えるだけで、止利式仏像をようやく脱するころということになろうか。おそらく鰐淵寺像は、私が第二章で述べた推古朝に登場する第二世代の造仏工が遣隋使将来の隋式仏像を修得してつくった金銅仏と思われる。

むすび

飛鳥寺本尊の金銅丈六仏をつくるために育成された第一世代の造仏工たちは、得意分野から造形部門と鋳造部門に分かれていた。鞍作止利は造形部門も鋳造部門もともに長じていたため、第一世代造仏工のリーダーになり得たのである。百済の造仏工に仏像の一から指導された第一世代の造仏工は、言うまでもなく、正面観の強い百済式仏像をつくった。

飛鳥寺本尊の原型塑像をつくるころ、第二世代の見習い造仏工の入門があり、彼らの中には樹種の特質に習熟した若者もいた。折から遣隋使が隋、周、斉の仏像を将来していたが、第一世代の造仏工たちは年齢的にも将来仏を受容する余裕はなかった。これに対し第二世代の造仏工たちは年齢的にも若いため、新しい将来仏に柔軟に対処し、隋、周、斉の仏像を理解することができたのである。

飛鳥寺本尊の完成後、第二世代の造仏工が成長すると、造仏工の人数も増えたためそれまで一つしかなかった造仏工グループが三つほどの造仏工グループに分立した。そのとき各グループに木彫部門が加わり、木彫部門の造仏工は造形部門の造仏工がつくった隋、周、斉式仏像の原形をもとにクスノキ像をつくったのである。救世観音像、百済観音像、四天王像、菩薩半跏像等である。

一方鋳造部門がつくった金銅仏が鰐淵寺壬辰年銘像、御物辛亥年銘像、観心寺戊午年銘像、野中寺丙寅年銘像等を挙げることができる。

舒明朝ごろになると、すでに第三世代の造仏工の入門もあって造仏工グループは三つから五つほどに増えていたと思われる。舒明朝には遣唐使が派遣され、あらたに初唐の仏像が将来されるが、わが国ではじめて勅願寺、すなわち百済大寺が登場する。私見によると優秀な造仏工と造寺工を集めてエリート工人集団の勅願寺造営集団が組織された。エリート造仏工たちはいち早く初唐彫刻を受容し、白鳳彫刻をつくりはじめるのである。すなわち、孝徳朝には百済大寺の丈六乾漆像、天智朝には丈六塑像、天武朝には山田寺の丈六金銅仏、持統朝には本薬師寺の丈六金銅仏をつくり、白鳳彫刻をリードしていくのである。

私は白鳳彫刻のはじまりは孝徳朝完成の百済大寺本尊と考えているが、これはエリート工人が作ればこそのもので、その時代多くの造仏工は観心寺像、野中寺像のごとくまだ前代の飛鳥彫刻をつくっていたのである。

注

（1）『日本書紀』敏達天皇六年庚午朔条には、「百済国王、付二還使大別王等一、献二経論若干巻、并律師、禅師・比丘尼・呪禁師・造仏工・造寺工、六人一。遂安二置於難波大別王寺一。」と書かれている。
（2）拙稿「薬師銘の成立と創建法隆寺」（吉村怜博士古稀記念会編『東洋美術史論叢』所収、雄山閣出版、一九九九年）。
（3）拙稿「法隆寺金堂釈迦三尊像の制作年代について」（『佛教藝術』二五四、二〇〇一年）。
（4）拙稿「救世観音像の原所在とその後の安置場所」（『早稲田大学大学院文学研究科紀要（第三分冊）』五二、二〇〇七年）。
（5）拙稿「飛鳥寺の発願と造営組織」（『早稲田大学大学院文学研究科紀要』四一―三、一九九五年）。
（6）拙稿「鞍作止利の造仏技法の習得について」（高嶌正人先生古稀祝賀論文集刊行会編『日本古代史叢考』所収、雄山閣、一九九四年）。
（7）前掲注3拙稿。
（8）拙稿「飛鳥寺の創立に関する問題」（『佛教藝術』一〇七、一九七六年）。
（9）拙著『飛鳥の文明開化』（吉川弘文館、一九九七年）。
（10）拙稿「四天王寺の発願と造営」（『風土と文化』一、二〇〇〇年）。
（11）拙稿「中宮寺の創立について」（『早稲田大学大学院文学研究科紀要』四六―三、二〇〇一年）。
（12）前掲注6拙稿。
（13）拙稿「クスノキ像の制作と南朝仏教美術の伝播」（笠井昌昭編『文科史学の挑戦』所収、思文閣出版、二〇〇五年）。
（14）前掲注13拙稿。
（15）関野貞「薬師寺金堂及講堂の薬師三尊の製作年代を論ず」（『史學雜誌』）一二―四、一九〇一年）。
（16）拙稿「白鳳彫刻論」（『佛教藝術』二二三、一九九五年）。
（17）拙稿「白鳳仏と初唐文化」（『歴史公論』一一六、一九八五年）。
（18）拙稿「勅願寺と国家官寺の造営組織」（『佛教藝術』二二二、一九九五年）。

(19) 奈良国立文化財研究所『川原寺発掘調査報告』(奈良国立文化財研究所、一九六〇年)。
(20) 網干善教「飛鳥川原寺裏山遺跡と出土遺物(撮記)」(『佛教藝術』九九、一九七四年)。
(21) 拙稿「山田寺造営考」(『美術史研究』一六、一九七九年)。
(22) 前掲注18拙稿。
(23) 『上宮聖徳法王定説』裏書。
(24) 前掲注16拙稿。
(25) 吉村怜「飛鳥白鳳彫刻史試論」(『佛教藝術』二二七、一九九六年)。

図版出典一覧

図1　奈良六大寺大観刊行会編『奈良六大寺大観　二(法隆寺　二)』(岩波書店、一九六八年)
図2・3・7・8・11・12・14　水野敬三郎他『法隆寺から薬師寺へ』(講談社、一九九〇年)
図4　筆者撮影
図5・9・10　長岡龍作編『日本美術全集二』(法隆寺と奈良の寺院)(小学館、二〇一二年)
図6　松浦正昭『飛鳥白鳳の仏像』(日本の美術No.455)(至文堂、二〇〇四年)
図13　宝慶寺石造如来三尊像(奈良国立博物館編『なら仏像館　名品図録二〇一二』(奈良国立博物館、二〇一二年)

考古学からみた仏教の多元的伝播

亀田修一

はじめに

日本列島への仏教伝播は、『日本書紀』によれば、欽明天皇十三年（五五二）、百済の聖明王によってなされた。しかしその受容は順調ではなく、有名な蘇我氏と物部氏の対立を経て受け入れられることになる。このいわゆる仏教公伝は、まさに「公伝」であり、国家と国家の関係の中で仏教が伝えられたことを『日本書紀』に記したものである。一方、渡来系の司馬達等は私的に仏教を信仰していたという記録もある。

考古学で仏教それ自体を語ることは極めて難しい。しかし、寺院、それに関わる瓦などを取り上げることで、多少は仏教に接近することができると考えている。実際、瓦の研究による寺院研究、そして仏教の広がりを検討した研究は多く見られる(1)。

小稿では、考古資料を通して朝鮮半島から日本列島への仏教の多様な伝播と受容の様相について述べてみたい。

その資料としては瓦が最も有効であり、おもにそれを使用する。瓦以外にも仏像やその他の仏教関係遺物（銅鋺、瓦塔、仏器など）、そして仏堂などの建物（基壇）も検討材料になるが、今回は基本的に触れない。

また、仏教の入り方を考古資料のみで語ることは当然無理であり、専門外ではあるが、一部文献史料の成果も援用する。不十分な点はご容赦いただきたい。

一　中央へ

一　仏教公伝から飛鳥寺造営まで

日本列島へ仏教が伝えられたのは『日本書紀』によれば、欽明天皇十三年（五五二）冬十月、百済の聖明王から、釈迦仏金銅像一軀、幡蓋若干、経論若干巻を送られたことが始まりとある。そして「この仏像を蘇我大臣稲目が譲り受け、小墾田の家に安置し、修業し、向原の家を喜捨して寺とした。しかしその後疫病が流行し、人民が多数亡くなったので、物部大連尾輿・中臣連鎌子らが仏教受け入れを批判し、仏像を難波の堀江に流棄させ、伽藍に火をかけ、焼き尽くさせた。そうすると天に雲も風もないのに突然に大殿（磯城嶋金刺宮）から出火した」とある。この仏教伝来の年については、『上宮聖徳法王帝説』『元興寺伽藍縁起幷流記資財帳』には、欽明天皇戊午年（五三八）とあり、近年ではこちらが有力なようである。(2)

上記の記事はいわゆる仏教公伝であるが、それとは別に渡来系の人々が私的に仏教を受け入れていたという記録がある。『扶桑略記』欽明天皇十三年（五五二）十月条に引かれている『日吉山薬恒法師法華験記』所引の『延暦寺僧禅岑記』に継体天皇十六年（五二二）に「大唐漢人の案部村主司馬達止が大和国高市郡坂田原に草堂を結び、本尊を安置し帰依礼拝したが、皆はこれを「大唐神」と言った」というものである。

この司馬達等は六世紀に活躍した百済系の渡来系氏族で、東漢氏のもとで活躍した鞍作氏の確実な氏祖とされている。(3) この司馬達等は蘇我馬子のもとで仏教興隆に尽くし、娘の嶋は初の出家者となり、息子の多須奈も出家して南淵坂田寺（金剛寺）を発願する。そしてその子の鳥が飛鳥寺の本尊などを作ったことで有名な鞍作鳥である。

この坂田寺については、発掘調査がなされている。創建時の遺構はよくわかってないが、飛鳥寺の創建瓦とよく似た瓦が出土しており、七世紀初め頃には瓦葺きのお堂があったことは間違いないようである。(4) そしてその少し後には他に例のない独特の坂田寺だけの瓦を使用しており、朝鮮半島との独自のつながりを持っていたものと考えられている。

二　本格的寺院飛鳥寺の造営

飛鳥寺（法興寺）の造営については、『日本書紀』などに記されており、おおよその様子がわかる。(5) まずその発願者は天皇ではなく、当時の最高権力者と考えられている蘇我馬子である。造営の技術的な背景は百済からの寺工、鑪盤博士、瓦博士、画工であり、彼らの知識・技術などによって日本列島最古の本格的な伽藍が創建されるのである。

具体的には崇峻天皇元年（五八八）、飛鳥真神原の飛鳥衣縫造祖樹葉の家を壊して造営を開始し、同三年（五九〇）十月、山に入り、寺の用材を採る。この年、尼も得度させ（一二名は日本列島の人、九名が渡来系の人）、前述の司馬達等の息子多須奈もこのとき同時に出家している。同五年（五九二）十月、仏堂・歩廊が起ち、推古天皇元年

（五九三）一月、塔の心柱が立てられ、同四年（五九六）十一月に露盤があげられた。同十三年（六〇五）、鞍作鳥に銅と繡の仏を作らせ始め、同十七年（六〇九）四月には完成したようである。

このように日本列島最古の本格的寺院である飛鳥寺は百済の技術者と日本列島にいた渡来系の人々などの力によって五八八年に造営を開始し、約二十年後の六〇九年に本尊が完成し、寺としての姿ができあがったものと考えられる。これは瓦の文様・技法によっても確認することができる(6)（図1−1〜4）。ただ、伽藍配置に関してはよくわからない。

三　近畿地方での寺院造営：七世紀

その後、大和豊浦寺・法隆寺、摂津四天王寺など蘇我氏や聖徳太子などの中央の有力者たちが徐々に本格的な伽藍をもつ寺を造営するようになるが、一方で前述の坂田寺のような渡来系氏族の寺（ほかに大和檜隈寺、山背広隆寺など）も造営されるようになる。

『日本書紀』推古天皇三十二年（六二四）秋九月甲戌朔丙子条には「校寺及僧尼、具録其寺所造之縁、亦僧尼入道之縁、及度之年月日也。當是時、有寺卌六所、僧八百十六人、尼五百六十九人、幷一千三百八十五人。」とあり、六二四年には四十六ヵ所の寺院があったことがわかる。これらの寺は実際に考古学的に確認されている七世紀前半の古代寺院跡の数とおおよそ合致している。ただこれらのほとんどは畿内地域のもので、ごくわずかに地方の寺が推測できるだけである(7)。

つまりこの頃までの日本列島では本格的な伽藍をもつ寺院はほとんど畿内にしかなく、地方の寺院は瓦を使用していないか、使用しても小さな一堂だけのものであった可能性が考えられるのである。

なお、七世紀前半段階の寺院に使用された瓦は、基本的に飛鳥寺式、豊浦寺式、奥山久米寺式、船橋廃寺式などで、蘇我氏や聖徳太子などが関連する寺院で使用され、七世紀中葉〜後半段階になると山田寺式、川原寺式、法隆寺式、本薬師寺式、藤原宮式などが、蘇我氏、聖徳太子関連の寺院だけでなく、天皇家・国家に関わる寺院や宮殿などで使用されるようになり、そして七世紀後半段階以降の地方寺院でも使用されるようになる。

筆者はこれらの大豪族や天皇家・国家などの寺院や宮殿などで基本的に使用され、地方に影響を与えた瓦を「畿内主流派瓦」と呼んでいるが、畿内の七世紀段階の瓦はこれらだけではない。それはおもに中小の氏寺で使用された独自の朝鮮半島との関わりを推測させる一群の瓦である。筆者はこれらの一群の瓦を「畿内非主流派瓦（非主流派朝鮮系瓦）」と呼んで区別している。(8)

その代表的な例が、河内高井田廃寺(9)などで使用されている古新羅系、百済系、高句麗系の瓦である（図1─10・11）。一部独自の関係が山背の寺院などともみられるが、基本的にその周辺地域のみで展開し、この寺院の造営者たちも朝鮮半島との関わりの深さが推測されるのである。おそらくこの地域の渡来系の人々が王権とは別の独自ルートで造瓦技術者を招く、または造瓦技術を学ぶなどの方法でこのような主流派とは別グループの瓦を作り、使用したものと推測される。

前述の大和坂田寺の七世紀前半段階の軒先瓦（図1─5・6）も蘇我氏や聖徳太子などのグループとは別に独自のパイプで受け入れられたものと推測している。

このような瓦の文様・技術がどこまで仏教との関わりを語ることができるのかは簡単には言えないが、少なくとも造瓦技術において王権とは別の朝鮮半島と関わるルートを保持しているのであれば、王権と関わる仏教と別の伝播ルートをもっていた可能性は考えられるのではないであろうか。

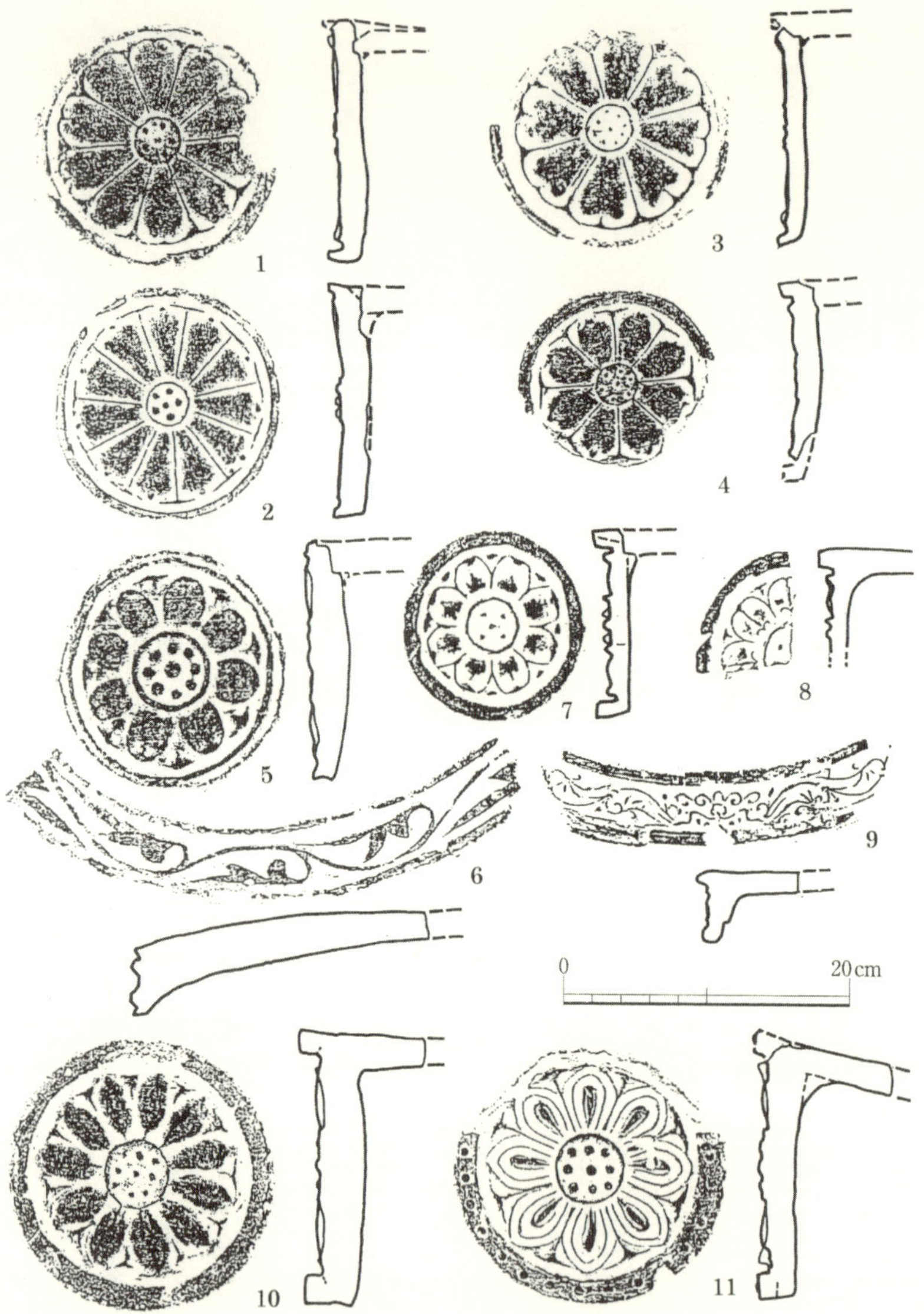

1·2：大和飛鳥寺跡　3：扶余双北里遺跡　4：扶余旧衙里寺跡　5·6：大和坂田寺跡
7～9：益山帝釈寺跡　10·11：河内高井田廃寺（9は合成）

図1　畿内主流派・畿内非主流派瓦と関連瓦（1/6）

二　地方へ

一　国家の仏教政策

前述のように七世紀前半頃までの地方には本格的な伽藍をもつ寺院は基本的に存在していないと思われる。ただ一部お堂一つ程度のお寺ができはじめたことが各地の瓦のあり方から推測される。

そして『日本書紀』大化元年（六四五）八月癸卯条の「凡自天皇至于伴造、所造之寺、不能營者、朕皆助作。今拜寺司等與寺主。巡行諸寺、験僧尼・奴婢・田畝之實、而盡顯奏。」の記事にみられる国家による寺院造営の奨励策が地方に浸透していくのか、七世紀中頃から後半にかけて地方で寺院が造営されていった様子が確認できる。

さらに『日本書紀』天武天皇十四年（六八五）三月壬申条の「詔、諸国、毎家、作佛舎、乃置佛像及經、以禮拜供養。」という奨励策によって、地方寺院が爆発的に増加すると考えられている。特にこの奨励策には前述の大化元年条の奨励策、大化二年（六四六）三月辛巳条の「又於脱籍寺、入田與山。」の記事などから経済的な援助も含まれていた可能性があり、本来の仏教という宗教的な面だけでなく、経済的な面によっても地方寺院が急増した可能性が推測されるのである。(10)

結果として、『扶桑略記』持統天皇六年（六九二）九月条の「有勅、令計天下諸寺、凡五百四十五寺。」にあるように、七世紀末頃には全国で五〇〇ヵ所以上の寺院が造営されたようである。この五〇〇ヵ所という数は、これまで確認されている全国の古代寺院の遺跡数とほぼ合致しており、適当な数字のようである。

二　北部九州：豊前・筑前

a　初期の地方寺院

北部九州の古代寺院は一部七世紀中頃まで遡るものもあるが、基本的に七世紀後半〜末頃に造営が開始される。瓦の系譜は畿内系、朝鮮半島系両者がある。[11]

そして、豊前と筑前地域には初期瓦と呼ばれているものがある。[12]だいたい七世紀前半のもので、近畿地方にみられる同時期の瓦とは作り方・文様などが異なり、朝鮮半島から独自に作り方などを学んだ、または影響を受けて作られたものと考えられている（図2-1〜9）。豊前では伊藤田踊ヶ迫一号窯跡、[13]筑前では牛頸窯跡群[14]などで出土している。その使用先は豊前では中桑野遺跡、[15]筑前では那珂・比恵遺跡[16]などでいずれも屯倉（官家）との関わりが推測される遺跡で、屯倉の建物群のなかに小さなお堂があった可能性も推測される。

一方、豊前の地域においてはこれらの初期瓦よりも古い段階の仏教に関わる記録がある。[17]『日本書紀』用明天皇二年（五八七）四月条である。この記事には、用明天皇が病気の時に「豊国法師」が呼ばれたことが記されている。

詳細はわからないが、この「豊国法師」の「豊国」という名前をこの北部九州の「豊」の地域と関わるものと理解すれば、日本で最古の本格的な伽藍を持つ寺院である飛鳥寺の建立（五八八年）以前に、都から遠く離れた北部九州の「豊」の地に病気平癒を祈ることができる「法師」がいたものと考えられる。ただ、このような考えに対して否定的な考えもある。ここでは、ひとまずそのような可能性のある人物がいたことを述べておく。

このような人物の存在は、現時点では考古学的に証明はされておらず、今後検討しなければならないが、豊前

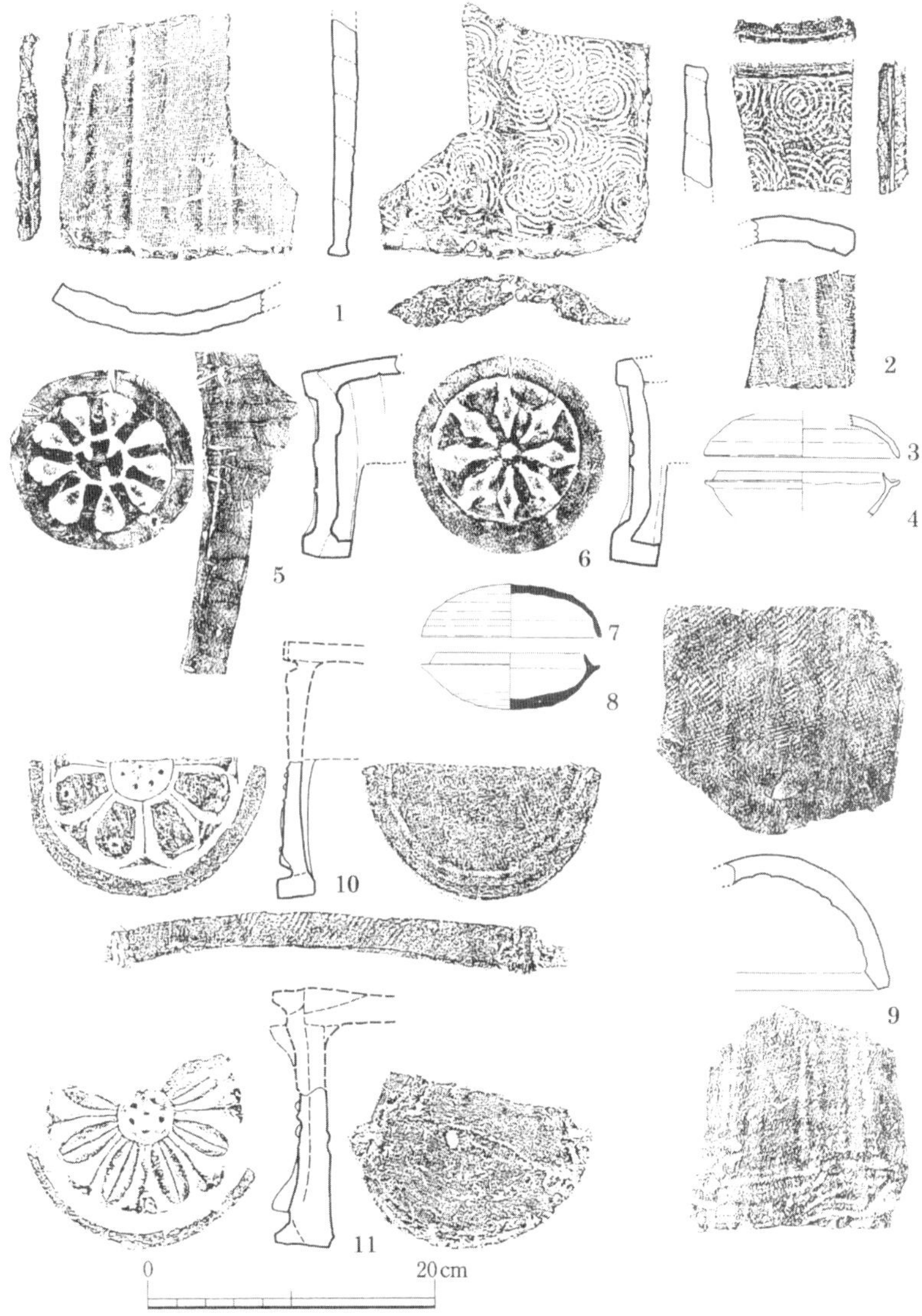

1：豊前中桑野遺跡　2〜4：豊前伊藤田踊ヶ迫窯跡群　5〜9：筑前月ノ浦Ⅰ号窯跡
10：大田鶏足山城　11：備後中谷廃寺

図2　九州の初期瓦・関連遺物と日韓の瓦当裏面布目軒丸瓦（1/6）

という地域を考える上で興味深い記録と考えておきたい。

b　畿内を経由しない瓦：竹状模骨瓦（図3）

竹状模骨瓦は七世紀～八世紀初め頃の北部九州の古代寺院などでみられるものである(18)。大和飛鳥寺や坂田寺の七世紀中頃の瓦でも確認されていることから(19)、朝鮮半島→大和→北部九州というルートも考えられるのであるが、現時点で筑前牛頸窯跡群の月ノ浦Ⅰ号窯跡などの例のものが最も古いようであり(20)、朝鮮半島→大和→北部九州という間接伝播ルートと朝鮮半島→北部九州（筑前）という直接伝播ルートの両方が考えられる。

ちなみに朝鮮半島での竹状模骨瓦の類例（スダレ（簾）状模骨瓦）は、百済・新羅の国境線付近の大田広域市月坪洞遺跡(21)や鶏足山城(22)などでみられ、七世紀前半には存在したことが確認されている。そして興味深い点はこのスダレ（簾）状模骨瓦は、当時の百済の都である扶余や新羅の都である慶州では基本的に発見されていない。つまりこのようなあり方から、この竹状模骨瓦に関しては、現時点では朝鮮半島の「地方」から日本列島の「中央」と「地方」にそれぞれ別々に伝えられた可能性が考えられるのである(23)。

三　吉備

a　備中・備前

吉備地域においても古代寺院は七世紀後半に多く造営されている。ただ、一部七世紀前半に遡る瓦が知られている(24)。

吉備最古の瓦は、備中地域に含まれる岡山市の加茂政所遺跡(25)、津寺遺跡(26)、川入中撫川遺跡(27)や総社市末ノ奥窯跡(28)

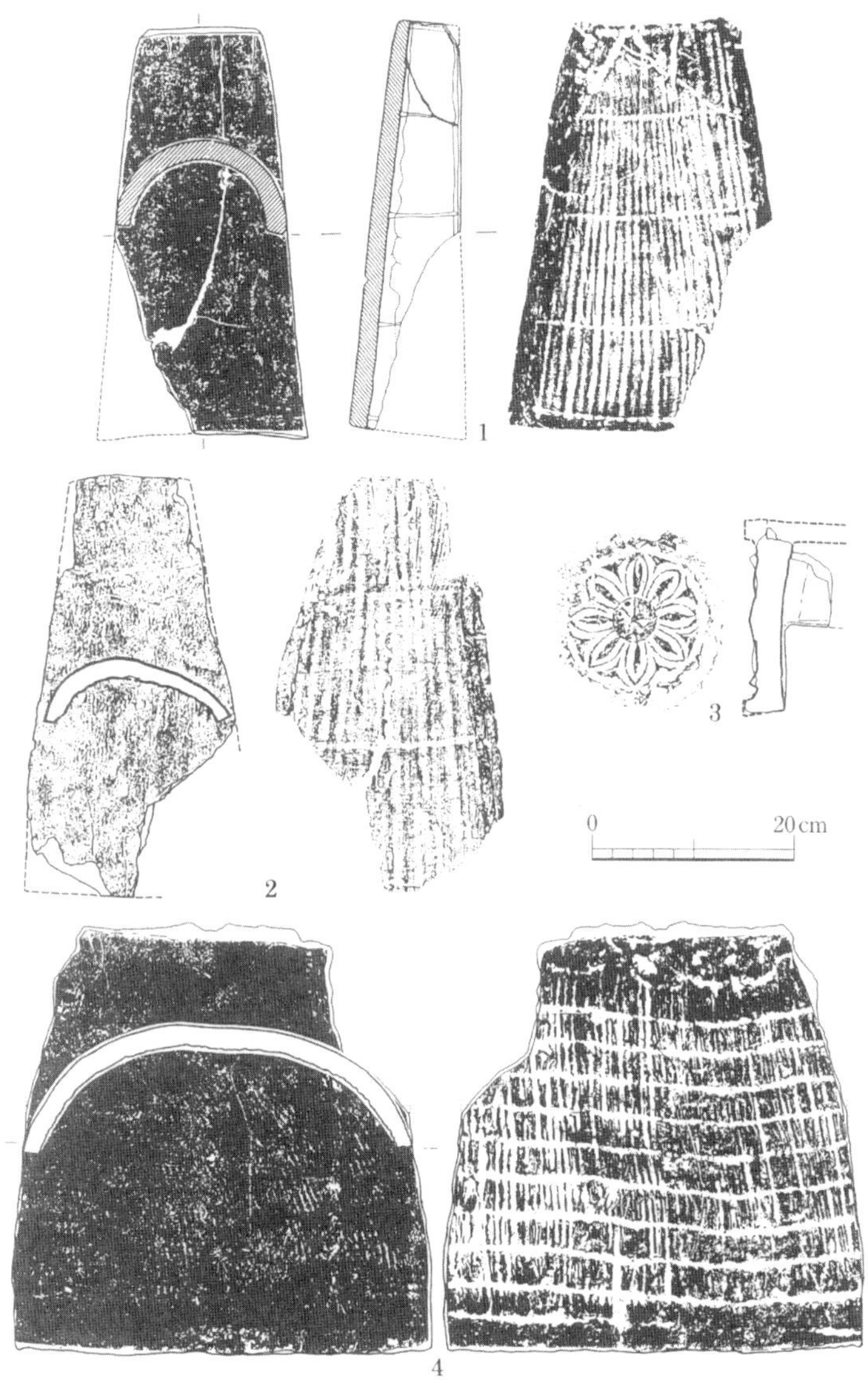

1：豊前山田１号窯跡　2･3：大和飛鳥寺跡　4：大田月坪洞遺跡

図3　竹状模骨瓦および関連瓦（1/9）

などで出土している大和奥山久米寺式軒丸瓦（畿内主流派瓦）とその関連瓦である。これらの瓦は大和奥山久米寺などの資料と同笵ではないが、極めてよく似ており、その年代は七世紀第1四半期後半～第2四半期頃のものと推測されている。そして末ノ奥窯跡で生産された同文の蓮華文を飾る鬼板は大和豊浦寺に関連する平吉遺跡に運ばれていることが確認されている。(29) このようなことからこの末ノ奥窯跡における瓦生産には蘇我氏、白猪屯倉・児島屯倉が関与すると考えられる。(30)

また加茂政所遺跡や津寺遺跡などで出土している軒丸瓦に関しては、点数が少なく、単に末ノ奥窯跡から大和に運ぶ途中で落ちたものであるという考えもある。(31) しかし、大和にとって極めて重要な地位を占める吉備の中枢部に「大和王権の仏教文化」を示す瓦葺きのお堂を一堂でも建てていた可能性は考えられる。つまりこの地域の瓦・寺院はまさに大和王権の中枢部にいる蘇我氏が関与した畿内主流派のものなのである。

そして吉備における確実な最古の寺院は総社市秦原廃寺(32)である。山背広隆寺出土瓦に類例（畿内非主流派瓦）があり、(33) 七世紀前半の創建と考えられる。ただ、伽藍の整備は七世紀後半のいわゆる吉備式重弁蓮華文軒丸瓦でなされたようで、七世紀前半代は一堂のみであったのかもしれない。このようにこの寺院は畿内と関わるが、王権中枢部の大豪族などとの関わりではなく、渡来系氏族の秦氏との関わりのなかで造営された可能性が考えられるのである。

このようなあり方は備前地域の最古の寺院と考えられている岡山市賞田廃寺(34)においても推測される。賞田廃寺は比較的広い面積が発掘調査されたが、創建時の瓦と考えられる七世紀中頃の素弁蓮華文軒丸瓦（系譜は少なくとも畿内主流派ではない）は点数が少なく、これも一堂のみであった可能性が考えられる。そして七世紀後半に本格的な伽藍を備えた寺院へ展開したようである。(35)

このような動きは、前述の大化元年（六四五）や天武天皇十四年（六八五）の奨励策と関わると考えられる。

b　備後

備後地域は吉備に属してはいるが、やや様相が異なる。その中にあって注目される寺院が『日本霊異記』上巻「亀の命を贖いて放生し、現報を得て、亀に助けられる縁　第七」（八二二年頃成立）に記された三谷寺ではないかと推測されている寺町廃寺である。(36)

三谷寺の造営に関しては、三谿郡の大領の祖先が天智天皇二年（六六三）の白村江の戦いに参戦し、「もし、無事に生きて帰ることができたらいろいろの神様のために伽藍を建てよう」と誓願し、生きて帰ることができたので、一緒に連れて帰ってきた百済禅師弘済に寺を建ててもらったという話が記載されている。

この記事によれば、日本列島の地方ののちの郡司クラスの人々が白村江の戦いに参戦したこと、そこでの悲惨さも含めいろいろと実感し、仏教に帰依し、寺院を建てようと考えたこと、百済のお坊さんを連れて帰ってきて寺を建てたことなどが推測される。

つまり七世紀後半の地方における寺院造営の背景にはこのような信仰心・精神的なものも関わっていることを知ることができるのである。

そしてこの三谷寺に関しては、広島県三次市の寺町廃寺が該当すると考えられている。発掘調査で確認されている伽藍配置は法起寺式で、大和の法起寺などで使用されている伽藍配置である。ただ基壇は瓦や塼を使用したもので、百済との関わりも推測される。そして屋根を葺いた瓦であるが、近畿地方との直接的な関わりはよくわからず、同笵瓦が備中栢寺廃寺にある。その笵キズの進行具合から栢寺廃寺のものが古く、寺町廃寺のものの方が新しいことが確認されている[37]。つまり伽藍配置に関しては畿内との関わりが推測されるが、畿内↓吉備のどこかの寺院↓寺町廃寺という可能性もなくはない。瓦では隣国の備中との関わりが推測される。基壇に関しては不確実であるが、栢寺廃寺も瓦積基壇であり、瓦を含め百済↓備中↓寺町廃寺という流れを想定しても良いかもしれない。

ちなみに『日本霊異記』では百済禅師弘済は仏像を造るために都に上り、金や絵の具などを買って帰る途中、備前の骨島あたりで舟人が賊にかわり、海に入れられたとき、難波の津で助けた亀に助けられ、備中の海岸まで運んでもらったという話が記されている。

この話とさきほどの寺町廃寺の創建瓦が備中と関わるという話と何らかの関係があるかどうかはわからないが、興味深い。

この『日本霊異記』の話を信用すると、地方豪族が白村江の戦いのなかで仏教に帰依し、百済の僧を連れて帰り、寺を創建する。僧はその資材を都に求めに行き、帰りに備中に立ち寄る。この話がどこまで事実を反映しているのかはわからないが、地方豪族の寺院造営のあり方が多少は推測でき、考古学的な成果ともそれなりに対応できそうである。

最後に、備後中谷廃寺[38]の瓦当裏面布目軒丸瓦について触れておく（図2-11）。この瓦の文様は少なくとも畿内主流派の瓦ではなく、もし畿内経由であるならば、畿内の渡来系氏族の寺で使用された非主流派瓦である。そしてこの瓦の大きな特徴は軒丸瓦の文様のある面の裏側（瓦当裏面）に布目がみられることである。このような瓦当裏面布目軒丸瓦は現時点では大和藤原宮の瓦が最も古いのであるが[39]、この中谷廃寺の瓦は文様を比較する限りにおいては藤原宮の瓦より古く、藤原宮↓中谷廃寺とは考えづらい。

そして朝鮮半島の例を見ると、現時点では前述の大田広域市鶏足山城の素弁蓮華文軒丸瓦が技法面で最も近い（図2－10）。つまりこの瓦も百済・新羅国境地域から備後の一寺院にその技法が伝えられた可能性が考えられるのである。[40]

おわりに

以上、朝鮮半島から日本列島への仏教伝来について、瓦をおもな資料としておおまかに述べてきた。

瓦からは、国家間の交流の中での仏教伝来、つまり百済王権から派遣された僧・技術者たちによる飛鳥寺の造営がまず確認でき、その技術を起点とした畿内各地への寺院造営の展開がわかる。そしてその後の七世紀代の畿内主流派瓦の地方伝播を通して、中央↓地方という仏教の伝播が推測できる。ただ、畿内にいた渡来系氏族たちが使用していた畿内非主流派瓦による伝播も推測できる。つまり七世紀後半段階の地方寺院の造営においては、国家・王権中枢部からの伝播とともに、渡来系氏族たちのネットワークによる仏教伝播も推測できるのである。

一方、朝鮮半島から直接日本列島の地方（地方豪族層が建立した寺院）へ瓦が伝えられた例が存在することから、仏教も同様に朝鮮半島↓日本列島の地方（豪族層）という直接伝播ルートが存在することが推測される。それも大和王権と関わりが深かった百済王権からだけでなく、百済・新羅の国境地域からという可能性も推測できる。

さらに今回は扱うことはできなかったが、北部九州における特異な新羅系瓦、七世紀後半以降の関東地方などの朝鮮系瓦など、新羅系・高句麗系の瓦も各地で見られる。[41]これは日本列島への瓦の伝播が、大和王権と関わりの深かった百済からだけでなく、関係が微妙であったと考えられている新羅、そして距離的にもかなり離れている高句麗（高句麗系の人々？）からも伝えられており、仏教もそのような多様な入り方をしていた可能性を推測させるのである。

このように朝鮮半島から日本列島への仏教伝来はいろいろなレベルで、また多様なルートでなされた可能性が考えられるのである。

そして瓦以外の瓦塔(42)や銅鋺(43)など仏教と関わる考古資料を検討することで、さらに多様な朝鮮半島と日本列島の関わりを検討することができると考えている(44)。

注

（1）例えば、上原真人「仏教」（『岩波講座　日本考古学4　集落と祭祀』岩波書店、一九八六年）三〇七—三六六頁など。

（2）小稿の仏教の伝来・展開に関する文献史料を中心とした内容は、基本的に田村圓澄『飛鳥・白鳳仏教史』上・下（吉川弘文館、一九九四年）を参照した。以下同様である。

（3）司馬達等に関しては、坂本太郎・平野邦雄監修『日本古代氏族人名辞典』（吉川弘文館、一九九〇年）所収の「鞍部村主司馬達等」二七二—二七三頁を参照。

（4）松村恵司・伊藤敬太郎「坂田寺の調査——第八三—九次」（『奈良国立文化財研究所年報』一九九八—Ⅱ、一九九八年）三〇—三三頁。

（5）奈良国立文化財研究所『飛鳥寺発掘調査報告』（一九五八年）、大脇潔『飛鳥の寺』（保育社、一九八九年）などを参照。

（6）亀田修一「百済古瓦考」（『百済研究』一二、忠南大学校百済研究所、一九八一年）八七—一四二頁、亀田修一「百済軒丸瓦の製作技法」（古代瓦研究会編『古代瓦研究Ⅰ——飛鳥寺創建から百済大寺の成立まで』奈良国立文

化財研究所、二〇〇〇年）二一一二頁（両者ともに一部改変して、亀田修一『日韓古代瓦の研究』吉川弘文館、二〇〇六年に再録）。

（7）大脇潔「七堂伽藍の建設」（町田章編『古代史復元8　古代の宮殿と寺院』講談社、一九八九年）一三三—一五三頁。

（8）亀田修一「瓦から見た畿内と朝鮮半島」（荒木敏夫編『古代王権の交流5　ヤマト王権と交流の諸相』名著出版、一九九四年）一七三—二〇五頁（亀田修一『日韓古代瓦の研究』吉川弘文館、二〇〇六年に一部改変して再録）。

（9）大阪府教育委員会『河内高井田・鳥坂寺跡』（一九六八年）。

（10）これらの経済的な推奨策はその後寺の財産のあり方に問題を生じ、八世紀初めに寺院統廃合の命令が出されたと考えられていることから、それなりに寺院造営推奨の効果を挙げたものと推測される。（『続日本紀』霊亀二年（七一六）五月庚寅条の「又聞。諸国寺家。堂塔雖成。僧尼莫住。礼佛無聞。檀越子孫。惣攝田畝。専養妻子不供衆僧。因作諍訟。諠擾國郡。自今以後。厳加禁断。其所有財物田園。並須国師衆僧及国司檀越等相対検校。分明案記。充用之日。共判出付。不得依舊檀越等専制。」）。

（11）小田富士雄「九州の古代寺院」（九州歴史資料館編『九州歴史資料館開館十周年記念　大宰府古文化論叢』下巻、吉川弘文館、一九八三年）四一—九五頁、亀田修一「豊前の古代寺院」（岡崎敬先生退官記念事業会編『東アジアの考古と歴史』下巻、同朋舎出版、一九八七年）四五三—四八八頁など。

（12）齋部麻矢「九州における初現期の瓦」（古代瓦研究会編『古代瓦研究Ⅰ——飛鳥寺創建から百済大寺の成立まで』奈良国立文化財研究所、二〇〇〇年）一三—二五頁、比嘉えりか「初期瓦研究の現状と課題——筑前地域を中心に」（『七隈史学』第九号、七隈史学会、二〇〇八年）一五二—一七六頁など。

（13）村上久和・吉田寛・宮本工「豊前における初期瓦の一様相——大分県中津市伊藤田窯跡群で生産された初期瓦」（『古文化談叢』一八、一九八七年）一一九—一四七頁。

（14）舟山良一・石川健編『牛頸窯跡群——総括報告書』（大野城市教育委員会、二〇〇八年）。

（15）前掲注13村上・吉田・宮本論文。

（16）福岡市教育委員会『那珂10』（一九九四年）など。

(17) 後藤宗俊「豊国法師及び豊国奇巫について——宇佐地方の初期仏教研究ノート（1）」（『大分県地方史』一三二号、一九八八年）一三—三四頁。
(18) 小田富士雄『法鏡寺跡・虚空蔵寺跡』（大分県教育委員会、一九七三年）。
(19) 花谷浩「丸瓦作りの一工夫——畿内における竹状模骨丸瓦の様相」（『奈良国立文化財研究所創立四〇周年記念論文集刊行会編『文化財論叢Ⅱ』同朋舎出版、一九九五年）二二五—二四七頁。
(20) 舟山良一・栗原和彦『牛頸月ノ浦窯跡群』（大野城市教育委員会、一九九三年）。
(21) 金吉植・李漢祥『大田月坪洞遺跡』（国立公州博物館、一九九九年）。
(22) 沈正輔・孔錫亀『鶏足山城西門址調査概報』（大田産業大学郷土文化研究所、一九九四年）、忠南大学校百済研究所『大田鶏足山城』（二〇〇五年）。
(23) 亀田修一「韓半島から日本への瓦の伝播——竹状模骨瓦について」（『悠山姜仁求教授停年紀念東北亜古文化論叢』二〇〇二年）三五七—三九六頁（亀田修一『日韓古代瓦の研究』吉川弘文館、二〇〇六年に一部改変して再録）。
(24) 湊哲夫・亀田修一『吉備の古代寺院』（吉備人出版、二〇〇六年）。
(25) 柴田英樹ほか『加茂政所遺跡』（岡山県教育委員会、一九九九年）。
(26) 杉山一雄ほか『津寺遺跡4』（岡山県教育委員会、一九九七年）、高畑知功ほか『津寺遺跡5』（岡山県教育委員会、一九九八年）。
(27) 高橋伸二・安川満「川入・中撫川（市道）遺跡」（『岡山市埋蔵文化財調査の概要——一九九九（平成一一年度）』岡山市教育委員会、二〇〇一年）一九—二二頁。
(28) 日野浦弘幸「末ノ奥古窯跡」（『山手村史史料編』山手村、二〇〇三年）一二〇—一二四頁。
(29) 井内潔「屋瓦遠隔地生産の一側面」（『古代文化』四四—一、古代学協会、一九九二年）四八—五一頁。
(30) 亀田修一「瀬戸内海沿岸地域の古代寺院と瓦」（松原弘宣編『古代王権の交流6　瀬戸内地域における交流の展開』名著出版、一九九五年）二六九—三一八頁。
(31) 葛原克人「吉備出土の角端点珠瓦」（『岡山県立博物館研究報告』二一、二〇〇一年）一—一六頁。
(32) 葛原克人「秦原廃寺」（『総社市史考古資料編』総社市、一九八七年）三三六—三四九頁。

(33) 石田茂作「廣隆寺」（『飛鳥時代寺院址の研究』一九三六年）三八一―三九八頁、同「図版第二〇六　廣隆寺」（『飛鳥時代寺院址の研究図版』一九三六年）。
(34) 扇崎由ほか『史跡賞田廃寺』（岡山市教育委員会、二〇〇五年）。
(35) 亀田修一「地方寺院の伽藍配置と造営過程」（納谷守幸氏追悼論文集刊行会編『飛鳥文化財論攷』二〇〇五年）六七―七八頁。
(36) 広島県草戸千軒町遺跡調査研究所編『備後寺町廃寺――推定三谷寺発掘調査概報――第一次～第三次』（一九八〇～一九八二年）。
(37) 岡本寛久「『水切り瓦』の起源と伝播の意義」（近藤義郎編『吉備の考古学的研究』下、一九九二年）三四九―三八四頁。
(38) 佐藤昭嗣編『備後中谷廃寺』（神辺町教育委員会、一九八一年）。
(39) 毛利光俊彦「（2）布目押圧技法の展開」（奈良国立文化財研究所編『平城宮発掘調査報告XIII』一九九一年）二六七―二七〇頁。
(40) 亀田修一「韓半島南部地域の瓦当裏面布目軒丸瓦」（『碩吾尹容鎮教授退任紀念論叢』一九九六年）六四一―六六一頁（亀田修一『日韓古代瓦の研究』吉川弘文館、二〇〇六年に一部改変して再録）。
(41) 石田茂作「古瓦より見たる日鮮文化の交渉」（『考古学評論』三、一九四一年）一―一二七頁、藤澤一夫「日鮮古代屋瓦の系譜」（『世界美術全集』二、角川書店、一九六一年）一五八―一六五頁、小田富士雄「豊前に於ける新羅系古瓦とその意義」（『史淵』八五、一九六一年）一〇九―一三九頁、稲垣晋也「新羅の古瓦と飛鳥・白鳳時代古瓦の新羅的要素」（田村圓澄・秦弘燮編『新羅と日本古代文化』吉川弘文館、一九八一年）一五四―一九三頁、亀田修一「第Ⅱ部　日本の朝鮮系瓦――瓦からみた古代日韓交渉」（『日韓古代瓦の研究』吉川弘文館、二〇〇六年）二三七―四九四頁など。
(42) 亀田修一「武蔵の朝鮮系瓦と渡来人」（『瓦衣千年――森郁夫先生還暦記念論文集』森郁夫先生還暦記念論文集刊行会、一九九九年）三七一―四〇一頁（亀田修一『日韓古代瓦の研究』吉川弘文館、二〇〇六年に一部改変して再録）、池田敏宏「初現期の瓦塔系譜――勝呂類型瓦塔、ならびに類似瓦塔の位置付け」（『土曜考古』第三二号、土曜考古学研究会、二〇〇八年）五三―七二頁など。

(43) 毛利光俊彦「古墳出土銅鋺の系譜」(『考古学雑誌』六四—一、日本考古学会、一九七八年) 一—二七頁など。
(44) 瓦塔の東国での展開のあり方、銅鋺が東国の横穴墓などで比較的まとまって出土することなどは、分布の偏りとして、以前から気になっていた。注42の亀田文献では瓦・土器などをおもに扱い、瓦塔や銅鋺の分布のあり方や則天文字の東国への偏り(蔵中進「墨書土器の則天文字」『則天文字の研究』翰林書房、一九九五年、一三五—一四四頁)などについては、軽く触れただけであるが、東国でのこのような朝鮮半島(一部中国)系資料の偏りは、文字資料の多さも含め、特に百済・高句麗滅亡後の朝鮮半島からの人々の東国安置(移住)と関わるのではないかと考えている。彼らの移住が、新たな仏教・仏教文化を東国に伝え、東国で広く研究されている「村落内寺院」(須田勉「東国における古代民間仏教の展開」『国士舘大学文学部人文学会紀要』三二、国士舘大学文学部人文学会、一九九九年、五七—七三頁など)の成立・展開にも関わっているのではないかと憶測しているのである。

＊『日本書紀』、『日本霊異記』は、岩波書店『日本古典文学大系』本を基本的に使用し、『扶桑略記』は、吉川弘文館『新訂増補国史大系』本を使用した。

図版出典一覧

図1—1～11：すべて亀田作成(亀田二〇〇六文献所収)
図2—1～4：注13村上ほか文献　5～9：注20舟山・栗原文献　10・11：亀田作成(亀田二〇〇六文献所収)
図3—1：森田勉編『垂水廃寺発掘調査報告書』(新吉富村教育委員会、一九七六年)　2・3：注19花谷文献　4：注21金・李文献

南山城の古代寺院

中島　正

はじめに

国家仏教については、一応、大化改新から平安仏教の成立までを広い意味での「国家仏教」の時代と認識され、古代国家権力による仏教の保護と統制を基本的な要素として定義される。しかし、この古代国家の始点を律令国家体制の成立に求めるならば、狭義の「国家仏教」の時代は天武朝以後の奈良時代に限定され、「奈良仏教」と同義となる。さらに、律令国家体制の頂点にある天皇の宗教的権威を構成する神祇と仏教の一元化が揺らぎ分裂する天平期以後を除くと、真の意味での「国家仏教」の時代は、天武朝以後の奈良時代前期（霊亀・養老年間）までに限定されるのである。逆に、「国家」というものをより幅広く捉え、蘇我氏が天皇の外戚として当代ならぶもののない政治的地位を確立し、法興寺において仏教の保護統制という国家的な役割をになったと評価すれば、推古朝まで「国家仏教」の形成を遡らせることは可能である。(1) 法興寺は蘇我氏の氏寺ではあっても、天武・持統朝でさえ官大寺として特別な存在であった。さらに、国家から国家へとするいわゆる「公伝」のあり方を、天皇の仏教受容の如何に関係なく考えるならば、欽明朝に「国家仏教」の起点を置くこともあながち無理とは言えないのである。ならば、「国家仏教」の内実はどうであろうか。

中央集権的律令国家体制を確立した天武朝は、中央の大寺と国衙単位の地方仏教施設による全国官寺体制を志向して氏寺（私寺）をなかば否定するが、天武・持統朝（白鳳期）は氏寺の造営が全国に爆発的に波及する時期である。奈良時代前期（霊亀・養老年間）には、「寺院併合令」により氏寺の整理統合政策を推進するが、官僧集団の形成と官寺体制の整備が行われた国分寺造営事業の最終的な推進者は、三世一身法、墾田永年私財法の下で力をつけた郡司ら地方豪族層であり、彼らこそ各地の氏寺（私寺）の造営主体者なのである。日本古代の仏教は、国家権力により保護・統制がなされる従来の「国家仏教」の視点だけではその実相に迫ることはできない。むしろ、「官寺」と「私寺」、「国家仏教」と「氏族仏教」の相克のうちに、その実像があらわれるのではないだろうか。(2)

本論では、考古学的研究手法により、現在の京都府南部地域の南山城における仏教遺跡を対象として、「国家仏教」と「氏族仏教」の相克を視点とする仏教文化の受容と伝播の過程を追うことにより、その特異性と普遍性を論述する。(3)

一　南山城の古代氏族と仏教遺跡概観

現在の京都市以南の旧山城国は、ほぼ宇治川〜淀川をさかいとして、北半を北山城、南半を南山城と呼ぶ。したがって、南山城の範囲は、旧巨椋池以南の木津川流域をさすものとすることができる。しかも、どうやら律令

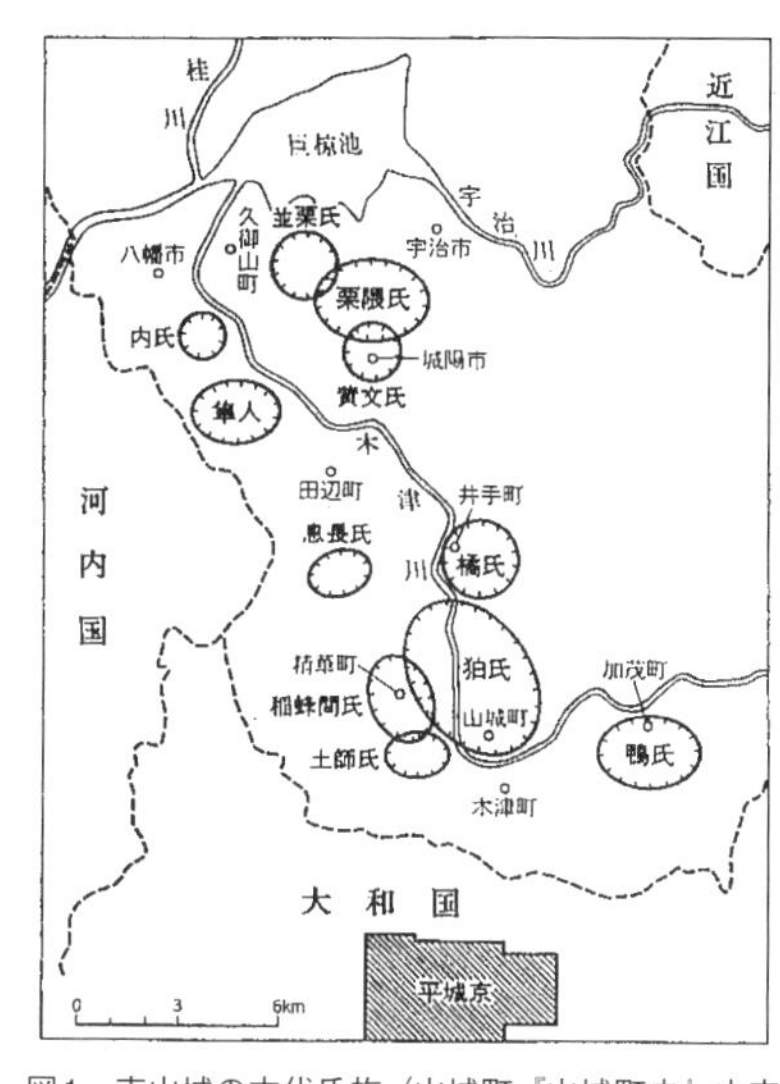

図1　南山城の古代氏族（山城町『山城町史』本文編（1987年）より転載）

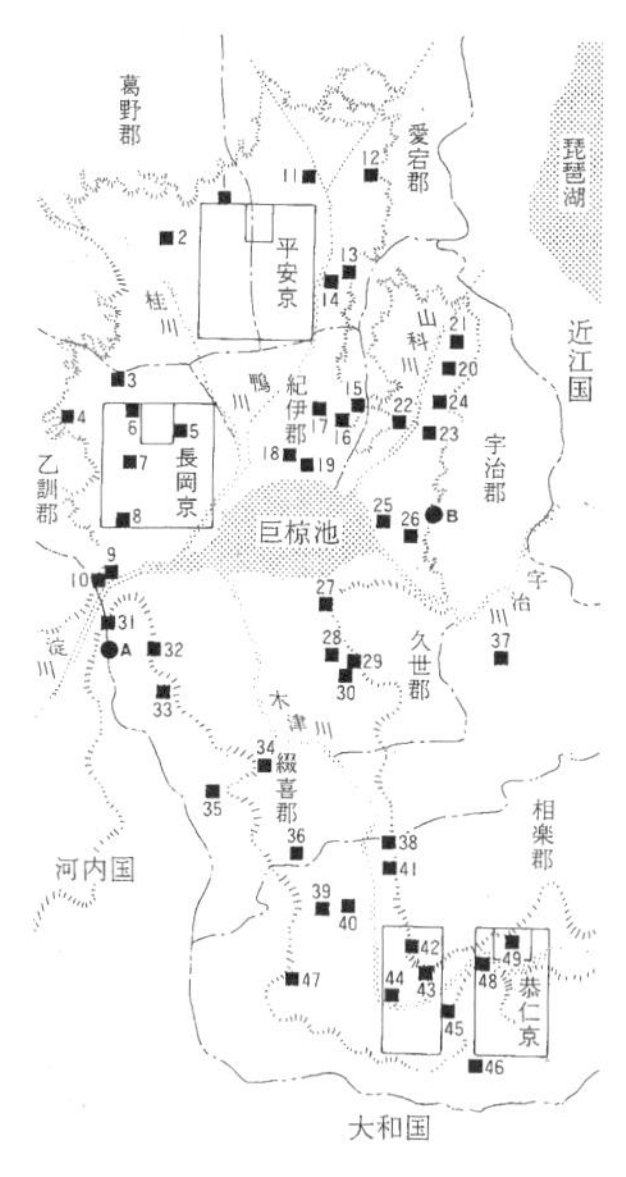

図2　山城の古代寺院分布図（番号は次表に対応）（中島正「山背の古墳と寺院」『渡来系氏族の古墳と寺院』（『季刊考古学』第60号（1997年）より転載）

制以前にヤマシロと呼ばれた地域は、この南山城の地であった。このことは、『日本書紀』神功皇后摂政元年三月五日条に、忍熊王を撃とうと進軍した武内宿禰の記事で、宇治川北岸の菟道の地と山背の地を区別していることや、『古事記』仁徳天皇条、『日本書紀』仁徳天皇三十年九月十一日条で、現在の木津川をヤマシロ川とよんでいることからもわかる。山城国は、はじめ「山代国」と記されていたが、大宝令の制定（七〇一年）とともに「山背国」と表記が変わり、延暦十三年（七九四）の平安遷都によって「山城国」と改まる。十世紀前半に完成した『延喜式』や『和名類聚抄』では、山城国に乙訓・葛野・愛宕・紀伊・宇治・久世・綴喜・相楽の八郡の存在が記されているが、これらの郡域はすでに八世紀初頭には成立していたものと考えられ、このうち久世・綴喜・相楽の三郡が南山城に含まれる。

南山城の仏教遺跡を考える場合、仏教文化の導入期にあってその地理的環境と渡来人の存在は大きな意義をもつ。時の中央政権が所在する大和国と地方をつなぐ大動脈である大和川と木津川にあって、奈良山に接する木津川の屈曲部はまさに北の玄関口であり、南山城の地は人と文化が行き交う重要地点である。にもかかわらず、『記・紀』には武埴安彦に代表されるこの地での反乱伝承が頻出する。三世紀末、三十数面の三角縁神獣鏡が出土した相楽郡の椿井大塚山古墳の出現以後、五世紀代には強大な地方勢力は久世郡の久津川古墳群に引き継がれるが、その勢力が衰退した六世紀代には、古墳で見る限りこの地域での大きな勢力（首長墳の系譜）は存在しない。七世紀初頭の仏教文化導入期、南山城は既存の中小勢力と渡来系氏族が混在する地域であった。そのような中、この地で蘇我氏との強固な結びつきをもって、相楽郡に高麗寺が造営されるのである。その背景となっているのは、強力な地域支配勢力による新たな祖先崇拝のシステム導入としての寺院造営ではなく、新たな理念としての仏教文化の受容に適した渡来人としての役割と中央政権の強い意思によるものと考えられる。

日本列島における仏教文化の導入期、旧来の豪族たちの伝統的な富と力を基盤とした「氏姓制度」による秩序は、蘇我氏への権力の集中により淘汰され、結果的に東アジア全体の共通秩序である「律令制」導入へと大きく動き出す。交通の要衝である南山城においては、旧来の勢力はすでにこの時期に弱体化しており、時の中央政権の新たな政治秩序を柔軟に受け入れる素地を持っていた。しかも、古墳において、横穴式石室を採用する地域（相楽郡）、木棺直葬に固執する地域（久世郡）、横穴墳と横穴式石室墳が混在する地域（綴喜郡）の区別が可能である。このモザイク状の地域勢力は、それぞれに新たな秩序の受容体となるのである。その端緒は高句麗系渡来氏族・高麗（狛）氏により開かれる。しかし、久世郡における旧来の栗隈（前）氏（栗隈県主）や山代（背）氏（山背国造）もまた、新たな秩序の受容体となるのである。国県制度の実態については、種々議論のあるところである

表　山城国内平安奠都前創建寺院一覧

郡名	番号	寺院名	法号・別名・推定寺院名	所在地	発願者・造営氏族・その他	創建年代
葛野郡	1	北野廃寺	蜂岡寺（本広隆寺） （野寺・常住寺・鵤室）	京都市北区北野白梅町	秦河勝・秦氏	7世紀第Ⅰ四半期 （推古11or30）
	2	広隆寺	秦公寺・蜂岡寺・葛野寺・ 葛野泰寺	京都市右京区太秦蜂岡町	秦河勝・秦氏　秦氏寺？ 大酒神社	7世紀第Ⅱ四半期 （移転？）
乙訓郡	3	樫原廃寺		京都市右京区樫原内垣外町	八角瓦積塔基壇（高麗系）	7世紀第Ⅳ四半期
	4	南春日町廃寺		京都市西京区大原野春日町	秦氏？石作氏？大歳神社	8世紀
	5	吉備寺廃寺		向日市上植野吉備寺	秦氏？長岡郷	8世紀？
	6	宝菩提院廃寺	仏華林山願徳寺・座光堂	向日市寺戸西垣内	秦氏？長岡寺？向神社	7世紀第Ⅳ四半期
	7	乙訓寺	法皇寺・法皇禅寺	長岡京市今里	秦氏？六人部氏？乙訓神社	7世紀第Ⅳ四半期
	8	鞆岡廃寺		長岡京市友岡	田辺氏？百済系？鞆岡郷	7世紀第Ⅰ四半期？
	9	山崎廃寺	観音寺	大山崎町大山崎	秦氏？山崎郷	7世紀第Ⅱ四半期？
	10	山崎院跡		大山崎町大山崎	塔心礎	8世紀？
愛宕郡	11	出雲寺跡	御霊寺	京都市上京区御霊竪町	出雲氏　上御霊神社	7世紀末～8世紀初
	12	北白川廃寺	粟田寺・円覚寺？	京都市左京区北白川大堂町	粟田氏（王仁系）百済系	7世紀第Ⅲ四半期？
	13	法観寺	八坂寺	京都市東山区八坂上町	八坂造・高麗系　八坂の塔	7世紀第Ⅲ四半期？
	14	珍皇寺	愛宕寺・来定寺	京都市東山区小松町	山代淡海・山代氏？	8世紀
紀伊郡	15	おうせんどう廃寺	法禅院・檜尾寺	京都市伏見区深草鞍ヶ谷町	行基創建？稲荷神社	7世紀末～8世紀初
	16	がんせんどう廃寺	法恩寺	京都市伏見区深草谷口町	判大納言の道場？	7世紀末～8世紀初
	17	深草寺跡	法長寺	京都市伏見区深草田谷町	行基創建？	7世紀末～8世紀初
	18	板橋廃寺		京都市伏見区下板橋町	秦氏？	7世紀末～8世紀初
	19	御香宮廃寺		京都市伏見区桃山御香宮	秦氏？御香宮神社	7世紀末～8世紀初
宇治郡	20	大宅廃寺	大宅寺・山階寺	京都市山科区大宅鳥井脇町	中臣鎌足・中臣（藤原）氏？ 大宅氏（王仁系）百済系	7世紀第Ⅳ四半期
	21	元屋敷廃寺		京都市山科区大塚本屋敷町	宇治氏？	7世紀末～8世紀初
	22	法琳寺跡		京都市伏見区小栗栖北谷町	定恵・藤原氏？常暁	7世紀第Ⅳ四半期
	23	醍醐御霊廃寺		京都市伏見区醍醐西大路町	藤原氏？宇治氏？	7世紀末～8世紀初
	24	小野廃寺		京都市伏見区醍醐大高町	小野氏（王仁系）百済系	7世紀末～8世紀初
	25	岡本廃寺		宇治市五ヶ庄岡本	岡屋公氏（岡屋郷）・百済系	7世紀末～8世紀初
	26	大鳳寺跡		宇治市莵道西中	宇治氏？	7世紀第Ⅳ四半期
久世郡	27	広野廃寺		宇治市広野東裏	栗隈氏（栗隈県主）栗前郷	7世紀末～8世紀初
	28	平川廃寺		城陽市平川古宮	黄文氏・高麗系　久世郷	7世紀第Ⅱ四半期
	29	正道廃寺		城陽市寺田正道	山背氏（山代国造）久世郷	7世紀第Ⅱ四半期
	30	久世廃寺		城陽市久世芝ヶ原	山背氏（山代国造）久世郷 久世神社	7世紀第Ⅱ四半期
綴喜郡	31	西山廃寺（足立寺）	（河内国茨田郡楠葉郷）	八幡市八幡男山長沢	和気清磨？	7世紀第Ⅲ四半期
	32	志水廃寺		八幡市八幡月夜田	有智郷・内氏？	7世紀第Ⅱ四半期
	33	美濃山廃寺		八幡市美濃古寺	有智郷・内氏？内神社	7世紀末～8世紀初
	34	興戸廃寺		京田辺市興戸山添	中臣酒屋連氏　酒屋神社	7世紀末～8世紀初
	35	普賢寺（筒城寺）	長息山普賢教法寺 （観心山親山寺・観音寺）	京田辺市普賢寺下大門	長息氏・新羅系　良弁 （筒城の韓人）・百済系 多々良公氏・任那系	7世紀第Ⅱ四半期
	36	三山木廃寺		京田辺市宮津佐牙垣内	山本郷・高麗系？	7世紀第Ⅱ四半期
	37	山瀧寺跡		宇治田原町荒木	田原郷	7世紀第Ⅳ四半期
相楽郡	38	井手寺跡	円提寺	井手町井出西高月	橘諸兄・橘氏	8世紀
	39	里廃寺	百済寺・法光寺	精華町下狛里垣外	恵弁　下狛郷（高麗系）	7世紀第Ⅱ四半期
	40	下狛廃寺	狛寺	精華町下狛拝田	山村？下狛郷（高麗系）	7世紀第Ⅳ四半期
	41	蟹満寺	蟹満多寺・紙幡寺・蝦蟆寺・ 薬上寺・蟹幡寺	木津川市山城町綺田浜	秦河勝、和賀・秦氏？ 高麗系？綺郷（綺氏？）	7世紀第Ⅳ四半期
	42	松尾廃寺		木津川市山城町椿井松尾	大狛郷（高麗系）	7世紀第Ⅳ四半期
	43	高麗寺跡	狛寺	木津川市山城町上狛高麗寺	狛僧恵弁・狛氏・高麗系	7世紀第Ⅰ四半期
	44	泉橋寺	橋寺・泉橋院	木津川市山城町上狛西下	行基　大狛郷（高麗系）	7世紀第Ⅳ四半期
	45	燈籠寺廃寺	（山背国分尼寺）	木津川市木津宮ノ裏	水泉郷・出水氏（高麗系）	7世紀第Ⅱ四半期
	46	鹿山寺跡		木津川市鹿背山古寺	水泉郷	8世紀
	47	樋ノ口遺跡	山田寺？	木津川市相楽城西	土師郷・土師氏、稲蜂間氏	8世紀
	48	法華寺野遺跡	（山背国分尼寺・甕原離宮）	木津川市加茂町法花寺野西ノ平	加茂郷・加茂氏　瓦窯	8世紀
	49	山城国分寺跡		木津川市加茂町例幣中切	恭仁郷　恭仁宮	8世紀
	50	釈迦寺跡		木津川市加茂町西小上	白鳳小金銅仏出土	7世紀末？
	51	笠置寺		笠置町笠置笠置山		7世紀後半？
	52	神雄寺跡	（馬場南遺跡）カムノヲ寺	木津川市木津天神山・糠田	聖武天皇，光明皇后，橘氏	8世紀

中島正「山背の古墳と寺院」『渡来系氏族の古墳と寺院』（『季刊考古学』第60号（1997年）より転載）

が、いずれにしろ、弱体化したとはいえ大化前の古い段階での郡域支配が行われていた。

南山城における飛鳥白鳳期の寺院造営の伝播は、常に高麗寺を出発点とする。大和の飛鳥寺や川原寺と大津宮周辺寺院との軒瓦の同笵関係は、時の中央政権の強い関与を示しており、この状況は平城京・恭仁京・国分寺の造営とも連動する。南山城における中核寺院の存在は、一貫してその官的要素の強さを示しており、氏族の枠を越えた寺院ネットワークを当初の段階からすでに備えていたようである。このことは、我が国の仏教文化受容の特色として説かれることの多い「氏族仏教から国家仏教へ」とする図式が、この南山城では極めて早い段階で成立していた可能性を示している。あるいは、この図式そのものが存在しないのかもしれない。氏寺としての性格が希薄であることは、この地域の古代寺院における大きな特色とすることが可能である。相楽郡の高麗寺・蟹満寺、久世郡の平川廃寺の様相には、注目すべきものが特に多い。

奈良時代、諸国国分寺体制が成立すると、南山城の寺院ネットワークにも変化が生じる。国単位での仏教統制の体制が国分寺を中心として成立し、中央政権の強い意思を背景とした中核寺院や官立寺院と中小の在地寺院との二極化が進行するものの、中央政権の意思を介した山背国衙の影響が大きくなるようである。そして、この影響は、神仏習合と相まって山間部に立地する境界の寺に広がる新たな寺院ネットワークを形成していくのである。このことは、従前からの飛鳥白鳳創建寺院の変質を促し、新たに創建された寺院との結び付きを生じさせた。特に、特別な験力を得るため、あるいは特別な儀礼（法会）を必要とする聖地（境界、湧水、岩座等）に開かれた寺院には、すでに新たな時代の仏教への期待が感じられる。国家仏教の完成を示す山背国分寺や綴喜郡の井手寺に対し、綴喜郡の普賢寺・西山廃寺（足立寺）・美濃山廃寺、相楽郡の笠置寺・神雄寺（馬場南遺跡）の存在意義は大きい。特に、神雄寺においては、日常的な湧水（聖水）の祀りとともに、特別な儀礼（大規模な燃燈供養、歌会（仏前唱歌）、舞楽等）の様相が明らかとなり、仏堂からは多量の塑像片が出土している。古代寺院における法会の実態を知る貴重な遺例である。(4) また、奈良山丘陵一帯には、平城宮・京や京内の大寺造営のために多くの瓦窯が構築された。現在の木津川市内には大規模な瓦製作工房（上人ヶ平遺跡）をもつ市坂瓦窯跡や五陵池東瓦窯跡・梅谷瓦窯跡・音如ヶ谷瓦窯跡・瀬後谷瓦窯跡・鹿背山瓦窯跡が営まれ、奈良市には歌姫瓦窯跡・歌姫西瓦窯跡・山陵瓦窯跡・押熊瓦窯跡・中山瓦窯跡が、相楽郡精華町には乾谷瓦窯跡・得所瓦窯跡がある。奈良時代、奈良山丘陵に集中的な官窯体性が完成したのである。奈良山以外では、玉川北岸の井手町石橋瓦窯跡や南側の岡田池瓦窯跡もこの時期の瓦窯である。(5)

平安時代になると、都が北山城に移転し南山城の政治的重要性は低下する。それにともない、この地域の奈良時代以前創建寺院は衰退していく。かわって、奈良の地に残った東大寺・興福寺・春日大社の庇護のもと、山間部に新たな寺院が勃興する。木津川市加茂町には岩船寺・浄瑠璃寺・海住山寺・随願寺、相楽郡和束町に金胎寺が創建され、相楽郡笠置町の笠置寺や綴喜郡は京田辺市の神奈備寺が復興する。高麗寺や蟹満寺近傍でも、東方の山中に東大寺三論宗の別所・光明山寺が栄え、修験道の霊地として神童寺が経営された。

二　歴史認識の成立と仏教文化の導入

木津川市山城町に所在する椿井大塚山古墳は、全長約一七五メートルを測る山城地方最古最大の前方後円墳である。この墳丘規模は、明らかに木津川流域・淀川流域で突出しており、単に首長墳としての位置付けが可能だとしても、その存在は単独で系譜が後に続くことはなく、在地の勢力としての性格は希薄とすべきであろう。むしろ、ヤマトの古墳時代前期前半の王墓ないし王墓級の大型前方後円墳に準ずるものとして評価できる。しかも、卑弥呼の墓ともされる最古の巨大古墳である箸墓古墳の三分の二相似形となる可能性が指摘されている。後円部墳端は地形に沿って一段分省略されているが、箸墓古墳の三分の二規模で四段築成の各段がほぼ一致し、前方部の墳端の位置や先端が撥形に開く点も整合する。そして、墳丘の高さや後円部と前方部の比高差もほぼ一致し、立体的にも極めて高い整合性をもつのである。箸墓古墳と椿井大塚山古墳との類似性は高く、その被葬者像を考える上で大きな注目点となる。また、かつて小林行雄が描いた三角縁神獣鏡の配布仲介者としての椿井大塚山古墳の被葬者像[6]は、そのまま三角縁神獣鏡多量埋納の天理市黒塚古墳の被葬者像と重なることとなり、三角縁神獣鏡の同笵・同型鏡分有関係図は日本列島に二大拠点をもつこととなった[7]。ところで、『記・紀』には、椿井大塚山古墳の所在する南山城が武埴安彦の反乱伝承の舞台として登場する（『古事記』崇神天皇条、『日本書紀』崇神天皇十年九月条）。「邪馬台国を盟主とする倭国の時代」から「ヤマト王権の時代」への変革期、初代のヤマト王権に拮抗しその権威を簒奪しようと企てた勢力が『記・紀』に伝承されているのである。この伝承の登場人物をみると、まず、初代のヤマト王権の王と考えられる崇神天皇は、『日本書紀』に「御肇国天皇」、『古事記』で「初国所知らしし御真木天皇」と記し、「はつくにしらすスメラミコト」と修飾されている。陵墓としては柳本行燈山古墳が比定されている。また、不思議な少女の歌の意味を解読したのは、『日本書紀』では崇神天皇の姑で大物主神の妻である「倭迹迹日百襲媛命（ヤマトトトヒモモソヒメ）」であり、陵墓として箸墓古墳が比定されている。そして、南山城に勢力を持つ武埴安彦（『古事記』では健波邇安）は崇神天皇の庶兄にあたり、ヤマト王権の成立期における動乱の主役として登場し、その反乱を鎮圧したのが四道将軍のひとり大彦（『古事記』では大毘古）となっている。『記・紀』が編纂された奈良時代にあってもなお、大和東南部の王墓と南山城の椿井大塚山古墳を結びつける伝承が記憶されて

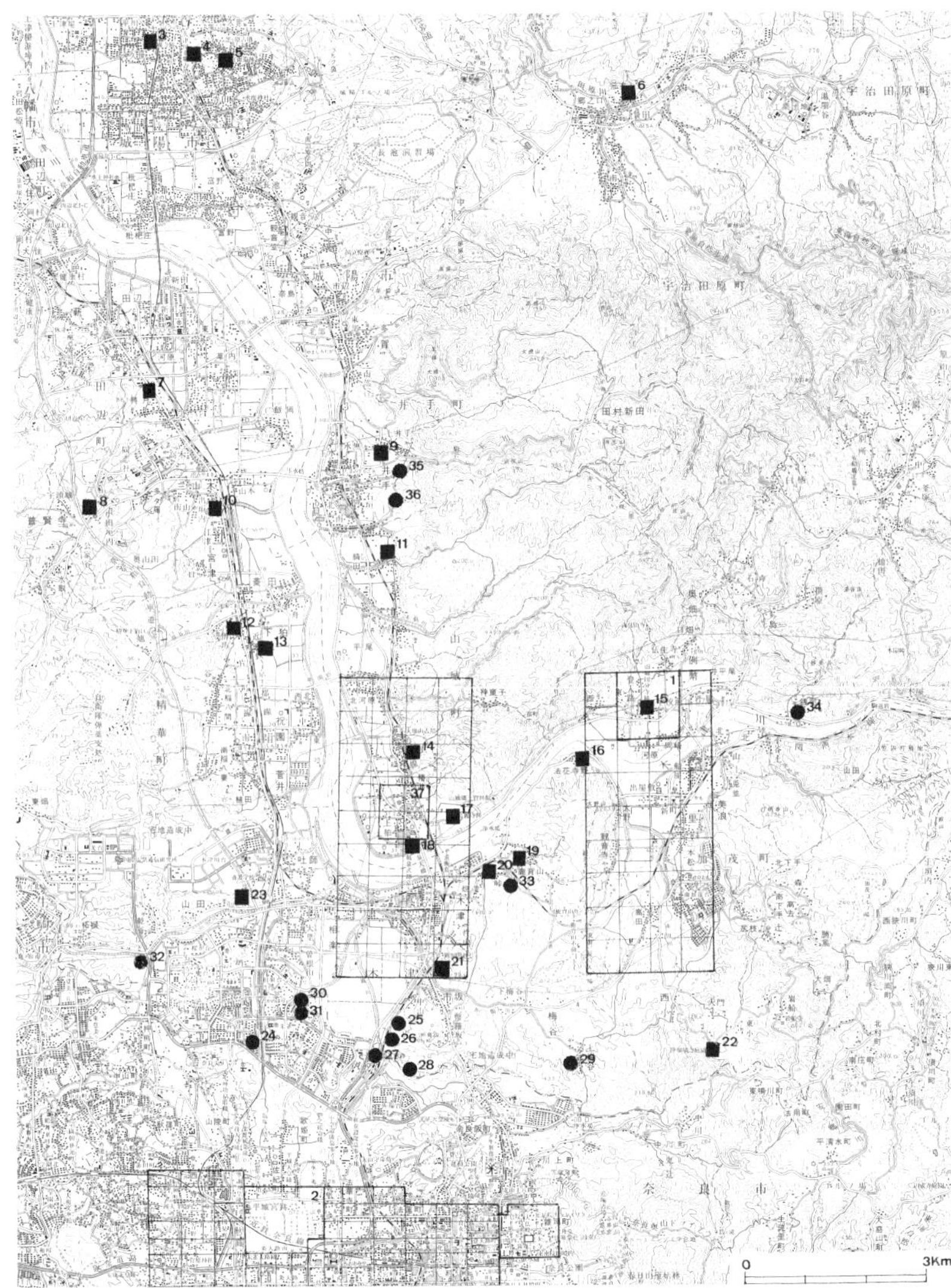

1．恭仁宮跡　2．平城宮跡　3．平川廃寺　4．久世廃寺　5．正道廃寺　6．山瀧寺跡　7．興戸廃寺　8．普賢寺　9．井手寺跡　10．三山木廃寺　11．蟹満寺　12．下狛廃寺　13．里廃寺　14．松尾廃寺　15．山背国分寺跡　16．法華寺野遺跡　17．高麗寺跡　18．泉橋寺　19．鹿山寺跡　20．燈籠寺廃寺　21．神雄寺跡　22．釈迦寺跡　23．樋ノ口遺跡　24．山陵瓦窯跡　25．上人ヶ平遺跡　26．御陵池東瓦窯跡　27．歌姫瓦窯跡　28．瀬後谷瓦窯跡　29．梅谷瓦窯跡　30．音如ヶ谷瓦窯跡　31．歌姫西瓦窯跡　32．乾谷瓦窯跡　33．鹿背山瓦窯跡　34．銭司遺跡　35．石橋瓦窯跡　36．岡田池瓦窯跡　37．山背国衙？

図3　南山城の古代寺院位置図（中島正「恭仁宮大極殿施入前の寺院に関する憶測」（『考古学論叢』坪井清足先生卒寿記念論文集、2010年）より転載）

いたのである。

五世紀代の南山城では強大な地方勢力（首長系譜）は久津川古墳群に引き継がれるが、その勢力が衰退した六世紀代には、古墳で見る限り南山城の地には大きな勢力は存在しない。後の山城国内における古墳時代後期は、北山城で嵯峨野に新たな卓抜した首長系譜（天塚古墳～蛇塚古墳）が誕生し、宇治郡域に単発的な首長（宇治二子塚古墳）が登場するが、南山城では中期の卓抜した首長系譜が途絶えたあと、モザイク状の地域支配がなされたようである。南山城の後期古墳を特徴づけるのは、その地域相である。古墳の主体部として積極的に横穴式石室を採用する地域、木棺直葬に固執する地域、横穴墓が稠密に分布する地域に分けることができるのである。山城地域における横穴式石室の導入は、五世紀末（陶邑編年ＴＫ四七型式）の木津川市山城町の天竺堂一号墳で先駆的に開始され、六世紀前半（陶邑編年ＭＴ一五型式）には南山城の群集墳に採用されて拡散する。この天竺堂一号墳で先駆的に横穴式石室が導入された時期、近傍の椿井大塚山古墳後円部の裾では、仰向けにした須恵器杯蓋の中に滑石製紡錘車が入った状態で、あたかも祀られたように出土しているのである。(8) 南山城における横穴式石室という新たな墓制の導入期、特別な祖霊を必要とした新たな勢力があったとすべきであろう。ところで、この椿井大塚山古墳における「もう一つの墓前祭祀」が行われた頃の同時代資料として、埼玉県行田市の「稲荷山古墳出土金錯銘鉄剣」と熊本県和水町の「江田舟山古墳出土銀錯銘太刀」が有名である。稲荷山古墳の鉄剣には、被葬者と関連付けて考えられる乎獲居（ヲワケ）が雄略天皇に仕える杖刀人首（武人）であり、その八代前の始祖が崇神天皇に仕えたオオヒコであるとする「王統譜」を記している。五世紀後半の雄略天皇の時代、奈良時代の『記・紀』に記された武埴安彦の反乱伝承の登場人物が、稲荷山古墳の鉄剣に「王統譜」として登場するのである。さらに、『日本書紀』雄略天皇七年是歳条には、百済からの渡来技術者らを「今来才伎（イマキノテヒト）」と記し、「陶部高貴、鞍部堅貴、画部因斯羅、錦部定安那錦、訳語卯安那ら」を「新漢」としている。この五世紀後半の渡来人をあえて「今来」と表現する意識は、それ以前の渡来人を「古渡」とみなす『日本書紀』編者の観念が反映しただけではなく、この時期の技術革新の様子を表しているると言えよう。ここで注目すべきは、「訳語卯安那」が「今来才伎」に入っていることである。訳語は通訳の技術だけではなく、漢字を媒介とする記録や外交に大きく貢献したことは疑いない。列島における歴史認識の成立にはたした渡来人の役割は、極めて大きいのである。なお、江田舟山古墳の鉄剣には、被葬者と関連付けて考えられる先利弖が雄略天皇に仕える典曹人（文人）であることが記されている。「獲加多支鹵」の時代に「稲荷山古墳出土金錯銘鉄剣」や「江田舟山古墳出土銀錯銘太刀」などの金石文が列島内に出現することは、決して偶然ではない。[9] この時代以後の記録（伝承）が、後の『日本書紀』『古事記』などの編纂の基礎となったと考えられるのである。

かつて石田茂作は、飛鳥時代の寺の付近には多くの古墳があることから、「古墳と寺と氏族とは不可分の三角関係に於いて考えねばならぬ」と指摘している。[10] これは、初期の寺院と後・終末期の古墳は矛盾対立するものではなく、豪族層の共通の信仰基盤に共存していると考えるのである。したがって、古墳の機能を継承する氏寺の発生は、古墳から寺院へのスムーズな転換が行われたと単純化すべきではなく、むしろ共通の信仰基盤に立脚するものとして共存したとすべきであろう。古墳の被葬者は、大和朝廷の中央集権化にともなう氏族制度の再編過程で氏神（霊異神）＝祖先神と観念され、歴史認識（伝承）の基盤となるのである。『日本書紀』推古天皇元年（五九三）正月十五日、法興寺（飛鳥寺）の塔心礎に仏舎利が埋納される。この時、心礎周辺に置かれたものが後に発掘されており、勾玉・管玉・小玉等の玉類、金環、銀環、金・銀の延板・小粒、金銅製飾金具類、青銅製馬鈴、蛇行状鉄器、挂甲、刀子等が出土している。[11] それらは、まさに同時代の古墳の副葬品そのものと言ってもよいほどのものである。そして、推古天皇十四年（六〇六）、法興寺に丈六本尊を安置した年以来、寺ごとに四月八日と七月十五日に設斎したと『日本書紀』は記している。これが「灌仏会」と「盂蘭盆会」の始まりである。飛鳥時代から奈良時代の仏教信仰の主流が「祖霊追善」であったことは、よく説かれることであるが、寺院における「祖霊追善」の行事を代表するのが「盂蘭盆会」である。まさに古墳における「墓前祭祀」と共通するのである。

『日本書紀』欽明天皇三十一年（五七〇）、越の海岸に漂着した高句麗の使節は、「近江の北の山」を越え、船で琵琶湖を縦断して宇治川を下り木津川を遡って、南山城の高槭館に迎え入れられ、相楽館において饗応されている。これは、倭国（大和王権）と高句麗との正式な国交を示す最初の記事である。この時、高句麗では平原王が王位にあったが、隣国新羅では真興王の治世下で国力が強大化しており、新羅・百済との対抗上、高句麗は倭国との緊密化を企図したものと考えられる。その後、使節が携えた国書は、『日本書紀』敏達天皇元年（五七二）、敏達天皇の百済大井宮に送られて解読されるが、使節内の内紛により返書を待たずして帰国することとなる。この古代の迎賓館ともいえる高槭館（相楽館）が設けられた地（『和名類聚抄』にいう山城国相楽郡大狛郷・相楽郷・下狛郷）は、現在の京都府木津川市・相楽郡精華町に比定されている。また、貞観三年（八六一）の『日本三代実録』に記す大伴氏の家記によると、『日本書紀』欽明天皇二十三年（五六二）の大伴狭手彦の高句麗攻略記事と関連して、この時の俘囚が山城国の狛人となったとしている。また、『日本書紀』欽明天皇二十六年（五六五）には、高麗人の頭霧利耶陛（ズムリヤヘ）らによる九州の筑紫への渡来記事があり、彼らは山城国に安置されて、畝原・奈羅・山村の高麗人の祖となったことを記している。なお、奈羅はかつての久世郡那良郷（現在の京都府八幡市上奈良・下奈良）にあたり、畝原・山村はかつての大狛郷・下狛郷付近のことを指していると考えられる。北山城が新羅系渡来氏族・秦氏の勢力圏であるのに対し、南山城は、かねてより、高槭館（相楽館）が設けられる以前から高句麗系の人々の偏在する地域だったのである。高句麗移民が日本列島に渡来するルートとしては、「頭霧利耶陛らの渡来記事」

に見るような、朝鮮半島から対馬海峡を横断して北九州に上陸するという方法の他に、「高句麗使節来朝記事」に見るような、高句麗東岸から対馬海流や北西の季節風を利用して直接日本海を渡り北陸に上陸する方法が存在した。『日本書紀』によれば、敏達天皇二・三年（五七三・四）、天智天皇七年（六六八）来朝の高句麗使節は、いずれも越の沿岸に到着している。高槭館（相楽館）が設けられた相楽郡は、北陸地方と大和を結ぶ交通ルートの要衝に位置しており、七世紀初頭、ここに高麗寺が建立されるのである。

仏教文化導入の初期、飛鳥時代の仏教の担い手としては、蘇我氏と上宮王家以外に、渡来系の人々の存在が大きいことは、すでに多くの先学が指摘しているところである。(12) 後の山城国の寺院造営は、北山城は葛野郡の北野廃寺と南山城は相楽郡の高麗寺で、高麗寺がやや先行して開始される。その時期は、蘇我氏の氏寺・飛鳥寺の造営が終了する前後の時期、七世紀第Ⅰ四半期のことである。しかも、両寺とも、渡来系氏族・秦氏と高麗氏の両拠点に営まれた。北山城においては、五世紀の後半以後、葛野郡を拠点として渡来系氏族・秦氏の勢力が増大し、在地の勢力を駆逐・融合することによって、六世紀の後半には、北山城一体に絶大な影響力をもつようになる。七世紀初頭に秦氏は、自らの拠点でいちはやく造寺活動を開始する。そこには、蘇我氏・上宮王家との密接な関係が伺えた。北山城における七世紀第Ⅳ四半期までの長い造寺活動の空白については、秦氏の隔絶した勢力に起因すると解釈したい。南山城においては、六世紀代において隔絶した勢力は存在しない。そのかわり、古墳において、横穴式石室を採用する地域（相楽郡）、しない地域（久世郡）、横穴墳と横穴式石室墳が混在する地域（綴喜郡）の区別が可能である。七世紀初頭において、渡来系氏族・高麗（狛）氏がいちはやく造寺活動に着手するが、蘇我氏・上宮王家と関係をもち得たのは高麗氏のみではなく、久世郡の在地勢力があり、綴喜郡では独自の造寺活動もみられた。七世紀後半になると、軒瓦の様相は北山城同様、相楽郡と久世郡の氏族に融合がみられる。南山城の古墳と寺院をみるとき、仏教文化導入の背景には木津川を介した文化の先取性と渡来人の存在が大きい。特に、北山城のように同じ渡来系氏族ではあるが秦氏のような隔絶した勢力が存在しない南山城においては、弱体化した旧豪族と高麗氏のような渡来系氏族が混在しており、そのモザイク構造が仏教文化導入の背景として存在するのである。南山城の古代豪族は、時の中央政権の新たな政治秩序を柔軟に受け入れる素地を持っていたのである。飛鳥寺造営を契機とした寺院造営の波及は、山城国において七世紀第Ⅰ四半期に高麗寺と北野廃寺に及ぶが、主要堂塔（塔、金堂、講堂他）を備えた「伽藍」と呼べるような体裁を整えたかどうかは疑問である。伽藍と呼べるような形態が確実に認められるのは、今のところ七世紀の後半に至ってからである。それ以前に端緒を見出せる寺院においても、この時期に伽藍が整備されたと考えられるものがほとんどである。当時はまだ捨宅仏教、草堂仏教の時代であり、寺院を予想させる建築資材としての瓦の出土によってのみ想定されるものである。

なお、『日本書紀』推古天皇三十二年（六二四）段階での「寺四十六所」に該当する寺院は、ほぼ後の畿内の範囲に限定でき、山城国内でも南山城では高麗寺、里廃寺、北山城でも北野廃寺、広隆寺程度となろう。いずれにしても、渡来系氏族・高麗氏と秦氏の両拠点に営まれた。

三　国家仏教の完成と在地寺院

律令国家の仏教政策の根幹をなすものは、官僧集団の形成と官寺体制の整備にある。その志向はすでに天武朝にあり、後に聖武朝の諸国国分寺体制の基本構想となるのである。仏法統制と仏法興隆の主導権を名実ともに確立した天武朝は、官寺制の整備により「中央集権的国家仏教」を志向したと考えられる。天武天皇九年（六八〇）

四月、国の大寺二・三以外の諸寺は「官司治むるなかれ」として、その内実はどうあれ、官寺体制の頂点に立つ官大寺以外の氏寺（私寺）を抑制するのである。しかし、『扶桑略記』によると持統天皇六年（六九二）、天下の諸寺は五四五ヶ寺に達し、推古三十二年から約七十年で十倍以上に増加したことになるのである。七世紀後半代の天武・持統期（白鳳期）が、本格的な伽藍整備を伴う氏寺の造寺活動の大きなピークなのである。その波及は陸奥国から肥後国の範囲に及び、当時の国家領域の大半をカバーする。

この伽藍造営の波及は、南山城において川原寺式軒丸瓦と瓦積基壇の使用により顕著な傾向を示す。川原寺式軒丸瓦とは、言うまでもなく大和の川原寺創建期に使用されたものを標識とする、面違鋸歯文縁複弁八弁蓮華文軒丸瓦とその退化型式を言う。山城国内では、特に相楽郡・久世郡の古代寺院に集中して出土し、相楽郡の高麗寺跡・蟹満寺・泉橋寺・松尾廃寺・里廃寺・下狛廃寺、久世郡の平川廃寺・久世廃寺・正道廃寺・広野廃寺、綴喜郡の山滝寺跡・普賢寺で確認されている。なお、北山城においても、宇治郡の大鳳寺跡、紀伊郡の御香宮廃寺、乙訓郡の宝菩提院廃寺でこの型式が出土する。山城国内における川原寺式軒丸瓦出土の偏在ぶりは明らかであろう。南山城、特に相楽郡・久世郡における川原寺式軒丸瓦の稠密な分布については、以前から「壬申乱の論功行賞」的な要因を想定する説(13)や「川原寺の寺領」との関連で捉える説(14)、時の政権中枢部（官）における「主要交通路の確保」の過程を示すとする説(15)などが唱えられ、その政治的・経済的な意義付けがなされてきた。しかし、高麗寺跡と蟹満寺から出土する川原寺式軒丸瓦を検討すると、山城国における七堂伽藍の造営は高麗寺の伽藍整備をもって開始されたと考えられ、天智天皇の大津宮遷都以後、宮周辺に営まれた諸寺の造営と連動する。そして、南山城における伽藍造営の伝播は、まず、高麗寺系軒丸瓦（高麗寺B系統）を用いて普及するが、その場合の定点となるのが高麗寺同笵例を出土し高麗寺に近接する蟹満寺であった。この伝播は、高麗寺の伽藍造営第Ⅱ段階

（南門他周辺整備期造営期）に連動するのである。なお、蟹満寺からは、大和の紀寺（小山廃寺）創建期軒丸瓦同笵例が出土しており、山城東北部の宇治郡・紀伊郡・愛宕郡に偏在する紀寺式軒丸瓦導入の契機であった可能性がある。高麗寺については、その創建の段階から一貫して山城国の拠点寺院であった。そして、高麗寺の伽藍整備が終盤に差し掛かった頃、この地に近接して新たな拠点寺院が出現する。蟹満寺である。このことは、天智そして天武・持統と続く国家仏教の形成期にあって、その意志の本質と伝播の実態がいかなるものであるかを探るためのモデルとなる。仏法統制と仏法興隆の主導権を確立したとされる天武・持統期（白鳳期）は、南山城において拠点となる寺院を成立させる。この時期の官寺体制への志向は、拠点寺院としての氏寺の公（官）的要素を増幅する方向にあった可能性があるのである。さらにこのことは、平城遷都以後、恭仁宮造営時に新調されたと考えられる軒瓦との密接な同笵関係をもつ寺院が、山背国の中核寺院として一国の仏事を修するに足る要件と同質のものとなる。その要件とは、朝廷・国衙との密接な関係であり、後の山背国分寺に匹敵する仏教儀礼の場としての素地と言えよう。高麗寺、平川廃寺は、ともに聖武朝以前から朝廷との特別な関係があり、近接して燈籠寺廃寺、久世廃寺が、山背国分寺との関係を有していた。高麗寺―燈籠寺廃寺、平川廃寺―久世廃寺の関係は、後の国分（僧・尼）二寺の関係を彷彿とさせ、近接する官衙の存在は、その公（官）的性格を示している。井手寺については、橘諸兄との密接な関係が予想されるが、単なる地方寺院とは考えられないその格式は、前代からの寺院を圧倒している。しかもその位置は、相楽郡北端の恭仁京北郊の地であり、近傍には橘諸兄の相楽別業や玉井頓宮の所在も比定されている。北山城の葛野・乙訓郡への国衙の移転が、都に隣接してなされた様相を想起させる。諸国国分寺体制が整う新たな時代の寺院である。(16)

以下、奈良時代までの南山城における中核寺院と考えられる高麗寺、蟹満寺、井手寺、平川廃寺について概観する。

一　高麗寺

恭仁京右京に所在し木津川を望み南面する高麗寺は、蘇我馬子による飛鳥寺創建瓦と同笵品が使用される飛鳥時代（七世紀初頭）に小規模な寺院として創建されるが、伽藍整備は天智天皇発願の川原寺金堂創建瓦との同笵品により大津宮遷都（六六七年）前に開始され、瓦積基壇を用いた南山城の寺院造営の先駆けとなる。伽藍整備期に使用された軒丸瓦は、川原寺同笵瓦とそこから派生した高麗寺式の製品であり、伽藍配置は「川原寺式」から「法起寺式」へと変化する初例と考えられるが、南門・中門・金堂が南北一直線に並ぶ特異な構造である。蘇我氏との密接な関係により創建され、天智朝の直接的な関与により整備された高麗寺の伽藍は、奈良時代になっても平城宮の外港である泉津に面した寺院として、また恭仁京内の大寺として維持され、一貫して山背国の中核寺院であり続けた。伽藍は桓武朝における大規模な修理を最後として凋落の様相を示すが、十二世紀代までは何とかその命脈を保ったようである。出土軒瓦には、恭仁宮造営時に新調された軒瓦のセットが出土しており、恭仁宮式文字瓦である「中臣」、「太麻呂」、「乙麻呂」銘刻印瓦が出土することは重要である。この種の文字瓦は、恭仁宮造営のために設置された西山瓦屋の製品である。なお、高麗寺の寺域西方には、近接して第一次山城国衙推定地があり、恭仁京右京の中軸線と考えられる「作り道」がこの国衙推定地を貫く。また、この道路の木津川渡河地点には行基により泉橋が架けられ、橋のたもとには行基創建の四九院のひとつ発菩薩院泉橋院（泉橋院）や、隣接して別に隆福尼院と泉布施屋があった。泉橋院と隆福尼院の二寺は、『行基年譜』によると恭仁京造都直前の天平十二年（七四〇）に建てられており、遷都後の翌年三月には泉橋院で聖武天皇と行基が歴史的な対面をしている。さらに、高麗寺の木津川対岸には、国分尼寺説のある燈籠寺廃寺が、泉津の市司跡と考えられる上津遺跡に隣接して所在する。(17)

二　蟹満寺

蟹満寺は、木津川東岸の棚倉山裾に立地し、高麗寺と井手寺跡の中間に位置する真言宗智山派の名刹である。国宝本尊の銅造釈迦如来坐像は、数少ない初期丈六金銅仏の中にあって、わが国仏教美術史上の最高傑作とされる薬師寺金堂の薬師如来坐像に比肩しうる秀作である。しかし、このように優秀な仏像でありながらもその由緒・伝来がはっきりしないため、その来歴の謎をめぐって長い間論争（蟹満寺論争）が繰り広げられてきた。記録では、長久四年（一〇四三）頃に成立した『大日本国法華経験記』や『今昔物語集』などに、蟹にまつわる寺号起因説話（蟹満寺縁起）が収録されており、現在の蟹満寺も蟹供養放生会を催す寺院として著名である。寺名の蟹満寺は、古く蟹満多寺・紙幡寺とも記されており、『和名類聚抄』に記す蟹幡（加無波多）郷に由来し、蟹満寺の本来の寺名も郷名を冠して訓じられたものであろう。創建は高麗寺の伽藍整備と連動しており、白鳳創建期軒丸瓦のうち三型式は高麗寺と同笵である。うち、圧倒的多数を占める型式は、高麗寺の伽藍整備第Ⅱ段階（南門他周辺整備期）に先行し、蟹満寺から高麗寺へ笵が移動したことは明らかである。蟹満寺の創建は七世紀の末葉を大きく下ることはない。しかも、蟹満寺は紀寺（小山廃寺）と同笵関係をもつ点においても、大和・山城の中核寺院と結びついている。発掘調査では、丈六金銅仏に相応しい巨大な金堂跡を検出しており、高麗寺同様、中央政府との密接な関係を示唆している。創建後の蟹満寺金堂は、大火により焼亡する。その時期については、最後の屋根の補修時期から類推することが可能である。出土瓦は「山背国分寺系列」の製品であり、九世紀中頃の山城国分寺復興時期以後と考えられる。この罹災による被害が甚大であったことは、その後の復興が遅々として進まない状況からみて想像に難くない(18)。

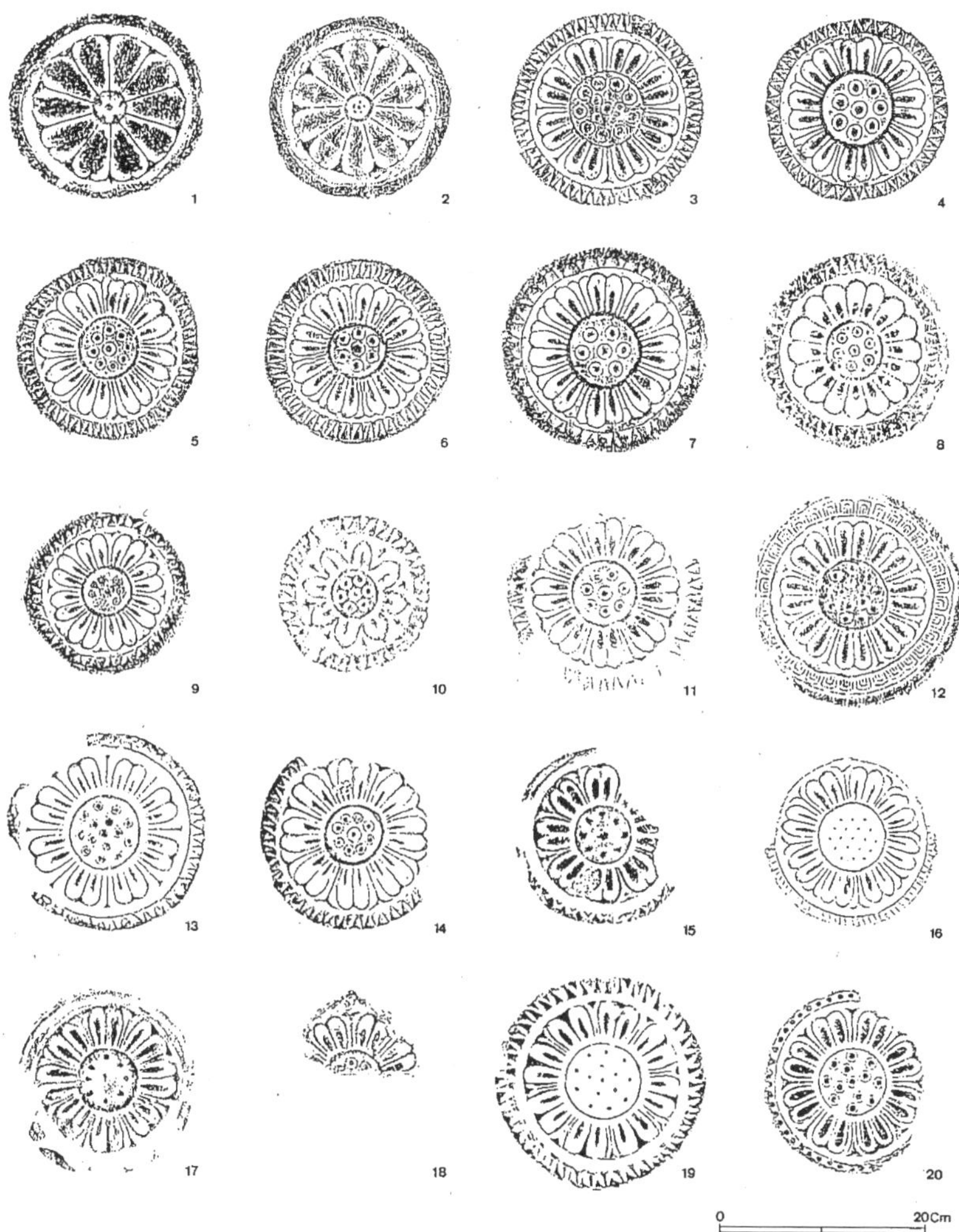

高麗寺跡（1. KmM11A　2. KmM11B　3. KmM21　4. KmM22　5. KmM23　6. KmM24　7. KmM25　8. KmM26　9. KmM27　10. KmM28）　里廃寺（11）　蟹満寺（12. KnM21）　平川廃寺（13. C型式）　正道廃寺（14. Ⅷ型式）　久世廃寺（15）　普賢寺（16）　志水廃寺（17）　山瀧寺跡（18）　大鳳寺跡（19. NM01）　岡本廃寺（20. NM01）
なお、同笵関係の明らかなものは他遺跡出土完好例を用い、一部合成復元した。

第4図　南山城の古代寺院出土軒丸瓦拓影（中島正「南山城における伽藍造営の伝播」（『堅田 直先生古希記念論文集』1997年）より転載）

三　井手寺跡

木津川の東岸、上井手の台地上に立地する井手寺（井堤寺・円堤寺）跡は、井手左大臣 橘諸兄創建と伝える寺院である。木津川の対岸には京田辺市飯ノ岡の丘陵を間近に望み、伽藍の南側は玉川の深い渓谷となっている。この井手寺近郊には、恭仁京遷都前に聖武天皇の行幸を得た橘諸兄の相楽別業や、聖武天皇の東国巡行最終日にとどまった玉井頓宮跡の所在も比定されており、恭仁京右京北郊の地とすることができる。伽藍の創建時期については、天平十二年の前記行幸記事から、橘諸兄が母（県犬養宿禰橘三千代）の一周忌にちなんで創建に着手したとする意見もあるが、出土屋瓦で見る限り寺容が整うのは平城還都後と考えるべきであろう。伽藍配置の大要については いまだ判然としないが、凝灰岩による切石積基壇で構成されたと考えられる中心堂塔とともに、食堂、三面僧坊をそなえた様相は、単なる地方寺院とは考えられない格式をもったものであることは明らかである。出土軒瓦の様相からは、井手寺と恭仁宮・山背国分寺との密接な関係をもつが、特に恭仁宮式文字瓦の「刑部」銘刻印平瓦や「廣橋」銘の刻印を押捺した丸瓦が出土している。他には三彩の垂木先瓦も出土しており貴重である。なお、井手寺南西の玉川の北岸で、平城遷都により藤原京から移された大官大寺（後の大安寺）の創建瓦を生産した石橋瓦窯跡（棚倉瓦屋）がある。また、この付近は、葛城王時代から諸兄ゆかりの「蟹幡（綺）郷」に属すと考えられ、橘氏の勢力圏であった。恭仁京が置かれた相楽郡の北端にある橘諸兄の拠点には、官の大寺である大安寺の「棚倉瓦屋」や岡田池瓦窯跡があり、木津川という流通手段も確保しているのである。(19)

四　平川廃寺

木津川の東岸、宇治丘陵の南裾に形成された扇状地上に立地する平川廃寺は、法隆寺式の伽藍配置をもち、造営氏族として高句麗系渡来氏族である黄文連氏をあてる説がある。調査では、いわゆる高句麗系楔型間弁をもつ軒丸瓦が出土しており、その創建は七世紀前半に遡る可能性を持つが、伽藍の整備は七世紀後半に降り、退化した山田寺式や川原寺式軒丸瓦を用いて伽藍が整えられたようである。その後、恭仁宮造営時に大規模な修理がなされた。塔・金堂基壇はともに瓦積で、塔基壇側面上半分は漆喰で固められていた。廃絶時期は、平安初頭に焼失したものと考えられている。なお、平川廃寺に近接して久世廃寺があるが、ここからは奥山廃寺式や平川廃寺同様の高句麗系軒丸瓦が出土しており、その創建はやはり七世紀前半に遡る。伽藍整備についてもやはり平川廃寺と連動しており、山田寺式や川原寺式軒丸瓦を用いて七世紀後半に降る。伽藍配置は平川廃寺と異なり法起寺式となっている。平川廃寺が所在する久世郡で注目されるのは、栗隈（前）氏（栗隈県主）と山代（背）氏（山背国造）の存在である。この地域では、大化前の古い段階で強い郡域支配が行われていた。しかも、久世郷では、近接して久世廃寺・正道廃寺・平川廃寺の三ヶ寺が七世紀中頃までに造営を開始し、その中核に久世郡衙と考えられる官衙施設が展開するのである。この状況は恭仁宮造営以後も継続しており、恭仁宮との同笵関係は平川廃寺ほど密接ではないが、久世廃寺・正道廃寺ともに同笵例を所持しており、特に久世廃寺は山背国分寺との同笵関係が顕著である。(20)

まとめ

飛鳥・白鳳時代の豪族層が建立した寺を「氏寺」、その仏教を「氏族仏教」とよぶのは、単に氏族がその寺院を経済的に維持し、仏教を信仰したという意味にとどまらない。これは、『盂蘭盆経』に説くところの「七世父母報恩」の祖先信仰が、族長層の祖先崇拝に結びついたもので、氏神の信仰に対応する。既述したように、古墳の造営と寺の建立はなんら矛盾しないのである。したがって、仏教受容の端緒は渡来系氏族が開くとしても、渡来系氏族のみが氏寺の造営の受容は容易である。むしろ、地域共同体共通の霊を祀る新たな形態と考えれば、その受容は容易である。

南山城における古代寺院の普遍性と特異性は、仏教文化導入の初期にあってはその先取性にある。そこには、交通の要衝としての木津川の存在と、渡来人を介した地域勢力のモザイク状構造があった。旧来の勢力はすでにこの時期に弱体化しており、時の中央政権の新たな政治秩序を柔軟に受け入れる素地を持っていたのである。『日本書紀』推古天皇二年（五九四）二月丙寅朔条に「皇太子及び大臣に詔して、三寶を興し隆えしむ。是の時に、諸臣連等、各君親の恩の為に、競ひて佛舎を造る。即ち是れを寺と謂う。」として、「三宝興隆詔」が発せられる。これは、祖霊供養と倭王への報恩を不即不離の関係として結びつけており、飛鳥仏教の国家仏教的側面を示しているといえよう。歴史認識の成立と祖霊供養の観念は、仏教受容の前提となるのである。南山城におけるこの先取性は、中央政権の強力な意思のもと、氏族仏教の中にある公的要素を当初から予感させるものであった。このことは、諸国国分寺体制の成立にあっても、国衙の管理体制へのスムーズな順応を可能としたのである。

諸国国分寺体制が成立すると、南山城の寺院ネットワークにも変化が生じる。国単位での仏教統制の体制が国分寺を中心として成立し、中央政権の意思を介した山背国衙の影響が大きくなる。そして、この影響は、山間部に立地する境界の寺に広がる新たな寺院ネットワークを形成していくのである。特に、神雄寺においては、日常的な湧水（聖水）の祀りとともに、特別な儀礼（大規模な燃燈供養、歌会（仏前唱歌）、舞楽等）の様相が明らかとなった。(21)

南山城における古代寺院とその出土瓦を見る限り、従来説かれてきた氏族仏教から国家仏教へとする図式は成立しない。むしろそこにあるのは、古代寺院における公（官）的要素の軽重であり、地域の拠点寺院であるか否かの差である。氏族仏教と国家仏教の相克において、公的側面が表面化していく過程と理解したい。ここに、南山城における古代寺院の普遍性と特異性があるのである。

注

（1）薗田香融「国家仏教と社会生活」（『岩波講座日本歴史』四、岩波書店、一九七六年）。

（2）中島正『氏族仏教と国家仏教の相克』（明治大学大学院文学研究科二〇一四年度博士学位請求論文、二〇一四年）に詳述。

（3）筆者による下記の発表の内容をまとめたものである。「南山城の古代寺院――高麗寺・蟹満寺の様相から」（早稲田大学重点領域研究機構　東アジア「仏教」文明研究所科研基盤（A）「文明移動としての「仏教」からみた東アジアの差違と共生の研究」早稲田大学、二〇一二年）、「南山城の仏教遺跡について」（研究座談会「上代南山城における仏教文化の伝播と受容」公益財団法人仏教美術研究上野記念財団、二〇一三年）。

（4）南山城の古代寺院については、同志社大学歴史資料館『南山城の古代寺院』（同志社大学歴史資料館調査研究報告第九集、二〇一〇年）の記述を基礎とし、以下その後の筆者の知見を加えている。

（5）南山城の瓦窯跡については、（財）京都府埋蔵文化財調査研究センター『奈良山瓦窯跡群』（京都府遺跡調査報告書第二七冊、一九九九年）の記述を基礎とし、その後の木津川市による「奈良山瓦窯跡群史跡指定具申書」の内容を加えている。

（6）小林行雄「古墳の発生の歴史的意義」（『史林』第三八巻第一号、一九五五年）、『古墳時代の研究』（青木書店、一九六一年）。

（7）奈良県立橿原考古学研究所他編「黒塚古墳調査概報」（一九九九年）、天理市教育委員会『史跡黒塚古墳整備事業報告書』（二〇〇五年）、奈良県立橿原考古学研究所付属博物館他『大古墳展　ヤマト王権と古墳の鏡』展示図録（東京新聞、二〇〇一年）。
（8）山城町教育委員会『椿井大塚山古墳』（京都府山城町埋蔵文化財発掘調査報告書第二一集、一九九九年）。
（9）上田正昭「渡来人と古代日本」（『渡来人』別冊人物読本、河出書房新社、一九八五年）。
（10）石田茂作「佛教の初期文化」（『岩波講座日本歴史』岩波書店、一九三四年）。
（11）奈良国立文化財研究所『飛鳥寺発掘調査報告』（奈良国立文化財研究所学報第五冊、一九五八年）、飛鳥資料館『飛鳥寺』（図録第一五冊、一九八六年）。
（12）田村圓澄『飛鳥仏教史研究』（塙書房、一九六九年）。
（13）高橋美久二「山城国葛野・乙順両郡の古瓦の様相」（『史想』一五、京都教育大学考古学研究会、一九七〇年）。
（14）山崎信二「後期古墳と飛鳥白鳳寺院」（『文化財論叢』奈良国立文化財研究所、一九八三年）。
（15）森郁夫「畿内における平城宮式軒瓦の一側面」（『國學院雜誌』七八―九、國學院大學、一九七七年）。
（16）中島正「恭仁宮大極殿施入前の寺院に関する憶測」（『考古学論叢』坪井清足先生卒寿記念論文集、二〇一〇年）。
（17）山城町教育委員会『史跡高麗寺跡』（京都府山城町埋蔵文化財調査報告書第七集、一九八九年）、木津川市教育委員会『史跡高麗寺跡Ⅱ』（木津川市文化財調査報告書第一〇集、二〇一一年）。
（18）山城町教育委員会『蟹満寺』（京都府山城町埋蔵文化財調査報告書第十四集、一九九五年）、木津川市教育委員会『北綺田地区圃場整備事業に伴う遺跡発掘調査報告書』（木津川市埋蔵文化財調査報告書 第6集、二〇〇九年）、蟹満寺釈迦如来坐像調査委員会『国宝蟹満寺釈迦如来坐像――古代大型金銅仏を読み解く』（八木書店、二〇一一年）。
（19）中島正「井手寺跡」（『南山城の古代寺院』同志社大学歴史資料館調査研究報告第九集、同志社大学歴史資料館、二〇一〇年）、井手町教育委員会『井手寺跡発掘調査報告書』（京都府井手町文化財調査報告第一五集、二〇一四年）。
（20）小泉裕司「平川廃寺」（『南山城の古代寺院』同志社大学歴史資料館調査研究報告第九集、同志社大学歴史資料館、二〇一〇年）。
（21）中島正「神雄寺」（『南山城の古代寺院』同志社大学歴史資料館調査研究報告第九集、同志社大学歴史資料館、二〇一〇年）、木津川市教育委員会『神雄寺跡』（木津川市埋蔵文化財発掘調査報告書第一五集、二〇一四年）。

下総龍角寺の測量・GPR（Ⅱ期一・二次）調査とその意義

城倉正祥

はじめに

千葉県印旛郡栄町に所在する天竺山寂光院龍角寺は、白鳳期に創建された房総を代表する古刹である。本尊の薬師如来坐像の頭部は興福寺が所蔵する旧山田寺講堂本尊と通じる作風として知られ、国の重要文化財に指定されている。また、出土した古瓦も山田寺系の単弁蓮華文軒丸瓦と重弧文軒平瓦で、王権との深い関係性の中で龍角寺が創建された点が指摘される。瓦に関しては、龍角寺瓦窯・五斗蒔瓦窯の発掘とその出土品の研究が進み、特に文字瓦の分析が成果を上げている。一方、遺構に関しては、一九四八年以降に継続的な発掘調査が行われ、金堂・塔・回廊など創建期の伽藍配置に関する基本情報が得られているものの、伽藍中枢部の発掘調査に関する正式な報告書が刊行されておらず、「法起寺式」伽藍が想定されるが確定には至っていない。

以上の研究状況を踏まえた上で、早稲田大学文学部考古学研究室では、科学研究費補助金基盤研究（A）『文明移動としての「仏教」からみた東アジアの差異と共生の研究』の一環として、二〇一四年三月〜四月に龍角寺の測量・GPR探査という非破壊調査の計画を立てた。本稿では、龍角寺Ⅱ期調査の概要を報告するとともに、その意義についてまとめる。なお、本稿では龍角寺の遺構の分析を中心とし、出土遺物に関しては今後の整理・研究を踏まえて再論したい。また、本調査の詳細に関しては改めて報告書の形で刊行する予定である。

一　龍角寺の地理・歴史的環境

古墳時代から古代における下総地域を考える上で重要なのは、広大な内海である香取海を介した水上交通の視点である。江戸時代の利根川東遷事業や印旛沼・手賀沼の干拓によって、当該地域の景観や地域のネットワークは大きく変容したが、七世紀の龍角寺創建の歴史性を考える上で、水上交通の要衝としての位置を重視する必要がある。(1)現在の龍角寺は、西側に印旛沼の低地、東に根木名川・長沼、北に利根川を望み、古代においては香取海に突出する半島状の台地上に位置した。西岸に鬼怒川の河口、東岸に香取神宮に向かう古東海道や荒海駅があり、香取海の南岸における水陸交通の結節点であった。

龍角寺の南には龍角寺古墳群が位置し、西南側には埴生郡衙推定地、東側には古代の埋葬に関連する遺構である尾上遺跡が立地する。**図1**には標高一五メートル以下の低地にトーンを表示した龍角寺周辺の地形図を示したが、印旛沼を望む高台の狭いエリアに遺跡が集中する点がわかる。特に、龍角寺古墳群では終末期前方後円墳の浅間山古墳、日本最大級の方墳である岩屋古墳が存在し、龍角寺を造営した印波国造の一族である大生部直氏の奥津城とも考えられており、(2)当該地域は古墳時代から古代へのダイナミックな歴史的転換を文献史料と考古学資

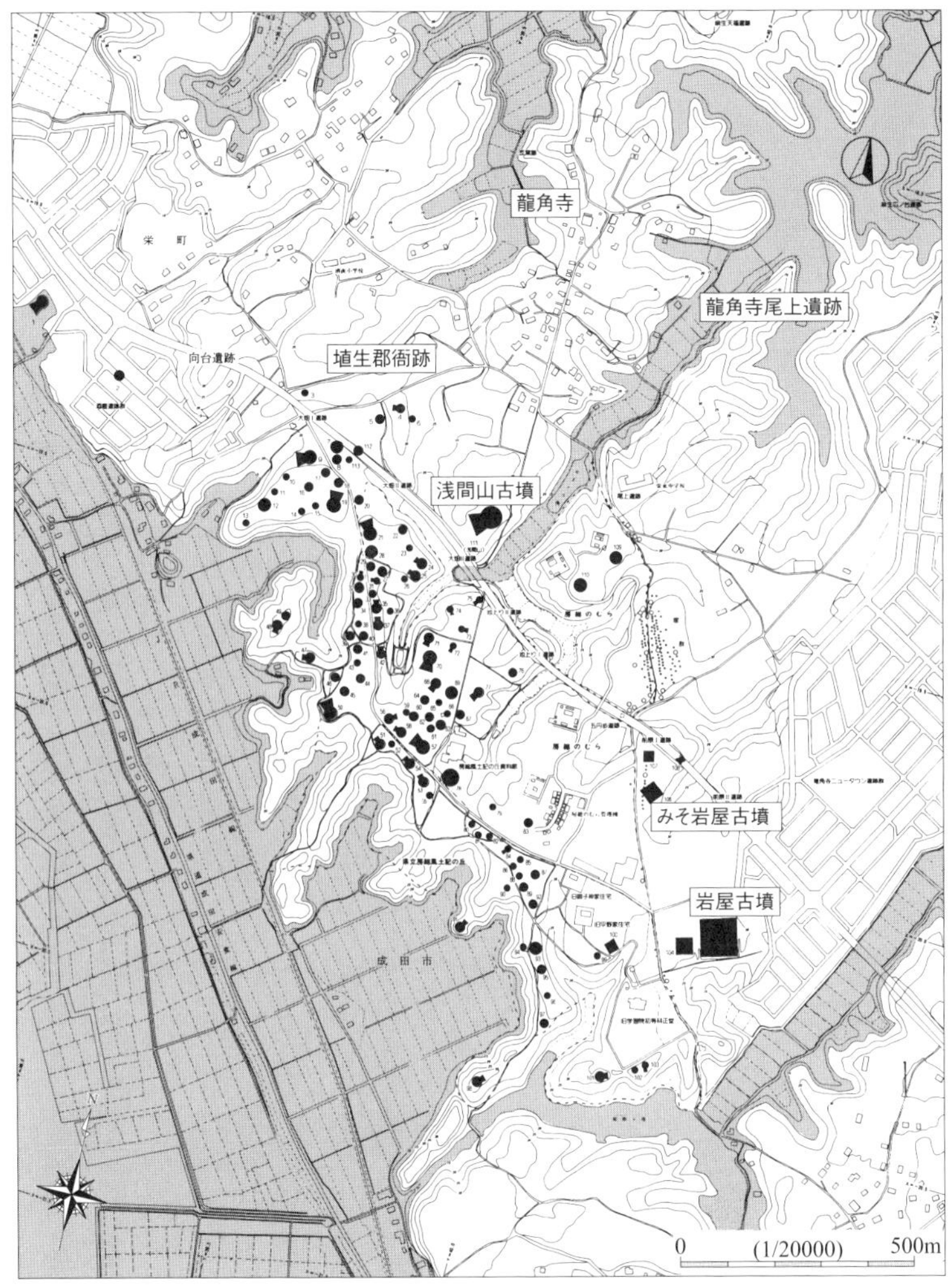

※千葉県史料研究財団 2002『印旛郡栄町浅間山古墳発掘調査報告書』千葉県　第 1 分冊の P5- 図 2 を改変して作成。
※標高 15m 以下の低地にトーンを表示。西に香取海を望み、東に内海に注ぐ小河川の支谷を望む水上交通の要衝に、墓域（龍角寺古墳群）・官衙（埴生郡衙）・初期寺院（龍角寺）・祭祀空間（尾上遺跡）が集中する点がわかる。

図1　龍角寺古墳群と龍角寺の位置

料から考究できる稀有なフィールドとして注目されてきた。しかし、研究の中心となるべき龍角寺の考古学的基礎情報が限られている点が課題となっている。戦後の考古学的調査を行ってきた早稲田大学として、過去の調査成果を整理する作業とともに、最新の非破壊的手法を用いて遺構を分析する基礎調査が急務だと考える。

二　龍角寺関連の文献史料と現存遺構

龍角寺に関する文献史料で最も重要なのは、「大縁起」及び「略縁起」である。「大縁起」は、享保七年（一七二二）の『佐倉風土記』に引用されている点から、それを遡る時期の成立が想定される。近年では、天正五年（一五七七）までの記録をまとめた「天正古本」と、それ以後の追記によって延宝（一六七三〜一六八一）頃の本文成立が推定されている。(3) 一方、参詣客に配布されるパンフレットである「略縁起」が、江戸時代後期の文化五年（一八〇八）頃に、堯珍によって作成され、「大縁起」から抜粋された龍女・小龍の龍伝説や仁王像などの霊験譚が民間に広く流布した。「大縁起」には和銅二年（七〇九）以降の主要堂塔の焼失や再建などの記録が残されるが、縁起の成立過程からしても古代〜中世に関しては、厳密な史料批判が必要である。

一方、「大縁起」以外の近世における重要史料として、明和九年（一七七二）に大森村代官所に提出された明細帳がある。明細帳では、龍角寺の建造物に関する記載、薬師堂―一宇―五間四面、三社権現―一社―一間半四方、龍神宮―一社―一間半四方、が注目される。これらは龍角寺に現存する遺構として重要だが、薬師堂・三社権現（日光三社宮）・龍神宮は、明治五年（一八七三）の明細帳にも登場する。その後、明治十九・四十年（一八八六・一九〇七）、大正三年（一九一四）の相次ぐ火災によって、龍角寺は本堂を除く主要堂宇をすべて失うことになる。元

※写真提供：千葉県栄町教育委員会。紙焼き写真をスキャンしてグレーカードで補正。
※上：旧金堂を正面から撮影した写真。下：旧金堂を西側から撮影した写真。

図2　1950年に解体された旧金堂（元禄建立）の写真

禄五年（一六九二）の火災の後に、元禄十一年（一六九八）に再建され戦後まで残った本堂（図2の写真を参照）も昭和二十五年（一九五〇）には、倒壊の危険のため解体され、明和九年の明細帳に記載された建物として現存するのは、寛文八年（一六六八）に完成した旧二荒神社（三社権現・日光三社宮）のみである（一九九〇年に造替されたため、建物自体は現存しない）。

なお、金堂以外で境内に礎石を残す建物としては、仁王門・鐘楼・塔・龍神宮がある。仁王門は大正三年の火災で焼失したとされるが、「大縁起」には寛文二年（一六六二）の全海による楼門・惣門の再興記事がある。しかし、近年の旧二荒神社の解体工事によって玄祐の寛文八年に完成したことを示す墨書銘文が見つかった(4)。鐘楼は「大縁起」に慶安三年（一六五〇）に再建された記録があるものの、焼失時期は不明である。塔については不明な部分も多いが、「略縁起」に永和三年（一三七七）に三重塔の修造記事があり、創建期も三重塔であった可能性が指摘されている。龍神宮については、明和九年・明治五年の明細帳に記載されるが、昭和七年（一九三二）には、仁王門・鐘楼とともに既に存在しない点が判明している(5)。

以上の文献史料と現存遺構の対応関係からすると、史料として信頼性が高いのは近世以降の記録であり、特に現存する主要な建物遺構である仁王門・鐘楼・金堂・龍神宮・旧二荒神社などは、中世まで真言律宗であった龍角寺が徳川幕府の仏教政策により天台宗に改宗して以降の十七世紀の建造物である点が読み取れる。現状で確認できる遺構の特徴を正確に把握し、文献史料との整合性を確かめながら近世龍角寺の様相を明らかにすると同時に、近世龍角寺の基礎となった古代〜中世の遺構に関する考古学的分析を進めていく必要がある。

三　龍角寺の測量図と現存遺構

龍角寺に現存する遺構は、右記の史料によりその由来を把握できるが、次には一九三二・一九七一・一九八八年に作成された略図・測量図を比較しつつ、その位置関係を整理する。図3は一九三二年に作成され、雑誌『新更』第四巻第一号の口絵に掲載された「龍角寺境内略図」である[6]。正確な測量図ではなく、あくまでも略図であるが、遺構間の実測値が記載されるなど重要な情報が含まれている。図4は、一九七一年に早稲田大学によって作成された初めての考古学的な測量図である[7]。原図は龍角寺を中心として龍角寺瓦窯なども含めた広い範囲が平板測量によって記録されている。図5は、一九八八年に龍角寺の境内の広がりを確認するための千葉県教育委員会の調査の際に作成された測量図である[8]。

まず、年代として最も古い一九三二年の図面では、現薬師堂（旧金堂）・鐘楼跡・中門跡（仁王門）・塔心礎・龍神社跡・鎮守堂（二荒神社）・墓地（歴代住職墓地）が記載される。現在では、念仏堂跡・地蔵堂の痕跡は認められないが、基本的な建物配置は八十年以上経過した現在も大きく変わってはいない。最も大きな違いは、一九三二年段階では元禄建立の本堂が解体前で残っていた点である。なお、龍角寺境内の外側の情報として、北東側に北大門（石橋家）・南側に南大門（伊藤家）が記載される点が重要である。一方、一九七一・八八年の測量図においては、等高線が表現され初めて地形を正確に把握できるようになっている。境内の正面階段を上ると仁王門の十二個の礎石が残り、その北側に金堂の解体に伴って薬師如来が移された奉安殿、金堂基壇が位置する。境内の北東には塔心礎・瓦塚が記載されるが、龍神宮の礎石は両図面ともに表現されていない。金堂の北西には、旧二荒神社と歴代住職墓地が位置する。この住職墓地の西側には舌状に台地が伸びるが、一九三二年の図面を見る限り、

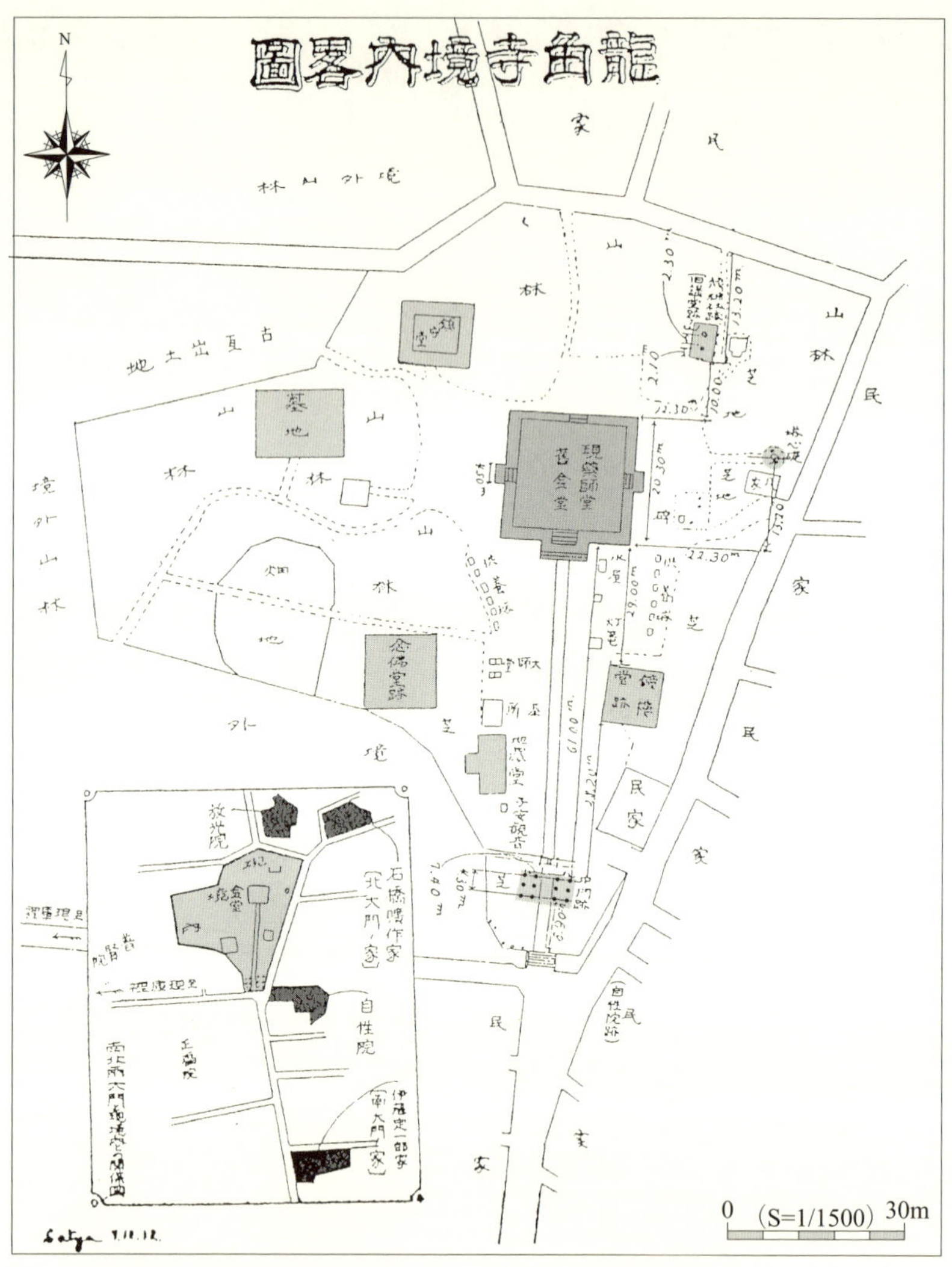

※1933『新更』第4巻第1号の口絵「龍角寺境内畧圖」を改変して作成。
※旧金堂（現薬師堂）・鐘楼堂跡・中門跡・鎮守堂（二荒神社）・龍神社跡・塔心礎などが見える。龍神社跡に（旧講堂跡?）と記載されている点に注意。
※北大門ノ家として石橋家、南大門の家として伊藤家が記載される。

図3　1932年に作成された龍角寺境内略図

この西側台地の平坦部分までが境内と認識されていたようである。境内の東と北もやはり道路によって区画されるが、現在は封鎖されている旧二荒神社北西の道路が一九三二年の図面に既に記載されている点を注意したい。この部分は、境内北西斜面地を切り通して西側低地に下る道を開削したものだが、この南側崖面で現在も瓦が多く露出する。一九三二年の図面で、旧二荒神社の西側からこの道路までの斜面地が「古瓦出土地」と書かれているように、一九三二年段階で古代瓦の集中地点として知られていた。服部勝吉は「寺地西北隅の斜面地で、此處こそは創建當時の堂宇が燒失した際の瓦棄場であつたらしく、無數の古瓦破片が掘るに從つて出る。（中略）總て火燒して赤色を呈してゐる」と記述している。[9]境外の重要遺構として注目される。

以上の現存する遺構の情報を踏まえた上で、次には過去の発掘調査の成果を整理する。

四　龍角寺の発掘調査史

一九三二年の関野貞の調査により薬師如来が旧国宝（後に国指定重要文化財）に指定され、上田三平の調査により塔心礎が国指定史跡に指定されると龍角寺は俄かに注目を集め、一九四八・四九年に早稲田大学の滝口宏によって初めての発掘調査が行われた。[10]本調査の図面は残っておらず、簡単な記載でしか内容を把握できないが、①奈良時代前期創建の法起寺式伽藍を明らかにした点、②回廊の痕跡を追及・復原をした点、③石製鴟尾を発見した点、④龍角寺瓦窯を発見した点、が成果として挙げられている。

一九七一年には、早稲田大学考古学研究室が金堂・塔及び塔北方建造物を調査した。正式な報告書は刊行されていないが、千葉県教育委員会より概報が刊行されており、この報告が龍角寺境内の調査に関する最もまと

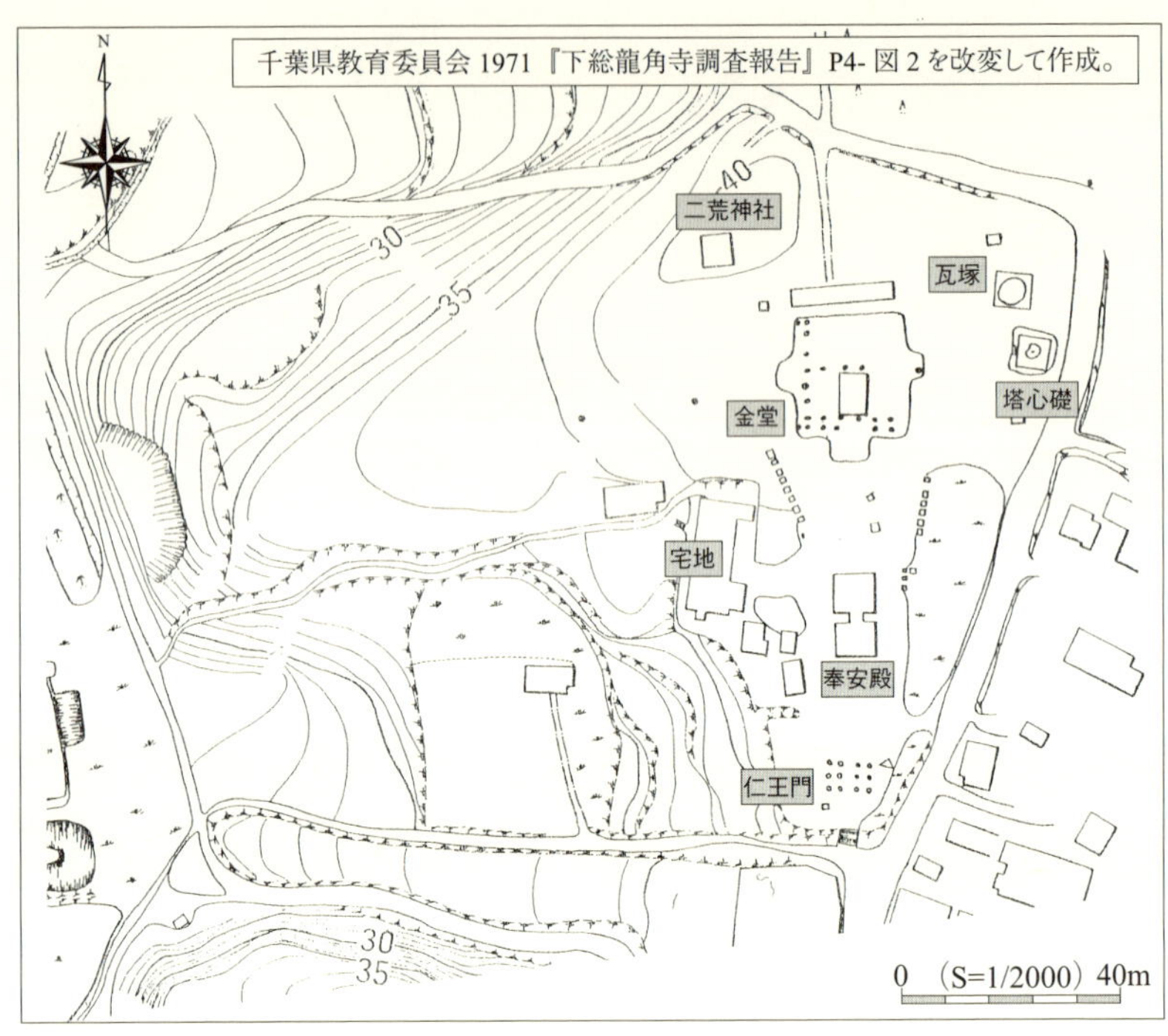

図4　1971年に作成された龍角寺の測量図

まった内容となっている。金堂は五×五間一辺五十尺の方形で、二〜三尺の切石を礎石として用いていた（報告で用いられている尺は曲尺で一尺＝三〇・三センチメートルと推定される：筆者注）。金堂基壇の発掘によって、現基壇の下層に創建期の基壇が検出された（図6①〜③）。現基壇が一辺七十尺の方形で南・東・西の三面に階段（正面幅二十四尺・奥行十五尺）を設けるのに対し、創建基壇は間口五十一尺・奥行四十一尺で磁北に対して東へ七・二度傾き、ほぼ真北に近いという（磁北は方位磁石が指す北、真北は子午線が示す北極点の方向、つまり地図上の北を指す。磁北と真北の夾角を「磁気偏角」と呼び、東京では七度前後なので調査時に方位磁石を用いて創建基壇を真北と認識したと思われる。しかし、II期調査の世界測地系に基づく測量により、真北が元禄金

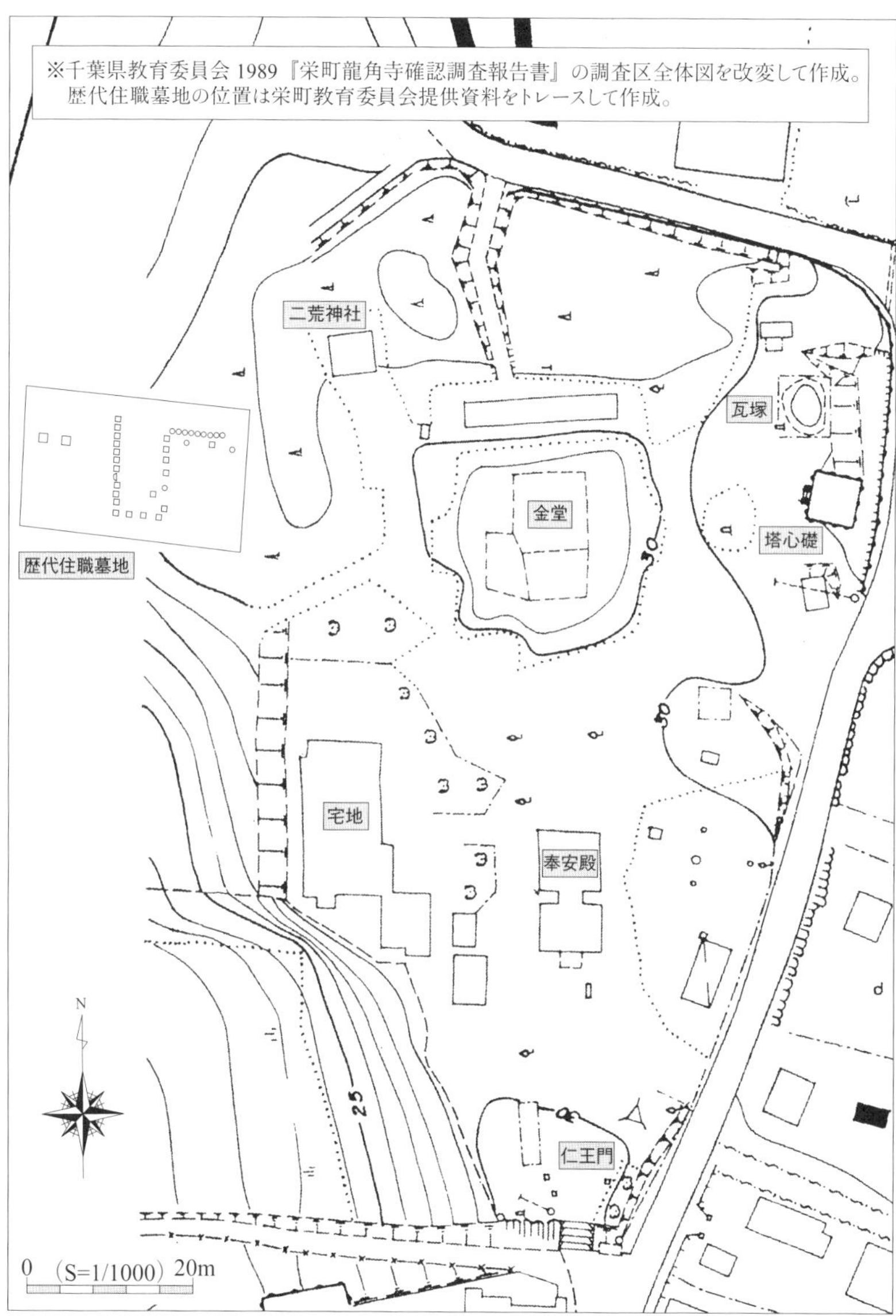

図5　1988年に作成された龍角寺の測量図

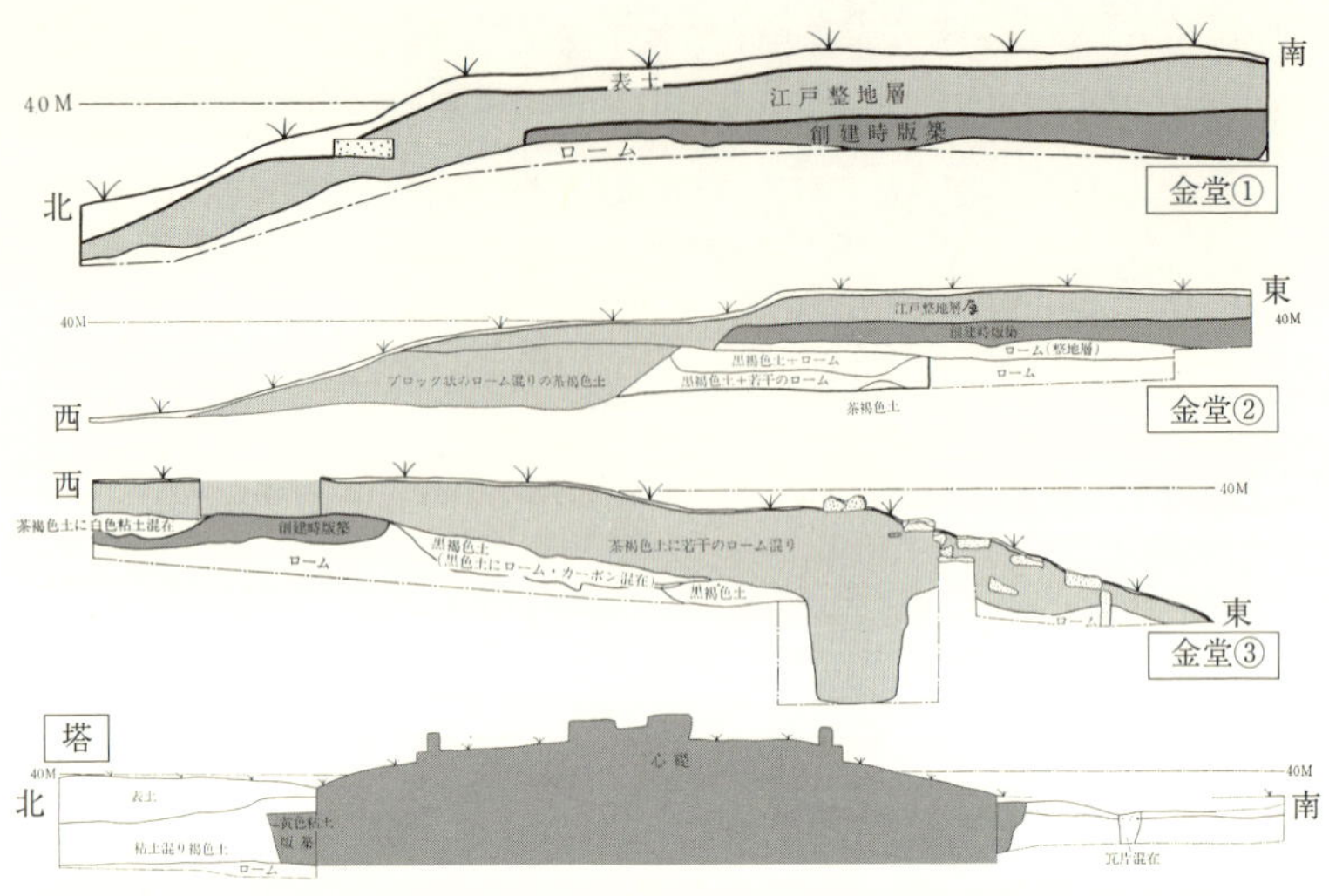

※千葉県教育委員会 1971『下総龍角寺調査報告』P6- 図 3、P8- 図 4 を改変して作成。
※金堂①②③は S=1/70、塔は S=1/180。原図は尺表示のため、曲尺（かねじゃく）の 1 尺 =30.3cm として作図した。基壇は、創建版築と後世整地に分けてトーンを表示。

図6　金堂・塔の発掘調査（1971年）の断面図

堂の礎石の主軸と一致する点を確認し、一九七一年の測量図で記載されている北方位が誤っている可能性が確認できた。つまり、真北に近いのは元禄金堂で創建金堂は西に傾いていることになる：筆者注）。つまり、白鳳基壇の東・南・西に増築し方位を変えて、江戸の金堂基壇を造営した点が判明した。この成果からすれば、創建金堂の主軸は現金堂基壇よりも反時計に傾いていた点が把握できる。塔心礎は、その周囲の発掘で根石が確認できた点から原位置だと判明した。発掘ではこの塔心礎を中心として一辺三十六尺の方形基壇が確認され、基壇の対角線五十一尺は金堂の正面長に一致すると指摘された。また、塔心礎と推定創建金堂の中心を結んだ距離は一一二尺で、そのラインは真東西線であるとされる（実際には反時計に傾く：筆者注）。塔心礎上面から検出したローム上面までは六尺四寸で、ローム上面には版築層が確認されている（図6下）。金堂・塔以外の遺構としては、塔基壇北線から北四十尺で三基

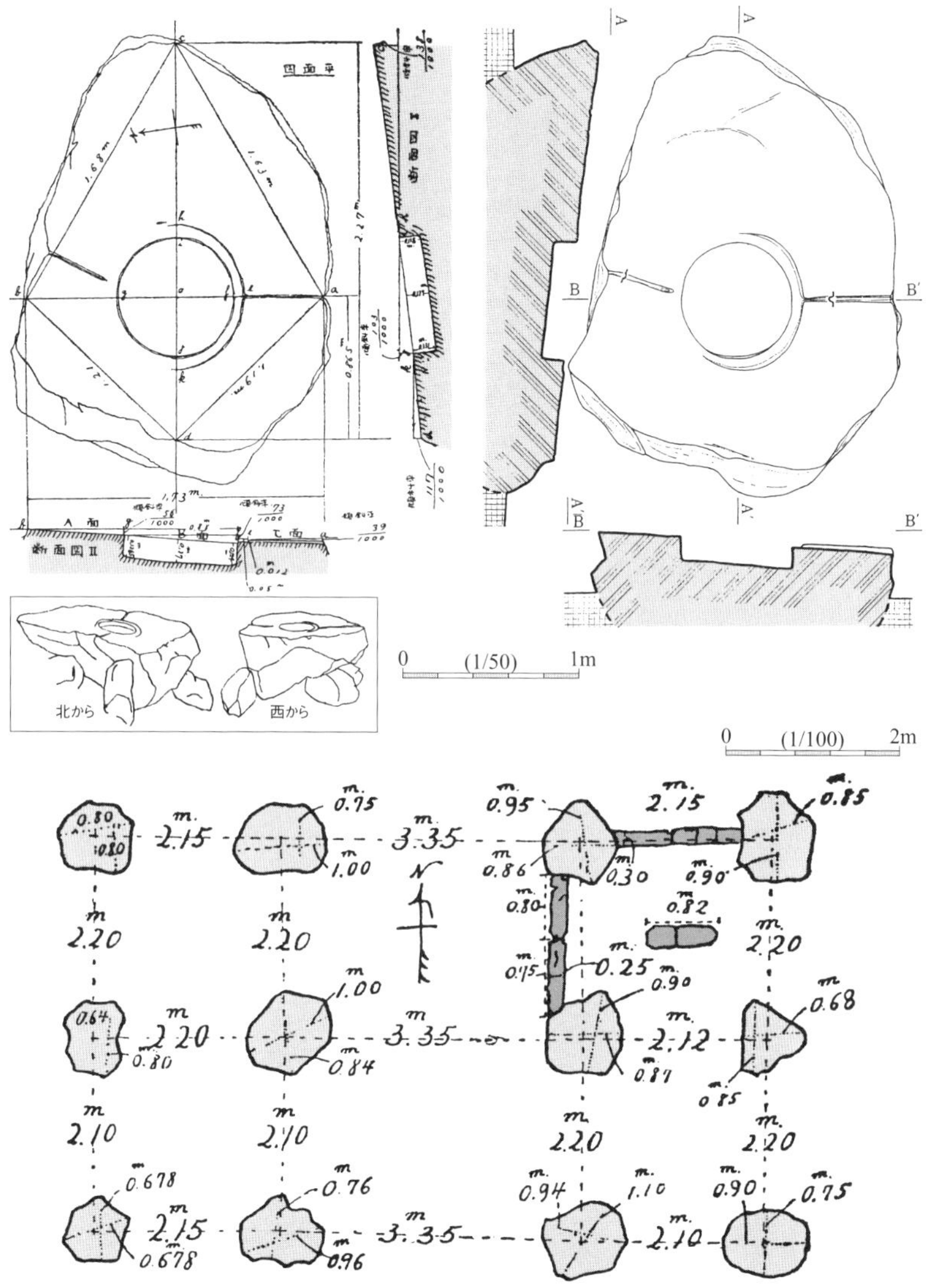

※左上･下:1933『新更』第4巻第1号の口絵「龍角寺中門阯及塔心礎石實測圖」を改変して作成。
右上:多宇邦雄1980「下総龍角寺について」『古代探叢』P483-図3を改変して作成。塔心礎がS=1/50、仁王門礎石がS=1/100。

図7　塔心礎・仁王門礎石の過去の実測図

の柱穴を検出し、建物西の柱筋と判断された。また、金堂と塔の中心の南側を調査したが中門は検出できなかった。

一九七六年には早稲田大学が金堂の北側・西側の調査を行ったが、講堂址と推定される遺構は検出できなかったという。また、金堂西側の高まりが自然地形である点を確認したとされるが、詳細は不明である。

一九八七年には印旛郡市文化財センターによって金堂南東の小規模調査が実施され、一九八八年には千葉県教育委員会によって寺域の確認調査が行われた(11)。

一九八九年には奉安殿南に隣接する建物の建て替え、及び旧二荒神社の造替に伴う発掘調査を多宇邦雄が実施した。旧二荒神社の発掘では、社殿に創建期の礎石が転用されていた点が判明したという。また、調査区の東側でロームを掘り込んで形成された版築基壇の西端を南北一〇メートルほど検出し、金堂北側に講堂が存在する可能性が指摘された(12)。なお、多宇は発掘が行われていない仁王門に関しても、創建期の門址の位置を反映すると考えたようだが、この点に関しては山路直充・岡本東三も門址（「中門」から巡る回廊内に金堂と塔が配置される古代寺院の原則からすれば「中門」だが、「南門」と記述されている場合もある。龍角寺の南には南大門の地名が残るので金堂南の門は「中門」とすべきだが、仁王門と金堂の間に削平された「中門」があり、仁王門の位置を「南門」とする考え方もあるため、研究者の呼称が一致していない現状にある。本稿では江戸の門を「仁王門」、創建期の金堂南にある門を「中門」と使い分ける）・金堂・講堂が一直線に並び、金堂の東に塔が位置する変則的な伽藍を想定する(13)。すなわち、法起寺式伽藍を指摘したのは、一九四八・四九・七一年の発掘を指揮した滝口宏であって、その後の調査では法起寺式とは異なる伽藍配置が想定されていることになる。なお、多宇は塔心礎及び石製鴟尾の実測図も示しており、『新更』第四巻第一号で示された塔心礎・仁王門礎石の図と合わせて、重要な資料となっている（図7）。

二〇〇三年には、栄町教育委員会が境内東側の道路や宅地の工事に伴う調査で柱穴などを確認し、寺域が道路よりも東側に広がる可能性を確認した(14)。

二〇〇五年には、千葉県教育委員会が公衆トイレの建設に伴って、鐘楼跡北東側を発掘調査した。結果、現在の身障者用トイレの直下で、桁行三間・梁行二間の南北棟（ＳＢ００１）を検出し、出土遺物から近世以降の遺構と判断された(15)。ＳＢ００１の軸線は、鐘楼跡の軸線とほぼ一致しており、関連の深い遺構だと推定できる。

以上、龍角寺の発掘調査の成果を整理した。一九四八・四九・七一・七六・八九年の調査成果の正報告が行われていないため、不明な部分が多いものの創建期の伽藍配置の推定に関しては一定の成果が上がっている。すなわち、創建伽藍の軸線が現金堂基壇の軸線よりも反時計方向に傾く点、また滝口宏が想定した法起寺式伽藍がその後の調査で中門・金堂・講堂が一直線に並び金堂の東に塔が位置する変則的な伽藍配置へと認識が改められている点、この二点が現在までの調査成果として総括できる。しかし、発掘調査史を検討すると、確実なのは東西に並ぶ金堂と塔の位置関係、及びその軸線のみで、仁王門が創建中門の位置にある確証は何もなく、講堂の位置についても考古学的に確定しているとは言い難い。最大の問題は、従来の研究の基礎となっている現地形の情報が古く、正確な地形情報に基づく分析が行われていない点、方位の問題が議論されながらも古代〜近世までの方位の変遷が時間的な推移として整理されていない点、この二点に集約できる。まずは、現地形の正確な情報を高精度で記録する測量図の作成と、地中の様相を把握するＧＰＲ（レーダー探査）など考古学的な非破壊調査が必要である。現状で取得できる情報を非破壊で最大限把握することから今後の考古学の基礎研究をスタートさせるべきと考える。

五　Ⅱ期一次・二次調査の概要と目的・方法

早稲田大学文学部考古学研究室では、龍角寺の創建時における伽藍配置が考古学的に確定していない点を踏まえた上で、科学研究費の課題の一環として龍角寺の測量・ＧＰＲ調査を計画した。概要は以下の通りである。

【対象・住所・面積】龍角寺、千葉県印旛郡栄町龍角寺二三九、調査面積：六〇五〇平方メートル。

【次数】早稲田大学が実施した一九四八・四九・七一・七六年の調査をⅠ期調査とし、二〇一四年以降の新体制での調査をⅡ期調査と呼称する。一次調査は測量・ＧＰＲ調査、二次調査は世界測地系測量と表採資料の洗浄・注記を行った。(16)

【担当】城倉正祥（准教授）／【指導】近藤二郎・高橋龍三郎・長崎潤一・寺崎秀一郎（教授）。

【参加者】難波美緒・中村憲司（日本史コース博士課程）、生江麻里子（日本史コース修士課程）、ナワビ矢麻・今城未知・村尾真優・山崎美奈子（考古学コース修士課程）、青笹基史・福岡佑斗・山﨑太郎（考古学コース四年）、渡辺萌（聖心女子大学四年）、石下翔子・鈴木英里香（昭和女子大学四年）。※二次調査参加者は、難波・中村・ナワビ・今城・青笹・福岡・山崎・鈴木。

【期間】Ⅱ期一次調査（二〇一四年三月二十四日〜三月十九日：二十四日間）／Ⅱ期二次調査（四月二十三日〜三十日：八日間）。

【協力者】大照堯常（宗教法人龍角寺住職・地権者）、本橋誠（栄町副町長）、大野博（栄町議会副議長）、山田富士雄（栄町文化財審議会会長）、葉山幸雄（栄町教育委員会教育長）、杉田昭一・鈴木隆・綿貫幸雄・荒井信司・喜多裕明（栄町教育委員会）、新村政美・利根川昌一・長澤康幸（栄町役場）、大久保靖夫・渋田知永子（ＮＰＯ法人栄町観光協会）、白井久美子（千葉県教育委員会）、折原繁（千葉県立房総のむら）、山路直充（市川市立考古博物館）、金田明大（奈良文化財研究所）・市毛勲・川尻秋生・新川登亀男・萩谷みどり（早稲田大学）・渡辺健吉・渡辺久美（学生保護者）。※敬称略。

【目的】本調査は、①龍角寺の創建期伽藍の配置を明らかにする、②古代から近世までの龍角寺の遺構の変遷を明らかにする、この二点を目的とする。

【方法】本調査では、右記の目的を達成するため、非破壊で現地形から得られる情報を最大限取得する。具体的には、①トータルステーションを用いた三次元測量、②トータルステーションを用いた礎石の実測、③GPR（レーダー探査）・磁気探査を用いた地中構造の把握、④3Dスキャナー・SfM（Structure from Motion）を用いた礎石・遺構の三次元化、の四作業を行う。以下、四つの作業毎に方法を概略しておく。

①測量では、局地座標系によるトラバース測量を行った上で、県管理の水準点から原点移動して、XYZの座標を取得する。コンターワークでは、境内に敷設した合計三十七本の基準杭にトータルステーション三台（LeicaTCR805・SokkiaSET520KS・SokkiaFX105）を設置し、オートレベルを用いて一〇センチメートルコンター・三〇センチメートルピッチで敷設したカラーピンポールの三次元情報を測距して記録した上で、方眼紙上にドットをプロットし観察によって等高線を表現する。境内全体はS=1/100、金堂はS=1/20のスケールで測量する。最後に、調査に用いた局地座標系を平面直角座標第IX系（世界測地系）と対応させるための測量を行う。

②金堂・塔・仁王門・鐘楼・龍神宮については、心礎・礎石や基壇外装石が遺存しているため、S=1/20のスケールで実測を行う。実測では、トータルステーションを用いて各地点の三次元情報を記録した上で、方眼紙にプロットし作図する。

③精密な測量図を作成した上で、非破壊で地中の情報を把握するためGPR（レーダー探査）・磁気探査を行う。

ＧＰＲではＭＡＬＡ社のRAMAC/GPR（解析にはGPR Sliceを使用）を用い、磁気探査ではGeoscan社のフラックスゲート磁力計ＦＭ18を用いる。境内では金堂・北西回廊部分（旧二荒神社周辺）・講堂推定地（龍神宮西側）・塔・中門推定地（奉安殿周辺）・仁王門までほぼ全域を対象とする。さらに、旧二荒神社の西側・歴代住職墓地の北側の斜面地（古瓦の集中地点）でもＧＰＲ・磁気探査を行い、遺構の有無を確認する。なお、ＧＰＲ・磁気探査については、独立行政法人国立文化財機構奈良文化財研究所と早稲田大学文学学術院の連携研究の協定（研究題目『デジタル技術・非破壊的手法を用いた文化財の多角的調査研究』代表：金田明大・城倉正祥）に基づいて、奈良文化財研究所から機材の提供を受け、金田明大氏の指導・助言の下、早稲田大学の教員・学生が作業を行った。

④本調査では、境内の全ての礎石及び金堂基壇について、３Ｄスキャナー・ＳｆＭを用いた三次元化を試みる。３Ｄスキャナーは、早稲田大学文学部考古学研究室が文部科学省の大型設備補助金を受けて購入したクレアフォーム社のハンディタイプスキャナーEXASCANを用いる。実際の作業では許可を得た上で、対象石材にターゲットシールを貼付し、サーフィス解像度一ミリメートルでスキャンする。なお、画像の解析にはGeomagic社のcontrol・Studioを用いる。ＳｆＭとは、様々な角度から撮影されたデジタル画像を主に色調の違いから空間認識し、３Ｄ画像を作成する技術である。撮影に用いるのは、Nicon D700のデジタル一眼レフカメラで、一遺構に対して数百枚の様々なカットの画像を撮影し、ＡＧＩ社のPhotoScanソフトによって３Ｄ化を行う。

以上、デジタル技術を駆使した①②③④の方法を用いて、龍角寺を非破壊で調査する。

六　トラバース・水準測量と世界測地系の測量

測量作業の基礎となるトラバース・水準測量・世界測地系について整理する。本調査では、対象が寺院であるため、正確な方位に基づく測量が必要となるが、平面直角座標第Ⅸ系（世界測地系）による座標では、桁数が多くコンターワークが煩雑である点、何よりも遺構そのものの軸線を重視した測量が行えない点などから、局地座標系に基づく測量を行った上で、計算で座標点を世界測地系に変換する方法を選択した。まず、金堂基壇上に残る五×五間の礎石（元禄建立の金堂の礎石）の中心ラインを仮想主軸として、奉安殿の北側にP1、金堂北側に方位を決定するP0を後視点として置き、金堂を時計周りに巡るP路線閉合トラバースを組んだ。その後、境内南側における測量のためのW路線、境内西側における台地測量のためのD路線を結合トラバースで補足した。さらに、建物裏など境内の死角を測量するためにH路線、境内北西斜面地を測量するためにK路線、それぞれを開放トラバースで設置した。以上の作業で境内に合計三十七本の基準杭を設定し、トラバース網を構築した。なお、トラバースに際しては、Leica のTCR805とプリズムGPR1を使用し、各測点において二人で二対回の観測を行って誤差の最小化に努めた。座標は、多角測量計算簿によって手計算して算出した。(17)

表1・図8には、龍角寺Ⅱ期調査の局地トラバース網と基準点成果をまとめた。まず、原点P1をX=300.000,Y=300.000とし、P0を仮想主軸の後視点に設定した上で、P路線閉合トラバースを組んだ（P0＝後視、P1→P2→P3→P4→P5→P6→P7→P8→P9→P10→P11→P1→P0＝前視）。全体の移動で夾角にプラス五秒の誤差が生じ均等配分を行った。距離の誤差はX方向でマイナス二ミリメートル、Y方向で〇ミリメートルに留まり観測距離に応じた補正を行った。次に、既知点P3を始点とし、既知点P2を終点とするW路線結合トラバースを組んだ（P4＝後視

表1　龍角寺II期調査の基準点成果

杭	路線	点名	X	Y	Z	備考
1	P路線(閉合)	P0	−	−	−	
2		P1	300.000	300.000	29.719	標高は水準点(Sa−7)から移動
3		P2	307.052	320.955	30.199	
4		P3	325.460	336.034	29.666	
			−18,385.515	39,468.069		平面直角座標第IX系
5		P4	321.284	308.922	29.858	
6		P5	331.996	327.263	30.402	
7		P6	342.824	310.607	29.961	
8		P7	352.818	328.158	30.248	
9		P8	359.677	311.918	31.453	
10		P9	357.072	291.665	31.749	
11		P10	338.395	287.018	29.969	
12		P11	317.425	287.780	29.857	
13	W路線(結合)	W1	298.625	327.255	29.740	
			−18,412.120	39,458.621		平面直角座標第IX系
14		W2	271.434	321.721	29.131	
			−18,439.162	39,452.407		平面直角座標第IX系
15		W3	243.590	308.862	27.873	
			−18,466.674	39,438.854		平面直角座標第IX系
16		W4	259.857	293.711	29.819	
17		W5	271.023	313.842	29.726	
18		W6	277.129	286.842	29.599	
19		W7	288.992	314.820	29.931	
20	D路線(結合)	D1	360.097	276.053	31.526	
21		D2	346.855	266.395	30.621	
22		D3	337.364	246.517	28.748	
23		D4	338.345	231.332	28.722	
24		D5	328.858	254.419	28.922	
25		D6	320.259	260.586	28.796	
26		D7	326.398	275.832	30.025	
27	K路線(開放)	K1	365.871	267.036	27.331	
28		K2	365.463	258.676	24.836	
29		K3	363.090	242.025	20.894	
30		K4	355.230	239.562	23.523	
31		K5	349.016	244.723	26.791	
32		K6	348.638	248.907	27.998	
33	H路線(結合)	H1	289.643	297.023	29.717	
34		H2	289.615	273.506	29.637	
35		H3	293.167	269.595	29.576	
36		H4	309.880	282.963	29.882	
37		H5	316.315	278.058	30.289	

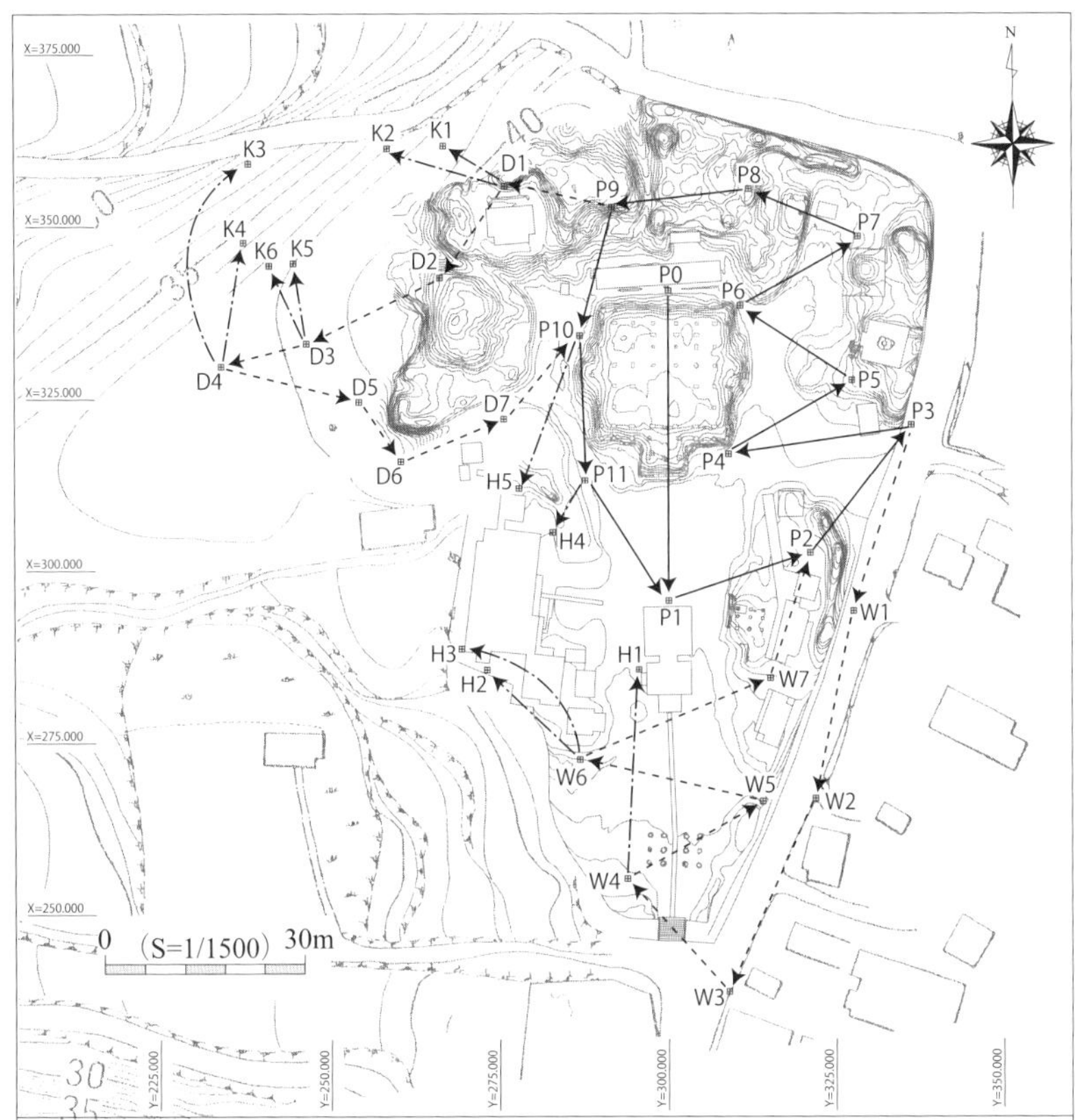

※千葉県教育委員会 1971『下総龍角寺調査報告書』P4- 図 2 の測量図とⅡ期調査測量成果を合成し、Ⅱ期調査のトラバース網（局地座標系）を提示した。

※Ⅱ期調査では、各遺構の軸線の違いを明確化するために、元禄金堂の礎石を基準として局地座標系を組み、測量を行った。具体的には、5×5 間の金堂礎石の中心ラインを仮想主軸として、P0-P1 を設定し、P1 を X=300.000・Y=300.000 として局地閉合トラバースの P 路線を設定した後に、W 路線・D 路線を結合トラバースで追加した。なお、視界不良の部分などは、測量調査中に随時、開放トラバースで基準杭を設置した。境内が H 路線、北西斜面地が K 路線である。測量には極力、P・W・D 路線を使用した。

※各路線の概要は以下の通りである。
P 路線（P0 は方位決定のための後視点、P1-P11）・W 路線（W1-W7）・D 路線（D1-D7）。

※水準は、千葉県管理の水準点 Sa-7（龍角寺集会所内）から移動した。

※測量調査終了後に、遺跡の正確な位置情報を得るため、世界測地系の測量を行い、P3・W1・W2・W3 に世界測地系の座標を落とした。図 9-11・14 は世界測地系に基づく図面。

図8　龍角寺Ⅱ期調査のトラバース網

↓P3↓W1↓W2↓W3↓W4↓W5↓W6↓W7↓P2↓P1＝前視)。全体の移動で夾角にマイナス二一秒の誤差が生じ均等配分を行った。距離の誤差はX方向でマイナス三ミリメートル、Y方向でプラス八ミリメートルに留まり観測距離に応じた補正を行った。次に、既知点P9を始点とし、既知点P10を終点とするD路線結合トラバースを組んだ(P8＝後視↓P9↓D1↓D2↓D3↓D4↓D5↓D6↓D7↓P10↓P11＝前視)。全体の移動で夾角にマイナス二二秒の誤差が生じ均等配分を行った。距離の誤差はX方向でプラス一ミリメートル、Y方向で〇ミリメートルに留まり観測距離に応じた補正を行った。最後にH・Kの各測点にGPR1を設置して測距し開放トラバースによる基準点の設定を行った。境内北西斜面地は傾斜がきつく、住宅西側の崖面も危険であったため、トラバース作業中の転落事故の予防から開放トラバースを選択した。なお、開放トラバースによるH・Kの基準点については、死角部分の測量だけに用いた。外業における誤差の最小化、内業における適正な補正によって精度の高いトラバース網が構築でき、調査期間中全ての基準点において誤差は二〜三ミリメートルにおさまった。

トラバース作業終了後に水準測量を行った。まず、千葉県が管理する水準点Sa-7(龍角寺集会所)の標高二九・一五〇メートルを許可申請した上で、龍角寺のP1に原点移動した。往復による原点移動の誤差は〇ミリメートルで精度の高い移動に成功した。これによりP1＝二九・七一九メートルとし、P・W・D・H・Kの各路線に往復・循環によって標高を設定した。

トラバース・水準測量を行った後に、コンターワークによる測量を行った。測量終了後のⅡ期二次調査中の四月二十五日に平面直角座標第Ⅸ系(世界測地系)の測量を行った。当初の予定では、岩屋古墳上にある一等三角点(TR15340528201)から、龍角寺の局地座標を経由して龍角寺台小学校内の一級基準点(1-5-4ST)への結合トラバースを予定し、国土地理院の測量許可を得た。しかし、現地で確認したところ、春先の木々の繁茂のため後視点を視認することができず、これらの点の使用を断念した。その後、栄町建設課用地班班長の長澤康幸氏と相談し、周囲の基準点を検索した。その結果、始点を二〇一一年三月十一日の東日本大震災後に新たに設置された四等三角点（酒直児童公園）：TR45340529001（X=-18,573.487/Y=38,152.895）とし、前視を同じ時期に改測された四等三角点（水資源機構酒直機場）：TR45340528001（X=-19,712.989/Y=37,749.757）とすることにした。両三角点は約一・二キロメートル離れていたが視準が可能であった。一方、龍角寺の局地座標を経由した後の終点は、良好な基準点が見つからず、やむなく栄町管理の三級基準点（龍角寺境内南側）：NO.14S（X=-18,736.171/Y=39,427.448）を使用することにした。この基準点は震災前の二〇〇二年にＧＰＳ測量された世界測地系の座標を持つ基準点であるが、震災後の改測が行われていない点に問題があり、周囲に視準できる既知前視点も見つからなかった。震災による数十センチメートルの移動値が想定され、更に最終の前視が存在しないことから結合トラバースの夾角補正ができない問題もあったが、他の選択肢がなく、最終的にはＸＹの距離の誤差を配分補正することで観測誤差と基準点の誤差を距離のみで補正することにした。TR45340528001：前視→TR45340529001：始点→節点十一か所→龍角寺局地座標W3→W2→W1→P3→節点四か所→NO.14S：終点、以上の結合トラバースを行った。始点から終点までの移動距離は二・二キロメートルで、栄町の許可を得た上で観測を行った。前記の理由から夾角の補正は不可能だったが、距離X方向マイナス四一ミリメートル、Y方向プラス七二八ミリメートルを観測距離に応じて配分して補正を行った。結果、W3（X=-18,466.674/Y=39,438.854）、W2（X=-18,439.162/Y=39,452.407）、W1（X=-18,412.120/Y=39,458.621）、P3（X=-18,385.515/Y=39,468.069）の平面直角座標系第Ⅸ系の座標を取得し、局地閉合トラバースの基準点を計算によって世界測地系へ変換した。前記の公共測量点の条件から精度に限界はあるものの、補正によって正確な座標を取得できていると考える。図９・10・11・14の測量図はいずれも平面直角座標第Ⅸ系に基づくが、各基準点の誤差はほぼ数センチに収まっていると考えられるので、調査原図のS=1/100の図面でも誤差は一ミリメートル以下である。真北の誤差も数秒以内と思われる。考古学の測量作業として高精度を維持していると判断できる。

七　測量・実測成果

トラバース測量による基準点の設置後、コンターワークを開始した。まず、龍角寺境内の南・東・北側は道路に囲まれるため、この範囲以内を測量対象とした。西南側の宅地裏は崖面になっているため安全の問題から対象とはせず、北西側は歴代住職の墓地東側までとした。また、旧二荒神社の北西斜面地も今回の測量では対象外とした。対象範囲は6050㎡で、X=235-390m、Y=205-350mの範囲を十二の区画に紙割りしS=1/100スケールで測量を開始した。なお、金堂・仁王門・塔・鐘楼・龍神宮については、別にS=1/20スケールの紙割りを行って、等高線の測量と礎石・心礎の実測を行った。S=1/20スケールの測量・実測の範囲としては金堂が最も広く、X=315-345m、Y=285-315mの範囲を十二枚に紙割りした。それ以外は一～二枚の範囲におさまった。測量・実測作業では、トータルステーションを用いてXYZ三次元の測点を記録したが、全調査期間で測点は合計一万一〇六一点に達した。

測量に際しては、まずオートレベルを用いて一〇センチメートル単位の等高線を色分けしたカラーピンポールで表示していった。カラーピンポールは三〇センチメートルピッチを基本として場所によって間隔を調整した。傾斜の変換線は作業者の観察に基づいて表現し、平坦面では斜面地に比べて測点が少なくなるため、等高線以外でも小まめにXYZを記録し絶対高を図面に記載した。なお、人工物に関しては直線で表現をした。一方、礎石・心礎の実測では外形・稜線をトータルステーションで測距し座標を記録した後、方眼紙にプロットして目視による表現を行った。実測図の座標誤差はミリ単位で、グリッドを組まずに礎石を直接測距することによって、後述する3D画像に座標系を与えることが可能なように配慮した。

本調査の測量・実測の成果は、本稿の版面では縮尺に限界があるため、別に準備している正報告で全図面を提示し、詳細な観察を述べる予定だが、ここでは全体測量の成果と各遺構に分けて測量成果を概述する。図9には龍角寺Ⅱ期調査の境内全体測量図、図10には金堂と仁王門の実測図を示した。S=1/800、S=1/400、S=1/100という小さい縮尺のため、ここではコンターの数字や絶対高を非表示とし、等高線の線種の段階表示もあえて行っていない。測量図は平面直角座標第Ⅸ系（世界測地系）に準拠する。なお、鐘楼・塔心礎・龍神宮の実測図については、提示を省略した。

まず、境内の中で仁王門から金堂前面、そして金堂東西は平坦面になっているが、南側に向かって緩やかに低くなる地形を呈する。境内前面で高い地形は、奉安殿の東側、鐘楼付近で比高六〇センチメートルほどである。その島はトイレ背面で最も高くなるが、境内北東側・北側の道路に面する部分がいずれも高くなっているように、道路造成の際に盛り上げた土と思われ、本来の地形を反映しているわけではない。境内南側は鐘楼部分の高まりを除いて創建期の地形はかなり削平されていると考えてよいだろう。一方、境内南とは対照的に創建期の地形を色濃く反映すると思われるのが、境内北側である。境内北側では金堂を取り囲むように西・北・東に顕著な高まりが認められる。もちろん、古代から近世までに及ぶ活動の諸痕跡で改変を受けているが、北西部分の地形は凹凸が少なく、創建期本来の地形を残していると推察される。特に、旧二荒神社の西南側・西側・北東側の高まりの最高点がほぼ同じで、この部分の地形が金堂を取り囲むように存在する点が注目される。その構造から創建

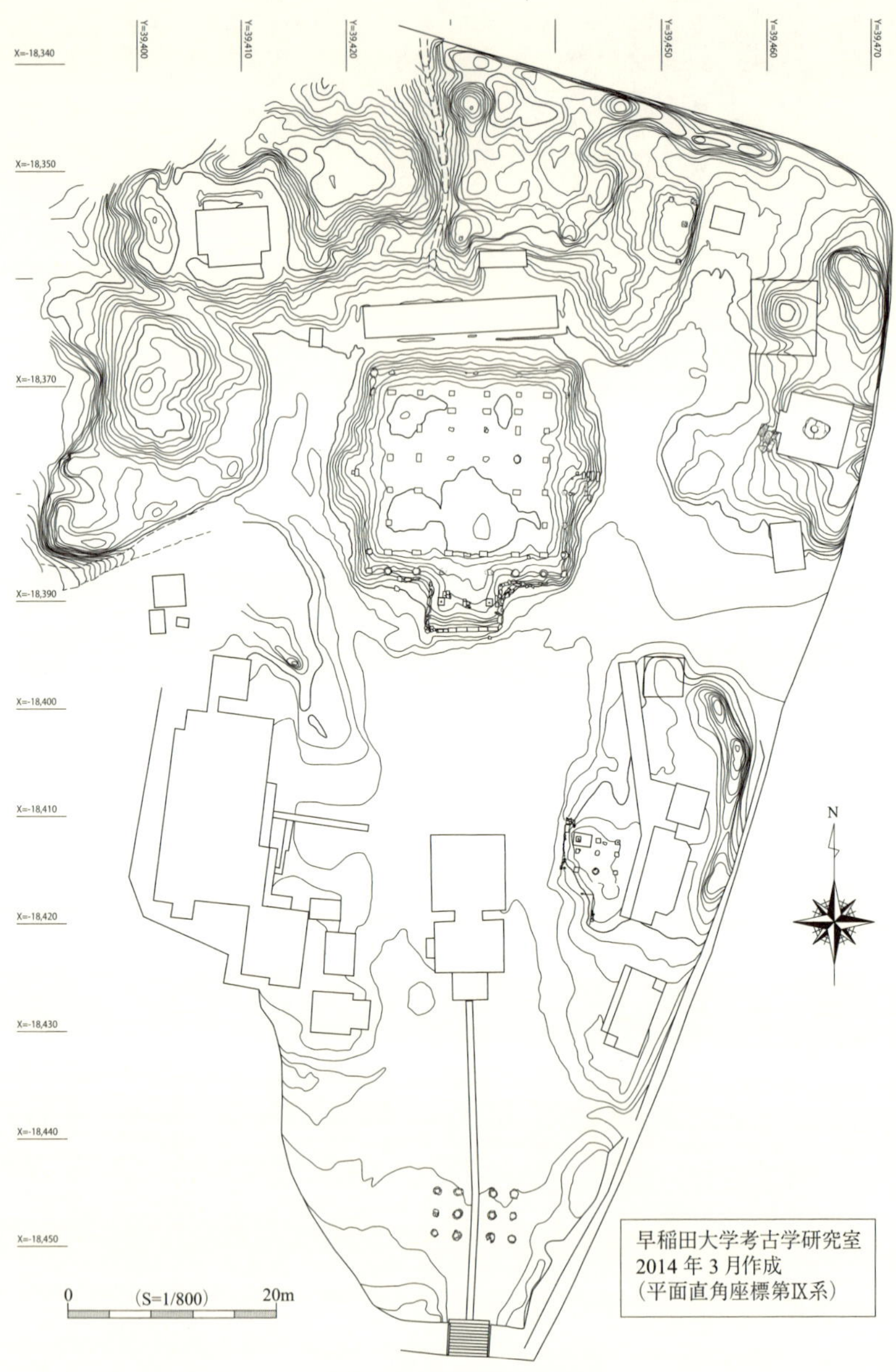

図9　龍角寺Ⅱ期調査の測量成果

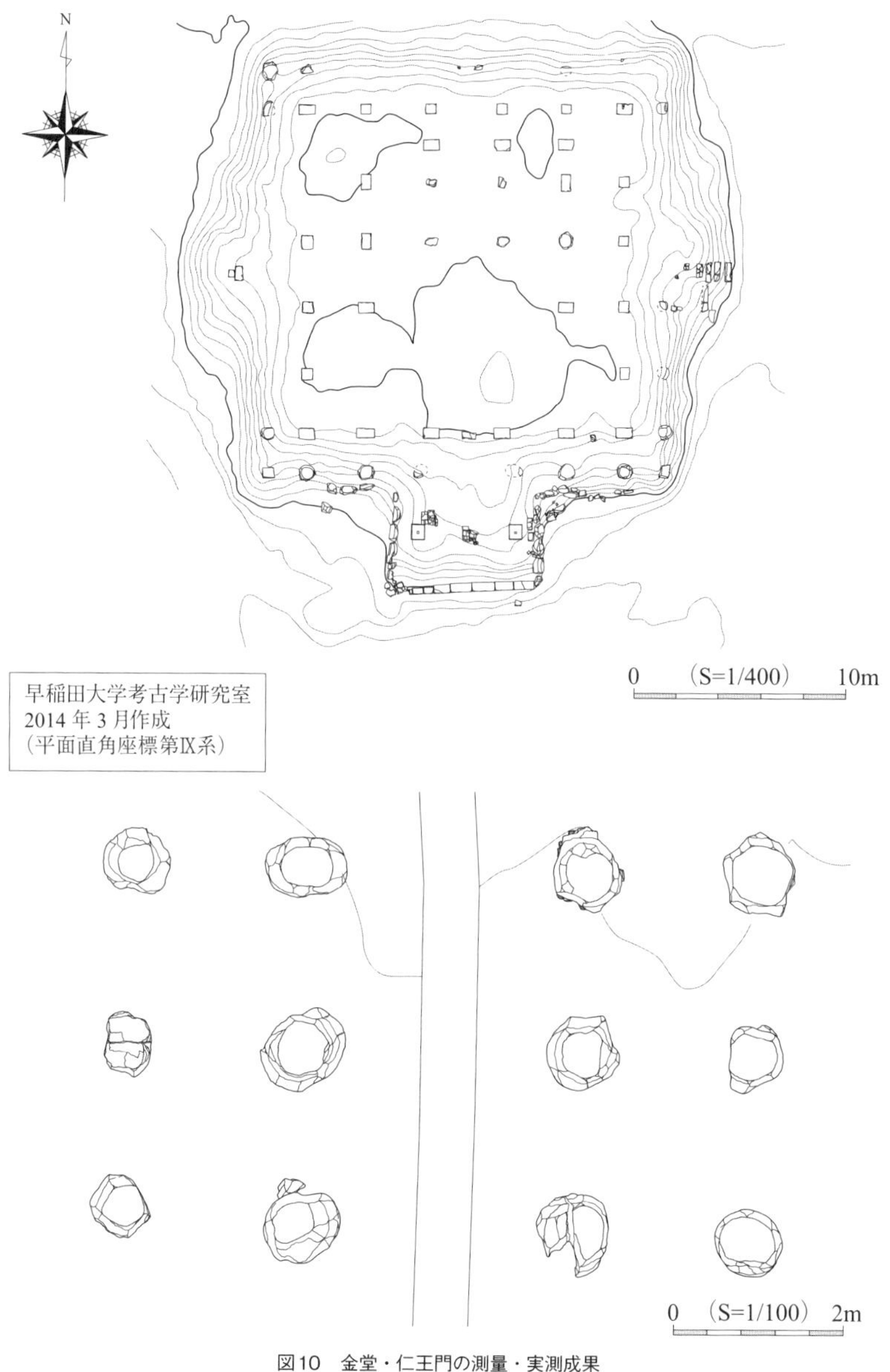

図10　金堂・仁王門の測量・実測成果

回廊の北西隅の地形を反映している可能性が高い。この高まりは金堂の真北、北側道路に抜ける南北小道で東西に分断されるが、その東側にも続いていくことが観察できる。南北小道から龍神宮礎石までは多くの石造物が安置されるように、改変が著しいものの、北西コーナーに比べて高まりの南北幅が広くなっている点が注目される。続く龍神宮の東側には小さな社が建つが、ここから一九七一年に柱穴が検出された境内北東隅までは、金堂から続く道で平坦に開削されている。金堂の東側では塔心礎の回りに基壇を示す高まりが認められ、その北側には古瓦が一括埋納された瓦塚がある。

以上、境内の測量図の作成によって従来は分からなかった北側の地形が明瞭に把握できた。その成果からすると、金堂・塔の基壇の他には、北西隅のコーナー部分が創建期の回廊を反映している可能性が指摘できる。また、講堂に関しては、多宇が旧二荒神社東側に想定しているが、この部分の地形は旧二荒神社から西側にかけての地形と一連のもので、南北幅が短いことが観察できる。一方、注目されるのは地形の改変が著しいものの龍神宮の位置である。この部分は、西側から続いてくる回廊と思われる高まりに比べて、南北に広い範囲で高まりが認められる。一九三二年の『新更』の図面に「龍神宮跡（旧講堂跡）」と記載されている点も偶然とは思われない。一九三二年段階では龍神宮が講堂跡地であるという伝承があった可能性も残る。ここでは、地形の観察から得られる仮説として、龍神宮から西側の石造物集中域までの範囲が創建期講堂の一部である可能性を考えておく。この点は、後述するレーダー探査の成果も踏まえて考える必要がある。

次に、S=1/20で作成した図面として、図10の金堂・仁王門の実測成果を整理する。現金堂基壇は約二二メートルの正方形で、東・西・南に階段を持つ。階段の出は約四メートル、基壇南面の外装石は残りがよく地表面に残存している。基壇上には元禄金堂の礎石が五×五間分完存する。地表下に埋まっている礎石もあるため全てが確認できるわけではないが、総柱のようである。礎石は黒色で長方形の切石を用いる。五×五間の周囲には、一段低い位置に濡れ縁を支えた礎石がめぐる。これらの外周の礎石はすべて火を受けた花崗岩（塔心礎と同じ）で構成され、創建期の礎石が転用された可能性が高い。なお、南面基壇外装にも火を受けた花崗岩が多く使用されている。元禄金堂の南は土庇となっており、ほぼ正方形の切石の礎石が対となっている。階段の石は東・西・南で部分的に残るが、南階段は最下段が全て残存する。以上の金堂基壇と建物構造については、正報告で詳述するが、金堂の精密な測量によって重要な事実が判明した。今、基壇に取りついている階段のうち、南側階段の最下段を観察すると、元禄金堂の礎石の主軸とは明らかに異なり、反時計方向、つまり北西方向に軸線を持っている点がわかる。この事実を踏まえて、東西階段を観察すると、西階段は基壇の南寄りに、東階段は北よりに位置する点が明らかである。振り返って図2の元禄金堂の写真を見てみると、金堂の西側の階段は梁行方向三間目、つまり建物中央に階段が設置されており、東西対称だった点がわかる。この木製階段の下に基壇を降りる石製階段が作られているが、この痕跡は元禄金堂の礎石のやはり中央東西で現在も確認できる。すなわち、元禄金堂の階段の位置と基壇東西の階段の突出は対応しない。これは、元禄金堂の建物の軸線と、元禄金堂が載っている基壇の軸線が異なる点を示している。元禄金堂の軸線はほぼ真北を示しているので、現基壇は反時計方向に傾く北西方向に軸線をもっていることになる。結論を言えば、元禄金堂はそれ以前に存在していた基壇の上に、軸線を東に振って新しく造営された金堂だったと推察される。

仁王門は現在も八脚門の礎石が十二個残存する。近世の建物構造は別に検討する予定なので、ここでは基壇の有無について言及しておく。多宇の指摘以来、この仁王門の位置が創建期中門の位置であると考えられているようだが、地形を見る限り、古代の寺院建築に顕著な基壇の痕跡は全く認められない。一九三二年の『新更』の図面では北東部分に地覆石の残存が認められるため、仁王門周囲の削平は少なくとも近世以降に急激に進んだ事実はない。仮に、創建期の中門がこの場所に存在したとすれば、基壇の痕跡が全く認められないのは不自然である。また、仮に金堂北西コーナーを創建回廊の痕跡と仮定するのであれば、南面回廊は奉安殿の北側あたりに存在する可能性が高い。仁王門の位置が創建期の中門と考える説は、後述するＧＰＲの成果も踏まえて再考する必要がある。

八　ＧＰＲ・磁気探査成果

文献史料・過去の発掘成果、そして精密な測量を踏まえた上で、ＧＰＲ（レーダー探査）及び磁気探査の二つの目的を設定した。①金堂・塔・講堂・回廊・中門の基壇の反応を追求して創建期の伽藍配置を明らかにする、②火を受けた古瓦の集中地点である旧二荒神社西側斜面地における遺構の有無を確認する。以下、①②の分析成果をまとめる。

まず、**図11**（及びカラー口絵）には龍角寺境内で行ったＧＰＲの成果をTime-Slice平面図として表示した。金堂における全面作業以外は、発掘調査におけるトレンチのような遺構に直行する形でレーダーを引いた。Ａ～Ｑ区まで合計十七区を設定して作業を行った。各区の正確な位置情報とProfile断面図は改めて提示する予定なので、ここでは各区の最も反応が強い深さを選択してTime-Slice平面図を作成し、主要な想定遺構のProfile断面図のみ**図12**に提示した。金堂部分には現在の基壇の範囲に強い反応が認められ、基壇の盛土範囲が良く観察できた。また、一九七一年の発掘でも確認している塔心礎周囲の基壇も良好な反応が確認できた。注意すべきは、現存地形から創建回廊北西隅の可能性を考えた部分、すなわちP・M・I・L区で幅八メートル前後の帯状の強い反応が認められる点である。図12のProfileでも明確に確認できるように、L・M区の反応は規模・深さともにほぼ同じで、同規模の構造物の北西コーナーを示している可能性が高い。つまり、回廊の基壇と考えるのが自然である。龍神宮の西側部分は石造物が密集するためGPRを実施できなかったが、龍神宮の礎石に沿う形で設定したN区では、L・M区とよく似た反応を検出した。しかし、L・M区に比べて反応が幅広い点が注目される。この地点は、塔と金堂の中心ラインの北側に位置し、講堂の存在が想定できる場所である。一方、現存する仁王門の礎石部分で行ったGPRでは金堂・塔・回廊の基壇で検出した反応は全く確認できなかった。もちろん、基壇が全て削平されている可能性も残るが、地形的に考えても南面回廊が取りつく創建期の中門がここに位置する可能性は低く、近世以降に建造された仁王門と考えるべきだろう。金堂北西の高まりを回廊のコーナーと見るのであれば、南面回廊は奉安殿北側辺りに想定できるが、この地点にもノイズが大きいもののやや強い反応が認められる点に注意したい。この東西ライン上には鐘楼やトイレ下で検出された近世遺構も位置しており、南回廊の残存地形を利用して建物が作られた可能性も残る。以上のGPR成果は、地形測量の成果とも符合するものであり、創建期伽藍の配置について、およその推定が可能になったのではないかと考える。

次に、旧二荒神社西側斜面地の分析について述べる。旧二荒神社の西側・歴代住職墓地の北側斜面地には大きく凹んだ平坦地があり、その下に境内北側から続く切り通しの東西道路が位置する。この平坦面と切り通しの崖面に火をうけた古瓦が多く集中するため、この平坦面に窯が存在する可能性も考え、磁気探査・GPR探査を行った。結果、かなりの確度で窯の有無を認識できる磁気探査でほとんど反応が認められず、窯の存在はほぼ否定できた。また、GPRでも顕著な反応は認められず、従来の見解通り、火災の後に境内の瓦を一括して廃棄

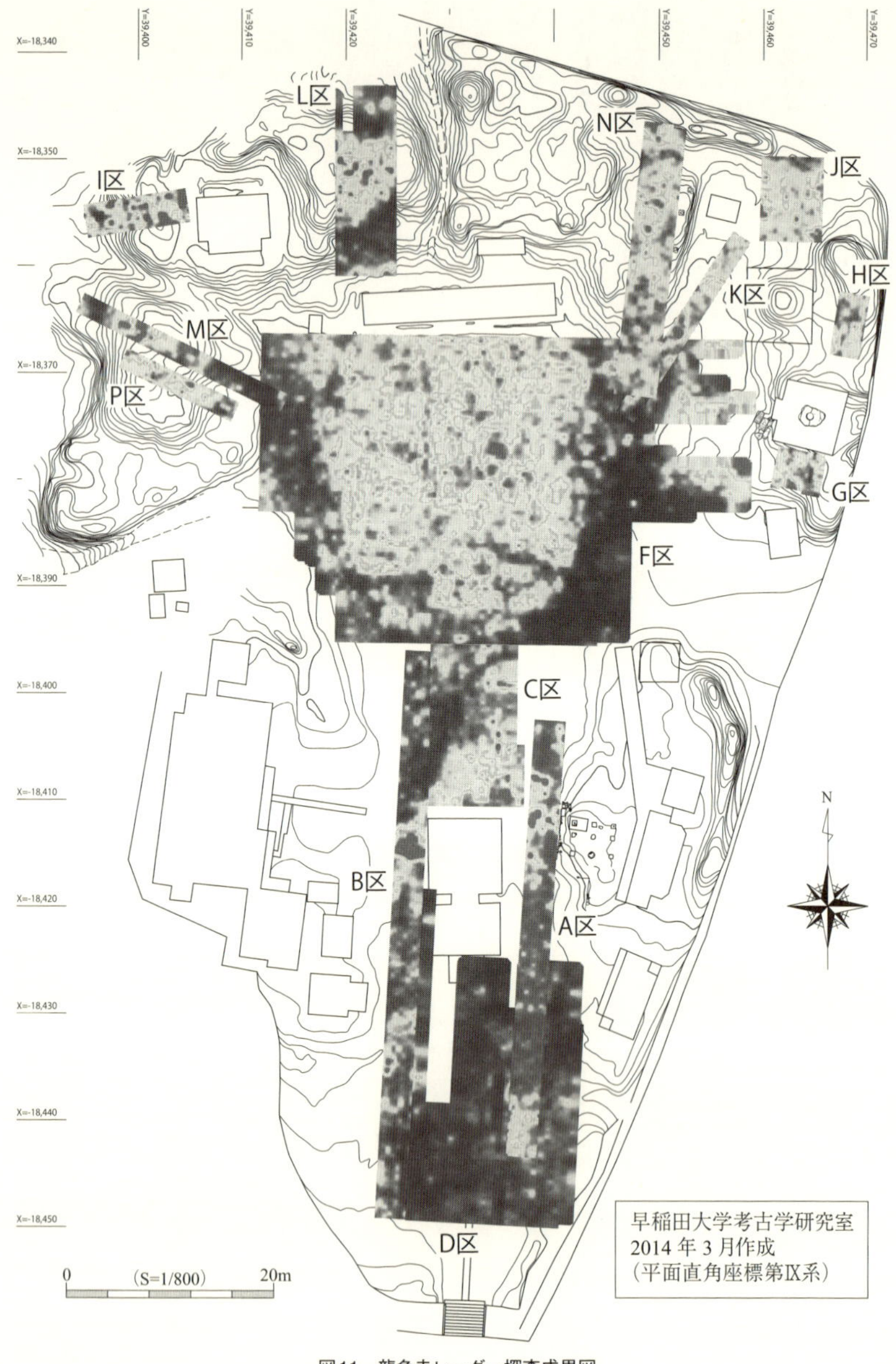

図11　龍角寺レーダー探査成果図

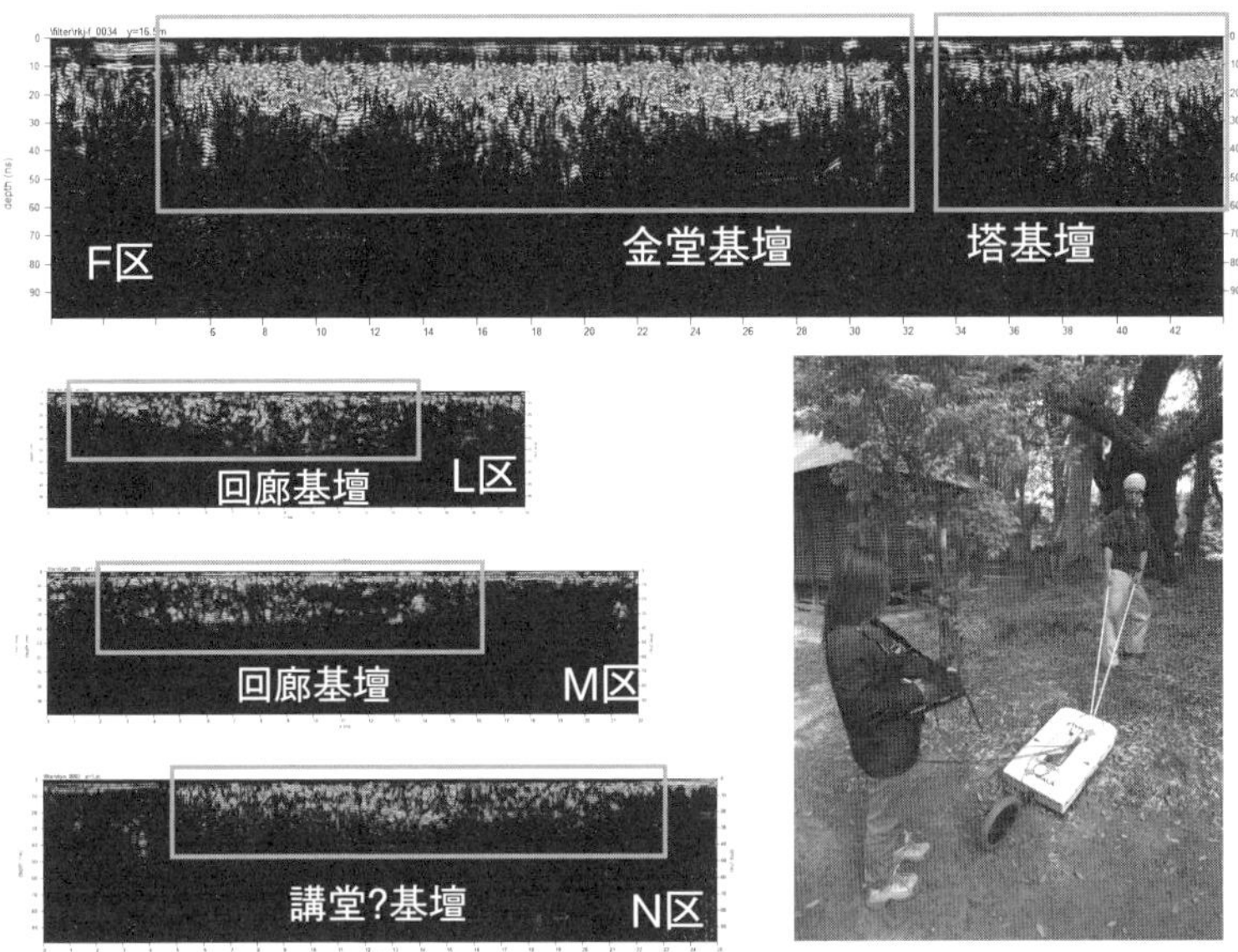

※GPR（Ground Penetrating Rader）は、レーダーで地中の様子を推定する方法。
※本調査では、MALA社製のRAMAC/GPRを用いて調査を行った。写真は作業の様子。
※図11のTime-Sliceは平面図、図12のProfileは断面図を示す。

図12　龍角寺II期調査のレーダーProfile

※様々な角度から撮影されたデジタル画像より3D画像を作成するSfM（Structure from Motion）の技術を用いて龍角寺の遺構・礎石を三次元化する試みを行った。
※撮影に用いたのは、Nikon D700のデジカメでソフトウェアは、AGI社のPhotoScan。
※写真は龍角寺の塔心礎で、周囲のグレーのプレートが写真の推定撮影位置を示す。

図13　SfMを用いた塔心礎の3次元化

した場所と考えるに至った。ただし、平坦面には岩屋古墳の石室と同じ貝化石を含む砂岩の破片が散乱しているなど、この廃棄地点の時期や意義についても、今後検討を行う必要がある(18)。

以上、測量・GPR・磁気探査の成果を総合すると、従来の研究とは異なる伽藍配置が想定できるようになった。もちろん、地形観察やGPRによる成果のみだけで結論を出すことはできないが、これらの新知見を踏まえた上で、過去の調査成果の再整理、新たな発掘調査を進め、龍角寺の創建伽藍の配置やその後の変遷について考究していきたい。

九　3D化作業

Ⅱ期調査では、金堂・龍神宮・仁王門・鐘楼の礎石、及び塔心礎について3Dスキャナー・SfMを用いた三次元化を行った。基礎情報の提示は正報告に譲るため、ここでは一例として図13にSfMを用いた塔心礎の画像を示した。AGI社のPhotoScanを用いた3D画像は非常に鮮明で、遺構情報の記録として将来性のある方法である。一方、3Dスキャナーを用いてサーフィス解像度一ミリメートルで実測したデータは、人が実測・表現できるレベルを遥かに超えた緻密さで、トータルステーションを用いた位置情報を与える作業によって、三次元空間の中で位置付けることも可能である。もちろん、クリアしなければならない様々な実務的問題もあるが、今後の可能性を探る意味でも実測における3D化作業に力を入れていく必要がある。

十　遺構の軸線と龍角寺の変遷

ここまでⅡ期調査で行った作業に関して、その概要を整理した。最後に、地形測量・ＧＰＲ探査を踏まえた上で、遺構の主軸に着目して龍角寺の主要遺構の変遷に関してまとめてみたい。

本調査の測量によって一九七一年の概報で報告されている測量図（千葉県教育委員会一九七一のP2図1）の誤提示が判明した。まず、縮尺に関しては紙上で四・二五センチメートルを二〇〇メートルと記載しているため、およそS=1/4700になる。しかし、実際の測量結果から確認したところ、ほぼS=1/2350が正しいスケールと思われ、スケールバーの表示が一〇〇メートルとなるところを二〇〇メートルとした誤植である。一方、提示されている北方位も、実際の真北と比較すると西に大きくずれている。概報では「磁北」と「真北」を使い分け、約7度の磁気偏角を認識している点から方位磁石より真北を割り出したものと思われるが、結果的には北方位を誤って提示していることになる（提示された地図の上方向と北方位の夾角が七度前後であることから、磁北：方位磁石の示す北を地図に示している可能性も考えたが、その場合、真北を認識して測量図の向きを提示していながら、情報として必要のない磁北を加えたことになり不自然である。やはり当時の測量図で示された北方位が調査隊の認識した真北で、概報で指摘される創建期の金堂の軸線と考える蓋然性が高いと思う）。この状況からする限り、今回の測量結果を踏まえて改めて各遺構の主軸の問題を整理する必要がある。

図14には、平面直角座標第Ⅸ系（世界測地系）に基づくⅡ期調査の測量図に、各遺構の主軸を反映させた図面を提示した。龍角寺の各遺構には軸線に明確な規則性が認められる点がわかる。まず、金堂の軸線から見てみる。金堂は一九七一年の発掘で創建基壇が確認され、当時の認識では真北に近い軸線をとると認識されていたが、世

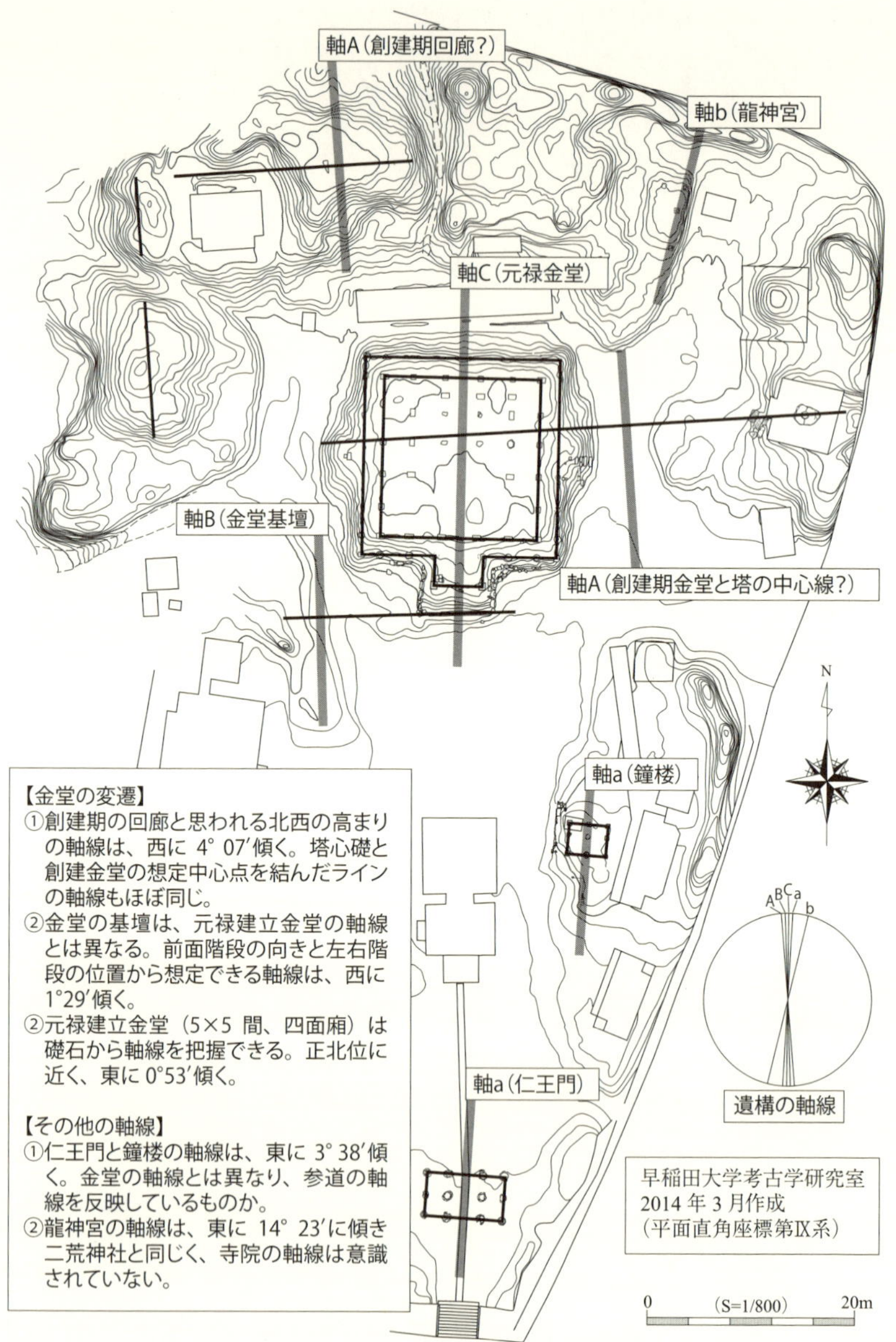

図14　龍角寺の主要遺構の軸線とその変遷

界測地系の正確な測量成果からすると、最も真北に近いのは礎石を残す元禄金堂である。本調査では、この元禄金堂を主軸として局地座標系を構築したため、偶然ではあるが世界測地系とほぼ同じ方位を持つことになっていた。創建基壇の軸線を金堂北西の推定回廊から算出すると、北に対して4度07分反時計に傾く軸線が導き出せるが、その軸線を塔心礎に当てはめると東西軸線は現在の金堂基壇のやや北側に偏った位置を示す。この点は、一九七一年の発掘で創建金堂の東・南・西に基壇が増築されたという記述と合致し、創建金堂の中心点がやや北側に位置する現象を理解できる。北西の推定回廊、塔と金堂を結んだ軸線を「軸A」としておく。一方、本調査の金堂S=1/20の実測によって明らかになった元禄金堂と基壇の軸線が異なる点に再び注目すると、現基壇の軸線は南階段・東西階段の位置から導き出すことができ、西に1度29分傾く「軸B」が認識できる。では元禄金堂の軸線はというと、東に0度53分しか振れていない「軸C」で、ほぼ正北位を意識していると思われる。つまり、金堂に関しては創建時に北西側に傾いた軸線を持っていたものから、A→B→C都合三時期の変遷によって正北位に保持されたと認識できそうである。

この金堂の軸線変化に対して、他の遺構の軸線を比較してみたい。注目されるのは、仁王門・鐘楼・トイレ下層遺構の軸線である。これらの遺構はいずれも近世の建造物とみられるが、東に3度38分傾く「軸a」である。しかし、これらの遺構が存在した近世においても本尊薬師如来は金堂に安置されていたはずで、本来ならば仁王門と金堂の軸線は一致してしかるべきだと思われるが、実際には北東側を向いている。この事実を理解する上で重要なのは、現在の龍角寺正面階段から南に伸びる道路が、仁王門とほぼ同じ軸線を持っている点である。すなわち、仁王門は江戸の参道を意識した方位を持っている可能性がある。一方、これら寺院とは全く異なる軸線を持っているのが、境内の神社である。龍神宮は東に14度23分傾く「軸b」であり、旧二荒神社も江戸の寺院の方位とは異なる。旧二荒神社は創建回廊の基壇の高まりを利用して造営されたものと思われ、「軸A」に合致するが、これら寺院内の神社が建立時の寺の方位に規制を受けなかった事実を読み取れる（ちなみに、旧二荒神社及び宮内庁下総御料牧場から移築された校倉資料庫がほぼ「軸A」なのも偶然とは思えない。創建回廊の痕跡が地形に反映されていたと見るべきだろう）。

以上、境内遺構の軸線に注目してみると、従来までの測量図の精度では見えなかった軸線の変容過程とその規則性を見出すことができた。

十一　調査成果のまとめ

ここでは龍角寺Ⅱ期調査の成果を簡潔にまとめておく。

①龍角寺境内における一〇センチメートル等高線に基づく詳細な測量図を作成できた。また、塔心礎や金堂・仁王門・鐘楼・龍神宮の礎石の実測図を作成できた。

②測量・GPR（レーダー探査）によって、創建期伽藍の配置に関する基礎情報を取得した。すなわち、従来は中門（仁王門の位置）・金堂・講堂が主軸上に並ぶ変則的伽藍が想定されていたが、金堂と塔が東西に並び、その中心北側には講堂が位置する「法起寺式」伽藍を想定した。なお、南面回廊は奉安殿・鐘楼・トイレ下層遺構の東西ラインに想定できる。「法起寺式」は一九四八・四九年の最初の発掘で想定されていた配置である。しかし、北回廊に関しては講堂の東西中心に接続すると思われ、その意味では「観世音式」（金堂が東面する点は全く異なるが）に類似する配置と言うこともできる。

③境内北西の古瓦が集中する斜面地には、GPR・磁気探査の結果、窯などは存在しない点が判明し、火災を受けた建築部材の一括廃棄地点である可能性を指摘できた。

④3DスキャナーSfMを用いて、境内の礎石の三次元化情報を取得できた。

⑤詳細な地形測量・GPRの解析によって、龍角寺における遺構の主軸に規則性が認められる点を把握した。すなわち、創建期伽藍が真北に対して西に4度07分傾くのに対して、現金堂基壇は西に1度29分、そして元禄金堂がほぼ真北を示すように、方位は白鳳期から江戸にかけて真北に変遷した可能性が高い。一方、江戸の仁王門（基壇の反応がないことから創建中門ではないと判明）、鐘楼は東に3度38分傾き、江戸期の参道の軸線に一致していた可能性を考えた。なお、旧二荒神社・龍神宮の社に関しては寺院の主軸に規制を受けていない可能性が指摘できた。

おわりに

本稿では、早稲田大学考古学研究室が二〇一四年三月～四月に行った千葉県印旛郡栄町に所在する龍角寺の測量・GPR（Ⅱ期一・二次）調査の概要を報告した。詳細な考古学情報については、改めて正式な報告を行う予定だが、高精度な測量やGPR・磁気探査、3D化など遺跡の非破壊調査の意義を示すことができたと思う。トータルステーションを用いた高精度な測量図の作成には大きな労力を必要とするし、GPR・磁気探査や三次元スキャンなどは高額な機材が必要になる。しかし、破壊を伴う発掘調査を行わなくても、地表面に残された地形情報や地中構造の把握でこれだけの考古学的情報を得ることが可能である。特に、古墳・寺院・都城・官衙・城郭など現地形に痕跡を多く残す大規模な構造物は、測量・GPRによる非破壊調査を中心に研究を進めるべきだと考える。非破壊で得られる情報を最大限引き出した後に、必要最低限の範囲で発掘を進めることで労力や費用、破壊を抑えることができる。

このような手法はまだ考古学研究において主流になっているわけではないが、早稲田大学考古学研究室では千葉県を中心とした古墳〜古代の遺跡・遺構で同種の調査を進めており、古墳の墳丘形態や寺院の伽藍配置の把握に非常に有効な手段である点を確認している。今後、更に分析精度を高めると共に、事例を増やし、非破壊的遺構研究の手法を確立していきたい。また、本稿で対象となった龍角寺については、過去の調査成果の整理や新しい視点の調査を進め、伽藍配置の把握や瓦の分析などからその歴史的意義について考察を深めたいと思う。

注

（1）川尻秋生［二〇〇三］「『香取海』の水上交通」（『古代東国史の基礎的研究』塙書房）、山路直充［二〇〇九］「寺の成立とその背景」（吉村武彦・山路直充編『房総と古代王権』高志書院）など。
（2）川尻秋生［二〇〇三］「大生部直と印波国造」（『古代東国史の基礎的研究』塙書房）。
（3）糸原清［二〇一二］「近世末〜中世末における下総国龍角寺縁起考」（『考古学論攷Ⅰ』六一書房）。
（4）千葉県栄町教育委員会［一九九二］『龍角寺境内旧二荒神社本殿調査報告書』。
（5）服部勝吉［一九三二］「龍角寺塔心礎と古瓦」（『寶雲』第四冊）。
（6）廣岡城泉［一九三三］「下総國龍角寺」（『新更』第四巻第一号）。
（7）千葉県教育委員会［一九七一］『下総龍角寺調査報告書』。
（8）千葉県教育委員会［一九八九］『栄町龍角寺確認調査報告書』。
（9）前掲注5服部論文。
（10）滝口宏［一九四九］「下総龍角寺址調査」（『史観』第三二冊）。

（11）前掲注8千葉県教育委員会書。
（12）多宇邦雄［一九九八］「龍角寺跡」（『千葉県の歴史　資料編考古3』千葉県史料研究財団）。
（13）岡本東三［一九九三］「下総龍角寺の山田寺式軒瓦について」（『千葉史学』第二二号）、山路直充［二〇一三］「龍角寺創建の年代」（『古墳から寺院へ』六一書房）。
（14）栄町教育委員会［二〇〇五］『栄町埋蔵文化財集報――平成一五年度』。
（15）千葉県教育振興財団［二〇〇九］『栄町龍角寺跡』。
（16）Ⅱ期一次調査では、科研費で六二万五七四三円を予算化して実施した。なお、教員・学生は各自の交通費・食費・布団代金を自費負担した。Ⅱ期二次調査については、科研費ではなく教員・学生の私費で調査を行った。調査に際しては、地権者である龍角寺に御許可をいただき、栄町教育委員会・千葉県教育委員会にも許可・指導を得た。宿泊施設に関しては、栄町観光協会の大久保靖夫氏に鷲町集会所を有料提供いただくとともに、ご自宅のお風呂を使わせていただくなど、大変なご協力をいただいた。記して感謝を申し上げたい。
（17）トラバース・コンターワーク・GPRなど測量の基本的な手法は、国指定史跡：殿塚・姫塚古墳の調査に準じている。城倉正祥ほか［二〇一四］「千葉県横芝光町殿塚・姫塚古墳の測量・GPR調査」（『古代』第一三二号）。
（18）今回の調査でも、この平坦面から崖面にかけて瓦が露出していたため、栄町教育委員会と相談し、Ⅱ期調査の局地座標に基づいて二メートルグリッドを組み、グリッド単位の正確な位置情報を記録したうえで瓦を表採した。表採瓦については、Ⅱ期二次調査の際に洗浄・注記しており、今後整理を進める予定である。

謝辞　龍角寺Ⅱ期一・二次調査では、調査協力者欄で明記した多くの方々にご指導・ご協力をいただいた。考古学の調査は参加者のチームワークと多くの方々のバックアップで初めて目的を達成できる。龍角寺を調査・保存してきた先学の努力に敬意を表し、その学恩に感謝するとともに、現在の調査を支えてくれている学生の皆さん、すべての協力者に心からの感謝を申し上げたい。

※本研究は、科学研究費補助金基盤研究（A）『文明移動としての「仏教」からみた東アジアの差異と共生の研究』

（研究代表：新川登亀男／研究分担者：城倉正祥、課題番号23242036）の成果である。なお、本研究の成果の一部は、城倉正祥・ナワビ矢麻［二〇一四］「デジタル技術・非破壊的手法を用いた古代寺院における伽藍配置の調査研究――下総龍角寺の測量・GPR（レーダー探査）調査」『仏教文明の拡大と転回』日韓中国際シンポジウムでも口頭発表している。

付録　天平改元以前の仏典・仏菩薩等一覧

付録として、「天平改元以前の仏典・仏菩薩等一覧」を掲載する。天平改元（七二九年）以前としたのは、日本の仏教文明が、天平改元以前の神亀年間（七二四〜七二九）を到達点として、さまざまな可能性や選択肢を包み込みながら、基盤的な土壌を構築してきたことに注目したいと考えたからである。

ここで掲載する一覧は、次の三種類に大別される。

・第一「六国史・縁起資財帳・金石文・正倉院文書編」
・第二「木簡編」
・第三「写経編」

以上のうち第一と第二は、それぞれの一覧表に加えて、採用資料の凡例、小解説を付す。

第三については、写経後に舶載されたものは含まない。この編は、さらに以下の三部に分かれる。

「写経編」１：当該期全体にわたる。
「写経編」２：和銅経と通称される長屋王発願経（大般若波羅蜜多経六〇〇巻のうち）。
　伝存形態は基本的に折本装（表裏面ごとに5行各17字が基本）。天地縦横の界線はない。一紙の長さは44㎝前後。
「写経編」３：神亀経と通称される長屋王発願経（同）。
　伝存形態は基本的に巻子装（各行17字が基本）。天地縦横の界線はない。一紙の長さは175㎝前後。

この「写編編」一覧表には、跋文・識語、参考文献（図録等を含む）、伝来情報などを付す。しかし、他編に加えたような小解説はない。それは、各一覧表に個別に記したことによるが、一部は、本論集所収の岩本健寿論文を参照されたい。

以上の作成については、早稲田大学大学院文学研究科アジア地域文化学および日本史学コースに所属する大学院生の多大な助力を得た。岩本健寿（六国史等・写経編）・赤木隆幸（写経編）・井上正望（六国史等編）・藤田佳希（木簡編）・中村憲司（木簡編）・小川宏和（写経編）（以上、博士後期課程）、印南志帆（写経編）・生江麻里子（六国史等編）、佐藤早樹子（六国史等編）・片山健弘（木簡編）（以上、修士課程）の各位である。また、稲葉蓉子・難波美緒両名も一時、参加した。このなかには、小解説担当者も含まれている。

また、作成上の調査においては、各種の機関や寺院等にお世話になった。それは、東京・京都・奈良各国立博物館、根津美術館、センチュリー文化財団、大倉集古館、五島美術館（大東急記念文庫）、国立国会図書館、東京大学史料編纂所、国立歴史民俗博物館、国文学研究資料館、天理大学附属天理図書館、滋賀県甲賀市教育委員会、同市土山歴史民俗資料館、同市常明寺・太平寺・見性庵、京都市瑞光寺、大阪府和泉市施福寺、河内長野市金剛寺、香川県琴平町金刀比羅宮ほかの多数に及ぶ。ここに、記して謝意を表したい。なお、個人名は省略させていただいた。

（新川登亀男）

番号	西暦	天皇・元号年	月日	像	仏典	数量	出典	備考
1	538 戊午	（宣化三年）	十二月	太子像			『元興寺資財帳』	「斯帰嶋宮治天下天国案春岐広庭〈ノ〉天皇」「治天下七年歳次戊午十二月」に、百済から倭へ「太子像・灌仏之器一具及説仏起書巻一筐」が伝来。蘇我稲目以外の「余臣」は「他国神」を礼拝すべきでないと反対。
2					説仏起書巻	一筐		
3				他国神				
4				仏像			「元興寺丈六光銘」	『元興寺資財帳』所収。百済聖明王が天皇に「仏像・経教・法師」を捧げ奉るよう勧める。年次は不記載だが、内容から判断してここに掲載。
5					経教			
6	545	欽明六年	九月是月	丈六仏像			『日本書紀』	百済、丈六仏像を造る。
7	552	欽明十三年	十月	釈迦仏金銅像		一軀	『日本書紀』	聖明王、使者を遣わして釈迦仏金銅像一軀、幡蓋若干、経論若干を倭に献じる。物部尾輿・中臣鎌子は「蕃神」と表現して受容に反対。最終的に仏像を難波堀江に棄てる。
8					経論	若干		
9				蕃神				
10	553	欽明十四年	五月戊辰（一日）	仏像		二軀	『日本書紀』	海中から発見された光る樟から仏像二軀を造る。今の吉野寺の光る樟の像。
11	559 己卯	（欽明二十年）	九月七日	阿弥陀丈六仏像			『西琳寺縁起』	「志貴嶋大宮□□[御宇]天忍羽広庭天皇己卯年九月七日」、文首阿志高等が西琳寺と「阿弥陀丈六仏像」に「仕奉」する。

番号	西暦	和暦	月日	仏像等	経典	数量	典拠	備考
12	569 己丑	（欽明三十年）		仏神			『元興寺資財帳』	蘇我稲目が遺言の中で、「牟久原後宮」を「仏神宮」と表現。『元興寺資財帳』は稲目没を己丑年（欽明三十（五六九））とするため、ここに置く。
13	570 庚寅	（欽明三十一年）		仏像			『元興寺資財帳』	蘇我稲目の死後、「余臣等」が堂舎を焼却し、「仏像・経教」を難波江に流す。ただし、後の用明・推古両天皇は、「牟久原後宮」を本来的には「仏神宮」ではないとして焼却させなかった。この時、「太子〈ノ〉像」は提出させたが、「灌仏」（之器）は隠したため元興寺に伝わった。
14					経教			
15				仏神				
16				太子〈ノ〉像				
17	571 辛卯	（欽明三十二年）		仏神			『元興寺資財帳』	病身の欽明天皇が後の用明・推古両天皇に対して「仏神」の恐ろしきことを語り、「仏神」を捨ててはならないことを告げる。
18	577	敏達六年	十一月庚午（一日）		経論	若干巻	『日本書紀』	百済王、還使大別王らに、経論若干巻と造仏工・造寺工等六人の技能者群を帯同させる。『元興寺資財帳』所収塔露盤銘にも関連記事あり。
19	579	敏達八年	十月	仏像			『日本書紀』	新羅、使「枳叱政奈末」を遣わして調と仏像を送る。
20	583 癸卯	（敏達十二年）		石弥勒菩薩像			『元興寺資財帳』	「癸卯」年に甲賀臣が百済から「石弥勒菩薩像」を将来。『日本書紀』では翌年の将来。
21	584	敏達十三年	九月	弥勒石像		一軀	『日本書紀』	百済から来た鹿深臣は弥勒石像一軀を、佐伯連は仏像一軀を所持。
22				仏像		一軀		
23			是歳	仏像		二軀	『日本書紀』	蘇我馬子、仏像二軀を用意して修行者を求める。宅の東に仏殿を建て、弥勒石像を安置。
24				弥勒石像				

No.	西暦	年	月日	像		数量	出典	備考
25	585 乙巳	（敏達十四年）	二月十五日	仏像殿			『元興寺資財帳』	敏達天皇の命により、「仏像殿」等を焼却。
26		敏達十四年	二月辛亥（二十四日）	仏神			『日本書紀』	蘇我馬子が自分の病を卜者に問うたところ、仏神の祟りであるので父の神（＝仏神）を祭祀せよとのことにより、（弥勒カ）石像に祈る。
27				父神				
28				石像				
29			三月丙戌（三十日）	仏像			『日本書紀』	物部守屋、寺を攻めて仏像・仏殿を焼く。焼いた残りの仏像を難波堀江に棄てる。
30			六月或本	仏像			『日本書紀』	物部守屋、仏像を捨てようとしたが蘇我馬子が抵抗。
31	587	用明二年	四月丙午（二日）	丈六仏像			『日本書紀』	用明天皇の重い病のため、鞍部多須奈、出家して丈六仏像と寺を造ると奏上する。坂田寺の木の丈六仏像・挟侍菩薩のこと。
32				挟侍菩薩				
33			七月	四天王像			『日本書紀』崇峻天皇即位前紀	聖徳太子、物部守屋を攻める際に、四天王像を作る。勝ったら護世四王のために寺を造ると誓う（四天王寺）。諸天王・大神王。
34	594 甲寅	（推古二年）	三月二十六日	釈迦像		一軀	「光背銘」（東博蔵）	「王延孫」の発願により造る。「甲寅」を白雉五年（六五四）とする説あり。舶来の可能性あり。
35	596 丙辰	（推古四年）	十一月	十方諸仏			「元興寺塔露盤銘」	『元興寺資財帳』所収。蘇我馬子等が「十方諸仏」に衆生教化・国家太平等を請願。時期は不記載のため、「元興寺塔露盤銘」成立時を参考にしてここに記載。

36	598 戊午	（推古六年）	四月十五日		法華（経）		『法隆寺資財帳』	聖徳太子に「法華・勝鬘等経」を講じさせる。その際、「維摩」も明記して毎年「法華・維摩・勝鬘経」を講読するように命令。
37					勝鬘（経）			
38					維摩（経）			
39	603	推古十一年	十一月己亥（一日）	仏像			『日本書紀』	聖徳太子、所持する仏像を秦河勝に授け、蜂岡寺を建てる。
40	605 乙丑	推古十三年	四月辛酉（一日）	銅丈六仏像		一軀	『日本書紀』	銅・繡の丈六仏像各一軀を造る。高麗、これを聞いて黄金三〇〇両を奉る。
41				繡丈六仏像		一軀		
42		（推古十三年）	四月八日	尺迦丈六像			「元興寺丈六光銘」	『元興寺資財帳』所収。「止与弥挙哥斯岐移比弥天皇」「十三年歳次乙丑四月八日戊辰」、「尺迦丈六像・銅繡二軀幷挾侍」を発願。
43				銅繡		二軀		
44				挾侍				
45	606 丙寅	（推古十四年）	正月十八日	菩薩			「菩薩半跏像台座銘」（東博蔵）	「高屋大夫」が「韓婦夫人名阿麻古」のために発願。
46		推古十四年	四月壬辰（八日）	銅丈六仏像			『日本書紀』	銅・繡の丈六仏像完成する。銅像は元興寺金堂に鞍作鳥が入れる。この年から、四月八日・七月十五日に設斎する。
47				繡丈六仏像				
48			五月戊午（五日）	丈六仏像			『日本書紀』	鞍作鳥への詔に、内典・仏舎利・丈六仏像の文言あり。
49				仏像				
50			七月		勝鬘経		『日本書紀』	推古天皇、聖徳太子を請じて勝鬘経を講説させる。三日で説き終わる。
51			是歳		法華経		『日本書紀』	聖徳太子、法華経を岡本宮で講じる。

52	53	54	55	56	57	58	59	60	61	62
607 丁卯		613 癸酉						616	621	
（推古十五年）		（推古二十一年）						推古二十四年	推古二十九年	推古朝、聖徳太子存命中
		正月九日						七月	二月是月	
薬師像	金涅銅薬師像			丈六	弥勒	十方諸仏	四天	仏像		
		経云	経曰						経	法華経疏
	一具			二軀						三部各四巻
「薬師如来坐像光背銘」（法隆寺蔵）	『法隆寺資財帳』	『元興寺資財帳』		『元興寺資財帳』				『日本書紀』	『日本書紀』	『法隆寺資財帳』
「池辺大宮治天下天皇（用明）」が自身の病気平癒を祈って造ろうとするも果たせず、その崩御後推古天皇と聖徳太子によって造られる。	用明・推古両天皇と聖徳太子のために「金涅銅薬師像壱具」を発願。	資財帳本文「応以比丘身得度即現比丘身」が『虚空孕菩薩経』巻下（隋開皇七年（五八七）成立）と一致。ただし、『円悟仏果禅師語録』巻十七（宋紹興四年（一一三四）成立）等には、「観音経」として、資財帳本文「応以比丘身得度即現比丘身而為説法」と同文を掲げる。	資財帳本文「於王後宮変為女身」が『妙法蓮華経』巻七（後秦代成立）・『添品妙法蓮華経』巻七（隋仁寿元年（六〇一）成立）・『七仏八菩薩諸説大陀羅尼神呪経』巻三（東晋代成立）と一致。	「楷井等由羅宮治天下等弥気賀斯岐夜比売命〈乃〉生年一百歳次癸酉正月九日」、推古天皇が懺悔して「丈六二軀」（「二軀丈六」とも）を発願。後段部ではこの仏像について「銅丈六」とある。				新羅、使「奈末竹世士」を遣わして仏像を奉る。	高麗にて慧慈が聖徳太子の死に気付き、自ら経を説き誓願する。	「法華経疏参部〈各四巻〉・維摩経疏壱部〈三巻〉・勝鬘経疏壱巻」は聖徳太子の「御製」。『法隆寺東院資財帳』にも同内容の記載あり。

63					維摩経疏	一部三巻		
64					勝鬘経疏	一巻		
65	622 壬午	（推古三十年）	正月二十二日以降、二月二十一日以前	釈像			「釈迦三尊像光背銘」（法隆寺蔵）	聖徳太子の病気平癒・延命長寿を願って釈像を造ることを発願するも、太子と「王后」（膳大郎女）は相次いで没。
66	622 壬午	（推古三十年）	二月二十二日以降	図像			『天寿国繡帳』	『天寿国繡帳』制作。
67	623 癸未	（推古三十一年）	三月中	釈迦尊像			「釈迦三尊像光背銘」（法隆寺蔵）	前年発願されたものが、「司馬鞍首止利仏師」により完成。
68	623 癸未	（推古三十一年）	三月中	挟侍			「釈迦三尊像光背銘」（法隆寺蔵）	前年発願されたものが、「司馬鞍首止利仏師」により完成。
69	623 癸未	推古三十一年*1	七月	仏像		一具	『日本書紀』	新羅、任那と共に使「大使奈末智洗爾」を遣わして仏像一具や舎利等を奉る。仏像は太秦寺に安置。
70	623 癸未	（推古三十一年）		金埿銅釈迦像		一具	『法隆寺資財帳』	聖徳太子のため、「金埿銅釈迦像壱具」を「王后」（膳大郎女）が発願。
71	624	推古三十二年*1	四月戊申（三日）	仏像			『日本書紀』	百済僧観勒の言葉に、百済王が仏像・内典を貢上したとある。
72		推古朝、蘇我馬子存命中		丈六繡像			『日本書紀』大化元年八月癸卯（八日）条	蘇我馬子、丈六繡像、丈六銅像を造る。
73		推古朝、蘇我馬子存命中		丈六銅像			『日本書紀』大化元年八月癸卯（八日）条	蘇我馬子、丈六繡像、丈六銅像を造る。
74	628 戊子	（推古三十六年）	十二月十五日	釈迦仏像			「釈迦如来・脇侍像光背銘」（法隆寺蔵）	蘇我蝦夷の発願により造る。
75	638 戊戌	（舒明十年）		弥勒像		一軀	「法起寺塔婆露盤銘」	『聖徳太子伝私記』所収。福亮僧正が聖徳太子のために造る。
76	640	舒明十二年	五月辛丑（五日）		無量寿経		『日本書紀』	大設斎。恵隠に無量寿経を説かせる。

番号	西暦	年	月日	仏像	経典	数量	出典	備考
77		舒明崩御前			弥勒経		「大安寺碑」	舒明天皇が遺詔により、自身の臨終の時に「王公卿士等」に「弥勒経始之功」を命ず。
78	642	皇極元年	七月戊寅（二十五日）		大乗経典		『日本書紀』	祈雨のため大乗経典を転読し、悔過すべしと蘇我蝦夷が言う。
79			七月庚辰（二十七日）	仏菩薩像			『日本書紀』	大寺の南庭にて仏菩薩像と四天王像を用意し、大雲経等を読む。
80				四天王像				
81					大雲経			
82			七月壬午（二十九日）		経		『日本書紀』	祈雨ができないため、経を読むことをやめる。
83	644	皇極三年	六月戊申（六日）	丈六仏			『日本書紀』	剣池の蓮を金墨で描いたものが、大法興寺の丈六仏に献じられた。
84	645	大化元年		丈六尺迦如来像			『興福寺流記』	「入鹿大臣謀叛之時」に際して、中臣鎌足が発願し、乙巳の変後に造像。興福寺中金堂院への安置は不比等による。後段にも同内容の記載あり。『興福寺流記』所引「旧記」では、初めは「天王寺」において発願。「宝字記」では、発願・安置は四天王寺においてなされ、山階寺にはその写しを安置。
85				脇仕		四人		
86				四大天王				
87	648	大化四年	二月己未（八日）	仏像		四軀	『日本書紀』	阿倍内麻呂、四天王寺に仏像四軀を請じて、塔内に安置。霊鷲山の像を造る。いわゆる『天王寺秘決』所引「大同縁起」によると、「安倍大臣敬請」として、「内」に「天宮一具」を安置する「五重塔一基」や「小四天四口」がみえる。『日本書紀』の「仏像四軀」は「小四天」に、「霊鷲山」は「天宮」にそれぞれ当たるか。

88	650 庚戌	白雉元年	十月是月	丈六繡像		三十六像	『日本書紀』	始めて丈六繡像・俠侍・八部等三十六像を造る。
89				挟侍				
90				八部等				
91		（白雉元年）	十月	一帳像具脇侍菩薩八部等		三十六像	『大安寺資財帳』	斉明天皇発願により制作開始。完成は辛亥年（白雉二年（六五一））三月。
92			是歳	千仏像			『日本書紀』	「漢山口直大口」に詔して「千仏像」を造らせる。
93				（四天王像）			「広目天光背銘」（法隆寺蔵）	「山口大口費」らが制作。銘文自体には紀年銘はないが、「山口大口費」は『日本書紀』の「漢山口直大口」と同一人物と考えられることから、ここに置く。
94	651	白雉二年	三月丁未（十四日）	丈六繡像等			『日本書紀』	丈六繡像等成る。
95	651 辛亥	（白雉二年）	七月十日	観音菩薩			「観音菩薩立像台座銘」（東博蔵）	「笠評君名左古臣」の死後、その子「布奈太利古臣」、「伯」の「□古臣」の二人の発願により造られる。
96		白雉二年	十二月晦		一切経		『日本書紀』	味経宮で僧尼二千百余を請じて一切経を読ませる。また夜に安宅・土側等の経を読ませる。
97					安宅経			
98					土側経			
99	652	白雉三年	四月壬寅（十五日）		無量寿経		『日本書紀』	恵隠を内裏に請じて無量寿経を講かせる。恵資を論議者（問者）とし、丁未に終わる。
100	653	白雉四年	六月	仏菩薩像		多	『日本書紀』	僧旻のために仏菩薩像を造る。川原寺（或本では山田寺）に安置される。

番号	西暦	年号	月日	仏像	経典	数	出典	備考
101	658戊午	（斉明四年）	十二月	弥陀仏像			「弥陀仏像光背銘」（根津美術館蔵）	「伊之沙古」とその妻「汙麻尾古」の発願により造る。
102	659	斉明五年	七月庚寅（十五日）		盂蘭盆経		『日本書紀』	京内諸寺に盂蘭盆経を勧講させ、七世父母に報じさせる。
103		宝元（斉明）五年	正月	弥陀仏像			「金銅弥陀光銘」	『西琳寺縁起』所収。文首栴檀高等が「弥陀仏像并二菩薩」を発願。智識願文あり。
104				菩薩		二		
105	660	斉明六年	五月是月		仁王般若経		『日本書紀』	仁王般若会を設ける。
106	661	白鳳一二年（斉明七年）	七月	璧像			「鎌足伝」	斉明天皇不予による中臣鎌足の祈願に対し、璧像・観音の奇跡が示される。
107				観音				
108	666丙寅	（天智五年）	四月八日	弥勒御像			「弥勒菩薩半跏像台座銘」（大阪、野中寺蔵）	「橘寺智識之等」が「中宮天皇」の病気の際に発願して奉る。
109	669	即位二年（天智八年）十月甲子（十九日ヵ）		観音菩薩			「鎌足伝」	藤原鎌足薨去に対する天智天皇の詔にて、鎌足が観音菩薩に導かれて弥勒のもとへたどり着くことを祈る。
110				弥勒				
111		藤原鎌足没以前		尺伽像			『興福寺流記』	「大織冠本尊」。「或記」によると、欽明十三年十月に百済から伝来したもので、脇侍は、左が「観音」、右が「虚空蔵」。後に興福寺東金堂に安置。
112	671	天智十年	十月辛未（八日）	百仏			『日本書紀』	内裏で百仏の開眼。
113			十月是月	法興寺仏			『日本書紀』	法興寺の仏に袈裟・金鉢・象牙・沈水香・栴檀香等の珍物を奉る。
114			十一月丙辰（二十三日）	織仏像			『日本書紀』	大友皇子、内裏西殿の織仏像の前で左大臣蘇我赤兄、右大臣中臣金連等臣五人と誓う。四天王、三十三天等にかけて誓う。
115				四天王				
116				三十三天				

番号	西暦	年	月日	仏像等	経典	数量	出典	備考
117		天智朝		丈六即像		二具	『大安寺資財帳』	天智天皇が「丈六即像弐具」を発願。
118				即四天王像		四軀		天智天皇が「即四天王像四軀」を発願。
119				釈迦牟尼丈六尊像			「大安寺碑」	天智朝に造る。
120				菩薩		二		
121	673	天武二年	三月是月		一切経		『日本書紀』	川原寺で一切経を写す。
122	675	天武四年	十月癸酉（三日）		一切経		『日本書紀』	四方に使を遣わして一切経を求める。
123	676	天武五年	十一月甲申（二十日）		金光明経		『日本書紀』	使を四方国に遣わして、金光明経・仁王経を説かせる。
124					仁王経			
125	677	天武六年	八月乙巳（十五日）		一切経		『日本書紀』	飛鳥寺に設斎して一切経を読ませる。
126	680	天武九年	五月乙亥（一日）		金光明経		『日本書紀』	宮中及び諸寺に始めて金光明経を説かせる。
127	681	天武十年	閏七月壬子（十五日）		経		『日本書紀』	皇后、誓願して、斎して経を京内諸寺に説かせる。
128	682 壬午	天武十一年			瑜伽唯識論		『続日本紀』天平勝宝元年二月丁酉（二日）条	行基の伝。行基、出家時に瑜伽唯識論を読む。行基の出家年に関しては、「行基大僧正舎利瓶記」に基づいた（飛鳥資料館『日本古代の墓誌』より）。『日本書紀』によると、日高皇女（のち元正）の病のための出家か。
129	685	天武十四年	三月壬申（二十七日）	仏像			『日本書紀』	詔して、諸国の家ごとに仏舎を作り、仏像及び経を置いて礼拝供養させる。
130					経			
131			九月丁卯（二十四日）		経		『日本書紀』	天皇の病気により、大官大寺・川原寺・飛鳥寺で経を三日読ませる。

132			十月是月		金剛般若経		『日本書紀』	宮中で金剛般若経を説かせる。
133	686 丙戌	朱鳥元年	五月癸亥(二十四日)		薬師経		『日本書紀』	天皇の病気のために川原寺で薬師経を説かせる。
134			七月丙午(八日)		金光明経		『日本書紀』	百人の僧を請じて宮中で金光明経を読ませる。
135			七月是月	観世音像			『日本書紀』	諸王臣等、天皇のために観世音像を造る。観世音経を大官大寺で説かせる。
136					観世音経			
137		歳次降婁(朱鳥元年ヵ)	漆菟(七月)上旬	仏像			「法華説相図」(奈良、長谷寺蔵)	どんな小さな造仏造塔でも、その功徳は絶大である。そこで千仏多宝仏塔を天皇陛下のために造立した。天皇の徳は逸多(弥勒)に等しく、衆生を悟りに導く。その天皇の功績を不朽ならしめんがために、また、仏教が絶えることのないようにするために堅牢な金石にその銘を刻み、この霊峯をよりどころとして未来まで秘蔵する。
138				千仏多宝仏塔				
139				諸仏				
140				菩薩				
141				逸多				
142				釈天真像				
143		(朱鳥元年)	七月	繍菩薩像		一帳	『大安寺資財帳』	天武・持統両天皇及び草壁皇子のために「繍菩薩像一帳」を発願。
144		朱鳥元年	八月庚午(二日)	菩薩		一〇〇	『日本書紀』	百の菩薩を宮中に安置して、観世音経二百巻を読ませる。
145					観世音経	二〇〇巻		
146		天武朝			仁王経ヵ		続修14／古2-573	天平十八年(七四六)具注暦記載の仁王会の先例。
147	688	持統二年	二月辛卯(二日)	仏像			『日本書紀』	大宰より、新羅の別献物として仏像等が奉られる。
148	689	持統三年	正月壬戌(九日)	仏像		一軀	『日本書紀』	越の蝦夷沙門道信に仏像一軀等を賜う。

149	689	持統三年	四月壬寅（二十日）	金銅阿弥陀像		一軀	『日本書紀』	新羅使、天武を弔い、金銅阿弥陀像、金銅観世音菩薩像、大勢至菩薩像各一軀等を奉る。
150				金銅観世音菩薩像		一軀		
151				大勢至菩薩像		一軀		
152			七月壬子（二日）	金銅薬師仏像		一軀	『日本書紀』	陸奥の蝦夷沙門自得の請により、金銅薬師仏像、観世音菩薩像各一軀等を賜う。
153				観世音菩薩像		一軀		
154	691	持統五年	六月戊子*2		経		『日本書紀』	祈雨のため、京・畿内諸寺の梵衆等に五日間経を読ませる。
155	692壬辰	（持統六年）	五月	菩薩			「観音菩薩立像台座銘」（島根、鰐淵寺蔵）	「出雲国若倭部臣徳太理」が父母のために作る。
156		持統六年	閏五月丁酉（三日）		金光明経		『日本書紀』	京師・四畿内に金光明経を講説させる。
157			閏五月己酉（十五日）	阿弥陀像			『日本書紀』	筑紫大宰率河内王等に、大隅と阿多に仏教を伝えさせる。また、大唐大使郭務悰が天智のために造った阿弥陀像を送るよう命じる。
158	693癸巳	持統七年	十月己卯（二十三日）		仁王経		『日本書紀』	己卯の日より、仁王経を諸国で講かせる。四日間で終わる。
159		（持統七年）	十月二十六日		仁王経		『法隆寺資財帳』	持統天皇が仁王会に際し「経台壹足」を施入。
160	694甲午	（持統八年）	三月十八日	観世音菩薩像			「銅板造像記」（法隆寺蔵）	「鵤大寺徳聡法師」「片岡王寺令弁法師」「飛鳥寺弁聡法師」等三僧が父母の恩のために奉る。
161		持統八年	五月癸巳（十一日）		金光明経	一〇〇部	『日本書紀』	金光明経百部を諸国に送り、毎年正月上玄の日に読むよう命じる。
162		（持統八年）			金光明経	一部八巻	『法隆寺資財帳』	持統天皇が「金光明経壹部〈八巻〉」を施入。

163	694 甲午	（持統八年）			金光明経	一部八巻	『大安寺資財帳』	持統天皇が「金光明経一部八巻」を施入。
164					金剛般若経	一〇〇巻		持統天皇が「金剛般若経一百巻」を施入。
165		甲午年（持統八）以降、和銅八年以前		釈迦丈六尊像			「粟原寺露盤銘」（談山神社蔵）	「比売朝臣額田」が造る。『寧楽遺文』下p.968より。
166	696	持統十年	十二月己巳（一日）		金光明経		『日本書紀』	金光明経を読ませることで、毎年十二月晦日に浄行者十人を出家させる勅を出す。
167	697 丁酉	持統十一年	六月辛未（六日）		経		『日本書紀』	詔して京畿諸寺に経を読ませる。
168			六月辛卯（二十六日）	仏像			『日本書紀』	公卿百寮、天皇の病のために所願の仏像を造り始める。
169			七月癸亥（二十九日）	仏			『日本書紀』	公卿百寮、仏の開眼会を薬師寺に設ける。
170		（文武元年）	十二月	釈迦牟尼仏			「釈迦金銅像銘」	「三由首表末呂（三田首袁末呂カ）」の発願により造る。「丁酉」を天平宝字元年（七五七）とする説あり。石清水文書「石清水八幡宮御事」所引（『寧楽遺文』下p.992）。
171	700	文武四年	三月己未（十日）		経論		『続日本紀』	道照の没伝。玄奘が道照に教えて言う言葉に「経論深妙、不能究竟。」また玄奘は所有する舎利・経論を道照に授ける。道照の禅院には経論が多く所蔵されている。
172					経論			
173					経論			
174	701	大宝元年	七月戊戌（二十七日）	丈六			『続日本紀』	造塔・造丈六官を司に准じる。

175	702	大宝二年	十一月	嶋阿弥多			続修4／古1-13	大宝二年御野国味蜂間郡春部里戸籍。像や経典そのものではないが、それらにちなむと考えられる人名を採った。二人はともに「寄人」。
176				（嶋）无量寿				
177				観世			正集26／古1-43	大宝二年御野国肩県郡肩々里戸籍。像や経典そのものではないが、それらにちなむと考えられる人名を採った。観世は「小奴」。
178			十二月乙巳（十三日）		金光明経		『続日本紀』	持統太上天皇の不予により天下大赦。百人を出家させ、四畿内に金光明経を読ませる。
179		壬歳次摂提格（大宝二年ヵ）	林鐘（六月）十五日	観世音菩薩			「観世音菩薩立像台座銘」（大分、長谷寺蔵）	「周防凡直百背」の発願により造る。「摂提格」は寅、「林鐘」は六月の異名。壬寅を皇極元年（六四二）とする説あり。
180	703	大宝三年	三月辛未（十日）		大般若経		『続日本紀』	四大寺に大般若経を読ませる。
181			七月壬寅（十三日）		金光明経		『続日本紀』	四大寺に金光明経を読ませる。
182	705	慶雲二年	四月壬子（三日）		金光明経		『続日本紀』	凶作のため、五大寺に金光明経を読ませる。
183	707	慶雲四年	四月丙申（二十九日）		読経		『続日本紀』	天下病・飢饉のため京畿・諸国の寺々に読経させる。
184		文武朝		丈六像			『大安寺資財帳』	文武天皇が九重塔・金堂を造営し、「丈六像」を発願。
185	711	和銅四年		塔本肆面具（塔）			『法隆寺資財帳』	「塔本肆面具攝〈一具涅槃像土　一具弥勒仏像土・一具維摩詰像土　一具分舎利仏土〉」を造営。
186				金剛力士形（中門）		二軀		「金剛力士形弐軀」を造営。

番号	西暦	年	月日	品目	種別	数量	出典	備考
187	718	養老二年	十月庚午（十日）		経文		『続日本紀』	太政官より僧綱への条々。優れた僧侶の推挙と、僧侶の勝手な入山や乞食等の禁止を通達する内容。後者に関して「経曰、日乞告穢雑市里。情雖逐於和光、形無別于窮是。」とあるが出典未詳。
188					経			
189		癸未年（推古三十一）三月以降、養老三年以前ヵ		金涅銅像		八具	『法隆寺資財帳』	「人人」が「金涅銅像捌具・金涅押出銅像参具・宮殿像弐具〈一具金涅押出千仏像・一具金涅銅像〉・金涅灌仏像壱具・金涅千仏像壱具・金涅木像参具」を発願。以上の像は仏像の列挙箇所に記載されるため、全て仏像と判断した。施入時期は不記載だが、資財帳内の記載順序によりここに掲載。
190				金涅押出銅像		三具		
191				宮殿像〈一具金涅押出千仏像・一具金涅銅像〉		二具		
192				金涅灌仏像		一具		
193				金涅千仏像		一具		
194				金涅木像		三具		
195	719	養老三年		檀像		一具	『法隆寺資財帳』	「檀像壱具」を唐から将来。
196	720	養老四年	十二月癸卯（二十五日）		転経		『続日本紀』	転経・唱礼時の音声についての詔。
197	721	養老五年	八月三日	弥勒浄土			『興福寺流記』	興福寺中金堂院安置。不比等一周忌に光明子発願。所載の銘文には県犬養橘三千代の発願。後段にも「弥勒浄土縁起」に関する記事があり、そこでは橘三千代の発願。「宝字記」は光明皇后発願、「延暦記」・「弘仁記」は「養老四年〈庚申〉八月三日」橘三千代発願とする。

198	721	養老五年	八月三日	弥勒仏像			『興福寺流記』	興福寺北円堂安置。不比等一周忌のため、元明太上天皇・元正天皇が長屋王に勅して発願。「宝字記」は「西院円堂〈并〉仏菩薩縁起」を元明太上天皇・元正天皇の発願とする。「延暦記」・「弘仁記」は「惣弥勒仏菩薩四王像」とする。
199				脇士		二人		
200				羅漢		二人		
201				四大天王				
202	722	養老六年	二月四日		金剛般若経	一〇〇巻	『法隆寺資財帳』	元正天皇が施入。異本は十二月四日施入とする。
203			七月己卯（十日）		経		『続日本紀』	僧尼令に反する布教を禁断する太政官奏。
204			十一月丙戌（十九日）		華厳経	八十巻	『続日本紀』	元明一周忌により写させる。
205					大集経	六十巻		
206					涅槃経	四十巻		
207					大菩薩蔵経	二十巻		
208					観世音経	二〇〇巻		
209			十二月庚戌（十三日）	弥勒像			『続日本紀』	天武天皇のために弥勒像、持統太上天皇のために釈迦像を造らせる。
210				釈迦像				
211	723	養老七年	三月二十九日		一切経	一五九七巻	『大安寺資財帳』	元正天皇が「一切経一千五百九十七巻〈部帙巻数如別録二巻〉」を施入。
212	725	神亀二年	閏正月壬寅（十七日）		大般若経		『続日本紀』	僧六百人を宮中に請い、災異を除くために大般若経を読誦させる。
213			七月戊戌（十七日）		金光明経		『続日本紀』	諸寺では僧尼に金光明経を読ませ、この経がない場合は最勝王経を読ませて国家の平安を祈らせよとの詔。
214					最勝王経			

215	216	217	218	219	220	221	222
	神亀二年以降カ						
九月壬寅（二十二日）							
転経	「読経」法華経・最勝王経・方広経・弥勒経・涅槃経	「読経」雑経	「誦経」薬師経	「誦経」観世音品・多心経	「誦呪」大波若呪・羂索呪・仏頂呪・大宝積呪・方広呪・十一面呪・金勝呪・虚空蔵呪・支波書呪・七仏薬師呪・水呪・結界文	「読経」法華経・最勝王経・方広経	「誦経」観世音経
	各一部	十五巻	一巻			各一部	一部
『続日本紀』	続修16裏／古1-447,448					続々修28-3裏／古24-43,44	
除災のため今月二十三日から左右京・大倭の諸寺に十七日間転経させる詔。	優婆塞貢進解。天平四年（七三二）三月二十五日に出されたものだが、「浄行八年」とあることから、便宜的に八年さかのぼった神亀二年に置いた。なお、『大日本古文書』では「続修十六」としているが、「続修十六裏」の誤り。					優婆塞貢進解。天平六年（七三四）七月二十七日に出されたものだが、「浄行十年」とあることから、便宜的に十年さかのぼった神亀二年に置いた。	

番号	西暦	年	月日	仏菩薩等	仏典		出典	備考
223		神亀二年以降ヵ			「誦経」八名経・多心経			
224					「陀羅尼」大般若陀羅尼・仏頂陀羅尼・虚空蔵陀羅尼・方広陀羅尼・十一面経陀羅尼・金勝陀羅尼			
225	726	神亀三年	七月	丈六薬師			『興福寺流記』	興福寺東金堂安置。元正太上天皇寝膳不安により、聖武天皇が発願。「弘仁記」は、元正太上天皇寝膳不安のために聖武天皇が神亀三年七月に発願したのは「薬師浄土縁起」とする。
226				文殊（脇侍）				
227				日光（脇侍）				
228				月光（脇侍）				
229				十二神将（脇侍）				
230			八月癸丑（八日）	釈迦像			『続日本紀』	元正太上天皇のために釈迦像・法華経を造り写させる。
231					法華経			
232	727	神亀四年	二月辛酉（十八日）		金剛般若経		『続日本紀』	災異を除くため僧六百、尼三百を中宮に請い、金剛般若経を転読させる。
233			三月二十三日		大般若		続々修4-20／古1-381	写経料紙帳。
234			五月十六日		大般若経		続々修4-20／古1-382	写経料紙帳。
235			七月二十二日		理趣般若		続々修4-20／古1-382	写経料紙帳。

番号	西暦	年	月日		経典	巻数	出典	備考
236	727	神亀四年	八月四日		観世音経	合十巻	続々修4-20／古1-383	写経料紙帳。
237					阿弥陀経			
238					大般若			
239			十二月十四日		大般若		続々修4-20／古1-381	写経料紙帳。
240			十二月二十九日		法華経		続々修4-20／古1-381	
241			不明		理趣般若		続々修37-9／古24-4	装潢受紙注文。年紀不明だが、『大日本古文書』に従いここに置く。
242					雑経			
243		神亀四年以降			「読経」法華経・最勝王経・涅槃経・方広経・維摩経・弥勒経・仁王経・梵網経	各一部	続修別集47／古1-583	優婆塞貢進解。天平六年（七三四）七月二十七日に出されたものだが、「浄行八年」とあることから、便宜的に八年さかのぼった神亀四年に置いた。
244					雑経	合十三巻		
245					「誦経」方広経上巻・観世音経・多心経			

番号	西暦	年	月日	仏菩薩像	経典	数量	出典	備考
246		神亀四年以降			「誦陀羅尼」羂索陀羅尼・仏頂陀羅尼・大般若陀羅尼・法華経陀羅尼・虚空蔵経陀羅尼・十一面経陀羅尼・八名経陀羅尼・七仏八菩薩陀羅尼			
247	728	神亀五年	正月十七日		大般若		続々修4-20／古1-381	写経料紙帳。
248			二月十二日		唯識論	二巻	続々修4-20／古1-381	写経料紙帳。
249					辯中論	三巻		
250					雑集論	十六巻		
251			二月二十二日		方広経		続々修4-20／古1-381	写経料紙帳。
252			三月六日		唯識論	十巻	続々修4-20／古1-382	写経料紙帳。
253			三月二十七日		法華経		続々修4-20／古1-382	写経料紙帳。
254			八月甲申(二十一日)	観世音菩薩像		一七七軀	『続日本紀』	皇太子の病により造仏・写経。
255					観世音経	一七七巻		

番号	西暦	年	月日		品目	数量	典拠	備考
256	728	神亀五年	九月二十六日		大般若		続々修4-20／古1-382	写経料紙帳。
257					観音			
258			九月二十六日以降	薬師・弥勒菩薩		一鋪 七軀	『法華経玄賛』巻第三奥跋（古24-11、京都、知恩院蔵）	神亀五年九月二十六日に死去した「片県連僧麻呂」のために「後胤」の「倉橋部造麻呂」の発願により制作する。神亀五年九月二十六日以降、天平三年八月八日以前のため、便宜的に神亀五年九月二十六日に置く。
259					注法華経	七巻		
260					同疏	十巻		
261					同音訓	二巻		
262					浄飯王経	一巻		
263					摩訶摩耶経	一巻		
264					仏頂経	一巻		
265			十二月己丑（二十八日）		金光明経	六十四帙六四〇巻	『続日本紀』	金光明経を諸国に十巻ずつ頒布する。これ以前の諸国の所有する金光明経は、或国は八巻、或国は四巻。
266		神亀五年以降ヵ			「読経」法華経・最勝王経	各一部	続々修23-5裏／古8-135,136	優婆夷貢進解。年紀不明だが、『大日本古文書』に従い天平十四年（七四二）に出されたものとする。「浄行十五年」とあることから、便宜的に十五年さかのぼった神亀五年に置いた。
267					薬師経・理趣経・千手経	各一巻		
268					方広経	一部		
269					「誦経」心経	一巻		
270					「誦呪」千手呪			
271	729	神亀六年	六月庚申（一日）		仁王経		『続日本紀』	朝堂・畿内・七道諸国に仁王経を講じさせる。

No.	西暦	年	月日	仏像等	経典	数量	出典	備考
272	729	神亀六年	六月一日ヵ		仁王経	二巻	『法隆寺資財帳』	「天平元年歳次己巳仁王会時」、聖武天皇が「仁王経弐巻」を施入。天平元年の仁王会の日付は、『続日本紀』同年六月庚申朔条に基づいて六月一日と推定。この時、天平改元以前につき、神亀六年。
273		神亀六年以降ヵ			「読経」法華経・最勝経・涅槃経・方広経・弥勒経	各一部	続々修23-5裏／古8-153	優婆塞貢進解。天平十四年（七四二）十二月九日に出されたものだが、「浄行十四年」とあることから、便宜的に十四年さかのぼった神亀六年に置いた。
274								
275								
276								
277								
278					雑経種々			
279					度百論	一部		
280					十一面経			
281					法華経陀羅尼			
282					方広経善見王子懺悔			
283		養老三年以降、天平四年以前ヵ		金涅雑仏像		五軀	『法隆寺資財帳』	「人人」が「金涅雑仏像伍軀」を発願。時期は不記載だが、資財帳内の記載順序によりここに掲載。
284		神亀六年六月一日以降、天平十九年二月十一日以前ヵ			観世音経	一〇〇巻	『法隆寺資財帳』	「平城宮御宇天皇」が「観世音経壱佰巻・心経漆佰伍拾巻」を施入。時期は不記載だが、資財帳内の記載順序によりここに掲載。
285					心経	七五〇巻		

凡　例

・六国史

『日本書紀』：日本古典文学大系（『日本書紀』岩波書店、一九六五〜一九六七年）

『続日本紀』：新日本古典文学大系（『続日本紀』岩波書店、一九八九〜一九九八年）

・縁起資財帳

『法隆寺資財帳』：『法隆寺伽藍縁起幷流記資財帳』（使用テキスト：『法隆寺史料集成』1、ワコー美術出版社、一九八三年）

『法隆寺東院資財帳』：『仏経幷資財条』（使用テキスト：『法隆寺史料集成』1、ワコー美術出版社、一九八三年）

『大安寺資財帳』：『大安寺伽藍縁起幷流記資財帳』（使用底本：正暦寺旧蔵本〔現国立歴史民俗博物館蔵本〕の複製）

『元興寺資財帳』：醍醐寺本『諸寺縁起集』所収『元興寺伽藍縁起幷流記資財帳』（使用テキスト：古典保存会複製『元興寺縁起』、一九二七年）

『西琳寺縁起』：『西琳寺文永注記』（使用テキスト：荻野三七彦「河内國西琳寺縁起に就いて」（『美術研究』第79号、一九三七年）・『羽曳野市史』第1巻（一九九七年）

『興福寺流記』：『興福寺流記』（使用テキスト：谷本啓「『興福寺流記』の基礎的研究」（『鳳翔学叢』第3輯、二〇〇七年）

※『興福寺流記』については、後半約3分の1（「扶桑第三」以降）は他書からの引用で構成されるため、当該部分は対象外とした。

・金石文

※特に断りがない限り、飛鳥資料館『飛鳥・白鳳の在銘金銅仏』（同朋舎、一九七九年）を使用した。

「大安寺碑」：「大安寺碑文一首幷序」（使用テキスト：『大安寺史・史料』名著出版、一九八四年）

『天寿国繡帳』：飯田瑞穂「天寿国繡帳の復原について」（飯田瑞穂著作集1『聖徳太子伝の研究』吉川弘文館、二〇〇〇年）

・正倉院文書

『大日本古文書』

※正倉院文書（焼付写真）の略称の例は以下の通り。

続修14：「正倉院文書」続修、第14巻

続々修28-3裏：「正倉院文書」続々修、第28帙第3巻裏

古2-573：『大日本古文書』第2巻573頁

・その他
「鎌足伝」：沖森卓也・佐藤信・矢嶋泉『藤氏家伝　鎌足・貞慧・武智麻呂伝　注釈と研究』（吉川弘文館、一九九九年）
・用字
・旧字体・異体字は原則として新字体に直した。
・年紀
・金石文等で年紀を干支で記す場合は、「西暦」の項にその干支を付記した。また、「天皇・元号年」の項に推定される天皇・元号を（　）で表記した。
・記号
・「　」内は史料本文または史料名を表す。
・〈　〉は割注を表す。
・〔　〕は校訂注を表す。
・（　）は作成者注を表す。
・その他
＊1東洋文庫所蔵（岩崎本）『日本書紀』では、他の諸本の三十一年から三十四年までをそれぞれ三十年から三十三年までとし、三十四年を空白とする。本表では日本古典文学大系本に従う。
＊2「戊子」は本来は五月十八日。ただし古典文学大系本頭注によると、この条は六月条に関係があることから、編集時に六月に補入したものという。

解　説

はじめに

本表は、『日本書紀』・『続日本紀』、諸寺の縁起・資財帳、さまざまな金石文、正倉院文書をもとにして、天平改元以前にみられる仏菩薩や仏典名について記した一覧である。それぞれの資料が記す年紀に準拠して作成したが、年紀どおりの事実とは限らない場合もある。しかし、記憶や伝承、作為なども歴史の現実であるから、その観点からも意味があると考えている。

全体の特徴

まず、各種の資料が仏教初伝を六世紀中葉前後の欽明朝に求めているという画一的な特徴がある。その仏教とは、造像物、仏典、建造物、僧尼のみならず、儀礼器具や法会儀式などの多様な要素から成り立っているが、それはすべて倭（日本）にとっては異文明である。そして、その異文明は、人々の死や病に対処する法として受容されていったが、逆に、そのような法であるがゆえに抵抗も受けた。

その過程をかりに時代区分してみると、（一）朝鮮三国（とくに百済・高句麗）との専一的な交流時代。（二）遣隋使帰国・遣唐使往来開始時代（中国統一帝国出現時代）。（三）朝鮮三国体制の崩壊・唐との国交断絶と再開・日本列島内の秩序再編と拡大化時代となる。仏教が異文明である以上、このような国際関係（列島内にも一種の国際関係がある）を基軸にした時代区分には妥当性があろう。一方、このような過程を仏教受容・定着の道筋とみることもできるが、問題の所在は、仏教がいかに受容されたのか。逆にまた、どのように受容されなかったのかを問うことにある。けっして、単線的な道筋ではないのである。

仏菩薩の特徴と推移

（一）は仏教初伝時代でもあるが、造像物やその技術は、中国王朝（南北朝）から直接もたらされたものではなく、朝鮮半島からもたらされた。なかでも百済からが圧倒的に多い。そして、これを受け取ったのも、従前から列島に居住する半島からの渡来系集団である。ただ、そこには倭の技術も融合している（鞍作氏の例）。また、造像物には、様（ためし）としての小金銅仏をはじめとした金銅製が多いが、刺繡も少なくない（41以下）。前者は男、後者は女によって製作された（天寿国繡帳ほか）。一方、石像もみられ（20以下）、これら造像物は、「神」（3以下）として認識されることがあった。この認識は、中国への仏教伝来初期の場合と似ているが、中国のテキストに倣って「神」と記したのか、仏教初伝における日中共通の認識なのかは要検討である。

造像の仏菩薩としては、当初、釈迦と弥勒が多い。この傾向を踏まえると、阿弥陀や薬師の造像記録には疑問が残る（11、52、53）。一方、太子像（半跏思惟）もみられるが（1以下）、これはもと太子であった釈迦と連携するものであり、他の世界宗教とは異なる仏教の本質をよく表わしている。

（二）の段階になると、（一）における釈迦や弥勒の造像に加え、四天王や仏菩薩群があらわれてくる（80、91など以下）。これは、仏典世界の具象化がはじまったことを示唆していよう。さらに、観音や阿弥陀の造像がはじまる（95、101など以下）。これは、仏伝（釈迦伝）にもとづく（一）の造像段階（舎利への信心は薄い）とは異なり、仏典世界の具象化を経て、個別の仏菩薩の選択段階に入ったことを物語る。その基本は、苦からの救済願望や彼岸信仰にあろう。これらの推移は、遣唐使の中国仏教移入や艱難辛苦の大航海経験によってはじめて実現し得たものとみられる。

（三）の段階では、蝦夷に造像物を贈るようになる（148、152、153）。その造像物が薬師と観音であるのは、死・病や諸々の苦を救済する法を倭（日本）が保有していること、そして、それを提供するということを通じて、列島内の蝦夷の取り込みを計ったものと言える。隼人に対しても、類似のことがおこなわれたようである（157）。言い換えれば、観念的な、あるいは行政的な方法のみで国家秩序の統一を計ったのではなく、蝦夷にとっても最大関心事である死や病そして苦への最新で具体的な対処方法の移出を介して、倭（日本）と蝦夷との現実的な価値や営為の共有化を強いたのである。それは、列島内諸国での仏教儀式の拡大や（129、130ほか多数）、王家で突出した位置を占めるようになる天皇などの死や病や苦に対処する法としての仏教を誇大に見せつける儀式の構築と軌を一にするものであった（135、136ほか多数）。このような手法は、戸籍上の名前にも結実をみる（175〜177）。出雲国や周防国などでも、このような手法に共振し、支持する動きが見て取れる（155、179）。その意味で、仏教は列島に広く拡がり、国家形成と不可離の関係にあったのである。

仏典の特徴と推移

（一）の段階でどのような仏典が用いられたのかは、本表からは明らかにしがたい。ただ、いわゆる聖徳太子とのかかわりで法華経・勝鬘経・維摩経の三経が記録にみえるが、これをそのまま事実としてよいかは問題である。むしろ、本表には登場しない涅槃経その他を想定すべきであろうか。あるいは、きわめて短編の譬喩経の類などもあり得る。

（二）の段階になると、遣唐使（もと遣隋使）によって伝えられた無量寿経や大雲経などの新来経典がただちに披露公開された（76、81、99）。その方法は、学問としてではなく、実益的な儀式の形をとる。無量寿経は、たしかに学習された形跡があるが、それは阿弥陀三尊像を安置する寺院の造営を紐帯として、複数の渡来系集団が彼岸と此岸の区別なく連帯することを約す目的があった（103、104）。このような舶載仏典の素早い披露公開は、盂蘭盆経や仁王般若経なども同様であろう（102、105）。一方、一切経への認識も高まっている（96以下）。これは、隋以後の編纂が目立つ経典目録に影響を受けたものであろう。

（三）の段階では、（二）における一切経への意識が増幅してくる（121以下）。そして、その中から、あるいはそれと対比させながら、金光明経や仁王経が選抜され、法会という儀式を生み出していく（123、124など多数）。ただ、天武朝初めには四方に仏典を求めたというから、ある程度の仏典が（二一）の段階で諸地域に散在していた可能性もある（122）。たとえば、金光明経や金剛般若経（132以下）は隋以後、とくに重用されており、後者は朝鮮諸国でもよく用いられた。そうであれば、倭（日本）から隋唐に入った人々の経験を契機として、朝鮮諸国での使用を再確認し、倭（日本）でも採用するに至ったことも考えられる。一方、四天王の登場は、金光明経の影響にもよると思われるが、これをもって、ただちに護国経典の定立とは言えず、金光明経には多様な性格があることに留意しておきたい。

観音経や薬師経も多くみられるようになる（133、136など）。これらは、既述の造像や造寺とも連携した現象であるが、観音経は、法華経の観世音菩薩普門品にあたり、法華経の受容と連動している。加えて、阿弥陀三尊の脇侍として観世音菩薩が注目されてくることとも連動しよう（149、150）。このような傾向は、別表の木簡からも知ることができる。

八世紀に入ると、大般若経が導入される（180）。これは、新羅からの移入であった可能性があるが、唐の玄奘訳であることの意味も大きいであろう。この大般若経は、やがて和銅・養老・神亀年間に多くの写経をみるが（212以下。別表写経編）、他の諸写経とともに、その顕著なスタートは天平改元直前の神亀年間（聖武即位・某皇太子夭死など）にある。

一方、金光明経の新訳である金光明最勝王経も移入された（214以下）。そのルートが遣唐使便によるものか否かについては議論がある。しかし、この経の活用は、死・病・苦への強い関心と対処が、個々人や親族のレベルにとどまることなく、自然や社会全体と、その体現者とに起因し、また還元されるとみる擬似公共的な共同意識醸成に呼応したものであった。そして、このような醸成の一翼を担う優婆塞貢進には、金光明最勝王経の学習が求められた（216以下。神亀年間以降）。加えて、鳩摩羅什訳の法華経（観世音品を含む）や玄奘訳の般若心経（多心経）その他の学習もみられる。のちの国分寺・国分尼寺造営の基盤は、ここに淵源している。ただし、注意すべきは、呪語や陀羅尼などを唱えることが大きなウエイトを占めていることである。つまり、六〇〇巻に及ぶ大般若経のような大部の仏典よりも、仏典のなかにある、あるいは仏典に付属する短い呪語や陀羅尼が日常では、また社会の裾野では珍重されている。それは、言語・文字不通の魅力や音声効果などによる感性と身体の異変がもたらす効能に期待されたのであろうか。

（新川登亀男・井上正望）

第二　木簡編

番号	紀年	原文	法量	型式	出土遺跡（遺構）	出典	備考
仏典（紀年銘木簡）							
1	天武八年（六七九）	・己卯年八月十七日白奉経 ・観世音経十巻記白也	186×23×4	011	石神遺跡（SD四〇九〇南北溝）	『飛鳥概報』21、木簡1	
仏典関係（無紀年銘木簡）							
2		・広乎大哉宿世 ・是以是故是故	180×65×9	019	難波宮跡（朝堂院跡南辺付近土坑）	『日本古代木簡選』	・同伴土器は七世紀半ばのものなので、前期難波宮期かそれ以前のものと推定される習書。 ・仏典引用の可能性は薄い。
3		経借同日	112×35×8	019	飛鳥池遺跡（SD一一三〇溝）	『飛鳥』1、木簡160	「丙子」（天武五年（六七六））の付札木簡や「寅年」（戊寅、天武七年（六七八））の削屑が同遺構から出土。
4		・○経蔵益 ・○□□□	105×(18)×8	081	飛鳥池遺跡（SD一一三〇溝）	『飛鳥』1、木簡238	・年代については同右。 ・「経蔵」は飛鳥寺もしくは禅院の経蔵と考えられる。 ・「益」は「鎰」の略字。

5	6	7	8	9	10
・観世音経巻 ・支為□〔照カ〕支照而為（左側面） ・子曰学［　］是是	・「　□ ［　］我何□□者恒□〔願則カ〕□□ 身　」 □何 送 日 恒 願 徳 均 ・［□］ 相 想［　］ ［　　］」（重ネ書キ）	□也□此仇那□皮□□	小聞	・□〔智カ〕照師前謹白昔日所 ・白法華経本借而□□〔苑賜カ〕	・卌心者〈一者十信　二者十解　三者十句 四者十□〔廻カ〕向〉次四種善根者〈一［　］二 者□　三者□〉 ・比丘者死者怖魔［　　］□ □□□〔向東死カ〕者□初阿羅漢□〔得カ〕又百□〔躰カ〕羅［　］□〔者カ〕 仏入□□〔卌カ〕怖□□［　］
145×21×20	(123)×(23)×4	(134)×(16)×7		233×20×3	(185)×29×2
011	081	081	091	081	065
飛鳥池遺跡（SD一一三〇溝）	飛鳥池遺跡（SD一一三〇溝）	飛鳥池遺跡（SD一一三〇溝）	飛鳥池遺跡（SD一一三〇溝）	飛鳥池遺跡（SD一一一〇溝）	飛鳥池遺跡（SD一一一〇溝）
『飛鳥』1、木簡245	『飛鳥』1、木簡250	『飛鳥』1、木簡252	『飛鳥』1、木簡319	『飛鳥』1、木簡705	『飛鳥』1、木簡716
・年代については同右。 ・裏面は『論語』学而篇の冒頭部を記す。	・年代については同右。 ・「恒願」は仏典に見られる表現であるため、仏典を書写した可能性が考えられる。	・年代については同右。 ・「仇那」は『大方等陀羅尼経』巻第四に見られ、梵語の音訳であろう。	・仏典の一部かは不明。 ・年代について同右。	「丁丑」（天武六年（六七七））と記された木簡が同遺構から出土。	・年代については同右。 ・表面は『摂大乗論釈』に基づいた菩薩修行の階梯を示すものと考えられる［市二〇一二］。 ・裏面の「阿羅漢」等の語が仏典に見られ、仏典を書写した可能性が考えられる。

11	12	13	14	15	16	17	18
				和銅三年(七一〇)～霊亀三年(七一七)	和銅三年(七一〇)～霊亀三年(七一七)	和銅三年(七一〇)～霊亀三年(七一七)	和銅三年(七一〇)～霊亀三年(七一七)
・□多心経百合三百「冂　凵」(別筆1、削リ残リ) ・「十一□」(別筆2)「[　　　]」(別筆3、天地逆)	・□□作仏説 ・金屑	□(羅カ)羅蜜□(蜜カ)	・第十八　厳敬飛　三慧飛 十上　心持飛　安雲飛 ・尊體飛　令蔵飛　賢弁飛 玄耀飛　項蔵飛 顕蔵飛	・○移　務所　経師分由加六口 ・○附　秦忌寸万呂	経師二人　□	少書吏　経師□	・○政人五口米三升七合五夕 ・○経師七合五夕〈受□万呂　十一月廿二日廣嶋〉
(162)×15×3	(88)×(20)×8		176×48×6	(198)×26×2	(32)×(12)×10		157×32×4
081	081	091	011	019	081	091	011
飛鳥池遺跡(SD一一一〇溝)	飛鳥池遺跡(SD一一一〇溝)	飛鳥池遺跡(SD一一一〇溝)	藤原京右京七条一坊(SE一八五〇井戸)	長屋王邸跡(SD四七五〇溝)	長屋王邸跡(SD四七五〇溝)	長屋王邸跡(SD四七五〇溝)	長屋王邸跡(SD四七五〇溝)
『飛鳥』1、木簡717	『飛鳥』1、木簡719	『飛鳥』1、木簡925	『藤原宮』1、木簡449	『平城京』1、木簡159	『平城京』1、木簡329	『平城京』1、木簡783	『長屋王』、木簡120
・年代については同右。 ・「多心経」は『般若波羅蜜多心経』。	・年代については同右。 ・「仏説」は仏典に見られる。	・年代については同右。 ・『般若波羅蜜多心経』との関連。	・SE一八五〇の埋没年代は大宝令施行以後であったと考えられる。 ・内容は僧名を列記したもので、「飛」は飛鳥寺のことで僧の所属を示すか。 ・「第十八」は仏典の巻数と考えられ、写経ないし読経の割振りを示したものとも考えられる。				

番号	年代	釈文	法量	型式	出土地	出典	備考
19	和銅三年（七一〇）〜霊亀三年（七一七）	・○経師二口飯四升装黄一口飯一升半合□ ・○半　十二月二日［　］	（169）×22×4	019	長屋王邸跡（SD四七五〇溝）	『平城宮概報』25	
20	和銅三年（七一〇）〜霊亀三年（七一七）	□□□ 経師□		091	長屋王邸跡（SD四七五〇溝）	『平城宮概報』28	
21		□　敎　□		091	平城宮東南隅部調査区（SD四一〇〇溝）	『平城宮』6、木簡9635	SD四一〇〇溝の出土木簡には神亀五年（七二八）のものも多い。
22		・右件稲□正下十日上進以解□ 古文孝経□従□進□ ・［　］　鳥（異筆3）「□」（異筆3）「□」 （異筆1）「□　嶋　（異筆4）「南無」（異筆4）「无无」 □」　嶋（異筆2）」　□」 （異筆2）「嶋　嶋　□□」	（294）×（43）×3	081	平城宮第一次大極殿院西辺（SD三八二五溝B）	『平城宮』7、木簡12773	出土遺構は奈良時代前半。仏教用語の「南無」がある。

仏菩薩関係（無紀年銘木簡）

番号	年代	釈文	法量	型式	出土地	出典	備考
23		・大卄被四副 ・長十尋一被	（80）×16×4	039	飛鳥池遺跡（SD一一三〇溝）	『飛鳥』1、木簡217	・「卄」は「菩薩」の合成略字体で、本例が最古の用例となる。 ・「大菩薩」に供献する衾の数量とその規格を示しているか。
24		・釈迦伯綿 ・□九斤	（96）×15×5	032	飛鳥池遺跡（SD一一三〇溝）	『飛鳥』1、木簡218	「釈迦伯綿」は釈迦如来像に供献する白綿であろう。

25	26	27	28	29	30	31	32	33	34
・仏法分中切 ・⌈　⌋□	仏麻油一礦	□□〔釈釈カ〕	□□〔見カ〕見見仏	□〔仏カ〕□	□〔迦〕	南无无久仏 □□□□「□」 ⌈　⌋	□ □仏□	・□〔菩〕菩菩菩意□ ・□敬敬□非⌈　⌋	仏仏□
73×15×2	82×13×2					125×60×8		(124)×(11)×3	(92)×(23)×1
033	032	091	091	091	091	065	091	081	081
飛鳥池遺跡（SD一一三〇溝）	飛鳥池遺跡（SD一一三〇溝）	飛鳥池遺跡（SD一一三〇溝）	飛鳥池遺跡（SD一一一〇溝）	飛鳥池遺跡（SK一一五三土坑）	飛鳥池遺跡（SK一一五三土坑）	飛鳥池遺跡（SK一一二六土坑）	飛鳥池遺跡（SK一一二六土坑）	石神遺跡（SK四〇九七土坑）	石神遺跡（SD四一二一南北溝）
『飛鳥』1、木簡219	『飛鳥』1、木簡223	『飛鳥』1、木簡552	『飛鳥』1、木簡840	『飛鳥』1、木簡1116	『飛鳥』1、木簡1117	『飛鳥』1、木簡1336	『飛鳥』1、木簡1370	『飛鳥概報』17、木簡104	『飛鳥概報』21、木簡25
寺院の資財は「仏分」「法分」などに分けられて管理されていた。	「仏」は仏分と思われる。			同遺構から出土した「戊戌」（文武二年（六九八））の削屑や評里制下の荷札木簡から七世紀末頃と推定。		同遺構から出土した「戊戌」（文武二年（六九八））の木簡や郡里制下の荷札木簡から七世紀末～八世紀初頭頃と推定。		・「癸未」（天武十二年、（六八三））と記された木簡が同遺構から出土。菩薩との関係ありか。	「己卯年」（天武八年（六七九）、木簡1）と記された木簡が同遺構から出土。

番号	年代	釈文	法量	型式	出土遺構	出典	備考
35		・□天于 ・天王	229×86×12	065	石神遺跡（道路SF二六〇七造成土）	『飛鳥概報』22、木簡6	・四天王との関係、要検討。 ・七世紀中葉から後半の阿倍山田道造成。
36		・□　□　□〔四カ〕 　　銀　天 　　□　王 ・□　佐　□　日　□ 　　伯　□　分 　　□　□　酒	(45)×(88)×4	081	藤原京左京七条一坊西南坪（SX五〇一池状遺構）	『飛鳥』2、木簡1575	・四天王。 ・同遺構から大宝元年（七〇一）。 ・同二年（七〇二）における衛門府の活動を示す木簡が多数出土。
37		仏　大　□ □　膳		091	藤原京左京七条一坊西南坪（SX五〇一池状遺構）	『飛鳥』2、木簡2807	年代については同右。
38		・□□申□〔仏カ〕分□□□ ・□　□□□□	(45)×(88)×4	081	藤原宮跡（SD一七〇溝）	『藤原宮』3、木簡1083	「戊戌」（文武二年（六九八））と記された木簡が同遺構から出土。
39		（墨画）	(129)×(13)×3	011	藤原宮跡（SD一七〇溝）	『藤原宮』3	仏菩薩の墨画。
40	和銅三年（七一〇）～霊亀三年（七一七）	仏造司　□　□	(115)×15×2	019	長屋王邸跡（SD四七五〇溝）	『平城京』1、木簡330	
41	和銅三年（七一〇）～霊亀三年（七一七）	仏造		091	長屋王邸跡（SD四七五〇溝）	『平城京』1、木簡681	
42	和銅三年（七一〇）～霊亀三年（七一七）	・□〔仏カ〕造□〔司カ〕□ ・□□□	(45)×(14)×2	081	長屋王邸跡（SD四七五〇溝）	『平城京』1、木簡1675	

							参考
43	和銅三年(七一〇)～霊亀三年(七一七)	・□〔仏カ〕造□〔司カ〕帳内一口⌈ ⌋升□□〔仕丁カ〕⌈ ⌋ □升。 ・□□□ □□□ 大嶋 。	232×(21)×4	081	長屋王邸跡(SD四七五〇溝)	『平城京』2、木簡1911	
44	和銅三年(七一〇)～霊亀三年(七一七)	仏造帳内米三升受古麻呂十一□	(175)×(11)×2	081	長屋王邸跡(SD四七五〇溝)	『平城京』2、木簡1912	
45	和銅三年(七一〇)～霊亀三年(七一七)	・仏造帳内一人米一升斯一人米二。 ・升受仕丁粳麻呂八月十日〈□万呂　書吏〉。	215×28×4	011	長屋王邸跡(SD四七五〇溝)	『長屋王』、木簡184	
46	七世紀	×□〔服カ〕阿　祢　×	(81)×(18)×3	081	新潟県延命寺遺跡(SD一六九八)	『延命寺遺跡』	七世紀の集落・官衙遺跡。平川南氏は木簡の字体から七世紀代のものとする。
47	七世紀末から八世紀前半	・×⌈ ⌋『見　願願福』 □〔東カ〕⌈ ⌋ ・×『大大⌈ ⌋大□〔延カ〕鳴□□』	(228)×39×9	015	徳島県観音寺遺跡(SR一〇〇一Ⅲ層)	『観音寺遺跡』Ⅰ、木簡36号	
48	和銅三年(七一〇)～霊亀三年(七一七)	菩提一人		091	長屋王邸跡(SD四七五〇溝)	『平城京』2、木簡2487	
49	和銅三年(七一〇)～霊亀三年(七一七)	□菩□〔提カ〕		091	長屋王邸跡(SD四七五〇溝)	『平城京』2、木簡2488	
50		⌋□観世音井	(75)×(15)×1	081	大宰府史跡観世音寺地区(SE一七七五井戸)	『大宰府』2、木簡254	年代不明。

51	52
・南无□〔牛カ〕⊓ 南无五大力□〔尊カ〕　南无□□〔大日カ〕⊓ ・（裏面は符籙。備考参照）	<南無千手陀羅尼 唵□〔誦カ〕娑羅□〔達カ〕度 □□〔告喔カ〕娑婆訶
164×63×4	150×64×4
061	032
大宰府史跡観世音寺地区（SE一七九〇井戸）	福岡県元岡・桑原遺跡群（SX〇〇一池状遺構）
『大宰府』2、木簡256	『元岡桑原』2、14木簡12
・年代不明。裏面の符籙は上から一段目は七文字、二段目は六文字…七段目は一文字と規則性があり、逆三角の形状をしている。この符籙では合計で二十八文字を確認でき、いずれも「鬼」の異体字と推定されるも、腐蝕が著しいため『大宰府』2では断定できないとしている。 ・「五大力」という語は、『佛説仁王般若波羅蜜経』などに見える。	・池状遺構流出部（SX〇〇二）から大宝元年（七〇一）、延暦四年（七八五）の年紀を記した木簡が出土しており、本木簡の時期は八世紀前半代と後半代のいずれかに推定され得る。しかし本木簡は上層での出土であり、九世紀以降に下る可能性もある。 ・「千手陀羅尼」という語は、『千手經二十八部衆釋』などに見える。

付録　天平改元以前の仏典・仏菩薩等一覧

凡例

・原文中の・は木簡の表裏に文字が記されている場合に使う。
・〔　〕は校訂に関する註のうち、本文に置き換わるべき文字を含むもの。（　）は本文と関らないもの。
・原文中の「　」『　』は異筆・追筆を示す。
・○は木簡に孔が穿たれていることを示す。
・□は欠損文字のうち、字数の確認できるもの。
・[　]は欠損文字のうち、字数が数えられないもの。
・〈　〉は割注を示す。
・＜は切り込みを示す。
・法量は木簡の長さ・幅・厚さを示す（単位は㎜）。
・型式番号は次の通りである（奈良文化財研究所による）。

011型式…長方形の材（上端部が圭頭形のものなどもこれに含める）のもの。

015型式…長方形の材の側面に孔を穿ったもの。

019型式…一端が方頭で、他端は折損・腐蝕などによって原形の失われたもの。原形は011・015・032・041・051型式のいずれかと推定される。

032型式…長方形の材の一端の左右に切り込みを入れたもの。

033型式…長方形の材の一端の左右に切り込みを入れ、他端を尖らせたもの。

039型式…長方形の材の一端の左右に切り込みがあるが、他端は折損・腐蝕などによって原形の失われたもの。原形は031・032・033・043型式のいずれかと推定される。

061型式…用途の明瞭な木製品に墨書のあるもの。

065型式…用途未詳の木製品に墨書のあるもの。

081型式…折損・割截・腐蝕その他によって原形の判明しないもの。

091型式…削屑（法量には斜線）。

・出土遺跡の略称は次の通りである。
飛鳥池遺跡北地区→　飛鳥池遺跡

平城京左京三条二坊一・二・七・八坪↓　長屋王邸跡
藤原宮東面北門付近↓　藤原宮跡
・典拠となった木簡の詳細が記されている報告書等の略称は次の通りである。
『飛鳥藤原京木簡　解説』↓　『飛鳥』号数
『飛鳥・藤原宮発掘調査出土木簡概報』↓　『飛鳥概報』号数
『藤原宮木簡』↓　『藤原宮』号数
『平城宮木簡』↓　『平城宮』号数
『平城京木簡―長屋王家木簡―解説』↓　『平城京』号数
『平城宮発掘調査出土木簡概報』↓　『平城宮概報』号数
『平城京　長屋王邸宅と木簡』↓　『長屋王』
『大宰府史跡出土木簡概報（二）』↓　『大宰府』2
『九州大学統合移転用地内埋蔵文化財発掘調査概報二―元岡・桑原遺跡群発掘調査』↓　『元岡桑原』2
『九州大学統合移転用地内埋蔵文化財発掘調査報告書　元岡・桑原遺跡群十四―十二、十八、二十次調査の報告（下）』↓　『元岡桑原』14

報告書・概報
奈良文化財研究所編『飛鳥藤原京木簡　一―飛鳥池・山田寺木簡―解説』吉川弘文館、二〇〇七年
奈良文化財研究所編『飛鳥藤原京木簡　二―藤原京木簡一―解説』吉川弘文館、二〇〇九年
奈良国立文化財研究所編『藤原宮木簡　一』吉川弘文館、一九八〇年
奈良文化財研究所編『藤原宮木簡　三』吉川弘文館、二〇一二年
奈良国立文化財研究所編『平城京木簡一―長屋王家木簡一―解説』吉川弘文館、一九九五年
奈良国立文化財研究所編『平城京木簡二―長屋王家木簡二―解説』吉川弘文館、二〇〇一年
奈良文化財研究所編『平城宮木簡六』吉川弘文館、二〇〇四年
奈良文化財研究所編『平城宮木簡七』吉川弘文館、二〇一〇年
奈良国立文化財研究所編『平城京　長屋王邸宅と木簡』吉川弘文館、一九九〇年

奈良文化財研究所『飛鳥・藤原宮発掘調査出土木簡概報　十七』、二〇〇三年
奈良文化財研究所『飛鳥・藤原宮発掘調査出土木簡概報　二十一』、二〇〇七年
奈良国立文化財研究所『平城宮発掘調査出土木簡概報　二十五』、一九九二年
奈良国立文化財研究所『平城宮発掘調査出土木簡概報　二十八』、一九九三年
新潟県教育委員会『延命寺遺跡　新潟県埋蔵文化財調査報告書第二〇一集　一般国道二五三号上越三和道路関係発掘調査報告書六』、二〇〇八年
徳島県教育委員会『観音寺遺跡Ⅰ（観音寺遺跡木簡篇）　一般国道192号徳島南環状道路改築に伴う埋蔵文化財発掘調査』、二〇〇二年
九州歴史資料館『大宰府史跡出土木簡概報（二）』、一九八五年
福岡市教育委員会『九州大学統合移転用地内埋蔵文化財発掘調査概報二――元岡・桑原遺跡群発掘調査』（福岡市埋蔵文化財調査報告書第七四三集）、二〇〇三年
福岡市教育委員会『九州大学統合移転用地内埋蔵文化財発掘調査報告書 元岡・桑原遺跡群十四――十二、十八、二十次調査の報告（下）』（福岡市埋蔵文化財調査報告書第一〇六三集）、二〇〇九年
木簡学会編『日本古代木簡選』岩波書店、一九九〇年

解　説

仏典関係の特徴

ここでは、仏典の書写や貸借に関する木簡について解説する。関連木簡は本書番号の1番から22番までの二十二点であり、うち一点は紀年銘木簡である。1番木簡は石神遺跡出土の木簡で、「己卯年」（天武八年（六七九））という年紀が記さ

れる。その木簡に記された内容は、東野治之氏によれば、写経の進捗状況を示したものであるという。すなわち、同木簡は「己卯年八月十七日、白す。奉る経は、観世音経十巻を記すと白す也」と釈読したうえで、これは、写経を命じた人物に対して、写経を担当する配下の者が進捗状況を写経者に報告させて、その報告を上申したものであるとされる［東野二〇〇八］。さらに、市大樹氏は東野氏の解釈を受けて、本木簡が出土した石神遺跡北方には、写経を依頼した者（皇族または有力貴族）の邸宅が存在したと推定している［市二〇一〇］。

他の木簡はすべて無紀年銘木簡である。このうち飛鳥池遺跡出土の木簡（以下、飛鳥池木簡）が十一点あり、関連木簡のほとんどを占めている。飛鳥池木簡を内容ごとに分類すると、仏典の語句や一節を書写した木簡（5、6、7、8、10、12、13番など）、仏典の貸借に関する木簡（3、9番など）、仏典名のみを記した木簡（5、11番など）となる。仏典の貸借に関して、9番木簡は僧「智照」に『法華経』の借用を願い出たものであり［市二〇一二］、飛鳥池木簡には具体的な内容を伴ったものも存在する。『法華経』をはじめ、飛鳥池木簡にその名称が記される『観世音経』『般若波羅蜜多心経』は、その記載により天武朝には将来されていたと言える。これらは、まとまった写経とその分配の開始を示唆している。

飛鳥池木簡に次いで関連木簡が多いのは、平城京の長屋王邸出土の木簡（以下、長屋王家木簡。年紀幅については後述）である。仏典に関する木簡は六点（15〜20番）あり、そのすべてに「経師」という語句が記される。「経師」は長屋王家において写経に従事した者たちであり、関連木簡の中には、彼らの給与に関するものも存在する。

飛鳥池・長屋王家以外の木簡は、それぞれ一点ずつ存在する。2番木簡は、難波宮朝堂院南辺の性格不明の土坑から出土した。木簡に記されている内容の典拠は不明であるが、仏典そのものからの引用とは考えにくい。しかし、仏教にかかわる最古類の木簡であり、百済扶余陵山寺址出土の「宿世」木簡との関係が注目される。14番木簡は藤原京右京七条一坊と推定される区域の中のＳＥ一八五〇井戸から出土した。同遺構は多量の礫と瓦で埋められており、この中から郡名を記した木簡が出土したことにより、大宝令施行以後に埋められたと考えられる。本木簡は飛鳥寺の僧名を列記したもので、「第十八」や「十上」という語句と合わせて考えれば、写経もしくは読経の割振りを示したものと考えられる。「第十八」は巻、「十上」は品である可能性もある。

ついで、21番木簡は、平城宮東南隅部のSD四一〇〇東西溝から出土した（第三十二次補足調査時に発見）。同遺構は二時期に分かれ、木簡が出土したのは、より古い遺構のSD四一〇〇Aである。A溝全体では神護景雲年間（七六七～七七〇）の木簡が多く出土しているが、本木簡が出土した地区（CJ六七地区）では、神護景雲年間よりも前の年紀をもつ木簡が出土している。よって、21番木簡も天平改元以前の木簡である可能性が残る。22番木簡は、平城宮第一次大極殿院の西辺を画して南流する素掘りの南北溝SD三八二五Bから出土した。同遺構は宮内の園池のために掘削された溝であり、養老末年から神亀初年までに作られたと考えられる。天平十七年（七四五）頃に再び改修が行われ、同遺構も改削された。したがって、出土木簡は養老末年および神亀初年から天平十七年までのものと考えられる。22番木簡の表面は、解の一部であり、仏典ではない『古文孝経』がみえる。裏面には「南無」の文字が見え、習書をしたものとみられる。

（藤田佳希）

仏菩薩関係の特徴

仏菩薩や、その造像事業を示す木簡は本書番号23番から45番までの二十三点である。出土遺跡ごとに若干の解説を記す。

本表掲載木簡の飛鳥池遺跡における出土分布は北地区に偏りをみせている。SD一一三〇は飛鳥池遺跡北地区を南北に流れる素掘りの大溝であり、天武五年（六七六）～七年という短期間だけ存続したとみられる。23番木簡は「菩薩」の抄物書きがみえており、日本最古の事例である。本木簡は「大菩薩」の仏像に対して供献する衣服の数量と規格を記している。24番も同じく「釈迦」（釈迦如来像か）に対して供える品目（白綿）を表面に記し、裏面にその数量を記した付札木簡である。25番は「分」という表記から考えて、「仏分」「法分」という寺院資財の管理区分を示しており、「中切」は何らかの物品を双方へ等分したことを示すと考えられる。26番も「仏」に「麻油」という、麻の実を搾った麻子油が続いているので、仏前の灯明に用いられた可能性が大いにあろう。28番木簡が出土したSD一一一〇は南地区からの排水を行う北地区の導水路であり、SD一一三〇と同時期に廃棄された素掘りの南北溝である。SK一一五三は、SD一一一〇の東一〇mに位置する円形土坑であり、その遺物は七世紀末の破材を主とし、SK一一二六も七世紀末から八世紀初めの年代とみられる不整形土坑である。夙に指摘されるように当該遺跡北地区は寺院の資財関係木簡が目立つ。

33・34番木簡が出土した遺構は、石神遺跡北方に位置する。SK四〇九七は廃棄土坑であり、SD四一二一は南北方向の溝遺構である。この地区には仏教関係の木簡が集中しているが、当該地域に古代寺院の所在を示す文献は存在しない。市大樹氏は先述の通り、皇族又は有力貴族の邸宅と推定している［市二〇一〇］。また、35番木簡が、36番木簡とともに「四天王」にかかわるものかは後考に待ちたい。

次に、藤原京宮内からは36番から39番までの木簡が出土した。SX五〇一は、左京七条一坊西南坪の池状遺構である。池状遺構は東西約二三m、南北約一〇mであり、大宝元年（七〇一）・二年頃の衛門府に関する木簡が大量に出土した。藤原京のこの地に衛門府が存在したことは間違いない。36・37番木簡は仏像や「天王」への供養に用いられる品目を、佐伯門を経由して運搬する際にその門司に渡された木簡であり、そして門司から衛門府に集約されたあと廃棄されたのであろう。SD一七〇は藤原宮東外濠を南北にながれる溝であり、東面北門の南側にあたる。出土木簡の年紀は「辛巳年」（天武十年（六八一））から「和銅二年」（七〇九）まで幅があるが、文武二年（六九八）のものが中心である。39番木簡は仏画であり、きわめて興味深い。

最後に、平城京内出土木簡はすべて長屋王家木簡である。SD四七五〇は平城京左京三条二坊八坪東南隅にあたる、南北に延びた溝状土坑である。その中で木簡を含んだ地層は、年紀木簡に基づいて和銅三年（七一〇）から霊亀三年（七一七）の期間が与えられている。40番木簡以下は、長屋王邸内に「仏造司」と呼ばれる造仏工房が存在したことを示す。43・44・45番木簡は仏像製作に従事した帳内や仕丁・廝丁に米を支給した際の記録であると考えられる。（中村憲司）

参　考

参考として、仏典・仏菩薩関連木簡の中で、主に地方の遺跡から出土した木簡について扱う。まず、新潟県延命寺遺跡ＳＫ一六九八の規模は、長軸約四・五m、短軸約三・五m、深さ〇・五mであり、周辺に存在した建物群に伴う廃棄土坑と考えられている。ここで出土した46番木簡にみえる「阿祢」の文字は、経文に関連する可能性も考えられるが、木簡の第一文字目や第三文字目の解釈には他の考えもみられ、現状では意味を汲み取ることができない。

つぎに、徳島県観音寺遺跡ＳＲ一〇〇一は、検出面の平均的な幅が二〇m（最も狭い箇所は八m、広い箇所は二三m）であり、全体の延長は五〇〇mを超え、南から北へ向けて流れる大きな自然流路である。このうち47番木簡が出土したⅢ層の厚さは二〇から三〇㎝で、出土遺物は多種多様である。釈文の「見」以下は別筆であり、本木簡は再利用されて、仏典の語句に準拠しながら「願福」の文字が習書されたものと思われる。

また、大宰府跡ＳＥ一七七五は、約二・八×二・四m、深さ約一・五m、ＳＥ一七九〇は約三・八×五・三m、深さ三・一mの井戸である。ここで出土した50・51番木簡は、仏典や名号の一節を記したものとみられる。観世音寺地区の他の遺構からも、卒塔婆など仏教に関するものが出土したが、多くは年代が降る。したがって50・51番の木簡も、残存状況などを鑑みると年代がかなり降る可能性は高く、そのため参考に留め置いた。

最後に、福岡県元岡・桑原遺跡群ＳＸ〇〇一は、谷を堰きとめてつくられ、長さ約三五m、幅約二〇m、深さ約〇・五から〇・八mの池状遺構である。ここからは多様な遺物が出土しているが、その中には斎串などの祭祀具が含まれており、周辺から倉庫群が検出されていることと共に、遺構の特徴の一つと思われる。この遺構から出土した52番木簡には「南無千手陀羅尼」とみえ、仏典中の語句や名号を記したものと考えられる。第二十次調査のSX〇〇一池状遺構及びその流出部（SX〇〇二）の出土木簡を俯瞰すると、52番の木簡以外で仏教に関係するものは他にみえず、本木簡は示唆に富む。

（片山健弘）

参考文献

東野治之「飛鳥時代木簡と上代語」（『橿原考古学研究所論集』15、八木書店、二〇〇八年）
市大樹『飛鳥藤原木簡の研究』（塙書房、二〇一〇年）
市大樹『飛鳥の木簡――古代史の新たな解明』（中央公論社、二〇一二年）

No	西暦	年月日	仏典名	所蔵	奥書（跋文）	備考
1	686	歳次丙戌年五月	金剛場陁羅尼経　巻一	文化庁	有	『寧楽遺文』、田中目録、『日本写経綜鑑』、『重要文化財』20〈写：巻末（奥書アリ）〉、『奈良朝写経』〈写：巻頭・巻末（奥書アリ）〉　※（奥書）「歳次丙戌年五月川内國志貴評内知識爲七世父母及／一切衆生敬造金剛場陁羅尼経一部籍此善因往生浄／土終成正覺　教化僧寶林」　※「法隆寺一切経」の押印あり。複製本あり（武田墨彩堂・一九三八年発行）。この経は市島春城が琳瑯閣で発見し、その後京都の小川簡堂氏に贈られたという。
2	695	歳次辛丑乙未九月十五日	観世音経（断簡）	唐招提寺	有	田中目録、『日本写経綜鑑』、『唐招提寺古経選』〈写：巻末（奥書アリ）〉　※（奥書）「歳次辛丑乙未九月十五日□（笠ヵ）間連□徳敬造観世音□〔経ヵ〕□／巻」　※年紀「辛丑」の右側にミセケチのような印（○）あり。「乙未」をとれば六三五年か六九五年となる。「辛丑」なら六四一年か七〇一年。
3	706	慶雲參年十二月伍日記（巻第四） 慶雲三年十二月八日記（巻第六）	浄名玄論　巻第四　宗旨上 浄名玄論　巻第六　宗旨下	京博（神田喜一郎旧蔵）	有	『寧楽遺文』、田中目録、『日本写経綜鑑』、『重要文化財』20〈写：巻6の巻末（奥書アリ）〉、『奈良朝写経』〈写：巻6の巻末（奥書アリ）〉、『国宝浄名玄論』〈写：全〉　※（奥書）巻第4「慶雲參年十二月伍日記」、巻第6「慶雲三年十二月八日記」　※京博の収蔵品データベースに画像情報あり。　※全八巻のうち、巻第4と巻第6に慶雲三年の紀年を有する。巻第1は平安時代、巻第2と巻第5が鎌倉時代の補写。　※巻第3の巻首25行、巻第4の巻首25行、巻第6の巻首20行は補写である。　※『国宝浄名玄論』の解説は、奥書のない巻第3、巻第7、巻第8も慶雲三年（七〇六）の書写とする。

4	5	6	7
708	710	712	718
□〔和ヵ〕銅元年大歳戊申閏八月	和銅三年庚戌五月十日	和銅五年歳次壬子十一月十五日庚辰	養老二年歳在戊午六月十五日
（首題）古今譯経圖記　巻一 （尾題）□今譯経圖記　巻上	舎利弗阿毘曇　巻第十二	大般若波羅蜜多経	大般若波羅蜜多経　巻第三百六十三
河内金剛寺（一切経）	根津美術館	写経編2	個人蔵
有	有	写経編2	有
『金剛寺一切経の総合的研究』、『金剛寺一切経の基礎的研究』　※（奥書）「一交了／□〔和ヵ〕銅元年大歳戊申閏八月因幡国造集為護三／寶□〔竭ヵ〕力、自寫願生々受身、為化郡冥趣向菩提／［　］布此諸経論余少学内典中間□〔癈ヵ〕輟而更荒／［　］不能勤修、於是二親倶歿。仍事追福悔過懺罪及見／［　］含十輪等経渙然開解歎曰、吾徒浅識□〔菲ヵ〕学小大方入／道、諸佛慇懃稱讃三乗法、是有由也。於是深信發願／為三寶護庶後有識同我願也／一交了／嘉禎二年〈丙申〉九月三日書之」　※跋文全体が和銅元年のものでないことは明らかであるが、「和銅元年歳次戊申秋七月一日卒也」とする伊福吉部臣徳足比売墓誌との関係性が認められる。要検討。	『続古経題跋』、『寧楽遺文』、田中目録、『日本写経綜鑑』、根津図録、『奈良朝写経』〈写：巻末（奥書アリ）〉　※『大正蔵』（巻28・1548番）では経題は「舎利弗阿毘曇論」。　※当該経典は「巻第十二」となっているが、『大正蔵』（巻28・1548番）では巻16（636頁b5行目4文字目）から巻15（630頁c20行目）までに相当。　※（奥書）「奉為　聖朝恆延福壽敬寫一切經論及律莊嚴既了／和銅三庚戌五月十日　沙門知法」　※本文と奥書は別筆。	写経編2　※長屋王発願経(和銅経)	『藝文』6-4号〈写：巻末（奥書アリ）〉　※（奥書）「維養老二年歳在戊午六月十五日／弟子謹奉為／先聖敬寫大般若経一百與衆共莊嚴／畢矢伏願／鳳輅速向蓮場　道慈書寫」　※神護景雲二年（七六八）の称徳天皇勅願一切経の跋文に類似。要検討。

8	9	10	11	12
718	719	721	721	725
養老二年十月十二日	養老三年六月一日	養老五年歳次	養老五年歳次辛酉	神亀二年歳在乙丑八月十三日
遺教経論　一巻	（首題）金剛頂一切如来真寶攝大乗現證大教王経 第二 （尾題）金剛頂瑜伽経 巻第二	大般若波羅蜜多経　巻三百八十二	大般若波羅蜜多経　巻三百八十三	大般若波羅蜜多経　巻三百六十一
阿部恵水旧蔵（田中目録）	金刀比羅宮（香川県琴平町）	天理図書館	知恩院	望月信亨旧蔵
有	有	有	有	有
『第1回京都大蔵会目録』、田中目録　※（奥書）〈墨書奥（本文ト別筆）云〉「殖栗郷泰禪賣御為四恩奉寫了　養老二年十月十二日朱書奥云　應和三年十一月三日增運一校」　※天平勝宝六年（七五四）潤十月廿九日『仏説灌頂経』奥書（『大日本古文書』25-175、東寺観智院所蔵）に「殖栗郷泰禪賣、御為四恩、奉寫灌頂経一部」とある。また、『無垢浄光大陀羅尼経』の奥書（『平安遺文』題跋1）に「殖栗郷泰禪賣御為四恩奉寫了／天応元年十二月六日　秦忌寸氏連」とある。殖栗郷は山城国久世郡殖栗郷であろう。要検討。	『平安遺文』題跋2688　※首題の下部に「弘秀」と署名あり。　※（奥書）「養老三年六月一日於前山寺量界房書／承安二年十一月十二日於法住寺御房奉従大寶坊律師御房奉受訖、道顯〈歳卅一〉」　※この経は『金剛頂一切如来真寶攝大乗現證大教王経』巻中（『大正蔵』巻18・865番）のことで、天宝五年（七四六）〜大暦九年（七七四）に不空によって漢訳。↓「養老三年」（七一九）の年紀は誤。※「養老三年六月一日於前山寺量界房書」は別筆。※「前山寺」とは大和国宇智郡の「栄山寺」のことか。「栄山寺の創立」。要検討。	田中目録、『日本写経綜鑑』、『ビブリア』88　※（奥書）「維養老五年歳次」　※巻子本を折本に改装。	『続古経題跋』、『寧楽遺文』、田中目録　※（奥書）「養老五年歳次辛酉」	『寧楽遺文』、田中目録、『第23回京都大蔵会目録』　※（奥書）「神亀二年歳在乙丑八月十三日　景中　謹為／先聖奉敬寫伏願／仙駕速進蓮場　□□□　□□」 ↑神護景雲二年（七六八）の称徳天皇勅願一切経の跋文に類似。要検討。

13	726	神亀三年歳次丙寅十二月上旬	大般若波羅蜜多経	『古経題跋随見録』	有	『古経題跋随見録』、『寧楽遺文』、田中目録 ※（奥書）「神亀三年歳次丙寅十二月上旬、散位寮少初位下布羅長鷹寫」
14	726	神亀三年	般若心経	（京博）	（有）	『京都帝室博物館列品第一回目録』↓「般若心經 搨本 神亀三年跋文アリ 一巻 京都府寄付 本館蔵」 ※京博の収蔵品データベースに無し。
15	727	神亀四年丁卯三月上旬	大般若波羅蜜多経	安田八幡宮（高知県安芸郡安田町） ※文永十年焼失	有	『文化財集中地区特別総合調査報告』6、『海南史学』8、『南路志』 ※（奥書）「神亀四年丁卯三月上旬、於放光寺智識結写」（『南路志』より） ※『文化財集中地区特別総合調査報告』6には、「享保十六年（一七三一）の『八幡宮蔵経畧記』を見ると、当経は神亀四年（七二七）法光寺で書写されたものを基本にし、その後脱簡闕巻を生じたので、仁治・弘安・永正年間に補写補充がおこなわれ、そして毎年夏季、郷浦人民の長久と五穀豊饒を祈って衆僧がこれを読誦したものと伝えている」とある。また、現存の巻第600末尾紙背の識語によると、神亀四年の年紀を有する大般若経は文永十年（一二七三）に焼失したとあり、その補塡に施入したのが現存の大般若経であるとされる。 ※『南路志』では「放光寺」、「八幡宮蔵経畧記」では「法光寺」となっている。安田町東島の法禅寺とされるが詳細は不明。
16	728	神亀五年歳次戊辰五月十五日	大般若波羅蜜多経	写経編3	写経編3	写経編3 ※長屋王発願経（神亀経）

凡例

『続古経題跋』：養鸕徹定『続古経題跋』（『解題叢書』所収、国書刊行会、一九一六年、初出一八八三年）

『第1回京都大蔵会目録』：『第一回大蔵会陳列目録』（京都仏教各宗学校連合会、一九一五年）

『藝文』6—4号：『藝文』第六年第四号（一九一五年）

『古経題跋随見録』：田中光顕『古経題跋随見録』（自筆本、一九一九年）

『第23回京都大蔵会目録』：『第二十三回大蔵会展観目録』（京都仏教各宗学校連合会、一九三七年）

『京都帝室博物館目録』：『京都帝室博物館列品第一回目録』（一九五九年）

『寧楽遺文』：竹内理三『寧楽遺文』中巻（東京堂出版、一九六二年）

『文化財集中地区特別総合調査報告』6：文化財保護委員会『四国八十八箇所を中心とする文化財（文化財集中地区特別総合調査報告第6集）』（一九六七年）

『平安遺文』題跋1：竹内理三『平安遺文』題跋篇1号文書（東京堂出版、一九六八年）

『平安遺文』題跋2688：竹内理三『平安遺文』題跋篇2688号文書（東京堂出版、一九六八年）

『海南史学』8：『海南史学』第8号（一九七〇年）

田中目録：田中塊堂『日本古写経現存目録』（思文閣、一九七三年）

『日本写経綜鑑』：田中塊堂『日本写経綜鑑』（思文閣、一九七四年）

『唐招提寺古経選』：『唐招提寺古経選』（中央公論美術出版、一九七五年）

『重要文化財』20：『重要文化財』第二十巻「書籍・典籍・古文書Ⅲ」（毎日新聞社、一九七五年）

「栄山寺の創立」：福山敏男「栄山寺の創立と八角堂」『寺院建築の研究』中（中央公論美術出版、一九八二年）

『奈良朝写経』：奈良国立博物館『奈良朝写経』（東京美術、一九八三年）

『ビブリア』88：『ビブリア』第88号（天理図書館、一九八七年）

『南路志』：『南路志』巻十（土佐国史料集成『南路志』第二巻、一九九〇年）

根津図録：『根津美術館蔵品選』仏教美術編（根津美術館、二〇〇一年）

『金剛寺一切経の基礎的研究』：落合俊典『金剛寺一切経の基礎的研究と新出仏典の研究』（二〇〇四年）

『金剛寺一切経の総合的研究』：落合俊典『金剛寺一切経の総合的研究と金剛寺聖教の基礎的研究』（二〇〇七年）

『国宝浄名玄論』：京都国立博物館『国宝　浄名玄論』上下（勉誠出版、二〇一四年）
『大正蔵』：『大正新脩大蔵経』

略称

〈写〉：写真掲載文献、巻頭：巻頭写真、巻末：巻末写真、（奥書アリ）：奥書写真アリ、全：全文写真
京博：京都国立博物館

No	巻	所蔵	主要掲載文献	奥書（跋文）	備考
1	巻21	滋賀県甲賀市：常明寺	『長屋王願経二種』〈写：巻頭・巻末(奥書アリ)〉、『日本書誌学之研究』、田中目録	有	折本。『日本書誌学之研究』は、年紀以下「二行欠」とする。
2	巻22	滋賀県甲賀市：常明寺	『日本書誌学之研究』、田中目録	有	折本。巻頭一部欠損。『日本書誌学之研究』は、室町末期頃の筆で「長峯寺」(紙背)ありとするが、判読難。
3	巻23	東京都港区：根津美術館	『古経題跋』、『日本書誌学之研究』、『寧楽遺文』、田中目録、『重要文化財』20〈写：巻末(奥書アリ)〉、『日本宗教史論纂』〈写：巻末(奥書アリ)〉、『国宝・重要文化財大全』7〈写：巻頭・巻末(奥書アリ)〉、根津図録〈写：巻頭・巻末(奥書アリ)〉、宮﨑目録、文化遺産オンライン〈写：巻頭・巻末(奥書アリ)〉、『築島裕著作集』1	有	折本。「用紙」云々の次行裏に「長峯寺」。「長峯寺」の周囲のみ裏打ちなし。『古経題跋』に薬師寺蔵。『古経題跋随見録』に青山文庫蔵。外箱の蓋裏に「明治十四年七月廿三日抄録　芋頭鞭影主人」として『古経題跋』の引用文。箱底には「明治十三年庚辰小春　六十四翁査立之預」とする墨書の一部に「此経賓天下無二之寶典希世之珎而為狩谷棭斎翁／之舊蔵今帰于加藤氏庫中矣」。「加藤氏」は巻250添付文書によると加藤直種（橘千蔭曽孫）。別紙に「巻第二百四十二　御物／〃二百四十三　山中獻舊蔵／其後題曰／此経近江国甲賀郡鮎川郷祥雲／山太平禅寺常什物享保三年戊戌／十月観音講中修補之六十巻也」。添付書「和銅経附録」(折本)あるも、内容無関係。
4	巻24	滋賀県甲賀市：常明寺	『日本書誌学之研究』、田中目録、『奈良朝写経』〈写：巻頭・巻末(奥書アリ)〉、宮﨑目録、『築島裕著作集』1	有	折本。
5	巻25	滋賀県甲賀市：常明寺	『和銅経解説』〈写：巻末(奥書アリ)〉、『日本書誌学之研究』、田中目録	有	折本。巻末に「右経　自和銅五年壬子至應永廿九年壬寅七百八個年矣」とある。さらに次行に文章あるも、修補の際切断したため、残画のみ。元の文字は推測不能。『日本書誌学之研究』は、巻頭に「自和銅五壬子至明暦元乙未九百四十四年也」とするが、確認不可。

6	巻26	滋賀県甲賀市：常明寺	『日本書誌学之研究』、田中目録	有	折本。願文「天皇」以下欠。
7	巻27	滋賀県甲賀市：常明寺	『日本書誌学之研究』、田中目録	有	折本。
8	巻28	滋賀県甲賀市：常明寺	『日本書誌学之研究』、田中目録	有	折本。品題欠。巻頭欠。「用紙」云々の行裏に反転して「長峯寺」（上下は表面と同じ）。
9	巻29	滋賀県甲賀市：常明寺	『日本書誌学之研究』、田中目録	有	折本。「用紙」云々の行裏に反転して「長峯寺」（上下は表面と同じ）。巻頭1行＋品題1行＋本文の24行が補写。冒頭〜5折ウ（1紙分）に界線があり（補修1紙分）、字体が異なる。6折オ以降は界線なし。『日本書誌学之研究』は「鎌倉期補写」とする。
10	巻30	滋賀県甲賀市：常明寺	『日本書誌学之研究』、田中目録、『重要文化財』20〈写：巻末（奥書アリ）〉、『日本の写経』〈写：巻頭・巻末（奥書アリ）〉、『大般若経の世界』展図録〈写：巻末（奥書アリ）〉、『国宝・重要文化財大全』7〈写：巻頭・巻末（奥書アリ）〉、『聖武天皇とその時代』〈写：巻頭・巻末（奥書アリ）〉、宮崎目録、『甲賀市史』1〈写：巻頭・巻末（奥書アリ）〉、『神につかえ仏にいのる』展図録〈写：巻頭〉、『神仏います近江』〈写：巻頭〉	有	折本。41折ウの「和銅五年歳次壬子十一月十五日庚辰竟」と「用紙」云々との行間に別筆で「自和銅五壬子至明暦元乙未九百四十四歳」。「用紙」云々の次行裏に「長峯寺」。42折オに別筆で「應永廿九冬修補焉」。『日本書誌学之研究』は、跋文末尾に「自和銅五壬子至明暦元乙未九百四十四年也」ありとする。
11	巻41	滋賀県甲賀市：常明寺	『日本書誌学之研究』、田中目録、『大般若経の世界』展図録〈写：巻末（奥書アリ）〉、『聖武天皇とその時代』〈写：巻頭・巻末（奥書アリ）〉、『甲賀を繙く』〈写：巻末（奥書アリ）〉	有	折本。
12	巻42	滋賀県甲賀市：常明寺	『日本書誌学之研究』、田中目録	有	折本。
13	巻43	滋賀県甲賀市：常明寺	『日本書誌学之研究』、田中目録	有	折本。「用紙」云々1行欠。

14	巻44	滋賀県甲賀市：常明寺	『日本書誌学之研究』、田中目録	有	折本。「用紙」云々1行欠。『日本書誌学之研究』は「自和銅五壬子至明暦元乙未九百四十四年也」の識語ありとするが、確認不可。
15	巻46	滋賀県甲賀市：常明寺	『日本書誌学之研究』、田中目録、『甲賀市史』1〈写：巻頭〉	有	折本。「用紙」云々1行欠。年紀次行に文章の墨跡あるも、切断されているため、判読不可。
16	巻48	滋賀県甲賀市：常明寺	『日本書誌学之研究』、田中目録	有	折本。内題から本文3行目まで補筆。年紀以下欠。『日本書誌学之研究』は、「江戸期補写」とする。
17	巻49	滋賀県甲賀市：常明寺	『日本書誌学之研究』、田中目録	有	折本。「用紙」云々1行欠。
18	巻50	滋賀県甲賀市：常明寺	『日本書誌学之研究』、田中目録	有	折本。後世の修補により、「用紙」云々1行欠。36折ウ(最末部)に以下の書込み。「常明寺　常什　大般若経二十七冊／昭和廿八年六月日　依　文化財保護法／修理畢　文部技官　田山信郎記之」。
19	巻51	滋賀県甲賀市：常明寺	『長屋王願経二種』〈写：巻頭・巻末(奥書アリ)〉、『日本書誌学之研究』、田中目録	有	折本。巻頭3行が別紙補修。
20	巻52	滋賀県甲賀市：常明寺	『日本書誌学之研究』、田中目録	有	折本。「用紙」云々1行欠。
21	巻53	滋賀県甲賀市：常明寺	『日本書誌学之研究』、田中目録	有	折本。外題なし。内題から本文1行目までは、後世別紙補修。初め3行分の補筆部は別紙。年紀以下欠。『日本書誌学之研究』は「首三行江戸期補写(跋一行欠)」とする。
22	巻54	滋賀県甲賀市：常明寺	『日本書誌学之研究』、田中目録、『甲賀を繙く』〈写：巻末(奥書アリ)〉	有	折本。土山歴史民俗資料館にレプリカあり(巻子復原)。巻頭はり紙(タテ24㎝×ヨコ1.5㎝)の裏に「用紙一九張　北宮」(天地逆)。『日本書誌学之研究』は室町末期頃の筆で「長峯寺」(紙背)とするも、判読不可。
23	巻55	滋賀県甲賀市：常明寺	『日本書誌学之研究』田中目録	無	折本。1折目ウ3行分「五根五力七等覚支八聖…大悲大喜」は後世別紙補筆。別紙の裏、天地逆に「和銅五年歳次壬子十一月十五日庚辰　竟／(別筆「自和銅五壬子今迄明暦元乙未九百四十四歳」)／用紙一十七張　北宮」。

24	巻56	滋賀県甲賀市：常明寺	『日本書誌学之研究』田中目録	有	折本。年紀以下欠。
25	巻57	滋賀県甲賀市：常明寺	『日本書誌学之研究』田中目録	有	折本。内題・品題は後世の別紙補筆。年紀以下欠。
26	巻58	滋賀県甲賀市：常明寺	『日本書誌学之研究』田中目録	有	折本。『日本書誌学之研究』は「跋二行半欠」とするも、完存。跋文の後、墨痕あり（判読不能）。
27	巻59	滋賀県甲賀市：常明寺	『日本書誌学之研究』田中目録	有	折本。品題一部欠損。
28	巻60	滋賀県甲賀市：常明寺	『日本書誌学之研究』田中目録	無	折本。外題なし。冒頭部「詔譯」・1行目「羅蜜」・2行目「蜜」は補筆（近世ヵ）。37折ウ3行目（『大正蔵』第5巻342頁a24行目）から別紙、尾題まで近世補筆。但し冒頭補筆部と37折ウ3行目以降の補筆部とは異筆。
29	巻110	池田庄太郎	『池田大仙堂古美術集芳』〈写：巻頭〉、『認定目録』、田中目録、『築島裕著作集』1	無	巻末欠。『池田大仙堂古美術集芳』田中塊堂解説（国立国会図書館デジタル化資料で閲覧可）には、泉州山川氏旧蔵とある。
30	巻117	滋賀県甲賀市：見性庵	『日本書誌学之研究』、田中目録	有	奈良博寄託。折本。外題なし。修補により天地欠字あり。1紙分が後世の補筆。巻末に「以嘉禄三年三月之比不慮自殿村堂不具之経／仍加修理令具本経畢／近江国甲賀郡鮎河邑直指山見性禅庵□〔常住ヵ常什〕／一巻修補施主本坊市左衛門／享保二〔一脱ヵ〕十丙辰年三月吉辰／現住仁峯叟□〔記之ヵ記焉〕」。
31	巻123（補足本）	静岡県島田市：特種東海製紙株式会社	『認定目録』、『築島裕著作集』1	有	東博寄託。折本。オレンジ色の表紙。墨線あり。昭和十九年（一九四四）重要美術品指定。品題・本文末尾下に数文字の墨痕あるも判読不能。43折ウ～紙を継ぎ足す。尾題後、本文とは別筆で「寿永二年六月廿三日交了義円」。義円については、『平安遺文』題跋1718の大般若経巻6に「寿永二年六月十九日校了　義円」、2980の大般若経巻410に「寿永三年四月交了義円」。裏表紙に別筆で「近江州甲賀郡鮎河郷祥雲山大平禅寺常什／一巻為六親眷属菩提　修補施主〈当郷大屋伝三郎　母儀〉／享保三年戊戌〔ママ〕十月吉辰　現住比丘竜乙記焉」。辻兵吉（秋田市）旧蔵。

32	巻153	滋賀県甲賀市：見性庵	『日本書誌学之研究』、田中目録	有	奈良博寄託。折本。外題なし。修補により天地欠字あり。「北宮」欠。巻末に「近江州甲賀郡鮎河邑直指山見性庵常□〔什カ〕／五巻之内　修補施主　　沢田茂兵□〔衛〕／享保二十一丙辰年三月七日　現住仁峰□〔記之カ記焉〕」。
33	巻154	滋賀県甲賀市：見性庵	『日本書誌学之研究』、田中目録	有	奈良博寄託。折本。外題なし。修補により地欠字あり。巻末に「永禄六年林鐘吉辰為再興挍之宝聚菴當住／近江州甲賀郡鮎河邑直指山見性庵常住／五巻之内　修補施主　　澤田茂兵衛／享保二十一年丙辰三月吉日　現住仁峯叟記□〔之カ焉〕」。
34	巻155	滋賀県甲賀市：見性庵	『日本書誌学之研究』、田中目録	有	奈良博寄託。折本。外題なし。修補により地欠字あり。巻末に「近江州甲賀郡鮎河邑直指山見性庵常住／五巻之内　修補施主／　　澤田茂兵衛／享保二十一丙辰年三月吉日　現住仁峰叟記□〔之〕」。
35	巻156	滋賀県甲賀市：見性庵	『日本書誌学之研究』、田中目録、『大遣唐使展』図録〈写：巻頭〉	有	奈良博寄託。折本。外題なし。天地修補。巻末に「近江国甲賀郡鮎河邑直指山見性禅庵常什／五巻之内　修補施主　　沢田茂兵衛／享保二十一丙辰年三月吉日　現住仁峯叟記之」。
36	巻157	滋賀県甲賀市：見性庵	『日本書誌学之研究』、田中目録、『大遣唐使展』図録〈写：巻末〈奥書アリ〉〉	有	奈良博寄託。折本。外題なし。地が修補。巻末に「近江州甲賀郡鮎河邑直指山見性庵常住／五巻之内　澤田茂兵衛／享保二十一年丙辰三月廿日　現住仁峯叟記焉」。
37	巻158	滋賀県甲賀市：見性庵	『日本書誌学之研究』、田中目録	有	奈良博寄託。折本。外題なし。地が修補。表題前に「近江国甲賀郡鮎河邑直指山見性庵常什／一巻　為二親菩提　上田七右衛門／享保二十一丙辰年吉日　現住仁峯叟記焉」。
38	巻160	滋賀県甲賀市：見性庵	『日本書誌学之研究』、田中目録	有	奈良博寄託。折本。外題なし。巻末に「江州甲賀郡鮎河邑直指山見性庵常住／一巻　修補施主　　澤田与平次／享保二十一丙辰年三月吉日　現住仁峰叟記焉」。

39	巻187	滋賀県甲賀市：見性庵	『日本書誌学之研究』、田中目録	有	奈良博寄託。折本。外題なし。修補により天地欠字あり。巻末に「近江州甲賀郡鮎河邑直指山見性庵□〔常〕冂〔住カ什〕／一巻之内修補施主　〈當郷〉藤左衛冂〔門カ〕／享保二十一丙辰年三月吉日　仁峯叟□〔記〕冂〔之カ焉〕」。
40	巻188	滋賀県甲賀市：見性庵	『日本書誌学之研究』、田中目録、『重要文化財』20〈写：巻末（奥書アリ）〉、『国宝・重要文化財大全』7〈写：巻頭・巻末（奥書アリ）〉、『築島裕著作集』1	有	奈良博寄託。折本。外題なし。修補により天地欠字あり。巻末に「近江州甲賀郡鮎河邑直指山見性□〔庵〕冂〔常住カ常什〕／六巻之内修補施主　□〔當カ〕郷　□／為六親菩提／享保二十一丙辰年三月吉日　現住比冂〔丘カ〕」。
41	巻189	滋賀県甲賀市：見性庵	『日本書誌学之研究』、田中目録	有	奈良博寄託。折本。外題なし。修補により天地欠字あり。「用紙」云々1行欠。
42	巻194	滋賀県甲賀市：見性庵	『日本書誌学之研究』、田中目録	有	奈良博寄託。折本。外題なし。修補により天地欠字あり。巻末に「近江州甲賀郡鮎河邑直指山見性□〔庵〕冂〔常住カ常什〕／修補施主／享保二十一丙辰年三月吉日現住冂〔比丘カ〕」。
43	巻195	滋賀県甲賀市：見性庵	『日本書誌学之研究』、田中目録	有	奈良博寄託。折本。外題なし。修補により天地欠字あり。巻末に「近江州甲賀郡鮎河邑直指山見□〔性〕冂〔庵常住カ庵常什〕／修補施主／享保二十一丙辰年三月吉日　仁峰叟冂〔記之カ記焉〕」。
44	巻196	滋賀県甲賀市：見性庵	『日本書誌学之研究』、田中目録	有	奈良博寄託。折本。外題なし。巻頭から途中まで欠。修補により天地欠字あり。巻末に「近江国甲賀郡鮎河邑直指山見性庵冂〔常住カ常什〕／修補施主／享保二十一丙辰歳三月吉祥日／現住比丘冂」とある。
45	巻197	滋賀県甲賀市：見性庵	『日本書誌学之研究』、田中目録	有	奈良博寄託。折本。外題なし。修補により天地欠字あり。「用紙」云々1行欠。
46	巻201	滋賀県甲賀市：太平寺	『日本書誌学之研究』、田中目録、『滋賀県大般若経調査報告書』2	有	東博寄託。折本。内題前に「近江州甲賀郡鮎河郷祥雲山太平禅寺常什／一巻　修補施主当郷水落半兵衛室／享保三年戊戌十月吉辰　現住比丘竜乙記之」。資料館カード76378・76379・C65297に〈写：表紙・巻頭・巻末（奥書アリ）〉。

47	48	49	50	51	52	53
巻 202	巻 203	巻 204	巻 205	巻 206	巻 207	巻 208
滋賀県甲賀市：太平寺	滋賀県甲賀市：太平寺	滋賀県甲賀市：太平寺	滋賀県甲賀市：太平寺	滋賀県甲賀市：太平寺	滋賀県甲賀市：太平寺	滋賀県甲賀市：太平寺
『日本書誌学之研究』、田中目録、『滋賀県大般若経調査報告書』2	『日本書誌学之研究』、田中目録、『滋賀県大般若経調査報告書』2	『日本書誌学之研究』、田中目録、『滋賀県大般若経調査報告書』2	『日本書誌学之研究』、田中目録、『滋賀県大般若経調査報告書』2、『日本国宝展』2000〈写：巻頭〉、『日本国宝展』2014〈写：巻頭・巻末（奥書アリ）〉	『日本書誌学之研究』、田中目録、『滋賀県大般若経調査報告書』2	『日本書誌学之研究』、田中目録、『滋賀県大般若経調査報告書』2	『日本書誌学之研究』、田中目録、『滋賀県大般若経調査報告書』2
有	有	有	有	有	有	有
東博寄託。折本。巻末に「近江州甲賀郡鮎河郷祥雲山太平禅寺常什／一巻　為雲峰休心禅内菩提　修補施主当郷田尻多兵衛姉カメ／享保三年戊戌十月吉辰　現住比丘竜乙記之」。表紙裏に帝室博物館貼紙「大平寺／大般若経」。東博資料館カードB6244に〈写：巻末（奥書アリ）〉、C65295～C65297に〈写：表紙・巻頭・巻末（奥書アリ）〉。	東博寄託。折本。内題前に「近江州甲賀郡鮎河郷祥雲山太平禅寺常什／一巻　為現当二世安楽　修補施主当郷武州江戸黒川半兵衛／享保三年戊戌十月吉辰　現住比丘竜乙記之」。	東博寄託。折本。巻末に「近江州甲賀郡鮎河郷祥雲山太平禅寺常什／一巻　為二世安穏　修補施主当郷沢田与右衛門／享保三年戊戌十月吉辰　現住比丘竜乙記之」。	東博寄託。折本。内題前に「近江洲甲賀郡鮎河郷祥雲山太平禅寺常什／一巻　修補施主当郷水落左右衛門室夏女／享保三年戊戌十月吉辰　現住比丘龍乙記之」。資料館カードC58016・C58017に〈写：巻頭・巻末（奥書アリ）〉。	東博寄託。折本。内題から2折オまで補筆。巻末に「近江州甲賀郡鮎河郷祥雲山大〔太〕平禅寺常什／一巻　為雪眼童子菩提　修補施主当郷谷河孫太郎／享保三年戊戌十月吉辰　現住比丘竜乙記之」。資料館カードC58018・C58019に〈写：巻頭・巻末（奥書アリ）〉。	東博寄託。折本。巻末に「近江州甲賀郡鮎河郷祥雲山太平禅寺常什／一巻　為无元童子菩提　修補施主当郷谷河孫太郎／享保三年戊戌十月吉辰　現住比丘竜乙記之」。	東博寄託。折本。1折ウは補筆。巻末に「近江州甲賀郡鮎河郷祥雲山太平禅寺常什／六十巻之内　修補施主観音講中／享保三年戊戌十月吉辰　現住比丘竜乙記之」。

54	巻209	滋賀県甲賀市：太平寺	『日本書誌学之研究』、田中目録、『滋賀県大般若経調査報告書』2	有	東博寄託。折本。巻末に「近江州甲賀郡鮎河郷祥雲山太平禅寺常什／六十巻之内　修補施主観音講中／享保三年戊戌十月吉辰　現住比丘竜乙記之」。
55	巻210	滋賀県甲賀市：太平寺	『日本書誌学之研究』、田中目録、『滋賀県大般若経調査報告書』2	有	東博寄託。折本。内題前に「近江州甲賀郡鮎河郷祥雲山太平禅寺常什／六十巻之内　修補施主観音講中／享保三年戊戌十月吉辰　現住比丘竜乙記之」。
56	巻213	滋賀県甲賀市：太平寺	『日本書誌学之研究』、田中目録、『滋賀県大般若経調査報告書』2	有	東博寄託。折本。巻末に「近江州甲賀郡鮎河郷祥雲山太平禅寺常什／六十巻之内　修補施主観音講中／享保三年戊戌十月吉辰　現住比丘竜乙記之」。東博資料館カードMC1572〜MC1595に〈写：全〉。
57	巻214	滋賀県甲賀市：太平寺	『日本書誌学之研究』、田中目録、『滋賀県大般若経調査報告書』2	有	東博寄託。折本。巻末に「近江州甲賀郡鮎河郷祥雲山太平禅寺常什／六十巻之内　修補施主観音講中／享保三年戊戌十月吉辰　現住比丘竜乙記之」。
58	巻215	滋賀県甲賀市：太平寺	『日本書誌学之研究』、田中目録、『滋賀県大般若経調査報告書』2	有	東博寄託。折本。巻末に「近江州甲賀郡鮎河郷祥雲山太平禅寺常什／六十巻之内　修補施主観音講中／享保三年戊戌十月吉辰　現住比丘竜乙記之」。
59	巻216	滋賀県甲賀市：太平寺	『日本書誌学之研究』、田中目録、『滋賀県大般若経調査報告書』2	有	東博寄託。折本。「用紙」云々欠。巻末に「近江州甲賀郡鮎河郷祥雲山太平禅寺常什／六十巻之内　修補施主観音講中／享保三年戊戌十月吉辰　現住比丘竜乙記之」。
60	巻217	滋賀県甲賀市：太平寺	『日本書誌学之研究』、田中目録、『滋賀県大般若経調査報告書』2	有	東博寄託。折本。内題から1折オ4行目まで補筆、界線あり。『日本書誌学之研究』は南北朝頃の補写とする。巻末に「近江州甲賀郡鮎河郷祥雲山太平禅寺常什／六十巻之内　修補施主観音講中／享保三年戊戌十月吉辰　現住比丘竜乙記之」。
61	巻218	滋賀県甲賀市：太平寺	『日本書誌学之研究』、田中目録、『滋賀県大般若経調査報告書』2	有	東博寄託。折本。内題から3折ウ1行目まで補筆、界線あり。『日本書誌学之研究』は南北朝頃の補写とする。巻末に「近江州甲賀郡鮎河郷祥雲山太平禅寺常什／六十巻之内　修補施主観音講中／享保三年戊戌十月吉辰　現住比丘竜乙記之」。

62	巻219	滋賀県甲賀市：太平寺	『日本書誌学之研究』、田中目録、『滋賀県大般若経調査報告書』2	有	東博寄託。折本。内題から3折ウ1行目まで補筆、界線あり。巻末に「近江州甲賀郡鮎河郷祥雲山太平禅寺常什／六十巻之内　修補施主観音講中／享保三年戊戌十月吉辰　現住比丘竜乙記之」。
63	巻220	滋賀県甲賀市：太平寺	『日本書誌学之研究』、田中目録、『滋賀県大般若経調査報告書』2	有	東博寄託。折本。巻末に「近江州甲賀郡鮎河郷祥雲山太平禅寺常什／六十巻之内　修補施主観音講中／享保三年戊戌十月吉辰　現住比丘竜乙記之」。
64	巻231（補足本）	鈴木吉祐	『認定目録』、『築島裕著作集』1		『認定目録』によれば、天慶二年（九三九）書写の奥書あり。
65	巻233	墨宝堂	田中目録		
66	巻234	墨宝堂	田中目録		
67	巻235（補足本）	京都市東山区：京都国立博物館（守屋コレクション）	『古経図録』、『認定目録』、『築島裕著作集』1		折本。2折オ1行目までとそれ以降とは別筆、ともに後筆で界線あり。巻末に「近江州甲賀郡鮎河郷祥雲山太平禅寺常什／六十巻之内　修補施主観音講中／享保三年戊戌十月吉辰　現住比丘竜乙記之」。
68	巻241	京都府葛野郡：福井貞憲	『時代品展覧会出品目録　第三』、『日本書誌学之研究』、田中目録		福井家旧蔵書は「福井崇蘭館」と称され諸方に散逸。『古経題跋随見録』によると、「京都府葛野郡福井貞憲蔵」。『時代品展覧会出品目録　第三』（国立国会図書館近代デジタルライブラリーで閲覧可）によると、巻末に「近江州甲賀郡鮎河郷祥雲山太平禅寺常什云(ママ)十巻之内／享保三年戊戌十月吉辰修補施主観音講中現住比丘龍乙記之」。
69	巻242	御物	『古経題跋随見録』、『日本書誌学之研究』、田中目録		『日本書誌学之研究』によると山中献（山中信天）蔵とするが、巻243のことか。
70	巻243	山中信天	田中目録		
71	巻244	東京都千代田区：宮内庁書陵部	田中目録、『皇室の文庫』〈写：巻末（奥書アリ）〉、『古典籍・古文書料紙事典』〈写：巻末（奥書アリ）〉、『文字がつなぐ』〈写：巻末（奥書アリ）〉、『築島裕著作集』1	有	

72	巻245	東京都世田谷区：静嘉堂文庫	『静嘉堂宝鑑』〈写：巻頭・巻末(奥書アリ)〉、『静嘉堂文庫の古典籍』〈写：巻頭・巻末(奥書アリ)〉	有	『古経題跋随見録』は、和銅経巻243について「此経近江国甲賀郡鮎河郷祥雲山太平禅寺常住物享保三年戊戌十月観音講中修補之六十巻也」とし、続けて「岩崎弥之助氏モ亦野村素介氏モ亦各一巻ヲ蔵ス」とするが、岩崎弥之助蔵のものが巻245か。
73	巻246	京都市伏見区：瑞光寺	田中目録、『重要文化財』20〈写：巻末(奥書アリ)〉、『国宝・重要文化財大全』7〈写：巻頭・巻末(奥書アリ)〉、『築島裕著作集』1	有	奈良博寄託。折本。
74	巻248	東京都世田谷区：大東急記念文庫(五島美術館)	『訪書余録』〈写：巻頭・巻末(奥書アリ)〉、『書道全集』9、『大東急文庫解題』〈写：巻末(奥書アリ)〉、『大東急文庫15周年図録』〈写：巻末(奥書アリ)〉、『古写経』〈写：巻頭・巻末(奥書アリ)〉、田中目録、宮崎目録、『築島裕著作集』1	有	東京大学史料編纂所に野村素介原蔵の巻248写真(請求記号：台紙付写真-396-4692)。伝来は野村素介、久原文庫を経て大東急記念文庫。
75	巻249	石川県白山市：本誓寺	田中目録、『重要文化財』20〈写：巻末(奥書アリ)〉、『石川県の文化財』〈写：巻頭・巻末(奥書アリ)〉、『写経と版経』〈写：巻頭・巻末(奥書アリ)〉、『国宝・重要文化財大全』7〈写：巻頭・巻末(奥書アリ)〉、宮崎目録、石川県HP〈写：巻頭・巻末(奥書アリ)〉、『築島裕著作集』1	有	
76	巻250	京都市東山区：京都国立博物館　(守屋コレクション)	田中目録、『古経図録』、『重要文化財』20〈写：巻末(奥書アリ)〉、『国宝・重要文化財大全』7〈写：巻頭・巻末(奥書アリ)〉、『古写経―聖なる文字の世界―』展図録〈写：巻末(奥書アリ)〉、宮崎目録、京都国立博物館収蔵品データベースKNM GALLERY〈写：巻頭・巻末(奥書アリ)〉、『築島裕著作集』1	有	折本。『古経図録』には「貫名海屋の印記がある。なお外帙に山中信天翁・日下部鳴鶴・山田永年・神田香巌らが旧蔵者の森川清蔭の依頼によって書いた識語がある」。添付文書に「明治廿七年八月　家蔵古経曝涼之次記之備書」として、朱書で巻23・243・244・246・250・588の所蔵情報。別紙に修補記「近江州甲賀郡鮎河郷祥雲山太平禅寺常什／六十巻之内　修補施主観音講中／享保三年戊戌十月吉辰　現住比丘竜乙記之」。

No.	巻	所蔵	典拠	有無	備考
77	巻251	滋賀県甲賀市：太平寺	『日本書誌学之研究』、田中目録、『滋賀県大般若経調査報告書』2	有	東博寄託。折本。内題から5折ウ3行目まで補筆。尾題後に訳場列位の冒頭「龍朔元年九月十九日於玉華寺玉華殿三蔵法師玄奘奉　詔譯」。巻末に「近江州甲賀郡鮎河郷祥雲山太平禅寺常什／六十巻之内　修補施主観音講中／享保三年戊戌十月吉辰　現住比丘龍乙記之」。
78	巻252	滋賀県甲賀市：太平寺	『日本書誌学之研究』、田中目録、『滋賀県大般若経調査報告書』2	有	東博寄託。折本。巻末に「近江州甲賀郡鮎河郷祥雲山太平禅寺常什／六十巻之内　修補施主観音講中／享保三年戊戌十月吉辰　現住比丘龍乙記之」。資料館カード40992・40993に〈写：巻頭・巻末(奥書アリ)〉。
79	巻253	滋賀県甲賀市：太平寺	『日本書誌学之研究』、田中目録、『滋賀県大般若経調査報告書』2	有	京博寄託。折本。巻末に「近江州甲賀郡鮎河郷祥雲山太平禅寺常什／六十巻之内　修補施主観音講中／享保三年戊戌十月吉辰　現住比丘龍乙記之」。
80	巻254	滋賀県甲賀市：太平寺	『日本書誌学之研究』、田中目録、『滋賀県大般若経調査報告書』2	有	京博寄託。折本。巻末に「近江州甲賀郡鮎河郷祥雲山太平禅寺常什／六十巻之内　修補施主観音講中／享保三年戊戌十月吉辰　現住比丘龍乙記之」。
81	巻255	滋賀県甲賀市：太平寺	『日本書誌学之研究』、田中目録、『滋賀県大般若経調査報告書』2	有	京博寄託。折本。巻末に「近江州甲賀郡鮎河郷祥雲山太平禅寺常什／六十巻之内　修補施主観音講中／享保三年戊戌十月吉辰　現住比丘竜乙記之」。
82	巻256	滋賀県甲賀市：太平寺	『日本書誌学之研究』、田中目録、『滋賀県大般若経調査報告書』2	有	京博寄託。折本。巻末に「近江州甲賀郡鮎河郷祥雲山太平禅寺常什／六十巻之内　修補施主観音講中／享保三年戊戌十月吉辰　現住比丘龍乙記之」。
83	巻257	滋賀県甲賀市：太平寺	『日本書誌学之研究』、田中目録、『滋賀県大般若経調査報告書』2	有	京博寄託。折本。巻末に「近江州甲賀郡鮎河郷祥雲山太平禅寺常什／六十巻之内　修補施主観音講中／享保三歳戊戌十月吉辰　現住比丘龍乙記之」。
84	巻258	滋賀県甲賀市：太平寺	『日本書誌学之研究』、田中目録、『滋賀県大般若経調査報告書』2	有	京博寄託。折本。内題前に「近江州甲賀郡鮎河郷祥雲山太平禅寺常什／六十巻之内　修補施主観音講中／享保三年戊戌十月吉辰　現住比丘竜乙記之」。
85	巻259	滋賀県甲賀市：太平寺	『日本書誌学之研究』、田中目録、『滋賀県大般若経調査報告書』2	有	京博寄託。折本。内題前に「近江州甲賀郡鮎河郷祥雲山太平禅寺常什／六十巻之内　修補施主観音講中／享保三年戊戌十月吉辰　現住比丘龍乙記之」。

86	巻260	滋賀県甲賀市：太平寺	『日本書誌学之研究』、田中目録、『滋賀県大般若経調査報告書』2	有	京博寄託。折本。内題前に「近江州甲賀郡鮎河郷祥雲山太平禅寺常什／六十巻之内　修補施主観音講中／享保三年戊戌十月吉辰　現住比丘龍乙記之」。
87	巻271	滋賀県甲賀市：太平寺	『日本書誌学之研究』、田中目録、『滋賀県大般若経調査報告書』2	有	京博寄託。折本。内題前に「近江州甲賀郡鮎河郷祥雲山太平禅寺常什／六十巻之内　修補施主観音講中／享保三年戊戌十月吉辰　現住比丘龍乙記之」。
88	巻272	滋賀県甲賀市：太平寺	『日本書誌学之研究』、田中目録、『滋賀県大般若経調査報告書』2	有	京博寄託。折本。巻末に「近江州甲賀郡鮎河郷祥雲山太平禅寺常什／六十巻之内　修補施主観音講中／享保二〔三〕年戊戌十月吉辰　現住比丘龍乙記之」。
89	巻273	滋賀県甲賀市：太平寺	『日本書誌学之研究』、田中目録、『滋賀県大般若経調査報告書』2	有	京博寄託。折本。内題前に「近江州甲賀郡鮎河郷祥雲山太平禅寺常什／六十巻之内　修補施主観音講中／享保三年戊戌十月吉辰　現住比丘龍乙記之」。
90	巻276	滋賀県甲賀市：太平寺	『日本書誌学之研究』、田中目録、『滋賀県大般若経調査報告書』2	有	京博寄託。折本。内題前に「近江州甲賀郡鮎河郷祥雲山太平禅寺常什／六十巻之内　修補施主観音講中／享保三年戊戌十月吉辰　現住比丘竜乙記之」。
91	巻277	滋賀県甲賀市：太平寺	『日本書誌学之研究』、田中目録、『滋賀県大般若経調査報告書』2	有	京博寄託。折本。内題前に「近江州甲賀郡鮎河郷祥雲山太平禅寺常什／六十巻之内　修補施主観音講中／享保三年戊戌十月吉辰　現住比丘龍乙記之」。
92	巻278	滋賀県甲賀市：太平寺	『日本書誌学之研究』、田中目録、『滋賀県大般若経調査報告書』2	有	京博寄託。折本。巻末に「近江州甲賀郡鮎河郷祥雲山太平禅寺常什／六十巻内　修補施主観音講中／享保三年戊戌十月吉辰　現住比丘龍乙記之」。

93	94	95	96
巻279	巻280	巻331	巻333
滋賀県甲賀市：太平寺	滋賀県甲賀市：太平寺	滋賀県甲賀市：太平寺	滋賀県甲賀市：太平寺
『日本書誌学之研究』、田中目録、『滋賀県大般若経調査報告書』2	『日本書誌学之研究』、田中目録、『滋賀県大般若経調査報告書』2	『日本書誌学之研究』、田中目録、『滋賀県大般若経調査報告書』2	『日本書誌学之研究』、田中目録、『滋賀県大般若経調査報告書』2
有	有	有	有
京博寄託。折本。尾題後に以下の訳場列位。「龍朔元年九月於玉華寺玉華殿三蔵法師玄奘奉　詔譯／大慈恩寺沙門欽筆受／玉華寺沙門基筆受／玉華寺沙門光筆受／大慈恩寺沙門慧朗筆受／西明寺沙門嘉尚筆受／大慈恩寺沙門道測筆受／弘福寺沙門神昉筆受／大慈恩寺沙門窺筆受／西明寺沙門玄則綴文／大慈恩寺沙門神昉綴文／大慈恩寺沙門靖邁綴文／大慈恩寺沙門詈通證義／大慈恩寺沙門神泰證義／西明寺沙門慧景證義／大慈恩寺沙門慧貴證義／専当写経官司禮主事臣陳徳詮／検校写経司禮大夫臣劉度道／太子少師弘文館学士監修国史高陽郡開国／公臣許敬宗等閏色監閲」。巻末に「近江州甲賀郡鮎河郷祥雲山太平禅寺常什／六十巻之内　修補施主観音講中／享保三年戊戌十月吉辰　現住比丘竜乙記之」。	京博寄託。折本。尾題後に訳場列位「龍朔元年九月十八日於玉華寺玉華殿三蔵法師玄奘奉　詔譯／大慈恩寺沙門欽筆受／玉華寺沙門基筆受／玉華寺沙門光筆受／大慈恩寺沙門慧朗筆受／西明寺沙門嘉尚筆受／大慈恩寺沙門道測筆受／弘福寺沙門神昉筆受／大慈恩寺沙門窺筆受／西明寺沙門玄則綴文／大慈恩寺沙門神昉綴文／大慈恩寺沙門靖邁綴文／大慈恩寺沙門詈通證義／大慈恩寺沙門神泰證義／西明寺沙門慧景證義／大慈恩寺沙門慧貴證義／専当判官司禮主事陳徳詮／検校写経使司禮大夫崔元誉／太子少師弘文館学士監修国史高陽郡開国公／許敬宗等潤色監閲」。巻末尾に「近江州甲賀郡鮎河郷祥雲山太平禅寺常什／六十巻之内　修補施主観音講中／享保三年戊戌十月吉辰　現住比丘竜乙記之」。	京博寄託。折本。内題前に「近江州甲賀郡鮎河郷祥雲山太平禅寺常什／一巻　修補施主当郷弥五左衛門娘菊女／享保三年戊戌十月吉辰　現住比丘竜乙記焉」。	京博寄託。折本。巻末に「近江州甲賀郡鮎河郷祥雲山太平禅寺常什／一巻　為蘭室目芳信女菩提　修補施主当郷辻嘉兵衛／享保三歳戊戌十月吉辰　現住比丘龍乙記焉」。

97	巻341	滋賀県甲賀市：太平寺	『日本書誌学之研究』、田中目録、『滋賀県大般若経調査報告書』2、宮﨑目録	有	京博寄託。折本。内題前に「近江州甲賀郡鮎河郷祥雲山太平禅寺常什／六巻之内　為喜菴妙歓信女冥福　修補施主当郷上田兵助／享保三年戊戌十月吉辰　　現住比丘龍乙記焉」。
98	巻342	滋賀県甲賀市：太平寺	『日本書誌学之研究』、田中目録、『滋賀県大般若経調査報告書』2	有	京博寄託。折本。巻末に「近江州甲賀郡鮎河郷祥雲山太平禅寺常什／六巻之内　為兀山道徹信士冥福　修補施主当郷上田兵助／享保三年戊戌十月吉辰　　現住比丘竜乙記焉」。
99	巻343	東京都世田谷区：五島美術館	『日本書誌学之研究』、『古経楼清鑑』〈写：巻頭〉、『認定目録』、田中目録、『築島裕著作集』1	無	『日本書誌学之研究』は、跋文は無いが、筆蹟・料紙書写形式等から、和銅経と認める。
100	巻346	滋賀県甲賀市：太平寺	『日本書誌学之研究』、田中目録、『滋賀県大般若経調査報告書』2	有	京博寄託。折本。巻末に「近江州甲賀郡鮎河郷祥雲山太平禅寺常什／六巻之内　為〈三界万霊六親眷属有縁無縁地霊等〉菩提／享保三年戊戌十月吉辰　修補施主当郷　現住比丘竜乙記焉」。『奈良時代古写経目録』によると、松本文三郎旧蔵。
101	巻347	滋賀県甲賀市：太平寺	『日本書誌学之研究』、田中目録、『滋賀県大般若経調査報告書』2	有	京博寄託。折本。内題前に「近江州甲賀郡鮎河郷祥雲山太平禅寺常什／一巻　為昌山道繁信士菩提　修補施主当郷福嶋九兵衛／享保三年戊戌十月吉辰　現住比丘竜乙記焉」。
102	巻348	滋賀県甲賀市：太平寺	『日本書誌学之研究』、田中目録、『滋賀県大般若経調査報告書』2、『天平』展図録〈写：巻末(奥書アリ)〉、『古写経―聖なる文字の世界―』展図録〈写：巻頭・巻末(奥書アリ)〉	有	京博寄託。折本。尾題後に訳場列位「龍朔二年於玉華殿玉華寺三蔵法師玄奘奉／詔譯／大慈恩寺沙門欽筆受／玉華寺沙門基筆受／玉華寺沙門光筆受／大慈恩寺沙門慧朗筆受／西明寺沙門嘉尚筆受／大慈恩寺沙門道測筆受／弘福寺沙門神皎筆受／大慈恩寺沙門窺筆受／西明寺沙門玄則綴文／大慈恩寺沙門神昉綴文／大慈恩寺沙門靖邁綴文／大慈恩寺沙門詈通證義／大慈恩寺沙門神泰證義／西明寺沙門慧景證義／大慈恩寺沙門慧貴證義／専当写経判官司禮主事陳徳詮／検校写経使司禮大夫崔元誉／太子少師弘文館学士監修国史高陽郡開国／公臣許敬宗等閏色監閲」。巻末に「近江州甲賀郡鮎河郷祥雲山太平禅寺常什／一巻　修補施主当郷上田兵左衛門母儀／享保三年戊戌十月吉辰　現住比丘竜乙記焉」。

103	104	105	106
巻349	巻350	巻368（補足本）	巻370（補足本）
滋賀県甲賀市：太平寺	滋賀県甲賀市：太平寺	京都市東山区：京都国立博物館（守屋コレクション）	鈴木吉祐
『日本書誌学之研究』、田中目録、『滋賀県大般若経調査報告書』2	『日本書誌学之研究』、田中目録、『滋賀県大般若経調査報告書』2	『古経図録』、『認定目録』、『築島裕著作集』1	『認定目録』、『築島裕著作集』1
有	有	無	
京博寄託。折本。尾題後に訳場列位「龍朔二年月日於玉華寺玉華殿三蔵法師玄奘奉　詔譯／大慈恩寺沙門欽筆受／玉華寺沙門基筆受／玉華寺沙門光筆受／大慈恩寺沙門慧朗筆受／西明寺沙門嘉尚筆受／大慈恩寺沙門道測筆受／弘福寺沙門神皎筆受／大慈恩寺沙門窺筆受／西明寺沙門玄則綴文／大慈恩寺沙門神昉綴文／大慈恩寺沙門靖邁綴文／大慈恩寺沙門誓通證義／大慈恩寺沙門神泰證義／西明寺沙門慧景證義／大慈恩寺沙門慧貴證義／専当経判官司禮主事臣陳徳詮／検校写経使司禮大夫崔元譽／太子少師弘文館学士監修国史高陽郡開国公／臣許敬宗等潤色監閲」。巻末に「近江州甲賀郡鮎河郷祥雲山太平禅寺常什／一巻　修補施主当郷沢田義平／享保三年戊戌十月吉辰　現住比丘竜乙記焉」。	京博寄託。折本。内題前に「近江州甲賀郡鮎河郷祥雲山太平禅寺常什／一巻　為理金童女菩提　修補施主当郷東野喜兵衛母／享保三年戊戌十月吉辰　現住比丘竜乙記焉」。尾題後に訳場列位「龍朔二年月日於玉華寺玉華殿三蔵法師玄奘奉　詔譯／大慈恩寺沙門欽筆受／玉華寺沙門基筆受／玉華寺沙門光筆受／大慈恩寺沙門慧朗筆受／西明寺沙門嘉尚筆受／大慈恩寺沙門道測筆受／弘福寺沙門神皎筆受／大慈恩寺沙門窺筆受／西明寺沙門玄則綴文／大慈恩寺沙門神昉綴文／大慈恩寺沙門靖邁綴文／大慈恩寺沙門誓通證義／大慈恩寺沙門神泰證義／西明寺沙門慧景證義／大慈恩寺沙門慧貴證義／専当経判官司禮主事臣陳徳詮／検校写経使司禮大夫崔元譽／太子少師弘文館学士監修国史高陽郡開国公／臣許敬宗等潤色監閲」。	京博寄託。折本。尾題まで後世補筆（平安中後期）、界線あり。『古経図録』は巻469の巻末修補記を挙げるが、正しくは「近江州甲賀郡鮎河郷祥雲山太平禅寺常什／一巻　為法仙禅尼菩提　修補施主当郷久保ノ孫十郎／享保三年戊戌十月吉辰　現住比丘竜乙記焉」。	

107	巻378（補足本）	鈴木吉祐	『認定目録』、『築島裕著作集』1		
108	巻381	滋賀県甲賀市：太平寺	『日本書誌学之研究』、田中目録、『滋賀県大般若経調査報告書』2	有	京博寄託。折本。巻末に「近江州甲賀郡鮎河郷祥雲山太平禅寺常什／一巻　為心洞了空信士菩提　修補施主当郷谷河孫太郎／享保三年戊戌十月吉辰　現住比丘龍乙記焉」。
109	巻382	滋賀県甲賀市：太平寺	『日本書誌学之研究』、田中目録、『滋賀県大般若経調査報告書』2	有	京博寄託。折本。内題前に「近江州甲賀郡鮎河郷祥雲山太平禅寺常什／一巻　為了泡童女菩提　修補施主当郷谷河孫太郎／享保三年戊戌十月吉辰　現住比丘龍乙記焉」。
110	巻383	滋賀県甲賀市：太平寺	『日本書誌学之研究』、田中目録、『滋賀県大般若経調査報告書』2	有	京博寄託。折本。内題前に「近江州甲賀郡鮎河郷祥雲山太平禅寺常什／一巻　為寵山栄休信士菩提　修補施主当郷市郎衛門母／享保三年戊戌十月吉辰　現住比丘龍乙記焉」。
111	巻384	滋賀県甲賀市：太平寺	『日本書誌学之研究』、田中目録、『滋賀県大般若経調査報告書』2	有	京博寄託。折本。巻末に「近江州甲賀郡鮎河郷祥雲山太平禅寺常什／六巻之内　為金峯玄剛信士菩提　修補施主当郷大屋伝左衛門／享保三年戊戌十月吉辰　現住比丘龍乙記之」。
112	巻385	滋賀県甲賀市：太平寺	『日本書誌学之研究』、田中目録、『滋賀県大般若経調査報告書』2	有	京博寄託。折本。内題前に「近江州甲賀郡鮎河郷祥雲山太平禅寺常什／六巻之内　為金峯玄剛信士菩提　修補施主当郷大屋伝左衛門／享保三年戊戌十月吉辰　現住比丘龍乙記焉」。
113	巻387	滋賀県甲賀市：太平寺	『日本書誌学之研究』、田中目録、『滋賀県大般若経調査報告書』2	有	京博寄託。折本。巻末に「近江州甲賀郡鮎河郷祥雲山太平禅寺常什／六巻之内　為孤月清円信士菩提　修補施主当郷大屋伝左衛門／享保三年戊戌十月吉辰　現住比丘龍乙記之」。
114	巻388	滋賀県甲賀市：太平寺	『日本書誌学之研究』、田中目録、『滋賀県大般若経調査報告書』2	有	京博寄託。折本。巻末に「近江州甲賀郡鮎河郷祥雲山太平禅寺常什／六巻之内　為松林妙貞禅尼菩提　修補施主当郷大屋伝左衛門／享保三年戊戌十月吉辰　現住比丘龍乙記之」。

115	巻389	滋賀県甲賀市：太平寺	『日本書誌学之研究』、田中目録、『滋賀県大般若経調査報告書』2	有	京博寄託。折本。内題前に「近江州甲賀郡鮎河郷祥雲山太平禅寺常什／六巻之内　為松林妙貞禅尼菩提　修補施主当郷大屋伝左衛門／享保三年戊戌十月吉辰　現住比丘竜乙記之」。
116	巻390	滋賀県甲賀市：太平寺	『日本書誌学之研究』、田中目録、『滋賀県大般若経調査報告書』2	有	京博寄託。折本。巻末に「近江州甲賀郡鮎河郷祥雲山太平禅寺常什／一巻　滅罪生善之志　修補施主当郷沢田義平／享保三年戊戌十月吉辰　現住比丘竜乙記之」。
117	巻391	滋賀県甲賀市：太平寺	『日本書誌学之研究』、田中目録、『滋賀県大般若経調査報告書』2	有	京博寄託。折本。内題前に「近江州甲賀郡鮎河郷祥雲山太平禅寺常什／一巻　修補施主当郷大屋多右衛門／享保三年戊戌十月吉辰　現住比丘竜乙記之」。
118	巻392	滋賀県甲賀市：太平寺	『日本書誌学之研究』、田中目録、『滋賀県大般若経調査報告書』2	有	京博寄託。折本。巻末に「近江州甲賀郡鮎河郷祥雲山太平禅寺常什／一巻　為心洞了空信士菩提　修補施主当郷谷河平六室／享保三年戊戌十月吉辰　現住比丘竜乙記之」。
119	巻393	滋賀県甲賀市：太平寺	『日本書誌学之研究』、田中目録、『滋賀県大般若経調査報告書』2	有	京博寄託。折本。巻末に「近江州甲賀郡鮎河郷祥雲山太平禅寺常什／一巻　為江国座元　修補施主当郷吉河重右衛門／享保三年戊戌十月吉辰　現住比丘竜乙記之」。
120	巻394	滋賀県甲賀市：太平寺	『日本書誌学之研究』、田中目録、『滋賀県大般若経調査報告書』2	有	京博寄託。折本。内題前に「近江州甲賀郡鮎河郷祥雲山太平禅寺常什／一巻　為現世堅身祈禱　修補施主当郷大前平兵衛／享保三年戊戌十月吉辰　現住比丘竜乙記之」。
121	巻395	滋賀県甲賀市：太平寺	『日本書誌学之研究』、田中目録、『滋賀県大般若経調査報告書』2	有	京博寄託。折本。巻末に「近江州甲賀郡鮎河郷祥雲山太平禅寺常什／一巻　為秋月童子菩提　修補施主当郷上ノ助衛門娘キク／享保三年戊戌十月吉辰　現住比丘竜乙記之」。
122	巻396	滋賀県甲賀市：太平寺	『日本書誌学之研究』、田中目録、『滋賀県大般若経調査報告書』2	有	京博寄託。折本。内題前に「近江州甲賀郡鮎河郷祥雲山太平禅寺常什／一巻　為洞空童女菩提　修補施主当郷大平与兵衛室／享保三年戊戌十月吉辰　現住比丘龍乙記之」。

123	巻397	滋賀県甲賀市：太平寺	『日本書誌学之研究』、田中目録、『滋賀県大般若経調査報告書』2	有	京博寄託。折本。巻末に「近江州甲賀郡鮎河郷祥雲山太平禅寺常什／一巻　修補施主当郷堂山弥兵衛母／享保三年戊戌十月吉辰　現住比丘竜乙記之」。
124	巻398	滋賀県甲賀市：太平寺	『日本書誌学之研究』、田中目録、『滋賀県大般若経調査報告書』2	有	京博寄託。折本。巻末に「近江州甲賀郡鮎河郷祥雲山太平禅寺常什／一巻　修補施主当郷野尻角兵衛室／享保三年戊戌十月吉辰　現住比丘竜乙記之」。
125	巻399	滋賀県甲賀市：太平寺	『日本書誌学之研究』、田中目録、『滋賀県大般若経調査報告書』2	有	京博寄託。折本。巻末に「近江州甲賀郡鮎河郷祥雲山太平禅寺常什／一巻　修補施主当郷東野善七／享保三年戊戌十月吉辰　現住比丘竜乙記之」。
126	巻400	滋賀県甲賀市：太平寺	『日本書誌学之研究』、田中目録、『滋賀県大般若経調査報告書』2、『日本仏教美術の名宝展』〈写：巻頭・巻末（奥書アリ）〉、宮﨑目録	有	京博寄託。折本。巻末に「近江州甲賀郡鮎河郷祥雲山太平禅寺常什／一巻　為全室妙身禅尼冥福　修補施主当郷前田与四兵衛／享保三年戊戌十月吉辰　現住比丘竜乙記之」。
127	巻401	滋賀県甲賀市：太平寺	『日本書誌学之研究』、田中目録、『滋賀県大般若経調査報告書』2	有	京博寄託。折本。内題前に「近江州甲賀郡鮎河郷祥雲山太平禅寺常什／四巻之内　為死猪仏果　修補施主堂山講中／享保三年戊戌十月吉辰　現住比丘龍乙記焉」。
128	巻402	滋賀県甲賀市：太平寺	『日本書誌学之研究』、田中目録、『滋賀県大般若経調査報告書』2	有	京博寄託。折本。巻末に「近江州甲賀郡鮎河郷祥雲山太平禅寺常什／四巻之内　為死猪仏果　修補施主堂山講中／享保三年戊戌十月吉辰　現住比丘竜乙記焉」。
129	巻403	滋賀県甲賀市：太平寺	『日本書誌学之研究』、田中目録、『滋賀県大般若経調査報告書』2	有	京博寄託。折本。内題前に「近江州甲賀郡鮎河郷祥雲山太平禅寺常什／四巻之内　為死猪仏果　修補施主堂山講中／享保三年戊戌十月吉辰　現住比丘竜乙記焉」。
130	巻404	滋賀県甲賀市：太平寺	『日本書誌学之研究』、田中目録、『滋賀県大般若経調査報告書』2	有	京博寄託。折本。巻末に「近江州甲賀郡鮎河郷祥雲山太平禅寺常什／四巻之内　為死猪仏果　修補施主堂山講中／享保三年戊戌十月吉辰　現住比丘竜乙記焉」。
131	巻405	滋賀県甲賀市：太平寺	『日本書誌学之研究』、田中目録、『滋賀県大般若経調査報告書』2	有	京博寄託。折本。品題の順序が転倒。内題前に「近江州甲賀郡鮎河郷祥雲山太平禅寺常什／三巻之内　為六親菩提　修補施主僧某／享保三年戊戌十月吉辰　現住比丘竜乙記焉」。

132	巻406	滋賀県甲賀市：太平寺	『日本書誌学之研究』、田中目録、『滋賀県大般若経調査報告書』2	有	京博寄託。折本。内題前に「近江州甲賀郡鮎河郷祥雲山太平禅寺常什／三巻之内　為六親菩提　修補施主僧某／享保三年戊戌十月吉辰　現住比丘竜乙記焉」。
133	巻407	滋賀県甲賀市：太平寺	『日本書誌学之研究』、田中目録、『滋賀県大般若経調査報告書』2	有	京博寄託。折本。巻末に「近江州甲賀郡鮎河郷祥雲山太平禅寺常什／三巻之内　為六親菩提　修補施主僧某／享保三年戊戌十月吉辰　現住比丘竜乙記焉」。
134	巻408	滋賀県甲賀市：太平寺	『日本書誌学之研究』、田中目録、『滋賀県大般若経調査報告書』2	有	京博寄託。折本。巻末に「近江州甲賀郡鮎河郷祥雲山太平禅寺常什／二巻之内　修補施主当郷澤田義平／享保三年戊戌十月吉辰　現住比丘竜乙記焉」。
135	巻409	滋賀県甲賀市：太平寺	『日本書誌学之研究』、田中目録、『滋賀県大般若経調査報告書』2、『築島裕著作集』1	有	京博寄託。折本。巻末に「近江州甲賀郡鮎河郷祥雲山太平禅寺常什／二巻之内　修補施主当郷澤田義平／享保三年戊戌十月吉辰　現住比丘竜乙記焉」。国立国会図書館に後世の模写本。この模写本は、国会図書館デジタルコレクション解題によると、跋文は別紙を継いだ近世初期の補写で、冒頭に「帝国図書館蔵」の角印と、「明治三八・六・二八・購求」の丸印、墨界線あり。
136	巻410	滋賀県甲賀市：太平寺	『日本書誌学之研究』、田中目録、『滋賀県大般若経調査報告書』2	有	京博寄託。折本。内題前に「近江州甲賀郡鮎河郷祥雲山太平禅寺常什／一巻　修補施主当郷藤原源太郎／享保三年戊戌十月吉辰　現住比丘竜乙記焉」。
137	巻411	滋賀県甲賀市：太平寺	『日本書誌学之研究』、田中目録、『滋賀県大般若経調査報告書』2	有	京博寄託。折本。「用紙」云々欠。巻末に「近江州甲賀郡鮎河郷祥雲山太平禅寺常什／一巻　修補施主青土村福井小四郎／享保三年戊戌十月吉辰　現住比丘竜乙記焉」。
138	巻413	滋賀県甲賀市：太平寺	『日本書誌学之研究』、田中目録、『滋賀県大般若経調査報告書』2	有	京博寄託。折本。年紀以下欠。巻末に「近江州甲賀郡鮎河郷祥雲山太平禅寺常什／二巻之内　滅罪生善之志　修補施主当郷沢田与左衛門／享保三年戊戌十月吉辰　現住比丘竜乙記焉」。
139	巻414	滋賀県甲賀市：太平寺	『日本書誌学之研究』、田中目録、『滋賀県大般若経調査報告書』2	有	京博寄託。折本。内題から11折まで補筆。「用紙」云々欠。巻末に「近江州甲賀郡鮎河郷祥雲山太平禅寺常什／一巻　修補施主当郷大西平兵衛／享保三年戊戌十月吉辰　現住比丘竜乙記焉」。

140	巻415	滋賀県甲賀市：太平寺	『日本書誌学之研究』、田中目録、『滋賀県大般若経調査報告書』2	有	京博寄託。折本。内題から2折オ2行目まで補筆。内題前に「近江州甲賀郡鮎河郷祥雲山太平禅寺常什／一巻　修補施主当郷本坊市左衛門／享保三年戊戌十月吉辰　現住比丘竜乙記焉」。
141	巻416	滋賀県甲賀市：太平寺	『日本書誌学之研究』、田中目録、『滋賀県大般若経調査報告書』2	有	京博寄託。折本。年紀と「用紙」云々との行間で文を墨消、判読不可。『日本書誌学之研究』によると「永禄六年□上旬於玉林庵為修補」。巻末に「近江州甲賀郡鮎河郷祥雲山太平禅寺常什／一巻　為空外円心信士菩提　修補施主当郷澤田義平母／享保三年戊戌十月吉辰　現住比丘竜乙記焉」。
142	巻417	滋賀県甲賀市：太平寺	『日本書誌学之研究』、田中目録、『滋賀県大般若経調査報告書』2	有	京博寄託。折本。「用紙」云々欠。内題前に「近江州甲賀郡鮎河郷祥雲山太平禅寺常什／一巻　為大用慈宝信士菩提　修補施主当郷澤田義平母／享保三年戊戌十月吉辰　現住比丘竜乙記焉」。
143	巻418	滋賀県甲賀市：太平寺	『日本書誌学之研究』、田中目録、『滋賀県大般若経調査報告書』2	有	京博寄託。折本。巻末に「近江州甲賀郡鮎河郷祥雲山太平禅寺常什／一巻　修補施主当郷黒川与六／享保三年戊戌十月吉辰　現住比丘竜乙記焉」。
144	巻420	滋賀県甲賀市：太平寺	『日本書誌学之研究』、田中目録、『滋賀県大般若経調査報告書』2	有	京博寄託。折本。「用紙」云々欠。巻末に「近江州甲賀郡鮎河郷祥雲山太平禅寺常什／一巻　修補施主当郷助右衛門娘岩女／享保三年戊戌十月吉辰　現住比丘竜乙記焉」。
145	巻421	滋賀県甲賀市：太平寺	『日本書誌学之研究』、田中目録、『滋賀県大般若経調査報告書』2	有	京博寄託。折本。内題から本文27行目まで補筆、界線あり。巻末に「近江州甲賀郡鮎河郷祥雲山太平禅寺常什／一巻　為通心妙用信女菩提　修補施主当郷澤田義平母／享保三年戊戌十月吉辰　現住比丘竜乙記焉」。
146	巻422	滋賀県甲賀市：太平寺	『日本書誌学之研究』、田中目録、『滋賀県大般若経調査報告書』2	有	京博寄託。折本。巻末に「近江州甲賀郡鮎河郷祥雲山太平禅寺常什／一巻　為夢幻童子菩提　修補施主当郷澤田義平母／享保三年戊戌十月吉辰　現住比丘竜乙記焉」。

147	巻423	滋賀県甲賀市：太平寺	『日本書誌学之研究』、田中目録、『滋賀県大般若経調査報告書』2	有	京博寄託。折本。内題から本文26行目まで補筆、界線あり。内題前に「近江州甲賀郡鮎河郷祥雲山太平禅寺常什／一巻　修補施主当郷澤田次郎兵衛室／享保三年戊戌十月吉辰　現住比丘竜乙記焉」。
148	巻424	滋賀県甲賀市：太平寺	『日本書誌学之研究』、田中目録、『滋賀県大般若経調査報告書』2	有	京博寄託。折本。内題前に「近江州甲賀郡鮎河郷祥雲山太平禅寺常什／一巻　修補施主当郷沢田与平次姉糸女／享保三年戊戌十月吉辰　現住比丘竜乙記焉」。
149	巻425	滋賀県甲賀市：太平寺	『日本書誌学之研究』、田中目録、『滋賀県大般若経調査報告書』2	有	京博寄託。折本。巻末に「近江州甲賀郡鮎河郷祥雲山太平禅寺常什／一巻　修補施主当郷谷河平六／享保三年戊戌十月吉辰　現住比丘竜乙記焉」。
150	巻426	滋賀県甲賀市：太平寺	『日本書誌学之研究』、田中目録、『滋賀県大般若経調査報告書』2	有	京博寄託。折本。内題前に「近江州甲賀郡鮎河郷祥雲山太平禅寺常什／一巻　修補施主当郷大屋伝五郎母／享保三年戊戌十月吉辰　現住比丘竜乙記焉」。
151	巻427	滋賀県甲賀市：太平寺	『和銅経解説』〈写：巻末（奥書一部アリ）〉、『日本書誌学之研究』、田中目録、『滋賀県大般若経調査報告書』2	有	京博寄託。折本。内題から本文26行目まで補筆、界線あり。『日本書誌学之研究』は南北朝頃の補筆とする。内題前に「近江州甲賀郡鮎河郷祥雲山太平禅寺常什／一巻　修補施主当郷五右衛門／享保三年戊戌十月吉辰　現住比丘竜乙記焉」。
152	巻428	滋賀県甲賀市：太平寺	『日本書誌学之研究』、田中目録、『滋賀県大般若経調査報告書』2	有	京博寄託。折本。内題から本文8行目まで補筆、界線あり。巻末に「近江州甲賀郡鮎河郷祥雲山太平禅寺常什／一巻　修補施主当郷上田兵左衛門母／享保三年戊戌十月吉辰　現住比丘竜乙記焉」。
153	巻429	滋賀県甲賀市：太平寺	『日本書誌学之研究』、田中目録、『滋賀県大般若経調査報告書』2	有	京博寄託。折本。内題から本文3折ウ1行目まで補筆、界線あり。巻末に「近江州甲賀郡鮎河郷祥雲山太平禅寺常什／一巻　為夢等妙幻信女菩提　修補施主当郷谷河平六室／享保三年戊戌十月吉辰　現住比丘竜乙記焉」。
154	巻430	滋賀県甲賀市：太平寺	『日本書誌学之研究』、田中目録、『滋賀県大般若経調査報告書』2、宮崎目録	有	京博寄託。折本。巻末に「近江州甲賀郡鮎河郷祥雲山太平禅寺常什／一巻　修補施主当郷大屋加兵衛室／享保三年戊戌十月吉辰　現住比丘竜乙記焉」。

155	巻431	滋賀県甲賀市：太平寺	『日本書誌学之研究』、田中目録、『滋賀県大般若経調査報告書』2	有	京博寄託。折本。内題から1折オ途中まで補筆、内題前に「近江州甲賀郡鮎河郷祥雲山太平禅寺常什／六巻之内　為良淳禅尼菩提　修補施主当郷市郎右衛門母／享保三年戊戌十月吉辰　現住比丘竜乙記焉」。
156	巻433	滋賀県甲賀市：太平寺	『日本書誌学之研究』、田中目録、『滋賀県大般若経調査報告書』2	有	京博寄託。折本。内題前に「近江州甲賀郡鮎河郷祥雲山太平禅寺常什／六巻之内　為良淳禅尼菩提　修補施主当郷市郎右衛門母／享保三年戊戌十月吉辰　現住比丘竜乙記焉」。
157	巻434	滋賀県甲賀市：太平寺	『日本書誌学之研究』、田中目録、『滋賀県大般若経調査報告書』2	有	京博寄託。折本。巻末に「近江州甲賀郡鮎河郷祥雲山太平禅寺常什／六巻之内　為良淳禅尼菩提　修補施主当郷市郎右衛門母／享保三年戊戌十月吉辰　現住比丘竜乙記焉」。
158	巻435	滋賀県甲賀市：太平寺	『日本書誌学之研究』、田中目録、『滋賀県大般若経調査報告書』2	有	京博寄託。折本。内題前に「近江州甲賀郡鮎河郷祥雲山太平禅寺常什／六巻之内　為良淳禅尼菩提　修補施主当郷市郎右衛門母／享保三年戊戌十月吉辰　現住比丘竜乙記焉」。
159	巻436	滋賀県甲賀市：太平寺	『日本書誌学之研究』、田中目録、『滋賀県大般若経調査報告書』2	有	京博寄託。折本。内題前に「近江州甲賀郡鮎河郷祥雲山太平禅寺常什／六巻之内　為良淳禅尼菩提　修補施主当郷市郎右衛門母／享保三年戊戌十月吉辰　現住比丘竜乙記焉」。
160	巻437	滋賀県甲賀市：太平寺	『日本書誌学之研究』、田中目録、『滋賀県大般若経調査報告書』2	有	京博寄託。折本。内題前に「近江州甲賀郡鮎河郷祥雲山太平禅寺常什／一巻　修補施主当郷助左衛門／享保三年戊戌十月吉辰　現住比丘竜乙記焉」。
161	巻438	滋賀県甲賀市：太平寺	『日本書誌学之研究』、田中目録、『滋賀県大般若経調査報告書』2	有	京博寄託。折本。巻末に「近江州甲賀郡鮎河郷祥雲山太平禅寺常什／一巻　修補施主当郷中村惣左衛門／享保三年戊戌十月吉辰　現住比丘竜乙記焉」。
162	巻440	滋賀県甲賀市：太平寺	『日本書誌学之研究』、田中目録、『滋賀県大般若経調査報告書』2	有	京博寄託。折本。巻末に「近江州甲賀郡鮎河郷祥雲山太平禅寺常什／一巻　修補施主当郷黒川久右衛門／享保三年戊戌十月吉辰　現住比丘竜乙記焉」。

163	巻441	滋賀県甲賀市：太平寺	『日本書誌学之研究』、田中目録、『滋賀県大般若経調査報告書』2	有	京博寄託。折本。内題から3折ウ1行目まで補筆、界線あり。内題前に「近江州甲賀郡鮎河郷祥雲山太平禅寺常什／六巻之内　修補施主当郷澤田義平／享保三年戊戌十月吉辰　現住比丘竜乙記焉」。
164	巻442	滋賀県甲賀市：太平寺	『日本書誌学之研究』、田中目録、『滋賀県大般若経調査報告書』2	有	京博寄託。折本。内題から3折ウ1行目まで補筆、界線あり。内題前に「近江州甲賀郡鮎河郷祥雲山太平禅寺常什／六巻之内　修補施主当郷澤田義平／享保三年戊戌十月吉辰　現住比丘竜乙記焉」。
165	巻443	滋賀県甲賀市：太平寺	『日本書誌学之研究』、田中目録、『滋賀県大般若経調査報告書』2	有	京博寄託。折本。内題から2折ウ3行目まで補筆、界線あり。巻末に「近江州甲賀郡鮎河郷祥雲山太平禅寺常什／六巻之内　修補施主当郷澤田義平／享保三年戊戌十月吉辰　現住比丘竜乙記焉」。
166	巻446	滋賀県甲賀市：太平寺	『日本書誌学之研究』、田中目録、『滋賀県大般若経調査報告書』2	有	京博寄託。折本。巻末に「近江州甲賀郡鮎河郷祥雲山太平禅寺常什／六巻之内　修補施主当郷澤田義平／享保三年戊戌十月吉辰　現住比丘竜乙記焉」。
167	巻447	滋賀県甲賀市：太平寺	『日本書誌学之研究』、田中目録、『滋賀県大般若経調査報告書』2	有	京博寄託。折本。6折オまで補筆、界線あり。内題前に「近江州甲賀郡鮎河郷祥雲山太平禅寺常什／一巻　修補施主当郷万女／享保三年戊戌十月吉辰　現住比丘竜乙記焉」。
168	巻448	滋賀県甲賀市：太平寺	『日本書誌学之研究』、田中目録、『滋賀県大般若経調査報告書』2	有	京博寄託。折本。「用紙」云々欠。1折オ補筆により界線あり。内題前に「近江州甲賀郡鮎河郷祥雲山太平禅寺常什／二巻之内　為両親菩提　修補施主当郷田尻四郎右衛門室／享保三年戊戌十月吉辰　現住比丘竜乙記焉」。
169	巻449	滋賀県甲賀市：太平寺	『日本書誌学之研究』、田中目録、『滋賀県大般若経調査報告書』2	有	京博寄託。折本。内題前に「近江州甲賀郡鮎河郷祥雲山太平禅寺常什／二巻之内　為西〔両カ〕親菩提　修補施主当郷田尻四郎右衛門室／享保三年戊戌十月吉辰　現住比丘竜乙記焉」。

170	巻450	滋賀県甲賀市：太平寺	『日本書誌学之研究』、田中目録、『滋賀県大般若経調査報告書』2	有	京博寄託。折本。内題から2折オ2行目まで補筆、界線あり。「用紙」云々は左半切断。内題前に「近江州甲賀郡鮎河郷祥雲山太平禅寺常什（ママ）／一巻　修補施主当郷谷河藤右衛門／享保三年戊戌十月吉辰　現住比丘竜乙記焉」。
171	巻461	滋賀県甲賀市：太平寺	『日本書誌学之研究』、田中目録、『滋賀県大般若経調査報告書』2	有	京博寄託。折本。巻末に「近江州甲賀郡鮎河郷祥雲山太平禅寺常什／一巻　修補施主当郷佐右衛門室／享保三年戊戌十月吉辰　現住比丘竜乙記焉」。
172	巻464	滋賀県甲賀市：太平寺	『日本書誌学之研究』、田中目録、『滋賀県大般若経調査報告書』2	有	京博寄託。折本。巻末に「近江州甲賀郡鮎河郷祥雲山太平禅寺常什／三巻之内　修補施主当郷上田兵左衛門／享保三年戊戌十月吉辰　現住比丘竜乙記焉」。
173	巻465	滋賀県甲賀市：太平寺	『日本書誌学之研究』、田中目録、『滋賀県大般若経調査報告書』2、『南都仏教史の研究』〈写：巻末（奥書アリ）〉	有	京博寄託。折本。巻末に「近江州甲賀郡鮎河郷祥雲山太平禅寺常什／三巻之内　修補施主当郷上田兵左衛門／享保三年戊戌十月吉辰　現住比丘竜乙記焉」。
174	巻467	滋賀県甲賀市：太平寺	『日本書誌学之研究』、田中目録、『滋賀県大般若経調査報告書』2	有	京博寄託。折本。1折オから2折オまで補筆、界線あり。巻末に「近江州甲賀郡鮎河郷祥雲山太平禅寺常什／一巻　修補施主当郷清閑坊／享保三年戊戌十月吉辰　現住比丘竜乙記焉」。東博資料館帝室博物館カードに〈写：巻末（奥書アリ）〉
175	巻468	滋賀県甲賀市：太平寺	『日本書誌学之研究』、田中目録、『滋賀県大般若経調査報告書』2	有	京博寄託。折本。巻末に「近江州甲賀郡鮎河郷祥雲山太平禅寺常什／一巻　修補施主当郷吉兵衛／享保三年戊戌十月吉辰　現住比丘竜乙記焉」。
176	巻469（補足本）	京都市東山区：京都国立博物館（守屋コレクション）	『古経図録』、『認定目録』、『築島裕著作集』1	無	京博寄託。折本。界線あり。『古経図録』は巻368の巻末修補記を挙げるが、正しくは「近江州甲賀郡鮎河郷祥雲山太平禅寺常什／一巻　修補施主当郷大西六兵衛／享保三年戊戌十月吉辰　現住比丘竜乙記焉」。
177	巻470	滋賀県甲賀市：太平寺	『日本書誌学之研究』、田中目録、『滋賀県大般若経調査報告書』2	有	京博寄託。折本。巻末に「近江州甲賀郡鮎河郷祥雲山太平禅寺常什／一巻　修補施主当郷地右衛門／享保三年戊戌十月吉辰　現住比丘竜乙記焉」。

178	巻471	滋賀県甲賀市：太平寺	『日本書誌学之研究』、田中目録、『滋賀県大般若経調査報告書』2	有	京博寄託。折本。尾題後に訳場列位の冒頭「龍朔二年閏七月三日於玉華寺玉華殿三蔵法師玄奘奉　詔譯」。巻末に「近江州甲賀郡鮎河郷祥雲山太平禅寺常什／一巻　為別源妙離信女菩提　修補施主青土村某／享保三年戊戌十月吉辰　現住比丘竜乙記焉」。
179	巻472	滋賀県甲賀市：太平寺	『日本書誌学之研究』、田中目録、『滋賀県大般若経調査報告書』2	有	京博寄託。折本。巻末に「近江州甲賀郡鮎河郷祥雲山太平禅寺常什／二巻之内　修補施主当郷堂山須礼講中／享保三年戊戌十月吉辰　現住比丘竜乙記焉」。
180	巻473	滋賀県甲賀市：太平寺	『日本書誌学之研究』、田中目録、『重要文化財』20〈写：巻頭・巻末(奥書アリ)〉、『滋賀県大般若経調査報告書』2、『国宝・重要文化財大全』7〈写：巻頭・巻末(奥書アリ)〉、『築島裕著作集』1	有	京博寄託。折本。内題前に「近江州甲賀郡鮎河郷祥雲山太平禅寺常什／二巻之内　修補施主当郷堂山須礼講中／享保三年戊戌十月吉辰　現住比丘竜乙記焉」。
181	巻474	滋賀県甲賀市：太平寺	『日本書誌学之研究』、田中目録、『滋賀県大般若経調査報告書』2	有	京博寄託。折本。巻末に「近江州甲賀郡鮎河郷祥雲山太平禅寺常什／一巻　修補施主当郷弥兵衛／享保三年戊戌十月吉辰　現住比丘竜乙記焉」。
182	巻475	滋賀県甲賀市：太平寺	『日本書誌学之研究』、田中目録、『滋賀県大般若経調査報告書』2	有	京博寄託。折本。内題前に「近江州甲賀郡鮎河郷祥雲山太平禅寺常什／一巻　為鉄岩浄心信士菩提　修補施主当郷大西平兵衛／享保三年戊戌十月吉辰　現住比丘竜乙記焉」。
183	巻476	滋賀県甲賀市：太平寺	『日本書誌学之研究』、田中目録、『滋賀県大般若経調査報告書』2	有	京博寄託。折本。巻末に「近江州甲賀郡鮎河郷祥雲山太平禅寺常什／一巻　修補施主当郷大西徳兵衛／享保三年戊戌十月吉辰　現住比丘竜乙記焉」。
184	巻477	滋賀県甲賀市：太平寺	『日本書誌学之研究』、田中目録、『滋賀県大般若経調査報告書』2	有	京博寄託。折本。内題前に「近江州甲賀郡鮎河郷祥雲山太平禅寺常什／一巻　修補施主当郷澤田次郎兵衛／享保三年戊戌十月吉辰　現住比丘竜乙記焉」。
185	巻478	滋賀県甲賀市：太平寺	『日本書誌学之研究』、田中目録、『滋賀県大般若経調査報告書』2	有	京博寄託。折本。内題前に「近江州甲賀郡鮎河郷祥雲山太平禅寺常什／一巻　修補施主当郷田尻四郎右衛門／享保三年戊戌十月吉辰　現住比丘竜乙記焉」。

186	巻479	滋賀県甲賀市：太平寺	『日本書誌学之研究』、田中目録、『滋賀県大般若経調査報告書』2	有	京博寄託。折本。内題前に「近江州甲賀郡鮎河郷祥雲山太平禅寺常什／一巻　為一相宗鏡信士菩提　修補施主当郷福嶋九兵衛／享保三年戊戌十月吉辰　現住比丘竜乙記焉」。
187	巻480	滋賀県甲賀市：太平寺	『日本書誌学之研究』、田中目録、『滋賀県大般若経調査報告書』2	有	京博寄託。折本。内題前に「近江州甲賀郡鮎河郷祥雲山太平禅寺常什／一巻　為天嶺寿清信女菩提　修補施主当郷福嶋九兵衛／享保三年戊戌十月吉辰　現住比丘竜乙記焉」。尾題後に訳場列位の冒頭「龍朔二年閏七月廿九日於玉華寺玉華殿三蔵法師／玄奘奉　詔譯」。
188	巻482	滋賀県甲賀市：太平寺	『日本書誌学之研究』、田中目録、『滋賀県大般若経調査報告書』2	有	京博寄託。折本。内題から26行まで補筆、界線あり。巻末に「近江州甲賀郡鮎河郷祥雲山太平禅寺常什／六巻之内　修補施主当郷大屋加兵衛室千女／享保三年戊戌十月吉辰　現住比丘竜乙記焉」。
189	巻483	滋賀県甲賀市：太平寺	『日本書誌学之研究』、田中目録、『滋賀県大般若経調査報告書』2	有	京博寄託。折本。内題から14行まで一部界線あり。内題前に「近江州甲賀郡鮎河郷祥雲山太平禅寺常什／六巻之内　修補施主当郷大屋加兵衛室千女／享保三年戊戌十月吉辰　現住比丘竜乙記焉」。
190	巻485	滋賀県甲賀市：太平寺	『日本書誌学之研究』、田中目録、『滋賀県大般若経調査報告書』2	有	京博寄託。折本。内題から4折ウ3行目まで補筆、界線あり。内題前に「近江州甲賀郡鮎河郷祥雲山太平禅寺常什／六巻之内　修補施主当郷大屋加兵衛室千女／享保三年戊戌十月吉辰　現住比丘竜乙記焉」。
191	巻486	滋賀県甲賀市：太平寺	『日本書誌学之研究』、田中目録、『滋賀県大般若経調査報告書』2	有	京博寄託。折本。内題から14折オ1行目まで補筆、界線あり。『日本書誌学之研究』によると補写は鎌倉初期。内題前に「近江州甲賀郡鮎河郷祥雲山太平禅寺常什／六巻之内　修補施主当郷大屋加兵衛室千女／享保三年戊戌十月吉辰　現住比丘竜乙記焉」。
192	巻487	滋賀県甲賀市：太平寺	『日本書誌学之研究』、田中目録、『滋賀県大般若経調査報告書』2	有	京博寄託。折本。「用紙」云々欠。内題から3折ウ1行目まで補筆、界線あり。内題前に「近江州甲賀郡鮎河郷祥雲山太平禅寺常什／一巻　修補施主当郷小右衛門室／享保三年戊戌十月吉辰　現住比丘竜乙記焉」。

193	巻488	滋賀県甲賀市：太平寺	『日本書誌学之研究』、田中目録、『滋賀県大般若経調査報告書』2	有	京博寄託。折本。内題から2折オ1行目まで補筆、界線あり。巻末に「近江州甲賀郡鮎河郷祥雲山太平禅寺常什／一巻　修補施主当郷谷河安兵衛／享保三年戊戌十月吉辰　現住比丘竜乙記焉」。
194	巻489	滋賀県甲賀市：太平寺	『日本書誌学之研究』、田中目録、『滋賀県大般若経調査報告書』2	有	京博寄託。折本。内題から3折ウ1行目まで補筆、界線あり。巻末に「近江州甲賀郡鮎河郷祥雲山太平禅寺常什／一巻　修補施主当郷谷河安兵衛母／享保三年戊戌十月吉辰　現住比丘竜乙記焉」。
195	巻490	滋賀県甲賀市：太平寺	『日本書誌学之研究』、田中目録、『滋賀県大般若経調査報告書』2	有	京博寄託。折本。内題から3折ウ1行目まで補筆、界線あり。巻末に「近江州甲賀郡鮎河郷祥雲山太平禅寺常什／一巻　修補施主当郷黒川又右衛門／享保三年戊戌十月吉辰　現住比丘竜乙記焉」。
196	巻491	滋賀県甲賀市：太平寺	『日本書誌学之研究』、田中目録、『滋賀県大般若経調査報告書』2	有	京博寄託。折本。「用紙」云々欠。巻末に「近江州甲賀郡鮎河郷祥雲山太平禅寺常什／一巻　修補施主上州前橋近江屋弥平次／享保三年戊戌十月吉辰　現住比丘竜乙記焉」。
197	巻492	滋賀県甲賀市：太平寺	『日本書誌学之研究』、田中目録、『滋賀県大般若経調査報告書』2	有	京博寄託。折本。「用紙」云々欠。巻末に「近江州甲賀郡鮎河郷祥雲山太平禅寺常什／一巻　修補施主当郷上田七右衛門／享保三年戊戌十月吉辰　現住比丘竜乙記焉」。
198	巻493	滋賀県甲賀市：太平寺	『日本書誌学之研究』、田中目録、『滋賀県大般若経調査報告書』2	有	京博寄託。折本。内題前に「近江州甲賀郡鮎河郷祥雲山太平禅寺常什／二巻之内　為六親眷属菩提　修補施主儀峨荘中村三郎右衛門室／享保三年戊戌十月吉辰　現住比丘竜乙記焉」。
199	巻494	滋賀県甲賀市：太平寺	『日本書誌学之研究』、田中目録、『滋賀県大般若経調査報告書』2	有	京博寄託。折本。「用紙」云々欠。巻末に「近江州甲賀郡鮎河郷祥雲山太平禅寺常什／二巻之内　六親眷属菩提　修補施主儀峨荘中村三郎右衛門室／享保三年戊戌十月吉辰　現住比丘竜乙記焉」。
200	巻495	滋賀県甲賀市：太平寺	『日本書誌学之研究』、田中目録、『滋賀県大般若経調査報告書』2	有	京博寄託。折本。内題前に「近江州甲賀郡鮎河郷祥雲山太平禅寺常什／一巻　修補施主当郷水落ノ半兵衛／享保三年戊戌十月吉辰　現住比丘竜乙記焉」。

201	巻496	滋賀県甲賀市：太平寺	『日本書誌学之研究』、田中目録、『滋賀県大般若経調査報告書』2	有	京博寄託。折本。内題前に「近江州甲賀郡鮎河郷祥雲山太平禅寺常什／五巻之内　為楽誉遊極信士菩提　修補施主儀峨荘中村味岡嘉兵衛／享保三年戊戌十月吉辰　現住比丘竜乙記焉」。
202	巻497	滋賀県甲賀市：太平寺	『日本書誌学之研究』、田中目録、『滋賀県大般若経調査報告書』2	有	京博寄託。折本。巻末に「近江州甲賀郡鮎河郷祥雲山太平禅寺常什／五巻之内　為楽誉遊極信士菩提　修補施主儀峨荘中村味岡嘉兵衛／享保三年戊戌十月吉辰　現住比丘竜乙記焉」。
203	巻498	滋賀県甲賀市：太平寺	『日本書誌学之研究』、田中目録、『滋賀県大般若経調査報告書』2	有	京博寄託。折本。巻末に「近江州甲賀郡鮎河郷祥雲山太平禅寺常什／五巻之内　為楽誉遊極信士菩提　修補施主儀峨荘中村味岡嘉兵衛／享保三年戊戌十月吉辰　現住比丘竜乙記焉」。
204	巻499	滋賀県甲賀市：太平寺	『日本書誌学之研究』、田中目録、『滋賀県大般若経調査報告書』2	有	京博寄託。折本。内題前に「近江州甲賀郡鮎河郷祥雲山太平禅寺常什／五巻之内　為楽誉遊極信士菩提　修補施主儀峨荘中村味岡嘉兵衛／享保三年戊戌十月吉辰　現住比丘竜乙記焉」。
205	巻500	滋賀県甲賀市：太平寺	『日本書誌学之研究』、田中目録、『滋賀県大般若経調査報告書』2	有	京博寄託。折本。巻末に「近江州甲賀郡鮎□〔河〕⌈〔郷祥雲〕⌊山太平禅寺常什／五巻之内　為楽□〔誉〕⌈〔遊極信〕⌊士菩提　修補施主儀峨荘中村味岡嘉兵衛／享保三年戊戌十月吉□〔辰〕　現住比丘竜乙記焉」。
206	巻512	池田庄太郎	田中目録		『池田大仙堂古美術集芳』に不採録。
207	巻514	滋賀県甲賀市：見性庵	『日本書誌学之研究』、田中目録	有	奈良博寄託。折本。外題なし。修補により天地欠字あり。巻末に「⌊〔江〕刕甲賀郡鮎河邑　直指山見性禅□〔庵〕⌈〔常住ヵ常什〕／為学林恵勤和尚報恩謝徳／五拾巻入之箱　幻住仁峰恵忠□〔修〕⌈〔補之ヵ補焉〕／一巻修補施主〈木屋〉融通念佛講□⌈／享保廿一丙辰年正月吉祥日」。
208	巻515	滋賀県甲賀市：見性庵	『日本書誌学之研究』、田中目録	有	奈良博寄託。折本。外題なし。一紙分後世の補筆、界線あり。修補により天地欠字あり。最終2折、互いに字が写る。

209	巻521	滋賀県甲賀市：見性庵	『日本書誌学之研究』、田中目録	有	奈良博寄託。折本。外題なし。修補により天地欠字あり。内題前に「江刕甲賀郡鮎河邑　直指山見性庵常住／為学林恵勤和尚報恩謝徳　五拾巻之箱／享保二十一丙辰年正月吉祥日　仁峯恵忠謹修□〔補之ヵ補焉〕／一巻修補施主　三上六良兵□□〔衛〕」。
210	巻522	滋賀県甲賀市：見性庵	『日本書誌学之研究』、田中目録	有	奈良博寄託。折本。外題なし。内題前に「□〔江〕刕甲賀郡鮎河村　直指山見性禅庵常住／為学林勤公和尚報恩謝徳／五拾巻之箱　仁峯恵忠謹修補之／五巻修補施主　中村利兵衛／享保二十一丙辰年正月吉祥日」。また、「用紙」云々次行に「正壽院　挍了」。
211	巻523	滋賀県甲賀市：見性庵	『日本書誌学之研究』、田中目録	有	奈良博寄託。折本。外題なし。修補により天欠字あり。内題前に、「□〔江刕ヵ〕□〔甲〕賀郡鮎河邑　直指山見性禅庵常住／学林勤公和尚報恩謝徳／五拾巻之筥　仁峯恵忠修補焉／一巻修補施主　源右衛門／□〔享〕保二十一年丙辰年孟春吉祥日」。また、巻末に「□〔天〕正六〈戊寅〉年林鐘吉辰　正壽院　挍了」。
212	巻525	滋賀県甲賀市：見性庵	『日本書誌学之研究』、田中目録	有	奈良博寄託。折本。外題なし。修補により天地欠字あり。内題前に「□〔江刕ヵ〕□〔甲〕賀郡鮎河邑　直指山見性禅庵住／□補為　前和州太守景文宗昌居士／前匠作絶岳了無居士／自翁一閑居士／雲峯智心信士／本寂妙光信尼／善覚明了童女／六親眷属菩提／施主　黒川久右衛」。
213	巻526	滋賀県甲賀市：見性庵	『日本書誌学之研究』、田中目録	有	奈良博寄託。折本。外題なし。修補により天地欠字あり。内題前に「□〔江州甲賀ヵ〕郡鮎河村　直指山見性禅庵常□〔住ヵ仕〕／修補施主　井ノ口　四良兵衛」。また巻末に「□〔学ヵ〕□〔林〕恵勤和尚報恩謝徳／□巻之箱　仁峯恵忠謹修□〔補之ヵ補焉〕／□〔享保二〕十一歳丙辰正月吉祥日」。

214	215	216	217	218	219
巻563	巻564	巻565	巻566	巻567	巻568
滋賀県甲賀市：見性庵	滋賀県甲賀市：見性庵	滋賀県甲賀市：見性庵	滋賀県甲賀市：見性庵	滋賀県甲賀市：見性庵	滋賀県甲賀市：見性庵
『日本書誌学之研究』、田中目録	『日本書誌学之研究』、田中目録	『日本書誌学之研究』、田中目録	『日本書誌学之研究』、田中目録	『日本書誌学之研究』、田中目録	『日本書誌学之研究』〈写：巻頭・巻末（奥書アリ）〉、田中目録
有	有	有	有	有	有
奈良博寄託。折本。外題なし。修補により天地欠字あり。内題前に「□〔江〕□〔刕〕甲賀郡鮎河邑　直指山見性禅□〔庵〕冂〔常住ヵ常什〕」。また、巻末に「□〔為〕劔峰宗利居士菩提／十巻之内　仁峯叟□〔修〕冂〔補之ヵ補焉〕／享保二十一丙辰年正月吉日」。	奈良博寄託。折本。外題あり。修補により天地欠字あり。内題前に「□〔江〕□〔州〕甲賀郡鮎河邑　直指山見性禅庵□〔常〕冂〔住ヵ什〕／為劔峯宗利居士佛果菩提／十巻之内　仁峯修□〔補〕冂〔之ヵ焉〕／享保二十一年辰正月吉祥日」。	奈良博寄託。折本。外題あり。修補により天地欠字あり。内題前に「江刕甲賀郡鮎河邑　直指山見性庵□〔常〕冂〔住ヵ什〕／為劔峯宗利居士佛果菩提／十巻之内　仁峯□〔叟〕冂〔修補之ヵ修補焉〕／享保二十一年正月吉日」。	奈良博寄託。折本。外題あり。修補により地欠字あり。冒頭～3折ウ1行目まで鎌倉期以降補写、8折オ3行目まで平安期補写、8折オ4行目から和銅経。内題前に「江刕甲賀郡鮎河邑　直指山見性庵常冂〔住ヵ什〕／為劔峯宗利居士頓證正覚／十巻之内　仁峯叟修冂〔補之ヵ補焉〕／享保二十一丙辰年正月吉祥日」。	奈良博寄託。折本。外題あり。修補により天地欠字あり。巻末に「江刕甲賀郡鮎河邑直指山見性禅庵□〔常〕冂〔住ヵ什〕／為劔峯宗利居士頓證菩提／十巻之内　仁峯叟□〔修〕冂〔補之ヵ補焉〕／享保二十一年辰正月吉祥日」。	奈良博寄託。折本。外題あり。修補により地欠字あり。巻末に「江州甲賀郡鮎河邑　直指山見性禅庵常冂〔住ヵ什〕／為劔峯宗利居士佛果菩提／十巻之内　仁峯叟修補□〔之ヵ焉〕／享保二十一辰年正月吉日」。

220	巻569	滋賀県甲賀市：見性庵	『日本書誌学之研究』、田中目録	有	奈良博寄託。折本。外題あり。修補により地欠字あり。内題前に「江州甲賀郡鮎河村直指山見指〔マヽ〕山見性庵常□〔住カ什〕／為　劔峯宗利居士菩提／十巻之内　仁峰叟修補□〔之カ焉〕／享保二十一辰年正月吉日」。
221	巻570	滋賀県甲賀市：見性庵	『日本書誌学之研究』、田中目録	有	奈良博寄託。折本。外題あり。修補により地欠字あり。内題前に「江劦甲賀郡鮎河村　直指山見性庵常什／為劔峯宗利居士佛果菩提／十巻之内　仁峯叟□〔修〕□〔補之カ補焉〕／享保二十一丙辰正月吉日」。
222	巻579	滋賀県甲賀市：見性庵	『日本書誌学之研究』、田中目録	有	奈良博寄託。折本。外題あり。冒頭から途中まで欠。修補により地欠字あり。年紀と「用紙」云々の間に「江劦甲賀鮎河於玉林為再興挍了」。
223	巻583	滋賀県甲賀市：見性庵	『日本書誌学之研究』、田中目録	有	奈良博寄託。折本。外題なし。修補により天地欠字あり。巻末に「□〔江〕□〔劦〕甲賀郡鮎河邑　直指山見性庵□〔常住カ常什〕／為　弟子等現世安穏／貳拾巻之内　仁峰□〔叟〕□〔修補之カ修補焉〕／　享保二十一丙辰年正春吉良辰」。
224	巻585	滋賀県甲賀市：見性庵	『日本書誌学之研究』、田中目録	有	奈良博寄託。折本。外題あり。修補により天地欠字あり。内題前に「江州甲賀郡鮎河邑　直指山見性禅庵常□〔住カ什〕／為弟子等現世安穏／二十巻之内　仁峯叟□〔修〕□〔補之カ補焉〕、享保二十一丙辰載孟正吉日」。
225	巻586	滋賀県甲賀市：見性庵	『日本書誌学之研究』、田中目録	有	奈良博寄託。折本。外題あり。修補により天地欠字あり。巻末に「江劦甲賀郡鮎河邑　直指山見性禅庵常□〔住カ什〕／為弟子等現世安穏／二拾巻之内／享保二十一丙辰載正月吉祥日」。
226	巻587	滋賀県甲賀市：見性庵	『日本書誌学之研究』、田中目録	有	奈良博寄託。折本。外題あり。修補により天地欠字あり。内題前に「江州甲賀郡鮎河邑　直指山見性禅庵常□〔住カ什〕／為弟子等現世安穏／貳拾巻之内　仁峯恵忠修□〔補〕□〔之カ焉〕／享保二十一丙辰天孟春吉祥日」。

227	228	229	230	231	232
巻588	巻589	巻590	巻595	巻596	巻597
滋賀県甲賀市：見性庵	滋賀県甲賀市：見性庵	滋賀県甲賀市：見性庵	滋賀県甲賀市：見性庵	滋賀県甲賀市：見性庵	滋賀県甲賀市：見性庵
『日本書誌学之研究』、田中目録	『日本書誌学之研究』、『仏教美術名品展図録』〈写：巻頭・巻末(奥書アリ)〉、田中目録、『甲賀市史』5〈写：巻頭・巻末(奥書アリ)〉	『日本書誌学之研究』、田中目録	『日本書誌学之研究』、田中目録	『日本書誌学之研究』、田中目録	『日本書誌学之研究』、田中目録
有	有	有	有	有	有
奈良博寄託。折本。外題あり。修補により天地欠字あり。内題前に「江州甲賀郡鮎河邑　直指山見性禅庵常□〔住カ什〕／為弟子等現世安穏／二十巻之内　仁峯恵忠修補□〔之カ焉〕／享保二十一丙辰載正春吉祥日」。	奈良博寄託。折本。外題あり。修補により地欠字あり。内題前に「江州甲賀郡鮎河村　直指山見性禅庵□〔常〕□〔住カ什〕／為弟子等現世安穏／二拾巻之内　仁峯恵忠□〔修〕□〔補之カ補焉〕／享保二十一丙辰年正月吉祥日」。『日本書誌学之研究』は鎌倉初期補写とする。	奈良博寄託。折本。外題あり。修補により地欠字あり。全体で修補の幅が異なる。巻末に「江州甲賀郡鮎河邑　直指山見性□〔禅庵常住カ庵常住カ禅庵常什カ庵常什〕／為弟子等現世安穏／二拾巻之内　仁峯□〔恵忠修補之カ叟修補之カ恵忠修補焉カ叟修補焉〕／享保二十一丙辰正月吉祥日」。	奈良博寄託。折本。外題あり。修補により天地欠字あり。内題前に「□〔江〕刕甲賀郡鮎河邑　直指山見性禅□〔庵〕□〔常住カ常什〕／為弟子等現世安穏／二拾巻之内　仁峯叟修□〔補〕□〔之カ焉〕／享保二十一丙辰年正月吉日」。	奈良博寄託。折本。外題あり。修補により天地欠字あり。巻末に「□〔天正〕六年林鐘吉辰修補シテ校了正壽院／江刕甲賀郡鮎河邑　直指山見性禅庵□〔常住カ常什〕／為弟子等現世安穏／二十巻之内　仁峯叟修□〔補〕□〔之カ焉〕／享保二十一丙辰年正春吉祥日」。	奈良博寄託。折本。外題あり。修補により天地欠字あり。内題前に「江刕甲賀郡鮎河邑　直指山見性庵□〔常〕□〔住カ什〕／為弟子等現世安穏／二拾巻之内　仁峯叟修□〔補〕□〔之カ焉〕／享保二十一丙辰年正春吉祥日」。

233	巻598	滋賀県甲賀市：見性庵	『日本書誌学之研究』、田中目録	有	奈良博寄託。折本。外題あり。修補により天地欠字あり。内題前に「江刕甲賀郡鮎河邑　直指山見性禅庵□〔常〕□〔住カ仕〕／為弟子等現世安全／貳拾巻之内　仁峯叟修補□〔之カ焉〕／享保二十一丙辰季正月吉祥日」。
234	巻599	滋賀県甲賀市：見性庵	『日本書誌学之研究』、田中目録	有	奈良博寄託。折本。外題あり。修補により地欠字あり。内題前に「江州甲賀郡鮎河邑　直指山見性禅庵常□〔住カ仕〕／為弟子等現世安全／二十巻之内　仁峯叟修□〔補〕□〔之カ焉〕／享保二十一丙辰年正月吉祥日」。また、巻末に「天正六年林鐘吉辰修補シテ校了正□〔書〕□〔院〕」。

奥書（巻23）

藤原宮御寓　天皇以慶雲四年六月
十五日登遐三光惨然四海遏密長屋
殿下地極天倫情深福報乃為
天皇敬写大般若経六百巻用盡酸割
之誠焉
和銅五年歳次壬子十一月十五日庚辰竟
用紙一十七張　北宮

凡例

『古経題跋』：養鸕徹定『古経題跋』（『解題叢書』所収、国書刊行会、一九一六年、初出一八六三年）

『時代品展覧会出品目録　第三』：大沢敬之編『時代品展覧会出品目録　第三』（村上勘兵衛、一八九五年）

『訪書余録』：和田維四郎『訪書余録　図録篇』（臨川書店、一九七八年、初出一九一八年）
『古経題跋随見録』：田中光顕『古経題跋随見録』（自筆本、一九一九年）
「奈良時代古写経目録」：『昭和法宝総目録』（大正新修大蔵経刊行会、一九七九年、初出一九二九年）
『書道全集』9：『書道全集』第九巻（平凡社、一九三〇年）
『長屋王願経二種』：『日本写経全集　大般若波羅蜜多経　長屋王願経二種』（田中塊堂解説、武田墨彩堂、一九三九年）
『和銅経解説』：『日本写経全集　大般若波羅蜜多経（和銅経）解説』（田中塊堂解説、武田墨彩堂、一九三九年）
『第27回大蔵会目録』：『第27回大蔵会展観目録』（京都仏教各宗学校連合会、一九四一年）
『池田大仙堂古美術集芳』：池田庄太郎『池田大仙堂古美術集芳』上巻（池田庄太郎、一九四一年）
『日本書誌学之研究』：川瀬一馬「長屋王の願経」『日本書誌学之研究』（大日本雄弁会講談社、一九四三年、初出一九四二年）
『古経楼清鑑』：五島慶太『古経楼清鑑　第1冊　写経』（田山方南解説、一九五四年）
『大東急文庫解題』：『大東急記念文庫貴重書解題　仏書之部』（川瀬一馬解説、大東急記念文庫、一九五六年）
『寧楽遺文』：竹内理三『寧楽遺文』中巻（東京堂出版、一九六二年）
『大東急文庫15周年図録』：『大東急記念文庫創立15周年特別展』図録（五島美術館、一九六四年）
『古経図録』：守屋孝蔵氏蒐集『古経図録』（京都国立博物館、一九六四年）
『仏教美術名品展図録』：『仏教美術名品展図録』（奈良国立博物館、一九七一年）
『古写経』：『古写経』（五島美術館・一九七一年）
『認定目録』：文化庁『重要美術品等認定物件目録』（思文閣、一九七二年）
田中目録：田中塊堂『日本古写経現存目録』（思文閣、一九七三年）
『重要文化財』20：『重要文化財』第二十巻「書籍・典籍・古文書Ⅲ」（毎日新聞社、一九七五年）
『奈良朝写経』：奈良国立博物館『奈良朝写経』（東京美術、一九八三年）
『石川県の文化財』：石川史書刊行会『石川県の文化財』（石川県教育委員会、一九八五年）
『写経と仏教美術』：『写経と仏教美術』（センチュリー文化財団、一九八六年）
『日本の写経』：大山仁快・高橋直道・藤井教公解説『日本の写経』（京都書院、一九八七年）
『日本宗教史論纂』：根本誠二「長屋王と仏教」下出積與編『日本宗教史論纂』（桜楓社、一九八八年）

『築島裕著作集』1：「大般若波羅蜜多経の古本小考」『築島裕著作集』第一巻　訓点本論考拾遺（汲古書院、二〇一四年、初出一九九一年）
『静嘉堂宝鑑』：『静嘉堂宝鑑』（静嘉堂、一九九二年）
『滋賀県大般若経調査報告書』2：『滋賀県大般若波羅蜜多経調査報告書』二（滋賀県教育委員会、一九九四年）
『写経と版経』：『写経と版経　奉納された中世史』（石川県立歴史博物館、一九九四年）
『日本仏教美術の名宝展』：『日本仏教美術の名宝展』（奈良国立博物館、一九九五年）
『大般若経の世界』展図録：『特別展　大般若経の世界展』（滋賀県立琵琶湖博物館、一九九五年）
『国宝・重要文化財大全』7：文化庁監修・図書編集部編『国宝・重要文化財大全』7書跡〈上巻〉（毎日新聞社、一九九八年）
『天平』展図録：『天平』（奈良国立博物館、一九九八年）
『静嘉堂文庫の古典籍』：『静嘉堂文庫の古典籍』（静嘉堂、一九九八年）
『日本国宝展』2000：東京国立博物館『日本国宝展』（読売新聞社、二〇〇〇年）
根津図録：『根津美術館蔵品選』仏教美術編（根津美術館、二〇〇一年）
『南都仏教史の研究』：堀池春峰「仏典と写経」『南都仏教史の研究　遺芳篇』（法蔵館、二〇〇四年、初出一九八三年）
『古写経――聖なる文字の世界――』展図録：『古写経――聖なる文字の世界』（京都国立博物館、二〇〇四年）
『聖武天皇とその時代』：滋賀県文化財保護協会・滋賀県立安土城考古博物館・滋賀県立琵琶湖文化館『聖武天皇とその時代』（滋賀県立文化財保護協会、二〇〇五年）
宮﨑目録：宮﨑健司「10世紀以前古写経目録」『日本古代の写経と社会』（塙書房、二〇〇六年）
『甲賀を繙く』：『甲賀市文化財ガイド　甲賀を繙く』（甲賀市教育委員会、二〇〇六年）
『甲賀市史』1：『甲賀市史　第1巻　古代の甲賀』（甲賀市、二〇〇七年）
『甲賀市史』5：『甲賀市史　第5巻　古代の甲賀』（甲賀市、二〇一三年）
『神につかえ仏にいのる』展図録：『神につかえ仏にいのる』展図録（斎宮歴史博物館、二〇〇八年）
『大遣唐使展』図録：『大遣唐使展』（奈良国立博物館、二〇一〇年）
『皇室の文庫』：『皇室の文庫〈書陵部の名品〉』（宮内庁書陵部、二〇一〇年）
『古典籍・古文書料紙事典』：宍倉佐敏『必携古典籍・古文書料紙事典』（八木書店、二〇一一年）

『神仏います近江』：『神仏います近江　天台仏教への道』（MIHO MUSEUM、二〇一一年）
『文字がつなぐ』：『文字がつなぐ　古代の日本列島と朝鮮半島』（国立歴史民俗博物館、二〇一四年）
『日本国宝展』2014：東京国立博物館『日本国宝展』（読売新聞社／ＮＨＫ／ＮＨＫプロモーションズ、二〇一四年）

略　称

東博：東京国立博物館
京博：京都国立博物館
奈良博：奈良国立博物館
〈写〉：写真掲載文献、巻頭：巻頭写真、跋文：跋文写真、全：全文写真
年紀：跋文の「和銅五年歳次壬子十一月十五日庚辰竟」をさす。
「用紙」云々：跋文の「用紙…張　　北宮」をさす。
太平寺は和銅経のほか、その補足本と称される大般若経を所蔵するが、詳しくは『滋賀県大般若経調査報告書』2を参照されたい。

No	巻	所蔵	主要掲載文献	奥書（跋文）	備考
1	巻46	大阪府和泉市：槇尾山施福寺	『仏教美術名品展』〈写：巻頭〉、『槇尾山の至宝展』図録、『施福寺の研究』②	無	奈良博寄託。巻子本。表紙には雲文に獅子図を表した裂を使用（槇尾山大縁起と同様）。長麻紙。無界。各紙タテ26.6㎝×ヨコ約173㎝前後（第6紙のみ55.4㎝）。巻267・336と同様、各紙上段にズレあり、経文を書写してから各紙を継いだか。本特徴は、例えば根津蔵巻267とも一致し、本巻が神亀経であることを裏付ける。本文に後世の補修箇所あり。
2	巻53	名古屋：伯應旧蔵	『大般若経校異幷附録』、『古経捜索録』、『古経題跋』、『藝文』6-4号、『日本書誌学之研究』、『感興漫筆』、田中目録、『葎の滴諸家雑談』	有	『古経捜索録』は興福寺蔵とし、「此経零本今流伝在尾州名護屋府某氏手云」とする。『日本書誌学之研究』は、妙心寺祖芳『大般若経校異幷附録』に基づくとする。同書「附録」には巻53の奥書が引用され、寛政四年（一七九二）壬子秋九月に、「名護屋」前津遊客の伯應が京都六条坊門の南の骨董屋で本巻を発見した旨を記す。細野要斎『葎の滴諸家雑談』は、白鷗（または白応、還俗して水野金兵衛）の所持とする。
3（参考）	巻217	滋賀県大津市：石山寺	『石山寺の研究』、『築島裕著作集』1b	無	『石山寺の研究』は、「奈良時代写、巻子本（モト折本改装カ）、首欠、褐麻紙（長麻紙）、無界、一行十七字、朱科段アリ、訓点ナシ、奥書ナシ、紺地金泥蓮池文金切箔砂子散表紙（後補）、後補軸、縦二四、二糎、三紙、一紙長一七八・三糎」、「（尾題）大般若波羅蜜多経巻第二百一十七　（外題）大般若経　吉備真備真筆　（本紙端裏）吉備大納言御筆」、「尾題以降ハ切断サレ奥書ナシ、神亀ノ長屋王願経カ」と記す。用紙の素材・一紙の長さ・無界である点など、神亀経の特徴を備える。

4	巻219	東京都新宿区：センチュリー文化財団	『展観　写経と仏教美術』図録〈写：一部〉	無	折本。表裏面各5行×17字。従来和銅経とされるが、神亀経の可能性あり。長麻紙。無界。全5紙。各紙タテ24.5cm×ヨコ約174.7cm前後。これらの特徴は神亀経巻46・267・336と類似。和銅経には太平寺蔵の巻219が存在。井上馨旧蔵。フタ張り紙に、「近江員外少目池原君禾守／経巻四十六折本正筆／恒川了太郎／橘則世證之」と記された証書あり。
5	巻267	東京都港区：根津美術館	『古経題跋随見録』、田中目録、『重要文化財』20〈写：巻末〉、『奈良朝写経』、『国宝・重要文化財大全』7〈写：巻頭・巻末〉、根津図録〈写：巻頭・巻末〉、『大般若経の世界』展図録〈写：巻末〉、『天平』展図録〈写：巻末〉、『古写経展』図録〈写：巻頭・巻末〉、宮崎目録、『大遣唐使展』図録〈写：巻末〉、文化遺産オンライン〈写：巻頭・巻末〉	有	巻子本。1行17字。長麻紙。無界。全5紙。各紙タテ25.8cm×ヨコ約175cm（奥書のある第5紙は153cm）。巻46・336と同様、各紙の行上段にズレあり。巻頭部分に欠損。『古経題跋随見録』は、青山文庫蔵で、醍醐寺三宝院の「執事僧玉園快応ノ贈ル所」とする。『古経題跋』・田中目録は、関戸守彦旧蔵とする。その後、根津嘉一郎（初代）の所蔵。
6	巻336	大阪府和泉市：槇尾山施福寺	『槇尾山の至宝展』図録、『施福寺の研究』②	無	奈良博寄託。巻子本。巻46と同様の表紙。長麻紙。無界。全5紙。各紙タテ26cm×ヨコ約173cm前後（第5紙は124.1cm）。巻46・267と同様、各紙の行上段にズレあり。第2紙最終4行、行間につまりあり、一紙に書写する行数が指定されていた可能性。もと折本か。
7	巻465	東京都台東区：東京国立博物館	『日本書誌学之研究』、田中目録、『書学』84-8月、『日本の美』展図録〈写：巻末（奥書アリ）〉、東博HP〈写：巻末（奥書アリ）〉	有	軸装。長麻紙。無界。末尾11行・尾題・奥書が残る。『日本書誌学之研究』は、安政二年（一八五五）に小林辰が紹介したとあるが、伝来不詳。東博資料館カードC5957〈写：巻末（奥書アリ）〉
8	巻468	新潟県長岡市：個人	『日本書誌学之研究』、田中目録、『重要文化財』20〈写：巻末（奥書アリ）〉、『日本奈良時代古写経目録』、『一古書肆の思い出』3、『国宝・重要文化財大全』7〈写：巻頭＋巻末（奥書アリ）〉、『平成二十六年度新潟県の文化財一覧』、文化庁国指定文化財等データベース、『築島裕著作集』1a・1b	有	東博寄託。巻子本。長麻紙。各紙タテ26.8cm×全長911.0cm。ヲコト点は喜多院点。「日本奈良時代古写経目録」・『日本書誌学之研究』は、上野理一旧蔵とする。『一古書肆の思い出』3によれば、一九四七年に反町茂雄経営の弘文荘を介し、上野精一から反町十郎（茂雄の従弟）の手に渡ったという。「上野蔵記」と読める所蔵印。東博資料館カードC32695・C32696・C32697・37591・37592に〈写：巻頭・中頃・巻末（奥書アリ）〉。

9	巻564	京都市北区：神光院	『第一回大蔵会陳列目録』、『日本書誌学之研究』、田中目録	有	大正三年（一九一四）十一月三日、東京上野美術学校（現在の東京藝術大学）で開催された第一回の大蔵会に出陳。『第一回大蔵会陳列目録』に奥書の翻刻掲載。その後の伝来は不明。

奥書（巻267）神龜五年歳次戊辰五月十五日佛弟子長王
至誠發願奉寫大般若經一部六百巻其經乃
行行列華文勾勾含深義讀誦者蠲耶去悪
披閲者納福臻榮以此善業奉資
登仙二尊神霊各随本願往生上天頂礼弥勒遊
戯浄域面奉弥陁並聴聞正法倶悟无生忍又以
此善根仰資　現御寓天皇幷開闢以来代代
帝皇三寳覆護百霊影衛現在者争榮於五岳
保壽於千齢　登仙者生浄國昇天上聞法悟
道脩善成覺三界含識六趣稟霊无願不遂有心必
獲明矣因果逹焉罪福六度因滿四智果圓
神龜五年歳次戊辰九月廿三日書生散位寮散位少初位下張上福
初校生式部省位子无位山口忌寸人成
再校生式部省位子无位三宅臣嶋主
装潢圖書寮番上人无位秦常忌寸秋庭
検校使作寶官判官従六位上勳十二等次田赤染造石金
検校使陰陽寮大属正八位上勳十二等楢日佐諸君
検校藥師寺僧□〔基〕弁
検校藤原寺僧道慈
用長麻紙伍張

凡　例

『大般若経校異幷附録』：草山祖芳編『大般若経校異　幷附録』（若山屋喜右衛門（般若堂）、一七九二年）
『古経捜索録』：養鸕徹定『古経捜索録』（藤原弘道、一九七二年、初出一八五二年）
『古経題跋』：養鸕徹定『古経題跋』（『解題叢書』所収、国書刊行会、一九一六年、初出一八六三年）
『藝文』6―4号：『藝文』第六年第四号（一九一五年）
『第一回大蔵会陳列目録』：「大典記念第一回大蔵会陳列目録」（柴田光彦編『反町茂雄収集古書蒐集品展覧会・貴重蔵書目録集成　第1巻』（ゆまに書房、二〇〇一年、初出一九一五年）
『古経題跋随見録』：田中光顕『古経題跋随見録』（自筆本、一九一九年）
『日本書誌学之研究』：川瀬一馬『日本書誌学之研究』（大日本雄弁会講談社、一九四三年、初出一九四二年）
『感興漫筆』：細野要斎『感興漫筆』（名古屋市叢書第十九―二十二巻『感興漫筆』名古屋市教育委員会・一九六〇～六二年）
『寧楽遺文』：竹内理三『寧楽遺文』中巻（東京堂出版、一九六二年）
『仏教美術名品展』：『仏教美術名品展図録』（奈良国立博物館、一九七一年）
田中目録：田中塊堂『日本古写経現存目録』（思文閣、一九七三年）
『重要文化財』20：『重要文化財』第二十巻「書籍・典籍・古文書Ⅲ」（毎日新聞社、一九七五年）
『石山寺の研究』：石山寺文化財総合調査団編『石山寺の研究』一切経篇（法蔵館、一九七八年）
『律の滴諸家雑談』：細野要斎『律の滴諸家雑談』（名古屋叢書三編　名古屋市蓬左文庫編第十二巻『律の滴諸家雑談・家事雑識』名古屋市教育委員会、一九八一年）
『奈良朝写経』：奈良国立博物館『奈良朝写経』（東京美術、一九八三年）
「日本奈良時代古写経目録」：「日本奈良時代古写経目録」『昭和法宝総目録　第一巻』（大正一切経刊行会、一九二九年）
『書学』84―8月：『書学』第三十五巻8号〈通巻四一三号〉（日本書道教育学会、一九八四年）
『書学』85―4月：『書学』第三十六巻4号〈通巻四二一号〉（日本書道教育学会、一九八五年）
『展観　写経と仏教美術』図録：『展観　写経と仏教美術』図録（センチュリー文化財団、一九八六年）
『築島裕著作集』1a：「大般若経の古典本について」（『築島裕著作集』第一巻　訓点本論考拾遺、汲古書院、二〇一四年、初出一九八六年）

『一古書肆の思い出』3：反町茂雄『一古書肆の思い出〈三〉古典籍の奔流横溢』（平凡社、一九八八年）
『築島裕著作集』1b：「大般若波羅蜜多経の古本小考」（『築島裕著作集』第一巻　訓点本論考拾遺、汲古書院、二〇一四年、初出一九九一年）
『日本の美』展図録：『平成六年国立博物館・美術館地方巡回展　日本の美』展図録（東京国立博物館、一九九五年）
『大般若経の世界』展図録：『特別展　大般若経の世界』（滋賀県立琵琶湖文化館、一九九五年）
『天平』展図録：『天平』（奈良国立博物館、一九九八年）
『国宝・重要文化財大全』7：『国宝・重要文化財大全』七　書跡〈上巻〉（毎日新聞社、一九九八年）
『槙尾山の至宝展』：『平成十二年秋季特別展／文化財保護法五十周年記念和泉槙尾山の至宝展――西国巡礼四番礼所のにぎわい』（和泉市いずみの国歴史館、二〇〇〇年）
『施福寺の研究』②：『和泉市史紀要第六集槙尾山施福寺の歴史的総合調査研究』第二分冊（和泉市史編さん委員会、二〇〇一年）
根津図録：『根津美術館蔵品選』仏教美術編（根津美術館、二〇〇一年）
『古写経展』図録：『古写経　聖なる文字の世界』展図録（京都国立博物館、二〇〇四年）
宮崎目録：宮崎健司『日本古代の写経と社会』（塙書房、二〇〇六年）
『大遣唐使展』図録：『大遣唐使展』（奈良国立博物館、二〇一〇年）
「平成二十六年度新潟県の文化財一覧」：新潟県教育庁文化行政課『新潟県の文化財一覧』（新潟県、二〇一四年）

略　称

東博：東京国立博物館
奈良博：奈良国立博物館
根津：根津美術館
〈写〉：写真掲載文献、巻頭：巻頭写真、巻末：巻末写真、一部：部分写真

あとがき

姉妹編の『仏教文明と世俗秩序』とともに刊行された本書は、序言で述べたような共同研究にもとづくものである。そして、この共同研究には、一定の歴史がある。そのはじまりは、二〇〇二年度から五年間にわたって早稲田大学大学院文学研究科で展開した21世紀COEプログラム（略称COE）「アジア地域文化エンハンシング研究センター」（拠点リーダー　大橋一章）において推進された「アジア地域文化学」の調査研究体制にある。

それまで、早稲田大学は総合大学であるとはいえ、学内での学術交流となると、その総合性を充分に活かすことができなかった。COEの発足によって、アジア地域を研究対象とする文学部（現文学学術院）内の諸分野の研究者が、既存の研究・教育制度の枠を越えて、はじめて共同で活動する機会を得た。可能な範囲での人文学を総動員して、アジア地域の歴史文化に向き合ったのである。それは、人文学としての共同研究という方法を自らが学習することでもあった。

この方法は、その後、二〇〇七年度から三年間、組織的な大学院教育改革推進プログラム（略称GP）「アジア研究と地域文化学」（代表　同）へと展開し、大学院博士後期課程の共同教育体制モデルを構築した。さらに、二〇一〇年度以降は、早稲田大学重点領域研究として「文明移動としての『仏教』からみた東アジア世界の歴史的差異と共生の研究」をあらたにはじめ、序言で述べたような東アジア「仏教」文明研究所を立ち上げた。そして、二〇一一年度からは、科学研究費助成事業（科学研究費補助金）基盤研究（A）「文明移動としての『仏教』からみた東アジアの差異と共生の研究」を実施し、本年度（二〇一四年度）がその最終年度となる。奇しくも、さきの早稲田大学重点領域研究の最終年度と重なることになった。

この間、COEにはじまる共同研究体制は、研究と教育の両翼に配慮しながら、また、構成員の交替や変化をともないながら、継承されていった。それは、体制というよりも方法と言ったほうが正確であろう。また、共同研究のテーマについては、アジア地域を対象とする「漢化」の視点から、インド亜大陸発祥の「仏教」流伝をアジア地域の「文明化」過程とみる視点へと移ったが、アジア地域世界の成り立ちをいかに理解するかということに強い関心を持ちつづけてきたことでは何ら変わりない。そして、さらに国内外の研究協力者を広く募り、早稲田大学内での共同研究に傾斜しがちな殻から脱皮するように努めた。

その研究協力者は、本書および姉妹編に論稿を寄せられた方々に限らない。それは、以下の方々である（所属は、協力開始時のもの）。すでに、成果の一部として公刊した『「仏教」文明の受容と君主権　東アジアのなかの日本』（勉誠出版、二〇一二年）に論稿をお寄せいただいた李炳鎬（韓国国立中央博物館）、勝浦令子（東京女子大学）、ヘルマン・オームス（UCLA）、山下克明（大東文化大学）、山本陽子（明星大学）、佐藤弘夫（東北大学）の各氏。同じく、『「仏教」文明の東方移動――百済弥勒寺西塔の舎利荘厳――』（汲古書院、二〇一三年）に論稿をお寄せいただいた裵秉宣（韓国国立文化財研究所）、崔鉛植（国立木浦大学校）、周炅美（西江大学校）、瀬間正之（上智大学）、稲田奈津子（東京大学史料編纂所）の各氏。

さらに、清水昭博（帝塚山大学）、山路直充（市川考古博物館）、吉津宜英（駒澤大学）、水口幹記（立教大学）、小林春樹（大東文化大学）、近藤浩之（北海道大学）、加藤勝（大正大学）、河上麻由子（奈良女子大学）、井手誠之輔（九州大学）、

中林隆之（新潟大学）、張総（中国社会科学院世界宗教研究所）、李四龍（北京大学）、羅豊（寧夏文物考古学研究所）、王欣（陝西師範大学）、李青（西安美術学院）、朱盡暉（同）、冉万里（西北大学）、朴大在（韓国高麗大学校）、金基珩（同）、朱秀浣（同）、元永晩（同）、鄭雲龍（同）、朴賢淑（同）、洪潤植（東国大学校）、金浩星（同）、辛尚桓（高麗大蔵経研究所）、ウイリアム・ボディフォード（UCLA）、ルチア・ドルチェ（ロンドン大学SOAS）、ジャン＝ノエル・ロベール（コレージュ・ド・フランス）等の各氏である。

この共同研究は、上記の方々の研究協力なくして、果たせなかったであろう。翻訳や通訳にあたって下さった各位も含めて、ここに篤くお礼申し上げる。二〇一五年度からは、早稲田大学総合人文科学研究センターの部門として「仏教文明と東アジアの地域文化研究」をあらたに開始するが、その目的は、これまでの研究とその方法を継続発展させることである。しかし、得た課題も多くて重い。たとえば、既存の学術制度上の垣根はかなり低くなってきたが、なお立ちはだかる壁がある。それを克服するためには、一研究分野や一機関に拘ることなく、さらなる内外の学術交流をすすめる以外にないであろう。また、「仏教文明」をめぐる理解には、諸国ごとでかなりの差異がみられるが、それは現在史を、あるいは国家史を映し出しているようでもある。その堆積した土壌を相互に掘り起して整地していく必要があろうか。このような課題を知り得たのも、本共同研究の成果であった。

ここにあらためて、本書が姉妹編の『仏教文明と世俗秩序』とともに、科学研究費助成事業（科学研究費補助金）基盤研究（A）「文明移動としての『仏教』からみた東アジアの差異と共生の研究」（二〇一一年度～二〇一四年度）の成果として、その補助にもとづき刊行されるものであることを記し、謝意を表したい。合わせて、共同研究の推進を支援された早稲田大学重点領域研究機構にも感謝したい。

最後に、この共同研究の庶務を担当された森美智代・山口えりの両氏に、そして、二分冊になる成果図書の刊行を快くお引き受け下さり、その後、刊行に向けて尽力いただいた勉誠出版の吉田祐輔氏と関係各位にお礼申し上げる。

二〇一五年二月

新川登亀男

執筆者一覧（掲載順）

新川登亀男（しんかわ・ときお）

※奥付参照。

馬場紀寿（ばば・のりひさ）

一九七三年生まれ。東京大学東洋文化研究所准教授。専門は仏教学。

著書・論文に『上座部仏教の思想形成――ブッダからブッダゴーサへ』（春秋社、二〇〇八年）、『シリーズ大乗仏教2・大乗仏教の誕生』（共著、春秋社、二〇一一年）、「『宝篋印経』の伝播と展開――スリランカの大乗と不空、延寿、重源、慶派」（『仏教学』第五四号、山喜房佛書林、二〇一三年）などがある。

吉田　豊（よしだ・ゆたか）

一九五四年生まれ。京都大学文学研究科教授・英国学士院客員会員。専門はイラン語史、言語学。

著書に『ソグド人の美術と言語』（臨川書店、二〇一一年）、『中国江南マニ教絵画の研究』（臨川書店、二〇一五年）などがある。

朱　慶之（しゅ・けいし）

一九五六年生まれ。香港教育学院中国語言講座教授、中国語言学系主任。専門は中国語史、仏教中国語、中印古代文化交流史。

著書に『仏典与中古漢語研究』（台北：文津出版社、一九九二年）、論文にOn some basic features of Buddhist Chinese, *Journal of the International Association of Buddhist Studies*, Volume 31 Number 1-2 2008 (2010). Austria.、「漢語名詞和人称代詞複数標記的産生与仏経翻訳之関係」（『中国語言学報』第十六期、北京：商務印書館、二〇一四年）などがある。

馬　之濤（ま・しとう）

一九七七年生まれ。早稲田大学大学院文学研究科博士後期課程。専門は日本語音韻史、中国語音韻史。

論文に「『日本考略』に見られる寄語のアクセント――一、二拍語を中心に」（『論集』第四巻、アクセント史資料研究会、二〇一三年）、「広州話[o][e]的音位問題再議及新拼音方案的提議」（『太田斎・古屋昭弘両教授還暦記念中国語学論集』好文出版、二〇一三年）、「中国資料に見える室町時代のハ行子音音価の再検討――『日本国考略』を中心に」（『国語国文』第八三巻第四号、中央図書新社、二〇一四年）などがある。

船山　徹（ふなやま・とおる）

一九六一年生まれ。京都大学教授。専門は中国仏教史、インド仏教知識論。

著書に『真諦三蔵研究論集』（編著、京都大学人文科学研究所、二〇一二年）、『仏典はどう漢訳されたのか――スートラが経典になるとき』（岩波書店、二〇一三年）などがある。

ジョン・ホイットマン（John Whitman）

一九五四年生まれ。米国コーネル大学教授・国立国語研究所教授。専門は一般言語学・東洋語学・日本語学。

著書・論文に『日英語比較選書9　格と語順と統語構想』（竹沢幸一氏と共著、研究社、一九九八年）、*Proto-Japanese.* 2008. Amsterdam, John Benjamins.（Bjarke Frellesvig氏と共編）、The relationship between Japanese and Korean. In Tranter, David N (ed.) *The Languages of Japan and Korea.* 2012, London: Routledge などがある。

宮﨑健司（みやざき・けんじ）

一九五九年生まれ。大谷大学教授。専門は日本古代宗教史。

著書・論文に『日本古代の写経と社会』（塙書房、二〇〇六年）、「藤原仲麻呂と北家」（木本好信編『藤原仲麻呂政権とその時代』、岩田書院、二〇一三年）、「久多の木造五輪塔」（『大谷学報』九三巻二号、二〇一四年）などがある。

河野貴美子（こうの・きみこ）

一九六四年生まれ。早稲田大学文学学術院教授。専門は和漢古文献研究。

著書・論文に『日本霊異記と中国の伝承』（勉誠社、一九九六年）、「北京大学図書館蔵余嘉錫校『弘決外典鈔』について」（『汲古』五八、二〇一〇年十二月）、『東アジアの漢籍遺産――奈良を中心として』（王勇氏と共編著、勉誠出版、二〇一二年）、『日本における「文」と「ブンガク（bungaku）」』（Wiebke DENECKE氏と共編著、勉誠出版、二〇一三年）などがある。

岩本健寿（いわもと・たけとし）

一九八三年生まれ。早稲田大学大学院文学研究科博士後期課程。専門は日本古代史。

論文に「日本古代の興福寺施薬院と福田思想」（『ヒストリア』二三七、二〇一三年）、「『梵網経』と施薬院――天平宝字初年の興福寺施薬院を例として」（『史聚』四七、二〇一四年）、「平安時代の施薬院使」（『延喜式研究』三〇、二〇一五年）などがある。

大久保良峻（おおくぼ・りょうしゅん）

一九五四年生まれ。早稲田大学文学学術院教授。専門は仏教学・日本仏教教学史。

著書に『天台教学と本覚思想』法蔵館、一九九八年）、『台密教学の研究』（法蔵館、二〇〇四年）などがある。

阿部龍一（あべ・りゅういち）

一九五四年生まれ。ハーバード大学東アジア言語文化学部教授。専門は東アジアの密教・仏教と文学・仏教と絵画美術。

論文に「玄奘三蔵の投影――「真言八祖行状図」の再解釈」（佐野みどり他編『中世絵画のマトリックスⅡ』青簡社、二〇一四年）、「『聾瞽指帰』の再評価の山林の言説」（根本誠二他編『奈良平安時代の〈知〉の相関』岩田書院、二〇一五年）などがある。

ポール・グローナー（Paul Groner）

一九四六年生まれ。バージニア大学名誉教授。専門は仏教学。

著書に *Saicho: The Establishment of the Japanese Tendai School* (Honolulu : University of Hawaii Press, 2000), *Ryogen and Mount Hiei : Japanese Tendai in the Tenth Century* (Honolulu: University of Hawaii Press, 2002) などがある。

大鹿眞央（おおしか・しんおう）

一九八三年生まれ。早稲田大学大学院。専門は平安・鎌倉期の真言密教。

論文に「東密における初地即極説の展開」（『東洋の思想と宗教』第二九号、早稲田大学東洋哲学会、二〇一二年）、「中世東密教学における宿善解釈の展開――道範の宿善解釈を中心に」（『智山学報』第六三号、智山勧学会、二〇一四年）、「中世東密教学における教判論の展開――『大日経』三劫段の解釈を中心に」（『現代密教』第二五号、智山伝法院、二〇一四年）などがある。

劉　永増（りゅう・えいぞう）

一九五四年生まれ。博士（密教学）。一九七二年、敦煌文物研究所（現、敦煌研究院）に入所。二〇一三年、同研究院考古研究所所長を定年退職。

著書・論文に『敦煌石窟芸術――莫高窟第一五八窟』（江蘇美術出版社、一九九八年）、『敦煌石窟全集　塑像巻』（香港商務印書館、二〇〇三年）、「莫高窟第一四八窟南北龕天井壁画内容解説」、「敦煌石窟尊勝仏母曼荼羅図像解説」などがある。

阮　麗（げん・れい）

一九七一年生まれ。博士（文学）。専門は仏教美術史。

論文に「莫高窟第四六五窟曼荼羅再考」（『故宮博物院院刊』二〇一三年第四期）、「莫高窟天王堂図像弁識」（『敦煌研究』二〇一三年第五期）などがある。

肥田路美（ひだ・ろみ）

一九五五年生まれ。早稲田大学文学学術院教授。専門は中国仏教美術史。

著書に『初唐仏教美術の研究』（中央公論美術出版、二〇一一年）、『仏教美術からみた四川地域』（編著、雄山閣、二〇〇七年）、『中国四川唐代摩崖造像――蒲江・邛崍地区調査研究報告』（共編著、重慶出版社、二〇〇六年）などがある。

于　春（う・ちゅん）

一九七九年生まれ。西安美術学院中国芸術与考古研究所、副教授。四川省文物考古研究院客座研究員。専門は仏教考古学。

著書に『四川安岳臥仏院唐代刻経窟』（二〇〇九年）、『綿陽龕窟――四川綿陽古代造像調査研究報告集』（二〇一〇年）、『夾江千仏岩――四川夾江千仏岩古代摩崖造像考古調査報告』（二〇一二年）（いずれも文物出版社）などがある。

大橋一章（おおはし・かつあき）

一九四二年生まれ。早稲田大学名誉教授。専門は東洋美術史、奈良美術。

著書に『天寿国繡帳の研究』（吉川弘文館、一九九五年）、『奈良美術成立史論』（中央公論美術出版、二〇〇九年）などがある。

亀田修一（かめだ・しゅういち）

一九五三年生まれ。岡山理科大学教授。専門は考古学。

著書に『日韓古代瓦の研究』（吉川弘文館、二〇〇六年）、『吉備の古代寺院』（吉備人出版、二〇〇六年、湊哲夫氏と共著）などがある。

中島　正（なかしま・まさし）

一九五九年生まれ。木津川市役所国保医療課主幹。専門は日本考古学（歴史時代）。

論文に「恭仁宮と京の実態」（『都城――古代日本のシンボリズム飛鳥から平安京へ』青木書店、二〇〇七年）、「泉津周辺の都市的景観」（『シンポジウム記録6　現代に生きる遺跡・古墳時代の備讃瀬戸・都城周辺の都市的景観』考古学研究会、二〇〇九年）、「恭仁宮大極殿施入前の寺院に関する憶測」（『坪井清足先生卒寿記念論文集』坪井清足先生卒寿をお祝いする会、二〇一〇年）などがある。

城倉正祥（じょうくら・まさよし）

一九七八年生まれ。早稲田大学文学学術院准教授・早稲田大学シルクロード調査研究所所長。専門は東アジア考古学（古墳・寺院・都城）。

著書・論文に『埴輪生産と地域社会』（学生社、二〇〇九年）、「日中古代都城における正門の規模と構造」（『技術と交流の考古学』同成社、二〇一三年）などがある。

編者略歴

新川 登亀男（しんかわ・ときお）

1947年生まれ。早稲田大学文学学術院教授。

専門は日本古代史。

著書に『上宮聖徳太子伝補闕記の研究』（吉川弘文館、1980年)、『日本古代の対外交渉と仏教』（吉川弘文館、1999年)、『日本古代の儀礼と表現』（吉川弘文館、1999年)、『聖徳太子の歴史学』（講談社、2007年）などがある。

仏教文明の転回と表現

文字・言語・造形と思想

編者 新川登亀男

発行者 池嶋洋次

発行所 勉誠出版㈱

〒101-0051 東京都千代田区神田神保町三―一〇―二

電話 〇三―五二一五―九〇二一㈹

二〇一五年三月二十日 初版発行

印刷 太平印刷社

製本 若林製本工場

組版 トム・プライズ

ISBN978-4-585-21025-2 C3015

中国中世仏教石刻の研究

風雪に耐え、破壊も免れ、後の時代へと仏教信仰の痕跡を伝え続けてきた諸種の仏教石刻に着目することにより、当時の仏教信仰の社会的・歴史的展開を照らし出す。

氣賀澤保規 編・本体九五〇〇円（＋税）

梁職貢図と東部ユーラシア世界

六世紀の梁を中心とした国際秩序・文化的状況を伝える貴重資料「梁職貢図」。その史料的位置付けを明らかにし、東部ユーラシアの世界構造を立体的に描き出す。

鈴木靖民・金子修一 編・本体八五〇〇円（＋税）

渡航僧成尋、雨を祈る
『僧伝』が語る異文化の交錯

平安後期中国へ渡った天台僧「成尋」。成尋の書き残した渡航日記『参天台五臺山記』と中国側史料を精査することで見えてきたものとはいったい何か…。

水口幹記 著・本体三五〇〇円（＋税）

南宋・元代日中渡航僧伝記集成
附 江戸時代における僧伝集積過程の研究

南宋・元代に日中間を往来した僧（一〇七人）の伝記を一覧とし、重要記事を翻刻集成。中世海域交流史・史料論・書誌学研究における画期的成果。

榎本渉 著・本体一七〇〇〇円（＋税）

「仏教」文明の受容と君主権の構築
東アジアのなかの日本

インド発祥の「仏教」は周辺へと伝播・浸透する中で、いかにして異文明と遭遇し作用したか。日本列島における、「仏教」文明の東漸と君主権の構築の関わりを探る。

大橋一章・新川登亀男 編・本体九五〇〇円（＋税）

古代東アジアの仏教と王権
王興寺から飛鳥寺へ

諸学の視点から、舎利信仰と王権の関わりや造寺、造仏の技術・文化伝習など、東アジア世界において仏教の果たした文化的・政治的重大性を明らかにする。

鈴木靖民 編・本体八〇〇〇円（＋税）

仏教がつなぐアジア
王権・信仰・美術

アジア世界をつなぐ紐帯であった仏教。中国史料の多角的読み解きにより、仏教を媒介とした交流・交渉のありようを照射、アジア史の文脈の中に日本を位置づける。

佐藤文子・原田正俊・堀裕 編・本体三六〇〇円（＋税）

方法としての仏教文化史
ヒト・モノ・イメージの歴史学

多様な史資料のなかに影響を色濃く残す仏教文化。美術史学・文献史学からのアプローチを「仏教文化史」という観点で再構築。立体的な歴史像を描き出す。

中野玄三・加須屋誠・上川通夫 編・本体一二〇〇〇円（＋税）

新川登亀男 編

仏教文明と世俗秩序

国家・社会・聖地の形成

本体九、八〇〇円（＋税）

A5判上製カバー装・六一六頁
ISBN978-4-585-21026-9 C3015

異文明との出会いが世界を構築する

**仏教という異文明との遭遇は、
世界の構築にどのような影響をもたらしたのか――
仏教が浸透していくことで生じた世俗秩序や
諸宗教・民俗儀礼などとの交差や融合をとらえ、
仏教による世界の共生と差異化のメカニズムを描き出す。**

序言◎新川登亀男

第一部　国家・社会と仏教

インド亜大陸の社会と仏教◎古井龍介
新発見の仁寿元年の交州舎利塔銘について◎ファム・レ・フイ
大理仏教――インド仏教と中国仏教の二重構造◎侯冲（張勝蘭・訳）
高麗時代の王室と華厳宗◎南東信（赤羽目匡由・訳）
倭の入隋使（第一回遣隋使）と倭王の呼称
――『隋書』倭国伝を読み直す◎新川登亀男
弘法大師の成立――真言宗の分裂と統合◎川尻秋生

第二部　聖地の構築と人びとの移動

中国・山西太原の政治文化的背景
――旧太原城の自然・交通・地政学的位置◎石見清裕
天龍山石窟の早期窟の造立について
――石窟の造立と高斉政権の構築◎葛継勇
天龍山勿部珣功徳記にみる東アジアにおける人の移動◎李成市
隋開皇四年銘天龍山石窟第八窟の意義◎森美智代

第三部　守護と対敵

退敵の毘沙門天像と土地の霊験説話
――唐末五代期の毘沙門天像の位置づけをめぐって◎大島幸代
「対敵」の精神と神仏の役割――古代日本の事例に着目して◎長岡龍作
境界世界の仏法――四天王法の広まりと四天王寺の変容◎三上喜孝
羽黒権現・軍荼利明王の成立について◎長坂一郎
勝軍地蔵の八〇〇年――南九州における軍神信仰の展開◎黒田　智

第四部　信仰と習俗の複合化

「視日」再考◎工藤元男
道教の出家戒の成立と継承◎森由利亜
霊（たま）からカミへ、カミから神へ◎高橋龍三郎
七、八世紀における文化複合体としての日本仏教と僧尼令
――卜相吉凶条を中心に◎細井浩志
日本古代の仏教祈雨儀礼――請雨経法の受容と展開を中心に◎山口えり
あとがき◎新川登亀男